DROIT CONSTITUTIONNEL CONTEMPORAIN

2

Le régime politique de la France

COURS DALLOZ

Série Droit public

Sous la direction de Dominique Chagnollaud
Professeur à l'Université Panthéon-Assas (Paris II)

DROIT CONSTITUTIONNEL CONTEMPORAIN

2

Le régime politique de la France

6e édition

2013

Dominique Chagnollaud
Agrégé des Facultés de droit (science politique)
Professeur au département de droit public et de science politique
de l'Université Panthéon-Assas (Paris II)
Membre de la Commission européenne pour la démocratie par le droit
(Commission de Venise)
Président de la Société des Amis de la Constitution

DALLOZ

DALLOZ

31-35, rue Froidevaux - 75685 Paris Cedex 14

ISBN 978-2-247-12605-7

« Les lois et les institutions sont comme des horloges ;
de temps en temps, il faut savoir les arrêter, les nettoyer,
les huiler et les mettre à l'heure juste. »

Lord Byron

Abréviations

AIJC	*Annuaire international de justice constitutionnelle*
AJDA	*Actualité juridique Droit administratif*
AN	Assemblée nationale
C. élect.	Code électoral
Cah. Cons. const.	*Cahiers du Conseil constitutionnel*
CE	Conseil d'État
Cons. const.	Conseil constitutionnel
Const.	Constitution
D.	*Recueil Dalloz*
DDH	Déclaration des droits de l'homme et du citoyen de 1789
Décis.	Décision
Dr adm.	*Droit administratif*
JCP	*Juris-Classeur Périodique, édition Générale*
L. org.	Loi organique
Lebon	*Recueil des arrêts du Conseil d'État*
LPA	*Les Petites affiches*
PFRLR	*Principes fondamentaux reconnus par les lois de la république*
Pouvoirs	*Revue Pouvoirs*
PUF	Presses universitaires de France
RD publ.	*Revue du droit public et de la science politique en France et à l'étranger*

Règl.	Règlement
Rép. pén.	*Répertoire de droit pénal et de procédure pénale Dalloz*
RFDA	*Revue française de droit administratif*
QPC	Question prioritaire de constitutionnalité

Avant-propos

Ce tome consacré au régime politique de la France est un manuel classique. Il en diffère cependant de façon originale en ce qu'il constitue un commentaire de la Constitution, article par article, dans l'esprit du *Code Junior*, idée que nous avons initiée voici bientôt 10 ans.

Il existe aujourd'hui près d'une trentaine de manuels de droit constitutionnel et pour compléter le nôtre, on se contentera de renvoyer au *Code constitutionnel* de Thierry Renoux et Michel de Villiers, ainsi qu'à celui de Michel Lascombes chez notre éditeur.

Enfin nos vifs remerciements vont à Joël Andriantsimbazovina, professeur à l'Université de la Rochelle pour sa relecture des chapitres VI et XV ainsi que des annexes et à Éric Thiers, conseiller des services de l'Assemblée nationale, pour celle des chapitres III et IV, ainsi qu'à notre éditrice depuis l'origine, Hélène Hoch, directrice éditoriale des Éditions Dalloz. Nous remercions également Mlle Bayou pour sa participation efficace à l'édition de l'ouvrage.

La Ve République – aidée puissamment en cela par son fondateur – ressemblera un jour à la légende napoléonienne en termes d'ouvrages et d'articles lui étant consacrés. Tout semble avoir été dit et écrit sur ce régime original qui est d'abord une Constitution, susceptible de plusieurs lectures : certaines de ses dispositions parfois identiques à celles des deux Constitutions qui l'ont précédée peuvent être interprétées aussi bien au regard de ce passé qu'à la lumière de l'esprit novateur de 1958. La notion même de Constitution, sous l'influence de la jurisprudence du Conseil constitutionnel s'est transformée. Quant à la nature du régime, elle était initialement parlementaire. Mais l'élection du président de la République au suffrage universel a bouleversé en droit comme en fait cette donnée de base au point de générer des interprétations diverses et contradictoires. Sur tous ces points, la pratique institutionnelle, le second visage du régime, s'est souvent chargée de trancher entre lectures concurrentes. En même temps, le droit constitutionnel de la Ve République ne peut plus être enseigné aujourd'hui comme il y a 30 ans. La « juridicisation » de ce droit est un phénomène patent qui oblige l'analyste à se référer souvent à la jurisprudence du Conseil constitutionnel, même si celle-ci est encore loin, et heureusement, d'enserrer dans un étau juridique la liberté d'action politique des acteurs constitutionnels.

INTRODUCTION

1 La Constitution de la Ve République, inspirée par la pensée du général de Gaulle, a fêté ses 50 ans en 2008. On s'abstiendra ici, et le plus souvent possible, de jugements de valeurs et d'opinions personnelles qui n'intéressent que l'auteur et non les étudiants, quitte à sembler parfois ennuyeux !

Une PREMIÈRE PARTIE inscrit la Ve République dans l'histoire constitutionnelle la France depuis 1789 marquée par l'instabilité. Après l'étude des Constitutions depuis la Révolution française, on étudiera la genèse, les caractères initiaux et à l'évolution politique du régime politique de la Ve république.

Puis, dans une SECONDE PARTIE, on étudiera simplement et dans l'ordre des titres, la Constitution de 1958, ainsi que l'ensemble des articles, sauf exception, dans l'ordre.

En ANNEXES, on trouvera de même un commentaire du Préambule de la Constitution de 1958 (Déclaration des droits de l'homme et du citoyen et 1789, Préambule de 1946, Charte de l'envoironnement de 2004).

Première partie

La Ve République dans l'histoire : les constitutions de la France de 1789 à nos jours

2 Cette première partie inscrit la Ve République dans l'histoire en étudiant les constitutions qui ont précédé celle de 1958, puis en dégageant les grands traits de notre régime politique, soit « l'ensemble des éléments d'ordre idéologique, institutionnel et sociologique qui concourent à former le Gouvernement d'un État particulier pendant un laps de temps indéterminé » (Jean-Louis Quermone).

CHAPITRE 1

Introduction

3 *« À parcourir ainsi d'un coup d'œil toute notre histoire constitutionnelle contemporaine, il se confirme donc bien que les Constitutions ne sont pas des œuvres systématiques conçues par la raison arbitraire [...] mais des œuvres vivantes produites par l'histoire. »*
Maurice Oeslandres.

On essaiera ici simplement de dégager les ruptures et les continuités de deux sciècles d'histoire constitutionnelle.

A. Le texte et sa pratique : un certain écart...

4 C'est parfois à une reconstruction *a priori* de l'agencement des textes que nous invite aujourd'hui une partie de la science juridique moderne, observant le passé avec les grilles codifiées et raffinées du présent dont les acteurs de cette histoire se sont en fait passés. Certes, l'esprit juriste est bien présent chez les constituants révolutionnaires et tout au long du XIXe siècle mais il est plus souvent au service d'intérêts politiques qu'à celui de la raison juridique et abstraite. De même, l'« écart » souvent patent entre le texte et la pratique, en particulier depuis la IIIe République, souligne que l'agencement constitutionnel est soumis à de fortes tensions et parfois vidé de son contenu dès que des conventions s'ébauchent : ces accords informels considérés comme obliga-

toires résultent le plus souvent de la volonté des acteurs du jeu politique ou de l'acteur dominant.

On notera en passant que les citoyens – qu'ils soient issus du suffrage universel ou censitaire – ne sont jamais consultés dans l'immédiat sauf à ce que ces arrangements fassent l'objet d'une révision constitutionnelle en bonne et due forme. Ces conventions permettent aussi d'adapter, d'ajuster la Constitution ou, dans le silence du texte, font naître une pratique nouvelle. En leur absence et dès lors que la Constitution est censée régler l'ensemble du jeu, tout désaccord ou difficulté est résolu par un changement constitutionnel. L'instabilité révolutionnaire est ainsi le reflet de la conception doctrinaire et immuable de la Constitution, d'autant mieux que sa révision est si souvent complexe qu'elle interdit toute adaptation. En 1791 comme en l'an III, les procédés de révision rendent celle-ci difficile, voire impossible. Depuis, ces techniques se sont beaucoup assouplies tant le doute méthodique sur la pérennité de ces textes fondateurs s'est installé. L'œuvre des constituants n'est plus pensée, après la Révolution, comme éternelle et deviendra pour l'essentiel maîtrisée par le pouvoir législatif.

À l'inverse, il ne faudrait pas tenir pour nulle et non avenue la force du dispositif constitutionnel. Il est un système de contraintes, codifie le comportement des acteurs d'autant mieux qu'il laisse peu d'espace à l'interprétation. Face au coup d'État de Louis Napoléon, les républicains invoquent en vain le respect formel des prescriptions constitutionnelles. Et si le futur Empereur se résout à les violer, c'est qu'il ne voit pas de perspective rapide de révision constitutionnelle lui permettant d'être rééligible...

B. La Constitution n'est pas tout le droit constitutionnel...

5 À différents niveaux, en somme, la Constitution prescrit des règles qui limitent ou contraignent la liberté d'action des acteurs. Par ailleurs, à côté du texte constitutionnel, bien des normes qui lui sont extérieures n'en sont pas moins décisives pour lire cette histoire. Ainsi des facultés ouvertes ou fermées, par le règlement

des assemblées, du statut des élus (compatibilité ou non avec des fonctions publiques), des lois électorales, conventions constitutionnelles. Ces « jokers » sont tout autant des éléments explicatifs de l'évolution constitutionnelle que la Constitution elle-même.

Il est vrai que le contenu même des Constitutions a eu tendance à s'appauvrir dans un double mouvement : l'« évacuation » de la société civile et la déconstitutionnalisation de pans entiers du droit (Philippe Ardant). Sur ce dernier point, la déconstitutionnalisation de règles fondamentales du système électoral au Code de la procédure pénale et à la nationalité en passant par le statut des assemblées, ce mouvement rencontre non seulement l'affirmation du pouvoir législatif – freinée en 1958 – mais aussi l'affirmation d'une conception de la Constitution limitée à la formulation de simples règles essentielles au fonctionnement des pouvoirs publics : cette conception sera, jusqu'à l'avènement, sous la Ve République, du Conseil constitutionnel, dominante.

C. La Constitution sociale de la France

6 Quant à l'« évacuation de la société civile », elle n'empêche pas l'individualisme libéral, hérité de la Révolution française, d'irriguer très largement la conception de notre ordre social. Des déclarations des droits de l'individu face à l'État placées en préambule, ou plus rarement dans le texte des Constitutions, en témoignent. La Déclaration des droits de l'homme et du citoyen de 1789 introduit la Constitution de 1791. La Constitution de 1793 contient une déclaration plus sociale et la Constitution de l'an III est précédée d'une « déclaration des droits et des devoirs de l'homme et du citoyen ». Si la Constitution de l'an VIII n'en contient pas, la proclamation des conseils qui la présente aux suffrages rappelle seulement qu'elle est fondée sur les « *droits sacrés de la propriété, de l'égalité, de la liberté* ». La Charte de 1814 s'abstient de toute déclaration alors que celle de 1830, dans le chapitre « *Droit public des Français* », rappelle sous bénéfice d'inventaire quelques-uns des principes révolutionnaires : l'égalité devant la loi et l'impôt, aux emplois publics, la liberté individuelle et de religion, de presse, la propriété. La Constitution de 1848 renoue avec la Révo-

lution en énonçant les droits des citoyens garantis par la Constitution – non seulement individuels mais aussi déjà sociaux. Si la Constitution de 1852 se borne à reconnaître et à confirmer et garantir « *les grands principes proclamés en 1789 et qui sont la base du droit public des Français* », la Constitution de 1875 s'abstient de toute référence. Celle de 1946 contient un long préambule mettant en exergue des droits économiques et sociaux. Et l'actuelle Constitution de 1958 intègre dans son préambule, à la fois cette déclaration et celle de 1789, à laquelle le Conseil constitutionnel a donné force de droit malgré son « *coefficient d'incertitude* » (Jean Rivero).

Si le contrat social que figure la Constitution sous la Révolution tend à être moins explicité par la suite – voire absent – n'est-ce pas aussi que l'ordre fondé par elle perdure largement par la suite ? Ce contrat devenu implicite est moins d'ailleurs celui des droits de l'homme contre l'oppression que celui de l'égalité à tout le moins juridique entre les individus et la préservation des droits du propriétaire, du père et de l'époux. Ainsi, le Code civil depuis l'Empire est la source du droit des relations entre les personnes. La Charte de 1814 – comme la Constitution de 1848 ! – prennent soin de confirmer qu'il demeure en vigueur sous réserve de modifications ultérieures. Et c'est seulement lorsque cet ordre social est remis en cause que réapparaissent de lourds préambules ou déclarations des droits, en 1848 comme en 1946, censés exprimer les modifications de ces bases.

À cette relative stabilité de la Constitution sociale s'ajoute celle de la fameuse « *Constitution administrative* » (Daniel Halévy). Au-delà des changements constitutionnels, s'enracinent des corps de l'État fondés – ou refondés – par l'Empire qui, du Conseil d'État et de sa jurisprudence à la Cour des comptes ou l'institution préfectorale sans oublier l'université, perdurent et forment l'ossature de l'appareil administratif et intellectuel de la puissance publique. De même, le personnel de la haute fonction publique, malgré de fréquentes épurations, jouit d'une continuité certaine. Son statut tire son principe de fonctionnement de l'Ancien Régime, ses fondations de l'Empire et voit son statut légal conforté par la République.

D. Modèles et contre-modèles

7 Ces continuités « constitutionnelles », sociales ou administratives, s'ordonnent aussi sur une conception du pouvoir politique héritée de la monarchie : l'unité. La souveraineté passe du roi à l'assemblée et l'équilibre des pouvoirs, malgré les proclamations d'intentions n'est jamais autrement pratiqué qu'à sens unique. Pour s'en convaincre, il suffit d'interroger les « modèles étrangers » ou passés invoqués dans les débats constitutionnels, pour souligner, le plus souvent, qu'ils sont écartés au bénéfice d'une conception unitaire du pouvoir.

E. La révérence à l'Antiquité…

8 Le modèle antique – des Républiques de Rome (voire de la Grèce) – ne nourrit la réflexion constitutionnelle que pendant la Révolution française et l'Empire. Il est naturel qu'il affleure chez des hommes formés à la culture classique et aussi – peut-être surtout – par la lecture qu'en font des philosophes comme Rousseau. Mais, il s'agit moins de transposer des « modèles » que d'idéaliser par un passé un peu mythique et les qualités d'institutions et de pratiques fondant la naissance de la politique. Et aussi d'émailler ses discours de références senties à d'illustres prédécesseurs…

F. Les États-Unis sont bien loin…

9 La référence aux États-Unis est peu présente dans notre histoire constitutionnelle. Certes, « *l'Amérique*, déclare Pétion en 1791, *est le pays où les préjugés ont le moins étouffé la raison et les Lumières* ». L'invitation est plus philosophique que constitutionnelle. La Déclaration d'indépendance des États-Unis en 1776 est certes suivie de nombreuses déclarations de droits par plusieurs États américains. Mais l'influence de ces dernières sur la Déclaration des droits de l'homme est bien incertaine, moins par leur contenu que leur intention. Elles peuvent être invoquées devant les tribunaux alors que la déclaration française n'est pas un exposé didactique mais solennel et à vocation universelle. On retrouve, ici et là, des emprunts à la Constitution des États améri-

cains, en particulier en matière de référendum ou d'initiative populaire. Lors des débats constituants de 1848, la référence américaine, grâce à Tocqueville, affleure constamment dans les débats, mais se voit finalement écartée. Certes, le prestige de la « République américaine » est alors grand. Mais l'exemple qui est admiré est d'abord celui d'un pays qui après avoir achevé sa révolution, fait vivre la démocratie dont Tocqueville a popularisé les traits. La révolution de 1848 marque un retour à l'esprit français, rationnel et abstrait, aux leçons de l'expérience constitutionnelle. La présidence américaine – forte – inquiète et le débat porte sur son assise élective (l'assemblée ou le suffrage universel direct). Quant au bicamérisme, il apparaît alors souvent comme la conséquence du fédéralisme dont le principe est très largement rejeté. On admire, en somme, le pays de la liberté mais sans penser à transposer ses institutions. En France, jusqu'à nos jours, le « régime présidentiel » n'a d'ailleurs trouvé que peu d'adeptes. En 1958, Michel Debré dans son discours du 27 août devant le Conseil d'État en souligne les qualités « *évidentes* », mais souligne que son adoption en France et donc celle de l'élection du chef de l'État au suffrage universel direct sont impensables : le corps électoral d'outre-mer risquant de submerger celui de la métropole et, à l'intérieur, la présence d'un puissant parti communiste hypothéquerait cette élection... Quant au général de Gaulle, dans sa fameuse conférence de presse du 31 janvier 1964, il ne méconnaît pas qu'une Constitution de type présidentiel « a pu, jusqu'à présent fonctionner cahin-caha aux États-Unis ». Mais, c'est pour aussitôt opposer trait pour trait la France, aux États-Unis sur le plan de la stabilité politique, du système de partis ou de la forme de l'État. Le régime présidentiel mènerait à la paralysie des pouvoirs...

G. Le charme du modèle anglais

10 À l'opposé de la Grande-Bretagne, la Constitution n'est pas pensée, en France, comme un ensemble de traditions et de coutumes dont le respect – hormis quelques grands textes – n'est pas garanti par la gravure, mais le consentement des élites et du peuple, enraciné par l'œuvre du temps. Pourtant, c'est la référence anglaise

qui nourrit bien des débats constitutionnels tant elle semble symboliser un modèle d'équilibre entre les pouvoirs et opérer une synthèse entre l'aspiration à la tradition – figurée par la monarchie – et l'élan démocratique.

Dans les débats de la Constituante, dans la rédaction de la Constitution de 1791, les références à l'Angleterre sont constantes tandis que l'école anglaise domine. « *Qu'on ne s'étonne pas, écrivait Sieyès en 1789 (qui s'en plaint), de voir une nation ouvrant à peine les yeux à la lumière se tourner vers la Constitution d'Angleterre et vouloir la prendre pour modèle en tout* » (*Qu'est-ce que le tiers-État ?*). Éclipsé par la suite sous la Révolution et l'Empire, cette influence reparaît dans les Chartes de 1814 et 1830 et l'on cherche à imiter le Gouvernement parlementaire anglais.

Tandis que le second Empire raille la « liberté anglaise », Prosper Duvergier de Hauranne, le duc de Broglie, Prévost-Paradol, anciens parlementaires du régime de Juillet, en vantent les qualités d'équilibre. Leur influence intellectuelle sur les lois constitutionnelles de 1875 est certaine tant le parlementarisme à l'anglaise semble paré de vertus.

Lors du mouvement de révision constitutionnelle des années trente, pour un André Tardieu qui trouve bien des avantages à certains aspects du régime américain, nombreux sont ceux qui visent à transporter la mécanique parlementaire britannique en France sans percevoir d'ailleurs, à l'exception de Léon Blum, en quoi le système de partis fait corps avec les règles institutionnelles. Que l'on songe enfin, aux débats constitutionnels de la IVe République où une partie des constituants, en particulier du MRP, oppose le modèle équilibré du régime parlementaire britannique au régime d'assemblée prôné alors dans le premier projet de Constitution. Michel Debré, en 1958, songe aussi à l'Angleterre, à son parlementarisme étayé par un bipartisme solide, fruit, dans sa pensée, du mode de scrutin uninominal à un tour. Mais de l'influence intellectuelle à sa mise en œuvre, le hiatus apparaît. En 1958, malgré Michel Debré, c'est la conception gaullienne de l'autorité « indivisible de l'État » qui s'impose ; en 1879 comme en 1940, celle de l'assemblée souveraine et… sous la monarchie constitutionnelle, la collaboration entre des pouvoirs d'inégale puissance débouche *in fine* sur la Révolution de 1848.

> « *Dans votre réussite, pour combien a compté aussi la valeur de nos institutions ! Aux pires moments, qui donc contesta chez vous la légitimité et l'autorité de l'État ? [...] Vous pratiquez, dans la liberté, un régime solide et stable. Si fortes sont chez vous, dans le domaine politique, la tradition, la loyauté, la règle du jeu, que votre Gouvernement est tout naturellement doté de cohésion et de durée ; que votre Parlement a, au long de chaque législature, une majorité assurée ; que ce Gouvernement et cette majorité sont accordés en permanence ; bref, que vos pouvoirs exécutif et législatif s'équilibrent et collaborent en quelque sorte par définition [...] Ainsi dépourvus de textes constitutionnels minutieusement agencés, mais en vertu d'un irrécusable consentement général, trouvez-vous le moyen d'assurer, en chaque occasion, le bon rendement de la démocratie, sans encourir, cependant, ni l'excessive critique des ambitieux, ni le blâme sourcilleux des juristes...* ».
> Discours du Général de Gaulle du 7 avril 1960 devant le Parlement britannique

Le régime anglais se prête finalement mieux à une « modélisation » vertueuse qui fait oublier au XIXe siècle son corollaire, la conception unitaire du pouvoir. Mais le sentiment qu'il n'est pas conforme à nos mœurs et traditions politiques n'exclut pas la séduction qu'il exerce en France, y compris auprès du fondateur de la Ve République.

C'est donc notre histoire constitutionnelle qu'on retracera brièvement en distinguant deux périodes dont 1870 et la chute du second Empire forment l'année charnière, prélude à l'établissement durable de la République.

CHAPITRE 2

Les constitutions de la France jusqu'en 1870

11 De façon classique, on distinguera trois phases de notre histoire constitutionnelle avant 1870 : les constitutions de la Révolution et de l'Empire (SECTION 1), l'apprentissage du parlementarisme de 1814 à 1848 (SECTION 2) qui précède les constitutions de la seconde République au second Empire (SECTION 3).

SECTION 1

LES CONSTITUTIONS DE LA RÉVOLUTION ET DE L'EMPIRE

12 Si la Révolution abandonne la conception coutumière de la Constitution, celle-ci étant désormais l'expression de la volonté de la nation, cette exaltation de la loi suprême va de pair avec une rédaction minutieuse, systématique, où le juridisme le dispute à la complexité. Il faut, pour préserver la liberté politique, prévoir, par le menu, l'encadrement des gouvernements. Lors de la première séance de la Législative en 1791, 12 vieillards chenus vont

en procession quérir le livre de la Constitution pensé comme le nouveau Saint-Sacrement... Enfermée dans une arche d'alliance, elle est considérée comme un objet de culte comme autrefois, le Décalogue, propre à éveiller aussi l'esprit civique. Et la Déclaration des droits est fixée sur la pierre ou le métal à l'imitation des commandements de Dieu (Jacques Godechot, *Bible de la nouvelle religion*), la Constitution fut souvent imprimée sous la forme d'un bréviaire. Le culte révolutionnaire, préparé par la philosophie des Lumières, est guidé par la pensée de Rousseau et la nouvelle religion du contrat social. Le *hiatus* souvent souligné entre l'instabilité constitutionnelle et la vénération de la Constitution n'en est que p.lus frappant. Il rend compte moins de constructions inadaptées que d'un désaccord fondamental sur les règles du jeu. Si les Constitutions révolutionnaires s'essaient à établir des équilibres fragiles, ils sont rompus dès que la pratique leur donne vie. Faute d'accord entre les groupes sur la forme du pouvoir, son organisation est contestée.

§ 1. La Constitution de 1791

13 La Constitution de 1791 est précédée d'un préambule (**A**) rappelant les principes fondamentaux établis par la Déclaration des droits de l'homme (v. aussi ANNEXES), l'« égalité » et la « liberté ». Elle fixe l'organisation constitutionnelle (**B**) que la pratique éclairera d'un jour particulier (**C**)...

A. Son préambule : la Déclaration des droits de l'homme et du citoyen de 1789

14 **Les origines.** La Déclaration des droits de l'homme et du citoyen n'en a pas moins une portée considérable et une postérité étonnante (v. ANNEXES). Elle pose l'existence de droits naturels – imprescriptibles – supérieurs en cela à la volonté de la nation elle-même. Elle puise sa source du mouvement philosophique, lui-même nourri par le droit naturel du XVIIe siècle. L'homme est titulaire de droits inhérents à sa personne, antérieurs et supérieurs à l'État. De lointaine lignée, elle est aussi issue du christianisme

dont la théologie médiévale a dégagé une doctrine individualiste. Parmi les philosophes, Grotius exposant le droit naturel ou Pufendorf ont pu marquer de leurs écrits les rédacteurs de la Déclaration. Mais plus immédiatement, ceux-ci ont une connaissance plus directe et parfois familière de Locke, Voltaire, Montesquieu, Rousseau, de l'Encyclopédie et des physiocrates. Ces derniers avaient pensé à un « Code de la nature » plaçant en tête de celui-ci le droit de la propriété. Condorcet souhaitait en 1788 qu'on réunît dans une déclaration solennelle tous les droits naturels de l'homme.

Les remontrances des cours souveraines au XVIIIe siècle annoncent aussi la Déclaration. En 1776, par exemple, le Parlement de Paris déclare que « *la première règle de la justice est de conserver à chacun ce qui lui appartient, règle fondamentale du droit naturel* » et la cour des Aides rappelle que « *Dieu ne place la couronne sur la tête des rois que pour procurer aux sujets de la sûreté de leur vie, la liberté de leur personne et la tranquille propriété de leurs biens. Il existe en France [...] quelques droits inviolables qui appartiennent à la nation* ».

Enfin, de nombreux cahiers de doléances demandent aux députés des États généraux la rédaction d'une « déclaration des droits de l'homme » – opposée souvent aux « droits féodaux ».

Dès que l'Assemblée nationale se fut proclamée Constituante, elle s'attacha à la rédaction de la Déclaration pensée par plusieurs projets comme étroitement liée à la « Constitution » (le projet de Sieyès s'intitule « préliminaire de la Constitution »). Ce projet est sans doute le plus intéressant et le plus complet. Le but de la société étant le bonheur, il faut assurer à chacun le droit de propriété. Si tous possèdent les droits civils, les droits politiques n'appartiennent qu'aux citoyens actifs, ceux payant une « contribution volontaire », signe de leur intérêt aux affaires. La liberté de penser, de parler, de travailler est aussi citée. Le texte d'inspiration libérale ne servira finalement pas de base aux travaux de la Constituante, mais son esprit marquera la conception de la souveraineté adoptée par celle de 1791.

Aux « patriotes » qui insistent sur l'urgence d'une déclaration des droits, sorte de « catéchisme », exemple américain à l'appui, les royalistes comme Mirabeau rappellent qu'elle est « *inscrite dans tous les cœurs* ». Mais c'est le 4 août, quelques heures avant de voter l'abolition de la féodalité que la Constituante vote le principe d'une déclaration. La discussion dure du 20 au 26 août 1789 et s'accorde sur un texte modéré. Dès le 27, on passe à la discussion de la Constitution, repoussant à plus tard l'examen des articles additionnels aux 17 articles déjà votés. En fait, le texte ne sera plus modifié, Thouret faisant valoir que sous sa forme initiale, il avait déjà acquis auprès du peuple un caractère « religieux et sacré »...

15 **Les droits individuels.** La liberté est un principe majeur présent dans plusieurs articles de la Déclaration. « *Les hommes naissent libres et égaux* » (art. 1er). « *La liberté est le droit de faire tout ce qui ne nuit pas à autrui, ses bornes n'étant déterminées que par la loi* » (art. 4 et 5). « *Les garanties de la liberté individuelle* (art. 7 à 9) *sont posées : tout homme est présumé innocent tant qu'il n'a pas été reconnu coupable* ». La loi ne peut avoir d'effet rétroactif (idées empruntées à la philosophie anglaise du XVIIe et au célèbre criminaliste italien Beccaria). La liberté de pensée est aussi proclamée : « *Nul ne doit être inquiété pour ses opinions, même religieuses, pourvu qu'elles ne troublent pas l'ordre public* » (art. 10).

La mention des opinions religieuses est détournée car donnant lieu à des discussions animées – de même que la référence à l'Être suprême dans le préambule. Cette dernière invocation permet de concilier les points de vue chrétien et déiste de l'Assemblée et ménage aussi la sensibilité de l'opinion française, massivement catholique. Dans le prolongement de la liberté d'opinion est reconnue celle de la presse (art. 11). La Déclaration ne fait pas mention cependant de la liberté, des cultes, de réunion ou d'association, ou des libertés économiques. La liste des libertés s'achève par la reconnaissance du droit de propriété, « *inviolable et sacré* », l'expropriation étant possible « *si l'utilité publique le requiert* » (art. 17). Pour Rousseau, la propriété avait été créée par la loi, mais la Déclaration est rédigée par ses propriétaires.

S'agissant de l'égalité, chaque citoyen a le droit de concourir à l'établissement de la loi (art. 6) et est égal devant elle. De ce principe découle l'égalité fiscale (art. 13). « *La loi est la même pour tous, soit qu'elle protège, soit qu'elle punisse*», affirme encore l'article 6, tout autant que l'égale accessibilité aux emplois publics.

16 **Les principes constitutionnels**

> « *Toute société dans laquelle la garantie des droits n'est pas assurée, ni la séparation des pouvoirs déterminée, n'a point de Constitution.* »
> DDH de 1789, article 16.

L'article 16 moins qu'une référence faite aux idées supposées de Montesquieu ne fait que poser le principe selon lequel un « *Gouvernement despotique est un Gouvernement sans Constitution c'est-à-dire sans répartition des compétences ou, si on préfère, sans séparation des pouvoirs* » (Marcel Morabito). La souveraineté, proclame l'article 3, réside dans la nation. « *Nul corps, nul individu ne peut exercer d'autorité qui n'en émane expressément* ». Implicitement, le roi n'est plus qu'un de ses mandataires. Mais, ici encore, n'est pas tranchée la question de savoir comment concilier son autorité avec le principe électif.

« *La loi, aux termes de l'article 6, est l'expression de la volonté générale. Tous les citoyens ont droit de concourir personnellement, ou par leurs représentants, à sa formation* ». Inspiré directement de Rousseau le premier terme de l'article rappelle que la loi est le principal rempart contre l'arbitraire ; chacun participant à sa formation, elle ne peut être oppressive. Faite par le peuple, elle statue pour lui et sur lui. Elle est souveraine à raison de son origine populaire. Mais la seconde partie de l'article s'écarte de la pensée de Rousseau. La mention des « représentants », chers à Sieyès, est en opposition avec la thèse du maître de Genève : « *La souveraineté,* explique-t-il dans *Du contrat social, ne peut être représentée pour la même raison qu'elle ne peut être aliénée ; elle consiste essentiellement dans la volonté générale et la volonté générale ne se représente point ; elle est la même ou elle est autre ; il n'y a point de milieu ; les députés du peuple ne sont donc ni ne peuvent être ses représentants* » (Livre III, chap. XV).

La Déclaration des droits de l'homme et du citoyen, sur le plan constitutionnel, laisse un vaste champ ouvert à l'interprétation et aux possibilités de l'organisation du pouvoir que la Constitution de 1791 devait préciser.

B. Les règles constitutionnelles

17 **Souveraineté nationale et régime représentatif.** La Constitution proclame la souveraineté nationale, « *une, indivisible, inaliénable et imprescriptible* » (titre III, art. 1er). « *La nation de qui émanent tous les pouvoirs ne peut les exercer que par délégation. La Constitution française est représentative. Les représentants de la nation sont le Corps législatif et le roi* » (titre III, art. 2).

C'est en vertu du principe que la nation n'exerce pas directement sa souveraineté qu'est écartée l'idée de ratification populaire et de souveraineté du peuple. Mieux, le mandat est représentatif et non impératif. Les citoyens ont la faculté de nommer des représentants non de les contrôler. Enfin, le suffrage censitaire est fondé sur la distinction entre citoyens actifs et passifs et conforte cette construction tandis que le suffrage indirect abstrait éloigne un peu plus le représentant de tout contact direct avec la « base » des électeurs. La souveraineté nationale apparaît déjà comme celle de représentants libres de toute contrainte.

18 **Les pouvoirs de l'Assemblée.** S'agissant de l'organisation des pouvoirs, le Corps législatif est l'incarnation de la volonté législative de la nation. La chambre est unique. L'Assemblée est permanente, comme la nation. Elle fixe elle-même la date et la durée de ses sessions. L'Assemblée est nombreuse et forte de 745 membres, ce chiffre étant censé permettre une meilleure représentation de la nation. Les députés sont répartis entre les 83 départements proportionnellement à trois facteurs : le territoire, la population, la fortune. Ce système original – et peu démocratique – fait que le territoire de chaque département est représenté par trois députés, soit au total 249 ; 249 autres sont répartis entre les départements proportionnellement à leur population ; 249 députés, enfin, sont répartis entre les départements proportionnellement au montant des contributions directes de chacun.

L'Assemblée est élue pour deux ans seulement. Les membres prêtent serment et sont inviolables. Ils ne peuvent être arrêtés que pour crimes et délits constatés en flagrant délit, après avis du Corps législatif décidant qu'il y a lieu à accusation. Indépendante et permanente, l'Assemblée ne peut être dissoute. Elle est libre de fixer ses sessions même si le roi peut la convoquer entre deux d'entre elles. Cette permanence (contrairement à la non-permanence des États généraux) affirmée dès le 9 septembre 1789 faisait suite aux tentatives du roi pour disperser la Constituante.

L'Assemblée est dotée de pouvoirs importants. Elle a l'initiative des lois, le roi pouvant seulement l'inviter « à prendre un objet en considération ». Un projet de loi doit faire l'objet de trois lectures, à huit jours d'intervalle. Après la première lecture, il doit être imprimé et distribué. Sauf déclaration d'urgence, le texte doit être discuté devant au moins deux cents députés et voté à la majorité absolue des suffrages. Ce processus de discussion et de vote a lieu hors la présence des ministres qui ne peuvent être choisis parmi les députés. Ils n'interviennent que si l'Assemblée leur accorde la parole. Le souvenir de l'intervention des ministres du roi lors des États généraux demeure.

19 **Le roi.** Louis XVI est « *roi des Français* » et non plus roi de France par la grâce de Dieu. Ce changement de formule est une révolution en soi, même si sa personne est « *inviolable et sacrée* ». La monarchie reste héréditaire, la consécration de ce principe ancien est désormais constitutionnelle. Le roi est soumis à la loi et doit, sauf à abdiquer, prêter serment à la Constitution. Il peut être déchu s'il se met à la tête d'une armée contre la nation, s'il s'abstient de s'opposer à une telle entreprise faite en son nom, s'il sort du royaume et n'y rentre pas après y avoir été invité par l'Assemblée... (souvenir de la fuite à Varennes). Enfin, le roi reçoit une liste civile, mais n'est plus propriétaire des biens de l'État. En cas de régence, le régent est élu par une assemblée formée d'un député par district. Ce n'est pas, précisément, une disposition d'essence monarchique...

Le roi gouverne avec les ministres, choisis et révoqués par lui. Ils ne dépendent donc pas de l'Assemblée. Par ailleurs, ils travaillent isolément, ne se réunissent pas formellement en conseil et ne sont pas solidaires. Tous ces points éloignent la Constitution du parlementarisme. Les ministres prêtent serment, sont responsables pénalement et sont jugés devant une haute cour. Le roi exerce le pouvoir exécutif par les ministres et non directement (ses ordres sont contresignés par un ministre). Chef suprême des armées, garant de la sûreté extérieure du royaume et dirait-on aujourd'hui, de l'intégrité de son territoire, il nomme une large partie des officiers, la plupart des fonctionnaires non élus.

Si le pouvoir exécutif réside « *exclusivement dans la main du roi* », il intervient aussi dans le domaine législatif par le biais du veto. Par ailleurs, le roi partage avec l'Assemblée le droit de déclarer la guerre et la paix. En charge des relations extérieures, le roi ne peut cependant déclarer la guerre qu'après un vote formel du Corps législatif. De même, il ne peut conclure un traité que sous réserve d'une ratification législative. Ici encore le débat fut animé, recoupant les clivages précédents. Tandis que la Constituante proclamait que la nation renonçait – en théorie ! – à toute guerre offensive, le compromis trouvé grâce à Mirabeau fut voté à la quasi-unanimité.

Une fois voté, le texte (qui n'est encore qu'un décret) doit être revêtu de la sanction royale pour devenir loi, à l'exception des textes consacrant l'établissement, la prorogation et la perception des contributions. Mais le roi peut refuser sa sanction et opposer son veto suspensif. L'Assemblée peut passer outre si deux législatures successives votent de nouveau le même texte. La durée du veto est donc de quatre à six ans. Enfin, l'Assemblée peut tourner le veto en s'adressant directement au peuple par des proclamations. Ainsi, elle appellera le 11 juillet 1792, le peuple aux armes en proclamant « *la patrie en danger* ».

Notons aussi qu'elle fixe annuellement les effectifs des armées.

20 **La révision.** Toujours dans la crainte d'un coup de force, les constituants rendent la révision complexe, qu'elle soit totale (si impensable que les règles n'en sont pas fixées !), soit partielle (titre VII, art. 1er). Dans ce cas, trois législatures successives devaient en émettre le vœu mais celui-ci ne peut être exprimé qu'après quatre années de fonctionnement de la Constitution (soit, au plus tôt, 10 ans après). Une assemblée spéciale comprenant 249 membres de plus que le Corps législatif y procède, tenue par le contenu du vœu. Le roi ne peut s'opposer à la révision.

Avec la Constitution du 3 septembre 1791, la « théorie » des Constitutions rigides – c'est-à-dire la révision dans des formes prescrites – va dominer à l'exception des Chartes de 1814 et de 1830. Si les lois constitutionnelles de 1875 donneront une portée limitée à ce principe, les Constitutions de la IVe et de la Ve République le confirmeront. « L'achèvement de la Constitution sera aussi le terme de la Révolution ». Ainsi pensait Thouret, mais aussi la majorité de l'Assemblée : la Constitution devait durer 11 mois.

C. La pratique institutionnelle

21 La Constitution écarte trois millions de citoyens « passifs » dont le mécontentement devait être exploité. Par ailleurs, en instituant le veto, elle aggrave en fait les possibilités de conflit entre le roi et l'Assemblée. Quant au contexte dans lequel elle va vivre, il est marqué par la guerre avec l'Europe monarchique et l'agitation populaire : l'Assemblée est de manière croissante soumise à sa pression, y compris dans les tribunes. La « *confrontation chaotique et cahotée de deux "méfiances" de l'Assemblée envers la cour et de la cour envers l'Assemblée* » (J.-J. Chevallier) rythme ces 11 mois comme elle a façonné la Constitution. Certes, la « crise ministérielle » de mars 1792, scellant le remplacement de ministres feuillants par des ministres Girondins, prend l'allure d'une crise parlementaire presque classique. Le ministre des Affaires étrangères, Delessart, aurait manqué de « fermeté » à l'endroit de l'Autriche et est accusé par l'Assemblée, menée par Brissot, de haute trahison. Le roi accepte sa démission et celle de ses autres ministres feuillants, les remplaçant par des ministres Girondins. La responsabilité pénale est en fait transformée en responsabilité politique et le roi agit en roi parlementaire en formant son Gouvernement avec des hommes appartenant à la majorité de l'Assemblée. Il les révoquera cependant plus tard, conformément d'ailleurs à la Constitution. Quant à l'exercice du veto, par deux fois il génère un conflit grave entre le roi et l'Assemblée. Le roi refuse de sanctionner à l'automne 1791 les décrets relatifs aux émigrés et aux prêtres réfractaires. Le 27 mai 1792, l'Assemblée vote deux décrets l'un visant – à nouveau et plus durement – les

prêtres réfractaires, l'autre autorisant la formation d'un camp de 20 000 hommes à Paris.

Le roi s'oppose aux deux décrets. Le 20 juin 1792, le peuple des faubourgs envahit l'Assemblée aux cris de « *À bas le veto, rappelez les ministres* ». Louis XVI tient bon. Il joue officiellement le jeu de la Constitution mais secrètement la renie. Enfin, dans la nuit du 9 au 10 août, une commune insurrectionnelle voit le jour à Paris et la Convention nationale suspend le roi sous la pression populaire et décide de l'élection au suffrage universel d'une nouvelle Constituante.

§ 2. La Constitution de 1793

A. Le contexte politique

22 Le 10 août 1792 au moment où le Corps législatif suspend le roi et remplace le ministère par un conseil exécutif provisoire nommé par l'Assemblée est scellée la fin de la monarchie constitutionnelle. Jusqu'au 20 septembre, date de la réunion de la Convention, ce conseil exerce une véritable dictature.

En même temps, l'Assemblée a établi le suffrage universel, avec des restrictions. Le suffrage à deux degrés est maintenu. La Convention est élue début septembre tandis que moins d'1/10e des électeurs va voter, compte tenu des conditions du moment (massacres de septembre, pressions, vote public...). Elle proclame le 21 septembre qu'« il ne peut y avoir de Constitution que celle qui est acceptée par le peuple » et, abolissant la royauté, proclame l'an 1 de la République.

Le 11 octobre, la Convention désigne un comité de Constitution composé en majorité de girondins, à l'image de l'Assemblée. Ce comité rédige un premier projet dont Condorcet est le rapporteur. Ce projet est long. Une déclaration de 33 articles, et une Constitution de 400 articles ! Lorsqu'intervient le coup de force du 2 juin, sous la pression des « sans-culottes », seuls six articles ont été votés : l'article 1er consacrant l'indivisibilité de la République (admise depuis septembre 1792) et le maintien de la division en départements, districts, communes. Le texte définitif bâclé en quelques jours, est adopté par la Convention le 24 juin 1793 dont les Montagnards sont désormais les maîtres.

B. Les dispositions constitutionnelles

23 **Les nouveaux droits.** Dès l'origine, et avant même l'épuration girondine, l'Assemblée est sensible à la philosophie de Rousseau mais aussi soucieuse de tenir compte de l'expérience : la Constitution montagnarde conserve une part des articles de la Déclaration des droits, votée déjà le 31 mai, en ajoute d'autres et l'amende ; d'une part, s'agissant de l'énumération des droits, l'égalité passe au premier rang avant la liberté, la sûreté et la propriété. La Déclaration est déiste : « *Le peuple français (...) reconnaît et proclame, en présence de l'Être suprême* » absent de la déclaration girondine. Elle fait aussi de la révolte et du droit de résistance à l'oppression un droit majeur. De même, elle consacre « *le devoir de la société de procurer un travail à ceux qui en sont privés ou des moyens d'existence* ». Le but de la société (n'est-il pas) le « *bonheur commun* » ?

24 **Le pouvoir de suffrage.** La Constitution consacre le suffrage universel et direct et même, dans certaines conditions, le droit de vote pour les étrangers. Le texte, sur ce point, dissocie partiellement citoyenneté et nationalité. Par ailleurs, le peuple intervient indirectement dans la désignation du Conseil exécutif. Celui-ci est désigné par l'Assemblée législative (et non le peuple comme dans le projet girondin) sur une liste préparée par les assemblées électorales des départements à raison d'un candidat par département. Quant au référendum, il peut être constituant ou se traduire par le veto populaire. À cet égard, le Corps législatif publie des décrets mais il ne peut que proposer des lois. Les projets de lois sont définitifs si, 40 jours après leur envoi aux départements, dans la moitié de ceux-ci plus un, le 10e des assemblées primaires de chaque département n'a présenté aucune objection. Dans le cas contraire, le projet de loi est soumis à référendum. Mais la Constitution n'en précise pas les conditions. Si le droit d'initiative du projet girondin a disparu en matière législative, il demeure en matière constitutionnelle. Si dans la moitié plus un des départe-

ments, les assemblées primaires de chacun d'eux proposent une révision constitutionnelle, celle-ci est proposée à référendum. Si le peuple vote la proposition, une « convention » est élue selon la même procédure que l'Assemblée législative, son projet étant soumis au peuple.

Au total et au regard du projet girondin, le texte montagnard fait de la limitation des pouvoirs du Corps législatif par le peuple une apparence plus qu'une réalité.

25 **L'Assemblée.** Le pouvoir législatif est un, indivisible et permanent. Le Corps législatif n'est élu que pour un an afin que les représentants soient au plus près de la volonté générale. L'Assemblée incarne la fonction législative. Quant au Conseil exécutif, renouvelable par moitié chaque année et élu pour deux ans, il est strictement cantonné à un rôle d'exécution des lois et sans pouvoir d'initiative. Il peut cependant, contrairement au projet girondin, négocier les traités, nommer et révoquer les ministres, indépendants les uns des autres, chefs d'administrations. Le Conseil composé de 24 membres – pour le rendre un peu plus impersonnel – est nommé par le Corps législatif qui peut en outre le mettre directement en accusation pour prévarication. Ses membres sont aussi responsables de l'exécution des lois et décrets.

C. Un mythe constitutionnel

26 Cette Constitution devrait en théorie permettre à l'Assemblée – et aux Montagnards – d'exercer la plénitude du pouvoir. Elle fut approuvée par 1 801 918 « oui » contre 11 610 « non »... Il y eut donc au moins 4 300 000 abstentions. Le vote est public et oral et de nombreux citoyens, dans la crainte de paraître « inciviques », préfèrent s'abstenir. En outre, beaucoup de « oui » se font avec « réserve » (libération des chefs girondins, annulation des lois votées depuis leur arrestation, convocation immédiate d'une nouvelle assemblée législative, rappel des représentants en mission, liberté complète du culte catholique, etc.).

Suspendue par ses auteurs sous l'empire des circonstances, la Constitution de 1793 ne fut jamais appliquée. Première Constitution républicaine, elle devait aussi contribuer à l'assimilation intellectuelle de la souveraineté de l'Assemblée avec celle du peuple. Et, comme l'écrit Jean-Jacques Chevallier : « *À travers les combats, les échecs, les déceptions où se formera la tradition républicaine française celle que recueilleront les radicaux de la IIIe République naissante, tel Clemenceau, la Constitution de 1793 a brillé comme un phare, elle a rayonné comme un texte sacré, porteur des rêves essentiels de la démocratie, parfaitement irréalisables en 1793* ».

§ 3. La Constitution de l'an III (22 août 1795)

A. L'élaboration

27 Le 9 thermidor marque la destruction de la dictature de Robespierre. La journée du 1er prairial (20 mai 1795) est le théâtre du nouvel envahissement de la Convention par les insurgés réclamant « du pain et la Constitution de 1793 ». Sévèrement réprimée, cette insurrection populaire est un échec. Elle renforce les thermidoriens dans la volonté d'en finir avec la Constitution démocratique de 1793. Très vite, ce texte est enterré. La rédaction d'une nouvelle Constitution sera l'œuvre d'une commission de 11 membres dont Daunou est, avec Boissy d'Anglas, l'inspirateur. Le texte est l'antithèse de la précédente Constitution. Dans les débats – 30 séances du 23 juin au 17 août 1795 – l'influence de Rousseau est répudiée en même temps que les modèles antiques. Montesquieu est à l'honneur plus comme théoricien des corps intermédiaires que comme apôtre de la collaboration des pouvoirs. Le « modèle » anglais est ainsi peu discuté. On pense aux États-Unis, seule République où la division des pouvoirs est organisée – mais sans copier ses institutions. Quant à Sieyès, il n'imposera pas son idée de jury constitutionnaire chargé de contrôler le respect de la Constitution.

B. Les principes fondamentaux

28 **La déclaration des droits et devoirs.** La Constitution, longue de 377 articles (!) est précédée d'une déclaration des droits et des devoirs

de l'homme et du citoyen. Elle reprend les principales dispositions de la Déclaration de 1789 mais en atténue la portée.

29 **La souveraineté.** La souveraineté ne réside plus dans la nation mais, dans l'« universalité des citoyens » – en principe. Le retour au suffrage censitaire fut en effet peu contesté dans les débats... Quant à l'intervention directe des citoyens, elle est réduite, par rapport à 1793, au seul référendum constitutionnel.

Le suffrage est aussi indirect : les citoyens se réunissent en assemblées primaires pour désigner des électeurs du second degré qui, réunis en assemblées électorales, désignent les députés. Le suffrage est censitaire : 300 000 électeurs du second degré (43 000 en 1791) pour 6 millions de citoyens. Enfin, le vote est secret.

C. L'organisation des pouvoirs

30 **Le Corps législatif.** Pour éviter toute dictature du pouvoir législatif, il est interdit aux conseils de déléguer leurs fonctions ou d'exercer par eux-mêmes, ou par un tiers, le pouvoir exécutif ou judiciaire. Toute fonction publique est incompatible avec le mandat du représentant. Celui-ci ne peut être réélu qu'après un délai de deux ans. La Constitution sera complétée par les décrets des 22 et 30 août 1795 (5 et 13 fructidor) destinés à perpétuer les conventionnels au pouvoir. Les deux tiers des nouveaux représentants doivent être choisis parmi eux à l'exception de 18 députés montagnards déclarés inéligibles. Si le chiffre des deux tiers n'était pas atteint – ce qui arrivera – les conventionnels réélus se forment en assemblée électorale de France et cooptent le nombre de conventionnels nécessaires pour atteindre le chiffre de cinq cents. Ces décrets sont soumis à ratification populaire en même temps que la Constitution.

Enfin, ce n'est qu'avec la nouvelle Constitution du 21 août 1795 que le bicaméralisme fait sa première apparition dans la vie politique française. Le Conseil des Cinq-Cents a l'initiative des lois, votant les projets après trois lectures. Le Conseil des « Anciens » (dont l'étymologie rappelle celle du Sénat romain *senex* : « vieux ») approuve ou non, les « résolutions » des Cinq-Cents mais sans pouvoir les amender tout en étant garants de leur constitutionnalité.

Le Corps législatif comprend donc deux formations et 750 membres élus au suffrage censitaire indirect. Cette collaboration – finalement assez heureuse – entre les deux Conseils s'inscrivait cependant dans le cadre d'un agencement rigide des pouvoirs qui devait conduire à la fin de la Constitution.

Les deux chambres sont élues pour trois ans, et renouvelables par tiers, chaque année. Le Conseil des Cinq-Cents a l'initiative des lois, vote les projets de lois, après trois lectures, faites à 10 jours d'intervalle – sauf urgence. Le Conseil des Anciens approuve ou rejette, après trois lectures, les projets de lois votés par les Cinq-Cents : soit il n'adopte pas le projet qui ne peut être représenté qu'après une année révolue, soit il l'annule si les formes prescrites par la Constitution pour l'élaboration des résolutions n'ont pas été respectées. Il n'a ni droit d'initiative, ni droit d'amendement. Il décide cependant du lieu de résidence du pouvoir législatif. La validité des élections est vérifiée conformément à une loi votée par le Conseil des Anciens sur proposition du Conseil des Cinq-Cents. Ce sont ces dispositions qui, en amenant l'annulation d'élections, permirent les coups d'État du 18 fructidor an V (4 septembre 1797) et du 22 floréal an VI (11 mai 1798).

31 **Le Directoire.** La défiance envers l'exécutif, héritée de 1789, s'est encore accrue avec le souvenir de la dictature de Robespierre. Le Gouvernement est collectif. Le « *directoire exécutif de cinq membres* » est cantonné à un rôle strict d'exécution même si, protocolairement, il est « *au premier rang* ». Il faut la présence de trois membres pour arrêter les mesures du Gouvernement. La pluralité de ses membres affaiblit encore l'exécutif. Cette méfiance se traduit aussi dans le mode de recrutement. Ils sont élus par le Corps législatif. La durée de leur mandat est de cinq ans mais le Directoire est soumis au renouvellement annuel d'un de ses membres. Celui-ci ne peut être renommé qu'après cinq ans.

Les Conseils se renouvelant aussi par fractions, on accroît encore la variabilité de la composition du Directoire. S'agissant de la présidence, chaque directeur est président à son tour et pour trois mois. Il dispose ainsi d'un vaste pouvoir de nomination des ministres aux receveurs des impôts directs de chaque département. Notons que les ministres qu'il nomme et révoque ne forment pas un conseil et sont de simples agents d'exécution. Ceux-ci ne disposent d'aucun droit d'entrée ni de parole au Corps législatif.

Dans le domaine extérieur, le Directoire peut conclure des traités mais ne peut déclarer la guerre sans un décret du Corps législatif. Il dispose de la force armée mais ne peut exercer de commandements effectifs. Il nomme et révoque les généraux en chef. Par ailleurs, le Directoire reçoit le pouvoir réglementaire et peut faire des « *proclamations conformes aux lois et pour leur exécution* » (art. 144). Le Directoire s'autorisera à prendre des règlements autonomes – n'étant le prolongement d'aucune loi mais avec l'accord du Corps législatif.

Dans le domaine législatif, le Directoire n'a pas le droit d'initiative mais peut inviter le Conseil des Cinq-Cents à prendre un objet en considération. Les relations entre le Corps législatif et le Directoire se bornent à des messages écrits portés par des messagers d'État aux Conseils.

Si la Constitution établit un pouvoir exécutif fort, elle prend des précautions pour assurer sa soumission au pouvoir législatif. Les directeurs sont responsables pénalement et peuvent aussi être mis en accusation – à l'égal des députés – devant la Haute Cour saisie par le Corps législatif.

32 **La révision.** Pour éviter toute révision brusquée, l'initiative en est confiée aux Anciens. La proposition doit être ratifiée par les Cinq-Cents. Mais pour que la révision ait lieu, il faut que l'initiative des Anciens soit renouvelée et approuvée trois fois dans un délai de... neuf ans. Dans ce cas, une assemblée de révision est élue, à raison de deux députés par département, selon le même système électoral que les Conseils. L'assemblée de révision se borne à examiner les articles constitutionnels désignés par le Corps législatif : ils sont soumis à référendum.

D. La pratique institutionnelle

33 **Le référendum.** La consultation se déroula entre le 6 et le 22 septembre 1795 (20 fructidor et 1er vendémiaire). Il n'y eut que 1 107 000 votants contre 1 900 000 en 1793. La Constitution fut acceptée par 1 057 390 oui contre 49 978 non. Le chiffre élevé des abstentions souligne le faible attrait du régime thermidorien (nonobstant la période de septembre absorbant les paysans aux travaux des champs). En outre, comme en 1793, le vote est accompagné de propositions diverses d'amendement, en particulier du système censitaire mis en place par le projet de Constitution. Quant au décret des deux tiers il passe plus difficilement : 205 498 oui contre 107 784 non et ce chiffre n'est atteint qu'en écartant les votes des sections parisiennes qui avaient rejeté les décrets à l'unanimité sans indiquer le nombre des votants...

34 **Élections et coups d'État.** La Constitution de l'an III (1795) est l'œuvre de ce qui reste de la Convention, après ses épurations successives, et de ses rescapés issus du Marais. Ils s'attachent à conjurer leurs peurs : celle du peuple (d'où le suffrage censitaire), celle de l'exécutif concentré dans la période jacobine (d'où une séparation « stricte » des pouvoirs). Le décret des deux tiers permet aux thermidoriens de rester au pouvoir. Ils sont 907. Quant au nouveau tiers laissé au libre choix, seuls quatre conventionnels sont élus... Les autres sont en immense majorité royalistes.

Entre les directeurs et les Conseils existe une communauté de vues. Mais le renouvellement annuel des directeurs par cinquième et des Conseils par tiers va compromettre cette harmonie forcée. Pour les uns comme pour les autres, l'objectif est de maintenir la majorité au pouvoir, chaque élection devenant une menace pour le personnel thermidorien. Les élections de l'an V (1797) marquent ainsi la déroute des « perpétuels » et une forte poussée royaliste. Les élections sont cassées dans 49 départements sur 98. En avril 1798, le scénario est le même. Les élections de l'an VI (1798) marquent cette fois une poussée à gauche. Le Directoire, menacé d'une alliance entre modérés, royalistes et jacobins, obtient des Conseils en place qu'ils cassent l'élection de leurs successeurs par la loi du 11 mai 1798 (22 févréal an VI) qui annule 98 élections.

En avril 1799, l'impopularité du Directoire n'a jamais été aussi forte : sur 315 nouveaux élus, 70 seulement sont favorables au Directoire. C'est la victoire de la gauche. Cette fois, ce sont les Conseils qui imposent par divers procédés son renouvellement au Directoire. Le coup d'État du 18 brumaire an VIII (9 novembre 1799) clôt la série. Le prétexte en est la crainte d'un complot jacobin pour transférer le siège du Corps législatif à Saint-Cloud, le 18 brumaire sous la protection du commandant investi de la garnison de Paris, le général Bonaparte. L'opération réussit et le Directoire s'effondre. Les Conseils, sous la pression des armes, désignent trois consuls pour gouverner : Bonaparte, Sieyès et Ducos.

Faut-il incriminer la Constitution dans la chute du Directoire, après quatre années de fonctionnement ? Celle-ci s'éclaire d'abord au regard de la faible adhésion qu'elle trouve dans la population. Sous-tendue par la volonté de ses créateurs de conserver le pouvoir comme le souligne le décret des deux tiers, elle ne pouvait, dans leur esprit, fonctionner sans eux... La vie constitutionnelle est moins marquée par l'affrontement des pouvoirs, comme en 1791 que par le conflit entre le personnel politique thermidorien et l'expression du suffrage. Dès lors que celui-ci ne confirme par leur vocation à se perpétuer, on ajuste ce décalage par le coup d'État ou la violation de la Constitution à l'image d'« *une place assiégée qui doit de temps en temps se dégager par des sorties violentes* » (Barras).

§ 4. Les constitutions du Consulat et de l'Empire

A. Le Consulat et l'Empire

35 En théorie, il y a deux régimes distincts de novembre 1799 à avril 1814 : le Consulat jusqu'en mai 1804, puis l'Empire. Et il faut aussi prendre en compte la période des Cent-Jours (20 mars - 22 juin 1815). En fait, un homme s'affirme sous deux noms : Bonaparte, puis Napoléon Ier. De premier des consuls, il devint

monarque héréditaire et empereur des Français. Ce changement s'opère à travers trois Constitutions. La Constitution de l'an VIII (13 décembre 1799), compte seulement 95 articles, rédigée principalement par Sieyès et corrigée par Bonaparte (« *Une Constitution doit être courte et obscure* »). Elle instaure le Consulat en République. Cette Constitution est modifiée en l'an X (4 août 1802) et le Consulat à vie est proclamé. Attribuée à Bonaparte – qui peut désigner son successeur – elle renforce encore les pouvoirs du Premier consul par un « législatif » écartelé et docile (Corps législatif, Tribunat, Sénat). Disposant désormais, à l'image de la monarchie, du droit de grâce, il signe librement les traités de paix et d'alliance. Enfin, la Constitution de l'an X rétablit le suffrage censitaire. La Constitution de l'an XII (18 mai 1804) proclame enfin Napoléon Bonaparte « *Empereur des Français* » et la dignité impériale héréditaire. Pour l'essentiel, le système de Gouvernement autocratique n'est pas modifié tandis que la République est formellement maintenue.

Cette concentration du pouvoir est étayée par le plébiscite. Dans la République romaine, il s'agissait d'un texte voté sur la proposition d'un tribun dans les assemblées de la plèbe et ne s'appliquant qu'à elle. En fait, le plébiscite reprend le procédé du référendum de la Constitution montagnarde mais établit cette fois un lien direct, par-dessus le législatif entre le chef politique de la nation et le peuple.

Chacune des Constitutions napoléoniennes est accompagnée de plébiscite faisant donc ratifier par le peuple l'accroissement des pouvoirs de Napoléon. Notons que le vote n'est pas secret, chaque citoyen écrivant oui ou non sur un registre, à côté de son nom… La Constitution de l'an X (« *Napoléon Bonaparte sera-t-il consul à vie ?* ») fut acceptée par 3 568 885 oui et 8 374 non, et 500 000 abstentions moins que lors du plébiscite précédent. La Constitution de l'an XII instaurant l'Empire fut adoptée par 3 572 329 oui contre 2 569 non. Enfin, l'Acte additionnel ne fut approuvé que par environ 1 536 000 oui contre 4 002 non. L'affaiblissement de l'adhésion au régime se lit moins dans les non que dans la croissance de l'abstention.

B. L'« Acte additionnel aux constitutions de l'Empire »

36 De retour de l'île d'Elbe en mars 1815 où il a été exilé après sa défaite en 1814, l'Empereur se présente, à l'intérieur, face à la première Restauration et aux Bourbons comme le défenseur de la Révolution française. Isolé et en position de faiblesse, il doit apparaître aussi face à l'étranger comme converti aux principes libéraux que la Charte de 1814 semble adopter quant à l'organisation des pouvoirs, rompant avec l'absolutisme impérial. Largement inspiré par Benjamin Constant, l'Acte constitutionnel contenant 67 articles fut promulgué le 22 avril 1815 et le plébiscite le ratifiant apporta seulement 1 298 356 oui contre 4 206 non. L'abstention approche donc des 80 %.

L'Acte contient une déclaration des droits des citoyens, rappelant l'essentiel de la déclaration de 1789. L'Empereur, face à la restauration monarchique, se pose en continuateur et défenseur de la Révolution française. L'organisation des pouvoirs semble maintenir le système ancien, mais c'est en fait le pouvoir législatif qui se trouve modifié sensiblement. Deux chambres sont créées, celle des pairs et celle des députés.

Les pairs sont nommés à titre irrévocable et héréditaire par l'Empereur, en nombre illimité ; les membres de la famille impériale sont en outre, membres de droit (ce qui rappelle la Charte de 1814). Le président est l'archi-chancelier ou un autre membre désigné par l'Empereur.

La Chambre des représentants, dont les séances sont publiques, élue pour cinq ans, se renouvelle intégralement, désigne son président pour cette durée avec l'agrément de l'Empereur. Les membres couverts par l'inviolabilité sont âgés de 25 ans au moins, ils sont au nombre de 629. À la base, le suffrage est universel, contrairement à la Charte mais l'éligibilité conserve un caractère censitaire. S'agissant de la légitimité, qui n'est plus de droit divin, de la procédure législative comme des rapports entre le pouvoir exécutif et législatif plus équilibrés, le texte s'écarte de la lettre et de l'esprit de la Charte.

Après la défaite de Waterloo, l'Empereur abdique le 22 juin 1815 en faveur de son fils. Le nouveau régime aura duré à peine cent jours. La Chambre des représentants conçoit alors un projet de Constitution dont l'économie libérale et surtout la volonté d'instaurer une monarchie limitée témoignent de l'impossibilité de revenir à un régime autoritaire, qu'il soit impérial ou royal.

SECTION 2
L'APPRENTISSAGE DU PARLEMENTARISME (1814-1848)

37 Le premier visage de la période 1814-1830 est l'apprentissage du parlementarisme qui fonctionne déjà en Grande-Bretagne et repose alors progressivement sur deux principes. Le premier est que le Cabinet – le Gouvernement – solidaire se retire s'il fait l'objet d'une motion de défiance votée par la majorité de la Chambre basse – la Chambre des communes – ou s'il engage sa responsabilité formellement sur le vote d'un texte qui ne reçoive pas l'assentiment de cette majorité. Cependant, au lieu de se retirer, le Cabinet peut demander au roi de dissoudre la Chambre qui refuse son concours, l'électeur étant juge du différend entre le Gouvernement et le Parlement. Le roi conserve cependant une influence réelle dans le choix des ministres – même s'il les choisit dans la majorité et assure d'autant mieux son influence sur la politique gouvernementale que les partis ne sont pas structurés et qu'il peut aussi jouer de leurs tendances, des rivalités de personnes pour s'assurer de cette même majorité. Il dispose en outre de la Chambre des lords, dont le pouvoir législatif est analogue à celui des Communes. Surtout, le découpage électoral et le suffrage censitaire pour l'élection des députés - au moins jusqu'à la réforme du droit de suffrage de 1832 – font des membres de la Chambre haute, propriétaires fonciers, des grands électeurs en puissance qui, par leur influence sociale, pèsent sur l'élection des députés de la Chambre des communes. Après cette réforme, n'ayant plus d'influence directe sur l'élection des députés, le roi continuera de peser sur les coalitions et les formations de majorité jusqu'à ce

que les partis politiques britanniques deviennent suffisamment structurés et disciplinés pour l'en empêcher.

Alors que cette « révolution » qu'on vient brièvement de rappeler se fait sans trop de heurts en Angleterre, l'apprentissage du parlementarisme s'avère difficile en France. Mais elle est décisive dès lors que se créent, au fil des ans, ou sont confortés des usages qui nourriront les expériences futures. Trait d'union ou transition entre deux époques et deux principes, la souveraineté du roi et la souveraineté de la nation, cette période connaît un équilibre fragile.

§ 1. L'élaboration des chartes

A. La Charte de 1814

38 Napoléon battu en 1814, Talleyrand et le Sénat impérial négocient pour établir un nouveau régime. Le tsar Alexandre charge le Sénat de la création d'un Gouvernement provisoire, une commission de cinq membres admet la restauration monarchique. Le Sénat qui, trahissant l'Empereur, a proclamé sa déchéance le 2 avril 1814 après la capitulation de Paris, imagine une Constitution libérale et, avec elle, une monarchie constitutionnelle à « l'anglaise » qui répond à l'air du temps, prenant d'ailleurs l'allure d'une sorte de résurrection du premier projet de Constitution de l'Assemblé constituante de 1791. Et le roi serait rappelé par le vœu du peuple...

Mais Louis XVIII, peu enclin à une « *Constitution libérale* », ne pouvait accepter de voir son pouvoir émaner de la souveraineté nationale et écarter le projet sénatorial par sa déclaration de Saint-Ouen (2 mai 1814) : « *rappelé par l'amour de notre peuple au trône de nos pères, notre première pensée est d'invoquer cette confiance mutuelle si nécessaire à notre repos et à son bonheur* ». Louis XVIII ne veut pas renier la légitimité monarchique. Une commission des membres du Sénat et du Corps législatif doit élaborer une Constitution avec, comme base, le Gouvernement représentatif, le dualisme des chambres, des impôts librement consentis, des ministres responsables pénalement. La Déclaration pose des principes vagues.

La Charte de 1814, contrairement aux autres Constitutions issues des travaux d'une assemblée ou soumises à des consultations populaires, est établie par une commission de 21 membres issus du Sénat et du Corps législatif impériaux. En fait, leur rôle s'est borné à mettre en forme la volonté de Louis XVIII.

Le retour de l'île d'Elbe de Napoléon termine la première Restauration et suspend l'application de la Charte. L'intermède des Cent-Jours a donné lieu, on l'a vu, à l'Acte additionnel aux Constitutions de l'Empire. Après Waterloo, la Charte de 1814 reprend vie, avec la seconde Restauration.

B. La Charte de 1830

39 La Charte de 1830, après la révolution parisienne de juillet, est issue cette fois des travaux de la Chambre des départements. Dissoute par Charles X, elle se considère comme seule dépositaire de la souveraineté nationale. Elle vote, avec le concours mesuré de la Chambre des pairs, une déclaration le 7 août (219 voix sur 430 – les légitimistes s'abstenant). Elle déclare le trône vacant et abroge le préambule d'Ancien Régime de la charte de 1814. Modifiant sur plusieurs points ce texte, elle proclame surtout que « l'intérêt universel et pressant du peuple français appelle au trône Louis-Philippe, lieutenant général du royaume ». Celui-ci est convié à jurer l'observation de la Charte révisée. Il prend le titre de roi des Français – que Louis XVIII avait jadis rejeté. La Charte n'est donc plus octroyée mais s'affirme comme l'émanation d'un pacte entre le futur roi et la nation censée être représentée par la Chambre. Louis-Philippe est couronné le 9 août 1830 et prête serment.

§ 2. La monarchie selon les Chartes

A. La Charte de 1814

40 Le mot même de Charte évoque un document par lequel les souverains octroient librement des franchises ou libertés à leurs sujets.

La Charte constitutionnelle affirme que les fondements de l'autorité royale sont la divine Providence et le droit héréditaire des Bourbons à régner sur la France. Datée « *de l'an de grâce et de notre règne le dix-neuvième* », la Charte s'insère dans le cadre des lois fondamentales du royaume comme la monarchie s'inscrit dans la chaîne des temps. L'histoire reprend son cours normal tandis que la Révolution française est ignorée. Voilà pour la fiction et surtout peut-être l'idéalisme de la construction juridique qui, formellement, permet d'asseoir la restauration d'une monarchie limitée. Il n'empêche que la Charte, dans un chapitre intitulé « *Droit public des Français* », consacre l'essentiel des droits de l'homme, détachés de leur signification révolutionnaire.

Au roi appartient la puissance exécutive (art. 13) et il est le chef suprême de l'État (art. 14), des armées, conclut les traités, nomme aux emplois civils et militaires mais aussi les juges, toute justice émanant du roi. Il nomme de même – et révoque librement – « ses » ministres, ceux-ci n'encourant qu'une responsabilité pénale mais non politique devant les chambres. Le roi fait enfin « *les règlements nécessaires pour l'exécution des lois et la sûreté de l'État* » (art. 14). C'est en vertu de cet article que le roi peut réviser librement la Charte par ordonnance. Il y procédera le 13 juillet 1815 par une ordonnance modifiant des dispositions électorales, rapportée par une autre ordonnance du 5 septembre 1816 alors que la première avait prévu la voie législative pour la modifier. L'article 14 souligne aussi qu'en dernière instance, le roi peut réunir, à volonté et en situation d'exception, tous les pouvoirs.

Par ailleurs, si « *la puissance législative s'exerce collectivement par le roi, la Chambre des pairs et la Chambre des départements* » (art. 13), en fait le monarque maîtrise largement la fonction législative. Il propose la loi, les chambres n'ayant que la faculté de le « supplier » de proposer une loi, il la sanctionne (ce qui revient à un droit de veto absolu) puis la promulgue. Il convoque les chambres et peut dissoudre la Chambre des députés recrutée par voie élective et censitaire, tandis qu'il nomme librement et en nombre limité les pairs.

C'est tout naturellement que la seconde chambre s'impose avec la naissance de la monarchie parlementaire. La Restauration s'inspire en pointillés du régime d'Angleterre qu'a vu fonctionner un Louis XVIII en exil. Le bicaméralisme répond à la fois à l'idéal de la monarchie tempérée en même temps qu'il restitue à la noblesse son rang dans l'ordre politique. Aussi la Chambre des pairs est-elle conçue comme un contrepoids à la Chambre basse. Pourtant son tour héréditaire pouvait aussi lui conférer l'indépendance et quelque velléité de limitation du pouvoir royal.

La Charte ne permet pas, en temps ordinaire, au roi de réunir en lui tous les pouvoirs. Ainsi « aucun impôt ne peut être établi ni perçu, s'il n'a pas été consenti par les deux chambres et sanctionné par le roi » (art. 48). « Toute loi doit être discutée et votée librement par la majorité des deux chambres » (art. 18). Les Chambres se trouvent donc dans la position théorique de pouvoir empêcher – au moins temporairement – la volonté du monarque.

La Charte organise donc non une quelconque séparation des pouvoirs, le roi participant à l'exercice de tous, mais une pluralité des organes, source potentielle de coopération et de conflits. Par ailleurs, elle instaure une représentation partiellement élective – « *les députés des départements* », hommage indirect à la souveraineté nationale qu'elle fait donc implicitement coexister avec la souveraineté monarchique.

B. La Charte de 1830

41 La Charte de 1830 révise sur plusieurs points celle de 1814. Le préambule de la Charte de 1814 est supprimé et avec lui toute référence à l'Ancien Régime. Il n'est plus question d'octroi mais de pacte.

Le roi (Louis-Philippe et non Philippe VII) est roi des Français et non de France. Aux chambres est reconnu le pouvoir constituant. Il est précisé par ailleurs que les ordonnances royales ne peuvent « *ni suspendre les lois elles-mêmes, ni décider de leur exécution* » (visant ainsi l'article 14 de l'ex-Charte et les ordonnances « scélérates » de juillet 1830) tandis que la mention « *et la sûreté de l'État* » est supprimée, alors que Charles X avait invoqué le salut public. Le roi garde cependant formellement le droit de sanctionner la loi. Il partage désormais l'initiative législative avec les chambres au lieu qu'elle lui appartienne exclusivement. Le président de la Chambre des députés est élu et non plus nommé par le roi. Elle est par ailleurs plus représentative mais peut toujours être dissoute. La responsabilité solidaire des ministres n'est pas organisée devant la Chambre basse.

§ 3. Le suffrage censitaire

A. Sous la Restauration

42 Sous la Restauration, le suffrage pour l'élection des députés des départements est ultracensitaire. Seuls peuvent avoir droit de suffrage ceux qui payent une contribution directe de 300 francs. L'électorat reste, à l'image de l'Empire ou de la Révolution, une fonction et non un droit. En outre, il est réservé aux hommes âgés d'au moins 30 ans (seuil sans précédent) et donc nés avant la Révolution. Près de 100 000 personnes peuvent voter au début de la Restauration (sur 9 millions environ d'hommes en âge de voter). Le chiffre tombe à 88 000 en 1829, par le jeu des dégrèvements d'impôts directs. On décharge le contribuable pour supprimer l'électeur. En outre, à partir de 1820 (loi Lainé, dite du double vote), les électeurs les plus imposés votent deux fois. Alors que la population mais aussi la richesse nationale augmentent, le nombre d'électeurs diminue (37 pour 10 000 habitants en 1817 à 27 en 1830). Parmi les quatre impôts directs hérités du Directoire (portes et fenêtres, patente personnelle, immobilière, impôt foncier), l'impôt foncier est le plus important, assurant ainsi à la propriété terrienne une place de choix aux dépens de la richesse commerciale ou industrielle. S'agissant des éligibles, le cens est fixé à 21 000 francs à l'âge de 40 ans, soit 16 000 personnes.

B. Sous la monarchie de Juillet

43 Sous la monarchie de Juillet, la loi électorale du 19 avril 1831, conformément à l'engagement de la Charte, abaisse le cens électo-

ral de 300 francs à 200 francs, celui d'éligibilité de 1 000 francs à 500 francs et les âges à 30 et 25 ans. En outre, si le nombre des électeurs ne s'élève pas à 50, il est complété par les plus imposés en dessous de 200 francs. Enfin, la loi admet des électeurs payant 100 francs par le biais des « capacités » (membres et correspondants de l'Institut – ils ne seront pas foule ! – officiers de terre et de mer jouissant d'une pension de retraite de 1 200 francs au moins, etc.). Ainsi, le pays légal double presque, passant de plus de 88 000 à plus de 166 000. À la même époque, la Grande-Bretagne, avec cinq millions d'habitants de moins compte cinq fois plus d'électeurs. Mais le corps électoral progresse régulièrement sous l'effet de l'accroissement démographique et de l'enrichissement du pays, conforme sur ce dernier point, à la déclaration de Guizot, « Enrichissez-vous ! » Il atteint ainsi près de 240 000 personnes...

§ 4. L'apprentissage des mécanismes parlementaires

44 C'est le « modèle » anglais qui inspire pour partie sous la monarchie constitutionnelle les pratiques parlementaires. Par touches successives se dégagent certains des traits du parlementarisme, tel que nous le connaissons aujourd'hui. Mais l'activité législative reste limitée : des sessions n'excédant pas six mois, une trentaine de lois votées en moyenne chaque année, un budget réduit, on est loin de la fébrilité des parlements modernes. L'essentiel est cependant d'apercevoir que la responsabilité du Gouvernement s'impose progressivement dès cette époque.

A. Le vote de la loi

45 L'initiative de la loi appartient, de 1814 à 1830, au roi seul et est partagée avec les deux chambres dans la période suivante. En fait, sous la Restauration, les chambres disposent déjà d'une initiative indirecte par le biais de la supplique faite au souverain de proposer une loi. L'examen des projets de loi est facilité par l'existence

de neuf bureaux entre lesquels les députés se répartissent. Chaque bureau examine le texte et désigne un rapporteur. Les neuf rapporteurs choisissent à leur tour un seul rapporteur pour la séance plénière. Les bureaux peuvent aussi désigner des commissions spéciales et temporaires pour examiner un texte.

Les propositions de loi d'initiative parlementaire indirecte sont soumises sous la Restauration à trois lectures à l'image de la Constitution de 1791 et de la pratique anglaise. Toute loi, dans les deux Chartes, est discutée et votée librement par la majorité de chacune des deux chambres, par rapport aux suffrages exprimés, sous réserve d'un quorum (la moitié des députés, le tiers des pairs). La discussion en séance est donc libre pour chaque député, sans limitation de temps. Le vote n'est pas public comme sous la Révolution, mais secret à l'instar de l'Empire. Sous l'impulsion de Duvergier de Hauranne, le règlement est modifié et le principe du vote public admis le 18 mars 1845 pour toute proposition qui a une loi pour objet (sauf demande de scrutin secret par au moins 20 députés).

B. Le vote du budget

46 La Charte de 1814 accorde aux chambres le droit de consentir l'impôt. C'est le baron Louis qui fixa dès la première Restauration le principe de l'examen des dépenses, avant celui des recettes lors de la discussion budgétaire. Les premiers budgets sont votés en bloc jusqu'en 1817. Puis, les crédits de chaque chapitre correspondant chacun à un ministère, seront discutés par les chambres. L'ordonnance du 1er septembre 1827 établit la spécialité par sections correspondant aux « *branches principales des services* ».

Sous la monarchie de Juillet, une loi du 29 janvier 1831 va plus loin. Chaque budget ministériel est désormais divisé en chapitres spéciaux, chacun ne contenant que « des services corrélatifs de même nature ». De 52 sections en 1827 le nombre de sections s'élève, 20 ans plus tard, à 348. Quant aux crédits additionnels, la loi du 25 mars 1817 pose le principe de l'autorisation préalable des chambres (précisée par la loi du 23 avril 1833). Pendant leur vacance l'ordonnance royale ouvrait le crédit validé – et donc contrôlé – par une loi lors de la session parlementaire suivante. Enfin, la loi des finances du 15 mai 1818 dispose que le règlement définitif des budgets antérieurs – c'est-à-dire l'apurement des comptes – fait l'objet d'une loi particulière (« *loi des comptes* »).

Le vote du budget – voire la menace d'un refus – constitue un moyen essentiel de contrôle du Gouvernement. Il nourrit les discussions sur des crédits, débats, interpellations qui en prennent prétexte pour marquer la défiance parlementaire. De même, un vote hostile sur un projet de loi constitue une façon de gêner, de contrer, voire d'user un Gouvernement.

C. Le contrôle du Gouvernement

47 En dehors des débats législatifs – en particulier financiers – qui donnent l'occasion aux parlementaires d'interroger les ministres et de critiquer en fait le ministère, le contrôle politique du Gouvernement s'établit progressivement souvent par des moyens détournés.

48 **La formation d'un « Cabinet ».** Comme on l'a déjà noté, la Charte de 1814 réserve la puissance exécutive au roi seul mais affirme la responsabilité des ministres, même si celle-ci est conçue au départ comme essentiellement pénale. Cette responsabilité du Cabinet suppose d'abord un minimum d'unité entre des ministres – d'ailleurs peu nombreux. Le Cabinet n'apparaît officiellement qu'avec l'ordonnance du 9 juillet 1815 formant le ministère Talleyrand. Il peut se réunir formellement hors de la présence du roi (conseils de Cabinet) et sous l'autorité du président du Conseil (qui n'est pas encore « Premier ministre »). Cette solidarité se traduit moins par une unité intellectuelle ou politique que par la démission collective du Cabinet (à partir de 1827). Quant à la responsabilité devant les chambres, elle ne s'exerce que devant la Chambre basse. La Chambre des pairs, dont les séances sont secrètes, est sans assise électorale et ne peut être l'objet d'une dissolution. Elle contrôle aussi le Gouvernement (v. ss 54).

49 **L'« Adresse ».** L'Adresse de 1814 à 1848 répond au discours du Trône prononcé à l'ouverture de la session parlementaire au cours duquel, à l'image de la Grande-Bretagne, le roi brosse une sorte

de tableau de l'État du royaume. Plus s'affirme la parlementarisation du régime, plus le Gouvernement est associé à sa rédaction, faisant de ce discours un semblant de programme. Et la réponse – l'Adresse – votée dans les mêmes conditions qu'une loi, devient un acte politique majeur. Si la Chambre des pairs se contente d'hommages souvent obséquieux, la Chambre des députés saisit l'occasion, dès 1821, pour mettre en cause les ministres. En 1823, au sujet de la politique étrangère, en 1826 sur la politique intérieure, vifs sont les débats. En 1830, l'adresse des 221 vise à provoquer un changement de ministère. On sait que c'est le roi qui finit par tomber.

Sous la monarchie de Juillet, l'Adresse est définitivement acceptée comme mode de mise en cause de la responsabilité du Gouvernement même si le roi est formellement épargné. En 1831, c'est la politique étrangère de Casimir Périer qui est en cause, sans succès. Mais en 1838/janvier 1839, le ministère Molé après 12 jours de débats, ne démissionnera qu'après des élections législatives peu favorables.

50 **Les pétitions.** Les discussions parlementaires sur les pétitions sont aussi un autre moyen déguisé de mettre en cause cette responsabilité. Les députés peuvent demander en effet des précisions sur les critiques soulevées par les particuliers qui ont signé ces pétitions et connaître solennellement leur bien-fondé. En les renvoyant au ministre, ils mettent en cause sa responsabilité et marquent leur hostilité au Gouvernement sans cependant mettre en cause le roi.

51 **Questions et interpellations.** Les parlementaires disposent d'un autre moyen de contrôle du Gouvernement : les questions. Refusé sous la Restauration, ce droit est largement admis sous la monarchie de Juillet. De ce procédé se dégage peu à peu un moyen plus sûr : l'interpellation. Si dans un régime parlementaire, celle-ci se distingue nettement de la question par le débat général et le vote qu'elle suscite, la séparation n'est sans doute pas aussi tranchée à l'époque. À partir de 1831, l'interpellation se clôt par un ordre du jour motivé – c'est-à-dire un blâme – sans conséquence immédiate pour la vie du ministère. Apparaît aussi à la même époque la question de confiance, cette fois d'initiative gouvernementale, par laquelle (par deux fois, 1831 et 1834) le Gouvernement met

en jeu sa responsabilité. Enfin les commissions d'enquêtes parlementaires, qu'on tente d'introduire sous la Restauration, sous couvert de responsabilité pénale des ministres, sont pratiquées par la suite mais faute de pouvoirs réels, restent à l'État d'ébauche.

52 **La mise en jeu de la responsabilité politique des ministres.** Elle n'est pas organisée formellement mais s'instaure lentement. C'est à partir de 1821 (second ministère Richelieu) qu'elle prend vie. Le Gouvernement, après quatre mises en minorité sur des projets de loi ou sur une pétition, se retire. En 1829 (ministère Martignac), le Gouvernement fait de même après plusieurs votes hostiles. Mais dans les deux cas, ils n'ont plus le soutien du roi. D'autre part, lorsque le ministère n'obtient pas le succès électoral escompté après une dissolution, il se retire (Villèle, 1827). Mais c'est au roi qu'il appartient, *in fine*, d'accepter cette règle du jeu : libre à lui, théoriquement, de ne pas tenir compte de cette absence de majorité en maintenant ses ministres. Il reste que l'usage parlementaire du droit de dissolution souligne, de 1815 à 1848, l'acceptation partielle de cette règle.

La constitution des « majorités » – et des Cabinets sous la monarchie de Juillet – relève toujours du roi mais aussi d'accords entre des personnalités, non d'un programme. Sur 15 ministères, huit tombent en raison des dissensions internes aux « majorités », et cinq au regard de l'opposition de la chambre. Les deux derniers (les ministères Thiers de 1836 et de 1840) sont instructifs en ce qu'ils soulignent l'intervention personnelle du roi. Loin de la reine Victoria qui à la même époque s'efface derrière son Premier ministre, Louis-Philippe entend, conformément à la formule de Guizot, que le Trône « *ne soit pas un fauteuil vide* ». Il oppose les ministres entre eux désignant aussi, comme président du Conseil, des personnalités effacées, quand il ne se passe pas de l'institution elle-même (à trois reprises). Seuls quatre présidents du Conseil existent vraiment d'autant mieux que Louis-Philippe est contraint sur le moment, de les choisir (Périer, de Broglie, Thiers et Guizot).

53 **L'usage parlementaire de la dissolution.** Enfin, l'usage de la dissolution tend à revêtir, inégalement sous les deux régimes, un sens parlementaire, impliquant le principe de la responsabilité des ministres devant les chambres – en fait la Chambre des députés –

et le soutien d'une majorité. Dans l'esprit des auteurs de la Charte de 1814, le droit de dissolution n'avait pas de sens parlementaire mais devait permettre au roi de marquer son autorité. Très vite apparaît cependant nécessaire au Gouvernement de Sa Majesté de disposer d'une majorité, afin d'établir pleinement la suprématie royale. Dès lors, les dissolutions, outre celle de 1815, tendent à trancher un conflit entre le Gouvernement et la majorité (dissolution de la chambre introuvable en 1816 et dissolution d'une chambre modérée en mai 1830) ou à prévenir son rétrécissement continu (1823 et 1827). Les élections suivant ces dissolutions ne sont un succès qu'en 1816 et 1823 alors qu'en 1827, malgré son échec, Charles X avait tiré les conséquences du résultat en nommant un président du Conseil conforme aux vues de la chambre. Quant à la dernière dissolution, prise par ordonnance au 25 juillet 1830, elle rompt brusquement avec toute logique parlementaire.

Louis-Philippe dissout à six reprises les chambres (1831, 1834, 1837, 1839, 1842, 1846). Toutes sont conformes, *a priori*, à la logique parlementaire, s'efforçant de conforter ou de créer une majorité parlementaire qui fait défaut. En mai 1831, la chambre dissoute s'est opposée au Gouvernement de Casimir Périer. En mai 1834, la dissolution a pour but de bénéficier de l'émotion suscitée par les émeutes de Paris et de Lyon, en mai 1837, de conforter une majorité qui s'effrite, en 1839, malgré la courte majorité dont dispose Molé, d'en asseoir une nouvelle, en 1842, d'élargir la majorité trop faible, en 1846 enfin, d'assurer encore une solide majorité. Cette dernière dissolution est la seule réussie le Gouvernement disposant d'une centaine de voix d'avance tandis que l'assemblée compte 188 fonctionnaires, masse de blocage essentielle ; en particulier pour s opposer à toute réforme électorale ou parlementaire à partir de 1840.

D. Le rôle de la seconde chambre

54 Enfin gît la Chambre des pairs. Sous la Restauration, ses membres sont nommés par le roi à vie, ou le plus souvent à titre héréditaire. La Chambre haute ne peut être dissoute mais le nombre des pairs est illimité. Il suffit dès lors pour s'assurer d'une majorité, de nom-

mer « une fournée des pairs » – ou en agiter la menace, afin de calmer les opposants virtuels. En mars 1819, tandis qu'est dissoute la chambre à majorité ultra, Louis XVIII nomme 59 nouveaux pairs. En novembre 1827, Charles X nomme 76 nouveaux pairs pour s'assurer d'une majorité ultra, alors que la chambre est jugée trop libérale. En 1830, l'hérédité de la pairie est abolie pour l'avenir tandis que 175 pairs sur 364 refusent de prêter serment à Louis-Philippe et démissionnent ou sont destitués. En outre, toutes les nominations faites par Charles X sont annulées dont la fournée de 76 pairs sous Villèle. Le roi continue à nommer les pairs en nombre illimité mais parmi les notabilités.

De 1815 à 1848, le parlementarisme a trouvé, grâce au Cabinet, un équilibre fragile, amortisseur entre les deux pouvoirs parce qu'élément mobile. Responsable devant le roi, la Chambre des députés, émanation - bien pâle - de la nation entend aussi qu'il le soit devant elle. Le Gouvernement ne saurait être seulement dans la main du monarque mais aussi dans celle de la chambre avant de revendiquer qu'il ne le soit seulement dans la sienne. Mais au-delà de la question de l'équilibre constitutionnel, la question du ressort du régime, à savoir le suffrage, toujours posée tout au long de la monarchie de Juillet mais jamais tranchée, devait resurgir au lendemain de sa chute.

Section 3

De la seconde République au second Empire

55 Après la chute de Louis-Philippe et l'insurrection parisienne, un Gouvernement provisoire s'organise. Il convoque une Constituante élue au suffrage universel direct (décret du 5 mars 1848). L'élection a lieu le 23 avril et mobilise massivement la population (83,70 %). Marquée par l'aspiration populaire au suffrage universel, la volonté d'établir un pouvoir fort après les faiblesses du Gouvernement provisoire et par l'attachement au parlementarisme, la Constitution de 1848 est éminemment contradictoire.

C'est de ces contradictions que naîtra le second Empire. Cette période marquera aussi profondément de son empreinte la IIIe République.

§ 1. La Constitution de 1848

A. Une République démocratique

56 La Constitution ne fut pas soumise au suffrage universel mais largement votée par l'Assemblée (739 voix pour, 30 voix contre). L'Assemblée, adoptant le principe représentatif, était censée exprimer la volonté du peuple. Elle consacre pourtant pour la première fois le suffrage universel et la souveraineté comme résidant « *dans l'universalité des citoyens français. Elle est inaliénable et imprescriptible. Aucune fraction du peuple ne peut s'en attribuer l'exercice* » (chap. 1er, art. unique). Ce texte emprunte aux Constitutions de 1793 et de l'an III pour ce 1er paragraphe et à celle de 1791 pour la suite de l'article. La Constitution proscrit par ailleurs le mandat impératif.

Le préambule de la Constitution du 4 novembre 1848 établit une République « *démocratique, une et indivisible* » et a pour principe la liberté, l'égalité et la fraternité et pour bases la famille, le travail, la propriété, l'ordre public.

B. L'organisation des pouvoirs

57 **Une assemblée unique.** L'expérience du régime des Chartes marque, tout autant que la tradition révolutionnaire, les dispositions consacrées au pouvoir législatif délégué par le peuple à l'Assemblée.

Ainsi l'adoption d'une chambre unique comme l'incompatibilité entre mandat électoral et fonction publique participent aussi au rejet du dualisme des chambres sous la monarchie constitutionnelle - et des députés fonctionnaires. De même, le suffrage universel s'oppose au suffrage censitaire. Le débat sur la réforme électorale et parlementaire engagé sous la monarchie de Juillet trouvait donc sur ces différents points, son aboutissement.

Les 750 (!) représentants élus pour trois ans (le renouvellement de l'Assemblée étant intégral) sont irresponsables pour les actes commis dans l'exercice de leurs fonctions tandis qu'est reconnue leur inviolabilité. Leur mandat n'est pas impératif : le député ne représente pas le département qui les désigne, mais la France entière. Ils bénéficient d'une indemnité comme dans la Constitution de l'an III afin, dans l'esprit de 1848, de démocratiser l'accès au mandat législatif. Le principe, d'inspiration révolutionnaire, de la permanence de l'Assemblée dont les séances sont publiques, tranche de même avec sa dépendance vis-à-vis du roi sous le régime des Chartes.

58 **Le président de la République.** Le pouvoir exécutif est délégué par le peuple au président de la République, élu au suffrage universel direct. Il lui faut obtenir au moins 2 millions de voix et la majorité absolue des suffrages exprimés. Sinon, l'Assemblée élit le président à la majorité absolue et au scrutin secret parmi les cinq candidats éligibles qui ont obtenu le plus de voix.

Il est élu pour 4 ans afin d'éviter une coïncidence avec le renouvellement de l'Assemblée (élue pour trois ans). En fait, ce court mandat, sa non-rééligibilité immédiate (avant 4 ans), l'inégibilité du vice-président (ou de ses parents à un lointain degré) témoignent la volonté d'éviter de constituer un pouvoir fort. Le président élu prête serment de rester fidèle à la République et à la Constitution ; en présence de Dieu et devant le peuple français représenté par l'Assemblée. À côté du président, siège un vice-président, qui le supplée et préside le Conseil d'État. Il est élu par l'Assemblée parmi les trois candidats présentés par le président.

59 **La révision de la Constitution.** S'inspirant de la Constitution de 1791, la procédure de révision prévoit une assemblée de 900 membres à qui la Constitution confie ce pouvoir. L'Assemblée nationale déclenche le processus. Une proposition doit être émise et votée dans la dernière année de son mandat et par des délibérations successives, à un mois d'intervalle. Elle est votée à la majorité des trois quarts (cinq cents votes étant émis). On voit la difficulté de la procédure dont l'issue n'est pas ratifiée par le peuple.

C. La collaboration des pouvoirs

60 **La loi.** En matière législative, l'initiative des lois appartient concurremment à chaque représentant et au président qui fait déposer des projets de loi par les ministres. Mais les projets du Gouvernement comme ceux de l'Assemblée sont soumis à l'examen préalable d'un Conseil d'État - inédit - dont les membres sont élus pour six ans par l'Assemblée nationale. Ceux-ci peuvent être entendus toutes les fois qu'ils le demandent. Le vote des lois appartient à l'Assemblée, tandis que le président peut simplement demander une nouvelle délibération· il les promulgue dans un délai fixé par la Constitution.

Le président surveille et assure l'exécution des lois mais le Conseil d'État « prépare les règlements d'administration publique et fait seul ceux de ces règlements à l'égard desquels l'Assemblée nationale lui a donné une délégation spéciale ». Quant aux ministres nommés et révoqués par le président, l'Assemblée fixe leur nombre et leurs attributions. C'est la tradition révolutionnaire mais aussi une manière de limiter le pouvoir présidentiel. Sur le plan international, si le président négocie et ratifie les traités, aucun traité n'est définitif avant d'avoir été approuvé par l'Assemblée nationale. De même, il ne peut déclarer la guerre sans le consentement de celle-ci. Il dispose de la force armée mais ne peut la commander en personne. Le président ne peut pas non plus dissoudre, proroger ou mettre obstacle à l'exercice du mandat de l'Assemblée sauf à commettre un crime de haute trahison.

61 **La responsabilité de l'exécutif.** Le président de la République, les ministres, les agents dépositaires de l'autorité publique sont responsables, chacun en ce qui le concerne, de tous les actes du Gouvernement et de l'Administration. Mais de quelle responsabilité s'agit-il ? Le silence des textes ne doit pas exclure l'idée d'une responsabilité non seulement pénale mais politique. En admettant ce point, on est frappé par la bizarrerie du système. Dans un système parlementaire, la responsabilité politique des ministres est le corollaire de l'irresponsabilité du chef de l'État ou du monarque. Dans la Constitution de 1848, le président est lui aussi responsable. Mais cette marque de suspicion ne résout pas la difficulté.

Comment, sauf haute trahison, la mettre en jeu sauf à ouvrir une crise de régime ? L'Assemblée et le président également étant issus chacun du suffrage universel, le conflit peut difficilement se résoudre faute, en outre, du droit de dissolution du chef de l'État.

D. La pratique constitutionnelle

62 **L'élection présidentielle.** L'élection présidentielle du 10 décembre 1848 devait marquer la victoire de Louis Napoléon Bonaparte (déjà élu triomphalement aux élections législatives complémentaires de septembre dans cinq départements !) avec 5 534 520 voix sur 7 426 252 suffrages. Il est porté au pouvoir par les masses paysannes inquiètes de la révolution et attachées au souvenir de l'Empereur. Quant à l'élection de l'assemblée législative, le 13 mai 1849 marquée par un fort abstentionnisme (31,9 % contre 16,4 % en avril 1848), elle signe la déroute des républicains modérés, la victoire du parti de l'ordre, mais aussi le progrès de la Montagne.

63 **Les conflits entre le président et l'Assemblée.** Entre-temps, Louis Napoléon prend ses pouvoirs le 20 décembre 1848 et nomme Odilon Barrot président du conseil. Très vite, le président de la République veut marquer son hégémonie sur le Gouvernement, nourrissant un premier conflit. Le Gouvernement d'Odilon Barrot, orléaniste de gauche, se conduit comme un Gouvernement parlementaire soutenu malgré des difficultés, par une majorité à l'Assemblée. Mais dans son message au président de la nouvelle Assemblée nationale du 31 octobre 1849, Louis Napoléon marque « *la nécessité d'une direction unique et ferme, et d'une politique nettement formulée* ».

C'est au fond ce qu'avait prédit Grévy lors de l'élaboration du texte indiquant que le chef de l'État aurait nécessairement « *une politique à lui, politique à laquelle son ministère doit s'associer, politique dont il est le principal instrument* ». Le président de la République entend ainsi choisir ses ministres librement, en dehors, s'il le veut, de la majorité : « *Tout un système* », conclut-il, « *a triomphé le 10 décembre* », jour de son élection et « *le nom de Napoléon est tout un programme* ».

Dès lors, après le renvoi du ministère Barrot, les conflits entre le président et l'Assemblée ne vont pas cesser. C'est alors que l'Assemblée vote la loi électorale du 31 mai 1850 exigeant en particulier pour voter un domicile de trois ans dans la même commune ou le même canton. L'idée de la chambre conservatrice est de priver du droit de vote « *la vile multitude* » (Thiers) : 3 millions de votants – sur 9 millions – étaient ainsi exclus, des ouvriers saisonniers aux nomades, souvent acquis aux idées révolutionnaires alors que les élections du 10 mars et du 28 avril 1850 faisaient passer des candidats de gauche à Paris, suscitant l'effroi du parti de l'ordre. À la fin septembre 1851, Louis Napoléon se déclare partisan de l'abrogation de cette loi se posant en défenseur du suffrage universel. Le 13 novembre, l'assemblée rejette l'abrogation (355 contre 348). Les partisans du président et les républicains ont mêlé leurs voix.

Le piège tendu à l'Assemblée par Louis Napoléon se referme. Le 2 décembre, Napoléon dissout par décret l'Assemblée et le Conseil d'État et abroge la loi du 31 mai 1850. Il convoque les électeurs pour se prononcer par plébiscite.

§ 2. La Constitution de 1852

A. Les origines

64 *« Le peuple français veut le maintien de l'autorité de Louis Napoléon Bonaparte et lui délègue les pouvoirs nécessaires pour établir une Constitution sur les bases proposées dans sa proclamation du 2 décembre 1851. »*
Question posée lors du plébiscite des 20 et 21 décembre 1851.

En 1851, Louis Napoléon décide de consulter le peuple afin qu'il ratifie les cinq bases de la future Constitution : un chef responsable nommé pour 10 ans ; des ministres dépendant du pouvoir exécutif seul ; un Conseil d'État formé des hommes les plus distingués, préparant les lois et en soutenant la discussion devant le Corps législatif, un Corps législatif discutant et votant les lois, nommé par le suffrage universel, sans scrutin de liste qui fausse l'élection ; une seconde assemblée, formée de toutes les illustrations du pays, pouvoir pondérateur, gardien du pacte fondamental et des libertés publiques. Sur les bases de ces travaux, Rouher a rédigé le 14 janvier 1852 un texte définitif.

Le « plébiscite » (originellement décret de la plèbe) est le texte soumis au suffrage. Celui des 20 et 21 décembre 1851 est un succès : 7 439 216 oui (92 %) contre 640 739 non (8 %). « L'Empire est fait […] le mot viendra quand on voudra » (Thiers). La restauration impériale sera aussi l'objet d'un nouveau plébiscite des 21 et 22 novembre 1852 : 7 824 189 oui contre 293155 non. La majorité est plus large que 11 mois plus tôt tandis que la participation est à peu près égale (73, 5 % de votants).

B. La Constitution impériale

65 La Constitution élaborée dans la confidence par une commission désignée par Louis Napoléon – et dont Rouher est l'âme véritable – s'écarte peu du schéma de la Constitution de l'an VIII. La progression relative de l'opposition à partir de 1863 et la recherche de soutiens dans la frange libérale et républicaine de l'opposition favoriseront, à l'initiative de l'Empereur, la parlementarisation du régime. Le Sénatus-consulte du 21 mai 1870 achève l'évolution et doit fixer la Constitution définitive de l'Empire. Soumis au peuple par plébiscite qui « *approuve les réformes libérales opérées dans la Constitution depuis 1860, par l'Empereur* », ce texte modifie en profondeur la Constitution de 1852 mais n'instaure pas, comme on l'a dit, un empire parlementaire. L'Empereur est « *responsable devant le peuple français auquel il a toujours droit de faire appel* ». Le fondement du régime, à savoir le lien direct et sans intermédiaire entre le chef et le suffrage populaire est affirmé avec éclat. Certes, l'évolution est sensible : « *L'Empereur gouverne avec le concours (et non plus au moyen) des ministres, du Sénat, du Corps législatif et du Conseil d'État* ». La formule, « *les ministres ne dépendent que de l'Empereur* » a disparu. L'interprétation parlementaire qui prévaut dans le « tiers parti » considère que les ministres sont responsables politiquement devant les chambres. Le silence des textes conforte cette idée. Mais la procédure choisie, la ratification massive du plébiscite, en confortant la légitimité

démocratique de l'Empereur, ne l'inscrit-elle pas dans d'étroites limites ?

Les citoyens ratifient en tous les cas massivement ce nouvel acte constitutionnel : le oui est un triomphe. Il est, d'abord, par la participation électorale : 82,2 %, soit un chiffre proche du premier plébiscite du 20 décembre 1851 (82,8 %), supérieur aux législatives de mai 1869 (78,1 %). Il l'est ensuite par le résultat : 7 350 000 oui, soit plus de 82 % des suffrages exprimés contre 1 582 000 non.

C. L'empreinte constitutionnelle du second Empire

66 **L'apprentissage du suffrage universel.** Le second Empire a d'abord durablement enraciné le suffrage universel après la brève parenthèse de la seconde République. On n'osera plus revenir sur ce principe. La croissance de la participation électorale – malgré les pressions administratives et peut-être à cause d'elles – souligne d'ailleurs cette dimension démocratique du régime. Cet enracinement du suffrage universel est particulièrement vrai, comme l'a souligné très tôt André Siegfried, chez les paysans. Il a forgé une nouvelle catégorie d'élus, éloignée des notables traditionnels, ruraux. Il prolonge enfin le clientélisme d'État initié plus tôt par la monarchie constitutionnelle mais en change la nature par son étendue avec le suffrage universel et par la volonté d'évincer les notables d'antan.

67 **Le rejet du pouvoir « personnel ».** Sans doute, et à l'inverse, le second Empire a-t-il parallèlement discrédité le « plébiscite ».

Les républicains, si impuissants sous l'Empire, vont souligner à loisir la confusion entre la personne du prince et la question posée. Et, par un glissement de sens, le plébiscite va désigner moins le texte qu'une procédure qui établit le pouvoir d'un homme dans des conditions électorales souvent entachées d'irrégularités. Le peuple abdique sa souveraineté au profit de l'Empereur. Dès lors, la tradition représentative revivifiée par le parlementarisme renaissant de la IIIe République sera hostile à toute consultation directe du peuple. Plus largement, la forme d'un executive fort, autoritaire, a été aussi discéditée par le second

Empire et, avec lui, la personnalisation du pouvoir. Le spectre de Napoléon III hantera les débats de la IIIe République jusqu'à disqualifier tout homme politique voulant affirmer son autorité : le pouvoir doit être impersonnel.

Chapitre 3

Les constitutions de la IIIe et IVe République

68 Les régimes de la IIIe (section 1) et de la IVe République (section 2) ont servi de repoussoir pour fonder la V^{s} République. Ils ne méritent chacun, ni excès d'honneur, ni indignité.

Section 1

La « Constitution » de la IIIe République

69 Il n'y a pas à proprement de Constitution de 1875 mais trois lois constitutionnelles. Faute de consensus et d'accord global sur la nature du régime et de ses principes, on ne trouve nulle trace comme dans les précédentes Constitutions de textes « fondateurs », préambule ou déclaration indiquant l'inclinaison générale et la source intellectuelle des lois fondamentales. Mieux, ces lois constitutionnelles peuvent être aisément révisées, ce qui souligne encore leur caractère de compromis fragile et susceptible d'évoluer. Ainsi, les lois constitutionnelles ne pourront être modifiées que sur l'initiative de Mac-Mahon, président de la République

(avec le contreseing du Gouvernement). Après lui, elle appartiendra soit à son successeur en accord avec le Gouvernement, soit aux chambres. La décision de réviser est prise par la Chambre des députés et le Sénat statuant séparément par le vote d'une résolution définissant la révision. Si les deux résolutions votées sont identiques, la révision elle-même est faite par les deux chambres réunies, cette fois ensemble, en Congrès. Et, pour en arriver à cette solution, il aura fallu cinq années durant lesquelles la République se cherche, avant de s'établir bientôt solidement.

§ 1. Naissance de la IIIe République

70 Napoléon III a capitulé à Sedan le 2 septembre 1870. Un Gouvernement de la Défense nationale se forme le 4 à Paris et proclame la République. « *Voulant sauver la patrie en danger* », face à l'invasion allemande, il est composé de républicains modérés supplantant les plus radicaux. Il devra finalement signer une convention d'armistice le 28 janvier 1871 devant « *permettre au Gouvernement de convoquer une assemblée librement élue qui se prononcera sur la question de savoir si la guerre doit être continuée ou à quelles conditions la paix doit être faite* ». Les élections du 8 février 1871 au suffrage universel marquent l'avènement d'une forte majorité monarchiste. Au final, après les élections complémentaires, on compte environ 400 monarchistes dont 180 légitimistes et 210 à 220 orléanistes, 250 républicains et 20 ou 30 bonapartistes. La France a voté pour la paix, non sur la question du régime. Thiers est désigné le 12 février comme « *chef du pouvoir exécutif de la République française [...] en attendant qu'il soit statué sur les institutions de la France* ». Il gouverne, nomme les ministres et préside leur conseil. Mais il gouverne sous l'autorité de l'Assemblée. Dans le « pacte de Bordeaux », Thiers s'engage dans deux décisions des 19 février et 10 mars, à différer la question constitutionnelle. La République est un État de fait mais aucun choix définitif n'est arrêté.

Tandis que l'insurrection patriotique de la Commune de Paris est réprimée avec violence, le régime organise le provisoire.

A. La « Constitution Rivet » du 31 août 1871

71 Un député, Rivet, propose en août 1871 que Thiers reçoive le titre de président de la République, la durée de ses pouvoirs étant de trois ans sauf dissolution de l'Assemblée nationale, et que la responsabilité ministérielle soit établie.

L'Assemblée confère le titre de président de la République à Thiers, dans l'attente d'institutions définitives mais consacre également sa responsabilité : « *Le président de la République est responsable devant l'Assemblée* ». Et « *le Conseil des ministres et les ministres sont res-ponsables devant l'Assemblée. Chacun des actes du président de la République doit être contresigné par un ministre* ». Enfin, celui-ci demeure bizarrement député mais ne prenant part à ses travaux que dans des conditions particulières : « *Il est entendu par l'Assemblée nationale toutes les fois qu'il le croit nécessaire et après avoir informé de son intention le président de l'Assemblée* ». En pratique, il restait cependant difficile de mettre en œuvre un système de double responsabilité, celle du président l'emportant nécessairement. Par ailleurs, cette double responsabilité, le précédent de 1848 l'avait montré, était source de conflits.

B. La « loi chinoise » du 13 mars 1873

72 Dans un message du 13 novembre 1872, Thiers demande à ce que la Constitution provisoire soit précisée. C'est l'objet de la loi de Broglie du 13 mars 1873. Sans revenir sur le principe de la responsabilité politique du président, l'Assemblée tend à limiter ses interventions devant elle après que Thiers eut refusé qu'on envisage de lui interdire d'y parler. Cette loi « chinoise » vise à rendre difficiles les interventions personnelles de Thiers à l'Assemblée, celui-ci s'étant prononcé le 13 novembre 1872 en faveur d'une « République conservatrice ». Mis en minorité, le Gouvernement se retire et Thiers, se comportant, sans y être obligé, en chef parlementaire, démissionne le 24 mai. Élu président de la République le jour même, Mac-Mahon, légitimiste mais aussi piètre orateur, va se comporter en chef de l'État irresponsable d'un régime parle-

mentaire laissant au vice-président du Conseil, Broglie, la conduite des affaires.

En août 1873, le prétendant bourbon au trône, le comte de Chambord, se réconcilie avec le prétendant Orléans. Les partisans du second se résignent en effet à accepter l'arrivée du premier sur le trône. Étant sans enfant, les Orléans seront appelés à régner après lui. À l'automne 1873, le futur Henri V refuse cependant d'adopter le drapeau tricolore, symbole d'une monarchie de compromis et non de droit divin. Dès lors, la restauration devient impossible avant la disparition du comte de Chambord. C'est pourquoi, en novembre 1873, les monarchistes vont proroger pour sept ans les pouvoirs du maréchal de Mac-Mahon – qui trouvait 10 ans trop long – avec le titre de président de la République. Dans ce délai, pourraient être édifiées des institutions provisoires d'« attente monarchique ». La loi du 20 novembre 1873 confie pour sept ans le pouvoir exécutif au maréchal de Mac-Mahon. On discuta beaucoup de la question de savoir si ce septennat était personnel – lié à Mac-Mahon – ou impersonnel, tranchant dans ce dernier cas en faveur d'une Constitution républicaine.

§ 2. Les lois constitutionnelles de 1875

73 La Commission des Trente fut élue à la fin de l'année 1873 et reçut plusieurs projets dont celui essentiel, déposé au nom du Gouvernement, du maréchal de Mac-Mahon par le vice-président du Conseil, de Broglie. La discussion s'ouvre en janvier 1875.

A. L'élaboration

74 **République ou monarchie ?** Le 29 janvier 1875, l'amendement Laboulaye, « Le Gouvernement de la République se compose de deux chambres » est rejeté par 359 voix contre 336. Le lendemain, un modéré, Wallon, propose un amendement sur le mode d'élection du président.

> *« Le président de la République [...] est élu à la majorité absolue par le Sénat et la Chambre des députés réunis en Assemblée nationale. Il est nommé pour sept ans. Il est rééligible. »*

Il est voté par 353 voix contre 352. La République n'est pas pour autant proclamée mais la présidence, de personnelle - confiée à Thiers puis à Mac-Mahon - devient impersonnelle. Ce vote souligne un glissement de la majorité en faveur de la République qui n'ira qu'en se confirmant. Les votes suivants soulignent l'union des républicains modérés et de républicains plus marqués, résignés cependant à accepter un compromis avec une partie des orléanistes. La future Constitution de 1875 est née de la conjonction des centres.

Les scrutins suivants concernant la loi sur les pouvoirs publics ne font que confirmer le caractère impersonnel du mandat et des pouvoirs du président de la République, en particulier le nouvel amendement subordonnant le droit de dissolution de la chambre par le président à l'avis conforme du Sénat.

75 **Le débat sur le Sénat.** L'autre discussion décisive a lieu sur la loi sur le Sénat, principalement du 17 au 24 février 1875. Un compromis est trouvé au centre et accepté par de Broglie : les séna-teurs seront élus par des collèges rassemblant les députés, un délégué par commune des conseillers d'arrondissement et conseillers généraux désignés, un quart d'« inamovibles » élus d'abord par l'Assemblée, puis par le Sénat. Gambetta fit accepter ce projet par les républicains pensant que ce « *grand conseil des communes françaises* » favoriserait l'enracinement de la République dans les campagnes.

B. Le président de la République

76 La présidence de la République existait depuis la loi Rivet de 1871. La durée de la fonc-tion précisée par la loi du septennat n'est pas une institution républicaine. La tradition en la matière est la collégialité et l'impersonnalité de l'exécutif. C'est Jules Grévy qui en 1848 avait rappelé la conception républicaine : un simple président du Conseil des ministres dans l'étroite dépendance de l'Assemblée. Et le coup d'État de Louis Napoléon Bonaparte ne pouvait sur ce point modifier la crainte du « pouvoir personnel » attaché à « ce roi sauf l'hérédité » (Louis Blanc). Son mode d'élection par les chambres lui donne une légitimité restreinte. Le prési-

dent élu pour sept ans, irresponsable, a certes les pouvoirs d'une sorte de monarque constitutionnel. Il a le droit de grâce, celui de conclure les traités, l'initiative des lois qu'il partage avec les chambres, peut proroger et clore leurs sessions après cinq mois de session ordinaire, dissoudre la Chambre des députés avec l'avis conforme du Sénat.

Il nomme aux hauts emplois civils et militaires et donc les ministres. L'étendue de ses pouvoirs semble vaste et il suffirait d'une révision – espérée par les monarchistes – pour transformer le président en monarque. Mais si le président nomme les ministres, il le fait avec le contreseing d'un membre du Cabinet démissionnaire, généralement le président du Conseil démissionnaire. Seul le message de démission du chef de l'État échappe au principe du contreseing...

Le président de 1875 est-il « *le roi de la Charte révisée de 1830* » ? (René Rémond). L'intention de certains constituants ne fait certes pas de doute sur cette volonté. Mais, à y regarder de plus près, la plupart des pouvoirs présidentiels étaient déjà présents dans la Constitution de 1848. Surtout, le chef de l'État ne dispose en droit d'aucun pouvoir propre. Le président de la République ne peut rien en effet sans l'accord d'un Gouvernement et des chambres. Monarque parlementaire à l'image de la Grande-Bretagne, le président n'est pas ce roi de la monarchie de Juillet décrit parfois, d'autant que sa légitimité repose sur l'élection du Parlement.

C. Le Gouvernement

77 **Le chef du Gouvernement.** Le Gouvernement est responsable collectivement devant les chambres de la politique générale et les ministres individuellement de leurs actes personnels. Qui dirige ce Gouvernement ? Sur ce point les lois constitutionnelles sont muettes. Est-ce le président de la République ? Il préside le Conseil des ministres. Mais paradoxalement, dès 1876, le titre de président du Conseil (des ministres) sera attribué au chef de Gouvernement, jusqu'à la fin de 1875, chef de Gouvernement de fait. Le contreseing sera d'ailleurs interprété très rigoureusement sous la

IIIe République. Ainsi est-il admis que le chef de l'État ne peut prononcer de discours sans avoir à ses côtés un ministre afin que celui-ci puisse répondre à ce discours devant le Parlement. L'homme, chargé par le président de la République de former le Gouvernement, porte simplement le titre de vice-président du Conseil des ministres. Or, à l'entrée en vigueur de la Constitution, Mac-Mahon, chef de l'État nomme, après l'avoir chargé de constituer un Gouvernement, un « président du Conseil des ministres ». On a ainsi voulu marquer par ce changement que le président de la République était devenu politiquement irresponsable. Dès lors, l'usage conférera au chef du Gouvernement le titre de président du Conseil alors qu'en fait c'est le chef de l'État qui préside le Conseil des ministres, le chef du Gouvernement présidant seulement les conseils de Cabinet, hors de la présence du président de la République.

78 **La responsabilité devant le Sénat.** La solidarité des ministres suppose l'union des ministres sur un même programme politique. Par ailleurs, la question de savoir si le Gouvernement est responsable effectivement devant le Sénat fut sujet à interprétation. L'article 6 de la loi du 6 février 1875 réaffirme-t-il simplement le principe du Gouvernement parlementaire ou dispose-t-il effectivement que le Gouvernement est responsable devant chacune des chambres ? La pratique trancha la question. De 1876 à 1925, deux gouvernements seulement seront renversés par le Sénat, celui de Léon Bourgeois en 1896, et celui d'Aristide Briand en 1913. Au contraire, de 1925 à 1940, cinq gouvernements le seront.

D. Le Parlement

79 Le Parlement est composé de deux chambres, une Chambre des députés élue au suffrage universel direct, et un Sénat. La Haute Assemblée doit faire pendant à la première, voire même disposer d'une prééminence qui se lit déjà dans le fait qu'elle fasse l'objet d'une loi séparée. Le collège électoral des sénateurs est très largement celui de la France rurale. Un quart des membres du Sénat sont nommés à vie par l'Assemblée. On les espère monarchistes ou, à tout le moins, conservateurs. Bref, tout concourt à faire que

le Sénat soit celui de la conservation sociale face à la chambre issue du suffrage universel direct.

Le Sénat est renouvelé par tiers tous les trois ans et, contrairement à la Chambre des députés, ne peut être dissous. Les lois sont votées avec l'accord des deux chambres, ce qui place dans une stricte égalité le Sénat et la Chambre dans le processus législatif. Seules les lois de finances doivent être présentées d'abord à la Chambre des députés. Cette disposition sera interprétée comme ôtant au Sénat le droit d'initiative financière (création d'impôts ou majoration de crédits au-delà de ceux demandés par le Gouvernement).

E. Une Constitution « orléaniste » ?

80 Le juriste Adhémar Esmein, dans une magistrale analyse, a montré comment la combinaison opérée entre la forme républicaine avec certaines institutions traditionnellement caractéristiques de la monarchie constitutionnelle avait été préparée et élaborée par l'école libérale sous le second Empire. Le compromis de 1875 adopte la forme républicaine et une structure des pouvoirs étayée par un monarque constitutionnel et le Gouvernement parlementaire. C'est en ce sens qu'elle est d'inspiration orléaniste, mais un orléanisme ayant achevé sa mue parlementaire, acclimaté au suffrage universel et dans lequel le roi règne mais ne gouverne pas... Surtout, l'évolution « moniste » de la Constitution de 1875, malgré les souvenirs et les nostalgies d'une partie des constituants, était prévisible dès lors que le chef de l'État tirait sa légitimité non d'un quelconque principe monarchique mais du Parlement lui-même, émanation de la souveraineté nationale et du suffrage universel. Jusque même dans son droit de dissolution, il doit compter avec l'une des chambres.

§ 3. La pratique constitutionnelle

A. La « République des républicains »

81 **L'élection des sénateurs.** Les lois constitutionnelles votées, on passe à l'élection des sénateurs inamovibles qui doit logiquement confirmer la coloration conservatrice du Sénat. Or, une entente entre légitimistes bonapartistes et républicains bouleverse la donne : 60 républicains, 10 légitimistes figurent parmi les élus. Pensé comme forteresse conservatrice, le Sénat recevait une « garnison républicaine »... Lors des élections sénatoriales : en janvier 1876, les droites sont légèrement majoritaires : 119 sièges (dont 40 bonapartistes) contre 92 sièges aux républicains, toutes tendances confondues. La majorité conservatrice, en tenant compte des inamovibles, est faible.

82 **La crise du 16 mai 1877**

> *« La République sortira triomphante de cette dernière épreuve, et le plus clair bénéfice du 16 mai sera, pour l'histoire, d'avoir abrégé de trois ans, de dix ans, la période d'incertitude et de tâtonnements à laquelle nous condamnaient les dernières combinaisons de l'Assemblée nationale élue dans un jour de malheur. (...) Je devais le dire ici pour vous mettre en garde contre certains bruits qui ont été répandus et dont on alimente la basse presse, à savoir que si le suffrage universel dans sa souveraineté, je ne dirai pas dans la liberté de ses votes, puisqu'on fera tout pour restreindre cette liberté, mais dans sa volonté plénière, renomme une majorité républicaine, on n'en tiendra aucun compte. (...). Que dis-je, le destin ? Quand la seule autorité devant laquelle il faut que tous s'inclinent aura prononcé, ne croyez pas que personne soit de taille à lui tenir tête. Ne croyez pas que quand ces millions de Français, paysans, ouvriers, bourgeois, électeurs de la libre terre française, auront fait leur choix, et précisément dans les termes où la question est posée ; ne croyez pas que quand ils auront indiqué leur préférence et fait connaître leur volonté, ne croyez pas que lorsque tant de millions de Français auront parlé, il y ait personne, à quelque degré de l'échelle politique ou administrative qu'il soit placé, qui puisse résister. Quand la France aura fait entendre sa voix souveraine, croyez-le bien, Messieurs, il faudra se soumettre ou se démettre. »*
> Discours de Gambetta, prononcé à Lille le 15 août 1877.

S'agissant de la Chambre des députés, la droite pensait que le retour au scrutin uninominal favorisait son succès. En fait, 380 républicains contre 150 conservateurs dont 75 bonapartistes sont élus le 5 mars 1876. Mac-Mahon conserve Dufaure qui forme un Gouvernement de centre gauche le 9 mars. Il doit démissionner le 3 décembre face à un ordre du jour de la Chambre des députés. Mac-Mahon appelle Jules Simon qui s oppose mollement au vote concernant l'abrogation des peines pour délits de presse le 15 mai tandis que, trois jours plus tôt, il n'avait pu empêcher le vote de la publicité des séances des conseils municipaux. Il avait aussi laissé adopter un ordre du jour condamnant les manifestations ultramontaines. Le 16 mai, dans une lettre à Jules Simon, Mac-Mahon blâme son président du Conseil et affirme « *sa responsabilité envers la France* ». Simon démissionne et est remplacé par de Broglie qui constitue un Gouvernement d'ordre moral. Celui-ci obtient, le 18 mai, un décret d'ajournement de la Chambre pour un mois. En réponse, celle-ci adopte un manifeste signé par 363 députés qui refusent de reconnaître le Gouvernement « *appelé aux affaires contrairement à la loi des majorités qui est le principe du régime parlementaire* ». Le 25 juin avec l'avis conforme du Sénat, Mac-Mahon dissout la Chambre. La campagne est soumise à une pression administrative qui rappelle les belles heures de l'Empire... Gambetta prévient Mac-Mahon : « *Quand le pays aura parlé, il faudra se soumettre ou se démettre* ».

Les élections sont très favorables aux républicains. Ils sont 323 contre 208 conservateurs dont 104 bonapartistes et une cinquantaine de légitimistes. Mac-Mahon tente alors de former un « ministère d'Affaires » présidé par le général de Rochebouët, pris hors de la majorité parlementaire qui refuse dès lors d'entrer en relation avec lui. Le 13 décembre, Mac-Mahon se soumet finalement et rappelle Dufaure à la présidence du Gouvernement. Dans un message, il précise que la dissolution ne saurait être érigée en « système de Gouvernement » et entend demeurer fidèle aux « règles parlementaires ».

83 **La démission de Mac-Mahon.** En janvier 1879, le premier renouvellement partiel du Sénat, après l'élection d'une majorité républicaine lors des municipales de janvier 1878, assure l'écrasante victoire des républicains (66 sièges sur 82). La majorité du Sénat est désormais républicaine (179 contre 121). Reste la présidence de la République : Mac-Mahon refusant de signer des décrets de révocation d'officiers généraux, ses « compagnons d'armes », démissionnera le 30 janvier 1879. Le même jour, Jules Grévy, l'adversaire de la présidence de la République en 1848, est élu à sa place. Tout le régime est désormais aux mains des républicains. Cette emprise est confirmée par une révision de la Constitution. Tandis qu'en 1879 une révision fixe le siège du Gouvernement à Paris (et non plus à Versailles), la révision du 14 août 1884 ôte

tout caractère constitutionnel aux articles 1er à 7 de la loi relative à l'organisation du Sénat. Ces articles concernaient sa composition. Dès lors, c'est par une simple loi du 9 décembre 1884 que les sénateurs inamovibles sont supprimés graduellement et, à mesure qu'ils disparaîtront, leurs sièges seront soumis à élection par les départements. En outre, la loi introduit une certaine proportionnalité entre le nombre de délégués sénatoriaux et le chiffre de la population. Ainsi, le Sénat perd-il le caractère conservateur qu'on lui avait imprimé à l'origine, sans pour autant être supprimé comme le souhaitent les radicaux d'alors, fidèles au monocaméralisme et à 1793.

B. La rupture de l'équilibre initial des pouvoirs

84 La « Constitution Grévy »

> *« Soumis avec sincérité à la grande loi du régime parlementaire, je n'entrerai jamais en lutte conte la volonté nationale exprimée par ses organes institutionnels. »*
> Message du président Jules Grévy, lu aux Chambres le 6 février 1879.

La crise du 16 mai 1877 a pour effet d'abroger en fait le droit de dissolution, instrument d'équilibre face à la responsabilité ministérielle devant le Parlement. Dans la mémoire républicaine, le 16 mai – et le droit de dissolution – se range aux côtés des souvenirs du 2 décembre. Mais cette désuétude tient aussi à l'unité de vue du Sénat avec la Chambre à partir de 1879. Quant à Jules Grévy, il entend bien affirmer l'irresponsabilité du chef de l'État et la suprématie parlementaire dans son message aux Chambres du 6 février 1879. Cette déclaration du 7 février 1879, dite « Consti-tution Grévy », condamne l'interprétation – orléaniste ou dualiste – de la Constitution de 1875, faisant reposer la confiance du Gouvernement devant le Parlement et le chef de l'État. On oublie sur ce point de noter que la pratique orléaniste pouvait difficilement être transposée durablement dans un régime non seulement républicain, mais dont la Chambre « basse » est issue du suffrage universel - et non censitaire - et où le chef de l'État n'est ni « roi par la grâce de Dieu » ni « roi des Français », mais élu par le Parlement. Des deux légitimités, le suffrage universel direct et l'élection par les parlementaires, on voit mal comment le rapport de forces pouvait n'être que favorable à la Chambre. L'interprétation moniste, fidèle à l'héritage révolutionnaire faisant de la Chambre des députés la source du pouvoir, prévaut d'autant mieux que Grévy s'attache à ne pas utiliser certains droits du président : ajournement ou prorogation des chambres, droit de message, demande d'une deuxième délibération d'une loi.

85 **L'échec des tentatives de restauration de la présidence de la République.** Certains présidents de la République essaieront, en vain, de contrecarrer l'abaissement de leurs fonctions à une magistrature seconde. Casimir Périer en 1894 a beau annoncer dans son message de début de septennat qu'il utilisera pleinement ses prérogatives consti-tutionnelles, il démissionnera quelques mois plus tard à la fois pour des raisons personnelles mais aussi parce qu'il se sent tenu à l'écart des affaires diplomatiques. De même, Alexandre Millerand, élu en 1920, s'adresse à la nation par son discours d'Évreux le 14 octobre 1923 pour plaider le renforcement de l'autorité présidentielle. En juin 1924, il devra démissionner face au Cartel des gauches qui refuse d'entrer en relation avec un chef de l'État sorti de sa réserve.

Mais le président de la République demeure, on l'a noté, influent en matière de politique extérieure. Selon l'article 8 de la loi du 16 juillet 1875, « *il négocie et ratifie les traités* ». Mais les traités d'alliance peuvent être ratifiés par le président seul, comme, à la fin du siècle, l'alliance russe et les protectorats

En politique intérieure, le président de la République, outre la présidence du Conseil des ministres, conserve le droit de nommer le président du Conseil. Jules Grévy, en refusant de désigner le chef de la majorité parlementaire d'alors, Gambetta, affaiblit l'institution gouvernementale et déplace le centre du pouvoir vers la Chambre. Des personnalités fortes comme Ferry souhaiteront donner à leur déclaration ministérielle « la clarté et la précision d'un véritable contrat » en 1880, ou Gambetta qui consolide un véritable Gouvernement parlementaire. Mais la force de leurs gouvernements tient plus – avec quelques autres – à la personnalité de leur chef ou aux circonstances qu'aux pratiques politiques dominantes

Quant au président du Conseil, le terme, on l'a noté, apparaît dans le décret du 9 mars 1876 nommant Dufaure. La plupart du temps, il est en même temps ministre sauf dans les dernières années de la IIIe République. *Primus inter pares, « le premier parmi des égaux »*, le président du Conseil n'est pas vraiment un chef de Gouvernement. C'est lui qui, en fait, nomme les ministres plus ou moins représentatifs de la coalition parlementaire et des groupes qui la forment.

86 La souveraineté du Parlement

> *« La conscience des parlementaires était le seul tribunal de la constitutionnalité des lois. »*
> Carré de Malberg.

La tradition républicaine ne conteste pas, au contraire, les grands principes inscrits dans la Déclaration des droits de l'homme que le Parlement est censé respecter. Mais les inscrire dans un texte constitutionnel, même en guise de préambule, serait en quelque sorte les déclasser, les désacraliser. Cette omnipotence parlementaire prend plusieurs voies. D'abord, le Parlement est juge de la régularité de l'élection de ses membres et fixe librement son règlement, son ordre du jour. Un projet de loi émanant du Gouvernement passe par le filtre des commissions spéciales, dites *ad hoc*, tandis que des commissions permanentes émergent et ont tendance à les supplanter. Celles-ci - et leur président - tendent à doubler chaque ministère et à peser sur l'action du ministre. Elles peuvent même mener un combat sans merci contre le Gouvernement : qu'on songe simplement à la commission des finances du Sénat sous le Front populaire, présidée par Joscph Caillaux. Quant au contrôle du Gouvernement, il passe par l'interpellation qui, à tout moment, peut déboucher sur sa chute.

Malgré ses défauts, le processus législatif, au moins jusqu'à la Grande Guerre, ne souffrit pas de cette domination du Parlement d'autant mieux que son œuvre dans les principaux domaines (école, communes, libertés syndicales, libertés publiques) se confond avec le consensus républicain. Mais, dès lors que le programme de la République des origines va s'accomplir et s'épuiser, le débat va se déplacer sur d'autres enjeux, particulièrement sociaux portés par d'autres forces. La rupture de ce consensus va dès lors mettre à jour à la fois l'immobilisme du régime et ses défauts de fonctionnement.

C. Le dérèglement des institutions

87 **Une instabilité ministérielle croissante.** Souvent soulignées par les observateurs, l'instabilité des gouvernements de la IIIe République et leur succession parfois rapide ne doivent pas faire oublier la stabilité des ministres. Il existe un noyau stable d'hommes politiques changeant de portefeuilles à travers les différents gouvernements. D'autre part, il existe des périodes de stabilité tenant à la personnalité du chef du Gouvernement et/ou à la période et aux problèmes posés. Jules Ferry (1883-1885), Pierre Waldeck-Rousseau (1899-1902), Georges Clemenceau (1906-1909 et 1917-1919), Raymond Poincaré (1922-1924, puis 1926 à 1929). Enfin, il faut distinguer deux périodes dans cette instabilité : avant et après la Première Guerre mondiale. De janvier 1876 à août 1914 la durée moyenne d'un Gouvernement est de neuf mois et demi (en tenant compte d'une longue période de stabilité de 1899 à 1909 avec cinq gouvernements). De novembre 1918 à juin 1940, la durée moyenne tombe à six mois.

88 **La dislocation des majorités après-guerre.** Globalement, cette instabilité tient à la faiblesse des partis et à l'existence de coalitions électorales fragiles. Il reste que, au moins jusqu'à la fin du siècle, celles-ci correspondent peu ou prou aux coalitions gouvernementales. Après la guerre, cette correspondance s'efface. François Goguel a souligné les conséquences de cette discontinuité. Pendant aucune des législatures de la première période de la IIIe République, il n'y a de renversements complets de majorités mais des ajustements. Des groupes quittent la majorité sur sa gauche, d'autres la rejoignent sur sa droite, l'axe des majorités se situant au centre. Entre les deux guerres, il y a à trois reprises des renversements complets de majorité. En 1924, une majorité de Cartel des gauches (radicaux, radicaux-socialistes, socialistes indépendants, SFIO) l'emporte aux élections et forme le Gouvernement puis se disloque et, en juillet 1926, Poincaré réapparaît, appuyé sur les

groupes qui s'étaient opposés au Cartel, avec le concours des deux tiers des radicaux-socialistes et socialistes indépendants qui avaient participé à celui-ci. En 1932, les élections donnent une majorité d'Union des gauches (radicaux-socialistes, socialistes indépendants, SFIO). Mais la coalition gouvernementale ne peut sceller cette coalition électorale et cinq gouvernements se succèdent jusqu'à la crise du 6 février 1934. Enfin, en 1936, une majorité de Front populaire se dégage des urnes (PC-SFIO, radicaux). Gouvernement à direction socialiste d'abord et à participation radicale et soutien commu-niste, puis à participation socialiste et direction radicale puis purement radical avec le sou-tien socialiste et communiste. Après la chute du deuxième Gouvernement Blum en 1938, un nouveau renversement de majorité se produit. Un radical, Daladier, forme un Gouvernement s'appuyant sur l'ancienne opposition modérée et la quasi-totalité des radicaux-socialistes et de quelques socialistes indépendants. Jamais ces renversements ne furent soumis à la sanction du corps électoral du fait de l'abrogation tacite du droit de dissolution.

Cette discontinuité s'éclaire au regard de l'absence d'accord sur les politiques à mettre en œuvre. Pour la mouvance socialiste qui s'affirme après la Première Guerre mondiale – et *a fortiori* pour les communistes – le pouvoir est un instrument de transformation sociale. Les radicaux n'acceptent que des réformes ne touchant pas aux structures de la société. Cette contradiction finissant par apparaître provoque la dislocation de la majorité et du Gouvernement. Le morcellement des partis, l'absence de deux coalitions adverses et stables – voire de deux grands partis disciplinés – permettant une alternance claire empêchent la constitution de majorités et de gouvernements cohérents.

Alors que la stabilité des ministres compense de moins en moins celle des gouvernements, le Sénat ne contribue plus à être un facteur de stabilité du régime. Tandis que s'organise pratiquement une certaine forme de bipolarisation politique, le Sénat contribue à empêcher qu'elle s'institutionnalise au niveau gouvernemental, préférant plaider pour une « concentration républicaine » inadaptée aux clivages politiques et sociaux de l'après-guerre.

D. La fin de la IIIe République

89 **L'impossible réforme de l'État.** Dans les années 1888-1889, le boulangisme et son programme autoritaire (dissolution, constituante, révision) a disqualifié pour longtemps toute idée de réforme des institutions considérée dès lors comme attentatoire à la République et au parlementarisme qui l'incarne. L'idée de renforcement de l'autorité, de révision constitutionnelle sombre avec Boulanger tandis qu'elle provoque l'union des républicains. Après l'épisode Millerand, il faut attendre les années trente pour que le mouvement de réforme de l'État prenne une ampleur comparable à la faveur de la crise économique et morale. Le renouveau des ligues et de l'antiparlementarisme, l'incertitude et les divisions doctrinales des radicaux et des socialistes, voire d'une droite modérée en plein éparpillement, génèrent d'autres voies de réflexions comme le courant des « *non-conformistes des années trente* » (Jean-Louis Loubet del Bayle).

Sur le plan doctrinal, ce courant de réforme de l'État qui contribue indirectement à nourrir intellectuellement cette contestation se situe globalement à droite. Les républicains traditionnels sont attachés à la République parlementaire – pour eux la République tout court – tandis que la mouvance socialiste, à l'exception remarquable de Léon Blum, et communiste voit dans ce débat un moyen d'occulter la vraie nature de l'État bourgeois. Parmi les réformateurs, des universitaires, comme Joseph Barthélémy, mais aussi, bien que moins célèbre à l'époque, René Capitant, futur conseiller et ministre du général de Gaulle, qui publiera en 1934 un ouvrage consacré à la réforme du parlementarisme. Il y développe des thèses chères à son maître Carré de Malberg qui plaide alors pour la souveraineté populaire, le référendum, le droit de dissolution du chef de l'État sans entrave, le contrôle de constitutionnalité des lois. Cependant, on ne saurait en déduire, comme on le fait parfois, une influence de Carré de Malberg sur le général de Gaulle…

Chez les politiques, la personnalité d'André Tardieu, franc-tireur de la droite, personnage majeur de l'entre-deux-guerres, deux fois président du Conseil, domine, ainsi que les ouvrages qu'il consacre à la réforme de l'État.

Enfin, des érudits comme Jacques Bardoux, homme d'affaires et membre de l'Institut, spécialiste renommé de la Grande-Bretagne, anime un Comité technique pour la réforme de l'État comptant en son sein quelques fleurons des facultés de droit et du Conseil d'État, comme Joseph Barthélémy, Raymond Odent, Boris Mirkine-Guetzévitch. Si les tenants de la réforme sont au départ partagés sur les moyens de réformer (révision ou simples modifications du règlement des assemblées), l'objectif, la restauration de l'exécutif, leur est commun. Cette remise à niveau de la présidence de la République et de la présidence du Conseil, passe en premier lieu par l'encadrement du Parlement. Maintes dispositions sont aussi proposées visant à protéger l'exécutif et à limiter l'influence des assemblées.

Une large partie du courant réformateur souhaite aussi dépasser le régime représen-tatif. Comment donner au peuple des moyens directs d'intervention ? L'idée d'élire le président de la République au suffrage universel n'est généralement pas défendue non par hostilité de principe mais compte tenu de « l'obsession de la date fatidique du 2 décembre » (J. Barthélémy). Une solution médiane, l'élection du président par des notables est largement partagée et sera défendue, au Comité technique de réforme de l'État, et de Jacques Bardoux à André Tardieu.

Le peuple doit être aussi appelé à intervenir en cas de conflit grave entre la Chambre et le Gouvernement grâce à la dissolution. Ainsi Tardieu (comme Millerand) propose de permettre au chef de l'État de se passer de l'avis conforme du Sénat. C'est d'ailleurs sur ce point crucial que la réforme de l'État capotera, dès lors qu'elle deviendra, après les incidents du 6 février 1934, une préoccupation parlementaire. De même, le référendum dont un René Capitant fera plus tard son cheval de bataille, est-il remis à l'honneur par la plupart des propositions.

90 Les émeutes antiparlementaires du 6 février 1934 devaient provoquer la chute du Cabinet Daladier et l'arrivée d'un Gouvernement d'Union républicaine dirigé par Gaston Doumergue et contribuent à ce que le Parlement se saisisse, à contrecœur, de la réforme de l'État. Le 15 mars 1934, la Chambre des députés constitue une commission présidée par un radical, Marchandeau, tandis que le

Sénat l'imite timidement trois mois plus tard. La première aboutit le 27 avril à un projet relativement complet : renforcement de l'exécutif par la création et l'organisation d'une présidence du Conseil, la limitation du nombre des ministres un droit de dissolution libéré d'un avis conforme du Sénat, limitation du droit d'initiative des députés en matière d'augmentation des dépenses publiques, possibilité pour le Gouvernement de passer outre à l'inertie de l'une ou l'autre chambre dans le processus législatif – par décrets-lois, rationalisation du travail parlementaire par la limitation du droit d'interpellation, extension du travail de préparation en commission afin de supprimer les amendements en séance, vérification des pouvoirs des députés par le Conseil d'État en cas d'élections contestées, interdiction des groupes de défense d'intérêts particuliers, meilleure représentation des forces économiques par l'extension, des compétences consultatives du Conseil national économique, réforme de la magistrature dans le sens d'une indépendance accrue, élargissement de l'électorat aux femmes, vote familial. Quant à la réforme électorale, l'adoption de la proportionnelle est finalement écartée.

Le Gouvernement Doumergue, dont Tardieu fait partie, tarde à prendre une position. Les 24 septembre et 4 octobre, le président du Conseil s'adresse aux Français par la radio, ce qui choque la tradition représentative et provoque la colère de la gauche craignant le « pouvoir personnel ». L'économie de son projet est l'institution d'un « Premier ministre », doté du droit de dissolution, sans avis conforme du Sénat, du monopole de l'initiative des dépenses publiques et de la faculté de proroger le budget. Il souhaite aussi restaurer l'indépendance de la magistrature et d'une réglementation constitutionnelle du droit de grève dans la fonction publique. Mais il profère aussi une diatribe contre « le Front socialo-communiste » qui vient de naître... Ce ton inquiète non seulement la gauche mais aussi les radicaux. Quant au Sénat, la « gauche démocratique » s'oppose à la suppression de l'avis conforme. Bientôt les radicaux s'opposent dans ce contexte à la réforme institutionnelle. Le Gouvernement Doumergue démissionne le 8 décembre. Son successeur, Flandin, issu de la droite modérée et parlementaire, forme le Gouvernement (dont Tardieu est écarté) et tourne la page de la réforme à l'exception de l'institution d'une véritable présidence du Conseil créée par la loi de finances du 23 décembre 1934. Elle s'installe rue de Varenne, à l'hôtel Matignon.

91 **La chute.** Faute de se réformer, le régime tend à pallier les insuffisances du système parlementaire par l'utilisation croissante des décrets-lois, officialisée en 1924. Les délégations législatives au Gouvernement pendant un certain délai et sur certains sujets fonctionnent à la même époque aux États-Unis, en Allemagne comme en Angleterre. Cette procédure se généralise du fait de l'extension entre les deux guerres du rôle de l'État en matière économique, financière et sociale et de la crise qui secoue le monde occidental. En France, elle souligne aussi une tentative pour pallier l'impuissance du parlementarisme, ôtant aux chambres leurs responsabilités sur des sujets cruciaux mais aussi impopulaires sans signifier une réforme durable et structurelle des institutions assurant à l'exécutif une stabilité durable. À partir de 1934, il y a tous les ans, sauf en 1936, une délégation de pouvoir (deux en 1938) dont la durée et l'étendue vont croissant. Du domaine économique et financier à la défense nationale, le Parlement devait aller jusqu'à déléguer son pouvoir constituant en 1940.

Section 2

La Constitution de la IVe République

92 La défaite de 1940, puis l'avènement du régime de Vichy ont mis fin à la IIIe République. Tandis que s'organise sous l'égide du maréchal Pétain l'« État français » auquel l'Assemblée nationale par la « loi constitutionnelle » du 10 juillet 1940 a donné tous pouvoirs pour promulguer une nouvelle Constitution qui devrait *« être ratifiée par la nation et appliquée par les assemblées qu'elle aura créées »*. Sur 649 votants, 569 voix pour, 80 contre, 17 abstentions, les députés communistes ne votant pas étaient privés de

leurs sièges suite à la signature du pacte germano-soviétique. L'acte n° 1 du 11 juillet 1940 institue un « chef de l'État français » qui s'attribue l'ensemble des pouvoirs. La nouvelle Constitution ne vit jamais le jour tandis que s'organisèrent la dictature personnelle du maréchal Pétain et son Gouvernement longtemps dirigé par Laval (juillet-décembre 1940 et à partir d'avril 1942) inspirée par l'esprit de revanche sur le parlementarisme républicain. Assise sur des valeurs passéistes et antirépublicaines, la « révolution nationale » constitue une tentative de retour à une France mythique d'avant la Révolution française guidée par un État corporatiste et autoritaire. Placé sous la tutelle de plus en plus étroite de l'occupant par la politique de collaboration, ce régime croupion finira par se confondre, dans les derniers temps, avec l'ordre nazi.

§ 1. Genèse

93 À Londres, le général de Gaulle dès le 18 juin 1940 où il lance son fameux appel, tente d'organiser une résistance politique et militaire, au départ embryonnaire, et d'assumer la représentation de la France face aux alliés. Il réussit progressivement à unifier la Résistance, processus achevé au milieu de l'année 1943. Le chef de la France libre constitue le 24 septembre 1941 un Comité national français, Gouvernement embryonnaire sous son autorité. Puis à Alger, il est transformé en Comité français de libération nationale (CFLN) le 3 juin 1943 qu'il copréside avec le général Giraud soutenu par les Américains. Mais quelques mois plus tard, seul de Gaulle détient l'autorité gouvernementale. Par ailleurs, une Assemblée consultative provisoire est créée le 17 septembre 1943 et regroupe les représentants de la Résistance intérieure et des différents partis politiques.

A. La réflexion constitutionnelle pendant la guerre

94 Aux côtés du CFLN, un Comité général d'études, simple organe de réflexion d'inspiration gaullienne, fonctionne à Alger, siège du CFLN, en 1943 et 1944. Il réunit sous la houlette d'un membre du Conseil d'État Michel Debré, des professeurs de droit, représen-

tants de la Résistance intérieure et s'attelle à penser les institutions futures. Le projet final n'ins-pirera pas la future Constitution de la IVe République mais contient bien des parentés avec celle de 1958. Le chef de l'État, imaginé en 1944, voit son collège électoral élargi aux villes de plus de 100 000 habitants désignant des grands électeurs (soit au total 1 300 membres). Élu pour sept ans, il nomme librement le président du Conseil, les ministres et les hauts fonctionnaires, a l'initiative des lois et de larges pouvoirs réglementaires. Il dispose par ailleurs du droit de dissolution, lié cependant au contreseing du président du Conseil.

Le projet contient par ailleurs un important volet consacré au parlementarisme rationalisé destiné à garantir la stabilité gouvernementale et à encadrer le rôle du Parlement. Le vote de confiance est strictement réglementé. Un débat annuel de politique générale est ouvert par le Gouvernement et suivi par un vote de confiance. Le Gouvernement a seul l'initiative des votes de confiance ultérieurs sauf si deux tiers des membres de la Chambre des députés le requièrent. Dans le cadre d'un bicaméralisme maintenu, de deux sessions chacune de trois mois, le domaine de la loi est limité, mais le Parlement peut en sortir temporairement. Les propositions de loi tendant à l'augmentation des dépenses de l'État sont interdites. La procédure budgétaire est constitutionnalisée : un budget non voté au 31 décembre vaut adoption du projet du Gouvernement. Ce projet inspirera la Constitution de... 1958 !

B. La loi du 2 novembre 1945

95 **Le choix du référendum.** De Gaulle n'a jamais exprimé publiquement pendant la guerre le fond de ses idées constitutionnelles, réaffirmant son attachement à la République et s'engageant à rendre la parole au peuple. Mais chacun devine qu'il est peu à même d'accepter la continuation de la souveraineté parlementaire. La libération de la France va permettre, sur ce point crucial, d'engager le débat.

Le CFLN est transformé en Gouvernement provisoire de la République française (GPRF). Sous l'autorité de son président, le général de Gaulle, sa composition reflète toutes les tendances politiques qui composent la Résistance. L'Assemblée consultative provisoire voit son organisation modifiée dans un sens plus conforme à la tradition parlementaire : groupes, commissions, élection d'un bureau, vote d'un règlement intérieur. Mais elle demeure, malgré ses prétentions à représenter la nation, purement consultative. L'écho des formations politiques reconstituées (SFIO, PC, radicaux) ou nouvelles (le Mouvement républicain populaire, Union démocratique et socialiste de la Résistance) s'y fait grandissant. Enfin, en vertu de l'ordonnance du 21 avril 1944 est prévue l'élection d'une assemblée constituante une année après la libération du territoire. Les Français – et les Françaises – seront appelés aux urnes le 21 octobre 1945 par référendum. Le général de Gaulle a souhaité, contre l'avis de l'Assemblée constituante – la SFIO et le parti communiste condamnant l'idée d'un « plébiscite » – utiliser cette procédure démocratique pour appeler les Français à décider de leurs nouvelles institutions.

96 **La consultation du 21 octobre 1945 et le régime provisoire.** La consultation pose deux questions aux Français : « *l'Assemblée qui va être élue sera-t-elle constituante ?* ». Si oui, elle rédigera un projet de Constitution nouvelle. Sinon, l'Assemblée formera la Chambre des députés prévue par les lois constitutionnelles de 1875 et un Sénat sera alors élu. On en reviendra ainsi à la IIIe République. « *Si l'Assemblée est constituante, approuvez-vous le projet de loi proposé par le Gouvernement fixant le fonc-tionnement des pouvoirs publics jusqu'à la mise en vigueur de la nouvelle Constitution ?* »

Ce projet de loi qui a la préférence du général de Gaulle prévoit que la durée du mandat de l'Assemblée sera limitée à sept mois. Si la Constitution n'est pas élaborée dans ce délai ou si le projet était repoussé par le peuple, une nouvelle Constituante serait élue, dotée de pouvoirs identiques à la première. L'Assemblée, dotée du pouvoir législatif (mais privée de l'initiative des dépenses) a concurremment, avec le Gouvernement, l'initiative des lois. Celui-ci les promulgue dans le délai d'un mois, pendant lequel il peut demander une nouvelle lecture. Si l'Assemblée confirme son premier vote à la majorité absolue de ses membres, la loi devait être promulguée dans les trois jours.

L'Assemblée élit le président du Gouvernement provisoire à la majorité absolue de ses membres. Ce président soumet à l'Assemblée la composition et le programme de son Gouvernement. Il est responsable politiquement devant elle. De Gaulle aurait souhaité que celle-ci ne fût pas mentionnée explicitement mais il dut finalement céder devant l'insistance de l'assemblée consultative. Cependant, pour renverser le Gouvernement, il faut le vote d'une motion de censure déposée au moins deux jours auparavant. Par ailleurs, la loi du 2 novembre 1945, outre qu'elle confirme le suffrage universel féminin établi par le général de Gaulle en 1944, institue la représentation proportionnelle (avec listes bloquées, interdiction du panachage et répartition des restes à la plus forte moyenne).

Tandis que le régime provisoire du 20 novembre 1945 devait durer jusqu'à l'adoption de la Constitution du 27 octobre 1946, de Gaulle élu président du Gouvernement provisoire le 13 novembre 1945 devait démissionner le 20 janvier 1946.

C. L'élaboration de la Constitution de 1946

97 **L'élection des deux Constituantes.** Les élections à la première Assemblée constituante (à la proportionnelle) marquent l'émergence d'un nouveau parti, le Mouvement républicain populaire, proche du général de Gaulle. Il obtient 23,3 % des voix et 150 sièges. La SFIO avec 23, 4 % réunit 143 sièges et le parti communiste avec 25 %, 152 sièges. Ce sont ces trois partis qui dominent la vie politique de la IVe République naissante tandis que ceux d'avant-guerre disparaissent ou subissent de sérieux échecs.

Le 19 avril 1946, l'Assemblée nationale constituante où domine après les élections une majorité socialiste et communiste adopte par 309 voix (PC et SFIO) contre 249 (MRP et modérés) le projet de Constitution établissant un régime d'assemblée. Le texte doit être soumis à référendum le 5 mai. Son titre VI, précédé d'une déclaration des droits économiques et sociaux, s'intitule : « *De la souveraineté et de l'Assemblée nationale* », tandis que l'article 47 dispose que « *le peuple français exerce sa souveraineté par ses députés à l'Assemblée* ». L'Assemblée est unique et elle désigne le président du Conseil comme le président de la République. Celui-ci se borne à « communiquer », après les consultations d'usage au président de l'Assemblée nationale, les noms des candidats à la présidence du Conseil. Il ne possède même pas le droit de grâce…

Ce projet n'a pas recueilli l'assentiment du MRP partisan d'un, Gouvernement parlementaire équilibré. Les socialistes sont partagés entre leur crainte dune assemblée unique dominée par les communistes et leur rancœur vis-à-vis du Sénat. Le 15, le MRP, par la voix de Paul Coste-Floret, tente par un dernier amendement, de poser le principe du bicaméralisme. Il est rejeté par 288 voix contre 260. C'est la rupture et le MRP appelle à voter non. Le texte soumis à référendum le 5 mai 1946 voit consacrée la victoire du non qui l'emporte par 10 584 359 contre 954 034 oui (et 5 282 043 abstentions). Une nouvelle Assemblée constituante est donc élue pour préparer un second projet.

La nouvelle Assemblée constituante dans laquelle l'alliance SFIO-PC perd la majorité absolue tandis que le MRP devient un partenaire obligé, va prendre pour base de travail le premier projet, sensiblement modifié. Les républicains populaires ne souhaitent pas laisser la SFIO dans un face-à-face avec le parti communiste dont ils veulent contenir l'influence. Le second projet sera donc le fruit d'un compromis entre les trois formations. Le MRP préfère donc transiger malgré sa proximité de pensée avec celle du général de Gaulle telle qu'elle va s'exprimer, bientôt, dans le discours de Bayeux.

98 **Les discours de Bayeux et d'Épinal du général de Gaulle**

> *« C'est donc du chef de l'État, placé au-dessus des partis, élu par un collège qui englobe le Parlement mais beaucoup plus large et composé de manière à faire de lui le président de l'Union française en même temps que celui de la République, que doit procéder le pouvoir exécutif. Au chef de l'État la charge d'accorder l'intérêt général quant au choix des hommes avec l'orientation qui se dégage du Parlement. »*
> Discours de Bayeux du 16 juin 1946.
> *« Il nous paraît nécessaire que le chef de l'État en soit un, c'est-à-dire qu'il soit élu et choisi pour représenter réellement la France et l'Union Française, qu'il lui appartienne, dans notre pays si divisé, si affaibli et si menacé, d'assurer au-dessus des partis le fonctionnement régulier des institutions et de faire-valoir, au milieu des contingences politiques, les intérêts permanents de*

> *la nation. Pour que le président de la République puisse remplir de tels devoirs, il faut qu'il ait l'attribution d'investir les gouvernements successifs, d'en présider les Conseils et d'en signer les décrets, qu'il ait la possibilité de dissoudre l'Assemblée élue au suffrage direct au cas où nulle majorité cohérente ne permettrait à celle-ci de jouer normalement son rôle législatif ou de soutenir aucun Gouvernement, enfin qu'il ait la charge d'être, quoi qu'il arrive, le garant de l'indépendance nationale, de l'intégrité du territoire et des traités signés par la France. »*
> Discours d'Épinal du 29 septembre 1946.

De Gaulle intervient donc deux fois dans le débat constitutionnel, la première fois à Bayeux le 16 juin 1946 tandis qu'il ne connaît pas encore le détail du projet de Constitution, la seconde le 20 septembre à Épinal, en disposant de l'essentiel du projet vote par l'Assemblée constituante. Pour le général de Gaulle, la « séparation des pouvoirs » implique que le Gouvernement ne procède pas du Parlement mais du chef de l'État placé au-dessus des partis. De même est-il inconcevable pour lui que les membres du Gouvernement soient les « mandataires d'un parti ». Il plaide donc pour « *qu'au-dessus des contingences politiques, soit établi un arbitrage national* ». Cet arbitre est le chef de l'État « *élu par un collège qu'englobe le Parlement mais président de l'Union française en même temps que celui de la République* » (Bayeux). Tel sera d'ailleurs le système d'élection par un collège de notables adopté en 1958.

Le pouvoir exécutif doit procéder du chef de l'État puisque celui-ci « *nomme les ministres et d'abord bien entendu le Premier* » (Bayeux). Les ministres ne sauraient cependant être les mandataires d'un parti. L'« investiture » du Gouvernement n'exclut pas que le Gouvernement soit responsable collectivement devant l'Assemblée nationale (Épinal). L'arbitre national peut la dissoudre « *au cas où nulle majorité cohérente ne permettrait à celle-ci de jouer normalement son rôle législatif ou de soutenir aucun Gouvernement* » (Épinal). Enfin, au président de la République, « *s'il se trouvait que la patrie fut en péril, le devoir d'être le garant de l'indépendance nationale et des traités conclus par la France* » (Bayeux).

S'agissant du bicaméralisme et du rôle attribué au Sénat, de Gaulle souhaite élargir sa représentation. Enfin, le référendum,

Notons cependant que si l'avis a été donné à la majorité absolue par le Conseil de la République, l'Assemblée doit voter elle aussi, émettre un vote - contraire - dans les mêmes conditions. Et la majorité absolue sera plus délicate à trouver dans celle-ci que dans celle-là. En matière de révision constitutionnelle, l'article 80 prévoit que l'Assemblée en adopte le principe par une résolution prise à la majorité absolue de ses membres. Puis, le projet de loi constitutionnelle est élaboré selon les formes de la loi ordinaire, ce qui réaffirme l'hégémonie de l'Assemblée. Un référendum n'est prévu que si la seule Assemblée n'adopte pas le texte à la majorité des deux tiers ou si chacune des deux chambres ne l'adopte pas à la majorité des 3/5e. Enfin, et surtout, elle est la source du pouvoir gouvernemental.

C. L'exécutif

104 **Un dualisme apparent.** La dualité de l'exécutif, concession au MRP, fait exister à côté du président du Conseil, un président de la République, élu tous les 7 ans par les deux chambres réunies (rééligible une seule fois). Les pouvoirs sont plus limités que ceux de son prédécesseur de la IIIe République. Il préside le Conseil des ministres, le Conseil supérieur, le Comité de la Défense nationale (il est « chef des armées ») et le Haut Conseil de l'Union française. Il désigne en Conseil des ministres les hauts fonctionnaires, a le droit de grâce, peut communiquer avec « le Parlement » par des messages (à la seule Assemblée nationale). Il est tenu informé des négociations internationales, signe et ratifie les traités (mais ne les négocie pas), accrédite les diplomates français et reçoit les diplomates étrangers, promulgue les lois et peut demander une nouvelle délibération. Mais le contreseing ministériel est nécessaire à tous ces actes (le président du Conseil et un ministre).

Limités, ses pouvoirs même partagés sont néanmoins, selon la formule de Paul Coste-Floret, « plus effectifs ». En particulier, il joue un rôle non négligeable dans la désignation du président du Conseil. Ainsi, après les consultations d'usage, il le « désigne » et la personnalité ainsi sélectionnée présente seule à l'Assemblée, le programme et la poli-tique du Gouvernement qu'il se propose de constituer. L'idée, contrairement à la IIIe République, est d'en faire un homme fort, personnellement responsable devant l'Assemblée avec laquelle elle a passé un contrat. Pour être investi, le président du Conseil doit obtenir la majorité absolue de voix des membres composant l'Assemblée nationale (les abstentions étant donc assimilées à des votes négatifs). L'idée par ce procédé est de dégager d'emblée et sans arrière-pensées une réelle majorité. Enfin, le président du Conseil est nommé par le président de la République ainsi que les ministres librement choisis par lui.

105 **L'investiture du Gouvernement.** Si l'investiture est organisée avec minutie, la « désinvestiture » l'est tout autant. D'une part, la démission du Gouvernement peut d'abord résulter du refus explicite de la confiance. La question de confiance a été posée devant l'Assemblée (et non le Conseil de la Répu-blique) par le président du Conseil, après délibération du Conseil des ministres. D'autre part, l'Assemblée peut voter une motion de censure. Son dépôt a lieu un jour franc (délai de réflexion) avant le scrutin public et rassemble la majorité absolue des membres de l'Assemblée.

106 **Le droit de dissolution.** Par ailleurs, après avoir encadré l'éventualité d'une crise ministérielle, la Constitution organise la procédure de la dissolution. Celle-ci n'est d'abord pas possible au cours des 18 premiers mois de la législature qui dure cinq années. Le député a droit en quelque sorte à « *un minimum garanti* » (Jacques Chapsal). Si, passé ce délai, deux crises ont lieu dans les formes constitutionnelles, la dissolution peut être décidée en Conseil des ministres, après avis du président de l'Assemblée et le chef de l'État la prononce par décret. Une fois la dissolution prononcée, le président du Conseil est remplacé par le président de l'Assemblée devenant chef du Gouvernement. Il nomme en accord avec le bureau de l'Assemblée un nouveau ministre de l'Intérieur (qui préparera les élections) et désigne des ministres d'État - sans portefeuille - par les membres des groupes non représentés au Gouvernement.

La dissolution n'est pas conçue ici comme la contrepartie de la responsabilité du Gouvernement devant l'Assemblée, mais vise à mettre fin à une situation dans laquelle l'absence de majorité cohérente génère l'instabilité ministérielle. Éloignée sur ce point fondamental du parlementarisme classique, cette procédure laisse en fait l'usage de la dissolution entre les mains de l'Assemblée à laquelle il appartient - ou non - de la déclencher en provoquant dans les formes prévues deux crises ministérielles.

107 **L'absence de contrôle de constitutionnalité.** Enfin, la Constitution n'organise aucun contrôle de constitutionnalité des lois. Un comité constitutionnel a seulement pour mission d'examiner si « *les lois votées par l'Assemblée supposent une révision de la Constitution* ». Outre que le préambule n'est pas considéré comme faisant partie de la Constitution *stricto sensu*, cette disposition vise en fait à protéger le Conseil de la République contre d'éventuelles menaces. En tout état de cause cause il se réunira, sous la présidence du chef de l'État, une fois pendant toute la durée du régime…

§ 3. L'évolution des institutions

A. Les déviations de la Constitution

108 **La « double investiture »**

> *« V. A. (Vincent Auriol) : Mais, c'est contraire à l'esprit de la Constitution. Autrefois, lorsque le Gouvernement prenait contact avec la Chambre, celle-ci se prononçait à la fois sur le programme et sur la composition du Gouvernement. Aujourd'hui, tu as la confiance de l'Assemblée pour l'exécution d'un programme et l'orientation d'une politique. C'est toi, et toi seul, qui a la responsabilité des actes de tes collaborateurs, donc de leur choix. Explique cela à l'Assemblée en refusant tout débat et tout vote ; sauf plus tard sur la non-conformité des actes du Gouvernement à la déclaration ministérielle, c'est-à-dire sur sa politique. Ne recommençons pas les jeux de massacre. Ne sois pas un "vieux" de la 111ᵉ.*
> *P. R. (Paul Ramadier) : Mais, je suis plus jeune que toi ! En tout cas l'Assemblée est souveraine et c'est un principe de tout temps ; je ne peux méconnaître cette souveraineté…*
> *V. A. : Je ne l'ignore pas. Rappelle-lui seulement que, dans une démocratie, la souveraineté est définie et limitée par la Constitution. Demande le renvoi des interpellations sine die… »*
> Vincent Auriol, *Mon Septennat*, Gallimard, 1970.

Le président du Conseil devait être le seul responsable devant l'Assemblée. Le premier président de la République, Vincent Auriol, après les consultations d'usage, confie à Paul Ramadier (SFIO) une mission d'information puis le désigne pour qu'il se présente seul, conformément à la Constitution, devant l'Assemblée nationale. Il est investi le 21 janvier 1947 à l'unanimité des votants (549 voix) puis est nommé par le chef de l'État ainsi que par les ministres choisis par lui. Mais le nouveau président du Conseil, habitué aux usages de la IIIe République, veut présenter son cabinet à l'Assemblée pour obtenir la confiance. Il l'obtient le 28 janvier 1947 mais avec 28 voix de moins.

Cette double investiture est non conforme à tout le moins à l'intention des constituants sinon à la lettre de la Constitution, comme le pense alors Vincent Auriol en privé. Outre le retour aux usages de la République défunte, elle crée un précédent fâcheux. Investis, les présidents acceptent une discussion d'interpellation sur cette composition et la politique suivie qui se termine par un vote. Plusieurs présidents du Conseil ainsi investis par l'Assemblée comme Robert Schuman en 1948 ou Henri Queuille en juillet 1950 sont mis en minorité quelques jours plus tard. D'autres comme André Marie en 1948 préfèrent faire connaître à l'avance la composition de leur Gouvernement. Il faut cependant remarquer à cet égard que le président de la IVe République, faute de majorités cohérentes et de personnalités incontestées, devait disposer d'une influence supérieure à celle pensée par les constituants. Ainsi, Vincent Auriol, « invente »-t-il M. Pinay ou René Coty, fait-il appel contre bien des attentes à Pierre Mendès France en 1954, ou lui préfère Guy Mollet en 1956. Plus largement, la personnalité des deux chefs de l'État élargira sensiblement le poids de la fonction présidentielle pour en faire une « magistrature d'influence » (G. Berlia).

La question de confiance devait être une procédure à caractère exceptionnel permettant au Gouvernement de s'assurer du soutien d'une majorité à l'Assemblée. Or, entre 1946 et 1951, 45 questions furent posées, 53 entre juin 1951 et décembre 1952, 20 entre décembre 1952 et décembre 1955... Par ailleurs, des présidents du Conseil préfèrent, comme Henri Queuille poser implicitement la question de confiance en indiquant qu'ils se retireraient si l'Assemblée ne les suivait pas. D'autres démissionnent sans avoir été mis dans les formes, en minorité par la procédure de la question de confiance, en quelque sorte par anticipation face aux difficultés qu'ils vont connaître devant l'Assemblée. Ainsi, par exemple Antoine Pinay démissionne en décembre 1952 en raison de la défection du MRP membre jusqu'alors de sa majorité. Des gouvernements se disloquent de l'intérieur faute d'unité de vues comme le Gouvernement Marie en 1948, tiraillé entre Léon Blum et Paul Reynaud sur la politique à suivre.

Si, au total, 19 ministères – sur 25 – démissionnent sans avoir été, dans les formes constitutionnelles, renversés, c'est aussi parce que la démission devient un moyen de résoudre les difficultés : on procède avec le nouveau Gouvernement à un « replâtrage » (sic) de la majorité, à une recomposition des « sensibilités ».

109 **Droit de dissolution et « vote calibré ».** Du côté de l'Assemblée, celle-ci réfléchit à deux fois avant de renverser le Gouvernement dans les formes constitutionnelles par crainte d'être dissoute. Dans ces conditions, l'Assemblée contrôle moins le Gouvernement sur son projet politique qu'elle ne vérifie si celui-ci correspond à la majorité fluctuante et changeante qui s'est établie. Dès lors, les députés prennent l'habitude de procéder à un vote « calibré » : l'Assemblée laissait en vie le Gouvernement mais condamnait ses projets par des votes à la majorité simple, l'acculant à la démission. C'est par une erreur de calibrage dans le refus de vote de confiance à Edgar Faure en 1955 que furent alors réunies les conditions constitutionnelles pour procéder à une dissolution. Celle-ci eut lieu le 2 décembre… rappelant, un peu vite, des mauvais souvenirs… Les dispositions complexes prévues pour encadrer les crises ministérielles avaient donc été largement tournées. Eussent-elles d'ailleurs fonctionné, qu'un Gouvernement mis en minorité par une majorité (relative) aurait dû faire face à une situation parlementaire difficilement tenable, et à un harcèlement prévisible.

110 **La délégation du pouvoir législatif.** « *L'Assemblée nationale vote seule la loi. Elle ne peut déléguer ce droit* », énonçait l'article 13 de la Constitution. En fait, les anciens décrets-lois de la IIIe République réapparaissent sous la forme des « lois-cadres » (loi du 17 août 1948) par lesquelles l'Assemblée vote une loi fixant des

principes généraux et en laisse l'application par des décrets au Gouvernement qu'elle contrôle cependant. Cette procédure sera utilisée notamment s'agissant de la « loi-cadre Défense » en 1956 pour les territoires de l'Union française. Par ailleurs, le principe de l'extension du pouvoir réglementaire est adopté (loi du 17 août 1948) et il revient au Parlement d'en fixer l'étendue et les domaines, celui-ci conservant le droit de légiférer dans ces matières. Dans un célèbre avis du 6 février 1953 « *du meilleur style normand* » (Georges Burdeau), le Conseil d'État admet la procédure sous réserve que le pouvoir réglementaire n'intervienne pas dans des domaines relevant traditionnellement et exclusivement du Parlement (droits fondamentaux, libertés publiques) et que son extension soit délimitée et précisée. Des lois d'habilitation - qui peuvent aller jusqu'à modifier des lois antérieures - sont ainsi adoptées en juillet 1953 et août 1954. Si, à la différence de la IIIe République, la délégation est accordée au Gouvernement qui l'a sollicitée et qu'elle ne peut entrer en vigueur sans l'avis conforme de certains organismes (la commission des finances par la loi d'août 1954), l'esprit est analogue : l'Assemblée ne souhaitant pas endosser la responsabilité dans le traitement d'un sujet épineux, s'en remet au Gouvernement.

111 **La « résurrection » du Sénat.** Ce sentiment de « retour » aux mœurs de la IIIe République est incidemment confirmé par le rôle joué par le Conseil de la République. Celui-ci est élu initialement (loi du 27 octobre 1946) au suffrage universel indirect par les collectivités communales et départementales selon un système complexe à la représentation proportionnelle au plan national, certains membres (plus d'un quart) étant désignés directement par l'Assemblée. La loi du 23 septembre 1948, votée sous l'influence de Queuille, revient pour l'essentiel au collège électoral de la IIIe République. Par ailleurs, en juin 1949, le Conseil de la République modifie son règlement pour instituer une procédure de « question orale avec débat », interpellation sans le nom. Cependant, seuls quelques rares présidents du Conseil - radicaux - allèrent jusqu'à poser implicitement devant le Conseil de la République la question de confiance. Et, sur la proposition d'un sénateur (Michel Debré), le Conseil retrouve son nom d'origine : « Sénat ».

B. La révision constitutionnelle du 7 décembre 1954

112 **La confusion des deux investitures.** La révision tire les leçons de l'expérience et confond les deux investitures : le président du Conseil désigné choisit les membres de son cabinet, en fait connaître la liste à l'Assem-blée nationale et se présente devant elle pour lui demander d'investir le Gouvernement par un vote de confiance. Ainsi prive-t-on, cette fois formellement, le président du Conseil de l'autorité personnelle dont il pouvait se prévaloir dans l'ancienne procédure. Par ailleurs, la majorité requise pour la confiance est désormais relative, faute que la notion de majorité absolue ait fait ses preuves. Mais celle-ci est maintenue pour renverser un Gouvernement en fonction. La Constitution est muette sur le cas d'une majorité de défiance relative. Le rapporteur général du projet de révision indiquant qu'« il appartiendra au Gouvernement d'apprécier s'il estime que ce rejet du texte en question s'oppose à la continuité du pouvoir ou si, au contraire, puissant encore de la confiance de l'Assemblée, il peut continuer à gouverner ».

113 **Le renforcement du Conseil de la République.** La révision constitutionnelle du 7 décembre 1954 permet par ailleurs au Conseil de la République d'exercer la plénitude de son initiative législative en levant l'interdiction faite aux sénateurs de débattre immédiatement de leurs propositions. De même, est retiré à l'Assemblée le monopole d'être saisie des projets de lois gouvernementaux. Dès lors, ceux-ci, à l'exception de ceux portant ratification des traités ou à caractère budgétaire, peuvent être déposés indifféremment sur le bureau de l'une ou l'autre chambre. Enfin, la navette est rétablie entre les deux chambres : pendant un certain délai un texte ne pourra devenir loi sans le consentement du Conseil. En pratique, 90 % des textes seront ainsi votés avec l'accord des deux chambres.

C. Le « régime des partis » ?

114 **Du tripartisme...** . Les constituants de 1946 avaient pensé concevoir un parlementarisme structuré par des partis puissants. Dès lors, le tripartisme dominant correspondait à l'origine à ce schéma, même

si le parti socialiste et le MRP étaient voués à un déclin militant. Avec le parti communiste, ils rassemblent les trois quarts des suffrages et trois quarts des sièges. Articulés fortement à des groupes parlementaires, ils conditionnent la formation et la vie du Gouvernement et en constituent les vrais piliers.

Cette médiation - partisane -, cette intercession... assure dans un premier temps au Gouvernement une existence paisible. La révocation des ministres communistes le 4 mai 1947 suite aux votes hostiles de leur parti contre le Gouvernement marque la fin de cette période. Dès lors, les gouvernements devront trouver appui ailleurs, au centre dont le mor-cellement et la fragilité vont rendre leur stabilité beaucoup plus incertaine. Du contrat passé entre quelques partis cohérents et puissants, il va falloir s'accommoder de petites formations d'autant qu'à la droite de l'échiquier politique, le Rassemblement du peuple français (RPF) créé par le général de Gaulle en 1947 conteste le régime. L'espace d'alliance se rétrécit donc considérablement et le jeu tend à se ramener à des coalitions complexes et incertaines. L'Assemblée ira jusqu'à compter 14 groupes parlementaires dont cinq d'indépendants.

115 **... à la « troisième force ».** Après le tripartisme, émerge une troisième force dont l'unité réside principalement dans l'opposition des partis de la gauche et de la droite modérée au PCF et RPF. Dès lors, le SFIO, le MRP, les faibles troupes radicales (rebaptisées « Rassemblement des gauches républicaines », RGRJ) et l'appoint de groupes charnières comme l'Union démocratique et socialiste de la Résistance (UDSR) de François Mitterrand et René Pleven. À l'approche des élections de 1951, il ne fait pas de doute que la victoire probable des deux oppositions RPF et du PCF rendrait l'Assemblée sans majorité et sans Gouvernement. Dès lors, pour se survivre à elle-même, les partis de la troisième force veulent se survivre à eux-mêmes et avec eux, pensent-ils, le régime. Aussi est monté le système électoral dit des « apparentements ». Les listes proposées aux électeurs déclarent qu'elles sont « apparentées » (au moins dans 30 départements). Avec 51 % des voix, la nouvelle majorité détient les deux tiers des sièges.

116 **La dislocation de la « troisième force ».** Gouverner ensemble ? La première rupture se fait sur la politique scolaire dès 1952 : le

divorce est consommé entre MRP et la SFIO qui quitte la majorité. Si la rupture de la discipline du nouveau groupe RPF, dont une petite partie vote l'investiture à Antoine Pinay en 1952 contre l'avis de son chef, ouvre une brèche qui ne fera que s'élargir, aboutissant deux ans plus tard à la « mise en sommeil » par le général de Gaulle de son mouvement, nulle majorité cohérente ne se dégage pour autant. Après l'école, la querelle de la Communauté européenne de défense en 1952 divise ce qui reste de la Troisième force et réunit gaul-listes et communistes...

Ces majorités « variables » soulignent la non-adéquation entre les coalitions gouvernementales et les coalitions électorales. L'Assemblée issue des élections du 2 janvier 1956 (après la dissolution du 2 décembre 1955) est, *a priori*, ingouvernable. Les « apparentements » n'ont la majorité que dans 11 départements. Aucune majorité ne se dégage : le centre droit reçoit environ 200 sièges, les communistes 150 et les poujadistes - nouveaux venus - 52 sièges. Le « Front républicain » de centre gauche et dont le cœur est la SFIO ne regroupe que 180 sièges. Finalement, c'est Guy Mollet, investi le 1er février 1956, qui devient le président du Conseil investi par une écrasante majorité (420 voix) contre pouja-distes et indépendants. Ministère composite, il dure près de 16 mois. Lâché à gauche du fait de la politique algérienne, il tombe en mai 1957. Dès lors, il n'y a plus de Gouvernement possible : communistes et poujadistes forment le tiers de l'Assemblée, le Front républicain s'est disloqué, la SFIO refuse toute alliance avec la droite. Dès lors, tout Gouvernement ne peut s'appuyer que sur des coalitions instables et surtout passagères. Après la chute de Guy Mollet, la crise dura trois semaines jusqu'à l'investiture du Gouvernement Bourgès-Maunoury pour un peu plus de trois mois. Après sa chute, la crise dura 36 jours. Félix Gaillard qui lui succède règne un peu plus de quatre mois. La crise dura alors 28 jours jusqu'à l'investiture de Pierre Pflimlin le 13 mai 1958, alors que les géné-raux d'Alger se rebellent, qui cède la place au général de Gaulle le 1er juin. Celui-ci sera le dernier président du Conseil de la IVe République après avoir présidé à sa naissance...

L'instabilité ministérielle, souvent soulignée, permet d'oublier l'existence d'un « noyau gouvernemental » de ministres interchangeables. Ce trait souligne le bilan positif du régime dans des domaines essentiels comme la modernisation des structures économiques et sociales, le début du processus de décolonisation ou la construction européenne, l'œuvre accomplie ne le fut pas seulement par l'Administration mais aussi par une partie du personnel politique.

117 **L'impossible réforme et la chute.** Changer les institutions ? Une partie du personnel politique est consciente de la néces-sité de réviser la Constitution sans pour autant changer le régime. Le Mouvement républicain populaire ne s'y était-il pas engagé dès l'origine ? En fait, la réforme commencée le 30 novembre 1950 aboutit à la « réformette » du 7 décembre 1954 - initiée à l'origine par le Conseil de la République et en particulier René Coty, alors sénateur, et conscient de la nécessité d'aller bien au-delà. Dans d'autres cercles, la réflexion s'élabore autour de projets audacieux. Quelques personnalités comme le professeur Georges Vedel en 1956 vont plus loin. Pour lui, le Gouvernement de législature, la dissolution automatique plaidée directement par Paul Reynaud (ou semi-automatique), la rationalisation du travail parlementaire ne changeront rien au fond : la division du pays, la faiblesse des partis, l'absence de consultation de l'opinion. Rien ne sert d'imaginer un parlementarisme à l'anglaise intransposable en France. Et de plaider pour un régime présidentiel dans lequel le président serait élu au suffrage universel pour quatre ou cinq ans, à l'image de l'Assemblée, celle-ci ne pourrait ni le renverser, les ministres étant choisis par lui. En cas de désaccord persistant, le président de l'Assemblée peut provoquer des élections anticipées de l'un et de l'autre. Rejoignant cctte inspiration gcnéralc, Maurice Duverger plaide pour un chef de l'État toujours élu par le Parlement et un chef de Gouvernement - le vrai chef de l'exécutif - élu au suffrage universel. Ces propositions ont un écho limité dans des milieux politiques hostiles.

L'Assemblée issue des élections de janvier 1956 est rétive à toute révision en profondeur. Il faut attendre 1958 pour que la révision devienne une préoccupation gouvernementale, malgré quelques propositions qui préfigurent, avec les projets Gaillard et Pflimlin, le parlementarisme rationalisé de 1958. Félix Gaillard tente aussi en vain de faire aboutir un projet de révision limitée en mars 1958 : irrecevabilité des propositions ayant pour conséquence une réduction des crédits et un accroissement des dépenses ; adoption d'un texte législatif, même sans majorité, sur lequel le Gouvernement n'a pas perdu la confiance ; exigence pour le retrait du Gouvernement du vote explicite d'une motion de censure à la majorité absolue des membres composant l'Assemblée ; dissolution semi-automatique, seul le président de la République pouvant s'y opposer. Peu après, un autre président du Conseil Pierre Pflimlin, élu le 27 mai 1958, tente de reprendre à son compte le projet à la faveur des circonstances du moment – l'insurrection de l'armée de l'Algérie – qui scellent la fin du régime. Le malaise algérien est cependant plus l'occasion de sa chute que sa cause. La IVe République est morte d'impuissance gouvernementale, de coalitions hétéroclites, et d'immobilisme politique dans les dernières années.

Bibliographie

Albertini (P.), *Le droit de dissolution et les systèmes constitutionnels français*, LGDJ, 1977.

Antonetti (G.), *Histoire contemporaine politique et sociale*, PUF, 1986.

Bacot (G.), *Carré de Malberg et l'origine de la distinction entre souveraineté du peuple et souveraineté nationale*, CNRS, 1985.

Bastid (P.), *L'idée de Constitution*, Economica, 1985, nouvelle éd.

Carré de Malberg (R.), *Contribution à la théorie générale de l'État*, Sirey, 1920-1922, 2 vol.

Chagnollaud (D.), *L'héritage constitutionnel et politique de la France (1789-1958)*, Dalloz, 3e éd., 2010.

Chevallier (J.-J.), *Histoire des institutions et des régimes politiques de la France de 1789 à nos jours*, Dalloz, 9e éd., 2009.

Deslandres (M.), *Histoire constitutionnelle de la France*, Sirey, 1932-1937, 3 vol.

Goguel (F), *Les institutions politiques françaises*, cours IEP, 1967-1968, Ronéo.

Morabito (M.), *Histoire constitutionnelle et politique de la France de 1789 à nos jours*, Montchrestien, 12e éd., 2012.

Rémond (R), *La vie politique en France, 1789-1879*, A. Colin, 1991, 2 vol.

Troper (M.), *La séparation des pouvoirs et l'histoire constitutionnelle française*, LGDJ, 1980.

« 1789-1989 », *Pouvoirs* 1989, n° 50, PUF

CHAPITRE 4

Genèse, caractères initiaux et évolution de la Ve République

118 On évoquera la transition politique et juridique entre deux Républiques (SECTION 1), les caractères initiaux et généraux de la Constitution de 1958 (SECTION 2) puis la présidentialisation du régime (SECTION 3) et enfin la transformation même de la notion de Constitution, avec le véritable avénement du Conseil constitutionnel.

SECTION 1

GENÈSE : DE LA IVE À LA V^E^ RÉPUBLIQUE

119 La chute de la IVe République tient à son incapacité à avoir pu régler le problème colonial mais aussi à l'éclatement de la représentation politique, rendant impossible le fait que des majorités de Gouvernement durables puissent exister. Elle va donner naissance à une nouvelle République qui rompt avec le passé mais dont le fondateur, dans la rédaction de la charte fondamentale, a dû nouer des compromis.

§ 1. La transition politique

A. Les « événements » d'Algérie

120 En 1958, la guerre d'Algérie déclenchée le 1er novembre 1954, et entamée depuis plusieurs années, divise l'opinion entre les partisans du *statu quo* et ceux d'une évolution vers un statut d'autonomie ou d'indépendance. Sur place, ce conflit scelle l'alliance d'une partie de l'armée, traumatisée par ses échecs coloniaux et les Français installés en Algérie qui refusent l'idée d'une négociation avec le Front de libération nationale algérien. La politique française tergiverse tandis que l'opinion internationale la condamne. Le 13 mai 1958, après la chute du Gouvernement Gaillard le 15 avril, la perspective d'investiture du Gouvernement Pflimlin, considéré comme ouvert aux négociations, provoque une insurrection à Alger et la prise du Gouvernement général, puis la création d'un « Comité de salut public ». L'Assemblée, en réaction, a investi néanmoins le Gouvernement le soir même. Le général Salan, à la tête du comité d'Alger, lance le 15 mai un appel au général de Gaulle, celui-ci, le même jour, se dit « *prêt à assumer les pouvoirs de la République* », sans pour autant cautionner à aucun moment l'insurrection. Et, après avoir reçu le président du Conseil et consulté plusieurs personnalités politiques, de Gaulle déclare le 27 mai qu'il a « *entamé le processus régulier nécessaire à l'établissement d'un Gouvernement républicain* ».

B. L'investiture du général de Gaulle

121 Le Gouvernement Pflimlin est démissionnaire le 28 mai 1958 tandis que de Gaulle rencontre les présidents des assemblées. Il est reçu le lendemain à l'Élysée par le président de la République, René Coty, qui a adressé le même jour un message au Parlement dans lequel il annonce qu'il va faire appel « *au plus illustre des Français* » et menace de démissionner si de Gaulle n'est pas investi.

Si les circonstances extérieures l'imposent, il est investi conformément aux règles constitutionnelles le 1er juin 1958 par

329 voix contre 224 : ce sera le dernier Gouvernement de la IVe République. Le Gouvernement comprend 16 membres et quatre ministres d'État représentant les partis : Guy Mollet (SFIO), Pierre Pflimlin (MRP), Félix Houphouët-Boigny (UDSR-RDA), et Louis Jacquinot (indépendant), mais aussi, fait presque inédit sous la IVe République, quatre hauts fonctionnaires.

§ 2. La transition juridique

A. Les trois lois du 3 juin 1958

122 Le 3 juin, le Gouvernement obtient les pleins pouvoirs qui vont se matérialiser par trois lois distinctes :

- la première l'autorise à prendre pendant six mois, par ordonnances, « *les dispositions nécessaires à la vie de la Nation* » ;

- la deuxième proroge pour la même durée, au profit du Gouvernement présidé par le général de Gaulle, les pouvoirs spéciaux accordés aux gouvernements antérieurs en Algérie ;

- la troisième, d'ordre constitutionnel lui donne mandat « *d'élaborer puis de proposer au pays par la voix du référendum les changements indispensables* » s'agissant de la réforme des institutions. Cette loi constitutionnelle est adoptée, conformément à la procédure de révision définie à l'article 90 de la Constitution du 27 octobre 1946. Le principe de la révision de cet article avait fait l'objet dès 1955 de résolutions concordantes des deux chambres. Ainsi, par dérogation aux règles établies en 1946, une nouvelle procédure exceptionnelle de révision de la Constitution est instituée, le Gouvernement ayant désormais en charge la rédaction du projet. Mais la loi du 3 juin 1958 conserve au profit du titulaire de la souveraineté, le peuple, le pouvoir d'approuver ou de rejeter en dernier ressort (comme en 1946) ce projet et ne délègue donc pas au Gouvernement, comme en 1940, le pouvoir constituant. Elle lui transfère seulement le pouvoir de préparer un projet.

Cette loi écarte de la procédure d'élaboration le Parlement même si elle prévoit que « *pour établir le projet, le Gouvernement recueille l'avis du comité consultatif où siègent notamment des membres du Parlement désignés par les commissions compétentes de l'Assemblée nationale et du Conseil de la République* ». Il s'agit d'une concession du général de Gaulle faite à Guy Mollet et Pierre Pflimlin. Le nombre de parlementaires devait être au moins égal au tiers des membres de ces commissions, et représenter les deux tiers des membres du Comité, le tiers supplémentaire étant choisi par le Gouvernement. Par ailleurs, le Conseil d'État est aussi consulté.

B. Les bases de la nouvelle Constitution

123 **La loi constitutionnelle du 3 juin 1958 portant dérogation transitoire aux dispositions de l'article 90 de la Constitution.** La loi du 3 juin 1958 comporte des conditions de fond en prescrivant à la future Constitution le respect de plusieurs principes.

> *« Article unique. Par dérogation aux dispositions de son article 90, la Constitution sera révisée par le Gouvernement investi le 1er juin 1958 et ce, dans les formes suivantes :*
> *Le Gouvernement de la République établit un projet de loi constitutionnelle mettant en œuvre les principes ci-après :*
> *1° Seul le suffrage universel est la source du pouvoir. C'est du suffrage universel ou des instances élues par lui que dérivent le pouvoir législatif et le pouvoir exécutif ;*
> *2° Le pouvoir exécutif et le pouvoir législatif doivent être effectivement séparés de façon que le Gouvernement et le Parlement assument chacun pour sa part et sous sa responsabilité la plénitude de leurs attributions ;*
> *3° Le Gouvernement doit être responsable devant le Parlement ;*
> *4° L'autorité judiciaire doit demeurer indépendante pour être à même d'assurer le respect des libertés essentielles telles qu'elles sont définies par le préambule de la Constitution de 1946 et par la Déclaration des droits de l'homme à laquelle il se réfère ;*
> *5° La Constitution doit permettre d'organiser les rapports de la République avec les peuples qui lui sont associés.*
> *Pour établir le projet, le Gouvernement recueille l'avis d'un comité consultatif ou siègent notamment des membres du Parlement désignés par les commissions compétentes de l'Assemblée nationale et du Conseil de la République. Le nombre des membres du comité consultatif désignés par chacune des commissions est au moins égal au tiers du nombre des membres de ces commissions ; le nombre total des membres du comité consultatif désignés par les commissions est égal aux deux tiers des membres du comité. Le projet de loi arrêté en Conseil des ministres, après avis du Conseil d'État, est soumis au référendum. La loi constitutionnelle portant révision de la Constitution est*

> *promulguée par le président de la République dans les huit jours de son adoption.* »

124 **L'élaboration du texte.** Alors que le Gouvernement est investi le 1er juin, la première réunion de travail autour du garde des Sceaux, Michel Debré, assisté de membres du Conseil d'État et de représentants des ministres d'État, a lieu le 13 juin. Le Comité consultatif est saisi de l'avant-projet le 29 juillet et doit transmettre ses observations dans un délai de 15 jours. Puis, le texte soumis au Conseil d'État le 27 août, est approuvé officiellement le 3 septembre en Conseil des ministres et soumis à référendum le 28 septembre. La Constitution sera promulguée le 4 octobre. Cette promptitude s'explique par le caractère gouvernemental de l'élaboration, mais aussi par sa discrétion. Seul le rapport du comité consultatif sera rendu public. La méthode de travail est enfin bien tracée. Pour rédiger un premier texte, Michel Debré s'entoure d'un groupe d'experts composé de membres du Conseil d'État et des représentants des ministres d'État. Puis, le texte est soumis à un comité restreint présidé par le général de Gaulle, son directeur de cabinet, Georges Pompidou, les quatre ministres d'État, le secrétaire général du Gouvernement, et, en tant que de besoin, le vice-président du Conseil d'État. Le texte fait donc l'aller-retour entre ces deux instances, nonobstant les contacts informels. La mouture finale sera mise au point dans la nuit du 17 au 18 août 1958 par Michel Debré et trois autres hauts fonctionnaires.

Quant à la phase consultative, le comité est constitué de deux groupes de travail, l'un consacré à la métropole, l'autre à l'outre-mer. C'est sur ce dernier point que le Comité consultatif constitutionnel parviendra à influencer le texte final, s'agissant notamment de la création de la « Communauté française ». Cette « invention » par analogie avec le Commonwealth permet en fait de trancher le conflit fédération-confédération par une formule souple et vague (qui laisse en particulier en suspens le problème algérien). Enfin, l'apport du Conseil d'État relève de la technique juridique.

125 **Les origines intellectuelles.** Les travaux préparatoires aujourd'hui rendus publics confirment différentes inspirations de la Constitu-

tion, les unes lointaines, les autres directement liées à la pensée du général de Gaulle pour les grandes orientations et à Michel Debré et les ministres d'État pour le « parlementarisme rationalisé ». On a largement développé ces points dans le chapitre précédent.

• **Les origines lointaines.** Les origines intellectuelles, du courant de réforme de l'État à l'esprit réformateur d'une partie de la Résistance ont été étudiées (v. ss 86 à 91). Elles trouvent en 1958 un large aboutissement.

• **Les idées constitutionnelles du général de Gaulle** (v. ss 98). Le général de Gaulle, s'il a plus réagi que rédigé, a veillé à façonner la clef de voûte présidentielle, s'attachant en outre à ce que soit mise en œuvre une véritable « séparation des pouvoirs » – essentiellement organique – entre le Parlement et le Gouvernement, c'est-à-dire pour lui, entre les partis et l'État. Les idées constitutionnelles du général de Gaulle, exprimées lors des discours de Bayeux et d'Épinal en 1946 ont d'abord été façonnées par l'expérience.

• **Un compromis nécessaire.** Mais de Gaulle a dû nouer des compromis avec les tenants d'un parlementarisme rénové issu de la IVe République comme Guy Mollet, Pierre Pflimlin et Paul Reynaud afin de ne pas briser l'élan de réforme constitutionnelle. Ce « compromis dilatoire » (Pierre Avril) se lit aussi dans les premières versions de certains articles (v. ss 205 s. et 262). Et, une fois adoptée, la Constitution sera moins conforme à la lettre qu'à l'esprit initial que le fondateur de la Ve République voulait lui donner. Dès lors, la transaction constitutionnelle opérée avec la classe politique issue du régime défunt – mais peut-être aussi avec les idées de Michel Debré plaidant pour un régime parlementaire authentique, l'ambiguïté sera levée dès janvier 1959. Mais la rédaction même révèle cette transaction.

• **L'apport de Michel Debré et des ministres d'État.** Michel Debré s'est attaché à mettre en œuvre les mécanismes du « parlementarisme rationalisé » (organisation du travail des assemblées sur direction gouvernementale, distinction de la loi et du règlement, etc.) avec le large concours des ministres d'État : Guy Mollet et Pierre Pflimlin, anciens présidents du Conseil. Ceux-ci ont apporté leur expérience et contribué en particulier à peaufiner techniquement les mécanismes propres à conforter la stabilité gouvernementale (renversement du fardeau de la preuve s'agissant de la motion de censure, art. 49-2 ; adoption implicite d'un projet de loi sur engagement de la responsabilité du Gouvernement sauf censure, le fameux article 49-3).

SECTION 2
LES CARACTÈRES INITIAUX

126 Le projet de Constitution soumis au référendum populaire le 28 septembre 1958 est approuvé par 17 668 790 oui contre 4 624 511 non, soit par 66 % des électeurs inscrits contre 17,38 % et par 79,25 % des suffrages exprimés contre 20,75 %.

La Constitution est précédée d'un court préambule se référant aux droits de l'homme et aux principes de la souveraineté nationale auxquels « *le peuple français proclame solennellement son attachement [...]. Tels qu'ils ont été définis par la Déclaration de 1789 et confirmés et complétés par le préambule de la Constitution de 1946* ». Le titre Ier, en son article 3, proclame que « *la souveraineté nationale appartient au peuple qui l'exerce par la voie de ses représentants et celle du référendum* ». La redécouverte de ce procédé souligne la volonté de dépasser le régime représentatif. Enfin, la République demeure indivisible, laïque, démocratique et, du fait du préambule de 1946, sociale.

§ 1. La « séparation des pouvoirs »

127 Marquée de la conception gaullienne de la séparation des pouvoirs – qui, dans la loi du 3 juin, fait de l'exécutif un pouvoir au même rang que le législatif, la Constitution s'organise largement en vertu de ce principe pensé plus en termes organiques que fonctionnels. Le texte de 1958 donne une assise juridique au pouvoir présidentiel en le dotant de compétences propres, mais aussi une assise politique en élargissant la base de sa légitimité démocra-

tique. Le Gouvernement, s'il est responsable devant le Parlement, procède du chef de l'État. De même, la délimitation des compétences entre le domaine de la loi (art. 34) et celui du règlement (art. 37) découle de l'idée de séparation. Et l'institution d'un contrôle de conformité des lois avec la création du Conseil constitutionnel est destinée à faire respecter ce partage tout en s'assurant que le Parlement ne s'émancipe pas du cadre constitutionnel. Enfin, de l'idée de séparation des pouvoirs découle l'incompatibilité du mandat parlementaire et des fonctions ministérielles. Ce principe, contraire à la tradition parlementaire, a pour but de mettre un terme aux allers et retours entre Parlement et Gouvernement, les parlementaires se livrant à une course aux portefeuilles, favorisant ainsi l'instabilité ministérielle.

§ 2. Le pouvoir exécutif restauré tire d'abord sa force de la Constitution

128 Dans un régime parlementaire classique, l'exécutif, incarné par le Gouvernement, tire sa force des partis et de leur discipline dans le soutien qu'ils apportent au Parlement. Faute de système de partis à l'anglaise, structurés et stables, d'enracinement réel des partis dans la société, et donc en l'absence potentielle de « majorité », l'intention du général de Gaulle et de Michel Debré a été d'abord de fonder sur la Constitution la dynamique d'un pouvoir exécutif scindé en deux branches. Certes, l'évolution politique a consacré le phénomène majoritaire. Il n'en reste pas moins que les dispositions constitutionnelles propres au parlementarisme rationalisé sont en mesure de pallier à son absence, de contraindre les partis à soutenir le Gouvernement, et laissent au chef de l'État un champ de compétences qui semblent, en 1958, irréductibles.

A. La clef de voûte : le chef de l'État

129 **Le mode d'élection.** La Constitution du 4 octobre 1958 élargit sensiblement la composition du collège électoral, par rapport aux IIIe et IVe Républiques, fidèle en cela au discours de Bayeux.

Au cours de l'élaboration de la Constitution, les ministres d'État limitent cette extension, voulant laisser aux membres du Parlement une influence prépondérante. En fait, le général de Gaulle ne l'accepte pas et l'article 6 de la Constitution fixe la composition de ce collège : les membres du Parlement, les conseillers généraux, les membres des assemblées des territoires d'outre-mer, les maires des communes de moins de 1 000 habitants, les maires et des délégués supplémentaires des communes de plus de 1 000 habitants, soit au total, plus de 81 000 électeurs.

Si le mode d'élection du président de la Ve République marque une rupture par rapport à la tradition républicaine antérieure, son statut y reste conforme. Il maintient la durée du mandat présidentiel à sept ans et le principe classique de l'irresponsabilité politique du chef de l'État.

130 **Ses pouvoirs.** « *Du Parlement, composé de deux chambres et exerçant le pouvoir législatif, il va de soi que le pouvoir exécutif ne saurait procéder [...]. C'est donc du chef de l'État, placé au-dessus des partis [...] que doit procéder le pouvoir exécutif* ». Ainsi s'exprimait à Bayeux, le 16 juin 1946, le général de Gaulle (v. ss 95). Et cette conception de la séparation des pouvoirs s'exprime clairement dans la Constitution de 1958 et d'abord s'agissant du président de la République. Elle lui confère afin « *d'assurer par son arbitrage, le fonctionnement régulier des pouvoirs publics ainsi que la continuité de l'État* » (Const., art. 5) un certain nombre de pouvoirs « propres » : la nomination du Premier ministre (art. 8, al. 1er), la soumission au référendum d'un projet de loi (art. 11), la dissolution de l'Assemblée nationale (art. 12), les pleins pouvoirs (art. 16), la communication par voie de message avec les deux assemblées du Parlement (art. 18), la nomination de trois membres et du Conseil constitutionnel dont son président (art. 56) et sa saisine (art. 54 et 61). Ces pouvoirs énumérés à l'article 19 de la Constitution et dispensés de contreseing sont une rupture considérable avec les Républiques antérieures sous lesquelles tous les actes du chef de l'État, pour l'essentiel s'y trouvaient soumis. En dehors des attributions conférées au chef de l'État par l'article 19, tous les actes présidentiels doivent être soumis au contreseing du Premier ministre et, le cas échéant, des ministres responsables.

Tout particulièrement, en permettant au chef de l'État de saisir le peuple par le droit de dissolution ou de le consulter par référendum, la Constitution confère au chef de l'État un rôle décisif dans la vie démocratique, son élection au suffrage universel venant le confirmer plus tard.

B. Un Gouvernement qui gouverne

131 Composé du Premier ministre qui « dirige » son action (art. 21) et des ministres, le Gouvernement « détermine et conduit la politique de la nation ». Le Premier ministre dispose du pouvoir réglementaire et contresigne les ordonnances ainsi que la plupart des décrets présidentiels. Il dirige l'Administration. Surtout, le Premier ministre, dans les relations entre le Gouvernement et le Parlement, occupe un rôle central pour orienter le travail parlementaire.

§ 3. Le parlementarisme rationalisé

132 Il consiste en une détermination constitutionnelle du régime des sessions, dans la soumission du règlement des assemblées au contrôle du Conseil constitutionnel, la fixation de l'ordre du jour et l'organisation des débats par le Gouvernement, la réduction du nombre des commissions, la délimitation du domaine de la loi, l'encadrement financier des initiatives parlementaires, la définition de procédures contraignantes d'engagement de la responsabilité gouvernementale. On en évoquera les principaux traits.

A. La responsabilité du Gouvernement

133 Le Gouvernement est responsable devant le Parlement (art. 20). Le régime reste ainsi formellement parlementaire. Mais le Gouvernement procède du chef de l'État qui ne peut cependant, en droit, le révoquer. La mise en jeu de la responsabilité du Gouvernement devant le Parlement est organisée par l'article 49 et renvoie à trois cas de figure. L'article 49, alinéa 1er, dispose que : « *Le Premier ministre, après délibération du Conseil des ministres, engage devant l'Assemblée nationale la responsabilité du Gouvernement*

sur son programme ou éventuellement une déclaration de politique générale ». Dans ce cas, seule est requise, au profit du Gouvernement, la majorité relative des suffrages exprimés. La seconde procédure (art. 49-2) de mise en jeu de la responsabilité politique du Gouvernement transfère l'initiative aux députés. Lorsque le Parlement est en session, 1/10e au moins des députés peut déposer une motion de censure. Et si elle est adoptée, le Premier ministre doit, aux termes de l'article 50 de la Constitution, remettre la démission du Gouvernement. L'article 49, alinéa 3, de la Constitution établit bien une troisième procédure, de mise en jeu de la responsabilité politique du Gouvernement. Selon celle-ci, la confiance se présume et dans le silence des députés, elle est acquise au Gouvernement du seul fait que celui-ci déclare engager sa responsabilité sur un texte, en même temps que le texte est censé être adopté. La preuve contraire est à la charge de l'opposition qui doit déposer une motion de censure dans les 24 heures qui suivent l'engagement de la responsabilité. Seuls sont recensés les votes favorables à la motion de censure, qui ne peut être adoptée qu'à la majorité absolue des membres composant l'Assemblée.

B. Le statut des assemblées et la maîtrise de la procédure législative par le Gouvernement

134 Souveraine pendant la durée de la IIIe et de la IVe République, l'Assemblée nationale a été l'objet de la part de la Constitution de 1958 d'un véritable « déclassement » souligné par sa relégation au titre IV de la Constitution.

Limitée dans l'exercice du pouvoir législatif, elle est encadrée par les techniques du parlementarisme rationalisé et n'a progressivement recouvré une compétence législative étendue que grâce à la jurisprudence du Conseil constitutionnel créé pour la surveiller ! Elle ne l'exerce à l'image de la plupart des Parlements européens, qu'en tant que « comité législatif du Gouvernement » (Jean-Claude Colliard). Quant au contrôle de l'exécutif, qui se mesurait avant 1958 à l'aune de l'instabilité ministérielle, il se manifeste principalement en dehors des procédures restrictives de la mise en jeu de la responsabilité de celui-ci. Un seul Gouvernement, le premier Gouvernement Pompidou, sera censuré sous la Vᵉ République, le 5 octobre 1962.

C. Un bicamérisme inégalitaire

135 La Constitution établit un bicamérisme inégalitaire. Dans l'exercice du pouvoir législatif, cette inégalité s'exprime à travers la faculté donnée au Gouvernement de demander à l'Assemblée nationale, sauf en matière constitutionnelle, de statuer en dernier ressort. Cependant, tant que le Gouvernement n'en décide pas autrement, le bicamérisme est égalitaire dans l'exercice du pouvoir législatif (Const., art. 45). En matière financière, elle se traduit par l'obligation imposée au Gouvernement de déposer en premier lieu les projets de lois de finances sur le bureau de l'Assemblée nationale, et par la procédure d'examen de ces projets qui accorde à la première chambre plus de temps pour se prononcer qu'à la seconde. Enfin, s'agissant du contrôle politique du Gouvernement, la primauté de l'Assemblée nationale s'affirme à travers le monopole que lui confère l'article 49 de la Constitution pour sanctionner la responsabilité politique de celui-ci. Sur un point seulement, l'autorité du Sénat l'emporte sur celle de l'Assemblée : son président est appelé, en cas de vacance de l'Élysée, à assurer l'intérim du président de la République. Et sans être supérieur à l'Assemblée, il dispose d'un droit de veto en matière constitutionnelle (art. 89) et sur les lois organiques relatives au Sénat (art. 46).

D. La fin de la souveraineté de la loi

136 Expression de la volonté générale, la loi était perçue, sous la IIIᵉ et la IVᵉ République, comme l'expression par excellence de la souveraineté de la Nation. De cette suprématie découlait l'impossibilité d'en fixer les limites et empêchait d'en organiser le contrôle. La souveraineté de la loi, corollaire de la souveraineté du Parlement semblait constituer un dogme intangible.

Sous les IIIᵉ et IVᵉ Républiques, la loi se définit seulement comme l'acte voté par le Parlement. La révolution juridique opérée par la Constitution de 1958 a bouleversé – au moins dans un premier temps – la notion de loi, qui se reconnaît désormais à son domaine d'intervention (Const., art. 34), en circonscrit le cadre sans pour autant lui faire perdre sa qualité d'acte voté par le Parlement. L'article 34 différencie les règles que la loi fixe des principes fondamentaux que la loi détermine.

Surtout, le Parlement tient en 1958, sa compétence de la Constitution. Il ne dispose, par conséquent, que d'une compétence d'attribution. Le texte de la Constitution et des lois organiques s'impose aux chambres, et singulièrement à leur règlement intérieur, sous le contrôle du Conseil constitutionnel.

E. La création du Conseil constitutionnel

137 Initialement pensé comme le « surveillant » du Parlement en 1958, celui-ci s'est largement émancipé du rôle que lui avait assigné le fondateur de la Ve République (v. ss 539).

F. Le renouveau du référendum

138 « La souveraineté nationale appartient au peuple qui l'exerce par ses représentants et par la voie du référendum », la Constitution de 1958 réhabilite clairement cette procédure prévue à l'article 11 (référendum législatif) et à l'article 89 (révision de la Constitution). C'est l'esprit du nouveau régime d'instituer une participation directe du peuple à l'exercice de la souveraineté.

Section 3
La présidentialisation du régime

139 Avant d'évoquer comme il est d'usage l'« évolution » de la Ve République caractérisée par la présidentialisation, soit l'affirmation de la primauté du président de la République élu au suffrage universel direct largement en dehors des textes mais conditionnée par l'existence d'une majorité parlementaire, soulignons d'abord, que contrairement à la plupart des régimes politiques français, elle s'inscrit dans la durée. Ainsi, les analyses

consistant à considérer la Ve République comme une parenthèse qui devait se refermer avec le départ du général de Gaulle ou même avec la fin de la guerre d'Algérie ont été démenties.

Bénéficiant d'un contexte économique et social très favorable à sa naissance et dès l'origine d'une forte adhésion populaire à travers son fondateur, le nouveau régime est en rupture avec la IVe République mais les dispositions constitutionnelles sont suffisamment « souples » pour faciliter son adaptation. La Ve République naît donc sous les meilleurs auspices. Puis l'élection du président de la République au suffrage universel direct en 1962, l'alternance de 1981 et les périodes de cohabitation achèveront de l'enraciner dans le temps. De nouveaux équilibres ont été recherchés, issus en particulier de la révision constitutionnelle de 2008. Ils n'ont mis fin au débat sur la nature du régime.

§ 1. L'enracinement de la prééminence présidentielle

140 L'ancrage du pouvoir présidentiel largement en dehors des textes (qu'on nomme « présidentialisation ») s'est opéré à la faveur des circonstances et de l'élection du président au suffrage universel : il s'est trouvé stabilisé par la prévalence durable la bipolarisation permettant d'asseoir la domination présidentielle sur l'existence d'une majorité parlementaire. Cette évolution a été partiellement remise en cause par la « cohabitation ».

A. Les facteurs de l'enracinement

141 La lecture gaullienne de la Constitution : une lecture « présidentialiste »

> *« Le général de Gaulle a convoqué hier, à 16 heures, M. Michel Debré, garde des Sceaux, et s'est entretenu avec lui de l'ensemble des affaires du pays. Au terme de l'entretien, le général de Gaulle a chargé M. Michel Debré de lui faire des propositions au sujet de la composition éventuelle du Gouvernement. À 17 h 30, M. Michel Debré a été de nouveau reçu à l'Élysée. Il a soumis à l'approbation du général de Gaulle ses conceptions en ce qui concerne la politique générale et le nom des personnalités qui deviendraient, le cas*

échéant, ses collaborateurs. Le président de la République a nommé Premier ministre M. Michel Debré. Sur la proposition du Premier ministre, il a nommé les membres du Gouvernement... »
Communiqué de la présidence du 9 janvier 1959 lors de la nomination du premier Gouvernement formé par Michel Debré.

Dès l'origine, c'est la lecture gaullienne des textes qui commande leur interprétation. De même, le général de Gaulle refuse en 1960 d'accéder à la demande présentée par la majorité des membres composant l'Assemblée nationale, le chef de l'État arguant à la fois du fait que l'article 30 de la Constitution prévoit que « les sessions extraordinaires sont ouvertes et closes par décret du président de la République » et que l'article 27 prescrit que « tout mandat impératif est nul ». Ainsi apparaît-il déjà comme le seul interprète autorisé de la Constitution.

142 **La guerre d'Algérie conforte la suprématie présidentielle.** Mais c'est la crise algérienne qui va permettre au général de Gaulle de fonder la suprématie présidentielle en l'enracinant par la légitimité populaire. Déjà, en 1960 et 1961, le recours aux ordonnances de l'article 38 puis à l'article 16, face à la rébellion des généraux d'Algérie, renforce l'autorité présidentielle. Surtout, en vertu de l'article 11 de la Constitution, trois référendums sont organisés de 1960 à 1962. Ils permettent tout à la fois de régler le conflit algérien et d'asseoir la légitimité présidentielle en faisant approuver par le peuple l'élection au suffrage universel direct du chef de l'État.

143 **La crise de l'automne 1962 : la « dissolution » de la IVe République et la naissance du fait majoritaire.** Les élections législatives de 1958 s'étaient inscrites dans la continuité du régime précédent. Les partis de la IVe République même affaiblis résistent, à l'exception du parti communiste qui, faute d'alliances avec le parti socialiste, en scrutin majoritaire à deux tours, se retrouve avec 10 sièges (avec 19 % des suffrages), ne pouvant même plus former un groupe parlementaire. Au contraire, la jeune UNR gaulliste avec 17,6 % des voix obtient 198 sièges, le mode de scrutin aidant. Six groupes parlementaires composent l'Assemblée nationale sans qu'on puisse nettement dessiner une majorité et une opposition, la guerre d'Algérie anesthésiant les clivages et permettant au Gou-

vernement Debré, qui rassemble au départ toutes les formations politiques modérées et de droite, de se maintenir. Mais après la SFIO, bientôt le MRP s'éloigne et en janvier 1960 Antoine Pinay et le CNI (indépendants de droite) le quittent. Le Gouvernement vit sur des majorités d'idées changeantes.

Le général de Gaulle annonce le 12 septembre 1962 son intention d'instituer par référendum l'élection du président au suffrage universel direct. La riposte consiste pour les partisans du non à censurer le Gouvernement Pompidou entraînant la dissolution de l'Assemblée nationale prononcée le 12 octobre et la création d'un « cartel des non » au référendum (socialistes, radicaux, démocrates-chrétiens, divers gauche, divers droite). Les communistes n'y participent pas mais sont hostiles au projet. De Gaulle ne peut compter que sur l'UNR et des indépendants liés à Valéry Giscard d'Estaing. Le résultat du référendum lui donne raison largement en octobre : 61,8 % de oui (46,4 % des inscrits).

Après la victoire du référendum, vient celle des législatives de novembre, les partisans du non sont désavoués : majoritaires en voix mais désunis et sans rien de commun sauf leur hostilité au général de Gaulle, ils sont minoritaires en sièges même si à gauche, le parti socialiste et le parti communiste – qui réintègre le jeu politique – ont renoué une alliance électorale de circonstances. La IVe République et ses partis ont bel et bien, cette fois, disparu. Les partisans du oui, c'est-à-dire principalement les gaullistes sont victorieux en sièges (48 %) avec 37 % des voix. La majorité est née – et le fait majoritaire avec lui – et comprend l'UNR, les républicains indépendants de Valéry Giscard d'Estaing et quelques personnalités en rupture avec leur parti.

144 **La persistance du fait majoritaire et d'une élection présidentielle concurrentielle.** C'est en 1962 qu'on commence à entendre parler de la « majorité présidentielle » même si de Gaulle en récuse l'idée et s'oppose en 1958 à ce qu'une formation politique – fût-ce par le biais d'un adjectif – établisse un lien officiel avec lui. En 1962, il souhaite néanmoins que les électeurs « [confirment] par la désignation des hommes, le choix qu'en votant « oui » [ils ont] fait quant à notre destin ». Ne se sentant pas lié par le résultat de l'élection, après les élections législatives de 1967, il déclare « qu'il

agissait seulement de 487 compétitions locales », minimisant en outre un mauvais résultat pour la majorité. Lors de la première élection présidentielle au suffrage universel de 1965, les principaux leaders politiques sont présents dont François Mitterrand. Le Général ne revendique pas l'existence d'une « majorité présidentielle » notion à laquelle il a toujours opposé celle de rassemblement. Elle s'imposera pourtant aux yeux de ses successeurs : chaque renouvellement de l'Assemblée nationale opposant les partis favorables au président et ceux qui lui sont hostiles. Et c'est autour de l'élection présidentielle que le système de partis s'est progressivement restructuré, les principales formations politiques tendant par ailleurs à devenir des machines à fabriquer des candidats. La structure même des partis s'est « présidentialisée », fonctionnant autour d'un leader ne laissant de chance qu'aux deux partis dominants au sein de chaque tendance politique. Il en irait autrement si, comme d'autres pays, l'élection non concurrentielle sur le plan partisan se disputait entre les personnalités n'animant pas de courants politiques. C'est notre point de vue (v. ss 79).

Des élections législatives naît une majorité parlementaire en écho à la majorité présidentielle issue de l'élection au suffrage universel du président de la République : ainsi formée durant toute la législature, elle soutient l'action du Gouvernement nommé par le chef de l'État. Autrement dit par François Mitterrand dans son message, au lendemain de la victoire du Parti socialiste aux élections législatives de juin 1981, au Parlement le 8 juillet 1981.

> « *J'ai dit à plusieurs reprises que mes engagements constituaient la charte de l'action gouvernementale. J'ajouterai, puisque le suffrage universel s'est prononcé une deuxième fois, qu'ils sont devenus la charte de votre action législative. Vous les connaissez et je n'y reviens pas. Le Gouvernement, dans les limites de ses pouvoirs, s'est déjà attaché à les réaliser. Cet après-midi le Premier ministre vous demandera les moyens dont dispose la représentation nationale pour que soit fidèlement exécuté le contrat qui, depuis les 10 mai et 21 juin derniers, nous lie au peuple français* ».

B. Les limites de l'enracinement : la « cohabitation »

145 Aucun des présidents de la Ve République n'a considéré dans les faits que des élections législatives défavorables – y compris anticipées – devaient le conduire à démissionner. Tous, dans ce cas, ont nommé plutôt que choisi un Gouvernement en conformité avec la nouvelle majorité issue des urnes. Ils ne peuvent s'opposer à lui sauf en exerçant leurs pouvoirs propres (à l'exception de la nomination du Premier ministre, pouvoir neutralisé dans ce cas) et surtout celui de codécision (refus de signer les ordonnances de l'article 38, nominations de hauts fonctionnaires en vertu de l'article 13). Ils se sont dans l'ensemble, préservés des incursions du Gouvernement dans le domaine de la défense et de la politique étrangère ou au moins cogéré avec lui certains dossiers. Enfin, leur liberté de parole a été utilisée avec plus ou moins d'efficacité pour contrer l'action du Gouvernement.

146 **La première cohabitation (1986-1988)**

> *« Vous avez élu dimanche une majorité nouvelle de députés à l'Assemblée nationale. Cette majorité est faible numériquement mais elle existe. C'est donc dans ses rangs que j'appellerai demain la personnalité que j'aurai choisie pour former le Gouvernement selon l'article 8 de la Constitution […]. Je mesure l'importance du changement qu'implique dans notre démocratie l'arrivée aux responsabilités d'une majorité politique dont les choix diffèrent de ceux du président de la République. Il n'y a de réponse à cette question que dans le respect scrupuleux de nos institutions et la volonté commune de placer au-dessus de tout l'intérêt national. »*
> Allocution de François Mitterrand, 17 mars 1986.

Au lendemain des élections législatives de mars 1986, François Mitterrand prend acte de la victoire de l'opposition. La « cohabitation » selon la formule d'Édouard Balladur, s'installe. En fait ce terme désigne la coexistence d'un président de la République initialement élu par une tendance politique et d'un Gouvernement soutenu par une majorité parlementaire de tendance adverse.

Le président Mitterrand s'est clairement posé en « président constitutionnel » malgré les sommations d'une partie de l'opposition l'invitant, comme Mac-Mahon, à se démettre… Il a ainsi dès le départ défini nettement et de manière offensive ses prérogatives : diplomatie, défense, droit de veto sur les ordonnances et les nominations en Conseil des ministres, d'autant mieux, comme on l'a noté que son Premier ministre, Jacques Chirac, était candidat à la fonction présidentielle... Celui-ci ne réussit pas d'ailleurs à s'imposer en politique étrangère, malgré le sommet de Tokyo en 1986 où il voulut le faire. Le chef de l'État disposait par ailleurs d'un puissant relais partisan à l'Assemblée au travers du groupe socialiste affaibli mais non écrasé à la faveur de la représentation proportionnelle. Et la perspective de sa réélection lui donnait le statut d'un chef de l'opposition, tribun de la plèbe, en appelant à l'opinion dans des circonstances bien senties (conflit social, mouvement de jeunes, etc.).

Sur le plan juridique, la première cohabitation (1986-1988) est réglée par des déclarations de Jacques Chirac (20 mars 1986) et François Mitterrand (8 avril 1986) qui s'accordent à reconnaître la règle du jeu, soit le respect de la Constitution, toute la Constitution, rien que la Constitution. « *Les prérogatives et les compétences du président de la République, telles qu'elles sont définies dans la Constitution sont intangibles* », reconnaît Jacques Chirac. Le Gouvernement « *assure, sous réserve des prérogatives du président de la République et de la confiance de l'Assemblée, la mise en œuvre des décisions qui l'engagent devant les Français. Cette responsabilité est la sienne* », déclare François Mitterrand. Ainsi, sur le plan pratique, en politique étrangère et en politique de défense, la France a difficilement réussi à « *parler d'une seule voix* ». En matière économique et sociale, le président de la République n'a pas manqué d'user non seulement de sa liberté de parole mais a interprété largement ses prérogatives – mais n'en est-il pas le seul interprète ? – pour refuser de signer les ordonnances qui lui étaient soumises. Sans doute, la perspective d'une candidature des deux protagonistes à l'élection présidentielle de 1988 n'a-t-elle pas facilité la gestion spécifique de leurs relations.

147 **La deuxième cohabitation (1993-1995).** Le président Mitterrand a face à lui une majorité parlementaire digne de la Restauration, et ne peut compter sur un parti socialiste laminé qu'il ne contrôle d'ailleurs plus. Atteint physiquement par la maladie, n'envisageant pas un troisième mandat, le chef de l'État se trouve réduit pour l'essentiel aux acquêts des textes constitutionnels, adoptant

une lecture assez pâle de ses pouvoirs, concédant en matière de politique étrangère un pouvoir partagé et ne résistant guère aux révisions constitutionnelles de 1993.

La cohabitation s'est donc déroulée dans un climat apaisé. François Mitterrand ne pouvait envisager de solliciter un troisième mandat (et son État de santé ne l'incitait pas à ouvrir un conflit). Par ailleurs, il ne pouvait compter que sur un parti socialiste très affaibli. Quant à Édouard Balladur, il avait laissé penser qu'il ne serait pas candidat à l'élection présidentielle de 1995. Lors de la crise monétaire d'août 1993 et de la préparation des accords du GATT (négociés par É. Balladur), l'accord s'est fait entre les hommes même si sur les questions économiques et sociales, comme en politique intérieure, le clivage est naturellement demeuré. Au total, aux yeux des Français, cette deuxième cohabitation a permis de « normaliser » une situation qui avait paru, lors de sa première « version », mettre en cause le fonctionnement des institutions.

148 **La troisième cohabitation (1997-2002).** Le président Chirac ayant provoqué lui-même des élections législatives en exerçant son droit de dissolution et s'affligeant ainsi son propre désaveu s'est trouvé dans une situation analogue à celle de son prédécesseur. Le Premier ministre, élu au suffrage universel quasi direct dispose d'une marge de manœuvre égale sinon supérieure à celle d'Édouard Balladur, devenant le plus puissant Premier ministre que la Ve République ait connu depuis 1958. Certes, le chef de l'État a en juillet 1997 tenté de définir son rôle de façon très large : la place de la France dans le monde (sécurité, défense, parts de marché...), acquis européen, modernisation (enseignement, recherche, hautes technologies), équilibre de la société (acquis sociaux, cohésion, solidarité...), la Constitution lui donnant selon lui dans ces domaines, aux termes d'une lecture audacieuse, « un peu le dernier mot ». Ce à quoi le Premier ministre, Lionel Jospin lui avait répondu qu'« il n'y a pas de domaine de la politique française où le président de la République aurait le dernier mot ». En matière de nominations, il a dû, la plupart du temps, se rendre aux exigences du Gouvernement. Dans des domaines clefs comme la politique étrangère où le consensus sur les ques-

tions européennes a permis une gestion commune, Jacques Chirac a concédé au Gouvernement une modification sensible de la politique africaine de la France traditionnellement « réservée » au chef de l'État. En matière de défense nationale, il a dû renoncer aux ambitions budgétaires du Gouvernement Juppé, mais la « guerre » du Kosovo a été gérée en commun par les deux têtes de l'exécutif. S'agissant des révisions constitutionnelles dans l'ordre interne, la cohabitation n'a pas fait obstacle et a même favorisé celle concernant la parité mais bloqué celle concernant la justice.

Ainsi la cohabitation née de l'échec de la dissolution de 1997 par le président de la République a sensiblement affecté la fonction : en se conduisant comme un Premier ministre britannique dans le cadre de nos institutions, le président de la République n'engageait pas sa responsabilité puisqu'il est juridiquement irresponsable sauf en cas de haute trahison. Le principe de cette irresponsabilité est une survivance de la monarchie dans laquelle « le roi ne peut mal faire » et, plus près de nous, elle est associée sous les IIIe et IVe Républiques au rôle mineur du chef de l'État dont tous les actes sont contresignés par son Gouvernement. Ce principe semble évidemment décalé dans un système où le chef de l'État élu au suffrage universel provoque des élections anticipées non en cas de crise politique ou sociale (type 1962 ou 1968) ou pour disposer d'une majorité (type 1981 et 1988) mais pour des raisons « tactiques ». C'est peut-être alors que la logique anglaise prend sa revanche : M. Lionel Jospin est le « premier » Premier ministre de la Ve République à avoir été quasiment élu au suffrage universel. Jamais, ainsi, un Premier ministre en France n'aura été aussi puissant même si cette dissolution a eu aussi pour effet de revaloriser sensiblement le rôle du Parlement.

C. La réforme du quinquennat, antidote à la cohabitation et la persistance du fait majoritaire (2002-…)

149 La réforme du quinquennat et le renversement du calendrier électoral en 2002 (plaçant les législatives juste après les présidentielles) qui, tel un boomerang, se sont retournés contre leur auteur,

Lionel Jospin – comme nous l'avions pressenti –, suffiront-ils à empêcher la cohabitation ? C'est fort probable mais non certain. Cet alignement des mandats a, en tous les cas facilité, un retour à la logique majoritaire de la Ve République dans sa version classique tout en contribuant à affaiblir la fonction de Premier ministre. Mais ce retour au modèle des années soixante-dix induit par le quinquennat (un président et une majorité qui le soutient) a souligné la nécessité moins de changer la République que de rééquilibrer nos institutions.

§ 2. La recherche de nouveaux équilibres : du Comité Balladur à la Commission Jospin

A. Genèse de la révision constitutionnelle du 23 juillet 2008 issue de la Commission Balladur

150 Un comité présidé par Edouard Balladur avait été chargé par Nicolas Sarkozy de réfléchir à la modernisation et au rééquilibrage des institutions. Ce sont donc 77 propositions qu'a formulées le Comité, proposant de modifier ou créant 41 articles de la Constitution sur 97 avec la volonté de rendre la Ve République plus démocratique. La révision constitutionnelle ainsi proposée aux pouvoirs publics est la plus importante par sa teneur et par son volume de celles qui sont intervenues depuis plus de 40 ans. C'est sur la base des orientations arrêtées par le comité que le projet du Gouvernement a été présenté en Conseil des ministres le 23 avril 2008 par M. François Fillon, Premier ministre. Il est largement inspiré du rapport Balladur qu'il s'agisse de l'encadrement du pouvoir de nomination du président de la République, de l'exception d'inconstitutionnalité, de la création d'un Défenseur des droits, de la saisine directe par les citoyens du Conseil supérieur de la Magistrature et plus largement du desserrement de l'étau du parlementarisme rationalisé sur les assemblées (limitation de l'usage de l'article 49.3, encadrement de la procédure d'urgence, institution d'un délai minimum entre le dépôt d'un texte et son examen en séance publique, partage de l'ordre du jour entre le Gouverne-

ment et le Parlement, discussion en séance du texte adopté en commission et non plus celui du Gouvernement, droits de l'opposition, obligation pour le Gouvernement d'informer le Parlement sur les opérations militaires et de lui en demander l'autorisation en cas de prolongation). Quelques-unes des propositions du comité Balladur n'ont cependant pas été conservées dans le projet de loi. C'est le cas en particulier de la nouvelle répartition des pouvoirs entre le président de la République et le Premier ministre, visant à inscrire dans la Constitution que le chef de l'État « définit » la politique de la nation. N'ont pas non plus été retenues : l'interdiction du cumul avec une fonction élective pour les ministres, l'introduction d'une part de proportionnelle dans l'élection des députés, la modification du système des parrainages pour l'élection présidentielle ou encore l'attribution à la proportionnelle des présidences de commissions parlementaires, la modification du mode d'élection des sénateurs, la suppression des membres de droit du Conseil constitutionnel. Elles sont reprises pour l'essentiel dans le rapport Jospin. Mais plusieurs de ces propositions n'étaient pas d'ordre constitutionnel. À ces dispositions suggérées par le comité Balladur, le Gouvernement a ajouté la limitation à deux mandats consécutifs pour le président de la République, à laquelle tenait particulièrement Nicolas Sarkozy ainsi que la limitation du droit de grâce du chef de l'État aux cas individuels (le comité prévoyait simplement l'avis du Conseil supérieur de la magistrature).

Les assemblées ont aussi enrichi la révision d'amendements importants. Au cours des débats parlementaires, certaines dispositions ont ainsi été modifiées, en particulier la venue du président au Parlement qui aura lieu devant les deux Assemblées réunies en Congrès. D'autres ont été ajoutées : l'inscription des langues régionales comme appartenant au patrimoine de la nation, introduite par les députés à l'article 1er de la Constitution, a été supprimée par les sénateurs puis réintroduite dans le titre XII de la Constitution, la reconnaissance par la loi de « l'égal accès des femmes et des hommes aux responsabilités professionnelles et sociales », la compétence législative s'agissant de la liberté, du pluralisme et de l'indépendance des médias, le référendum d'initiative conjointe des électeurs et du Parlement (il figurait dans les propositions du comité Balladur, mais pas dans le projet de loi). Le Parlement a d'autre part renforcé l'encadrement du pouvoir de nomination du chef de l'État en instituant un droit de veto des commissions compétentes des Assemblées à la majorité qualifiée des 3/5e. Et il a supprimé, à la demande du Sénat, le fait de dire que la composition de son collège électoral tenait compte de la population.

Le Parlement a, à plusieurs reprises, modifié la rédaction de l'article relatif à la ratification de l'entrée de nouveaux pays dans l'Union européenne. Le projet de loi, suivant le comité Balladur, avait suggéré de supprimer le référendum obligatoire pour la ratification de tout élargissement de l'Union européenne. Le système finalement adopté prévoit un référendum obligatoire sauf si le président de la République, saisi par les deux Assemblées, choisit la ratification par le Congrès. Les députés avaient d'abord institué une formule qui réservait l'obligation de référendum aux pays représentant plus de 5 % de la population de l'UE, c'est-à-dire en fait à la Turquie, ce que le Sénat avait refusé. Il demeure que cette révision est une œuvre collective à laquelle le parti socialiste, après avoir voté le « quinquennat sec » c'est-à-dire sans accompagnement et réclamé à l'époque le rééquilibrage des institutions, n'a pas souhaité finalement s'associer, au motif principal de la non-modification du mode de scrutin sénatorial.

B. L'adoption du texte

151 Le projet de loi a été adopté en première lecture par l'Assemblée nationale le 3 juin 2008 et par le Sénat, avec modification, le 24 juin 2008. Lors de la seconde lecture, il a été adopté avec modifications par l'Assemblée nationale le 9 juillet 2008 puis par le Sénat, sans modification le 16 juillet 2008, les rapporteurs du projet étant les présidents des commissions des lois, M. Jean-Luc Warsmann à l'Assemblée nationale et M. Jean-Jacques Hyest au Sénat. Le Congrès a adopté le projet de révision le 21 juillet 2008, par : 539 voix (majorité requise 538) contre 357, sur 905 votants, soit la majorité requise des 3/5e des suffrages exprimés – plus une

voix. En cette circonstance solennelle, le président de l'Assemblée nationale, Bernard Accoyer a pris part au vote – pour. L'UMP a voté de façon presque unanime en sa faveur avec une large partie des centristes, une fraction des radicaux de gauche et Jack Lang tandis que le Parti socialiste, les Verts et les communistes votaient contre ainsi que quelques parlementaires UMP.

La loi constitutionnelle a été promulguée le 23 juillet 2008 par le président de la République.

C. Les grandes lignes de la révision du 23 juillet 2008

152 Elles seront développées tout au long du présent volume, on en dégage ici seulement les grandes lignes.

• **L'encadrement du pouvoir exécutif.** Aucun président de la République ne pourra accomplir plus de deux mandats consécutifs (art. 6).

Des avis émis par les assemblées parlementaires sont requis dans les nominations auxquelles procède le président de la République (art. 13).

Des garanties juridiques renforcées entourant la mise en œuvre des pouvoirs exceptionnels de l'article accordés au président de la République en cas de crise grave menaçant la Nation et les institutions sont mises en place (art. 16).

Interdiction est faite au président de la République de prononcer des grâces collectives (art. 17).

Le chef de l'État pourra désormais s'exprimer directement devant le Congrès réuni spécialement. Cette faculté ouverte au président de la République peut être appréciée – ou non – comme un moyen de revaloriser la place du Parlement (art. 18).

• **L'organisation du Parlement.** La représentation des Français établis hors de France est désormais prévue non seulement au Sénat, mais également à l'Assemblée nationale (art. 24) ce qui n'est pas forcément un progrès…

Le plafonnement du nombre de parlementaires et les garanties d'un « découpage » électoral transparent par la création d'une commission indépendante (art. 24 et 25).

Les membres du Gouvernement issus d'une des assemblées peuvent retourner y siéger lorsqu'ils démissionnent sans qu'il soit besoin d'organiser une élection partielle (art. 25).

La reconnaissance d'un statut de l'opposition (art. 4, 48 et 51. 1).

Une meilleure organisation du travail parlementaire.

Le nombre des commissions permanentes est porté de six à huit.

Un partage de l'ordre du jour du Parlement de la Constitution est institué (art. 48).

Une semaine de séance sur quatre est réservée par priorité à l'évaluation des politiques publiques et au contrôle de l'action du Gouvernement (art. 48).

Un jour de séance mensuel est réservé à un ordre du jour arrêté par chaque assemblée à l'initiative des groupes d'opposition de l'assemblée concernée et aux groupes minoritaires (art. 48).

• **La fonction législative.** Un domaine de la loi précisé et étendu au champ des lois de programmation.

La mission de favoriser l'égal accès des femmes et des hommes aux responsabilités professionnelles et sociales de la même façon qu'elle doit favoriser depuis 1999 un égal accès aux mandats électoraux et fonctions électives (art. 1er).

La ratification explicite des ordonnances prises sur le fondement de l'article 38 de la Constitution (art. 38).

La loi fixe désormais les règles concernant « *la liberté, le pluralisme et l'indépendance des médias* ».

L'examen en séance publique des projets et propositions de loi s'effectue non plus, comme depuis 1958, sur la base du texte déposé par le Gouvernement ou transmis par l'une des assemblées à l'autre, mais sur la base du texte tel qu'il sera issu des travaux de la commission saisie au fond (art. 42).

L'institution de délais minimaux d'examen et l'aménagement de la procédure accélérée (art. 45).

Fixation au préalable de règles formelles de délai et de présentation des amendements (art. 44).

• **La fonction de contrôle.** Limitation de la procédure de l'article 49, alinéa 3 aux projets de loi de finances et de financement de la sécurité sociale ainsi qu'à un autre texte par session.

Information du Parlement sur toute intervention dans les plus brefs délais, ainsi qu'une autorisation parlementaire pour toute intervention excédant quatre mois (art. 35).

Des commissions d'enquête en matière de contrôle et d'évaluation (art. 51.2).

Extension du champ des documents transmis et des documents sur lesquels les assemblées parlementaires peuvent prendre position par voie de résolution, et consécration de l'existence d'une commission chargée des questions européennes (art. 88.4).

Consécration du rôle général d'assistance du Parlement par la Cour des comptes au Parlement en matière de contrôle de l'action du Gouvernement (art. 47.2).

Droit de résolution (art. 34.1).

• **La participation des citoyens.** La création d'un référendum d'initiative conjointe (parlementaires et citoyen) (art. 11).

L'élargissement du domaine référendaire aux questions environnementales (art. 11).

Référendum rendu facultatif sur les futurs élargissements de l'Union européenne (art. 85.5).

L'élargissement des missions du Conseil économique et social : sa saisine directe par voie de pétition et élargissement de sa compétence aux questions d'environnement (art. 69).

• **La protection des droits.** L'extension des compétences du Conseil constitutionnel (question prioritaire de constitutionnalité) : possibilité de demander que la juridiction qui juge l'affaire d'un justiciable puisse transmettre à la juridiction suprême de son ordre une question sur la constitutionnalité d'une disposition législative dont l'application lui est opposée. Si le Conseil d'État ou la Cour de cassation estime que cette question est sérieuse et nouvelle, alors cette juridiction suprême pourra la transmettre au Conseil constitutionnel. Si ce dernier constate le caractère inconstitutionnel de la disposition en cause, alors sa décision vaudra pour tous, *erga omnes*, et la disposition disparaîtra de l'ordre juridique (art. 54).

La réforme du Conseil supérieur de la magistrature : suppression de la présidence et de la vice-présidence de droit par le président de la République et le garde des Sceaux, majorité de personnalités extérieures à la magistrature en son sein, possibilité au justiciable de saisir le CSM dans les conditions prévues par une loi organique (art. 65).

La mise en place d'un Défenseur des droits ayant compétence pour connaître des réclamations de toute personne s'estimant lésée par le fonctionnement d'un service public (titre XI *bis* nouveau).

• **Des valeurs partagées.** La loi, à l'instar de l'accès aux responsabilités politiques, peut favoriser un égal accès aux responsabilités professionnelles et sociales (art. 1er).

La diversité des opinions : la loi doit s'attacher à garantir la participation des partis et groupements politiques à la vie démocratique de la Nation et la participation équitable des partis (art. 4).

La diversité linguistique : les langues régionales appartiennent au patrimoine de la Nation (art. 75.1) ; la République participe désormais au développement de la solidarité et de la coopération entre les États et les peuples ayant le français en partage (art. 87).

D. Les propositions de la Commission Jospin

153 Créée à l'inititiative du président Hollande, la Commission de rénovation et de déontologie de la vie publique présidée par Lionel Jospin, ancien Premier ministre, a été constituée par le décret n° 2012-875 du 16 juillet 2012 portant création d'une commission de rénovation et de déontologie de la vie publique. Ses propositions ont été remises au président de la République le 9 novembre 2012 :

> « *I. Une représentation politique rénovée*
> *Chapitre 1. Une élection présidentielle modernisée*
> *Proposition n° 1. Instaurer un parrainage des candidats à l'élection présidentielle par les citoyens.*
> *Proposition n° 2. Modifier les modalités de calcul du remboursement public.*
> *Proposition n° 3. Substituer la règle de l'équité à celle de l'égalité pour les temps de parole des candidats pendant la période "intermédiaire".*

Proposition n° 4. Fixer à 20 heures la fermeture des bureaux de vote sur l'ensemble du territoire métropolitain.
Proposition n° 5. Avancer dans l'année la tenue de l'élection présidentielle et des élections législatives.
Proposition n° 6. Réduire le délai entre l'élection présidentielle et les élections législatives.
Chapitre 2. Un Parlement plus représentatif
Proposition n° 7. Introduire une part de proportionnelle pour l'élection des députés.
Proposition n° 8. Réformer les modalités de l'élection des députés représentant les Français de l'étranger.
Proposition n° 9. Éviter les seconds tours à un seul candidat dans le cadre du scrutin majoritaire.
Proposition n° 10. Assurer une représentation plus juste des collectivités territoriales au Sénat par une pondération des voix des grands électeurs et retirer les députés du collège électoral.
Proposition n° 11. Étendre le recours au scrutin proportionnel pour l'élection des sénateurs.
Proposition n° 12. Abaisser à 18 ans l'âge minimal d'éligibilité au Sénat.
Proposition n° 13. Compléter les effets de l'extension de la proportionnelle sur le respect de la parité en renforçant le dispositif de modulation des aides financières aux partis politiques.
II. Un exercice des responsabilités exemplaire
Chapitre 1. Une rupture avec la pratique du cumul des mandats
Proposition n° 14. Interdire le cumul de fonctions ministérielles avec l'exercice de tout mandat local.
Proposition n° 15. Rendre incompatible le mandat de parlementaire avec tout mandat électif autre qu'un mandat local simple à compter des prochaines élections locales.
Chapitre 2. Un statut juridictionnel du chef de l'État et des ministres plus respectueux du principe d'égalité
Proposition n° 16. Mieux affirmer le caractère politique de la procédure de destitution du président de la République.
Proposition n° 17. Mettre fin à l'inviolabilité du président de la République en matière pénale.
Proposition n° 18. Mettre fin à l'inviolabilité du président de la République en matière civile.
Proposition n° 19. Supprimer la Cour de justice de la République.
Chapitre 3. Une stratégie globale de prévention des conflits d'intérêts
Proposition n° 20. Renforcer le régime des incompatibilités pour les membres du Gouvernement.
Proposition n° 21. Prévoir pour les membres du Gouvernement une obligation légale de souscrire une déclaration d'intérêts et d'activités.
Proposition n° 22. Prévoir pour les membres du Gouvernement une obligation légale de donner un mandat de gestion de leur patrimoine mobilier.

Proposition n° 23. Étendre aux ministres le contrôle des départs vers le secteur privé et vers certains organismes publics et incriminer la prise illégale d'intérêts à l'issue des fonctions gouvernementales.
Proposition n° 24. Étendre aux collaborateurs du président de la République et aux membres des cabinets ministériels les règles d'incompatibilité applicables aux agents publics.
Proposition n° 25. Prévoir pour les collaborateurs du président de la République et pour les membres des cabinets ministériels une obligation légale de souscrire une déclaration d'intérêts et d'activités.
Proposition n° 26. Prévoir une obligation légale de souscrire une déclaration d'intérêts et d'activités pour les titulaires d'emplois supérieurs de l'État particulièrement exposés au risque de conflit d'intérêts.
Proposition n° 27. Améliorer l'efficacité du contrôle relevant actuellement de la Commission de déontologie de la fonction publique : modifier les conditions de saisine d'office et étendre le champ du contrôle aux départs vers tous les organismes publics exerçant une activité économique.
Proposition n° 28. Harmoniser et renforcer le régime des déclarations d'intérêts et d'activités applicable aux membres des collèges et responsables des autorités administratives indépendantes.
Proposition n° 29. Étendre aux départs vers tous les organismes publics exerçant une activité économique le champ du contrôle relevant actuellement de la Commission de déontologie de la fonction publique pour les membres des collèges et responsables des autorités administratives indépendantes.
Proposition n° 30. Prévoir une obligation légale de déclaration d'intérêts et d'activités pour les parlementaires.
Proposition n° 31. Renforcer le régime des incompatibilités professionnelles applicable aux parlementaires.
Proposition n° 32. Supprimer la catégorie des membres de droit du Conseil constitutionnel et interdire l'exercice de toute activité de conseil à ses membres.
Proposition n° 33. Créer une Autorité de déontologie de la vie publique.
Proposition n° 34. Confier à l'Autorité de déontologie de la vie publique un rôle de validation des règles de bonne conduite applicables aux représentants d'intérêts.
Proposition n° 35. Mettre en place un dispositif ouvert d'"alerte éthique" ».

On aura l'occasion de revenir dans le détail sur ces propositions qui, sur le plan institutionnel, s'inscrivent pour la plupart dans la continuité des propositions inabouties du Comité Balladur mais innovent en matière de déontologie de la vie publique. Faute de majorité des 3/5e prévisible, seul quatre projets de lois tendant à réviser la Constitution ont été présentés le 13 mars 2013 en Conseil de ministres. Ces projets portent sur la réforme du Conseil supérieur de la magistrature, la démocratie sociale, la responsabilité juridictionnelle du président de la République et des membres du Gouvernement, ainsi que sur les incompatibilités applicables à l'exercice de fonctions gouvernementales et la composition du Conseil constitutionnel ; un projet de loi sur la moralisation de la vie politique à la suite de « l'affaire Cahuzac », dans la suite des conclusions de la Commission Jospin, a été présenté au Conseil des ministres le 24 avril 2013.

§ 3. La nature du régime

154 La nature du régime a soulevé, depuis l'origine, bien des controverses et le vocable de « présidentialisation » ne suffit pas à caractériser juridiquement la Ve République. Et si l'on pensait avoir installé en 1958 un régime parlementaire authentique, force est de constater que l'élection du président de la République au suffrage universel en a altéré le principe. Il reste qu'une majorité de la doctrine continue d'adopter ce qualificatif pour désigner la Ve République, quitte à l'inscrire dans le cadre des « régimes parlementaires majoritaires ». Plusieurs concepts ont cependant été proposés pour qualifier autrement la Ve République. Nous reprendrons ici de façon synthétique des observations déjà formulées en conservant un doute méthodologique sur l'intérêt des typologies dès lors qu'elles visent à rendre compte d'une réalité et non à constituer un simple cadre abstrait d'analyse (v. *Droit constitutionnel contemporain 1, Théorie générale. Les régimes étrangers*, Dalloz, 2013, chap. 4).

155 **Un régime semi-présidentiel ? .** Maurice Duverger a proposé le concept de régime semi-présidentiel. Il tient compte de deux facteurs d'explications conjugués : un facteur institutionnel, l'élection présidentielle au suffrage universel et un facteur partisan, l'ampleur et l'orientation de la majorité parlementaire. Georges Vedel a souligné qu'en France ce modèle conduit à gommer la réalité du pouvoir présidentiel : « *Il est difficile de qualifier de semi-présidentiel (sinon dans un sens exclusivement juridique) le régime de la Ve République* », alors que « *le président français cumule dans ses mains les prérogatives et les armes du président des États-Unis et celles d'un Premier ministre britannique* » et que,

par conséquent, un tel régime « *est ultra-présidentiel* » tout comme celui de la IVe République fut « *ultra-représentatif* ». Faut-il alors se tourner vers le concept de « *présidentialisme* » ? Comme Gérard Conac l'a montré, celui-ci renvoie en fait à une dérive du régime présidentiel qui a pris corps en Amérique latine avant de s'étendre à l'Afrique. Peut-on dès lors assimiler, sérieusement, la pratique de la Ve République à cette notion ? Et dans la mesure où cette notion ne prend son sens chez les analystes que s'il lui est accolé un adjectif (« absolu », « tempéré »), elle se dilue au gré des intempéries...

156 **Un régime parlementaire dualiste ?** . Il serait enfin possible d'écarter toute référence au régime présidentiel en se référant aux catégories distinguées au sein du régime parlementaire. Ainsi a-t-on parfois retenu la notion de régime parlementaire dualiste correspondant à la responsabilité du Gouvernement devant le Parlement – critère du régime parlementaire – mais aussi devant le chef de l'État. Il reste que cette qualification est anachronique pour qualifier le régime de la Ve République.

Réalité passagère entre deux époques et réalisant l'affrontement entre la souveraineté d'essence monarchique et la souveraineté nationale, l'une déclinante, l'autre s'affirmant, le « dualisme » perd son sens dès lors que la première s'évanouit et que la seconde s'affirme.

L'exemple de la IIIe République montre d'ailleurs bien que la tentative de ressusciter ce dualisme est vaine dès lors que la légitimité du chef de l'État n'est autre que celle des parlementaires tandis que la Chambre des députés est élue au suffrage universel direct. Cette affirmation plus large du Parlement et l'évolution précoce de la IIIe République vers un régime moniste dans lequel le Gouvernement est responsable face au seul Parlement souligne bien en quoi la source du pouvoir est le véritable critère définissant un régime.

157 **Un régime présidentiel dualiste ?** . Dans un régime parlementaire le pouvoir émane de l'Assemblée à laquelle l'exercice de la souveraineté est délégué pour un temps. Dans le régime présidentiel, chacun, président et Assemblées, détient, en vertu d'un mandat du

peuple une délégation et des compétences particulières pour l'exercice de la souveraineté.

On l'aperçoit clairement, la structure de la Ve République correspond mieux à l'hypothèse du régime présidentiel, ce d'autant mieux que chacun s'accorde à souligner que le centre de gravité des régimes politiques s'est déplacé du Parlement vers l'exécutif. En s'attachant, après à la source du pouvoir, à son ordonnancement, le régime présidentiel américain peut être qualifié de moniste puisque le pouvoir exécutif y est confié tout entier au chef de l'État, absorbant les fonctions de chef de Gouvernement dont les membres ne sont responsables que devant lui et non devant le Congrès. Comme l'a montré, le premier, Jean-Louis Quermonne, la notion de dualisme n'a jamais été transposée au concept de régime présidentiel, rien n'interdit de le faire alors que le dualisme de l'exécutif constitue la singularité du régime de la Ve République. Et dans les différentes conjonctures (cohabitation ou concordance des majorités présidentielle et parlementaire), le dualisme du pouvoir reste une variable indépendante de la compréhension du régime. C'est pourquoi la notion de régime présidentiel dualiste rend compte à la fois de la structure de la Ve République en même temps qu'elle intègre les variations de la pratique institutionnelle à laquelle elle a donné lieu depuis sa création.

Bibliographie

AFSP (éd.), *L'écriture de la Constitution de 1958*, Economica, 1992.

Avril (P.), *La Ve République, histoire politique et constitutionnelle*, PUF, coll. « Droit fondamental » 1987 ; « Violations et conventions de la Constitution », in *France Forum* 1998, n° 322, p. 217.

Berlia (G.), « Le problème de la constitutionnalité du référendum du 28 octobre 1962 », *RD publ.* 1962. 936.

Balladur (E.), *Rapport du Comité de réflexion et de proposition sur la modernisation et le rééquilibrage des institutions de la Ve République*, Paris, Doc. fr., Fayard, 2008.

Cercle des constitutionnalistes, *Les 50 ans de la Constitution*, préf. É. Balladur, Litec, 2008.

Chagnollaud (D.), « Sherlock Holmes et le casse tête chinois : classification des régimes et élection concurrentielle », *Mélanges Benoît Jeanneau*, Dalloz, 2002.

Chagnollaud (D.), Quermonne (J.-L.), *La Ve République*, Champs, Flammarion, 2000, t. 1.

Chapsal (J.), *La vie politique sous la Ve République*, PUF, coll. « Thémis », 1993, 2 t.

Colliard (J.-C.), « Les registres annexes de la Constitution », in Cercle des constitutionnalistes, *Les 50 ans de la Constitution*, Litec, 2008.

Comité consultatif pour la révision de la Constitution, présidé par le doyen G. Vedel, *Propositions pour une révision de la Constitution*, Paris, Doc. fr., 1993.

Debré (M.), *Refaire une Démocratie, un Pouvoir, un État*, 1958.

De Lacharrière (R.), *La Ve, quelle République ?*, PUF, 2000.

Denquin (J.-M.), *La genèse de la Ve République*, PUF, 1988 ; « Sur le respect de la Constitution », in Cercle des constitutionnalistes, *Les 50 ans de la Constitution*, Litec, 2008.

Documents pour servir à l'histoire de l'élaboration de la Constitution de 1958, Doc. fr., 1987, vol. 1, 1988, vol. 2, et 1991, vol. 3.

Donegani (J.-M.), Sadoun (M.), *La Ve République, naissance et mort*, Paris, Calmann-Lévy, 1998.

Duhamel (O.), *La gauche et la Ve République*, PUF, 1980.

Duhamel (O.), Parodi (J.-L.) (éd.), *La Constitution de la Ve République*, Presses de la FNSP, 2e éd., 1988.

Duverger (M.), *Échec au Roi*, Albin Michel, 1978 ; *Les régimes semi-présidentiels*, PUF, 1986.

François (B.), *Naissance d'une constitution : la Ve République, 1958-1962*, Presses de Sciences Po, 1996.

Hamon (F.), « Regards nouveaux sur les origines de la Ve République », *RD publ.* 1975. 415 s.

Hayward (J.), Hall (P.), Machin (H.), *L'évolution de la vie politique française*, PUF, 1992.

Hollande (F.), « Les socialistes et la réforme de la Ve République », in Cercle des constitutionnalistes, *Les 50 ans de la Constitution*, Litec, 2008.

Lavroff (D.-G.), *Le droit constitutionnel de la Ve République*, Dalloz, 3e éd., 1999.

Lauvaux (Ph.), « La Constitution de 1958 : généalogie et stratification », in Cercle des constitutionnalistes, *Les 50 ans de la Constitution*, Litec, 2008.

Le Divellec (A.), « Un ordre constitutionnel confus. Indicibilité et incertitudes de la Constitution française », in Cercle des constitutionnalistes, *Les 50 ans de la Constitution*, Litec, 2008.

Pinon (S.), *Les réformistes constitutionnels des années trente. Aux origines de la Ve République*, LGDJ, 2003.

Magnon (X.), « La composition de la commission Balladur : brèves réflexions sur l'expertise en matière constitutionnelle », *RFDC* 2008, n° 2.

Prélot (P.-H.), « La Ve République à l'anglaise ou la fin du "présidentialisme" », in Cercle des constitutionnalistes, *Les 50 ans de la Constitution*, Litec, 2008.

Saint-Bonnet (F.), « De la longévité de la Ve République. Le nouveau droit constitutionnel et ses gardiens », in Cercle des constitutionnalistes, *Les 50 ans de la Constitution*, Litec, 2008.

SECONDE PARTIE

LA CONSTITUTION DE 1958

158 La Constitution de la Ve République est, comme toutes les constitutions, découpée en titres, eux-mêmes découpés en articles. Ainsi cette seconde partie est, comme les manuels classiques, découpée en chapitres correspondants aux principaux organes de la Ve République et aux compétences que leur attribue la Constitution. Cependant, ce plan divisé en chapitres suit l'ordre des titres de la Constitution qui chacun correspond à un chapitre. L'article 1er qui renferme certains des principes fondamentaux de la République fait l'objet d'un chapitre introductif. Exceptionnellement on a cependant regroupé les titres IX et IX *bis*, relatifs à deux organes en marge du Parlement (le Conseil économique et social et le Défenseur des droits) dans un seul et même chapitre. Chaque chapitre enferme le plus souvent l'ensemble du sujet traité mais ne l'épuise pas toujours. Dans ce cas, on a simplement renvoyé aux autres articles qui le complètent.

Enfin, en annexes, on trouvera un commentaire détaillé des textes composant le Préambule de la Constitution de 1958, à savoir la Déclaration des droits de l'homme et du citoyen de 1789, le Préambule de 1946 et la Charte de l'environnement de 2004.

CHAPITRE INTRODUCTIF : Les principes fondamentaux de la République

CHAPITRE 1 : La Souveraineté

CHAPITRE 2 : Le président de la République

CHAPITRE 3 : Le Gouvernement

CHAPITRE 4 : Le Parlement

CHAPITRE 5 : Les rapports entre le Gouvernement et le Parlement

CHAPITRE 6 : Traités et accords internationaux

CHAPITRE 7 : Le Conseil constitutionnel

CHAPITRE 8 : L'autorité judiciaire

CHAPITRE 9 : La Haute Cour

CHAPITRE 10 : La responsabilité pénale des membres du gouvernement

CHAPITRE 11 : La Conseil économique, social et environnemental et le Défenseur des droits

CHAPITRE 12 : Les collectivités territoriales

CHAPITRE 13 : La Nouvelle-Calédonie

CHAPITRE 14 : La Francophonie et les accords d'association

CHAPITRE 15 : L'Union européenne

CHAPITRE 16 : La révision de la Constitution

CHAPITRE INTRODUCTIF

Les principes fondamentaux de la République

159 **Article 1er de la Constitution**

> *« La France est une République indivisible, laïque, démocratique et sociale. Elle assure l'égalité devant la loi de tous les citoyens sans distinction d'origine, de race ou de religion. Elle respecte toutes les croyances. Son organisation est décentralisée.*
> *La loi favorise l'égal accès des femmes et des hommes aux mandats électoraux et fonctions électives, ainsi qu'aux responsabilités professionnelles et sociales. »*

L'article 1er est un « préambule prolongé » (René Cassin) issu de l'article 2 de la version initiale de la Constitution de 1958 dans laquelle l'article 1er instituait une Communauté entre la France et les peuples d'outre-mer. Ce dernier article fût abrogé en 1995 et l'article 2 devint l'article 1er. Il contient la plupart des principes fondamentaux de la Ve République, nonobstant son Préambule (v. ANNEXES). Sur le fond, le principe d'indivisibilité est ancien et figure dans la première Constitution écrite française de 1791 : « *le Royaume est un et indivisible* » et réaffirmé depuis lors dans les Constitutions républicaines (SECTION 1). Il a pour corollaire qu'il n'existe d'un seul peuple régi par les mêmes lois sur un même territoire qui n'interdit pas l'autodétermination. Il en va de même du principe d'égalité déjà présent à l'article VI de la DDH, son corollaire étant ici l'interdiction de toute discrimination fondée sur l'origine, le sexe, la race ou la religion (SECTION 2). La dernière phrase de l'alinéa 1er résulte de la réforme constitutionnelle consacrée à la décentralisation. Quant au 2e alinéa relatif à l'égal accès des hommes et des femmes aux responsabilités, au sens large du mot, dans sa version actuelle, il résulte de la révision constitutionnelle de 2008. Toute dérogation à ces principes doit résulter de la volonté expresse du pouvoir constituant.

SECTION 1 L'INDIVISILITÉ DE LA RÉPUBLIQUE ET LE PRINCIPE DE LAÏCITÉ

§ 1. Le principe de l'indivisibilité de la République

160 Il s'entend de celle du peuple comme du territoire national régi par une seule et même loi émanant de l'autorité souveraine.

A. Un seul peuple

161 Le peuple français forme un seul et même peuple. Notons d'emblée que cette notion a prêté à hésitation dans la jurisprudence du Conseil constitutionnel dès lors que les termes « peuple » et « populations » peuvent parfois être confondus. Dans sa décision du 9 mai 1991 sur le statut de la Corse, il a considéré que « *la Constitution de 1958 distingue le peuple français des peuples d'outre-mer auxquels est reconnu le droit à la libre détermination, que la référence faite au peuple français figure d'ailleurs depuis deux siècles dans de nombreux textes constitutionnels ; qu'ainsi le concept juridique de peuple français a valeur constitutionnelle* ». C'est pourquoi, il a jugé contraire à celle-ci la mention faite par le législateur du « *peuple Corse, composante du peuple français [...] composé de tous les citoyens Français sans distinction d'ori-*

gine, de race ou de religion » (décis. 9 mai 1991, n° 91-290 DC, *Loi portant statut de la collectivité territoriale de Corse*). Le Conseil a ainsi refusé la conception d'une France multiculturelle, mosaïque d'identités diverses prétendant chacune à des droits particuliers. C'est aussi dans cet esprit que le Conseil constitutionnel a censuré (décis. 7 déc. 2000, n° 2000-435 DC), dans la loi pour l'orientation de l'outre-mer, la référence « *au pacte qui unit l'outre-mer à la République* » comme étant contraire au principe d'indivisibilité. De même, pour clore le débat sémantique, lors de la réforme constitutionnelle de 2003 portant sur la décentralisation, a été adjointe de l'expression « *La République reconnaît, au sein du peuple français, les populations d'outre-mer, dans un idéal commun de liberté, d'égalité et de fraternité* » (art. 72-3, al. 1er), populations d'outre-mer qui ne sont donc clairement que des composantes du peuple français.

B. Une seule loi pour un même territoire

162 Associé à l'exercice de la souveraineté nationale affirmée à l'article 3 de la Constitution, le principe d'indivisibilité s'oppose à la reconnaissance de tout pouvoir normatif autonome aux collectivités territoriales mais aussi de pouvoir d'auto-organisation propre. Il exclut ainsi tout système fédéral. Et si lors la révision constitutionnelle de 2003, l'article 1er de la Constitution a été complété par la phrase : « *Son organisation est décentralisée* », cet ajout ne remet aucunement en cause le principe d'indivisibilité (v. chap. 12, ss 655).

Le Conseil constitutionnel est très attentif à tout démembrement du pouvoir normatif national. Dans sa décision n° 2001-454 du 17 janvier 2002 sur la loi du 22 janvier 2002 relative à la Corse, il a considéré « *qu'en ouvrant au législateur, fût-ce à titre expérimental, dérogatoire et limité dans le temps, la possibilité d'autoriser la collectivité territoriale de Corse à prendre des mesures relevant du domaine de la loi, la loi déférée [était] intervenue dans un domaine qui ne relève que de la Constitution* ». La réforme constitutionnelle du 28 mars 2003 a néanmoins permis, mais encadré strictement, le droit à l'expérimentation (v. chap. 12

ss 655). Auparavant, s'agissant de la Nouvelle-Calédonie (v. chap. 13 ss 691), par dérogation au principe d'indivisibilité depuis la révision constitutionnelle de 1999 (v. chap. 13 ss 691), lui a été conféré un pouvoir normatif initial lui permettant d'adopter des « lois de pays » et dont la conformité à la Constitution est contrôlée par le Conseil constitutionnel (L. org. n° 99-209, 19 mars 1999).

C. Indivisibilité et autodétermination

163 Le territoire de la République est indivisible mais non intangible : un droit de sécession est ainsi admis et c'est au bénéfice du droit des peuples à disposer d'eux-mêmes que la Constitution de 1958 laissait à ses anciennes colonies africaines le choix, pendant un temps donné, de se déterminer librement, optant pour l'indépendance ou l'association dans le cadre d'une « Communauté française » (après l'indépendance de ces pays, ces dispositions sont devenues caduques). Par la suite, le principe d'autodétermination a été appliqué dans plusieurs cas : l'Algérie (en 1961 et 1962), Djibouti, les Comores (en 1985 et 1987), la Nouvelle-Calédonie en 1988. Le Conseil constitutionnel, dans une décision du 2 juin 1987 (statuant sur le référendum d'autodétermination en Nouvelle-Calédonie) a précisé que « le droit à l'autodétermination devait être rattaché au préambule de la Constitution, à savoir aux principes de la libre détermination des peuples et de la libre manifestation de leur volonté (ayant) valeur constitutionnelle ».

Notons que cette autodétermination ne s'oppose donc pas au principe d'indivisibilité de la République et d'intégrité de son territoire puisque « nulle cession, nul échange, nulle adjonction de territoire n'est valable sans le consentement des populations intéressées » (Const., art. 53.3). Le Conseil constitutionnel a ainsi décidé (décis. n° 75-59, 30 déc. 1975, *autodétermination des Comores*) que l'exercice de ce droit s'apparentait à une cession de territoire, organisée par une loi et recueillant l'assentiment des populations par une consultation référendaire, et non à une « sécession », celle-ci n'étant pas prévue explicitement par la Constitution. Dans sa décision du 4 mai 2000 au sujet de Mayotte, notons que le Conseil constitutionnel a assimilé le droit à consultation d'autodétermination au droit de consultation statutaire en général régi désormais par le nouvel article 72-4 de la Constitution.

D. Indivisibilité de la République, unicité du peuple français et principe d'égalité : la question des langues régionales

1. Les précédents

164 Déjà, le Conseil constitutionnel s'agissant de l'enseignement de la langue corse dans le cadre des horaires normaux des écoles maternelles et élémentaires avait précisé que « *si l'enseignement de la langue corse est prévu "dans le cadre de l'horaire normal des écoles maternelles et élémentaires", il ne saurait revêtir pour autant un caractère obligatoire ni pour les élèves, ni pour les enseignants ; qu'il ne saurait non plus avoir pour effet de soustraire les élèves aux droits et obligations applicables à l'ensemble des usagers des établissements qui assurent le service public de l'enseignement ou sont associés à celui-ci* » (décis. 17 janv. 2002, n° 2001-454 DC, *Loi relative à la Corse*). Il en va de même pour le tahitien (décis. 9 avr. 1996, n° 96-373, *Polynésie française*) d'autant mieux que la révision constitutionnelle de juin 1992 a érigé le français en langue de la République.

2. La charte des langues régionales et la Constitution

165 **Les normes constitutionnelles de référence.** Le Conseil constitutionnel a été saisi, le 20 mai 1999, par le président de la République, sur le fondement de l'article 54 de la Constitution, de la question de savoir si la ratification de la Charte européenne des langues régionales ou minoritaires, devait être précédée, compte tenu de la déclaration interprétative faite par la France et des engagements qu'elle entendait souscrire dans la partie III de cette convention, d'une révision de la Constitution.

À cette question, le Conseil constitutionnel a répondu, dans sa décision du 15 juin 1999 – fort remarquable – que « *la Charte européenne des langues régionales ou minoritaires comporte des clauses contraires à la Constitution* » (décis. 15 juin 1999, n° 99-412 DC, *Chartes européenne des langues régionales*).

L'examen du Conseil ne porte pas sur la déclaration interprétative formulée par le Gouvernement français. En effet, « *une telle déclaration unilatérale n'a d'autre force normative que de constituer un instrument en rapport avec le traité et concourant, en cas de litige, à son interprétation* » et pour l'essentiel, les réserves sont prohibées par l'article 21 de la Charte. Surtout, il n'appartenait pas au Conseil constitutionnel, qui dispose d'une compétence d'attribution, de se prononcer sur la validité d'une telle déclaration.

Le Conseil constitutionnel a été saisi, le 20 mai 1999, par le président de la République, sur le fondement de l'article 54 de la Constitution, de la question de savoir si la ratification de la Charte européenne des langues régionales ou minoritaires, signée à Budapest le 7 mai 1999, doit être précédée, compte tenu de la déclaration interprétative faite par la France et des engagements qu'elle entend souscrire dans la partie III de cette convention, d'une révision de la Constitution. Dans sa décision, le Conseil constitutionnel rappelle d'abord les normes de références (décis. 15 juin 1999, n° 99-412 DC, *Charte européenne des langues régionales ou minoritaires*). Il s'agit en premier lieu de l'article 1er de la Constitution qui proclame que « *la France est une République indivisible, laïque, démocratique et sociale. Elle assure l'égalité devant la loi de tous les citoyens sans distinction d'origine, de race ou de religion. Elle respecte toutes les croyances* ». Et, dans la stricte continuité de la décision du 9 mai 1991 relative au statut de la Corse, il ajoute que « *le principe d'unicité du peuple français, dont aucune section ne peut s'attribuer l'exercice de la souveraineté nationale, a également valeur constitutionnelle* ». En conséquence : « *ces principes fondamentaux s'opposent à ce que soient reconnus des droits collectifs à quelque groupe que ce soit, défini par une communauté d'origine, de culture, de langue ou de croyance* ».

En outre, au nombre des normes de référence applicables figure également la liberté proclamée par l'article 11 de la Déclaration des droits de l'homme et du citoyen de 1789, aux termes duquel : « *La libre communication des pensées et des opinions est un des droits les plus précieux de l'homme : tout citoyen peut donc parler, écrire, imprimer librement, sauf à répondre de l'abus de cette liberté dans les cas déterminés par la loi* », ainsi que le 1er alinéa de l'article 2 de la Constitution selon lequel « *La langue de la République est le français* ».

166 **La non-conformité à la Constitution de certaines dispositions de la Charte.** Le Conseil constitutionnel s'est ensuite prononcé sur la conformité de la Charte à la Constitution. Il relève d'abord que si le préambule de la Charte n'a pas force obligatoire, il n'est pas dépourvu d'effets juridiques puisqu'il constitue un instrument d'interprétation du traité dont il précise l'esprit et l'objet. Par ailleurs, la partie II, qui comprend le seul article 7, énonce les « *objectifs et principes poursuivis conformément au § 1 de l'article 2, en vertu duquel "chaque partie s'engage à appliquer [ces] dispositions à l'ensemble des langues régionales ou minoritaires pratiquées sur son territoire". En conséquence, relève le Conseil constitutionnel, la partie II a une portée normative propre* ».

Sont déclarées contraires à la Constitution, certaines dispositions de la Charte, tant son préambule, qui proclame un « droit imprescriptible » à pratiquer une langue régionale ou minoritaire non seulement dans la « vie privée » mais également dans la « vie publique », mais aussi les dispositions de l'article 7 de la partie II selon lesquelles : « *En matière de langues régionales ou minoritaires, dans les territoires dans lesquels ces langues sont pratiquées et selon la situation de chaque langue, les Parties fondent leur politique, leur législation et leur pratique sur les objectifs et principes suivants : (...) b) le respect de l'aire géographique de chaque langue régionale ou minoritaire, en faisant en sorte que les divisions administratives existant déjà ou nouvelles ne constituent pas un obstacle à la promotion de cette langue régionale ou minoritaire ; (...) d) la facilitation et/ou l'encouragement de l'usage oral et écrit des langues régionales ou minoritaires dans la vie publique et dans la vie privée (...). En définissant leur politique à l'égard des langues régionales ou minoritaires, les Parties s'engagent à prendre en considération les besoins et les vœux exprimés par les groupes pratiquant ces langues. Elles sont encouragées à créer, si nécessaire, des organes chargés de conseiller les autorités sur toutes les questions ayant trait aux langues régionales ou minoritaires* ».

Ces clauses sont en effet contraires aux principes d'indivisibilité de la République, d'égalité devant la loi et d'unicité du peuple français dans la mesure où elles tendent à conférer des droits spécifiques à des « groupes » linguistiques à l'intérieur des « territoires » dans lesquels ces langues sont pratiquées. « *La Charte européenne des langues régionales ou minoritaires, en ce qu'elle confère des droits spécifiques à des "groupes" de locuteurs de langues régionales ou minoritaires, à l'intérieur de "territoires" dans lesquels ces langues sont pratiquées, porte atteinte aux principes constitutionnels d'indivisibilité de la République, d'égalité devant la loi et d'unicité du peuple français* ». Elles sont également contraires à l'article 2 de la Constitution dans la mesure où elles tendent à conférer le droit d'employer une langue autre que le français dans la « *vie publique* », notion dans laquelle la Charte inclut la justice et les « *autorités administratives et services publics* ». Elle est dans la continuité de la jurisprudence du Conseil constitutionnel sur les langues (v. chapt. 1 ss 181). S'agissant des autres dispositions « *elles se bornent à reconnaître des pratiques déjà mises en œuvre par la France en faveur des langues régionales* » (relatives à l'enseignement, à la justice, aux autorités administratives et services publics, aux médias, aux activités et équipements culturels, à la vie économique et sociale et aux échanges transfrontaliers). Implicitement, le Conseil semble valider des dispositions législatives existantes en faveur des langues régionales comme la loi Deixonne du 11 janvier 1951, la loi du 11 juillet 1975 relative à l'éducation, la loi du 30 juillet 1982 portant statut particulier de la Corse ou la loi du 10 juillet 1989 d'orientation sur l'éducation qui n'ont pas toutes fait l'objet d'un contrôle de constitutionnalité.

167 **La non-invitation à une révision constitutionnelle.** Pour la première fois, le Conseil n'indique pas les dispositions de la Constitution qui devraient être révisées pour la rendre conforme à la Charte. Cet « oubli » n'est pas fortuit. Une révision de la Constitution pour la rendre compatible avec la Charte reviendrait à une mise en

cause substantielle aux principes constitutionnels d'indivisibilité de la République, d'égalité devant la loi et d'unicité du peuple français. Le silence du Conseil était donc une invitation à ne pas toucher à ces principes fondamentaux. Et le nouvel article 75-1, aux termes duquel « les langues régionales appartiennent au patrimoine de la France » n'y porte pas atteinte (v. chap. 12, ss 655).

§ 2. Le principe de laïcité

168 La définition la plus claire de ce principe émane du Conseil constitutionnel éclairée par la jurisprudence de la Cour européenne des droits de l'homme et mise en œuvre par le Conseil d'État.

A. La jurisprudence du Conseil constitutionnel

169 C'est dans sa fameuse décision n° 2004-505 DC du 19 novembre 2004, *Traité établissant une Constitution pour l'Europe* que le Conseil constitutionnel a donné la définition la plus claire de la laïcité : « En vertu de l'article 1er de la Constitution, la France est une République laïque. Cette disposition interdit à quiconque de se prévaloir de ses croyances religieuses pour s'affranchir des règles légales régissant les relations mutuelles entre personnes de droit public et particuliers ». Sur ce point, la Charte des droits fondamentaux et les explications du *praesidium* qui l'accompagnent précisent que le droit garanti par l'article II-70 a le même sens et la même portée que celui garanti par l'article 9 de la Convention européenne des droits de l'homme, le Conseil renvoie à un arrêt récent (CEDH 29 juin 2004, *Leyla Sahin c. Turquie*, req. n° 4774/98) par lequel la Cour européenne des droits de l'homme a jugé que l'interdiction faite, en application du principe de laïcité, aux étudiantes turques d'avoir la tête couverte n'est pas contraire à l'article 9 de la Convention. Le Conseil constitutionnel – qui vise cette décision – en déduit que le principe de la liberté de pensée, de conscience et de religion énoncé par le traité établissant une Constitution pour l'Europe n'est donc pas en contradiction avec l'article 1er de la Constitution française. Toutefois, le Conseil constitutionnel a relevé qu'il ressort tant des travaux préparatoires du projet de Constitution du 27 octobre 1946 relatifs à son article 1er ainsi que de ceux du projet de la Constitution du 4 octobre 1958 qui a repris la même disposition, qu'en proclamant que la France est une « République... laïque », la Constitution n'a pas pour autant entendu remettre en cause les dispositions législatives ou règlementaires particulières applicables dans plusieurs parties du territoire de la République lors de l'entrée en vigueur de la Constitution et relatives à l'organisation de certaines cultes et, notamment, à la rémuinération de ministres du culte (décis. 21 févr. 2013, n° 2012-297 QPC, *Association pour la promotion et l'exopansion de la laïcité*).

B. La jurisprudence du Conseil d'État

170 Le Conseil d'État, véritable artisan de la construction juridique du principe de laïcité issue de la loi de 1905, en définissait de façon lumineuse les principes élémentaires dans son rapport de 2004 : « *Laïcité et neutralité : le principe de laïcité impose des obligations au service public, la neutralité à l'égard de toutes les opinions et croyances. La neutralité est la loi commune de tous les agents publics dans l'exercice de leur service. Laïcité et liberté religieuse : la laïcité ne se résume pas à la neutralité de l'État, ni à la tolérance. Elle ne peut ignorer le fait religieux et implique l'égalité entre les cultes. Dans la ligne de sa jurisprudence classique sur les libertés publiques, le juge administratif s'efforce de concilier liberté religieuse et respect de l'ordre public. Laïcité et pluralisme : si le législateur, en 1905, a fait disparaître la catégorie des cultes reconnus, et si l'État ne doit donc désormais "reconnaître" aucune religion, il ne doit en méconnaître aucune. Parmi les acquis de la laïcité, figurent l'affirmation que toutes les religions ont droit à l'expression et, contrepartie de la précédente, celle qu'il ne doit pas y avoir, par une ou plusieurs d'entre elles, accaparement de l'État ou négation des principes fondamentaux sur lesquels il repose* ».

Par cinq décisions rendues le 19 juillet 2011, à l'occasion de l'examen de ces affaires, le Conseil d'État « *a rappelé qu'en vertu de ces dispositions les collectivités peuvent financer l'entretien et la conservation des édifices cultuels dont elles sont demeurées ou devenues propriétaires lors de la séparation des Églises et de l'État et accorder des concours aux associations cultuelles pour des travaux de réparation. Il leur est, en revanche, interdit d'apporter une aide à l'exercice d'un culte. Deux enseignements se dégagent ainsi des décisions du Conseil d'État. Si la loi de 1905 interdit toute aide à l'exercice d'un culte, elle prévoit des dérogations ou doit être articulée avec d'autres législations qui y dérogent ou y apportent des tempéraments. Si les collectivités peuvent prendre des décisions ou financer des projets en rapport avec des édifices ou des pratiques cultuels, elles ne peuvent le faire qu'à condition de répondre à un intérêt public local, de respecter le principe de neutralité à l'égard des cultes et d'égalité, et d'exclure toute libéralité et donc toute aide à un culte*» (résumé du Conseil d'État).

Section 2
Le principe d'égalité

171 Ce principe inscrit dans le préambule (v. nos développements à l'art. VI de la DDH, en Annexes) ne peut faire l'objet de dérogations sauf volonté expresse du pouvoir constituant. Elles ont été opérées afin de favoriser la parité et de façon très différente s'agissant de certains territoires d'outre mer. Leur mise en œuvre fait l'objet d'un contrôle strict de la part du Conseil constitutionnel.

§ 1. L'interdiction des discriminations fondées sur l'origine, le sexe, la race ou la religion

172 Au terme de l'article 1er de la Constitution du 4 octobre 1958 mais aussi et de l'alinéa 3 du Préambule de la Constitution du 27 octobre 1946 (v. Annexes), les discriminations fondées sur l'origine, la race, la religion, les croyances et le sexe sont interdites. Pour autant, des différences objectives de traitement fondées

sur d'autres critères sont admises (v. en ANNEXES, DDH, art. IV). C'est ainsi que Conseil constitutionnel a censuré, comme on l'a vu, par sa décision du 9 mai 1991, *Statut de la Corse*, l'article 1er de la loi qui consacrait l'existence d'un « *peuple Corse, composante du peuple français* ». Récemment, le Conseil constitutionnel a encore jugé « *si les traitements nécessaires à la conduite d'études sur la mesure de la diversité des origines des personnes, de la discrimination et de l'intégration peuvent porter sur des données objectives, ils ne sauraient, sans méconnaître le principe énoncé par l'article 1er de la Constitution, reposer sur l'origine ethnique ou la race* » (décis. 15 nov. 2007, n° 2007-557 DC, *Loi relative à la maîtrise de l'immigration, à l'intégration*).

§ 2. Les discriminations et la question de la parité

A. L'exception française : le constat

173 Au lendemain des élections législatives de 1997, l'Assemblée nationale comptait 10,91 % de femmes parmi ses députés et en 1993, elles n'étaient que 6 % soit moins qu'en 1946 (6,8 %). Le Gouvernement de Lionel Jospin depuis 1997 en compte environ 30 % (soit un peu plus que le premier Gouvernement Juppé, le second n'en comptant plus que 12,5 %). Dans l'Union européenne, la France est à l'avant-dernière place (juste avant la Grèce) s'agissant de la représentation féminine au sein de la principale assemblée, ainsi loin derrière la Suède (40,4 %) et les autres pays du Nord (Finlande, Danemark, Pays-Bas) qui comptent environ un tiers de femmes députées. Viennent ensuite l'Autriche, l'Allemagne et l'Espagne avec un quart environ de députées, puis le Luxembourg et le Royaume-Uni, le Portugal, la Belgique, l'Irlande et l'Italie, tous dépassant le seuil des 11 % (v. aussi DDH, art. VI).

B. Ses causes

174 Tandis que le droit de vote des femmes n'a été admis en France qu'en 1945, le principe d'égalité des sexes est pourtant établi par

le préambule de la Constitution de 1946, intégré à la Constitution de 1958 (art. 1er, al. 2) et par toute une série de textes internationaux s'opposant en particulier à toutes les discriminations fondées notamment sur le sexe (à l'embauche, femmes enceintes, etc.). Notons cependant que l'égalité sur le plan civil ne s'est imposée que dans les années soixante, les dernières « *discriminations* » ayant pris fin sur le plan du droit de la famille qu'en 1985. Dans le domaine professionnel les inégalités sur le plan des salaires, du chômage, des hautes responsabilités dans l'entreprise (ce qu'on appelle aux États-Unis le « *plafond de verre* ») se sont atténuées sans disparaître. Ce « *retard* » tient aussi aux stratégies d'anticipation des femmes qui se destinent vers des métiers plus « *féminins* » d'autant mieux qu'elles envisagent la maternité. Mais des professions « *masculines* » ont eu tendance à se « *féminiser* » et recrutent désormais plus de femmes que d'hommes (médecine, magistrature, architecture, barreau).

Il convient cependant de relativiser l'« *exception française* ». Sauf dans les pays scandinaves et aux Pays-Bas, la masculinité de la vie politique, y compris aux États-Unis, est une évidence. C'est le reflet des inégalités socio-économiques, de l'hostilité des « *hommes politiques* » pendant longtemps à voir accéder des femmes aux responsabilités (« *elles doivent faire leurs preuves* »), d'un statut « *domestique* » et d'une répartition sexuelle des tâches mais aussi d'un désir biologique moins fort de s'imposer dans une sphère politique dévorante et même violente. Notons ainsi que dans les pays scandinaves, la politique ne revêt pas cette dimension et est plus « *pacifiée* ». Il reste que la présence des femmes en Norvège ou en Suède, s'est aussi imposée par des mesures internes aux partis qui ont conduit à la présence de femmes (quotas de 40 %).

En France, l'inégalité est accentuée : le mode de scrutin majoritaire uninominal favorisant les « *notables* » et le cumul des mandats, même réglementé depuis 1985, ont contribué à minorer la place des femmes dans la vie politique. Et la résistance des partis politiques n'y a pas aidé non plus tandis que le mouvement féministe, très actif dans les années soixante-dix ne s'est pas engagé sur ce terrain.

C. La parité comme objectif

175 Tandis que l'égalité consiste à traiter également chaque citoyen par rapport à un objet déterminé, la parité se fonde sur ce principe pour revendiquer un partage égal des responsabilités entre hommes et femmes. Le débat sur la parité a aussi une dimension philosophique : les femmes sont-elles – comme le laisse supposer le principe de parité – la moitié d'une humanité universelle (laissant d'ailleurs libre cours aux préjugés essentialistes ou substantialistes sur la « *nature féminine* ») ou au contraire, dans une vision universaliste, la partie féminine de l'humanité (Élisabeth Badinter) ? Et, par exemple, la Constitution portugaise modifiée en 1997 a clairement fait référence au principe d'égalité disposant en son article 9 que les pouvoirs publics s'attachent à « *promouvoir l'égalité entre les hommes et les femmes* », l'article 112 énonçant ainsi que la « *loi doit promouvoir l'égalité dans l'exercice des droits civiques et politiques* ».

En effet, comment mettre en œuvre la parité ? La question fut bien posée par la Cour constitutionnelle italienne le 13 septembre 1995, annulant une loi disposant que dans les listes de candidats aux élections municipales « *aucun des deux sexes ne peut être en principe représenté dans une proportion supérieure à deux tiers* ». Dans ses considérants, la Cour indiquait à propos de cette loi « *on ne se propose pas d'écarter les obstacles qui empêchent les femmes d'atteindre des résultats mais on leur attribue directement ces résultats* ».

D. Le débat juridique

176 **La nécessité de surmonter la jurisprudence du Conseil constitutionnel.** La qualité de citoyen ouvre le droit de vote et l'éligibilité dans des conditions identiques à tous ceux qui n'en sont pas exclus pour une raison d'âge, d'incapacité ou de nationalité, ou pour une raison tendant à préserver la liberté de l'électeur ou l'indépendance de l'élu. Ces principes de valeur constitutionnelle s'opposent à toute division par catégories des électeurs ou des éligibles, pour tout suffrage politique, notamment pour l'élection des conseillers municipaux en instituant et limitant à 75 % le pourcentage de

candidats du même sexe sur les listes (décis. 18 nov. 1982, n° 82-146 DC, *Loi modifiant le Code électoral et le Code des communes et relative à l'élection des conseillers municipaux et aux conditions d'inscription des Français établis hors de France sur les listes électorales*). Le Conseil constitutionnel avait annulé le 18 novembre 1982, au nom de l'indivisibilité de la République, les notions de citoyen et d'égalité qui interdisent toute distinction entre deux candidats, une loi instituant des quotas par sexe pour les élections municipales. Ainsi le Conseil constitutionnel renouvelait « *la consécration de l'un des fondements du droit constitutionnel. Concept abstrait lié à l'existence du corps politique, le citoyen en est la composante élémentaire dont l'interchangeabilité garantit, avec la parfaite homogénéité de ce corps, l'indivisibilité de la souveraineté dont il est titulaire. La qualité qui s'y attache [...] ne saurait être démembrée par une quelconque différenciation en catégories dont la seule existence porte atteinte à l'essence même du concept et à ce qu'il est destiné à représenter et à garantir* » (Jean Boulouis).

Dès lors s'est posée par la suite la question de la révision de la Constitution pour contourner cet obstacle constitutionnel. Thème du débat public, enjeu électoral depuis les années quatre-vingt-dix et surtout lors de la campagne présidentielle, les deux principaux candidats, Jacques Chirac et Lionel Jospin, s'étaient engagés sur la nécessaire « parité ». Et le Gouvernement Juppé, après avoir créé un Observatoire de la parité en 1995, devait annoncer le 11 mars 1997, sans fixer cependant de calendrier, une révision de la Constitution afin de permettre, à titre provisoire, une loi instituant une présence minimale de femmes dans les scrutins à la proportionnelle. Nommé Premier ministre à la suite des élections législatives de 1997, Lionel Jospin annonçait dans sa déclaration de politique générale une révision de la Constitution afin d'y inscrire l'objectif de la parité entre les femmes et les hommes. Et Jacques Chirac se ralliait le 14 juillet 1997 à l'idée d'une modification constitutionnelle rendue cependant nécessaire par les blocages persistants de la classe politique.

177 **La révision du 8 juillet 1999.** Sans inscrire explicitement le principe de parité (qui induit une obligation de résultat et non de moyens)

dans la Constitution, la révision constitutionnelle de juin 1999 consacre donc que « *la loi favorise l'égal accès des femmes et des hommes aux mandats électifs et fonctions électives* » (Const., art. 3, nouvel al.) et que les « *partis politiques contribuent à la mise en œuvre du principe énoncé au dernier alinéa de l'article 3 dans les conditions déterminées par la loi* » (Const., art. 4, nouvel al.).

178 **La mise en œuvre législative.** La loi relative à l'égal accès des femmes et des hommes aux mandats électoraux et fonctions électives du 7 juin 2000, validée par le Conseil constitutionnel, concerne les scrutins suivants : les élections municipales pour les communes de plus de 3 500 habitants ; les élections régionales, les élections à l'Assemblée de Corse ; les élections sénatoriales à la proportionnelle, les élections législatives ; les élections européennes (ne sont pas concernées par la loi : les élections municipales dans les communes de moins de 3 500 habitants ; les élections cantonales et les élections sénatoriales, au scrutin uninominal). Pour toutes les élections au scrutin de liste, la loi impose 50 % de candidats de chacun des deux sexes (à une unité près) : pour les élections sénatoriales et européennes, l'alternance un homme/une femme ou une femme/un homme est obligatoire du début à la fin de la liste ; pour les élections municipales, régionales et à l'Assemblée de Corse, la parité devra être respectée par tranche de six candidats.

Saisi par plus de 60 sénateurs de la loi « *tendant à favoriser l'égal accès des femmes et des hommes aux mandats électoraux et fonctions électives* », le Conseil constitutionnel a reconnu, pour l'essentiel, sa conformité à la Constitution dans sa décision du 30 mai 2000 (décis. 30 mai 2000, n° 2000-429 DC). On rappellera simplement qu'il a constaté que l'intention claire du constituant, telle qu'elle ressortait des débats parlementaires préalables à l'adoption de la loi constitutionnelle du 8 juillet 1999, était non sans doute d'obliger, mais assurément d'autoriser le législateur à instaurer des règles contraignantes quant au sexe des candidats aux élections politiques dont le mode de scrutin se prêtait à une telle réglementation.

La portée de la révision constitutionnelle est ainsi de permettre à la loi, dans la mesure jugée utile par le législateur pour favoriser l'égal accès des femmes et des hommes aux mandats électoraux, de déroger aux exigences constitutionnelles sur le fondement desquelles le Conseil constitutionnel avait, tant en 1982 (à propos des conseils municipaux) qu'en 1999 (à propos des conseils régionaux), censuré la prise en compte du sexe par les règles relatives aux candidatures.

Le Conseil a également reconnu la constitutionnalité des dispositions réduisant l'aide financière de l'État aux formations politiques qui ne présentent pas aux élections législatives un nombre égal de candidates et de candidats. Il a analysé ce mécanisme non comme une sanction, mais comme une modulation de l'aide publique aux partis politiques, destinée à inciter ces derniers à concourir à l'objectif constitutionnel d'égal accès des femmes et des hommes aux mandats électoraux.

E. L'élargissement du domaine de l'objectif de parité : la révision constitutionnelle du 23 juillet 2008 (article 1er, alinéa 2 nouveau)

179 S'agissant de l'égalité d'accès des femmes et des hommes aux fonctions publiques électives non politiques, le Conseil a jugé que le constituant n'avait entendu déroger aux exigences découlant de l'article 6 de la Déclaration de 1789 que pour les élections politiques et non par exemple pour l'élection du Conseil supérieur de la magistrature (décis. 19 juin 2001, n° 2001-445 DC, *Loi organique relative au statut des magistrats et au Conseil supérieur de la magistrature*). Quant à l'égalité d'accès des femmes et des hommes aux fonctions non publiques, le Conseil constitutionnel a censuré en 2006, comme contraires au principe d'égalité et non couvertes par les normes constitutionnelles relatives à la parité en matière d'élections politiques, des dispositions de la loi relative à l'égalité salariale entre les femmes et les hommes instaurant des règles de composition contraignantes entre sexes dans divers organismes et commissions délibératifs de caractère privé (décis. 16 mars 2006, n° 2006-533 DC, *Loi relative à l'égalité salariale entre les femmes et les hommes*).

C'est pour élargir au domaine non politique l'égal accès des hommes et des femmes que la révision constitutionnelle a modifié la Constitution qui dispose désormais que « La loi favorise l'égal accès des femmes et des hommes aux mandats électoraux et fonctions électives, ainsi qu'aux responsabilités professionnelles et sociales ». Cette mention est faite non plus à l'article 3 qui traitait de la souveraineté mais complète désormais l'article 1er.

§ 3. Les discriminations opérées outre-mer

180 Le Conseil constitutionnel a jugé qu'en abolissant la polygamie et la répudiation pour les Mahorais de droit civil local atteignant l'âge requis pour se marier au 1er janvier 2005, le législateur n'avait pas violé l'article 75 de la Constitution aux termes duquel : « Les citoyens de la République qui n'ont pas le statut civil de droit commun [...] conservent leur statut personnel tant qu'ils n'y ont pas renoncé » (décis. 17 juill. 2003, n° 2003-474 DC, cons. 26 à 30). À propos de la Nouvelle-Calédonie, il a admis des entorses au principe d'égalité en raison de leur fondement constitutionnel mais les a interprétées dans la stricte mesure nécessaire à l'application de prescriptions constitutionnelles dérogatoires (il s'agissait en 1999 de l'accord de Nouméa « constitutionnalisé » par l'article 77 de la Constitution issu de la révision du 20 juillet 1998). La « population » en faveur de laquelle des mesures justifiées par les nécessités locales peuvent être prises en matière d'accès à l'emploi, de droit d'établissement pour l'exercice d'une activité professionnelle ou de protection du patrimoine foncier ne peut être définie que comme regroupant les personnes justifiant d'une durée suffisante de résidence dans la collectivité d'outre-mer concernée, sans fondement « ethnique » (par exemple par le lieu de naissance d'un parent). S'agissant des modes d'acquisition du statut civil coutumier, le Conseil constitutionnel a en effet considéré que cette disposition, qui précise qu'a le statut civil coutumier l'enfant dont le père et la mère ont eux-mêmes ce statut, devait être entendue comme s'appliquant également à l'enfant dont la filiation n'est établie qu'à l'égard d'un seul parent de statut

civil coutumier (décis. 15 mars 1999, n° 99-409 DC, *Loi relative à la Nouvelle-Calédonie* et n° 99-410 DC, *Loi organique relative à la Nouvelle-Calédonie*). De même, le Conseil constitutionnel a censuré la notion de « *corps électoral restreint* » appelé à désigner les membres du congrès et des assemblées de provinces. Celui-ci comprenait notamment les électeurs « *inscrits sur le tableau annexe et domiciliés depuis dix ans en Nouvelle-Calédonie à la date de l'élection au congrès et aux assemblées de provinces* », excluant du corps électoral restreint les personnes inscrites au tableau annexe après 1998. Cet obstacle a été surmonté par la révision constitutionnelle du 23 février 2007 (art. 77, dernier al.).

De même, la révision constitutionnelle de mars 2003 permettait d'instituer en Polynésie une forme de « préférence locale » pour l'accès aux emplois et pour les transferts de biens fonciers : les articles 18 et 19 de la loi organique sur le statut de la Polynésie française entendent mettre en œuvre les dispositions du 10e alinéa de l'article 74 de la Constitution qui habilitent désormais les collectivités d'outre-mer dotées d'un statut d'autonomie à prendre certaines mesures « *de discrimination positive* » en faveur de leur population, en vue d'assurer la protection du marché du travail local et celle du patrimoine immobilier local. Pour autant, le Conseil constitutionnel a fait une stricte interprétation de ces dispositions constitutionnelles en vérifiant que la préférence jouerait à mérites égaux pour l'accès aux emplois et en censurant un critère renvoyant indirectement à l'appartenance ethnique pour les transferts de propriété (décis. 12 févr. 2004, n° 2004-490 DC, *Loi organique portant statut d'autonomie de la Polynésie française*).

Bibliographie

Viguier (J.), « La primauté de la langue française sur les langues régionales », *RD publ.* 2009. 1635.

Conseil d'État, *Rapport public 2004, Un siècle de laïcité*, Paris, Doc. fr.

Échappé (O.), « La laïcité de la République : entre Constitution et passion », in Cercle des constitutionnalistes, *Les 50 ans de la Constitution*, Litec, 2008.

Fatin-Rouge Stefanini (M.), « Les “discriminations positives” en matière électorale aux États-Unis et en France », *Cah. Cons. const.* févr. 2008, n° 23, dossier « La citoyenneté ».

Deswartes (M.-P.), *Essai sur la nature juridique de la République*, L'Harmattan, 2003.

Lemaire (F.), « L'outre-mer, l'unité et l'indivisibilité de la République », *Nouveaux Cah. Cons. const.* avr. 2012, n° 35, dossier « La Constitution et l'outre-mer ».

Chapitre 1

La souveraineté

181 La notion de souveraineté a été précédemment développées (v. *Droit constitutionnel contemporain 1. Théorie générale. Les régimes étrangers*, préc.). Elle s'entend comme celle d'un État qui n'est soumis à aucune autorité, détenteur de l'ensemble des compétences, distribuées entre différentes fonctions. Cette souveraineté est inaliénable même si elle doit être conciliée avec l'appartenance de la République française à l'Union européenne (v. chap. 15 ss 693). Le souverain qui détient cette autorité et organise son exercice, en vertu de la Constitution, à savoir le pouvoir constituant et le pouvoir législatif. Sous la Ve République, le souverain est le peuple. Ce titre de la Constitution en exprime les symboles à l'article 2 et à l'article 3, la définition et leurs modalités de mise en œuvre.

§ 1. Langue, symboles et tradition républicaine de la France

182 **Article 2 de la Constitution**

> *« La langue de la République est le français.*
> *L'emblème national est le drapeau tricolore, bleu, blanc, rouge.*
> *L'hymne national est La Marseillaise.*

> *La devise de la République est "Liberté, Égalité, Fraternité".*
> *Son principe est : Gouvernement du peuple, par le peuple et pour le peuple.* »

Cet article chargé d'histoire s'inscrit dans la tradition républicaine et donne lieu, pour l'essentiel, à peu de discussions sur le plan juridique. La formule générique héritée de Lincoln « *Gouvernement du peuple, par le peuple et pour le peuple* », est à rattacher notamment à l'article 3 de la Constitution. L'hymne, le drapeau et la devise appartiennent à la symbolique républicaine, seule la langue française dispose d'un statut constitutionnel.

A. Le statut constitutionnel de la langue française

183 Sur la question des langues on renverra à nos observations sur la compatibilité de la Charte européenne des langues régionales avec le principe d'indivisibilité de la République (v. ss 164). Pour le reste, dans sa décision du 29 juillet 1994 sur la loi relative à l'emploi de la langue française, le Conseil avait censuré certaines dispositions de la « loi Toubon » du 9 avril 1996 sur la langue française tendant à soumettre non seulement les personnes publiques mais aussi les personnes privées à l'usage obligatoire d'une terminologie précise que « *l'usage du français s'impose aux personnes morales de droit public et aux personnes de droit privé dans l'exercice d'une mission de service public ; que les particuliers ne peuvent se prévaloir, dans leurs relations avec les administrations et les services publics, d'un droit à l'usage d'une langue autre que le français, ni être contraints à un tel usage ; que l'article 2 de la Constitution n'interdit pas l'utilisation de traductions ; que son application ne doit pas conduire à méconnaître l'importance que revêt, en matière d'enseignement, de recherche et de communication audiovisuelle, la liberté d'expression et de communication* ».

B. Devise, hymne et drapeau

184 **La devise de la République.** Lors de la Révolution française, « *Liberté, Égalité, Fraternité* » fait partie des nombreuses devises invoquées mais n'est consacrée définitivement que par la Constitution de 1848 et figure dans les constitutions de 1946 et 1958.

185 **Le drapeau.** Le terme drapeau né au XVIe siècle, ne concerne que l'armée et les régiments qui en sont dotés. Les trois couleurs sont en réalité celles des rois de France depuis le Moyen Âge. Le blanc symbolise traditionnellement la monarchie (le fameux panache blanc d'Henri IV), le bleu est celui des armoiries des capétiens, le rouge est la couleur de l'oriflamme de Clovis. Depuis la même époque, le bleu et le rouge sont les couleurs de la ville de Paris. Avant de devenir drapeau, celui-ci fût cocarde. Elle fût présentée à Louis XVI le 24 juillet 1789 par Bailly, maire de Paris. Le roi la mît sur son chapeau pour la montrer au peuple sur les conseils de Lafayette, dit-on. Par décret du 4 juillet 1792 son port devient obligatoire pour tout Français résidant à l'étranger. Il faut attendre le 15 février 1794 (27 pluviôse an II) pour qu'elle devienne le pavillon national – terme maritime qui permet d'identifier la nationalité d'un navire – il « *sera formé des trois couleurs nationales, disposées en bandes verticalement, de manière que le bleu soit attaché à la gaule du pavillon, le blanc au milieu et le rouge flottant dans les airs* ». Le pavillon aux trois couleurs devient drapeau national pour tous les régiments sous le Consulat et l'Empire, puis le drapeau blanc fût rétabli sous la Restauration. La Charte de 1830, en son article 67, dispose : « *La France reprend ses couleurs. À l'avenir, il ne sera plus porté d'autre cocarde que la cocarde tricolore* ». Le Comte de Chambord, prétendant au trône au début des années 1870, refuse d'abandonner le drapeau blanc : « *Henri V ne peut abandonner le drapeau blanc d'Henri IV* ». C'est le décret du 26 février 1848 qui fait définitivement du drapeau bleu, blanc, rouge notre emblème national : « *Le drapeau tricolore est le drapeau national et les couleurs en seront rétablies dans l'ordre qu'avait adopté la République française (sous la Convention)* ». Dans la continuité de la tradition républicaine, la Constitution de 1946 dispose en son article 2, pour la première fois, que « *L'emblème national est le drapeau tricolore, bleu, blanc, rouge à trois bandes verticales d'égales dimensions* ».

186 **L'hymne national.** En 1792, à la suite de la déclaration de guerre du Roi à l'Autriche, un officier français en poste à Strasbourg, Rouget de Lisle compose, dans la nuit du 25 au 26 avril le « *Chant de guerre pour l'armée du Rhin* » qui sera repris par les

fédérés de Marseille participant à l'insurrection des Tuileries le 10 août 1792. Il est déclaré chant national le 14 juillet 1795. Interdite sous l'Empire et la Restauration, *La Marseillaise* est remise à l'honneur lors de la Révolution de 1830 et Berlioz en élabore une orchestration qu'il dédie à Rouget de Lisle. La IIIe République (de 1879) en fait un hymne national et, en 1887, une « version officielle » est adoptée par le ministère de la Guerre. Le caractère d'hymne national est affirmé dans les constitutions de 1946 et de 1958.

C. La décision du Conseil constitutionnel du 13 mars 2003

187 La loi pour la sécurité intérieure insère dans le Code pénal un article 433-5-1 : « *Le fait, au cours d'une manifestation organisée ou réglementée par les autorités publiques, d'outrager publiquement l'hymne national ou le drapeau tricolore est puni de 7 500 euros d'amende. Lorsqu'il est commis en réunion, cet outrage est puni de six mois d'emprisonnement et de 7 500 euros d'amende* ». Le Conseil constitutionnel, dans sa décision n° 2003-467 DC du 13 mars 2003, a jugé conforme cette disposition à la Constitution et a pour la première fois visé l'article 2 : « *considérant, d'autre part, qu'aux termes du 2e alinéa de l'article 2 de la Constitution "l'emblème national est le drapeau tricolore, bleu, blanc, rouge" ; qu'à ceux de son troisième alinéa : "l'hymne national est La Marseillaise" ; Considérant, enfin, qu'il est loisible au législateur de prévoir de nouvelles infractions en déterminant les peines qui leur sont applicables ; que, toutefois, il lui incombe d'assurer, ce faisant, la conciliation des exigences de l'ordre public et la garantie des libertés constitutionnellement protégées* ».

§ 2. Souveraineté du peuple, citoyenneté et électorat, universalité et égalité du suffrage

188 **Article 3 de la Constitution**

> *« La souveraineté nationale appartient au peuple qui l'exerce par ses représentants et par la voie du référendum. Aucune section du peuple ni aucun individu ne peut s'en attribuer l'exercice.*
> *Le suffrage peut être direct ou indirect dans les conditions prévues par la Constitution. Il est toujours universel, égal et secret. Sont électeurs, dans les conditions déterminées par la loi, tous les nationaux Français majeurs des deux sexes, jouissant de leurs droits civils et politiques. »*

Le peuple français exerce sa souveraineté en vertu de la Constitution par ses représentants mais aussi directement par la voie du référendum. L'article 3 de la Constitution, selon lequel le suffrage est égal, concerne aussi bien le Sénat élu au suffrage indirect que l'Assemblée nationale élue au suffrage direct, sous réserve pour le premier de sa fonction de représentation des collectivités territoriales. Le régime électoral est fixé par la loi au titre de l'article 34. Il est étudié dans cet ouvrage avec l'article 24 qui fixe le nombre de parlementaires de chaque assemblée (v. art. 24 ss 334). Le suffrage universel implique non seulement le secret du vote mais aussi la liberté de l'électeur dont les conditions d'exercice de ses droits découlent de l'alinéa 3 du présent article.

A. Le titulaire de la souveraineté (article 3, alinéa 1er)

189 En 1789, la souveraineté réside dans la Nation qui, être abstrait, ne peut l'exercer elle-même (mais par l'intermédiaire de représentants qui votent la loi, expression de sa volonté). En 1958, la souveraineté nationale appartient au peuple qui exprime la volonté générale de part la Constitution (v. *Droit constitutionnel contemporain 1*, n° 237).

190 **Le titulaire de la souveraineté.** Plutôt que de parler simplement de conciliation entre la théorie de souveraineté nationale et de la souveraineté populaire, tarte à la crème du droit constitutionnel,

la formule de l'article 3 de la Constitution de 1958 est sans ambiguïté dès lors qu'elle doit être comprise à la lumière des articles III de la Déclaration des droits de l'homme et du citoyen de 1789 (« *Le principe de toute souveraineté réside essentiellement dans la Nation* ») et de son article VI (« *La loi est l'expression de la volonté générale* »). En 1958, « *ce n'est plus la Nation, mais le Peuple, qui est désigné comme le titulaire de la souveraineté. La doctrine juridique de la III*e *République distinguait le Peuple, l'universalité des citoyens, donc un être réel capable d'exercer la souveraineté et la nation, une entité abstraite construite par la Constitution pour figurer l'intérêt supérieur du pays ou la continuité des générations et par conséquent incapable, en raison même de sa nature purement idéale, d'exercer la souveraineté. La formule de la Constitution de 1958, reprise de la Constitution de 1946 permet donc au peuple d'assurer lui-même une partie de l'exercice de la souveraineté (...). Le sens du mot peuple et, par voie de conséquence, la détermination du titulaire de la souveraineté, peut varier selon les contextes. C'est ainsi qu'il est admis que, dans la mesure où le peuple exerce sa souveraineté par ses représentants, il est composé de tous ceux qui sont représentés, c'est-à-dire de tous les citoyens, y compris de ceux qui n'ont pas le droit le vote, de sorte que la volonté du souverain ou volonté générale ne se confond pas avec la volonté des électeurs* » (Michel Troper). Au contraire, la loi référendaire, « expression directe de la souveraineté nationale », signifie que le Peuple est cette fois composé des seuls électeurs (décis. 6 nov. 1962, n° 62-20, *Loi relative à l'élection du président de la République au suffrage universel direct*).

191 **L'exercice de la souveraineté**

• **Par les représentants du Peuple**. La loi n'est l'expression de la volonté générale et donc celle du Peuple « *que dans le respect de la Constitution* » (décis. 23 août 1985, n° 85-197 DC, *Évolution de la Nouvelle Calédonie*). Ceux qui expriment cette volonté sont les représentants du peuple français. Il en va ainsi du président de la République parce qu'élu au suffrage universel direct et qui, au surplus, promulgue la loi, des députés et sénateurs, à l'exclusion des députés européens : « *Considérant que la souveraineté qui est définie à l'article 3 de la Constitution de la République fran-*

çaise, tant dans son fondement que dans son exercice, ne peut être que nationale et que seuls peuvent être regardés comme participant à l'exercice de cette souveraineté les représentants du peuple français élus dans le cadre des institutions de la République » (décis. 30 déc. 1976, n° 76-71 DC, *Décision du Conseil des communautés européennes relative à l'élection de l'Assemblée des communautés au suffrage universel direct*). Notons qu'après quelques hésitations sémantiques, le Conseil constitutionnel fait clairement des députés et sénateurs, non les représentants de leur circonscription mais les « *représentants du Peuple ; qu'à ce titre ils sont appelés à voter la loi dans les conditions fixées par la Constitution et les dispositions ayant valeur de loi organique prises pour son application ; qu'en conséquence, il n'appartient pas au législateur de faire bénéficier certains parlementaires, en raison de leur élection dans une circonscription déterminée, de prérogatives particulières dans le cadre de la procédure d'élaboration de la loi* » (décis. 9 mai 1991, n° 91-290 DC, *Loi portant statut de la collectivité territoriale de Corse*).

• **Par la voie du référendum.** Le Conseil constitutionnel ne vérifie pas la conformité du référendum à la Constitution à l'exception de la mise en œuvre de celui d'initiative conjointe : « *les lois que la Constitution a entendu viser dans son article 61 sont uniquement les lois votées par le Parlement et non point celles qui, adoptées par le Peuple à la suite d'un référendum, constituent l'expression directe de la souveraineté nationale* » (décis. 6 nov. 1962, n° 62-20 DC, *Loi relative à l'élection du président de la République au suffrage universel direct, adoptée par le référendum du 28 octobre 1962*). Sous la Ve République, le Peuple exerce sa souveraineté par la voie du référendum :

• Le référendum législatif (v. chap. 2 ss 205) ;

• Le référendum d'initiative conjointe (v. chap. 2 ss 205) ;

• Le référendum constituant (v. chap. 16 ss 739) ;

• Le référendum de l'article 88-5 pour ratifier les traités d'adhésion à l'Union européenne (v. chap. 15 ss 693).

192 **Les conditions des consultations électorales**

• **La périodicité du vote.** Le délai de convocation des électeurs « *ne doit pas ouvrir à l'autorité administrative une possibilité de* *choix telle qu'elle puisse engendrer l'arbitraire* » (décis. 5 janv. 1988, n° 87-233 DC, *Loi relative aux élections cantonales*). Ainsi, en écho à la Convention européenne des droits de l'homme, le Conseil constitutionnel a consacré le principe de valeur constitutionnelle selon lequel « *les électeurs [doivent être appelés] à exercer selon une périodicité raisonnable leur droit de suffrage* » (décis. 6 déc. 1990, n° 90-280 DC, *Loi organisant la concomitance des renouvellements des conseils généraux et des conseils régionaux*). Autrement dit, « *Considérant que le législateur organique, compétent en vertu de l'article 25 de la Constitution pour fixer la durée des pouvoirs de chaque assemblée, peut librement modifier cette durée sous réserve du respect des règles et principes de valeur constitutionnelle ; qu'au nombre de ces règles figure l'article 3, en vertu duquel le suffrage "est toujours universel, égal et secret", qui implique que les électeurs soient appelés à exercer, selon une périodicité raisonnable, leur droit de suffrage* » (décis. 9 mai 2001, n° 2001-444 DC, *Loi organique modifiant la date d'expiration des pouvoirs de l'Assemblée nationale*).

• **L'exigence de clarté et de loyauté.** Les consultations électorales doivent aussi satisfaire « *à la double exigence constitutionnelle de clarté et de loyauté* » (décis. 4 mai 2000, n° 2000-428 DC, *Loi organisant une consultation de la population de Mayotte*) et plus largement « *à l'objectif d'intelligibilité et d'accessibilité de la loi qu'au principe de loyauté du suffrage* » (décis. 24 juill. 2003, n° 2003-475 DC, *Loi portant réforme de l'élection des sénateurs*).

B. Le droit de suffrage (article 3, alinéas 3 et 4)

193 La France compte environ 44,5 millions d'électeurs et d'électrices inscrits pour 65,5 millions d'habitants. Ils disposent du droit de suffrage qui, en vertu de l'article 3, est « universel, égal et secret ». L'article 3 (al. 3 et 4) définit également la condition de l'électeur ; même s'il ne fait pas référence de manière expresse à la liberté de suffrage, celle-ci est implicite.

1. La liberté de suffrage

194 **Le vote est facultatif**

• **Le débat sur le vote obligatoire.** Droit individuel attaché à la personne, le vote est un droit et s'exerce librement, même si, sur le plan moral, le vote reste un « devoir ». L'idée du vote obligatoire à l'imitation notamment de la Belgique, est régulièrement débattue. L'instauration du vote obligatoire pose plusieurs difficultés. La première est sa conformité à la Constitution dès lors que le vote est formellement un « droit » attaché à l'électeur. Cependant, l'idée assez répandue que le vote obligatoire rattacherait l'électorat à la théorie de la souveraineté nationale est assez fumeuse dès lors que, d'après la Constitution, « *la souveraineté nationale appartient au Peuple* » (Const., art. 3). Il serait donc loisible au législateur de considérer que l'électorat est implicitement une fonction sociale sans pour autant méconnaître nécessairement la Constitution. Ensuite, sur le plan technique, la question de définir quels sont les motifs « légitimes » pour se soustraire à cette obligation, sauf à stigmatiser certaines catégories défavorisées de la population (chômeurs, sans domicile fixe), est délicate mais non insurmontable. Une telle réforme peut aller de pair avec une certaine libéralisation du vote par procuration – comme en Australie à l'origine. Mais, c'est sur le plan politique que la difficulté est la plus sérieuse, en l'État tout au moins des modes de scrutin. En effet, si le vote obligatoire augmente le taux de participation, il est aussi souvent associé à la proportionnelle : or, comment exiger des citoyens qu'ils aillent choisir dans des systèmes majoritaires ou à vocation majoritaire pour des candidats dont ils ne veulent pas ? Cette difficulté est donc à méditer.

• **Le débat sur le vote blanc.** Il a été proposé de permettre aux citoyens de voter « blanc » et que ce vote soit comptabilisé comme suffrage exprimé alors qu'il est comptabilisé avec les votes nuls (bulletins biffés, surchargés, etc.) et considéré comme ne traduisant pas un choix électoral. Un seul pays européen reconnaît le vote blanc, la Suède qui n'est pas d'ailleurs très significatif en nombre. En Grèce le vote blanc est reconnu mais il est ajouté au score du parti vainqueur de l'élection dans le cadre du scrutin majoritaire.

La reconnaissance du vote blanc en France supposait donc que les électeurs disposent dans les bureaux de vote de bulletins blancs mais aussi que ces bulletins soient considérés comme des suffrages exprimés. En admettant en effet un score de 10 %, voire moins, lors du second tour des présidentielles, le président élu de façon serrée pourrait ne l'être qu'à la majorité relative : le cas se produit aux présidentielles de 1995. Il faudrait donc en toute logique, si l'on veut reconnaître le vote blanc comme suffrage exprimé, commencer par réviser la Constitution en son article 7 (« *Le président de la République est élu à la majorité absolue des suffrages exprimés* »). Aux élections législatives, en cas de duel, un candidat pourrait donc être aussi élu à la majorité relative. Il faudrait aussi probablement revoir les seuils institués pour les municipales et les régionales mais à la baisse. En effet, aux municipales, les listes qui dépassent le seuil de 5 % ont le droit de fusionner avec celles ayant obtenu au moins 10 % des suffrages exprimés (celles-ci pouvant se maintenir au second tour). Qu'arriverait-il aux « petits partis » si le taux de vote blanc était important ? Mécaniquement, ils seraient mis en danger. Le problème serait identique pour les régionales et poserait plus largement celui du remboursement des frais de campagne, compte tenu du seuil de 5 %. Au regard de ces objections, la proposition de loi adoptée en première lecture le 22 novembre 2012 puis votée par le Sénat le 28 février 2013, se contente donc de permettre seulement de décompter séparément les votes blancs et les votes nuls.

2. L'égalité devant le suffrage

195 **L'affirmation du principe.** Le Conseil constitutionnel exerce son contrôle au regard du principe constitutionnel d'égalité en se fondant l'article 6 de la Déclaration des droits de l'homme et du citoyen mais aussi l'article 1er de la Constitution. Il s'en suit que tout citoyen est placé dans une situation identique devant la loi électorale. En découle en démocratie le principe : un individu – une voix. Cette règle suppose à la fois de ne pas écarter pour les élections nationales certaines catégories de personnes pourvu qu'elles soient des citoyens Français (comme les femmes jusqu'en 1944) et interdit les privilèges au bénéfice de catégories

particulières. Telle est la conséquence du principe constitutionnel énoncé plus haut dans la décision du 18 novembre 1982 qui, selon le Conseil constitutionnel, « s'oppos[e] à toute division par catégories des électeurs ou des éligibles ». Le principe d'égalité doit néanmoins se concilier en France depuis la révision constitutionnelle du 8 juillet 1999 avec celui d'égal accès des hommes et des femmes aux mandats et fonctions électives.

196 **Le découpage électoral.** Du contrôle du Conseil constitutionnel sur le découpage électoral, affirmé dès 1985 (décis. n° 85-196 DC, 8 août 1985), découle le principe selon lequel la délimitation des circonscriptions électorales ne doit « *procéder d'aucun arbitraire* » (décis. n° 86-208, 2 juill. 1986) : l'Assemblée nationale doit être élue « *sur des bases essentiellement démographiques* », et la population d'une circonscription ne peut s'écarter de plus 20 % de la moyenne du département. Le juge constitutionnel admet aussi des dérogations limitées au principe d'égalité fondées sur des impératifs d'intérêt général (comme les réalités historiques et/ou géographiques). Dans sa décision du 15 février 2007 (décis. n° 2007-547 DC, *Loi organique portant dispositions statutaires et institutionnelles relatives à l'outre-mer*), le Conseil constitutionnel a exigé une redéfinition des limites des circonscriptions législatives compte tenu des déséquilibres démographiques persistants et aggravés faute de redécoupage. Entre-temps la révision constitutionnelle de 2008 a insititué à l'article 25 de la Constitution une commission indépendante de contrôle du redécoupage électoral. Le Conseil constitutionnel a opéré revirement de jurisprudence par décision du 8 janvier 2009 (décis. n° 2008-573 DC, *Loi relative à la commission prévue à l'article 25 de la Constitution et à l'élection des députés*). Il consiste dans l'examen de la répartition des sièges de députés du passage d'un contrôle restreint à un contrôle normal s'agissant des dérogations au principe d'égalité. Leur mise en œuvre doit être « *strictement proportionnée au but poursuivi* », celui-ci devant en outre être fondé sur un « *impératif précis d'intérêt général* ». Ont ainsi été censurées comme contraire au principe d'égalité devant le suffrage, les dispositions jusqu'alors admises prévoyant que chaque département devait être représenté par au moins deux députés et que chaque collectivité d'outre-mer devait

disposer d'au moins un siège. Cependant la latitude d'appréciation du Conseil constitutionnel reste limitée dès lors qu'il est saisi d'un projet d'ordonnance devant être ratifié par le Parlement et modifiant l'ensemble de la répartition du siège. La Constitution ne lui confère pas « *un pouvoir général d'appréciation et de décision de même nature que celui du Parlement* » selon la formule classique qu'il ne lui appartient pas de formuler des propositions contradictoires de délimitation des circonscriptions ou de la méthode retenue pour procéder à la répartition des sièges d'autant que l'article 25 de la Constitution confère désormais la mission d'en apprécier la pertinence à une commission indépendante pour avis du projet de redécoupage. Ses suggestions et propositions ont été d'ailleurs suivies pour moitié environ lors du redécoupage des circonscriptions en 2009. Et si le Conseil a relevé que, dans certaines circonscriptions, les motifs d'intérêt général invoqués pour justifier les choix de délimitations étaient à tout le moins discutables (la Moselle et le Tarn en particulier), et contraires à l'avis émis par la commission prévue par l'article 25 de la Constitution, le Conseil n'en a pas moins déclaré conforme à la Constitution l'article unique de la loi ratifiant l'ordonnance n° 2009-935 du 29 juillet 2009 portant répartition des sièges et délimitation des circonscriptions pour l'élection des députés (décis. 18 févr. 2010, n° 2010-602 DC, *Loi ratifiant l'ordonnance n° 2009-935 du 29 juillet 2009 portant répartition des sièges et délimitation des circonscriptions pour l'élection des députés*). D'une part, il lui aurait fallu censurer l'ensemble du redécoupage et non tel ou tel redécoupage d'une ou plusieurs circonscriptions. D'autre part, il a pris implicitement acte du progrès sensible par rapport à celui de 1986 qu'il représentait globalement. L'auteur de ces lignes étant membre de la Commission susvisée, est astreint à un strict devoir de réserve.

3. Le vote est secret

197 Cette règle a été introduite pour la première fois par la Constitution de l'an III tandis que la Constitution de 1793 d'inspiration « montagnarde » qui l'avait précédé permettait au citoyen de voter soit secrètement soit « à haute voix ». Pour établir le consulat à

vie de Bonaparte, les électeurs inscrivaient leur choix sur un registre. Et, lors du plébiscite de 1852 en faveur de Louis-Napoléon Bonaparte, ils se voyaient proposer cette fois deux registres : l'un pour voter « oui », l'autre pour voter « non »... C'est évidemment pour protéger l'électeur des pressions et assurer la sincérité du scrutin que le secret du vote a été institué.

Le principe du vote secret est associé à l'isoloir, sorte de confessionnal laïque en République où, à l'abri des regards indiscrets, l'électeur glisse dans une enveloppe son bulletin de vote. Ce dispositif du début du siècle et de plusieurs lois de 1911, 1913 et 1914 est devenu très minutieux : l'électeur doit signer la liste d'émargement, prendre ou non un ou plusieurs bulletins de vote déposés sur une grande table puis obligatoirement passer par l'isoloir pour placer le bulletin (ou aucun) dans l'enveloppe.

Le Conseil constitutionnel a rappelé, dans sa séance du 29 mars 2007, que l'utilisation des machines à voter pour les élections, notamment présidentielles, est autorisée par le législateur depuis 1969. Le recours à cet instrument dans les conditions fixées par l'article 57-1 de la loi électorale a été déclaré conforme à la Constitution – nonobstant le contentieux qu'il peut provoquer.

4. La condition d'électeur

198 « *La qualité de citoyen ouvre le droit de vote et l'éligibilité dans des conditions identiques à tous ceux qui n'en sont pas exclus pour une raison d'âge, d'incapacité ou de nationalité, ou pour une raison tendant à préserver la liberté de l'électeur ou l'indépendance de l'élu* » (décis. 18 nov. 1982, n° 82-146 DC). Pour pouvoir voter, il faut être majeur, c'est-à-dire âgé de plus de 18 ans depuis la loi du 5 juillet 1974 et être de nationalité française (v. sur le droit de vote des étrangers, *Droit constitutionnel contemporain 1. Théorie générale. Les régimes étrangers*). Par ailleurs, les résidents issus d'un des pays de l'Union européenne et résidant en France peuvent voter aux élections européennes et municipales. En outre, l'électeur doit jouir de ses droits civils et politiques et donc ne pas avoir été déchu temporairement ou définitivement de son droit de vote en vertu de la loi pénale (soit environ 200 000 personnes

chaque année). Notons que l'article L. 7 du Code électoral imposait la radiation des listes électorales des personnes dépositaires de l'autorité publique, chargées d'une mission de service public ou investies d'un mandat électif public lorsqu'elles commettent certaines infractions. Cette radiation emporte une incapacité d'exercer une fonction publique élective d'une durée égale à cinq ans. Cette peine accessoire, comme nous l'avions indiqué en son temps, à la fois automatique et insusceptible d'être individualisée, méconnaît le principe d'individualisation des peines (décis. 11 juin 2010, n° 2010-6/7 QPC, *Stéphane A. et a.*).

Enfin, l'électeur doit être inscrit sur les listes électorales. En principe, elle est obligatoire en mairie. Mais, faute de sanction, elle demeure libre. Notons que la règle est que l'électeur s'inscrit soit dans la commune où il a sa résidence principale, soit dans celle où il réside depuis six mois au moins, soit dans la commune où il paye ses impôts locaux depuis au moins cinq ans.

Depuis la loi du 10 novembre 1997, les jeunes ayant atteint l'âge de 18 ans sont inscrits d'office d'autant mieux qu'environ 30 % de la classe d'âge des 18-19 ans, ne l'étaient pas, ce chiffre étant tombé à environ 11 %, ce qui n'a pas freiné pour autant l'abstentionnisme des jeunes. Pourtant, en 2007, année électorale, la croissance des inscriptions a été de 4,2 % par rapport à 2006, fruit des campagnes de sensibilisation et du nombre important de jeunes accédant à la majorité électorale.

Le contentieux des inscriptions électorales relève de la compétence du juge judiciaire, en l'espèce civil. Les décisions de la commission administrative qui dresse un tableau des inscriptions peuvent être attaquées devant le tribunal d'instance. S'agissant de fraudes, c'est le juge pénal qui est compétent.

§ 3. La médiation des partis

199 Article 4 de la Constitution

> *« Les partis et groupements politiques concourent à l'expression du suffrage. Ils se forment et exercent leur activité librement. Ils doivent respecter les principes de la souveraineté nationale et de la démocratie.*

> *Ils contribuent à la mise en œuvre du principe énoncé au second alinéa de l'article 1er dans les conditions déterminées par la loi.*
> *La loi garantit les expressions pluralistes des opinions et la participation équitable des partis et groupements politiques à la vie démocratique de la Nation.* »

Les partis, dotés d'un statut « minimum » et facultatif, sont devenus les médiateurs obligés en démocratie des attentes des électeurs. La révision constitutionnelle du 8 juillet 1999 a ajouté un second alinéa à l'article 4 au soutien de l'article 3 modifié s'agissant de la mise en œuvre de l'objectif de parité. Et depuis celle de juillet 2008, un 3e alinéa l'a été à l'article 4 concernant l'exigence de pluralisme sur le fondement duquel peut se fonder aussi un statut de l'opposition.

A. Les partis politiques et la Constitution (article 4, alinéa 1er) et la mise en œuvre de la parité (alinéa 2)

200 • Le statut des partis. En 1946, un projet de statut complet avait été envisagé lors des débats préparatoires de la première Assemblée constituante mais fût sans suite. En 1958, un projet avait été rédigé par Michel Debré : « *Les groupes ou formations politiques qui présentent des candidats aux élections ou qui ont une activité politique peuvent se constituer librement. Ils doivent cependant se déclarer et déposer leurs statuts. Leur organisation doit s'inspirer des principes démocratiques. Ils doivent rendre compte annuellement de leurs ressources et de leurs dépenses au Conseil constitutionnel qui est habilité à vérifier la sincérité des déclarations produites. Les observations du Conseil constitutionnel sont publiées au Journal officiel. La constatation par le Conseil constitutionnel d'une violation des dispositions du présent article autorise le Gouvernement à demander devant la Haute Cour de justice la dissolution du groupement incriminé* ». Cet avant-projet de Constitution du 10 juillet 1958 fût aussi abandonné par crainte des réactions des partis tandis que le Conseil d'État exprima ses réserves quant à la possibilité d'interdire les partis politiques. En fait, ce projet visait en particulier le Parti communiste et la faculté offerte au Conseil constitutionnel de vérifier la provenance de ses ressources des partis… C'est pourtant la Constitution du 4 octobre

1958 qui, paradoxalement, a consacré leur existence constitutionnelle. En France, les partis ont pu se constituer depuis 1901 et la loi sur la liberté d'association. La Constitution de 1946 reconnaît seulement les groupes parlementaires. Il a fallu attendre les lois organique et ordinaire du 11 mars 1988 sur le financement de la vie politique pour qu'un statut soit proposé. Après avoir rappelé conformément à la Constitution qu'« ils se forment et exercent leur activité librement », la loi leur confère la personnalité morale et des droits qui y sont attachés (à l'image des associations déclarées). Mais, appréhendés pour l'essentiel sous leur aspect financier, il leur manque paradoxalement une définition, délicate à donner sur le plan juridique (qu'est ce qu'un « vrai » parti politique ?) laissant sur ce point au juge (juge électoral et... juge d'instruction) le soin d'en dessiner les contours.

Au surplus, notons que l'article 4 de la Constitution empêche que la majorité parlementaire apprécie la question de savoir si un groupe politique respecte ou non les principes de la souveraineté nationale et de la démocratie (décis. 18 mai 1971, n° 71-42 DC, *Résolution tendant à modifier les articles 2, 3, 5, 6, 7, 8, 11, 13, 14, 17, 21, 22, 29, 32, 36, 42, 45, 59, 72 et 108 du règlement du Sénat, à le compléter par un article 29 bis et un article 109 et à abroger l'article 84 dudit règlement*). Les partis politiques comme les associations ne peuvent être soumis à un contrôle préalable qu'il s'agisse de l'autorité administrative ou de l'autorité judiciaire en vertu de la fameuse décision du 16 juillet 1971. Mais l'État peut accorder une aide financière aux partis.

• **La mise en œuvre de la parité** (nouvel al. 2). On renverra à l'article 1er de la Constitution.

B. Un support implicite à une reconnaissance de l'opposition et explicite à l'exigence de pluralisme (article 4, nouvel alinéa 3)

201 Le nouvel alinéa 3 vise non seulement à doter d'un support juridique aux dispositions visant à reconnaître un statut de l'opposition, mais aussi de consacrer l'exigence de pluralisme s'agissant des partis politiques et les moyens qui doivent y être associés.

1. Contourner la jurisprudence du Conseil constitutionnel

202 Pour comprendre le nouvel alinéa 3, il faut avoir en mémoire la décision n° 2006-537 DC du 22 juin 2006 censurant une modification du règlement de l'Assemblée nationale : « *Le président du groupe remet à la Présidence une déclaration d'appartenance de son groupe à la majorité ou à l'opposition. En cas de contestation formulée par le président d'un groupe, le Bureau décide ; pour cette délibération, le Bureau est complété par les présidents de groupe* ». À cette déclaration étaient attachés des droits spécifiques. Le Conseil constitutionnel a censuré cette disposition, la résolution ayant méconnu le 1er alinéa aux termes duquel : « *Les partis et groupements politiques concourent à l'expression du suffrage. Ils se forment et exercent leur activité librement* », conformément à une jurisprudence ancienne. Il était donc nécessaire de donner un fondement constitutionnel à cette reconnaissance non pas de l'opposition en tant que telle (on peut concevoir l'hypothèse d'une assemblée dont la majorité ne soutiendrait pas le Gouvernement – ce qui reviendrait à accorder tous les droits au même groupe parlementaire), mais de la possibilité d'accorder des droits aux groupes parlementaires dans le règlement de chaque assemblée et la faculté d'en accorder de spécifiques à ceux qui n'auraient pas déclaré participer de la majorité de l'assemblée concernée.

2. Garantir l'exigence de pluralisme

203 **En termes d'équité financière.** Le Conseil constitutionnel dans sa décision du 11 janvier 1990 a ainsi admis « *que l'État accorde une aide financière aux partis ou groupements politiques qui concourent à l'expression du suffrage ; que l'aide allouée doit, pour être conforme aux principes d'égalité et de liberté, obéir à des critères objectifs ; qu'en outre, le mécanisme d'aide retenu ne doit aboutir, ni à établir un lien de dépendance d'un parti politique vis-à-vis de l'État, ni à compromettre l'expression démocratique des divers courants d'idées et d'opinions ; que si l'octroi d'une aide à des partis ou groupements du seul fait qu'ils présentent des candidats aux élections à l'Assemblée nationale peut être subordonné à la condition qu'ils justifient d'un minimum d'audience,*

les critères retenus par le législateur ne doivent pas conduire à méconnaître l'exigence du pluralisme des courants d'idées et d'opinions qui constitue le fondement de la démocratie » (décis. 11 janv. 1990, n° 89-271 DC, *Loi relative à la limitation des dépenses électorales et à la clarification du financement des activités politiques*). Et il a censuré le seuil de 5 % des suffrages exprimés qui devait être obtenu dans chaque circonscription pour qu'une formation politique puisse accéder à l'aide publique. En effet, si le financement privé est autorisé mais encadré (celui des personnes morales de droit public ou de droit privé est interdit et celui des personnes physiques autorisé à concurrence de 7 500 euros par an), l'aide publique est répartie en deux fractions.

La première partie de l'aide est attribuée aux partis et groupements politiques compte tenu de leurs résultats aux élections législatives lors du premier tour (1, 70 par voix). Il faut que la formation ait obtenu dans au moins 50 circonscriptions 1 % des suffrages exprimés. En cas de non respect des règles concernant la parité, le montant de cette première fraction de l'aide est amputé d'un pourcentage égal à la moitié de l'écart constaté entre le nombre de candidats de chaque sexe (au-delà de 2 %), ce qui a été particulièrement le cas lors des législatives de 2002 et 2007. Les sanctions représentent environ de 10 % de l'aide totale accordée par l'État aux partis politiques.

La deuxième partie de l'aide est destinée uniquement aux formations politiques représentées au Parlement (assemblée nationale et Sénat) et bénéficiaires déjà de la première partie de l'aide. Le montant attribué est de 45 398 euros par élu et par an.

Le montant global de l'aide aux partis politiques s'est élevé en 2007 à 73,210 millions d'euros (dont 33 millions au titre de la 1re fraction et 40 millions au titre de la 2e fraction) répartis entre plus de 50 partis ou groupements, dont 19 exerçant principalement leur activité dans les seules collectivités locales d'outre-mer.

204 **En termes d'accès aux médias publics.** L'exigence de pluralisme faisait partie, comme on l'a vu, de la jurisprudence du Conseil constitutionnel s'agissant de la liberté d'expression (v. DDH, art. XI). Depuis la loi constitutionnelle du 23 juillet 2008, elle est formellement inscrite à deux reprises dans la Constitution : dans

l'article 34 et dans un nouvel alinéa 3 ajouté à l'article 4. Ces ajouts ont servi notamment de fondement à l'arrêt du Conseil d'État du 8 avril 2009, *Hollande et Mathus*, celui-ci ayant jugé que le Conseil supérieur de l'audiovisuel ne peut, pour apprécier le respect du pluralisme, exclure par principe toute forme de prise en compte des interventions du président de la République et de ses collaborateurs dans les médias audiovisuels.

Bibliographie

Beaud (O.), « À la recherche de la légitimité de la Ve République », L'architecture du droit. Mélanges Michel Troper, Economica, 2006, p. 154.

Chagnollaud (D.), « Sherlock Holmes et l'énigme non résolue : le Conseil constitutionnel et les nouveaux modes de scrutin », *RD publ.* 2003. 931.

Derdaele (É.), « Les symboles nationaux en droit, première partie », *Civitas Europa* déc. 2004, n° 13 ; « Les symboles nationaux en droit, seconde partie », *Civitas Europa* déc. 2005, n° 15.

Frank (A.), « Les critères objectifs et rationnels dans le contrôle constitutionnel de l'égalité », *RD publ.* 2009. 375.

Genevois (B.), « Le contrôle du référendum », *RFDA* 1988, p. 887 s.

« La théorie constitutionnelle et le droit constitutionnel positif », *Cah. Cons. const.* févr. 2001, n° 9, Dossier « Souveraineté de l'État et hiérarchie des normes ».

Lemaire (F.), « La notion de peuple dans la Constitution de 1958 », in *Cercle des constitutionnalistes, Les 50 ans de la Constitution*, Litec, 2008.

Troper (M.), « Comment la Constitution de 1958 définit la souveraineté nationale ? La Constitution en 20 questions : question n° 5 », site du Conseil constitutionnel.

CHAPITRE 2

Le président de la République

205 Le chef de l'État passe du titre IV dans la Constitution de 1946 – derrière le Parlement et le Gouvernement – au titre II en 1958, après le titre Ier consacré à la souveraineté. Ce changement protocolaire témoigne à lui seul de la nouvelle conception du chef de l'État qui s'observe tant du point de vue de son mode d'élection rénové en 1958 et des pouvoirs propres qui lui sont désormais attribués, c'est-à-dire sans le contreseing du Premier ministre et du Gouvernement (art. 19). Malgré sa fonction fort ambiguë d'« arbitre » (art. 5), l'élection au suffrage universel direct (art. 6 et 7) et le phénomène majoritaire achèveront de construire la stature d'un monarque populaire « au centre du pouvoir » (Pascal Jan) (SECTION 1). L'exercice de son pouvoir est cependant largement conditionné par le soutien d'une majorité parlementaire qui naît en 1962 et désormais presque assuré par le quinquennat et la quasi-simultanéité des élections présidentielles et législatives – sauf dissolution, décès ou démission du président (SECTION 2).

En réalité, la Constitution ne dit rien en droit de son pouvoir réel et aucune modification substantielle de la Constitution n'a été opérée dans ce sens. Certes, les actes du président de la République autres que ceux prévus aux articles 8 (1er al.), 11, 12, 16, 18, 54, 56 et 61 sont contresignés par le Premier ministre et, le cas échéant, par les ministres responsables. Mais la distinction entre les pouvoirs dits « propres » et ceux partagés avec le Premier ministre est sans effet dès lors que le chef de l'État dispose d'une majorité parlementaire. Et, en vain, pour mettre fin au décalage entre les textes et la pratique, le Comité Balladur avait proposé en 2008 d'inscrire dans la Constitution que le président déterminait la politique de la nation que le Gouvernement conduisait. Il avait aussi envisagé d'assurer la concomitance des élections présidentielles et parlementaires en cas de décès ou de démission du chef de l'État pour circonvenir le « spectre » de la cohabitation écartée en principe par le quinquennat. Mais cette proposition visant à mettre fin au bicéphalisme apparent de l'exécutif n'a pas été suivie et a suscité aussi une vive réticence des assemblées. Quant au statut civil et pénal du chef de l'État, il demeure marqué par l'irresponsabilité (v. chap. 9 ss 628).

Section 1

La fonction présidentielle et l'élection du chef de l'État au suffrage universel

206 « *C'est donc du chef de l'État, placé au-dessus des partis, [...] que doit procéder le pouvoir exécutif* ». Cette phrase extraite du discours de Bayeux en 1946 résume l'esprit qui anime l'intention du général de Gaulle lorsqu'il restaure la fonction présidentielle et lui attribue un certain nombre de pouvoirs nouveaux, même si le compromis de 1958 n'a pas permis d'aller aussi loin qu'il aurait voulu. La présidentialisation du régime née de l'élection au suffrage universel direct et de la naissance du fait majoritaire à l'Assemblée nationale consacrera la domination du chef de l'État sur le système politique.

§ 1. Une fonction présidentielle équivoque

A. Un arbitre ? Les ambiguïtés volontaires de l'article 5

207 **Article 5 de la Constitution**

> *« Le président de la République veille au respect de la Constitution. Il assure, par son arbitrage, le fonctionnement régulier des pouvoirs publics ainsi que la continuité de l'État.*
> *Il est le garant de l'indépendance nationale, de l'intégrité du territoire, du respect des accords de Communauté et des traités. »*

208 **Les deux lectures de l'article 5.** Cet article est susceptible de deux lectures : l'une se fondant sur celle parallèle de l'article 20 (« le Gouvernement détermine et conduit la politique de la nation ») voit dans le chef de l'État la confirmation traditionnelle de son rôle, contre toute tentation de « pouvoir personnel », l'autre, au contraire, la consécration d'un rôle nouveau dont découlent ses nouvelles prérogatives. Et le débat sémantique s'est longtemps porté sur la signification du mot arbitre « la substance du rôle du président de la République » (Raymond Janot, un des auteurs de la Constitution de 1958 auprès de Michel Debré). En fait cette expression est justement le fruit du compromis de 1958 entre de Gaulle et les ministres d'État, une sorte de formule conciliaire – qui peut se lire dans les deux sens. En juin 1958, la première mouture du titre consacrée au président de la République – et placée en tête de la Constitution, avant la souveraineté – est ainsi rédigée : « Le président de la République [...] assisté du Gouvernement, il définit l'orientation générale de la politique intérieure et extérieure du pays et en assure la continuité. Il prend des initiatives nécessaires pour que les pouvoirs publics puissent remplir leurs missions respectives dans l'intérêt de la nation et dans le respect de la présente Constitution. » On le voit, le Gouvernement a un rôle d'assistance et fait du chef de l'État l'inspirateur de l'orientation de la politique générale. Ce texte fut considéré comme inacceptable par Guy Mollet et Pierre Pflimlin. La formule finale de l'article indique que : « Le président de la République

assure par son arbitrage le fonctionnement régulier des pouvoirs publics conformément à la Constitution ». Guy Mollet considère alors que le comité a écarté l'idée d'un président tout-puissant et adopté celle d'un chef de l'État « essentiellement chargé d'assurer la séparation et l'équilibre des pouvoirs ». Pour de Gaulle, l'arbitrage est une prise de distance avec les problèmes de détail tandis que pour les deux ministres d'État, le président est un arbitre au sens sportif... C'est la première interprétation qui s'est imposée au fil des ans.

B. La pratique gaullienne

209 Dès le 6 janvier 1961, le général de Gaulle s'affirme comme le « *guide de la France* » investi d'une mission et ayant un an plus tard « *la charge insigne du destin de la France [...] qui inspire, oriente, anime l'action nationale* », avant que ne lui soit confiée « *l'autorité indivisible de l'État* » (conférence de presse, 31 janv. 1964). Cette primauté s'enracine par l'élection du président au suffrage universel direct à compter de 1962 et fait de lui, s'il dispose d'une majorité parlementaire, un monarque non forcément absolu mais populaire.

§ 2. Un monarque populaire

210 **Article 6 de la Constitution**

> « *Le président de la République est élu pour cinq ans au suffrage universel direct.*
> *Nul ne peut exercer plus de deux mandats consécutifs.*
> *Les modalités d'application du présent article sont fixées par une loi organique.* »

Depuis quand le général de Gaulle pensait-il à faire élire directement par les citoyens le président de la République ? *That is the question.* Et bien, beaucoup d'auteurs se sont interrogés sans donner de réponse certaine. Pourtant, il suffit de lire le général de Gaulle lui-même qui écrit dans le tome III de *Mémoires de guerre,* écrit en 1957-1958 et publié en 1959 : « *Suivant moi, il est néces-*

saire que l'État ait une tête, c'est-à-dire un chef en qui la nation puisse voir, au-dessus des fluctuations, l'homme en charge de l'essentiel et le garant de ses destinées. Il faut aussi que l'exécutif, destiné à ne servir que la seule communauté, ne procède pas du Parlement qui réunit la délégation des intérêts particuliers. Ces conditions impliquent qu'il soit désigné par le peuple ». Il y pensait donc au moins avant 1959 mais sans imaginer que l'exercice du pouvoir présidentiel devrait être conditionné par une majorité parlementaire.

A. Les conséquences de l'élection au suffrage universel direct sur la fonction présidentielle

1. Le chef de l'État agit normalement par le relais du Gouvernement s'il dispose d'une majorité parlementaire

211 Rappelons que c'est en 1962 que naît la notion de « *majorité présidentielle* » par référence à la « *majorité parlementaire* » qui conditionne l'effectivité de la suprématie du chef de l'État dont les pouvoirs propres, c'est-à-dire exercés librement, sont en droit peu nombreux. Elle s'imposera, après le départ du général de Gaulle, à ses successeurs : chaque renouvellement de l'Assemblée nationale opposant les partis favorables au président et ceux qui lui sont hostiles. Notons cependant que le président peut être minoritaire dans sa majorité (Valéry Giscard d'Estaing de 1976 à 1981), ou disposer d'une majorité relative (François Mitterrand de 1988 à 1993). En l'absence de majorité claire ou disciplinée comme ce fut d'ailleurs le cas du général de Gaulle aux débuts de la Ve République, les dispositions constitutionnelles doivent permettre au Gouvernement de la contraindre, sauf à ce qu'elle le censure, ce qui n'est jamais encore arrivé. De gré ou de force, la majorité parlementaire est donc le relais naturel de l'action du Gouvernement, voulue par le président de la République qui agit par lui et détermine en fait la politique de la nation. Ce trait est renforcé par le quinquennat et la coïncidence qui s'en suit des mandats du président et de l'Assemblée nationale.

2. En cas de cohabitation, le président devient le chef de l'opposition

212 Rappelons que la « cohabitation » (selon la formule d'Édouard Balladur) s'est produite par trois fois : de 1986 à 1988 et de 1993 à 1995 sous François Mitterrand et de 1997 à 2002, sous Jacques Chirac. Le parti du président défend dans l'opposition ses prérogatives constitutionnelles même au-delà du possible, tandis que le parti majoritaire dominant préserve la fonction (sans ménager son titulaire) dans l'attente qu'elle soit occupée par l'un des siens. Si de Gaulle n'avait pas été – dit-on – hostile au principe de la cohabitation – ce dont cependant on n'a aucune trace sérieuse, Georges Pompidou s'est gardé de dire ce qu'il ferait à la veille des élections législatives de 1973. C'est Valéry Giscard d'Estaing qui, le premier, indiqua à Verdun sur le Doubs le 27 janvier 1978 que si les Français n'effectuaient pas le « bon choix », il n'aurait pas les moyens constitutionnels de « *s'opposer à la mise en œuvre du programme commun de la gauche* ». Quant à François Mitterrand, tout en rappelant ses prérogatives constitutionnelles, il s'est prononcé dans le même sens en 1986. Il s'en suit qu'en cas de cohabitation, le champ de compétences et d'influence du président de la République est fort réduit.

3. L'élection du chef de l'État au suffrage universel direct et la question de sa responsabilité politique

213 Au titre de l'article 67 de la Constitution, le chef de l'État est irresponsable. Ainsi, est-il irresponsable politiquement mais aussi pour tous les actes pris dans l'exercice de ses fonctions, sauf « manquement à ses devoirs manifestement incompatibles avec l'exercice de son mandat ».

214 **Le principe : l'irresponsabilité théorique d'un chef d'État « parlementaire ».** À l'exception du chef de l'État de la Seconde République « *présidentielle* » élu au suffrage universel direct, « *responsable des actes du Gouvernement et de l'Administration* », étant selon Tocqueville « *de l'essence de la République, que le chef de l'État fût responsable* » (*Souvenirs,* Gallimard, 1859), les Républiques parlementaires de 1875 et de 1946 ont consacré l'irresponsabilité du président de la République. Ce principe tire son origine de la monarchie (« le roi ne peut mal faire ») et de l'effacement du chef

de l'État en régime parlementaire qui transfère juridiquement la responsabilité de ses actes au Gouvernement, responsable politiquement devant le Parlement (la règle du contreseing accompagne ce principe). Le chef de l'État est donc couvert par la responsabilité des ministres. La révision constitutionnelle de 1962 instituant l'élection présidentielle au suffrage universel direct n'a pas modifié, en droit, sous la Ve République ce principe d'irresponsabilité politique, sauf cas de « haute trahison ».

215 **L'irresponsabilité politique du chef de l'État sous la Ve République**

• **En droit, le chef de l'État est politiquement irresponsable.** On peut le regretter mais c'est ainsi. Certes, s'il est conduit à se représenter, un jugement s'opère sur le mandat qu'il vient d'achever et la confiance lui est renouvelée ou pas. Mais, sa non-réélection ne constitue pas, à proprement parler, une sanction juridique s'apparentant à une révocation. Il ne perd pas le pouvoir puisque son mandat est achevé. Simplement, il ne le retrouve pas (Valéry Giscard d'Estaing en 1981).

• **Une responsabilité indirecte** ? Peut-on ensuite considérer qu'il existerait une responsabilité indirecte en cas d'élections législatives amenant une majorité contraire au président ?

Notons d'abord que l'idée même de responsabilité « indirecte » n'a pas vraiment de sens juridique puisqu'elle induit en particulier du résultat des élections législatives, la faculté offerte au chef de l'État d'en tirer les conséquences. La mise en jeu de la responsabilité ne peut être que directe et doit avoir pour conséquence évidente la perte de pouvoir. Certes, « *le suffrage, et lui seul, détient la souveraineté [...]. Le peuple français a le droit de renverser le président de la République au cours du septennat. Il a en outre le moyen d'exercer ce droit en envoyant à l'Assemblée une majorité hostile à la politique présidentielle* » écrivait René Capitant, quelque temps après le départ du général de Gaulle. Et l'on pourrait considérer que le chef de l'État ainsi désavoué par le peuple devrait être moralement dans l'obligation de démissionner. Aucun ne s'est senti cependant dans ce cas astreint à s'y conformer et n'a remis de lui-même en jeu son mandat en cas d'élections législatives arrivées à terme. On pourrait au contraire considérer que des élections provoquées par l'exercice du droit de dissolution devraient plus clairement conduire, en cas de désaveu populaire, à la démission présidentielle. Mais, le président Chirac le 1er juin 1997 a choisi de rester en fonction, nulle disposition constitutionnelle ne lui faisant d'ailleurs obligation de les quitter.

Seul le général de Gaulle par l'intermédiaire du référendum a mis en jeu démocratiquement son mandat, faisant de chaque consultation de ce type une question de confiance mettant en jeu ainsi directement sa responsabilité politique. Ainsi, au lendemain du référendum négatif du 27 avril 1969, devait-il démissionner.

B. La durée et le nombre de mandats (article 6, alinéas 1 et 2)

216 **Le président de la République est élu pour cinq ans.** La tradition du septennat date de 1873. En 1958, la durée du mandat n'a pas été discutée. En avril 1973, le président Georges Pompidou annonça une réforme constitutionnelle pour adopter le quinquennat rendue nécessaire, selon son initiateur, par l'importance prise par l'institution présidentielle qui devait puiser sa légitimité plus fréquemment. La durée du mandat a alimenté depuis un débat entre adversaires et partisans du septennat, tranché par le peuple, par le référendum du 24 septembre 2000. Entre le quinquennat (Const., art. 6, al. 1er) et le septennat, le débat est donc clos mais on y revient quand même.

• Pour le septennat. Le septennat ne conduit pas à ce que le chef de l'État ne soit jamais sanctionné puisque les élections législatives donnent l'occasion aux citoyens de confirmer ou d'infirmer sa politique, amenuisant sensiblement dans ce cas la réalité de ses pouvoirs. Le quinquennat aboutit au contraire à affermir la domination présidentielle puisqu'il rend impossible en théorie, sinon en pratique, toute cohabitation. Et en cas d'hypothétique non-concordance des majorités lors d'élections simultanées, la cohabitation risque d'opposer deux expressions identiques du suffrage universel. Le quinquennat marque enfin par l'effacement du Premier ministre réduit à un rôle de chef d'État-major, dès lors que les majorités sont concordantes et fait perdre toute dimension arbitrale à la fonction présidentielle (art. 5).

• **Pour le quinquennat.** Le quinquennat serait plus conforme aux normes démocratiques : aucune démocratie n'accorde en effet le pouvoir pour une durée aussi longue à un président de la République disposant *de facto* des pouvoirs d'un chef d'État présidentiel et d'un chef de Gouvernement parlementaire et affranchi de tout contrôle. Le septennat constitue même une curiosité historique puisque seuls les présidents irlandais et italien sont élus pour cette durée, sans pour autant disposer de pouvoirs réels. Le quinquennat n'aboutit cependant pas nécessairement à une coïncidence des élections : si les uns prônent la dissolution automatique dès l'élection d'un nouveau président, pour d'autres, l'usage de la dissolution devrait, au lendemain du scrutin présidentiel, rétablir la concordance des majorités, en tant que de besoin. Ainsi le quinquennat permet-il d'éviter « logiquement » la cohabitation, surtout compte tenu du report de renouvellement de l'Assemblée nationale, voté en 2001, afin que les élections législatives suivent les présidentielles.

217 **La limitation à deux du nombre de mandats (nouvel article 6, alinéa 2).** Depuis la révision constitutionnelle du 23 juillet 2008, le chef de l'État ne peut exercer plus de deux mandats consécutifs.

La question se posait déjà pour le septennat, alors que certains ont plaidé – comme l'auteur de ces lignes – pour un septennat non renouvelable mais sans aucun succès... Sept ans suffisent à développer un projet politique et restituent pleinement à la fonction sa dimension arbitrale dès lors que le titulaire ne peut être renouvelé – au moins immédiatement. Certes, cette idée choque en ce qu'elle contreviendrait au principe démocratique en ôtant au peuple le droit de renouveler le mandat du président de la République. L'expérience prouve cependant que le second mandat suscite moins d'adhésion que le premier et que l'usure du pouvoir se fait plus sentir. Enfin le souvenir malheureux de la Seconde République conforte ce préjugé défavorable au non-renouvellement : « *Beaumont proposa que le président ne fût pas rééligible ; je l'appuyai très vivement et la proposition passa. Nous tombâmes dans une très grande erreur... Nous avions toujours été frappés des dangers que ferait courir à la liberté et à la moralité publique un président rééligible, qui emploierait d'avance à se faire réélire, comme cela ne pouvait manquer d'arriver, les immenses moyens de contrainte ou de corruption que nos lois et nos mœurs accordent au chef du pouvoir exécutif*» (Tocqueville, *Souvenirs*). L'« erreur » fut évidemment que le non-renouvellement conduisit au coup d'État du 2 décembre.

La limitation à deux du nombre de mandats de cinq ans n'avait pas été retenue par le Comité Balladur, cette modification était susceptible de « *porter atteinte à la souveraineté du suffrage* », privant le peuple du droit de renouveler le chef de l'État qui par suite serait aussi dispensé de rendre compte de celui-ci à son échéance : mais laquelle, s'il décide ne pas se représenter ? En tous les cas, une telle limitation ne peut être décidée que par le pouvoir constituant. Pour autant, aucun exemple étranger n'est probant et se résume, pour l'essentiel, à celui des États-Unis ou le 22e amendement a, en 1951, formalisé une coutume méconnue par Franklin D. Roosevelt et ainsi limité à deux le nombre de mandats (qu'ils soient successifs ou non). En tout état de cause cause, l'idée de limiter en France le nombre de mandats consécutifs à deux - ce qui n'interdit donc pas de revenir plus tard - a pour effet certain de mettre fin à l'incertitude d'une nouvelle candidature et donc d'affaiblir politiquement le chef de l'État lors de son second mandat.

C. « Parrainages » des candidats et dépenses de campagne

218 La loi n° 62-1292 du 6 novembre 1962 relative à l'élection du président de la République au suffrage universel modifiée à plusieurs reprises traite en particulier de la liste des candidats, du plafond des dépenses électorales et du financement public, sous le contrôle du Conseil constitutionnel (v. chap. 7 ss 539).

1. La liste des candidats

219 Pour être candidat, il faut être de nationalité française, électeur, être âgé d'au moins 23 ans. Depuis 1976, les candidats doivent être présentés par 500 élus (maires, conseillers généraux, parlementaires) émanant de 30 départements différents, sans que plus du 10e ne provienne d'un même département (et non plus 100 comme auparavant pour tenter de dissuader les candidatures censées être « farfelues »), soit 47 000 élus en principe mais, compte tenu des cumuls de mandats, 42 000 environ, en fait.

Les présentateurs ne sont pas des « parrains ». Cette confusion de langage savamment entretenue fait croire qu'ils adhèrent par principe aux idées du candidat. Or, les présentateurs ne cautionnent pas en droit, ni d'ailleurs toujours en fait, le candidat mais acceptent tout simplement de lui permettre de l'être. Les formulaires sont vérifiés par le Conseil constitutionnel qui établit la liste des candidats et fait publier une liste de cinq cents parrains au *Journal officiel* (si le nombre excède cinq cents, les noms publiés sont tirés au sort...). Les candidats doivent adresser au Conseil constitutionnel une déclaration de situation patrimoniale : seule celle du candidat élu est publiée. De 6 en 1965, 7 en 1969, le nombre de candidats au premier tour est passé à 12 en 1974, puis, après la réforme de 1976 a eu tendance à baisser : 10 en 1981 puis 9 en 1988 et en 1995. La barrière est donc plutôt difficile à franchir mais elle n'a pas empêché en 2002 la présence de 16 candidats, 12 en 2007 et 10 en 2012.

220 **La querelle des « parrainages ».** La réforme du système des parrainages est régulièrement à l'ordre du jour au regard des pressions supposées sur les maires qui aboutirait à priver un courant national de candidat. En réalité, cet argument concerne principalement Jean-Marie Le Pen en 1981, même si en 2002 deux candidats représentaient l'extrême droite. Il est ainsi proposé que les présentations soient anonymes, transposition d'une sorte de secret du vote qui aboutirait à des manipulations visant à susciter des candidatures dissidentes dans chaque camp. Au contraire, le Conseil constitutionnel depuis 1974 a émis le vœu que soit publié l'ensemble de la liste des présentateurs. Le Comité Balladur avait proposé que la sélection des candidats soit le fait d'un collège de quelque 100 000 élus appelés, au chef-lieu du département, à désigner à bulletins secrets le candidat qu'ils souhaitent voir concourir à la présidence de la République. Il avait aussi pensé à un parrainage citoyen rendu complexe par les nombreux obstacles techniques liés au contrôle des signatures, mais aussi à la difficulté de réunir rapidement les signatures en cas de vacance de la

présidence de la République. La Commission Jospin retient cette idée en confiant aux citoyens eux-mêmes le soin d'habiliter ceux qui pourront concourir à l'élection à la plus haute responsabilité politique. Le seuil minimal de 150 000 signatures est proposé. Comme le note Jérôme Jaffré dans le journal *Le Monde* daté du 21 novembre 2012 « *l'effet de cette mesure telle qu'elle a été retenue pourrait être de diminuer nettement le nombre de candidats présents au premier tour de la présidentielle et d'éliminer de véritables courants politiques. On peut considérer comme raisonnable qu'entre un minimum de 1 sur 10 et un maximum de 1 sur 5 des électeurs se porteraient "parrains". Appliquée à la présidentielle de 2012 qui comptait 10 candidats, la réforme éliminerait à coup sûr Jacques Cheminade (89 000 suffrages seulement le jour du vote) et vraisemblablement les deux candidats trotskistes, Nathalie Arthaud (202 002 voix) et Philippe Poutou (411 000 voix). La participation au scrutin de Nicolas Dupont-Aignan (643 000 voix) serait bien incertaine. Il n'est pas jusqu'à la présence d'Eva Joly (828 000 voix) qui ne serait pas assurée* ». Certes, des systèmes de ce type existent dans d'autres pays européens : en Pologne, 100 000 signatures d'électeurs sont nécessaires ; au Portugal, un minimum de 7 500 et un maximum de 15 000 ; en Lituanie, au moins 20 000 ; 10 000 en Croatie ; 200 000 en Roumanie. D'autres pays laissent le choix comme la Finlande où les candidats doivent disposer du soutien d'au moins un parti enregistré disposant d'au moins un député ou de 20 000 signatures ; en Slovaquie il faut l'appui de 15 députés (sur 150 membres) ou 15 000 signatures. Comparaison n'est pas forcément raison. D'une part, dans tous ces pays les députés sont élus avec une part importante de proportionnelle qui permet ainsi à toutes forces politiques d'être représentées – ce qui exclut pour la France le système mixte. Quant au parrainage citoyen, seules la Roumanie et la Pologne peuvent être comparées à la France en termes politiques et de population. Or dans ces jeunes démocraties la participation citoyenne reflète très largement la réalité des forces politiques représentées au Parlement sans compter, comme en Roumanie, un contentieux électoral important comme en 2009. Surtout, en France, un « parrainage citoyen » n'assurerait pas, comme on vient de l'observer, la présence des principaux courants politiques, notamment de l'extrême gauche. Et, à la période de « collecte » des signatures nécessairement longue en pratique, il faudrait ajouter le temps des primaires internes à chaque parti pour désigner un candidat, allongeant encore le temps de la campagne présidentielle qui précède son ouverture officielle. La sagesse serait tout simplement de diminuer en conséquence le nombre de présentateurs et de tirer le moment venu les conséquences de l'instauration d'une dose de proportionnelle à l'Assemblée nationale.

2. Le financement de la campagne présidentielle

221 L'article 3 de la loi du 6 novembre 1962 énonce les principales règles relatives au financement de la campagne électorale et à la prise en charge par l'État des dépenses électorales des candidats et confie à la Commission nationale des comptes de campagne et des financements politiques de vérifier les comptes de campagne des candidats et d'arrêter le montant du remboursement forfaitaire des dépenses électorales. Ses décisions sont susceptibles d'un recours devant le Conseil constitutionnel.

Les dépenses de campagne sont plafonnées : 13,7 millions d'euros par candidat au premier tour ; 18,3 au second. Un remboursement forfaitaire de 1/20e est acquis pour chaque candidat (685 000 euros) et de la moitié s'il a obtenu au moins 5 % des suffrages exprimés (6,84 millions d'euros) au premier tour et 9,14 millions d'euros pour les candidats ayant participé aux deux tours (sur pièces justificatives). Le remboursement ne couvre pas les dépenses effectives financées par l'emprunt ou l'apport personnel du candidat. La Commission Jospin a proposé que le remboursement public qui comporte un effet de seuil important soit désormais proportionnel au résultat obtenu par chaque candidat.

§ 3. Le déroulement des élections présidentielles, l'intérim et la suppléance

222 Article 7 de la Constitution

> *« Le président de la République est élu à la majorité absolue des suffrages exprimés. Si celle-ci n'est pas obtenue au premier tour de scrutin, il est procédé, le quatorzième jour suivant, à un second tour. Seuls peuvent s'y présenter les deux candidats qui, le cas échéant après retrait de candidats plus favorisés, se trouvent avoir recueilli le plus grand nombre de suffrages au premier tour.*
> *Le scrutin est ouvert sur convocation du Gouvernement.*
> *L'élection du nouveau président a lieu vingt jours au moins et trente-cinq jours au plus avant l'expiration des pouvoirs du président en exercice.*
> *En cas de vacance de la présidence de la République pour quelque cause que ce soit, ou d'empêchement constaté par le Conseil constitutionnel saisi par le Gouvernement et statuant à la majorité absolue de ses membres, les fonctions du président de la République, à l'exception de celles prévues aux articles 11 et 12 ci-dessous, sont provisoirement exercées par le président du Sénat et, si celui-ci est à son tour empêché d'exercer ces fonctions, par le Gouvernement.*
> *En cas de vacance ou lorsque l'empêchement est déclaré définitif par le Conseil constitutionnel, le scrutin pour l'élection du nouveau président a lieu, sauf cas de force majeure constaté par le Conseil constitutionnel, vingt jours au moins et trente-cinq jours au plus après l'ouverture de la vacance ou la déclaration du caractère définitif de l'empêchement.*
> *Si, dans les sept jours précédant la date limite du dépôt des présentations de candidatures, une des personnes ayant, moins de trente jours avant cette date, annoncé publiquement sa décision d'être candidate décède ou se trouve empêchée, le Conseil constitutionnel peut décider de reporter l'élection.*
> *Si, avant le premier tour, un des candidats décède ou se trouve empêché, le Conseil constitutionnel prononce le report de l'élection.*
> *En cas de décès ou d'empêchement de l'un des deux candidats les plus favorisés au premier tour avant les retraits éventuels, le Conseil constitutionnel déclare qu'il doit être procédé de nouveau à l'ensemble des opérations électorales ; il en est de même en cas de décès ou d'empêchement de l'un des deux candidats restés en présence en vue du second tour.*
> *Dans tous les cas, le Conseil constitutionnel est saisi dans les conditions fixées au deuxième alinéa de l'article 61 ci-dessous ou dans celles déterminées pour la présentation d'un candidat par la loi organique prévue à l'article 6 ci-dessus.*
> *Le Conseil constitutionnel peut proroger les délais prévus aux troisième et cinquième alinéas sans que le scrutin puisse avoir lieu plus de trente-cinq jours après la date de la décision du Conseil constitutionnel. Si l'application des dispositions du présent alinéa a eu pour effet de reporter l'élection à une*

date postérieure à l'expiration des pouvoirs du président en exercice, celui-ci demeure en fonction jusqu'à la proclamation de son successeur.
Il ne peut être fait application ni des articles 49 et 50 ni de l'article 89 de la Constitution durant la vacance de la Présidence de la République ou durant la période qui s'écoule entre la déclaration du caractère définitif de l'empêchement du président de la République et l'élection de son successeur. »

A. Le mode de scrutin et la campagne électorale

223 Le scrutin est majoritaire à deux tours. Au premier, un candidat doit recueillir la majorité absolue des suffrages exprimés – ce qui ne s'est jamais produit. Au second tour, seuls les deux candidats arrivés en tête au premier tour sont présents, le vainqueur étant celui qui obtient la majorité absolue des suffrages exprimés.

Sauf décès ou démission du chef de l'État, l'élection présidentielle se déroule 20 jours au moins et 35 jours au plus avant l'expiration des pouvoirs du président en exercice. Elle dure 15 jours pour chaque tour de scrutin, chaque candidat étant dans ce cas sur un pied d'égalité sous la surveillance d'une Commission nationale de contrôle et, en matière d'audiovisuel, du Conseil supérieur de l'audiovisuel (chaque candidat au premier et au second tour bénéficie de deux heures télévisées et de deux heures radiophoniques). La Commission Jospin a proposé sur ce point deux aménagements : avancer de deux mois la tenue de l'élection présidentielle et des élections législatives ; réduire d'une à deux semaines le délai – actuellement de cinq semaines – entre le second tour de l'élection présidentielle et le premier tour des élections législatives. De même a-t-elle proposé de substituer la règle de l'équité à celle de l'égalité pour les temps de parole des candidats pendant la période « intermédiaire » qui s'étend de la publication de la liste des candidats au début de la campagne officielle, en substituant à l'exigence de stricte égalité – laquelle ne paraît justifiée que pendant la campagne officielle – un principe d'équité. Elle propose aussi de fixer à 20 heures la fermeture des bureaux de vote sur l'ensemble du territoire métropolitain.

B. Report de l'élection, interruption du mandat présidentiel et intérim de la présidence de la République

1. Report de l'élection

224 Depuis la révision constitutionnelle de 1976, le cas d'empêchement ou de décès d'un candidat est envisagé. Si le décès ou l'empêchement d'un candidat se produit moins de 7 jours avant la date limite de dépôt des candidatures et s'il s'agit d'une personne ayant fait part publiquement de son intention d'être candidat au moins 30 jours avant cette date, le Conseil constitutionnel a la faculté de reporter l'élection pour une durée de 35 jours, au maximum. En l'occurrence, tout dépend de la « surface politique » du candidat. Si le décès ou l'empêchement se produit entre la date limite de dépôt des candidatures, le Conseil constitutionnel doit reporter l'élection ; s'il se produit entre le premier et le second tour, il doit être procédé à nouveau à l'ensemble des opérations électorales.

2. La vacance de la présidence de la République

225 Du dernier alinéa de l'article 7, il résulte que la vacance se produit d'abord lorsque le titulaire de la fonction ne l'exerce plus (destitution par la Haute Cour, décès, démission). Dans ce cas, le Conseil constitutionnel ne fait que constater la vacance, ce constat ouvrant le délai pour procéder à une nouvelle élection présidentielle, soit 20 jours au moins et 35 jours au plus. La vacance proprement dite doit être distinguée de l'empêchement temporaire ou définitif. Il s'agit du cas de maladie, d'enlèvement... et est, au contraire, déclaré – et non plus constaté – par le Conseil constitutionnel, qui dispose donc d'un pouvoir d'appréciation sur la nature de l'empêchement et son caractère provisoire ou définitif, à la majorité absolue de ses membres saisi par le Gouvernement. Il s'agit d'un cas d'école tant il semble improbable que le Gouvernement entreprenne cette démarche délicate, sauf en présence de maladie atteignant gravement les facultés intellectuelles et/ou physiques. La santé des chefs d'État a beaucoup alimenté la littérature sur le mode « *ces malades qui nous gouvernent* ». Et l'histoire souligne que l'encadrement juridique n'a pas vraiment de sens ni d'efficacité en la matière, y compris en démocratie. Et sauf à faire scruter régulièrement la santé

des chefs d'État par des « comités de sages » au risque d'attenter au crédit de la fonction, il doit revenir en conscience à son titulaire le soin de juger si celle-ci l'empêche effectivement de la remplir, sauf s'il a justement perdu cette conscience (on songe, en Angleterre à George II dont la folie légendaire conduisit le conseil de régence à le destituer *de facto*).

3. Conséquences : l'intérim

226 L'intérim s'applique aux cas de vacance et d'empêchement provisoire ou définitif. Sous la IIIe République, l'intérim était exercé par le Conseil des ministres collectivement et sous la IVe par le président de l'Assemblée nationale. Depuis 1958, il est assuré par le président du Sénat ou, s'il est lui-même empêché, par le Gouvernement collégialement. Cette solution se justifiait à l'époque du fait le collège sénatorial était le même que celui du président de la République. L'intérimaire exerce toutes les compétences de la fonction à l'exception du droit de dissolution (art. 12) et de la consultation du pays par voie de référendum (art. 11). Par ailleurs, le Gouvernement ne peut engager sa responsabilité ni faire l'objet d'une motion de censure. Enfin, la Constitution ne peut être révisée pendant la période de l'intérim (art. 89).

Par deux fois, l'intérim a été assuré par le président du Sénat, Alain Poher, en 1969 au lendemain de la démission du général de Gaulle et en 1974 à la suite du décès de Georges Pompidou. Seul le premier intérim a soulevé des difficultés, l'intérimaire étant en même temps candidat, le Gouvernement Couve de Murville soutenant son adversaire, Georges Pompidou. Aussi, le Gouvernement choisit de se réunir en Conseil de cabinet et donc hors de la présence du chef de l'État, pour éviter que le président intérimaire y assiste et lui refusa ainsi la communication de certains documents. Ce dernier renvoya le secrétaire général aux affaires africaines et malgaches et pensa un moment à tenter de lever l'embargo militaire à destination d'Israël. Il fit aussi ratifier par la France la Convention européenne des droits de l'homme.

4. La suppléance provisoire par le Premier ministre

227 Voir le chapitre 3 (ss 298).

SECTION 2
L'ÉTENDUE VARIABLE DU POUVOIR PRÉSIDENTIEL

228 Les articles 5, 8, 20 et 21 de la Constitution fixant depuis 1958 les attributions respectives du président de la République et du Gouvernement de façon ambiguë sont restés inchangés sans que jamais les conséquences de l'élection au suffrage universel direct et de l'existence d'une majorité parlementaire qui donnent un rôle politique prééminent au chef de l'État n'aient donc été tirées.

D'autres pouvoirs sont honorifiques et traversent le temps. Le chef de l'État est protecteur de l'Académie française, Grand maître de l'Ordre national de la Légion d'honneur et de l'Ordre national du mérite, il faut rappeler qu'avec l'évêque de Seo de Urgel en Espagne, il est depuis 1278... coprince d'Andorre. À ce titre, en vertu de la Constitution d'Andorre (art. 44), les coprinces arbitrent et modèrent le fonctionnement des pouvoirs publics et des institutions. Et, hasard de l'Histoire, le président de la République est chanoine honoraïre de la basilique Saint-Jean.

Enfin, notons que les services de la présidence de la République sont, par rapport à ceux du Premier ministre, légers – une soixantaine de collaborateurs directs. Le chef de l'État dispose d'abord du secrétariat général de la présidence de la République, en charge du lien avec l'État, soit le Gouvernement et les administrations, et composé de conseillers techniques et de chargés de mission. Le cabinet du président est au contraire – outre la gestion du « palais » – plus tourné vers la « nation » et traite des problèmes politiques au sens large ainsi que des relations avec les « forces vives » du pays (partis, syndicats, associations, etc.). Notons aussi qu'une structure militaire est placée auprès du chef de l'État (État-major particulier). La disproportion des moyens entre Matignon et l'Élysée, aux dépens de ce dernier, est flagrante (ce qui limite en pratique, en période de cohabitation, la capacité d'influence du président de la République).

§ 1. Les classifications des pouvoirs du président de la République

229 Il est différentes grilles de lecture des pouvoirs présidentiels. On peut d'abord les distinguer selon qu'il s'agit de pouvoirs « traditionnels » ou non, en fonction de leur degré d'utilisation - courante ou exceptionnelle, de leur utilité, de leur effectivité selon les conjonctures politiques. Il existe d'ailleurs une littérature sur ce sujet, d'ordre presque romanesque. Cependant, la distinction la plus simple demeure juridique, à savoir celle des pouvoirs propres - ou si l'on préfère exercés sans contreseing - et des pouvoirs partagés qui résulte de l'article 19 de la Constitution qu'on étudiera, par exception logique, en premier. Ils se confondent néanmoins dès que le chef de l'État est assuré d'une majorité parlementaire. Cette distinction est par suite peu satisfaisante.

A. Les pouvoirs « propres » du chef de l'État : la révolution juridique apparente de l'article 19

230 **Article 19 de la Constitution**

> *« Les actes du président de la République autres que ceux prévus aux articles 8 (1er alinéa), 11, 12, 16, 18, 54, 56 et 61 sont contresignés par le Premier ministre et, le cas échéant, par les ministres responsables. »*

231 **Les actes dispensés de contreseing.** Le contreseing signifie que certains actes doivent, pour être valables, comporter aussi la signature du Premier ministre et, le cas échéant, des ministres responsables de l'exécution. L'attribution au président de la République de pouvoirs propres et donc dispensés de contreseing rompt donc sans conteste avec la « *tradition républicaine* » (hormis le cas de l'article 67 de la Constitution de 1848 autorisant le président de la République - élu au suffrage universel direct - à révoquer les ministres). À compter de la naissance de la Ve République, le président « *n'a pas d'autres pouvoirs que de solliciter un autre pouvoir* » énonçait Michel Debré en 1958... Ces pouvoirs propres sont tous en effet d'un usage intermittent et ont largement trait à

la mission originelle du chef de l'État de notaire de la République et d'« *arbitre* ». Il s'agit de l'acte par lequel le président de la République nomme le Premier ministre ou met fin à ses fonctions, sur la présentation par celui-ci de la démission du Gouvernement (art. 8, 1er al.), de la décision de soumettre un projet de loi au référendum (art. 11), de la décision portant dissolution de l'Assemblée nationale (art. 12), des mesures « exigées par les circonstances » (art. 16), de nomination au Conseil constitutionnel (art. 56) et de la saisine de celui-ci (art. 54 et 61).

232 **Les autres actes du chef de l'État doivent être revêtus du contreseing.** Tandis que le contreseing, dans un régime parlementaire, a pour effet de transférer au Gouvernement la totalité des compétences que le chef de l'État n'exerçait que nominalement sous les IIIe et IVe Républiques ainsi que la responsabilité politique de ces actes, il s'agit depuis 1958 de pouvoirs partagés en droit, c'est-à-dire exercés conjointement par le chef de l'État et le Gouvernement. En outre, les pouvoirs du président soumis à contreseing dans la Constitution de 1958 rappellent ceux de son prédécesseur mais avec des différences significatives. En matière internationale, le chef de l'État est « chef des armées » et n'en prend pas seulement « le titre ». Sur le plan intérieur l'article 13 de la Constitution de 1958 transfère intégralement le pouvoir de nomination au président de la République qu'il partage désormais avec le Premier ministre. Cet article lui confère en outre la signature des ordonnances et des décrets délibérés en Conseil des ministres. Et, en dehors des périodes de cohabitation impensable en 1958, où le contreseing prend un sens parlementaire, en période de concordance des majorités, il demeure une pure formalité.

Les actes du président de la République soumis au contreseing du premier ministre sont des mesures individuelles (art. 13) sauf délégation à celui-ci (ord. org. n° 58-1136, 28 nov. 1958), des actes de promulgation des lois (art. 10 et 11), les ordonnances (art. 38, 47, 47-1 et 74-1), de tous les décrets délibérés en conseil des ministres (art. 13), les décrets fixant les attributions déléguées aux ministres délégués et aux secrétaires d'État (les décrets d'attribution des ministres sont délibérés en conseil des ministres). Enfin, le président de la République peut décider de signer sur des décrets qui relèvent de la compétence réglementaire du Premier ministre : cet usage est clairement établi en matière de défense nationale, les règles de signature et de contreseing étant celles applicables aux actes du Premier ministre (CE ass. 27 avr. 1962, *Sicard et a.*). Quant à la notion de signature des « ministres responsables », il s'agit des ministres auxquels « *incombent, à titre principal, la préparation et l'application des actes* » considérés (CE sect. 10 juin 1966, *Pelon et a.*).

B. Pouvoirs « propres » et « pouvoirs partagés » : une distinction inopérante

233 **L'exercice des pouvoirs « propres » les plus importants est en partie paralysée si le chef de l'État n'a pas de majorité parlementaire.**

• La nomination du premier ministre (art. 8-1) : faute de majorité parlementaire favorable au président, c'est la nouvelle majorité qui décide de ce choix à la place du chef de l'État. À l'inverse, soutenu par une majorité parlementaire, il peut « révoquer » le Premier ministre même s'il s'agit formellement d'un pouvoir partagé, la présentation de sa démission étant requise.

• La dissolution de l'Assemblée nationale (art. 12) devient improbable face à une majorité hostile et désormais hypothétique avec l'alignement de la durée du mandat du président avec celle de l'Assemblée nationale.

• La proposition de soumettre à référendum un projet de loi (art. 11) est subordonnée à la proposition du Premier ministre et la décision finale appartient au chef de l'État. Or, en période de cohabitation, la proposition dépend de l'accord du Premier ministre.

• Les pouvoirs de crise ont été utilisés une seule fois, en 1961 (art. 16).

• Le droit de message est d'un usage fort intermittent (art. 18).

• Vis-à-vis du Conseil constitutionnel, le président de la République conserve en toute hypothèse la réalité de ses attributions : droit de nomination de trois membres dont le président, soit en principe un tous les trois ans (art. 54 ; v. chap. 7 ss 539), saisine pour lui déférer soit un engagement international en instance de ratification, soit une loi avant sa promulgation (art. 61 ; 54 ; v. chap. 7 ss 539).

234 **La cohabitation a montré que certains pouvoirs dits « partagés » entre le chef de l'État et le Premier ministre permettaient à l'inverse au premier d'exercer un droit de veto sur les décisions du second.** Déjà la pratique gaullienne a montré que la décision d'ouvrir une session extraordinaire à la demande de la majorité des membres de l'Assemblée nationale n'est pas une compétence liée et que le chef de l'État peut s'y refuser et donc y opposer son veto (v. art. 29 et 30 ss 388). Pour le reste, ce sont les périodes de cohabitation qui ont « révélé » ce droit de veto.

- Sur l'inscription à l'ordre du jour d'un projet de loi qu'il peut exceptionnellement retarder et plus largement sur l'ordre du jour du Conseil des ministres (art. 9).
- Sur la nomination des hauts fonctionnaires qu'il peut bloquer (art. 13).
- Sur les ordonnances (art. 38) qu'il peut refuser de signer.
- Sur le plan de la défense et de la politique étrangère qu'il peut négocier, au moins dans les grandes orientations (art. 14 et 15).
- En matière de révision constitutionnelle : le chef de l'État peut arrêter la procédure de révision, même si les deux assemblées sont parvenues à l'adoption d'un texte identique, dès lors qu'il dispose du pouvoir de convoquer le Congrès ou le corps électoral en cas de référendum – ainsi du projet de révision de l'article 65 de la Constitution relatif au Conseil supérieur de la magistrature, en janvier 2000 (art. 89).

§ 2. Les différents pouvoirs du chef de l'État

A. La nomination du Premier ministre et des membres du Gouvernement et la cessation de leurs fonctions

235 **Article 8 de la Constitution**

> *« Le président de la République nomme le Premier ministre. Il met fin à ses fonctions sur la présentation par celui-ci de la démission du Gouvernement. Sur la proposition du Premier ministre, il nomme les autres membres du Gouvernement et met fin à leurs fonctions. »*

1. La nomination du Premier ministre

236 En vertu de l'article 8, alinéa 1er, le choix présidentiel du Premier ministre est en droit discrétionnaire. Mais du fait que le Gouvernement est responsable devant le Parlement, le Premier ministre doit être choisi au sein de la « majorité parlementaire » ou, pour reprendre une formule du général de Gaulle à Bayeux « *selon l'orientation qui se dégage du Parlement* ». Mais, si l'on se replace dans les circonstances de l'époque, on n'imaginait pas en 1958 qu'une telle majorité puisse exister... C'est pourquoi, la désignation par le chef de l'État – « au-dessus des partis » – du Premier ministre, revêtait une dimension capitale, à savoir le choix d'un homme capable de former une majorité de Gouvernement et, dans l'impossibilité d'aboutir, de rendre la parole au peuple en procédant à la dissolution de l'Assemblée nationale. Le phénomène majoritaire en a décidé autrement et a conditionné ce choix.

Dès lors que la majorité parlementaire est conforme à l'orientation présidentielle, le choix du chef de l'État est effectivement discrétionnaire au point de nommer des non-parlementaires (comme par exemple Georges Pompidou en 1962, Raymond Barre en 1976, Édith Cresson en 1991, Pierre Bérégovoy en 1992). Dans le cas contraire, le choix présidentiel est imposé par la majorité parlementaire – dès lors qu'elle est clairement constituée : Jacques Chirac en 1986, Édouard Balladur en 1993, Lionel Jospin en 1997.

2. La nomination des ministres, leur rang et attributions

237 En période de concordance des majorités, le président opère un choix déterminant. En période de cohabitation, il ne peut en pratique s'opposer, sauf exceptions (affaires étrangères, défense) aux propositions qui lui sont faites par le Premier ministre. Les attributions des ministres sont fixées par décret qui précise le rang protocolaire des ministres au sein du Gouvernement.

238 **Les ministres d'État.** Il s'agit d'un ministre « *non seulement de plein exercice mais avec quelque chose en plus* » (François Mitterrand), c'est-à-dire un rang protocolaire éminent qui le place après le Premier ministre. Le titre remonte à l'Ancien Régime... Sous les IIIe et IVe République, les ministres d'État étaient sans portefeuille mais opinaient au Conseil des ministres et furent parfois chargés

de missions internationales. Ils ont témoigné à l'origine par leur présence du soutien de personnalités éminentes à des gouvernements d'« union nationale » en temps de guerre (gouvernements d'union nationale en 1914 et 1916) puis en temps de paix (cabinet Doumergue, etc.) et enfin de Gouvernement de coalition (Blum, Chautemps).

Sous la Ve République, les ministres d'État ont tous un portefeuille (dont la dimension n'est pas toujours à la hauteur du titre). Dès la fin de la IVe République, le général de Gaulle, dans son Gouvernement de juin 1958 inaugure cette pratique, l'essentiel étant, dans l'attribution de cette dignité, de manifester l'adhésion des principales forces politiques au changement de régime (Guy Mollet pour la SFIO, Louis Jacquinot pour les indépendants, Pierre Pflimlin, Houphouët-Boigny pour l'UDSR). Contraire pour de Gaulle à l'esprit des nouvelles institutions, cette distinction des représentants des partis politiques ne reprit vigueur sous la Ve République qu'à compter de la présidence de Valéry Giscard d'Estaing (Gouvernement Barre), puis sous François Mitterrand, s'agissant de représenter les différents courants du parti socialiste (second Gouvernement Mauroy) ou dans les gouvernements de cohabitation. Pour le reste, elle signifie un honneur personnel fait à une personnalité d'envergure (ainsi un exemple inégalé d'André Malraux sous la présidence du général de Gaulle).

239 **Les ministres.** Il s'agit de la catégorie de « droit commun », « ordinaire » en quelque sorte. Ils disposent tous d'un portefeuille et constituent la référence par rapport à laquelle se situent les autres membres du Gouvernement. On les désigne parfois sous le nom de « ministres pleins ».

240 **Les ministres délégués.** On distingue deux sortes de ministres :

- les ministres délégués auprès du Premier ministre : celui-ci leur délègue la responsabilité d'un secteur de l'action gouvernementale (plan, aménagement du territoire, emploi). Ce rattachement souligne l'intérêt du Gouvernement pour une question et donne au titulaire de la fonction un poids politique certain ;

- les ministres délégués auprès d'un ministre : ils secondent dans un domaine particulier (santé, budget, affaires européennes, etc.) le « ministre plein » qui contresigne leurs actes. Ils assistent au Conseil des ministres. L'ampleur de certains ministères justifie pleinement cette formule (affaires étrangères, économie et finances, etc.).

241 **Les secrétaires d'État.** Il existe deux catégories potentielles de secrétaires d'État :

- les secrétaires d'État auprès d'un ministre : ils jouent un rôle semblable à celui du ministre délégué (le titre en moins). Ils n'ont pas toutes les attributions des ministres et n'assistent pas toujours au Conseil des ministres. En particulier, leur contreseing ne suffit pas à la validité d'un acte signé par le président de la République ou le Premier ministre, le véritable contreseing étant donné par le ministre de rattachement ;

- les secrétaires d'État autonomes : ils sont aussi chargés d'un secteur restreint d'activités (droits de la femme, anciens combattants, etc.). Le contreseing concernant les affaires de leur compétence est nécessaire et suffisant. Ils n'assistent pas habituellement au Conseil des ministres. Leur existence est liée au seul septennat de Valéry Giscard d'Estaing, témoignant d'ailleurs de la volonté d'établir un lien direct avec le chef de l'État. Par ailleurs, ils doivent être considérés comme des ministres, s'agissant du contreseing qu'ils apposent (CE 21 janv. 1977, *Peron Magnan*).

242 **La croissance du nombre des membres du Gouvernement.** Le nombre de ministres et partant de celui des ministères renvoie historiquement à l'extension du rôle de l'État et/ou aux dosages politiques. À la fin du XIXe siècle, les gouvernements comptent une dizaine de ministres. Ce chiffre a environ doublé dans les années trente, sans compter les secrétaires d'État. Il est un symptôme parmi d'autres du passage de l'État gendarme à l'État providence. L'extension a continué sous la IVe République (une trentaine en moyenne) pour dépasser 40 sous la Ve République. Sous ce régime, l'« effet d'affichage » contribue avec la prise en compte de réels problèmes désormais traités directement au niveau politique à ériger des directions, voire de simples services de l'Administration, en « ministères » (droits de la femme, défense des consommateurs, temps libre, personnes âgées, mer, tourisme, travailleurs manuels, travailleurs immigrés, rapatriés, etc.). Il arrive que ces ministères soient vraiment fantômes n'ayant aucun service administratif

directement rattaché (risques majeurs, urgence humanitaire, droits de l'homme, etc.), autorisés dès lors à utiliser ceux « mis à disposition » par d'autres ministères. Ces ministères « horizontaux » tendent parfois à se « verticaliser » et à disposer donc de services propres (environnement).

Ces ministères ou secrétariats d'État présentent néanmoins l'avantage de donner aux milieux concernés un interlocuteur de rang ministériel et au Gouvernement de manifester sa sollicitude. À l'extérieur, ces créations marquent la remontée au niveau politique de questions jusqu'alors traitées administrativement. Elles ne sont cependant pas toujours sans danger. Ainsi, la création du ministère de la Ville – dont la politique relève en fait d'une coordination interministérielle – a dans un premier temps donné une visibilité, y compris médiatique, à l'intérêt des gouvernements pour les « banlieues ». Puis, la politique de la Ville a focalisé toute l'attention sur le ministère, son titulaire étant rendu responsable de tout incident en zone urbaine...

243 **Les dosages politiques.** Les dosages politiques contribuent aussi à l'inflation ministérielle. Comme le reconnaît par exemple Michel Rocard, pris par les exigences du chef de l'État d'ouverture à la « société civile », il a dû en 1988 « *faire de l'inflation pour rééquilibrer chez les socialistes, car je voulais tout de même en voir à peu près la moitié de mon côté. Si bien que nous avons battu tous les records de l'histoire en matière de composition gouvernementale : il y avait 48 membres !* » (entretien, *RD publ.* 1999). Et, il est ainsi fréquent qu'au lendemain des victoires électorales – en particulier d'une présidentielle – et dans un souci louable de remercier ses artisans, de montrer l'« unité et la diversité » de la majorité et de faire preuve d'idées neuves : le Gouvernement enfle... Puis, l'enthousiasme de la victoire s'apaisant, le Gouvernement se rétrécit rendant plus visible sa partition entre les « poids lourds » – politiques et ministériels – et les autres : un cabinet dans le cabinet... Le Gouvernement de Lionel Jospin constitué en 1997 et dont le directeur de cabinet était Olivier Schrameck, avec seulement 26 membres, dans un souci de cohésion politique et de cohérence administrative est l'exception qui confirme la règle. C'est pourquoi le projet de révision constitutionnelle de 2008 avait prévu la

fixation par la loi organique du nombre des ministres mais les assemblées n'ont pas souhaité accueillir favorablement cette proposition.

244 **Le découpage des ministères.** Les ministères traditionnels sont relativement stables (Affaires étrangères, Défense, Justice), celui de l'Intérieur ayant progressivement été démembré à mesure du développement de l'intervention de l'État (logement, urbanisme, etc.). Pour le reste, l'instabilité guette les secteurs tels que l'éducation nationale, les affaires sociales (pourquoi séparer la santé de la Sécurité sociale ?), l'industrie ou l'équipement sans oublier l'économie et les finances, le budget étant parfois détaché de celles-ci. Il est ainsi des secteurs nomades, tel l'enseignement supérieur, tantôt rattaché à la maison mère, l'éducation, tantôt appelé à exister par lui-même.

La rationalité du découpage tient parfois à l'appétit d'une personnalité souhaitant se « tailler son territoire », aux équilibres entre courants ou à de fausses bonnes idées. L'exemple du ministère de la Mer est à cet égard saisissant (Bernard Tricot) : la flotte de guerre relève du ministère des Armées ; l'exploitation pétrolière de celui de l'Énergie ; celle des océans, de celui de la Recherche ; la construction navale de celui de l'Industrie... De même la formation professionnelle est devenue en 1986 un secrétariat d'État rattaché à l'éducation nationale et ainsi coupé de son véritable ministère de tutelle, à savoir les Affaires sociales et l'Emploi. Il n'est cependant pas de découpage idéal ni de logique impeccable en la matière. Faut-il par exemple regrouper l'urbanisme, le logement, l'environnement, les transports qui sont liés par nature, au risque pourtant de créer un « mastodonte » ? S'il est vain de vouloir fixer par la loi, voire par la Constitution le nombre et les attributions des ministères, il est cependant des regroupements nécessaires (travail, emploi, formation professionnelle ou affaires sociales et santé par exemple). Et l'instabilité excessive des structures ministérielles et leurs imbrications peuvent nuire à l'efficacité des administrations voire provoquer des dysfonctionnements graves.

245 **La stabilité des ministres.** Notons simplement qu'à côté de ministères stables (Défense, Affaires étrangères, Culture à certaines

époques), d'autres, particulièrement exposés, changent fréquemment de titulaires : l'Éducation en tête, l'Agriculture, la Justice...

3. La « révocation » du Premier ministre

246 Le chef de l'État nomme le Premier ministre ou met fin à ses fonctions, sur la présentation par celui-ci de la démission du Gouvernement (art. 8, 1er al.). Si la nomination est un pouvoir propre, la fin de fonctions, acte dispensé de contreseing, suppose la présentation par le Premier ministre de sa démission.

247 **Le débat en 1958.** Le président de la République ne peut, tout au moins en droit, « révoquer » le Premier ministre. Le général de Gaulle déclarera devant le Comité consultatif constitutionnel le 8 août 1958 que « *le Premier ministre n'est pas responsable devant le président de la République. Celui-ci ne peut pas le révoquer* ». En fait, il a dû encore transiger puisqu'il affirmait, le 23 juin 1958, lors de la réunion du Conseil interministériel que « *le président de la République doit désigner le Gouvernement. Il doit pouvoir dissoudre l'Assemblée ou le Gouvernement si l'un ou l'autre excède les limites de sa compétence* ». Si l'on rapproche cette proposition de la mouture initiale de l'article 1er (futur article 5) consacré au chef de l'État et à la définition de son rôle – l'orientation générale de la politique, on aperçoit la cohérence ; que le Parlement ou surtout le Gouvernement s'écarte de cette orientation, le président doit pouvoir alors mettre fin à leur mandat. Si le droit de dissolution de l'Assemblée comme pouvoir propre du président fut contesté par Guy Mollet mais finalement admis, celui de « dissoudre » le Gouvernement ne put l'être devant les objections des ministres d'État, Pierre Pflimlin et Guy Mollet. Mais la pratique gaullienne affirmera la responsabilité du Gouvernement devant le chef de l'État. N'invoquera-t-il pas en outre le « droit » de « changer » le Premier ministre, dans sa fameuse conférence de presse du 31 janvier 1964 ?

248 **La pratique.** Les formes constitutionnelles sont respectées dans la mesure où nous sommes, hors démission volontaire du Premier ministre ou cohabitation, dans le non-dit : « *Mon Général, écrit le 14 avril 1962 Michel Debré, (...) Depuis trois ans et trois mois, un grand effort, me semble-t-il, a été accompli. Mais cette tâche*

était dominée par le drame algérien (...). Comme il était convenu, et cette étape décisive étant franchie, j'ai l'honneur, mon Général, de vous présenter la démission du Gouvernement » ; ou dans un autre style François Mitterrand à Pierre Mauroy : « *Comme nous en sommes convenus au cours de nos récents entretiens, l'évolution de la situation politique appelle maintenant la formation d'un nouveau Gouvernement. J'accède, en conséquence, à la demande que vous m'avez présentée de mettre fin à vos fonctions* » (le 17 juillet 1984).

Dans d'autres cas, la disgrâce se lit entre les lignes : « *Mon Général, écrit Georges Pompidou le 10 juillet 1968, Vous avez bien voulu me faire part de votre intention, au moment où va se réunir l'Assemblée nationale élue les 23 et 30 juin, de procéder à la nomination d'un nouveau Gouvernement. J'ai l'honneur, en conséquence, et conformément aux dispositions de l'article 8 de la Constitution, de vous présenter la démission du Gouvernement* ». Auquel répond le général de Gaulle : « *Mesurant ce qu'a été le poids de votre charge à la tête du Gouvernement pendant six ans et trois mois, je crois devoir accéder à votre demande de n'être pas, de nouveau, nommé Premier ministre* ». Dans le même style, on trouve la « démission » de M. Jacques Chaban-Delmas qui écrit le 5 juillet 1972 : « *Monsieur le président de la République, Vous m'avez fait part de votre intention de changer le Gouvernement (...), j'ai donc l'honneur de vous présenter la démission du Gouvernement* ». Quant à Michel Rocard, il écrit le 15 mai 1991 : « *Monsieur le Président de la République, Vous avez bien voulu me faire part de votre intention de former un nouveau Gouvernement. (...) À l'heure où il me faut vous présenter la démission de ce Gouvernement (...)* ».

Il est cependant arrivé qu'un Premier ministre démissionne de lui-même (Jacques Chirac en 1976) ou qu'il y soit contraint par l'Assemblée à la suite d'une motion de censure (Georges Pompidou en 1962). Mais le président ne dispose pas du droit de le révoquer. Cependant, les chefs d'État disposant d'une majorité parlementaire se le sont octroyé. Certes, le Premier ministre « présente sa démission » quand il n'a pas rédigé au moment de sa nomination une lettre de démission en blanc (comme Georges

Pompidou en 1967 ou Pierre Messmer en 1972). Il demeure que cette pratique, qui s'apparente clairement dans certains cas à la démission – révocation pure et simple comme on vient de le voir (Jacques Chaban-Delmas en 1972, Michel Rocard en 1991) –, demeure une convention valable en période de concordance des majorités et implique une responsabilité – implicite mais décisive – du Premier ministre devant le chef de l'État. Cette convention se traduit par la faculté pour le président de changer bien sûr le Premier ministre au lendemain de l'élection présidentielle mais aussi de le changer après des élections législatives ou de le changer, éventuellement, indépendamment des élections.

Notons, enfin, qu'il est loisible au chef de l'État de désigner un ministre chargé de l'intérim du Premier ministre, disposant de la totalité des pouvoirs du Premier ministre en titre, qui est empêché temporairement, mais cette désignation doit revêtir l'accord de ce dernier – le décret est donc contresigné par lui et prend effet avant même sa publication au *Journal officiel*. Cette faculté a été jugée conforme à la Constitution par le Conseil constitutionnel (décis. 9 janv. 1990, n° 89-264, *Loi de programmation relative à l'équipement militaire pour les années 1990-1993*). En l'espèce, le président Mitterrand, en l'absence du Premier ministre Michel Rocard, avait désigné par décret M. Lionel Jospin, ministre de l'intérim du Premier ministre qui avait, au surplus, compétence pour engager la responsabilité du Gouvernement sur le vote d'un texte. Au-delà de la lettre de l'article 21 de la Constitution, cette solution assure la continuité de l'action gouvernementale. La mission de l'intérimaire prend fin dès le retour du titulaire, sans texte.

4. La cessation de fonctions des ministres et la question de la solidarité gouvernementale

249 Le président de la République met fin aux fonctions d'un membre du Gouvernement sur proposition du Premier ministre. Outre des remaniements possibles du Gouvernement, la question de la fin des fonctions des ministres renvoie à titre principal à celle de la solidarité gouvernementale dont la démission est la conséquence logique à son manquement, sans compter l'implication réelle ou supposée de certains membres dans des affaires judiciaires.

250 **La règle non écrite de la solidarité gouvernementale.** En des termes choisis (« *Un ministre ça ferme sa gueule ! Si ça veut l'ouvrir, ça démissionne !* ») Jean-Pierre Chevènement, le plus « emblématique » des ministres démissionnaires, en février 1983 (puis en janvier 1991) a rappelé un principe traditionnel – mais non écrit – du régime parlementaire, à savoir la solidarité gouvernementale. Celle-ci implique le secret des délibérations du Conseil des ministres, une expression publique des membres du Gouvernement en conformité avec sa politique, le fait que tout ministre assume les décisions prises collégialement. Ce principe ne doit pas être confondu avec l'idée de « cacophonie » gouvernementale qui révèle à bien des époques l'absence de coordination du Gouvernement ; elle a porté souvent plus à conséquence.

251 **La démission sanction d'un désaccord.** La solidarité gouvernementale implique donc qu'en cas de désaccord de fond le ministre démissionne. Il le fait généralement de lui-même (André Boulloche en 1959 sur la politique de l'éducation, Pierre Sudreau sur l'élection du président au suffrage universel en 1962, Edgar Pisani sur le recours aux ordonnances en 1967, Michel Rocard hostile à la proportionnelle en 1986, Jean-Pierre Chevènement, hostile à un projet de loi sur la Corse en 2000). Plus souvent, il est « démissionné » sur l'initiative du chef de l'État avec l'accord de « son » Premier ministre (Jacques Soustelle en 1960 sur la question algérienne, Jean-Jacques Servan-Schreiber, à peine nommé, sur les essais nucléaires en 1974, Jean-Pierre Cot en 1982 sur la politique de coopération en Afrique, Léon Scharwtzenberg en 1988, spécialiste du cancer, en désaccord avec la politique gouvernementale de lutte contre la drogue, Alain Madelin sur la politique budgétaire en 1996, etc.).

252 **La démission en période de cohabitation.** Plus délicate est en principe la démission en période de cohabitation qui fait juge le chef de l'État de la proposition du Premier ministre. En fait, l'indiscipline d'un ministre met à mal dans ce cas la cohésion de la majorité parlementaire et est généralement résolue par un rappel à l'ordre du Premier ministre (François Léotard en 1986-1988, Dominique Voynet en 1997). Le problème est en effet épineux lorsqu'une formation politique représentée au Gouvernement et

qui mandate clairement ses représentants fait État de son désaccord public (et non pas seulement de sa critique). C'est ainsi que Paul Ramadier, au nom de la solidarité gouvernementale, avait sous la IVe République démissionné les ministres communistes du Gouvernement le 5 mai 1947 pour y avoir manqué. Sous la Ve République, le MRP quitta le Gouvernement de Georges Pompidou en 1962 sur la politique européenne du général de Gaulle. En 1983, le parti communiste fit de même. Le principe de solidarité gouvernementale n'exclut pas cependant un débat préalable interne au Gouvernement et ne pose pas de difficulté tant qu'un désaccord public avec sa politique – définie en commun – n'est pas exprimé.

253 **L'implication réelle ou supposée des ministre (ou du Premier ministre) dans des affaires judiciaires.** La constitution n'envisage que les crimes et délits commis par un ministre dans l'exercice des fonctions (v. chap. 10 ss 643). Pour autant, sa mise en cause devant la Cour de justice de la République, n'entraîne pas sa démission. *A fortiori*, la mise en examen d'un ministre dans le cadre d'une instruction pénale de droit commun ne l'oblige pas en droit à démissionner. En pratique, depuis une règle posée par Piere Bérégovoy, Premier ministre en 1992 (à la suite de l'« *affaire Tapie* »), et reprise par Edouard Balladur, Premier ministre de 1993 à 1995, qui ne constitue en aucune manière une « jurisprudence » comme a pu l'affirmer une partie de la doctrine, l'intéressé est contraint à la démission (une dizaine de cas). Cette règle a connu plusieurs exceptions sous le Gouvernement Fillon de 2007 à 2012 mais s'est appliquée sous le Gouvernement Ayrault (J. Cahuzac, mars 2013). Elle n'a aucun fondement juridique mais vise à mettre à l'abri le Gouvernement de la pression médiatique qui s'en suit, d'afficher le vertueux principe d'égalité devant la loi de tous les citoyens, d'écarter le soupçon d'ingérence du pouvoir politique dans la sphère judiciaire. Elle méconnaît la présomption d'innocence, le présumé fautif – le plus souvent pénalement – ayant à apporter la preuve qu'il est innocent des « charges » réelles ou supposées qui pèseraient sur lui. Si elle entraîne une malencontreuse confusion entre responsabilité politique et responsabilité pénale, elle traduit cependant une exigence moderne qui veut que les respon-

sables publics soient à l'abri de tout soupçon. En ce sens, les propositions de la Commission Jospin visant notamment à limiter les conflits d'intérêts pourraient contribuer à mettre fin à cette confusion (v. chap. 3 ss 298).

B. La présidence du Conseil des ministres

254 **Article 9 de la Constitution**

> « *Le président de la République préside le Conseil des ministres.* »

255 **Le Conseil des ministres.** Il s'agit de la réunion hebdomadaire des ministres sous la présidence du président de la République. Les secrétaires d'État n'y participent pas généralement (sauf sous de Gaulle, mais ses gouvernements étaient moins nombreux). Ce n'est pas en principe le lieu d'un débat. Le Conseil, organe de décision juridique ne fait qu'entériner les décisions prises (souvent en moins d'une heure, montre en main…).

Son ordre du jour est composé de trois parties (la partie A qui vise les projets de loi, la partie B relative aux mesures individuelles, la partie C relative aux communications des ministres). Au terme du Conseil, le Secrétaire général du Gouvernement rédige un « relevé de décisions » ainsi qu'un compte rendu intégral des délibérations. Celles-ci sont en principe secrètes en vertu d'une tradition ancienne : le silence est « le compagnon des conseils » indique un vieil adage. Les ministres ne doivent pas prendre de notes. Outre le caractère parfois sensible des informations divulguées en son sein, l'unité du pouvoir exécutif implique le secret.

256 **La fixation de l'ordre du jour.** Il ne s'agit pas à proprement parler d'un pouvoir du président, mais à la différence de la IVe République, d'une présidence active en période normale. Il en arrête l'ordre du jour sur proposition du Premier ministre. Cet article lui donne ainsi la maîtrise de l'ordre du jour. En période de cohabitation, il peut donc s'opposer par exemple à l'inscription d'un projet de loi (comme celui sur la Corse du 14 février 2001) sans pour autant pouvoir faire obstacle durablement à l'initiative législative du Premier ministre.

Le Conseil des ministres est le lieu apparent de la coordination gouvernementale. Elle est pratiquement assurée sur le plan technique par le secrétariat général du Gouvernement et sur le plan politique par différents conseils auquel le chef de l'État est partie prenante soit directement, soit par l'intermédiaire de ses collaborateurs en matière d'arbitrage, sauf en période de cohabitation.

C. Promulgation et demande de nouvelle délibération de la loi

257 **Article 10 de la Constitution**

> *« Le président de la République promulgue les lois dans les quinze jours qui suivent la transmission au Gouvernement de la loi définitivement adoptée.*
> *Il peut, avant l'expiration de ce délai, demander au Parlement une nouvelle délibération de la loi ou de certains de ses articles. Cette nouvelle délibération ne peut être refusée. »*

Ces attributions sont traditionnellement celle d'un chef d'État parlementaire, notaire de la République.

258 **La promulgation de la loi (art. 10 al. 1er).** À l'opposé de la « *sanction royale* » faisant du monarque le coauteur de la loi et lui attribuant un droit de veto, la promulgation de la loi est l'acte par lequel le chef de l'État – notaire de la République – atteste de l'existence d'une loi et la rend exécutoire. Il ne dispose donc que d'une compétence liée : non seulement, il est tenu de signer mais doit le faire dans un délai maximum de 15 jours qui suivent la transmission par le Gouvernement de la loi définitivement adoptée. Comme le Conseil constitutionnel l'a rappelé, après le Conseil d'État, la promulgation « *atteste que la loi a été régulièrement délibérée et votée* » (décis. 23 août 1985, n° 85-197, *Évolution de la Nouvelle-Calédonie*) et vaut « *ordre à toutes les autorités et à tous les services compétents de la publier sans délai* » (décis. 25 juill. 2001, n° 2001-448 DC, *Loi organique relative aux lois de finances*). On peut s'étonner dès lors que le président Chirac, alors que la loi sur le contrat première embauche (CPE) avait été non seulement votée mais déclarée conforme à la Constitution (décis. 30 mars 2006, n° 2006-535 DC), l'ait promulgué comme il en avait le devoir constitutionnel puis annoncé qu'elle ne serait pas appli-

quée ou – ce qui revient au même – considérablement amendée (déclaration télévisée du 31 mars 2006) alors qu'il était possible de demander une nouvelle délibération.

259 **La demande d'une nouvelle délibération (article 10, alinéa 2).** Présente dans les Constitutions de 1848, 1875 et 1946, la possibilité de demander au Parlement par le chef de l'État, avec le contreseing du Premier ministre, une nouvelle délibération de la loi – c'est-à-dire une seconde lecture – n'a été utilisée que très rarement :

- à propos de la loi sur l'exposition universelle, le 13 juillet 1983 (qui n'a d'ailleurs jamais fait l'objet d'une seconde délibération pas plus que l'exposition n'a eu lieu...) ;

- après la décision du Conseil constitutionnel du 8 août 1985 annulant certaines dispositions de la loi sur la Nouvelle-Calédonie dont certains articles avaient été déclarés contraires à la Constitution. Plutôt que de promulguer la loi amputée des dispositions inconstitutionnelles – obligeant au dépôt d'un projet de loi comportant des dispositions se substituant aux dispositions annulées et obligeant à recommencer entièrement la procédure législative – la loi a fait seulement l'objet d'une nouvelle délibération permettant de la purger de ces dispositions. Le Conseil constitutionnel (Cons. const. 23 août 1985, n° 85-197 DC, § 15, *Nouvelle-Calédonie II*) a, à cette occasion, indiqué que les expressions « *nouvelle délibération* » (contenue à l'article 10, alinéa 2 de la Constitution) et « *nouvelle lecture* » (contenue à l'article 23 de l'ordonnance du 7 novembre 1958) étaient synonymes ;

- à propos d'un cas identique au précédent, s'agissait d'une loi relative à l'élection des conseillers régionaux et des parlementaires européens dont un article avait été déclaré contraire à la Constitution comme méconnaissant l'article 39 de la Constitution (décis. 3 avr. 2003, n° 003-468 DC, *Loi relative à l'élection des conseillers régionaux et des représentants au Parlement européen*).

D. Les référendums de l'article 11

260 **Article 11 de la Constitution**

> « *Le président de la République, sur proposition du Gouvernement pendant la durée des sessions ou sur proposition conjointe des deux assemblées,*

> *publiées au* Journal officiel, *peut soumettre au référendum tout projet de loi portant sur l'organisation des pouvoirs publics, sur des réformes relatives à la politique économique, sociale ou environnementale de la Nation et aux services publics qui y concourent, ou tendant à autoriser la ratification d'un traité qui, sans être contraire à la Constitution, aurait des incidences sur le fonctionnement des institutions.*
> *Lorsque le référendum est organisé sur proposition du Gouvernement, celui-ci fait, devant chaque assemblée, une déclaration qui est suivie d'un débat.*
> *Un référendum portant sur un objet mentionné au premier alinéa peut être organisé à l'initiative d'un cinquième des membres du Parlement, soutenue par un dixième des électeurs inscrits sur les listes électorales. Cette initiative prend la forme d'une proposition de loi et ne peut avoir pour objet l'abrogation d'une disposition législative promulguée depuis moins d'un an.*
> *Les conditions de sa présentation et celles dans lesquelles le Conseil constitutionnel contrôle le respect des dispositions de l'alinéa précédent sont déterminées par une loi organique*
> *Si la proposition de loi n'a pas été examinée par les deux assemblées dans un délai fixé par la loi organique, le président de la République la soumet au référendum.*
> *Lorsque la proposition de loi n'est pas adoptée par le peuple français, aucune nouvelle proposition de référendum portant sur le même sujet ne peut être présentée avant l'expiration d'un délai de deux ans suivant la date du scrutin.*
> *Lorsque le référendum a conclu à l'adoption du projet ou de la proposition de loi, le président de la République promulgue la loi dans les quinze jours qui suivent la proclamation des résultats de la consultation.* »

261 Le référendum, « *complément suffisant de l'idée de représentation* » (Carré de Malberg), ne tient pas seulement uniquement de l'article 11. Au niveau national, il est prévu par les articles 88-5 (adhésion d'un État à l'Union européenne), article 89 (révision de la Constitution), alinéa 2 du Préambule de 1958, 53, 76 et 77 (autodétermination). Au niveau local, le référendum est consultatif (art. 72-1, al. 3, art. 72-4 et art. 73, al. 7).

Sous la Ve République, il consacre principalement au titre des articles 11 et 89, la démocratie semi-directe, c'est-à-dire le fait que « *la souveraineté nationale appartient au peuple qui l'exerce par ses représentants et la voie du référendum* » (art. 3) et a joué un rôle majeur dans l'enracinement du pouvoir présidentiel et dans l'évolution du régime auquel il a contribué. Au référendum d'initiative présidentielle, la révision constitutionnelle de 2008 a ajouté un référendum d'initiative partagée.

1. Le référendum d'initiative présidentielle (article 11, alinéas 1 et 2)

262 **La version initiale de l'article 11.** La première version gaullienne du futur article 11 élaborée par Michel Debré et son comité d'experts indique : « *Dans le cadre des missions qui lui sont conférées par l'article 1er (le futur article 5), le président de la République peut, sur proposition du Premier ministre, soumettre au référendum tout projet de loi que le Parlement aurait refusé d'adopter ainsi que toute question fondamentale pour la vie de la nation* ». Cette version fut aménagée pour aboutir à la version définitive de l'article 11, et en 1958 Paul Reynaud avait « *pris acte, avec satisfaction, de l'esprit dans lequel est conçu le référendum qui ne peut être, en aucun cas, un moyen d'opposer le Gouvernement aux assemblées. Pour souligner ce caractère, il a prévu [...] qu'il ne pourrait jouer que pendant la durée des sessions* ». Mais la pratique gaullienne du référendum sera conformée à la première mouture du texte, le général de Gaulle utilisant cette procédure pour passer outre l'opposition du Parlement afin de réviser, de manière contestée, la Constitution pour instaurer l'élection du président de la République au suffrage universel en 1962 et régler le problème algérien.

263 **La décision du président de la République d'engager un référendum.** La proposition présidentielle est subordonnée à la proposition conjointe des assemblées ou à celle du Premier ministre pendant la durée des sessions. Depuis 1995, si « *le référendum est organisé sur proposition du Gouvernement, celui-ci fait, devant chaque assemblée, une déclaration suivie d'un débat* ». En période de concordance des majorités, le pouvoir d'initiative du président se confond avec celui de proposition puisqu'il lui suffit de demander au Gouvernement de lui présenter.

264 **Son champ d'application.** Le décret du président de la République soumettant un projet de loi à référendum est un acte de Gouvernement (CE 29 avr. 1970, *Comité des chômeurs de la Marne et Sieur Le Gac*). Le chef de l'État peut décider de soumettre à référendum :

- tout projet de loi portant sur l'organisation des pouvoirs publics : cette notion prête à controverse et a permis de procéder à la révision de la Constitution (v. titre XVI, art. 89) ;

- la ratification d'un traité qui sans être contraire à la Constitution aurait des incidences sur le fonctionnement des institutions : il s'agit toujours d'un projet de loi. Cette procédure a été utilisée pour la première fois par Georges Pompidou en 1972 à propos du Traité de Bruxelles (élargissement des Communautés européennes à la Grande-Bretagne), puis préalablement à la ratification du Traité de Maastricht du 7 février 1992 ainsi que de celui du 29 octobre 2004 établissant une constitution pour l'Europe qui, faute de majorité, n'a pu être ratifié ;

- « *des réformes relatives à la politique économique et sociale de la Nation et aux services publics qui y concourent* », depuis la révision constitutionnelle du 4 août 1995 ;

- « *ou environnementale* » depuis la révision du 23 juillet 2008, ce qui exclut les « *questions de société* » comme le « mariage gay » expressément écartées lors de la discussion de la révision constitutionnelle de 1995, comme l'indiquait à l'époque Jacques Toubon, garde des Sceaux : « *En limitant l'extension du champ référendaire aux matières économiques et sociales, le Gouvernement a choisi d'exclure (...) ce qu'il est convenu d'appeler les questions de société avec les libertés publiques, le droit pénal (...). Il doit donc être clair qu'il ne saurait y avoir de référendum sur des sujets tels que la peine de mort, la repénalisation de l'avortement ou sur l'expulsion des immigrants clandestins, le référendum n'étant pas – et ne devant pas être – un instrument de démagogie. (...) À titre d'exemples, un référendum pourrait porter, dans le domaine économique, sur les privatisations, le plan ou les lois d'orientation pluriannuelles et, dans le domaine social, sur les orientations générales du droit du travail, de la sécurité sociale, de la politique de la santé, sur l'exclusion ou l'aide sociale. (...) Sont, en revanche, exclus du nouveau champ d'application le droit pénal, l'entrée et le séjour des étrangers en France, les libertés publiques (...) et le droit civil* »... En tout état de cause cause, le mariage est une liberté publique garantie et protégée l'article 12 de la Convention européenne mais surtout consacrée par le Conseil constitutionnel qui énonce, dans sa décision du 13 août 1993 : « *le principe de la liberté du mariage qui est une des composantes de la liberté individuelle* » et, dans sa décision du 20 novembre 2003, il la rattache à la « *liberté personnelle* », découlant des articles 2 et 4 de la Déclaration des droits de l'homme et du citoyen de 1789 (v. ANNEXES). Or l'idée initiée par François Mitterrand d'élargir le référendum au domaine des libertés l'article 11, en juillet 1984 par une révision constitutionnelle, adoptée par l'Assemblée nationale, a été rejetée par le Sénat. Depuis cette date, il n'a jamais plus été question d'élargir le champ du référendum aux libertés publiques et les amendements en 2008 voulant inclure dans celui-ci les « *questions de société* » ont été repoussées. Enfin, le Conseil constitutionnel s'est reconnu compétent pour vérifier la conformité du décret de convocation des électeurs à la Constitution et donc au respect du champ d'application de l'article 11 (décis. 24 mars 2005, n° 2005-31 REF).

265 Notons que dès lors que le chef de l'État est habilité par une loi référendaire à exercer son pouvoir réglementaire pour prendre des ordonnances qui relèvent normalement du domaine de la loi, ces ordonnances conservent le caractère d'actes réglementaires et sont donc susceptibles d'être déférées devant le Conseil d'État par la voie du recours pour excès de pouvoir (CE 19 oct. 1962, *Canal, Robin et Godot*). Enfin, si la loi référendaire est adoptée, elle doit être promulguée dans les 15 jours. Rappelons que le Conseil constitutionnel se déclare incompétent pour examiner sa conformité à la Constitution (décis. 6 nov. 1962, n° 62-20 DC, *Loi relative à l'élection du président de la République au suffrage universel direct, adoptée par le référendum du 28 octobre 1962*). La loi référendaire s'analyse comme une source occasionnelle du pouvoir législatif et peut donc être à l'image des autres lois ordinaires, modifiée, complétée, voire certaines de ses dispositions abrogées « sous la seule réserve que le législateur ne prive pas de garanties légales des principes de valeur constitutionnelles » (décis. 9 janv. 1990, *Amnistie en Nouvelle-Calédonie*).

Le référendum de l'article 11 et la révision de la Constitution (v. chap. 16, ss 739).

Le contentieux des actes préparatoires au référendum (v. chap. 7, ss 539).

266 Les usages multiples de l'artcile 11

• **Les référendums sous de Gaulle : la question de confiance.** Sans revenir dans le détail sur leurs résultats, notons que les référendums de la République gaullienne, engageant la responsabilité du chef de l'État, ont été marqués par une forte participation populaire (76 % en janvier 1961 sur l'autodétermination de l'Algérie, 75 % en avril 1962 sur l'indépendance de l'Algérie, 77 % en octobre 1962 sur l'élection du président, 81 % en 1969 sur la création des régions et la réforme du Sénat). Cette multiplication des référendums a contribué à la bipolarisation des choix – pour ou contre le Général et le régime de la Ve République – qu'impliquait la consultation. Il a surtout servi à asseoir le régime dans les premières années de sa fondation.

• **Référendums ou « plébiscite » ?** Il a été reproché au général de Gaulle par référence au second Empire, de faire des « plébiscites » en engageant son mandat sur un texte. La critique s'est aujourd'hui estompée tant la comparaison, en démocratie, ne vaut pas : les référendums gaulliens n'ont jamais abouti à la « *confiscation du pouvoir* » par un homme. En effet, il a eu pour effet de raccourcir son mandat (et non de le rallonger par un « blanc-seing »), le général de Gaulle démissionnant de ses fonctions en 1969 après l'échec du référendum... Cet engagement de la responsabilité du chef de l'État sur un enjeu essentiel n'est, sur le plan présidentiel, pas différent dans sa nature, sur le plan parlementaire, de celui du Premier ministre devant l'Assemblée nationale sur un texte en vertu de l'article 49-3.

• **Les référendums post-gaulliens : l'usage tactique.** Après l'échec du référendum de 1969, les référendums suivants soulignent une évidence : dès que l'enjeu n'est pas décisif, le référendum ne mobilise pas l'électorat (40 % d'abstention lors du référendum sur l'adhésion à la Communauté européenne de la Grande-Bretagne en 1972 ; 70 % sur le quinquennat en 2000). Échecs ne contribuant pas à valoriser la procédure qui souligne d'ailleurs que sans engagement de responsabilité, le référendum est tout de même dangereux pour celui qui l'initie... Valéry Giscard d'Estaing n'en fit pas usage. François Mitterrand proposa en 1984 d'élargir le champ de l'article 11 aux projets de lois portant sur les garanties des libertés publiques par la voie de l'article 89 mais il se heurta au veto du Sénat bien qu'il déclara plus tard conforme à la Constitution l'usage gaullien de l'article 11 qui aurait donc pu lui permettre de le contourner. Puis, en 1988, sur proposition de son Premier ministre, Michel Rocard, un référendum fut organisé le 6 novembre sur le statut de la Nouvelle-Calédonie et faisant suite à un accord scellé sous l'égide du Gouvernement, l'abstention étant prônée par le RPR. Tout concourt à un taux d'abstention élevé : 63 %. Seul le référendum sur le traité de Maastricht du 20 septembre 1992 a permis de retrouver une participation populaire significative (70 %), malgré l'absence d'engagement de la responsabilité du chef de l'État. Le résultat fut serré (51 % contre 49 %) malgré l'annonce des sondages. Dès la campagne référendaire engagée peut se greffer naturellement toute une série d'enjeux de politique intérieure, de protestations qui s'expriment rendant, à mesure que le temps passe, le résultat incertain et faisant peser un risque sur la victoire du « oui »... Dans la mesure où l'engagement de la responsabilité du chef de l'État ne se fait plus depuis 1969, le référendum est devenu d'usage tactique. En effet, il est largement devenu inconcevable qu'il puisse entraîner la démission de celui qui l'engage – comme le souligne en particulier la thèse du « suicide » politique du général de Gaulle en 1969 : comment un acteur politique pourrait-il aussi « stupidement » perdre le pouvoir ? Dès lors l'usage du référendum n'est jamais dénué d'arrière-pensées politiques. Il s'agit de diviser l'opposition (1972, 1992), voire d'échapper à la censure du Conseil constitutionnel (1988). Cette « *instrumentalisation* » du référendum (Jean-Marie Denquin) a-t-elle contribué à son déclin ? Disons plutôt qu'elle n'est pas concluante, le calcul coût/avantages de l'utilisation du référendum étant des plus incertains. Et la construction européenne depuis 1992 qui divise les camps politiques et brouille les clivages a placé le référendum dans un étau. Il a en effet été réclamé à propos d'Amsterdam en 1998 par les « souverainistes » – qui peuvent faire office de « repoussoir » dans leur volonté de faire un flatteur appel au peuple. Il est craint par les « européistes » – qui donnent parfois le sentiment que la construction européenne est une chose inéluctable et trop sérieuse pour la confier au peuple, le référendum étant dès lors une arme que les gouvernants jugent inutile et même dangereuse. Pourtant, s'agissant des conditions essentielles d'exercice de la souveraineté nationale, il apparaît naturel. C'est ainsi que le président de la République a décidé d'un référendum s'agissant du traité constitutionnel rejeté le 29 mai 2005 par 54, 67 % des citoyens.

2. Le référendum d'initiative conjointe ou « partagée » (nouvel article 11, dernier alinéa)

267 La révision constitutionnelle du 23 juillet 2008 instaure un référendum d'initiative conjointe qui n'est nullement un « référendum d'initiative populaire » comme on peut le lire parfois, dont il limite le champ d'application aux réformes économiques, sociales et désormais « environnementales », ainsi qu'à la ratification d'un traité qui, sans être contraire à la Constitution, aurait des incidences sur le fonctionnement des institutions. Inspiré notamment des travaux de la commission Vedel puis Balladur mais aussi de propositions du parti socialiste, cette réforme est le fruit d'un amendement de l'Assemblée nationale lors du débat constitutionnel. Le projet de loi organique et le projet de loi ordinaire mettant en œuvre la révision ont été adoptés en première lecture par l'Assemblée nationale le 10 janvier 2012 (texte modifié par le Sénat le 28 février 2013, actuellement en 2e lecture à l'AN). L'initiative doit prendre la forme d'une proposition de loi soutenue par 1/5e au moins des membres du Parlement (184 parlementaires et plus). Saisi de cette proposition de loi, le Conseil constitutionnel en contrôle la conformité à la Constitution (art. 61). Si elle est déclarée conforme, une période de trois mois s'ouvre pour la collecte des soutiens des citoyens (par voie électronique) sous le contrôle d'une commission indépendante et transmets ses observations au Conseil constitutionnel, seul habilité à se prononcer sur la recevabilité de l'initiative qui doit avoir recueilli le soutien d'au moins 1/10e des citoyens inscrits sur les listes électorales (soit environ 4 millions d'électeurs) et qui pour être déclenchée suppose évidemment le non-examen par le Parlement de la proposition de loi dont l'initiative est à l'origine. Si celle-ci est déclarée rece-

vable, la proposition de loi devra faire l'objet d'au moins une lecture par chacune des deux assemblées – c'est bien le moins – dans un délai de 12 mois à compter de la décision du Conseil constitutionnel. Le temps a donc passé... À défaut d'examen dans les délais prévus, le président de la République soumettra la proposition de loi au référendum dans un délai de quatre mois. On le voit, les obstacles procéduraux à la mise en œuvre d'une telle initiative sont nombreux voire (presque) insurmontables et les auteurs de l'initiative devront prendre le soin d'ajuster le tir avant de se lancer, tout en prenant leur temps...

E. Le droit de dissolution de l'Assemblée nationale : un pouvoir sans contreseing

268 **Article 12 de la Constitution**

> *« Le président de la République peut, après consultation du Premier ministre et des présidents des assemblées, prononcer la dissolution de l'Assemblée nationale Les élections générales ont lieu vingt jours au moins et quarante jours au plus après la dissolution.*
> *L'Assemblée nationale se réunit de plein droit le deuxième jeudi qui suit son élection. Si cette réunion a lieu en dehors de la période prévue pour la session ordinaire, une session est ouverte de droit pour une durée de quinze jours.*
> *Il ne peut être procédé à une nouvelle dissolution dans l'année qui suit ces élections. »*

On a vu comment ce droit était tombé en désuétude sous la IIIe République et analysé ses conditions complexes de mise en œuvre sous la IVe République, contournées par les partis grâce au « vote calibré » (aboutissant à une seule dissolution, le 2 décembre 1955).

La conception de la dissolution sous la Ve République n'est pas totalement étrangère à la dissolution royale de la monarchie parlementaire à la différence qu'elle permet au peuple tout entier de trancher d'un conflit politique. Rappelons que la dissolution est impossible pendant l'intérim de la présidence de la République ou dès lors que l'article 16 est en vigueur.

269 **Les consultations.** Elles sont de pure forme et peuvent l'être strictement : le général de Gaulle en octobre 1962 reçut à peine quelques minutes, debout et sans lui serrer la main, Gaston Monnerville –

qui l'avait accusé indirectement de forfaiture lors de la mise en œuvre de l'article 11 s'agissant de l'élection du président de la République au suffrage universel direct.

270 **Une décision discrétionnaire.** S'agissant d'une prérogative discrétionnaire du chef de l'État, le décret de dissolution est soustrait à tout contrôle juridictionnel : le Conseil constitutionnel se déclare incompétent pour en connaître (Cons. const. 13 juill. 1988, n° 88-1040/1054 AN). Le Conseil d'État en fait de même (CE 20 févr. 1989, *Allain*).

271 **Les types de dissolution.** Instrument « *de la stabilité gouvernementale* » et permettant aussi « *un bref dialogue qui peut régler un conflit ou faire entendre la voix du peuple à une heure décisive* » (Michel Debré le 27 août 1958), la dissolution a été utilisée à cinq reprises depuis 1958, elle a fait l'objet d'usages distincts ayant cependant en commun d'établir en général la suprématie présidentielle mais pas toujours...

Notons que ses effets sont liés dans ce cadre au scrutin majoritaire qui permet de dégager généralement une majorité et une opposition clairement identifiées. Avec la proportionnelle, l'effet de la dissolution serait beaucoup plus incertain et surtout inefficace.

• **La dissolution punitive** : c'est la plus conforme au parlementarisme. L'Assemblée nationale renversant le Gouvernement est à son tour dissoute comme ce fut le cas le 9 octobre 1962 par le général de Gaulle après le renversement du Gouvernement Pompidou. Au-delà, elle a fait trancher le peuple sur la question de l'avenir du régime, constituant en cela la répétition générale du référendum sur l'élection du chef de l'État au suffrage universel direct. Cette dissolution devait opérer aussi la dissolution du système de partis de la IVe République et l'avènement du phénomène majoritaire...

• **La dissolution référendaire** : elle a pour but de faire trancher un problème grave par le peuple et fait office de substitut au référendum – question de confiance. Le 30 mai 1968, le général de Gaulle, différant le référendum qu'il avait annoncé, prononçait la dissolution de l'Assemblée pour sortir le pays de la crise universitaire, politique et sociale qu'il traversait.

• **La dissolution d'alternance** : elle vise à assurer au président nouvellement élu une majorité parlementaire conforme à la majorité présidentielle qui l'a porté au pouvoir. C'est ainsi que François Mitterrand les 22 mai 1981 et 14 mai 1988 devait dissoudre l'Assemblée nationale composée d'une majorité qui lui était hostile.

• **La dissolution tactique** : cette dissolution dite de façon en partie inexacte « à l'anglaise » – dans la mesure où elle n'engage pas le détenteur du droit de dissolution à démissionner en cas d'échec – vise à saisir le moment favorable pour conforter sa majorité et assurer le pouvoir de la durée. Si Jacques Chirac avait écarté le 14 juillet 1996 toute « dissolution de confort », il y procéda le 21 avril 1997 en vue d'éviter un échec redouté lors des élections législatives de 1998, de disposer d'une majorité plus disciplinée et le soutenant jusqu'au terme de son mandat, lui assurant des conditions favorables pour sa réélection. On sait qu'une nouvelle cohabitation eut lieu.

• **La dissolution dissuasive** : sans usage, la dissolution n'en est pas moins utile en ce qu'elle est une menace, une « épée de Damoclès », suspendue au-dessus des députés de la majorité. Elle assure sa cohésion et limite ses divisions. Ainsi, dans la crainte de la dissolution, le RPR n'alla pas jusqu'à renverser le Gouvernement Barre de 1976 à 1981, faute de se retrouver sans alliés UDF au second tour et menant surtout l'ensemble de la majorité à la défaite.

F. La signature des décrets et des ordonnances et la nomination aux emplois civils et militaires

272 Article 13 de la Constitution

> *« Le président de la République signe les ordonnances et les décrets délibérés en Conseil des ministres. Il nomme aux emplois civils et militaires de l'État.*
> *Les conseillers d'État, le grand chancelier de la Légion d'honneur, les ambassadeurs et envoyés extraordinaires, les conseillers maîtres à la Cour des comptes, les préfets, les représentants de l'État dans les collectivités d'outre-mer régies par l'article 74 et en Nouvelle-Calédonie, les officiers généraux, les recteurs des académies, les directeurs des administrations centrales sont nommés en Conseil des ministres.*

> *Une loi organique détermine les autres emplois auxquels il est pourvu en Conseil des ministres ainsi que les conditions dans lesquelles le pouvoir de nomination du président de la République peut être par lui délégué pour être exercé en son nom.*
> *Une loi organique détermine les emplois ou fonctions, autres que ceux mentionnés au troisième alinéa, pour lesquels, en raison de leur importance pour la garantie des droits et libertés ou la vie économique et sociale de la Nation, le pouvoir de nomination du président de la République s'exerce après avis public de la commission permanente compétente de chaque assemblée. Le président de la République ne peut procéder à une nomination lorsque l'addition des votes négatifs dans chaque commission représente au moins trois cinquièmes des suffrages exprimés au sein des deux commissions. La loi détermine les commissions permanentes compétentes selon les emplois ou fonctions concernés.* »

1. La signature des décrets et des ordonnances

273 Le président de la République signe les ordonnances et décrets délibérés en Conseil des ministres participant du pouvoir réglementaire.

274 **La signature des ordonnances.** Elles sont des actes administratifs pris sur habilitation législative autorisant le Gouvernement à prendre pendant un temps limité des mesures qui appartiennent normalement au domaine de la loi (v. art. 38). Mais le chef de l'État peut-il refuser d'apposer sa signature ? Notons d'abord que le chef de l'État est investi du rôle de veiller au respect de la Constitution (art. 5) et qu'il est donc en droit de s'opposer à une ordonnance qui méconnaîtrait une disposition constitutionnelle. Pour autant, les ordonnances portent sur des matières législatives pendant la durée de l'habilitation, confiée au seul Gouvernement en vertu de l'article 38. La question s'est posée en 1986 à l'occasion du refus du président de l'époque, François Mitterrand, de signer les ordonnances en matière de privatisations d'entreprises (13 juill. 1986), de découpage des circonscriptions de l'Assemblée nationale (2 oct. 1986), d'aménagement du temps de travail (17 déc. 1986). La question est résolue en droit par le fait qu'aucune autorité n'est en mesure de « dire le droit » sur ce point, laissant donc au chef de l'État un monopole d'interprétation que le Gouvernement de Jacques Chirac n'a pas d'ailleurs contesté.

275 **Les décrets délibérés en Conseil des ministres.** En vertu de l'article 13 de la Constitution, les décrets délibérés en conseil des

ministres sont signés par le président de la République. Ils sont contresignés par le Premier ministre et, le cas échéant, par les ministres responsables. Ils comportent, dans les visas, la mention : « Le conseil des ministres entendu ». Un décret doit être délibéré en conseil des ministres dès lors qu'un texte le prévoit. Ce texte peut être une disposition constitutionnelle (nominations de l'article 13), une loi organique ou ordinaire même si, en principe, il n'appartient pas au législateur de prévoir qu'un décret sera délibéré en conseil des ministres (décis. 15 juin 2006, n° 2006-204 L).

Notons d'abord que le chef de l'État a signé des décrets non délibérés en Conseil des ministres : le Conseil d'État, dès lors que le Premier ministre a apposé sa signature, ne les a pas considérés comme irréguliers, rendant seulement celle du président de la République surabondante (CE 27 avr. 1962, *Sicard et a.*). Ensuite, la Constitution ne fait aucune énumération des décrets délibérés en Conseil des ministres (même si certains articles de la Constitution imposent cette forme pour certains textes). Or, dès 1959, la pratique s'est établie d'inscrire des décrets réglementaires à l'ordre du jour du Conseil des ministres, en raison de leur importance. Le Conseil d'État admit, en l'absence de délibération prévue par un texte, que le fait de soumettre un décret au Conseil des ministres rend obligatoire un nouveau décret en Conseil des ministres, s'il est ultérieurement abrogé ou modifié (CE ass. 10 sept. 1992, *Meyet*). Le commissaire du Gouvernement David Kessler avait d'ailleurs utilement plaidé en faveur d'« un nécessaire réalisme du droit constitutionnel ». Cependant, cette règle ne s'applique pas si une norme supérieure (par exemple une loi) donne explicitement compétence à une autorité autre que le chef de l'État pour édicter une règle dans le domaine du décret en question.

2. La nomination aux emplois civils et militaires

276 Le chef de l'État exerce une compétence générale en la matière. D'une part, il a compétence liée s'agissant de quelques dizaines de milliers de fonctionnaires auxquels il fait l'honneur de procéder à la nomination par décret simple, qu'il s'agisse – au moment de leur nomination et le cas échéant de leur promotion de grade – des membres du Conseil d'État ou de la Cour des comptes, des

professeurs de l'enseignement supérieur, des magistrats de l'ordre judiciaire, des officiers et, à leur entrée en fonction, des membres des corps dont le recrutement est assuré par Polytechnique et l'ENA. D'autre part, il exerce personnellement le pouvoir de nomination – avec le contreseing du Premier ministre, d'un certain nombre d'emplois qui font l'objet d'une délibération en Conseil des ministres, soit en vertu de la Constitution (préfets, recteurs, ambassadeurs, officiers généraux), soit en vertu d'une loi organique (ord. 28 nov. 1958) (art. 13-4). Ils relèvent pour une très large part de ce qu'on appelle les emplois à la décision du Gouvernement, à la charnière de l'Administration et du politique (emplois de direction au sens large dont la liste a été étendue par le décret du 6 août 1985, quelques mois avant les élections législatives, passant d'une cinquantaine à 163 emplois) et des nominations dites « au tour extérieur » qui permettent de nommer, sans concours, des personnes dans les « grands corps ». Aucun président de la République n'a délégué son pouvoir de nomination au Premier ministre.

En période normale, le choix présidentiel des plus hauts fonctionnaires est déterminant. En période de cohabitation, le chef de l'État dispose d'un pouvoir de négociation, voire de marchandage... Notons que le phénomène majoritaire et la présidentialisation du régime ont eu pour effet de politiser excessivement la haute fonction publique depuis les années soixante-dix, et d'instaurer un « *spoil-system* » à la française (système des dépouilles aux États-Unis) au préjudice du service de l'État et de son impartialité.

3. L'encadrement du pouvoir de nomination (article 13, dernier alinéa nouveau)

277 La révision constitutionnelle du 23 juillet 2008 a encadré le pouvoir de nomination du chef de l'État : cette procédure a également été retenue dans trois autres articles de la Constitution :

- pour les nominations au Conseil constitutionnel (art. 56, v. ss 539) ;

- pour la nomination des personnalités qualifiées au Conseil supérieur de la magistrature (art. 65, v. ss 611) ;

- pour la nomination du défenseur des droits (art. 71-1, v. ss 628)

- pour la nomination des présidents des sociétés France Télévisions et Radio France.

278 La loi organique relative à la nomination des présidents des sociétés France Télévisions et Radio France et de la société en charge de l'audiovisuel extérieur de la France soumet à l'avis des commissions compétentes de chaque assemblée la nomination, par le président de la République, des présidents de ces sociétés auparavant désignés uniquement par le Conseil supérieur de l'audiovisuel qui ne donne plus qu'un avis conforme. La procédure de nomination est soumise à l'article 13 de la Constitution. Cette nouvelle procédure, évidemment en retrait par rapport aux garanties précédentes, a été jugée étrangement conforme à la Constitution dès lors qu'elle ne prive pas de « *garanties légales les exigences constitutionnelles relatives à la liberté de communication* » (décis. 3 mars 2009, n° 2009-576 DC, *Loi organique relative à la nomination des présidents des sociétés France Télévisions et Radio France et de la société en charge de l'audiovisuel extérieur de la France*).

Sauf avis défavorable acquis à la majorité des 3/5e des suffrages exprimés, difficile à atteindre en pratique, le choix du président (mais aussi des présidents des Assemblées pour le Conseil constitutionnel et le CSM) s'impose. Il reste discrétionnaire et un avis défavorable rendu à la majorité simple ne lie pas, en droit, le président. Le Conseil constitutionnel saisi des lois organique et ordinaire relatives à l'application du 5e alinéa de l'article 13, les a déclarées conforme à la Constitution (décis. 12 juill. 2010, n° 2010-609 DC et 2010-610 DC). Ainsi, la loi organique a fixé les emplois ou fonctions concernés. Elle a aussi, sur le fondement de l'article 27 de la Constitution, interdit la délégation de vote lors d'un scrutin destiné à recueillir l'avis de la commission permanente compétente. D'autre part, la loi a désigné les commissions permanentes compétentes de chaque assemblée pour donner cet avis.

Cette nouvelle procédure accompagnée d'une audition publique a un effet essentiellement dissuasif s'agissant de nominations de personnalités manifestement incompétentes et désignées uniquement pour services rendus. Il serait nécessaire dès lors de renverser la règle et d'exiger une majorité positive des 3/5e en faveur du candidat.

4. Les propositions de la Commission Jospin

279 Pour les titulaires de certains emplois supérieurs de l'État, elle préconise de renforcer l'efficacité du contrôle qu'exerce actuellement la Commission de déontologie de la fonction publique sur les départs vers le secteur privé. Le délai ouvert pour sa saisine d'office devrait être porté de 10 jours à trois mois et le champ des situations soumises à son contrôle devrait être étendu aux départs vers tout organisme public ayant une activité économique. La Commission préconise aussi d'harmoniser et de renforcer les obligations légales – déclarations d'intérêts et d'activités, règles de déport, incompatibilités – qui sont imposées aux membres des collèges et responsables des autorités administratives indépendantes et d'étendre pour eux le champ du contrôle actuellement exercé par la Commission de déontologie dans les mêmes conditions que pour les titulaires d'autres emplois supérieurs de l'État.

G. Politique étrangère et Défense

280 **La « théorie » du domaine réservé.** Quels sont les domaines respectifs d'action politique du président et du Premier ministre, indépendamment de la lettre de la Constitution, dès lors que ce dernier est véritablement celui du chef de l'État ? Il est des théories qui, sans fondement juridique et même sans fondement tout court, ont la vie longue et durent d'autant mieux que leur nature floue permet à l'interprétation de s'épanouir. Ainsi, l'idée astucieuse de Jacques Chaban-Delmas au congrès de l'UNR en 1959 selon laquelle il existerait un « domaine réservé » au chef de l'État (affaires étrangères, défense, Algérie) le reste étant de la compétence normale du Premier ministre a fait florès. En fait, le fidèle du Général voulait ramener à la raison les partisans de l'Algérie française au sein du parti gaulliste, et leur interdire d'intervenir – par une motion – sur ce sujet qui fâche. Le général de Gaulle ne l'a jamais repris à son compte, mais au contraire, dans ses

Mémoires il a même condamné cette idée (« *il n'y a pas pour moi de domaine qui soit, ou négligé ou réservé* »), de même que son Premier ministre, Georges Pompidou, le 14 avril 1964 à l'Assemblée nationale. Si ces domaines sont naturellement privilégiés, aucun chef de l'État ne s'est interdit d'évoquer, voire de se réserver certains dossiers, le partage des tâches avec le Premier ministre variant en fonction des circonstances et des personnalités avec néanmoins une tendance à la concentration du pouvoir à partir de la présidence de Georges Pompidou, ancien Premier ministre.

1. La politique étrangère

281 **Article 14 de la Constitution**

> *« Le président de la République accrédite les ambassadeurs et les envoyés extraordinaires auprès des puissances étrangères ; les ambassadeurs et les envoyés extraordinaires étrangers sont accrédités auprès de lui. »*

Garant du respect des traités (art. 5), le président de la République dispose en matière de politique étrangère des pouvoirs traditionnellement dévolus au chef de l'État : il accrédite les ambassadeurs (art. 14), négocie et ratifie les traités (art. 52). Il est seulement tenu informé de toutes négociations tendant à la conclusion d'un accord international non soumis à ratification (« *en forme simplifiée* ») – permettant au Gouvernement, *a contrario* de la IVe République, d'« engager » l'État au plan international, réfutant, au moins sur le plan juridique, la thèse d'un domaine réservé du président en matière de politique étrangère. Son autorité en la matière tient cependant moins à cet encadrement normatif qu'à une longue tradition et à l'engagement sous la Ve République du général de Gaulle et de ses successeurs. Les gouvernements de la cohabitation – dont les chefs aspiraient d'ailleurs à devenir présidents de la République – n'ont pas initié de remise en cause complète de cette prééminence politique. Il n'en demeure pas moins que la mise en œuvre de la politique étrangère nécessite l'assistance du Gouvernement (nominations d'ambassadeurs, informations diplomatiques, etc.) Et la cohabitation, tout en permettant de confirmer une certaine prééminence du chef de l'État – qui siège ainsi au Conseil européen – a fait néanmoins de la politique étrangère un domaine effectivement partagé ou négocié avec le Premier ministre, selon les circonstances. En fait, un consensus apparent ayant jusqu'à présent régné, on n'imagine pas ce qui se passerait en cas de désaccord, la contrainte étant moins ici d'ordre juridique qu'extérieure : la France doit parler d'une seule voix.

2. La défense

282 Article 15 de la Constitution

> *« Le président de la République est le chef des armées. Il préside les conseils et comités supérieurs de la Défense nationale. »*

Garant de l'indépendance nationale, de l'intégrité du territoire en vertu de l'article 5 de la Constitution, le président de la République est « *chef des armées* » (art. 15). Il préside les conseils supérieurs de la défense nationale. La mise en œuvre de la politique de défense incombe au Premier ministre « *responsable de la défense nationale* » (art. 21). Si en période normale, la prééminence présidentielle ne fait aucun doute (guerre du Golfe en 1991), en période de cohabitation, la conduite et la définition même de la politique de défense relèvent d'un pouvoir effectivement partagé ou négocié (guerre du Kosovo en 1999). Notons que cette « tradition républicaine » souvent invoquée au soutien de cette prérogative n'existe en réalité que depuis la Ve République. En toutes circonstances, le chef de l'État est cependant le vrai titulaire du pouvoir de décision en matière de dissuasion nucléaire sur le fondement du décret du 12 juin 1996 : l'ordre d'engagement est décidé par le président de la République, chef des armées et président du Conseil de défense : « *Le chef d'État-major des armées, ou le chef d'État-major général des armées, s'il est nommé, est chargé de faire exécuter les opérations nécessaires à la mise en œuvre des forces nucléaires. Il s'assure de l'exécution de l'ordre d'engagement donné par le président de la République, chef des armées et président du conseil de défense* ».

Ce texte abroge le décret du 14 janvier 1964 qui visait aussi la force aérienne, non les sous-marins ou armes tactiques : un oubli malheureux qui a été donc été réparé en 1996. Ce décret a été délibéré en Conseil de ministres : l'accord du président est donc indispensable pour le modifier et confirme la primauté présidentielle en matière nucléaire militaire. Ce décret met donc fin, dans une certaine mesure, au débat sur la question de savoir s'il s'agissait ou non d'un pouvoir partagé, même si la Constitution devrait sur ce point le mentionner. Pour autant, dans son arrêt du 8 décembre 1995 (*Lavaurs et a.*), le Conseil d'État a qualifié d'« acte administratif », et non d'« acte de Gouvernement », le décret de 1964 – et donc celui de 1996. Au contraire, la décision du chef de l'État de procéder à la reprise des essais nucléaires n'est pas détachable de la conduite des relations internationales de la France et échappe, par suite, à tout contrôle juridictionnel (CE 29 sept. 1995, *Association Greenpeace France*).

Enfin, c'est pour clarifier les rôles respectifs du chef de l'État et du Premier ministre que le Comité Balladur suivi en cela par le projet de loi a suggéré que le second ne soit plus que « responsable » de la défense nationale mais mettant en œuvre la politique définie par le chef de l'État. Les deux assemblées ont cependant considéré que la modification de la rédaction de l'article 21 de la Constitution précisant le rôle du Premier ministre en matière de défense nationale n'était pas nécessaire et présenterait plus d'inconvénients que d'avantages, en particulier dans le cas d'une hypothétique nouvelle cohabitation institutionnelle.

H. Les pouvoirs exceptionnels de l'article 16

283 Article 16 de la Constitution

> *« Lorsque les institutions de la République, l'indépendance de la Nation, l'intégrité de son territoire ou l'exécution de ses engagements internationaux sont menacés d'une manière grave et immédiate et que le fonctionnement régulier des pouvoirs publics constitutionnels est interrompu, le président de la République prend les mesures exigées par ces circonstances, après consultation officielle du Premier ministre, des présidents des assemblées ainsi que du Conseil constitutionnel.*
> *Il en informe la Nation par un message.*
> *Ces mesures doivent être inspirées par la volonté d'assurer aux pouvoirs publics constitutionnels, dans les moindres délais, les moyens d'accomplir leur mission. Le Conseil constitutionnel est consulté à leur sujet.*
> *Le Parlement se réunit de plein droit.*
> *L'Assemblée nationale ne peut être dissoute pendant l'exercice des pouvoirs exceptionnels.*

> *Après trente jours d'exercice des pouvoirs exceptionnels, le Conseil constitutionnel peut être saisi par le président de l'Assemblée nationale, le président du Sénat, soixante députés ou soixante sénateurs, aux fins d'examiner si les conditions énoncées au premier alinéa demeurent réunies. Il se prononce dans les délais les plus brefs par un avis public. Il procède de plein droit à cet examen et se prononce dans les mêmes conditions au terme de soixante jours d'exercice des pouvoirs exceptionnels et à tout moment au-delà de cette durée.* »

1. Aux origines de l'article 16

284 Le chef de l'État se voit attribuer aussi les pouvoirs exceptionnels de l'article 16, dans le droit fil du discours de Bayeux et du souvenir de la défaite de 1940. Il faut remonter à la Charte de 1814... pour retrouver une disposition comparable. Malgré les inquiétudes, le climat algérien plaide pour ce dispositif que le Comité consultatif constitutionnel cherchera vainement à entourer de garanties réelles. Inspiré au général de Gaulle par les événements de mai-juin 1940 et l'impuissance constitutionnelle du chef de l'État à assumer ses responsabilités dans ce drame national, l'article 16 doit permettre au président de la République, en cas de crise grave, d'exercer une sorte de dictature à la romaine en lui confiant des pouvoirs exceptionnels, en fait la plénitude du pouvoir législatif et réglementaire. Il faut remonter loin dans le temps et dans l'espace pour retrouver une disposition analogue (art. 14 de la Charte de 1814, art. 48 de la Constitution de Weimar de 1919). Il n'est pas par ailleurs exclusif d'autres pouvoirs de crise comme l'état de siège de l'article 36 de la Constitution ou l'état d'urgence (il reste que la jurisprudence administrative a théorisé à la fin de la Première Guerre mondiale ces « *circonstances exceptionnelles* »). Mais la qualité de chef en ces circonstances peut-elle être révélée par le droit ? Quant au caractère exceptionnel, quelques esprits inquiets voire dérangés avaient proposé avant l'alternance de 1981 l'usage de l'article 16 dans le cas d'une cohabitation conflictuelle...

2. Le régime juridique antérieur à la révision constitutionnelle de 2008

285 L'article 16 donne au chef de l'État tous les pouvoirs, sans contrôle sur l'opportunité de leur mise en œuvre. L'Assemblée nationale, qui bien que réunie de plein droit et ne pouvant être

dissoute, ne peut censurer le Gouvernement : telle fut du moins l'interprétation contestée du président de l'Assemblée nationale en 1961 – sauf si la session de plein droit coïncide avec la session ordinaire. De même, la décision de mettre en œuvre échappe à tout contrôle juridictionnel, « *cette décision présente le caractère d'un acte de Gouvernement dont il n'appartient au Conseil d'État ni d'apprécier la légalité, ni de contrôler la durée d'application* » (CE 2 mars 1962, *Rubin de Servens*), au contraire des décisions prises en application de l'article 16 intervenant dans le champ du règlement. Le Conseil constitutionnel donne un avis motivé et publié, comme le prévoit l'article 53 de l'ordonnance du 7 novembre 1958. Le président de la République n'est aucunement lié par le résultat des consultations auxquelles il est tenu de procéder, mais le désaccord public du juge constitutionnel ou de l'une des autorités consultées le mettrait dans une position très difficile, les décisions en découlant ne donnent lieu qu'à des avis non publiés. La seule réplique pouvant être exercée est la mise en accusation du chef de l'État pour « *manquement à ses devoirs manifestement incompatible avec l'exercice de son mandat* » en vertu de l'article 68. Une solution moins radicale pourrait être la censure du Gouvernement lorsque prend fin la mise en œuvre de l'article 16.

286 **Une durée excessive.** L'article 16 a été utilisé une seule fois en 1961 à la suite du putsch des généraux d'Alger, du 23 avril (jour du message solennel du général) au 29 septembre (soit cinq mois et sans doute au-delà du nécessaire, la tentative de coup d'État militaire ayant avorté le 25 avril). Le Conseil constitutionnel a considéré que les conditions de sa mise en vigueur étaient réunies (décis. 23 avr. 1961, n° 61-1 AR 16). La critique principale a porté sur la durée pendant laquelle les pouvoirs exceptionnels ont été appliqués. Dans ses *Mémoires*, Léon Noël, président du Conseil constitutionnel de 1959 à 1965, note que « *de toute évidence, les conditions avaient, très rapidement, cessé d'être réunies puisque nul n'aurait pu prétendre que le fonctionnement régulier des pouvoirs publics constitutionnels était "interrompu"* ».

287 **Les décisions prises.** Au cours de cette période, 18 décisions ont été prises par le général de Gaulle le plus souvent dans le domaine

législatif (prorogation de l'état d'urgence, suspension de l'inamovibilité des magistrats, révocation d'officiers et de fonctionnaires, prorogation des délais de garde à vue, interdiction de publications, création d'un Haut Tribunal militaire qui prononcera 23 condamnations dont plusieurs à la peine capitale par contumace, d'un tribunal militaire, modification de la procédure pénale, etc.) le plus souvent dans des matières relevant du domaine législatif.

3. Le nouveau régime issu de la révision constitutionnelle de 2008

288 Après le Comité Vedel, le Comité Balladur a proposé d'encadrer ce pouvoir extraordinaire par un contrôle renforcé du Conseil constitutionnel.

Après 30 jours d'exercice des pouvoirs exceptionnels, à compter du message du président de la République, le Conseil constitutionnel peut être saisi par le président de l'Assemblée nationale, le président du Sénat, 60 députés ou 60 sénateurs pour apprécier si les conditions de mise en œuvre des pouvoirs exceptionnels demeurent réunies. Rien n'interdit aux parlementaires de saisir à nouveau le Conseil passé ce délai. Le Conseil émet rapidement un avis public, comme dans le cas des consultations préalables lors de la décision de mise en œuvre de l'article 16. Après 60 jours d'exercice des pouvoirs exceptionnels, il rend un nouvel avis ou un premier s'il n'a pas été saisi antérieurement, ce qui est improbable. Enfin, au-delà du délai de 60 jours, le Conseil constitutionnel peut de sa propre initiative, émettre un nouvel avis à tout moment, s'il considère que les conditions ne sont plus réunies. On imagine ainsi difficilement que le chef de l'État, sauf à ouvrir une autre crise politique majeure pouvant mener à sa destitution, puisse négliger de façon répétée les avis - mêmes simples - du Conseil constitutionnel, passé une période - raisonnable - de 30 jours pendant laquelle il exerce un pouvoir sans contrôle.

I. Le droit de grâce individuel

289 **Article 17 de la Constitution**

> « *Le président de la République a le droit de faire grâce à titre individuel.* »

290 **La grâce.** Ce droit consiste à dispenser les personnes condamnées de tout ou partie de leur peine. Avant l'abolition de la peine de mort en 1981, ce droit prenait un sens tout particulier puisqu'il permettait de commuer cette peine en une autre... Avant la révision constitutionnelle du 23 juillet 2008, la grâce pouvait être individuelle ou collective – permettand de vider les prisons en cas de surpopulation – mais n'effaçait pas l'infraction du casier judiciaire. Elle doit être distinguée de l'amnistie, collective, et qui ressortit de la compétence du législateur, les projets de lois étant cependant souvent présentés à la demande du chef de l'État. Depuis 2008, elle ne peut être désormais qu'individuelle. Le Comité Balladur avait suggéré un avis préalable du Conseil supérieur de la Magistrature et, dans le projet initial du Gouvernement était prévu l'avis d'une commission *ad hoc*. Cette disposition qui aurait conduit à renforcer le prestige du Conseil, a été jugée superfétatoire, les recours étant instruits par le bureau des grâces du ministère de la Justice, jouant un rôle de recommandation et d'avis.

291 **Un droit régalien.** Il s'agit d'un pouvoir traditionnel du chef de l'État d'origine monarchique, portant d'ailleurs atteinte à la séparation des pouvoirs. Sous la IVe République, il avait été transféré au Conseil supérieur de la magistrature qui l'exerçait collectivement, le président de la République ne disposant que d'une voix prépondérante en cas de partage. Le chef de l'État retrouve donc ce droit en 1958, exercé avec le contreseing du Premier ministre et du garde des Sceaux. Celui-ci est traditionnellement formel, en toutes circonstances politiques. En outre, les décrets présidentiels ne peuvent être discutés devant les assemblées en vertu d'une coutume constitutionnelle. Par ailleurs, le décret de grâce n'émanant pas d'une autorité administrative, il est insusceptible de recours (CE ass. 28 mars 1947, *Gombert*) et n'est donc pas plus un acte administratif communicable (CE 7 sept. 1997, *François*).Trois cents à quatre cents mesures de grâce présidentielle étaient prises chaque année avant la réforme de 2008 (réduction ou dispense de peine de prison, relèvements d'incapacité, remise de paiement d'amendes, etc.).

J. Le droit de message

292 Article 18 de la Constitution

> *« Le président de la République communique avec les deux assemblées du Parlement par des messages qu'il fait lire et qui ne donnent lieu à aucun débat.*
> *Il peut prendre la parole devant le Parlement réuni à cet effet en Congrès. Sa déclaration peut donner lieu, hors sa présence, à un débat qui ne fait l'objet d'aucun vote.*
> *Hors session, les assemblées parlementaires sont réunies spécialement à cet effet. »*

293 **Le droit de message (alinéa 1).** Dans la Constitution de 1848, inspirée du modèle américain, le président de la République doit présenter « chaque année, par un message à l'Assemblée nationale, l'exposé de l'État général des affaires de la République ». Quant à l'interdiction de l'accès du président de la République aux assemblées, elle résulte de la loi du 13 mars 1873 (le « cérémonial chinois » visant à interdire de parole Thiers) et de l'article 6 de la loi constitutionnelle du 16 juillet 1875 le chef de l'État n'a pas accès aux chambres – en vertu de son irresponsabilité politique, seul le cabinet l'étant devant elles. Sous les IIIe et IVe Républiques il est soumis au contreseing gouvernemental (dont René Coty devait s'affranchir en appelant à l'investiture du général de Gaulle le 29 mai 1958). Depuis 1958, ce droit est libéré de toute contrainte et utilisé dans des circonstances solennelles par les présidents successifs (par exemple au lendemain de l'élection présidentielle et au début des législatures, lors de la guerre du Golfe, à l'occasion de la ratification du traité d'Amsterdam.

294 **Le droit de message revu et corrigé (nouveau alinéas 2 et 3).** Le chef de l'État peut prendre depuis la révison de 2008 la parole devant le Parlement réuni à cet effet en Congrès. Hors session, les assemblées sont réunies à cet effet. Sa déclaration peut donner lieu, hors sa présence, à un débat qui ne fait l'objet d'aucun vote alors que le projet de loi constitutionnelle l'autorisait aussi à prendre la parole devant l'une ou l'autre assemblée. Cette disposition souhaitée par Nicolas Sarkozy – mais aussi jadis par le général de Gaulle – est une façon pour le président de rendre compte de son action devant la représentation nationale. Elle serait de nature à revalori-

ser aussi la place du Parlement, lieu naturel du débat démocratique mais peut s'avérer aussi périlleuse pour le chef de l'État. Cette modification a été critiquée en ce que le chef de l'État ne pouvait voir, à cette occasion, engagée sa responsabilité politique. En réalité, cette attribution n'est pas un « pouvoir » supplémentaire alors que la dissolution de l'Assemblée nationale trouve justement sa réplique dans la mise en jeu de la responsabilité politique du Gouvernement devant cette même assemblée. Pour autant, on a du mal à percevoir l'intérêt pratique, hormis le caractère spectaculaire, de ce nouveau droit utilisé une seule fois le 22 juin 2009 par le président Sarkozy. Le chef de l'État peut s'adresser en effet directement à la Nation par la voie des médias – ce qui souligne en creux le caractère archaïque de l'ancienne version de l'article 18 mais aussi un peu de la nouvelle... sauf en cas de cohabitation : un moment de choix !

295 **Le droit de parole dans les médias..** Les médias ont considérablement modifié les modes d'expression des politiques qui ont longtemps réservé la primeur de leur intervention aux parlementaires. Mais la liberté d'usage des médias, s'agissant particulièrement du chef de l'État pose un problème juridique, plutôt original. En droit, en effet, le président est irresponsable politiquement sauf en cas de haute trahison, conformément à la tradition parlementaire. Or, logiquement, ses déclarations doivent faire l'objet d'un contreseing. Cette règle se traduisait, avant 1958, par le fait que ses déclarations étaient visées par le président du Conseil sous les IIIe et IVe Républiques et même lors des voyages présidentiels, un ministre était toujours présent pour assister à ses discours, endossant ainsi symboliquement les paroles du chef de l'État. La doctrine considérait d'ailleurs que si le président faisait des déclarations contraires à la politique du Gouvernement, ce dernier devait manifester sa désapprobation en... démissionnant. Cette règle semble difficilement applicable s'agissant notamment des interventions audiovisuelles du président élu au suffrage universel direct. C'est pourquoi la règle est tombée en désuétude même si un ministre accompagne toujours en principe le chef de l'État dans ses déplacements... En outre, elle est inopposable en période de cohabitation au chef de l'État qui au travers de son droit de

parole, exerce une fonction « tribunicienne » à l'image du tribun de la plèbe à Rome.

Enfin, rappelons que dans l'arrêt *Hollande et Mathus* du 8 avril 2009, le Conseil d'État a considéré que les interventions du président de la République devraient désormais être prises en compte dans « l'appréciation du respect du pluralisme politique par les médias audiovisuels » et invité le CSA à distinguer, dans les interventions du président de la République, ce qui relève des enjeux politiques nationaux et ce qui y est étranger (v. DDH, art. XI, art. 34.1 et chap. 5 ss 404).

K. Les autres pouvoirs du chef de l'État

296 • Vis-à-vis du **Parlement** : voir article 29 (sessions extraordinaires) et chapitre 16 (révision) ss 739.

• Vis-à-vis du **Conseil constitutionnel** : voir chapitre 7 (art. 54 et 61) ss 539.

• Vis-à-vis de la **justice** : voir chapitre 8 (art. 64) ss 611.

§ 3. La responsabilité politique et pénale du chef de l'État

297 Voir chapitre 9, sous 628.

Bibliographie

Bottini (F.), « La promulgation des lois parlementaires », *RFDC* 2008, n° 76, p. 761.

Capitant (R.) *Écrits politiques*, Flammarion, 1971.

Cohendet (M.-A.), Conan (M.), « Amnistie présidentielle et tradition », *RD publ.* 2001, p. 57.

Jan (P.), *Le président de la République au centre du pouvoir*, Doc. fr., 2011.

Le Gall (J.), *Les institutions de la Ve République à l'épreuve de l'alternance : la présidence de François Mitterrand*, LGDJ, 1997.

Le Bos-Le Pourhiet (A.-M.), « La répartition du pouvoir réglementaire sous la Ve République », *RD publ.* 1992. 1822 s.
Massot (J.), *L'arbitre et le capitaine*, Flammarion, 1987.
Morabito (M.), *Le chef de l'État en France*, Clefs, 1996.
Richir (I.), *Le président de la République et le Conseil constitutionnel*, PUF, 1998.
Romi (R.), « Le président de la République, interprète de la Constitution », *RD publ.* 1987. 1267 s.
Sauve (J.-M.), « Le Conseil des ministres », *Mélanges Gicquel*, Montchrestien, 2008.
Toulemonde (G.), Descloudres (H.), « Les décrets relatifs à la composition du Gouvernement. Recherche d'une cohérence », *RD publ.* 2004. 333.
Turk (P.), « Le droit de grâce présidentiel à l'issue de la révision du 23 juillet 2008 », *RFDC* 2009, n° 79, p. 513.
Vidal-Naquet (A.), « Un président de la République plus "encadré" », *JCP* 2008. I. 17.
Viel (M.-T.), « La répartition des compétences en matière militaire entre le Parlement, le président de la République et le Premier ministre », *RD publ.* 1993. 141.
De Villiers (M.), « Stratégie et diplomatie dans la Constitution de la Ve République », in Cercle des constitutionnalistes, *Les 50 ans de la Constitution, op. cit.*
Voisset (A.), *L'article 16 de la Constitution du 4 octobre 1958*, LGDJ, 1969.

CHAPITRE 3

Le Gouvernement

298 Il faut remonter à l'Empire pour voir le « Gouvernement » strictement identifié au pouvoir exécutif. Les autres Constitutions, en particulier celles de 1875 et de 1946 ne faisaient pas État du Gouvernement en lui-même mais dans ses relations avec les autres pouvoirs. Il fait l'objet du titre III de la Constitution après le président de la République mais apparaît dans une quinzaine d'autres articles de la Constitution. Ce titre III définit le rôle ainsi que certains pouvoirs du Gouvernement et du Premier ministre (art. 20 à 22) et fixe le statut des membres du Gouvernement (art. 23). Pour autant, comme on le verra, le Gouvernement fait l'objet de bien d'autres dispositions dans d'autres titres de la Constitution.

SECTION 1

LA FONCTION ET LES POUVOIRS DU PREMIER MINISTRE

299 **Article 20 de la Constitution**

> *« Le Gouvernement détermine et conduit la politique de la Nation. Il dispose de l'administration et de la force armée.*

> *Il est responsable devant le Parlement dans les conditions et suivant les procédures prévues aux articles 49 et 50. »*

La formulation de l'article 20, alinéa 1er a été longtemps opposée au général de Gaulle par son futur successeur (François Mitterrand) arguant qu'il sortait de son rôle d'arbitre de l'article 5... Ces débats sémantiques furieux sont devenus vains après l'épreuve de l'alternance de 1981 et l'admission dans les esprits de la prééminence présidentielle, en dehors des textes, même si la révision constitutionnelle du 23 juillet 2008 n'a pas levé l'ambiguïté.

§ 1. Les pouvoirs du Gouvernement dans son ensemble et sa responsabilité devant le Parlement

300 Il s'agit des attributions exercées par le gouvernement de manière obligatoire.

A. Les pouvoirs du Gouvernement

301 **L'administration et la force armée.** L'Administration comme l'armée sont subordonnées à lui en démocratie et mettent en œuvre sa politique, sous réserve des compétences du chef de l'État en matière de défense (v. chap. 2, art. 15 ss 282). Au surplus, l'ordonnance du 7 janvier 1959 indique que le Premier ministre exerce la direction générale et militaire de la Défense nationale.

Le Premier ministre et le Gouvernement peuvent ainsi compter sur des structures permanentes.

• Fort d'une centaine de collaborateurs permanents, sous l'autorité d'un secrétaire général, le Secrétariat général du Gouvernement, véritable mémoire de l'État, assure la continuité de l'action gouvernementale et assiste juridiquement le Premier ministre. Outre la préparation technique des Conseils de ministres en liaison avec la présidence de la République, il intervient dans l'élaboration des projets de lois et de règlements en veillant au respect des procédures et à la perfection juridique des textes, de leur conception à leur adoption et publication.

• Le Secrétariat général du comité interministériel pour les questions de coopération économique européenne (SGCI) a pour mission d'arrêter techniquement les instructions des représentants français au Conseil des ministres et de préparer la transposition dans l'ordre juridique interne des directives communautaires.

• Le Secrétariat général de la défense nationale prépare les Conseils de défense, assure l'information du Gouvernement et des administrations sur les questions de défense.

D'autres services sont rattachés au Premier ministre : en matière de communication gouvernementale, le service d'information du Gouvernement (SIG), et dans une moindre mesure opérationnelle, la Documentation française, le *Journal officiel*. Une série de services relatifs à la fonction publique lui sont de même rattachés (la direction générale de la fonction publique, l'ENA, les instituts régionaux d'administration). Enfin une constellation d'organismes comme le Commissariat général au plan, la délégation à l'aménagement du territoire et une série d'observatoires lui permettent de prévoir et d'agir.

302 **Les autres pouvoirs.** Le Gouvernement est habilité à saisir le Conseil constitutionnel pour lui demander de constater l'empêchement du chef de l'État et assure collectivement l'intérim en cas d'empêchement du président du Sénat (chap. 2, art. 7, al. 4 ss 222). Outre ces prérogatives d'usage vraiment exceptionnel, il peut se substituer pour un temps déterminé au Parlement dans le domaine législatif par ordonnances (art. 38) et user, en cas de crise grave, des pouvoirs de crise (art. 36).

B. La responsabilité du Gouvernement devant le Parlement

303 Voir chapitre 4, ss 324.

§ 2. Le Premier ministre

304 **Article 21 de la Constitution**

> *« Le Premier ministre dirige l'action du Gouvernement. Il est responsable de la Défense nationale. Il assure l'exécution des lois. Sous réserve des dispositions de l'article 13, il exerce le pouvoir réglementaire et nomme aux emplois civils et militaires.*
> *Il peut déléguer certains de ses pouvoirs aux ministres.*
> *Il supplée, le cas échéant, le président de la République dans la présidence des conseils et comités prévus à l'article 15.*
> *Il peut, à titre exceptionnel, le suppléer pour la présidence d'un Conseil des ministres en vertu d'une délégation expresse et pour un ordre du jour déterminé. »*

A. Le Premier ministre « dirige l'action du Gouvernement » (article 20, alinéa 1)

305 **L'héritier d'une longue tradition.** Après Richelieu et Mazarin portant le titre de « principal ministre », Louis XIV « résolus sur toutes choses de ne point prendre de Premier ministre [...] rien n'étant plus indigne que de voir d'un côté toutes les fonctions et de l'autre le seul titre de roi » (Mémoires). Le titre fera l'objet, tout au long de son histoire de contestations, Louis XV suivant les préceptes de son prédécesseur puis, après la Révolution, Napoléon... La Restauration de 1814 devait confirmer cette éclipse historique souhaitant empêcher la formation d'un cabinet à l'anglaise : « c'est ma volonté qui doit tout faire » (Louis XVIII). Pourtant c'est sous la Restauration qu'apparaît de façon coutumière – et intermittente – un « président du Conseil » (le Conseil des ministres étant en droit présidé par le chef de l'État dont le rôle ira s'affermissant avec le développement du parlementarisme). Sous la IIIe République, les lois constitutionnelles de 1875 l'ignorent, aucun ministre n'étant distingué de ses voisins. En fait, le président du Conseil tend à personnifier « toute la force gouvernementale » (Poincaré) mais aussi sa faiblesse... Il ne dispose d'aucun pouvoir propre et n'est que le *primus inter pares* au sein du Gouvernement. C'est sa personnalité, le cas échéant, qui impose la fonction (Gambetta,

Waldeck-Rousseau, Clemenceau, Briand, Poincaré, Tardieu, Blum). Il ne dispose d'un embryon de services propres qu'au lendemain de la guerre (parfois victimes de coupes budgétaires !) et de services « pleins » qu'à partir de 1934. Sous la IVe République, le président du Conseil reçoit sa consécration constitutionnelle sans pour autant présider en droit le Conseil des ministres, attribution formelle du chef de l'État. Le Premier ministre, dans son titre et la plénitude de ses pouvoirs n'apparaît comme chef authentique du Gouvernement et des ministres qui le compose qu'en 1958. Et il découle de l'article 8 que le chef de l'État nomme librement le Premier ministre. Sur ce point, on a vu que ses prédécesseurs disposaient toutefois sous les IIIe et IVe Républiques d'une capacité d'intervenir dans cette nomination revenant cependant, en dernier lieu, à l'Assemblée. La nouveauté est que le chef de l'État ne prend aucun avis et surtout que le Gouvernement existe juridiquement dès sa nomination.

306 **Un véritable chef du Gouvernement sous la Ve République.** « *Le Premier ministre dirige l'action du Gouvernement* » (art. 21) qui « *détermine et conduit la politique de la Nation* » (art. 20). C'est en son nom qu'il parle, notamment lorsqu'il présente son programme ou engage sa responsabilité devant l'Assemblée nationale. Certes, l'autorité qu'il exerce sur les ministres est politique et non juridique n'étant pas le supérieur hiérarchique des ministres. Mais, elle l'autorise à coordonner, par voie de circulaire, la méthode et le rythme de travail gouvernemental et surtout à arbitrer entre les ministres en cas de conflits ou surtout lors de la mise au point du projet de loi de finances (« lettres de cadrage » et « lettres-plafonds »). C'est à lui qu'il incombe de faire respecter la solidarité gouvernementale et d'apparaître comme le coordinateur de la majorité parlementaire ou son chef en période de cohabitation.

Le Premier ministre dispose d'un cabinet comprenant une soixantaine de membres officiels – et officieux –, dirigé par un directeur de cabinet et composé de conseillers techniques. Il est chargé de centraliser l'information, de suivre les dossiers de chaque ministère pour le compte du chef du Gouvernement. Il est aussi assisté d'un cabinet militaire. Le Premier ministre peut ainsi compter sur des structures permanentes.

307 **Le « chef d'État-major » du président de la République (René Capitant).** Dès lors que le président agit normalement par le relais du Gouvernement s'il dispose d'une majorité parlementaire, même incertaine, le Premier ministre apparaît dès lors comme le « chef d'État-major » du président de la République selon la formule de René Capitant, professeur de droit et gaulliste historique, c'est-à-dire un exécutant de sa volonté politique, mais participant – inégalement – à sa conception. Ici encore, le quinquennat a sensiblement accentué cette tendance.

308 **Le « bouclier » ou le « fusible ».** Le Premier ministre peut aussi faire office de « bouclier » voire de « fusible » du président, selon d'ailleurs une tradition monarchique ressuscitée sur le plan de la littérature populaire par Alexandre Dumas et ses trois mousquetaires : le roi Louis XIII est naturellement bon, le cardinal Richelieu, foncièrement mauvais... Le peuple aime son roi mais déteste son principal ministre. L'imaginaire n'est pas ainsi étranger au droit constitutionnel. Typique fut ainsi la situation de Raymond Barre de 1978 à 1981, endossant l'impopularité du président, ou plus clairement Alain Juppé en pleine crise sociale, assumant celle du chef de l'État... Dans le même esprit romanesque, la dissolution de 1997 fut parfois attribuée à l'entourage du président et son échec à la mauvaise politique de son Premier ministre... Celui-ci peut aussi se défausser sur son ministre (affaire du *Rainbow Warrior* sous Laurent Fabius qui provoqua la démission du ministre de la défense, Charles Hernu en 1985) ou selon la technique de la passe en arrière, démissionner ses collaborateurs directs (affaire *Habbache* en 1985 qui provoqua sous Roland Dumas le départ du secrétaire général du Quai d'Orsay) ou apparaître comme Jacques Chirac dans l'affaire du contrat première embauche en 2007 comme l'ultime recours... C'est pourquoi le successeur de Jacques Chirac a pris le risque de s'afficher comme « *un président qui gouverne* » mais a fait perdre le charme du romanesque de la légende des Trois mousquetaires. Francçois Hollande est revenu à la tradition.

Il est cependant des « chefs d'État-major » qui ont fait preuve d'une certaine autonomie à l'endroit du chef de l'État, tentant même à « déterminer » la politique de la Nation. Ces expériences n'ont pas été toujours concluantes pour leurs auteurs comme on l'a vu, quoique durables. Hormis le cas contesté de Georges Pompidou à partir de 1965, devant apparaître à terme comme un rival du général de Gaulle, d'autres cas sont plus avérés : Jacques Chaban-Delmas tentant à partir de 1969 d'instaurer la « nouvelle société » devait être remercié par Georges Pompidou en 1972 quelques jours après avoir reçu la confiance de l'Assemblée ; Jacques Chirac, Premier ministre du président Giscard d'Estaing à partir de 1974 démissionnant deux ans plus tard ; Michel Rocard, Premier ministre de François Mitterrand à partir de 1988, démissionné en 1991.

309 **La coordination interministérielle.** On a évoqué plus haut les conseils restreints, réunions le plus souvent coutumières, présidées par le président de la République, de ministres et de hauts fonctionnaires sur certains sujets. Les comités intermistériels se réunissent sous la présidence du Premier ministre, de ministres et de hauts fonctionnaires. Sauf cohabitation, un représentant du président de la République y assiste généralement. La pratique et l'intitulé ont fluctué. Le comité interministériel *stricto sensu* est aujourd'hui établi par un texte et périodiquement réuni (aménagement du territoire, qualité de la vie, sécurité routière, ville, etc.). En période de cohabitation, sont convoquées sur un sujet *ad hoc* des « réunions de ministres ». En outre, plus essentielles sont les réunions interministérielles : sous la présidence d'un collaborateur du Premier ministre se réunissent les membres des cabinets intéressés et les fonctionnaires qui les assistent. Elles permettent de coordonner l'activité ministérielle et de souligner les éventuels désaccords qui seront soumis à l'arbitrage du Premier ministre après consultation des ministres. Enfin, le conseil de Cabinet réunit tous les ministres sous la présidence du Premier ministre. Cette pratique, disparue aux débuts de la Ve République (une douzaine jusqu'en 1961) du fait de la présidentialisation du régime, a repris un peu d'intensité pendant les périodes de cohabitation.

B. Les pouvoirs du Premier ministre, chef du Gouvernement (article 21, alinéa 1)

310 **Le responsable de la défense nationale.** (v. aussi chap. 2, ss 205) Si on a déjà noté la primauté de fait du chef de l'État, le comité Vedel a proposé, sans succès, en 1993 comme le Comité Balladur en 2008, d'en tirer les conséquences juridiques en proposant de faire du Premier ministre le responsable de l'organisation de la défense nationale.

311 **Chargé de l'exécution des lois...** Le Premier ministre prend les mesures nécessaires pour l'application des lois. Il s'agit d'un pouvoir qu'il exerce avec le contreseing des ministres chargés de l'« exécution ». Certaines lois ne nécessitent pas de mesures d'application et sont mises en œuvre directement, tandis que d'autres exigent des décrets, arrêtés ou circulaires. Ces textes doivent être pris dans un délai maximal de six mois. La responsabilité de l'État peut être engagée du fait de la non-intervention des décrets d'application dans un délai raisonnable (CE ass. 27 nov. 1964, *Vve Renard*), variable selon les cas d'espèce. Outre un suivi de ces textes par le ministère responsable, le secrétariat général du Gouvernement, à l'Assemblée nationale, le rapporteur d'une loi présente à la commission compétente un rapport sur l'application de la loi à l'issue d'un délai de six mois après son entrée en vigueur (puis le réentend dans le même délai si les textes réglementaires nécessaires n'ont pas été pris). Au Sénat, une commission pour le contrôle de l'application des lois en est chargée. Des circulaires du Premier ministre rappellent régulièrement aux ministres l'obligation d'une rapide et complète application des lois. Les retards constatés en la matière ont eu tendance à se résorber ces dernières années. Selon les rapports du Sénat : « *de 9 % en 2002-2003, le taux moyen d'application des lois votées chaque année a successivement atteint 14 % en 2003-2004, 16 % en 2004-2005 et 30 % en 2005-2006, pour aboutir à la fin de la XII*e *législature (2009-2010), à un taux d'application de 64 % sur l'ensemble des lois votées depuis 5 ans. Certaines lois datant des années quatre-vingt étaient alors, toujours en attente de suivi réglementaire et au cours de la XIII*e *législature, à la date du*

31 décembre 2011, 202 lois ont été promulguées (hors celles portant approbation de conventions et accords internationaux et hors lois constitutionnelles). Parmi celles-ci figurent 71 lois d'application directe et 131 lois prescrivant un suivi réglementaire. Sur ces 131 lois, 77 lois (59 %) ont été totalement mises en application, 49 lois (37 %) n'ont été que partiellement mises en application, tandis que 4 lois (3 %) n'étaient pas du tout mises en application et qu'une loi a vu son application différée »...

312 **La nomination aux emplois civils et militaires.** (v. aussi chap. 2, ss 205) L'article 21 de la Constitution dispose que le Premier ministre nomme aux emplois civils et militaires, sous réserve des dispositions de l'article 13 de la Constitution qui renvoie lui-même à une loi organique le soin de définir « *les conditions dans lesquelles le pouvoir de nomination du président de la République peut être par lui délégué pour être exercé en son nom* ». L'article 3 de l'ordonnance n° 58-1136 du 28 novembre 1958 prise pour l'application de ces dispositions prévoit que « le pouvoir de nomination du Premier ministre ne s'exerce qu'en vertu des délégations expressément consenties par décret du président de la République ». Ainsi, faute de délégation, le pouvoir de nomination ne peut être exercé que par le président de la République, prise sous la forme d'un décret en conseil des ministres. Ces délégations sont fort rares sous la Ve République et concernent la nomination de conservateurs généraux des bibliothèques et directeurs et présidents des instituts régionaux d'administration...

313 **Le détenteur du pouvoir réglementaire.** (v. aussi chap. 4, ss 324) La Constitution a fait du Premier ministre le détenteur du pouvoir réglementaire de droit commun (art. 21 et 37) – sous réserve de la compétence d'attribution du chef de l'État (art. 13). En vertu de l'article 21 de la Constitution – mais aussi de la tradition du droit public français, c'est le Premier ministre qui dispose du pouvoir réglementaire général, ses décrets sont contresignés par le(s) ministres responsable(s). L'étendue du pouvoir réglementaire général, c'est-à-dire de droit commun, est définie par l'article 37-1. Sur ce point, il est utile de signaler qu'il n'existe pas (plus) de différence entre les règlements dits « autonomes » (art. 37-1) et ceux dits « d'application » (art. 21) : leur régime juri-

dique est identique dès lors que tous les règlements sont des actes administratifs, soumis au contrôle du juge administratif. Le Gouvernement a les moyens de protéger ce « domaine » (art. 37-2 et 41).

C. Les autres pouvoirs attribués par la Constitution au Premier ministre

314 Outre le pouvoir d'avis (dissolution de l'art. 12, pouvoirs exceptionnels de l'art. 16), de proposition en matière de révision constitutionnelle (art. 89), les autres pouvoirs du Premier ministre relèvent pour l'essentiel des relations entre le Gouvernement et le Parlement (v. chap. 5, ss 404).

• Le Premier ministre peut, après consultation du président de l'assemblée concernée, décider de la tenue de jours supplémentaires de séance (art. 28).

• Il peut aussi demander au chef de l'État la réunion du Parlement en session extraordinaire (art. 29).

• Le Premier ministre dispose de l'initiative des lois concurremment avec les membres du Parlement (art. 39).

• Il appartient au Premier ministre d'interrompre la navette et de convoquer la commission mixte paritaire (art. 45 nouveau).

• Il engage, après délibération du Conseil des ministres, devant l'Assemblée nationale, la responsabilité de son Gouvernement sur un texte (art. 49, al. 1 et 3).

• Il a la faculté de demander au Sénat l'approbation d'une déclaration de politique générale (art. 49-4).

• Il peut déférer une loi avant sa promulgation au Conseil constitutionnel (art. 61-2).

D. Le pouvoir second des ministres

315 Ils sont chargés de la gestion quotidienne des départements ministériels à la tête desquels ils sont placés. À ce titre, ils disposent de pouvoirs relatifs à l'organisation des services (arrêtés ministériels) (CE 7 févr. 1936, *Jamart*). Ils ne peuvent exercer le pouvoir réglementaire, sauf délégation expresse du Premier ministre.

Cependant, les ministres chargés de l'exécution des décrets du Premier ministre les contresignent. De même les ministres responsables contresignent les décrets pris en Conseil des ministres et signés par le chef de l'État. Ils sont par ailleurs ordonnateurs des dépenses de leur ministère.

316 **Le cabinet du ministre.** Le ministre est assisté d'un cabinet, composé d'un directeur – « la doublure » du ministre, d'un chef de cabinet gérant l'intendance, de conseillers techniques. Composé de façon discrétionnaire par le ministre, il rassemble pour l'essentiel des fonctionnaires, issus eux-mêmes largement de l'ENA et pour lesquels ce passage constitue en principe un puissant accélérateur de carrière.

Les cabinets ministériels – à l'image des entourages du président de la République et du Premier ministre prennent une importance croissante dans le traitement des problèmes, aux dépens des services et des directeurs d'administration centrale. Faisant écran entre le ministre et l'Administration, on dénonce aussi leur irresponsabilité et la politisation – à court terme – qu'ils impriment aux choix publics. « *Souple passerelle qui relie l'Administration au pouvoir politique* » (Paul Morand), ils présentent cependant l'avantage de ne pas être cloisonnés comme les services de l'Administration et de donner au ministre une vue d'ensemble des problèmes.

E. Le contreseing des ministres

317 Article 22 de la Constitution

> « *Les actes du Premier ministre sont contresignés, le cas échéant, par les ministres chargés de leur exécution.* »

En vertu de l'article 22 de la Constitution, les actes du Premier ministre sont contresignés, le cas échéant, par les « ministres chargés de leur exécution » – et comme les actes que président de la République est tenu de signer, par les « ministres responsables » Selon le Conseil d'État, il s'agit de « ceux qui seront compétents pour signer ou contresigner les mesures réglementaires ou individuelles que comporte nécessairement l'exécution de cet acte » (CE ass. 27 avr. 1962, *Sicard et a.*). Inversement, le fait qu'un ministre soit intéressé par le sujet ne justifie pas, à lui seul, qu'il appose son contreseing.

SECTION 2
LES INCOMPATIBILITÉS DES MEMBRES DU GOUVERNEMENT

318 Article 23 de la Constitution

> *« Les fonctions de membre du Gouvernement sont incompatibles avec l'exercice de tout mandat parlementaire, de toute fonction de représentation professionnelle à caractère national et de tout emploi public ou de toute activité professionnelle.*
> *Une loi organique fixe les conditions dans lesquelles il est pourvu au remplacement des titulaires de tels mandats, fonctions ou emplois.*
> *Le remplacement des membres du Parlement a lieu conformément aux dispositions de l'article 25. »*

A. L'incompatibilité avec un mandat parlementaire

319 **Les origines de la règle.** Ce principe rompt avec la tradition parlementaire en France quoique la Constitution de 1791 posât cette règle pour empêcher Mirabeau de devenir ministre, mais aussi selon Robespierre pour empêcher la « corruption de la Chambre » (« *les membres de l'Assemblée nationale ne peuvent être promus au ministère pendant la durée de leurs fonctions, ni pendant deux ans après en avoir cessé l'exercice* » ; art. 2, sect. IV). La règle fut reprise par la Constitution de l'an III et fut un des éléments de la construction du régime parlementaire, le nombre de ministres choisis dans le Parlement signifiant progressivement au XIXe siècle l'union entre le cabinet et les chambres.

Le problème, sous les IIIe et IVe Républiques est qu'elle contribuait à l'instabilité ministérielle : d'une part un parlementaire devenu ministre savait qu'en cas de démission du Gouvernement il ne prenait aucun risque ; d'autre part les parlementaires non ministres, aspirant à le devenir, ne répugnaient pas aux crises ministérielles (un député sur quatre a été ministre sous la IIIe République). André Tardieu, une des figures du courant de réforme de l'État des années trente peut ainsi écrire en 1937 : « *Chaque député nouvellement élu n'a qu'une ambition, celle de devenir ministre en passant par les grandes commissions et les secrétariats d'État. C'est pourquoi, il faut couper court à ce jeu stérile en établissant la règle de l'incompatibilité* ». Quant au général de Gaulle, il en fait un des axes de sa pensée constitutionnelle depuis la guerre : « *(Il) n'y a pas d'autre solution que séparer complètement ce qui est législatif (les partis) et ce qui est exécutif. Il faut nous mettre résolument dans cette pratique que les ministres, hommes de l'État, ne peuvent et ne doivent pas provenir des partis* » (lettre du général de Gaulle à Michel Debré, 3 juill. 1946). Notons au contraire qu'en Grande-Bretagne, en présence de partis structurés, elle contribue tout au contraire à l'union entre le Gouvernement – fort d'une centaine de membres – et la Chambre des communes.

320 **La règle et ses contournements.** En vertu de l'ordonnance du 17 novembre 1958, à l'expiration d'un délai d'un mois à compter de sa nomination, le parlementaire devenu membre du Gouvernement, s'il choisit d'y rester, perd définitivement son mandat au profit de son suppléant qui achève le mandat en cours. Pendant ce délai, il ne peut participer aux votes dans son assemblée. Si le ministre quitte le Gouvernement, son suppléant ne lui restitue pas son siège, sauf s'il démissionne provoquant une élection partielle. Le suppléant ne peut cependant faire acte de candidature lors de l'élection suivante. Notons que le Conseil constitutionnel s'est opposé à ce qu'un ministre puisse sans élection succéder à un remplaçant décédé ou démissionnaire. Il a décidé que la perte du mandat était définitive, le ministre déchu de ses fonctions ne pouvant regagner son siège qu'à la faveur d'une nouvelle élection (Cons. const. 5 juill. 1977, *Remplaçants parlementaires*).

Les parlementaires n'ont jamais vraiment accepté la règle de l'incompatibilité. D'une part, un ministre a rarement, une fois nommé, pris ses distances avec les électeurs de sa circonscription ;

d'autre part, il demande souvent à son suppléant de démissionner si d'aventure il quittait ses fonctions ministérielles : il est rare qu'il s'y refuse...

Le président Giscard d'Estaing en septembre 1974 avait proposé un projet de loi constitutionnelle prévoyant la possibilité pour un ancien ministre de retrouver automatiquement son siège. Adopté par les deux assemblées, et dans la crainte de le voir rejeté par le Congrès, le projet a été ajourné. En juin 1977, une loi organique ayant le même objet a été déclarée contraire à la Constitution par le Conseil constitutionnel. Et le Comité Vedel a repris en 1993 cette proposition, en vain. Le Comité Balladur l'a fait en 2008 avec plus de succès.

• **Le retour automatique des anciens ministres au Parlement** (v. chap. 4, art. 25, ss 344).

B. Les autres incompatibilités

321 Le traitement du ministre doit en principe le mettre à l'abri des pressions et des conflits d'intérêts. Notons que depuis la loi du 11 mars 1988, il doit remplir dans les deux mois suivant sa nomination et ceux suivant son départ une déclaration de patrimoine déposée auprès du président de la Commission pour la transparence financière. La commission apprécie les variations éventuelles et est en droit de saisir le parquet. Il ne peut exercer aucune autre activité professionnelle d'ordre privé ou public.

322 **Avec des fonctions professionnelles publiques et privées.** L'incompatibilité ne concerne que quelques activités professionnelles. Elle n'exclut pas la poursuite d'activités, même libérales, notamment celle d'avocat... mais empêche qu'ils plaident dans des affaires où l'État est partie. Il peut alors confier provisoirement la gestion de son cabinet à un confrère. Cette interdiction est nouvelle et tient aux abus – rares – tenant jadis à la pression exercée par certains ministres-avocats sur des magistrats.

• **Avec des fonctions publiques.** Un fonctionnaire nommé ministre doit se mettre en congé pour exercer ses nouvelles fonctions, à l'exception des professeurs de l'enseignement supérieur qui peuvent continuer à enseigner. Le cumul reste possible avec une fonction publique élective. Cette faculté a été critiquée dans la mesure où le ministre ne se consacrerait pas à temps plein à sa fonction ministérielle. Lionel Jospin a ainsi instauré tacitement cette règle depuis 1997, puis Jean-Pierre Raffarin depuis 2002, une partie des ministres concernés conservant cependant des fonctions de maire adjoint.

• **Avec des fonctions syndicales ou représentatives.** Cette incompatibilité est naturelle s'agissant de la représentation d'intérêts alors que le ministre doit parfois les affronter.

323 **Les propositions de la Commission Jospin.** Pour les membres du Gouvernement, il est proposé de rendre leurs fonctions incompatibles avec toute fonction de direction ou d'administration au sein d'un parti politique et de toute autre personne morale (sociétés commerciales et associations notamment). Les ministres devraient par ailleurs être soumis à une obligation légale de donner à un intermédiaire agréé un mandat de gestion de leur patrimoine mobilier, sans droit de regard. Enfin, la Commission juge nécessaire, d'une part, d'étendre aux ministres le contrôle des départs vers le secteur privé et vers certains organismes publics et, d'autre part, d'inclure les membres du Gouvernement dans le champ du délit de prise illégale d'intérêts à l'issue des fonctions. Au surplus, elle suggère la création d'une Autorité de déontologie de la vie publique qui exercerait deux missions essentielles : d'abord, une mission de conseil auprès des institutions et des administrations de l'État, en liaison avec leurs déontologues ; ensuite, une mission de contrôle des déclarations d'intérêts et d'activités. Elle absorberait ainsi les missions aujourd'hui dévolues à la Commission pour la transparence financière de la vie politique – recueil et contrôle des déclarations de patrimoine – et les missions dévolues à la Commission de déontologie de la fonction publique – contrôle des départs vers le secteur privé.

Le projet de loi adopté en Conseil des ministres le 13 mars 2013 prévoit, afin que les ministres se consacrent pleinement à leur fonction, qu'ils ne puissent exercer de fonctions exécutives au sein des collectivités territoriales.

Bibliographie

Ardant (P.), *Le Premier ministre en France*, Clefs, 1991.
Claisse (A.), *Le Premier ministre en France*, LGDJ, 1972.
Massot (J.), *Chef d'État et chef de Gouvernement en France*, Doc. fr., 1999.
Cabannes (J.), *Le personnel gouvernemental sous la Ve République*, LGDJ, 1990.
Chagnollaud (D.), Quermonne (J.-L.), *La Ve République*, t. 2, Champs, Flammarion, 2000 ; *Les cabinets ministériels côté cour*, L'Harmattan, 1999.
Fournier (J.), *Le travail gouvernemental*, Dalloz, 1987.
Pirou (X.), « L'incompatibilité entre fonction parlementaire et mandate parlementaire : vers une séparation atténuée des pouvoirs ? », *RD publ.* 2009. 853.
Preuvot (P.), *Réflexion sur les remèdes aux difficultés d'application des lois. VIIIe congrès Français de Droit constitutionnel*, Nancy, juin 2011.
Schrameck (O.), *Les cabinets ministériels*, Dalloz, 2004.

CHAPITRE 4

Le Parlement

324 Ce titre de la Constitution a été peu modifié depuis 1958. Certes l'article 24, depuis la révision de 2008, s'est vu sensiblement amendé. D'une part, a été ajouté un alinéa 1er définissant les missions du Parlement, d'autre part il plafonne le nombre de parlementaires et assure désormais la représentation des Français de l'étranger non plus seulement au Sénat mais aussi à l'Assemblée nationale. Pour le reste, il affirme toujours la structure bicamérale du Parlement formé de députés et sénateurs élus au suffrage universel, direct dans un cas, indirect dans l'autre. Quant au statut du parlementaire (art. 25, 26 et 27), il reste assez largement inchangé à l'exception notable des modalités de remplacement automatique des parlementaires devenus ministres. Notons aussi que l'article 25, alinéa 3, institue une Commission indépendante pour examiner pour avis les projets de découpage électoral. On renverra sur ce point à nos observations précédentes (chap. 1, art. 3, v. ss 188).

La continuité est aussi la règle s'agissant du régime strict des sessions instauré en 1958 et revu en 1995 (art. 28, 29 et 30) comme du droit d'accès des membres du Gouvernement aux assemblées (art. 31), de l'élection de leurs présidents (art. 32) ou de la publicité de leurs séances (art. 33).

L'essentiel est ailleurs et demeure lorsqu'on sait le rôle majeur qu'a pu jouer le règlement dans la conquête des droits du Parlement sous la monarchie parlementaire. Sous la IIIe et la IVe République, un certain nombre de modifications de celui-ci aboutissaient de facto à amender la Constitution. Au contraire, le droit parlementaire sous la Ve République ressortit non seulement de dispositions constitutionnelles mais surtout organiques (en particulier depuis 2008 et la loi organique du 15 avril 2009) ou des règlements des assemblées soumis au contrôle de constitutionnalité.

§ 1. L'encadrement du statut du Parlement

325 Contrairement aux républiques précédentes, le Conseil constitutionnel assure la conformité des règles qui gouvernent l'organisation du Parlement à la Constitution. Elles découlent de cette dernière dans leur volet « parlementarisme rationalisé », des lois organiques prises en application de la Constitution, de dispositions législatives, des règlements des Assemblées et, bien sûr, de la jurisprudence du Conseil constitutionnel. Dans un système de constitution rigide, contrairement à la Grande-Bretagne, la part des coutumes est quasi-inexistante.

A. La Constitution de 1958

326 Elle est la source riche, contrairement aux républiques antérieures, des règles de fonctionnement des assemblées, qu'il s'agisse du régime des sessions (art. 28, 29 et 30), de la définition du domaine de la loi (art. 34), des irrecevabilités des propositions et amendements d'origine parlementaire (art. 40 et 41), de la discussion en séance (art. 42), du nombre de commissions permanentes (art. 43), de la fixation de l'ordre du jour (art. 48), du droit d'amendement (art. 44), de la navette législative et de la commission mixte paritaire (art. 45) et, bien sûr, de la mise en jeu de la responsabilité du Gouvernement devant le Parlement (art. 49).

B. Les lois organiques

327 Les lois organiques sont « *les lois auxquelles la Constitution confère le caractère de lois organiques* » et « *ne peuvent être promulguées qu'après la déclaration par le Conseil constitutionnel de leur conformité à la Constitution* » (art. 46). Ayant pour objet de la compléter, elles sont placées dans la hiérarchie des normes, au-dessus des lois ordinaires mais en dessous de la Constitution. Celle-ci y renvoie fréquemment tandis qu'une grande partie des lois organiques a été adoptée en vertu des dispositions de l'article 92, aujourd'hui abrogé, autorisant le Gouvernement, pendant les quatre mois qui suivirent l'entrée en vigueur de la Constitution, d'adopter, sous forme d'ordonnances les lois nécessaires à la mise en place des institutions. Elles ne peuvent pour autant voir leur constitutionnalité contestée : « *Considérant que la loi organique dont le Conseil constitutionnel est saisi, avant promulgation, aux fins d'appréciation de sa conformité à la Constitution, a pour objet de déterminer, notamment par voie de modification de l'ordonnance susvisée du 22 décembre 1958 : dont la conformité à la Constitution ne peut être contestée* » (Cons. const. 15 janv. 1960, n° 60-6 DC, *Magistrats musulmans*).

La Constitution renvoie à la loi organique s'agissant de la durée des pouvoirs de chaque assemblée, du nombre de ses membres, de leur indemnité, de leurs conditions d'éligibilité, de leur régime d'inéligibilités et de celui de leurs incompatibilités, des conditions d'élection des personnes appelées à remplacer les députés en cas de vacance du siège (art. 25), de la réglementation des délégations de vote (art. 27), des précisions et compléments au domaine de la loi (art. 34, dernier al.), des conditions de vote des lois de finances (art. 47) et du financement de la Sécurité sociale (art. 27, al. 1er). Depuis 2008, il en va de même de l'application des articles 34-1, 39 et 44 de la Constitution.

C. L'ordonnance du 17 novembre 1958 relative au fonctionnement des assemblées parlementaires

328 Prise en application de l'article 92 de la Constitution aujourd'hui disparu, l'ordonnance du 17 novembre 1958 relative au fonction-

nement des assemblées reprend des dispositions antérieures codifiées en 1950 et traite notamment, outre des dispositions traditionnelles (locaux affectés aux assemblées, autonomie financière, responsabilité civile), des pétitions, délégations parlementaires, des commissions d'enquête et de contrôle ou, depuis 2009, de la consultation du Conseil d'État sur une proposition de loi.

Le Conseil constitutionnel considère que si cette ordonnance a simple valeur législative, elle s'impose néanmoins aux règlements des assemblées : « *Considérant que la conformité à la Constitution des règlements des assemblées parlementaires doit s'apprécier tant au regard de la Constitution elle-même que des lois organiques prévues par elle ainsi que des mesures législatives nécessaires à la mise en place des institutions, prises en vertu de l'alinéa 1er de l'article 92 de la Constitution* » (décis. 8 juill. 1966, n° 66-28 DC, *Résolution tendant à modifier les articles 18, 42, 54 et 60 du règlement du Sénat et à compléter celui-ci par l'adjonction d'un article 21* bis). Pour autant, étant de valeur législative, ces dispositions peuvent être modifiées par une loi ordinaire – ce qui n'interdit pas une saisine du Conseil constitutionnel.

D. Les règlements des Assemblées

329 Dans son fameux *Traité de droit politique, électoral et parlementaire*, Eugène Pierre écrivait au début du XXe siècle : « *Le Règlement n'est en apparence que la loi intérieure des assemblées, un recueil de prescriptions destinées à faire procéder avec méthode une réunion où se rencontrent et se heurtent beaucoup d'aspirations contradictoires. En réalité c'est un instrument redoutable aux mains des partis ; il a souvent plus d'influence que la Constitution elle-même sur la marche des affaires publiques* ». S'il en fût de même sous la IVe République, la Ve République a mis fin à cette situation.

En vertu de l'article 61 de la Constitution, les règlements des assemblées parlementaires – dont l'initiative appartient aux seuls députés ou aux seuls sénateurs et prend la forme de « résolutions » qui sont votées de la même façon qu'une proposition de loi mais dans une seule chambre – doivent être conformes à la Constitution. Ils n'ont donc pas valeur constitutionnelle même si la Constitution peut y renvoyer directement comme c'est le cas, depuis la révision constitutionnelle du 23 juillet 2008 (art. 44, 51-1 et 51-2). La mise en œuvre de cette révision par la résolution adoptée le 27 mai 2009, au regard des modifications passées est considérable : près de 150 articles insérés, modifiés ou abrogés. Notons qu'il appartient au président de l'Assemblée nationale de faire respecter les dispositions du règlement. Les règlements des Assemblées sont soumis, avant leur mise en application, au Conseil constitutionnel (art. 61, al. 1er). Enfin, le Règlement du Congrès du Parlement est soumis de la même manière à son contrôle (décis. 20 déc. 1963, n° 63-24 DC, *Règlement du Congrès*).

§ 2. La consécration des missions, la structure, la composition et le mode d'élection du Parlement

330 La révision constitutionnelle de 2008 a, pour la première fois, solennellement consacré les missions du Parlement tout en plafonnant le nombre de députés et sénateurs élus au suffrage universel et institué une représentation des Français de l'étranger à l'Assemblée nationale.

331 **Article 24 de la Constitution**

> *« Le Parlement vote la loi. Il contrôle l'action du Gouvernement. Il évalue les politiques publiques.*
> *Il comprend l'Assemblée nationale et le Sénat.*
> *Les députés à l'Assemblée nationale, dont le nombre ne peut excéder cinq cent soixante-dix-sept, sont élus au suffrage direct.*
> *Le Sénat, dont le nombre de membres ne peut excéder trois cent quarante-huit, est élu au suffrage indirect. Il assure la représentation des collectivités territoriales de la République.*
> *Les Français établis hors de France sont représentés à l'Assemblée nationale et au Sénat. »*

A. La consécration symbolique des missions du Parlement et le bicamérisme

332 **La révision symbolique du rôle du Parlement (article 24, alinéa 1 nouveau).** L'ancien article 24 n'apportait qu'une définition matérielle du Parlement. La Constitution ne mentionnait que de manière éparse les différentes missions qui incombent à celui-ci : l'article 34 précise que « *la loi est votée par le Parlement* » tandis que l'article 47 confie au Parlement le soin de voter les lois de finances et d'en contrôler l'exécution ; l'article 47-1 prévoit qu'il vote et contrôle l'application des lois de financement de la sécurité sociale. L'article 49 dispose que la responsabilité du Gouvernement est engagée devant l'Assemblée nationale. L'article 68 confie au Parlement constitué en Haute Cour le soin de prononcer la destitution du président de la République. Aussi, le rapport du « comité Vedel » considérait en 1993 : « *il ne paraît pas inutile de préciser dans le texte constitutionnel ce qu'est la mission du Parlement. D'une part, les articles 5 et 20 de la Constitution respectivement consacrés au président de la République et au Gouvernement donnent une définition d'ensemble de la mission dévolue à chacune de ces autorités : il est bon qu'il en soit usé de même avec le Parlement. D'autre part et surtout, l'évolution même des assemblées dans les démocraties contemporaines tend, à côté du vote de la loi qui reste la fonction première du Parlement, mais s'exerce dans des conditions très différentes de celles qui prévalaient dans le passé, à l'apparition et au renforcement de la fonction de contrôle de l'activité gouvernementale assortie d'une meilleure implication dans le suivi de l'application des lois* » tandis que le Comité Balladur a souhaité que le texte même de la Constitution affirme en particulier que la « *mission de contrôle soit expressément dévolue au Parlement* », ce contrôle ne devant pas se limiter au contrôle de l'action gouvernementale, mais s'étendre à l'évaluation des politiques publiques. C'est chose faite et cette revalorisation essentiellement symbolique et mise en pratique par les nouveaux articles 48, alinéa 4, 47-2, 51-1 et 51-2 de la Constitution.

On peut définir l'évaluation comme ayant comme « *objet de rechercher si les moyens juridiques, administratifs ou financiers mis en œuvre permettent de produire les effets attendus de cette politique et d'atteindre les objectifs qui lui sont assignés* » (Décr. 22 janv. 1990). Notons que pour la première fois est constitutionnalisée la mission d'évaluation par le Parlement des politiques publiques. Dans ce sens, à l'Assemblée nationale ont été créées la Mission d'évaluation et de contrôle (MEC) chargée de contrôler l'utilisation des deniers publics et la Mission d'évaluation et de contrôle des lois de financement de la sécurité sociale (MECSS). Enfin, le règlement du 27 mai 2009 a institué un comité d'évaluation et de contrôle des politiques publiques, à l'Assemblée nationale. Le Conseil constitutionnel a précisé que les missions du comité ne pouvaient porter que sur le contrôle de l'action du Gouvernement et l'évaluation des politiques publiques, et non sur le contrôle des politiques publiques prises dans leur ensemble (décis. 25 juin 2009, n° 2009-581 DC, *Résolution modifiant le règlement de l'Assemblée*). Enfin, le Parlement sans disposer d'outils aussi puissants que le *General Accounting Office* ou le *Congressional Budget Office* bénéficie dans l'exercice de cette mission de l'assistance de la Cour des comptes (art. 47, al. 2) et de l'appui des commissions d'enquête (art. 51, al. 2) et des missions d'information.

333 **Le Parlement est bicaméral.** Sous la Ve République, le Parlement est bicaméral. On ne reviendra pas ici sur le débat déjà évoqué sur la légitimité du bicamérisme particulièrement vivace en France (v. *Droit constitutionnel contemporain 1,* préc.). On rappellera simplement que son histoire mouvementée explique sa survie : le spectre de la chambre unique des débuts de la Révolution française hante toujours les esprits (v. ss 155).

B. La composition du Parlement et le plafonnement du nombre de parlementaires (article 24, alinéa 3 nouveau)

334 La révision constitutionnelle de 2008 a plafonné le nombre de parlementaires à l'article 24 et l'article 25 confie au législateur organique le soin d'en préciser l'effectif. Celui-ci, en 2009, s'est contenté de fixer celui-ci au plafond prescrit par la Constitution.

Rares sont les Constitutions républicaines qui fixent, et par suite plafonnent, le nombre de parlementaires. Ainsi, la Constitution de 1791 avait fixé le nombre de représentants au corps législatif à 745 (titre III, chap. Ier, sect. Ire, art. 1er), avec une population moins nombreuse qu'aujourd'hui mais une seule chambre... La Constitution de 1848 limitait le nombre de représentants du peuple à 750 (art. 21). Quant aux démocraties contemporaines, notons que plusieurs constitutions d'Europe procèdent à cette limitation. Pour ne citer que des pays proches et comparables en termes de population, la Constitution espagnole dispose que « *le Congrès des Députés se compose au minimum de trois cents et au maximum de quatre cents députés* » (art. 68) tandis que la Constitution italienne fixe le nombre des membres de la Chambre des députés à 630 (art. 56), et celui des membres du Sénat à 315 (art. 57). Pour autant, la France se trouve dans la moyenne en Europe au regard du nombre d'habitants représentés par un député avec 110 000 habitants en France (160 000 en Allemagne, 130 000 en Espagne, 95 000 en Italie, 94 000 au Royaume-Uni). Pourtant, depuis 1958, le nombre de députés n'a cessé d'augmenter, sans lien net, pour employer une périphrase, avec la croissance démographique : 482 députés en 1958 (en comprenant notamment l'Algérie et le Sahara), 577 en 1986 après l'instauration de la représentation proportionnelle... Au Sénat, la situation est encore plus contrastée : le nombre de sénateurs est passé progressivement de 331 en 2004, 343 en 2008, puis 348 en 2012 dans le même temps que le mandat a été ramené progressivement de neuf à six ans... Ils étaient 315 sous la IVe République (dont, notamment, 14 pour l'Algérie). De là à voir, dans les deux cas, une compensation il n'y a qu'un pas. Le Comité Balladur l'a franchi en considérant que « *le nombre des parlementaires ne doit pas être accru par quelque réforme que ce soit des modes de scrutin* »...

Depuis la révision constitutionnelle du 23 juillet 2008, l'article 24 procède donc à la limitation le nombre maximum de députés et de sénateurs, le nombre effectif étant fixé par la loi organique prévue par l'article 25 (L. org. 13 janv. 2009 portant application de l'article 25 de la Constitution). Il ne peut y avoir plus de 577 députés et 348 sénateurs, soit strictement le plafond « constitutionnel ».

C. Le mode d'élection au suffrage universel des députés et sénateurs

335 Le Parlement étant bicaméral (article 24, alinéa 2), les élections concernent la première chambre, l'Assemblée nationale et, la seconde chambre, le Sénat, qui représente les collectivités territoriales. Les premières ont lieu au suffrage universel direct, les secondes au suffrage indirect, toutes sous le contrôle du Conseil constitutionnel.

Bien que le mode d'élections des députés et sénateurs ressortisse à la compétence du législateur (art. 34), par souci de cohérence on le traitera en liaison avec l'article 24.

1. L'élection des députés

336 **Le scrutin uninominal majoritaire à deux tours.** Le scrutin majoritaire, en permettant que se dégage généralement une majorité à l'Assemblée nationale, constitue à cet égard le « second pilier du régime » de la Ve République (Maurice Duverger).

La Ve République a repris la tradition française, interrompue par la IVe République, du scrutin d'arrondissement (sauf sous trois législatures sous la IIIe République en 1885, 1919 et 1927) mais procédé à un redécoupage électoral ne correspondant plus au découpage administratif (les arrondissements) et fondé sur des principes louables en théorie : la représentation de chaque département par au moins deux députés (désormais d'un seul depuis Cons. const. décis. 8 janv. 2009, n° 2008-573 DC), des circonscriptions de tailles à peu près égales et hétérogènes sociologiquement. On a vu dans le volume 1er les problèmes que posait le vieillissement du découpage et le contrôle exercé à ce sujet par le Conseil constitutionnel depuis 1986 après l'avis d'une commission de contrôle du redécoupage électoral depuis la révision constitutionnelle de juillet 2008.

En 1958, le général de Gaulle a opté pour le scrutin « brise-lames » et voulut empêcher une victoire trop nette de la récente

UNR, certes gaulliste, mais trop marquée par les partisans de l'Algérie française. Il entend aussi épargner la SFIO et accessoirement les modérés. Il écarte donc tout scrutin de liste majoritaire, ce qui n'empêchera pas leur écrasement électoral.

Les règles de candidature pour se présenter au second tour ont évolué dans le sens d'un durcissement. En 1958, ne peuvent se présenter que les candidats ayant obtenu 5 % des suffrages exprimés. Cette règle est aggravée par la loi du 29 décembre 1966 qui monte la barre à 10 % des inscrits, puis par la loi du 19 juillet 1976 : 12, 5 % des inscrits.

Le but de la loi de 1966 est d'écarter les candidats centristes d'opposition qui, en se maintenant au second tour peuvent gêner les candidats de la majorité : en 1967, le but est largement atteint mais leurs électeurs apportent un concours beaucoup moins net que prévu aux candidats de la majorité. En 1976, après le score médiocre du candidat gaulliste, Jacques Chaban-Delmas en 1974 (moins de 15 % des suffrages exprimés), le président Giscard d'Estaing souhaite créer un « parti du président », l'Union pour la démocratie française (UDF), rassemblant centristes et libéraux et pouvant supplanter le RPR. Le projet initial vise donc la barre des 15 % mais, devant les résistances des députés gaullistes, le compromis sera de 12,5 % contribuant à achever, en éliminant la plupart des triangulaires, la bipolarisation électorale pour de longues années.

Enfin, le bref retour – jusqu'en 1988 – à la proportionnelle (L. 10 juill. 1985), en vue des élections législatives de mars 1986 s'est opéré dans le cadre du département. La rupture de l'alliance du parti socialiste avec le parti communiste rendait délicats les désistements dans le cadre du scrutin majoritaire à deux tours. En outre le choix du département, en donnant une prime aux forces politiques les plus importantes s'opérait au détriment des communistes dans les départements comptant peu de députés. Surtout, le changement de système électoral avait pour but de limiter la défaite électorale prévisible de la gauche aux élections législatives de 1993 et d'atténuer la victoire de la droite, laissant ainsi une marge de manœuvre plus large au chef de l'État : le calcul se vérifia.

On peut regretter que la loi électorale ne soit pas adoptée à une majorité qualifiée et ne puisse être changée au moins 18 mois avant les élections générales... Mais comme l'énonçait en 1951 François Mitterrand avec un réalisme partagé par tous les camps : « *Je n'y mets point d'élément de doctrine. Le mode de scrutin que je choisis doit résulter d'une option politique [...]. En effet, il y a un certain nombre de points qui nécessitent cette option. D'abord, quel est l'intérêt de la nation ? Ensuite, quel est l'intérêt de la majorité à laquelle j'appartiens ? Enfin, quel est l'intérêt du parti auquel j'adhère ? Et c'est quand j'aurais répondu à ces trois questions que je déterminerai mon choix* ».

337 **Les propositions de la Commission Jospin.** La Commission Jospin a proposé en 2012 d'introduire, après la Commission Balladur, une part de représentation proportionnelle. Le système proposé est cette fois l'élection au scrutin de liste de 10 % au plus des députés – soit 58 députés – dans une circonscription nationale unique, sans seuil d'éligibilité et avec participation de toutes les listes à la répartition des sièges pourvus à la proportionnelle, « permettant une meilleure représentation du pluralisme politique à l'Assemblée nationale, sans compromettre les acquis du fait majoritaire ». C'est une bonne idée.

2. Les élections sénatoriales

338 **Les règles.** On a noté qu'en vertu de l'article 3 la Constitution : « Le suffrage peut être direct ou indirect dans les conditions prévues par la Constitution. Il est toujours universel, égal et secret » tandis que l'article 24-3 dispose que « le Sénat assure la représentation des collectivités territoriales de la République » (cette conciliation étant déjà opérée par la décision du 9 avril 1992, n° 92-308 DC, *Traité sur l'Union européenne*).

• **Le collège électoral** comprend environ 150 000 personnes dénommées « grands électeurs » : 577 députés ; 1 870 conseillers régionaux ; 4 000 conseillers généraux ; 142 000 délégués des conseils municipaux.

• **Le mode d'élection.** Depuis la mise en application de la loi n° 2003-697 du 30 juillet 2003, 180 sénateurs (dont ceux représentant les Français établis hors de France) sont élus au scrutin proportionnel plurinominal, sans panachage ni vote préférentiel, dans les 30 départements élisant quatre sénateurs ou plus (soit 52 % du total des sénateurs). Le nombre de sièges attribué à chaque liste (composée alternativement d'un homme et d'une femme) se fait en fonction du nombre de voix obtenues par celles-ci. La règle de la plus forte moyenne est appliquée pour désigner les élus. 168 sénateurs sont élus au scrutin uninominal majoritaire à deux tours dans les 70 départements élisant trois sénateurs ou moins ainsi que la Nouvelle-Calédonie et les quatre collectivités d'outre-mer (soit 48 % du total des sénateurs).

• **Les critiques du mode de scrutin.** Le lien du Sénat avec les collectivités locales découle essentiellement de son mode d'élection, quasi exclusivement fondé sur la représentation des communes : les sénateurs sont élus par 0, 3 % de la population, 95 % des électeurs provenant du cadre communal, 3 % des conseils généraux et 1,3 % seulement des conseils régionaux, sans compter les députés. Cette inégalité au profit des communes, et leur représentation indirecte au sein du Sénat, pouvait se justifier avant 1982 puisqu'elle tempérait la puissance d'un État « tentaculaire ». Depuis lors, la décentralisation et l'érection des départements et des régions en collectivités locales à part entière, élues au suffrage universel direct et dotées de compétences importantes a modifié les choses : les communes de France ne peuvent plus prétendre à elles seules à assurer la représentation des collectivités territoriales même si elles constituent la cellule de base de la démocratie.

Qu'on retourne dans tous les sens le problème de la légitimité du Sénat, on en revient ainsi toujours à la question de son mode d'élection. La France compte plus de 36 000 communes et 98 % d'entre elles possèdent moins de 9 000 habitants, rassemblant moins de 48 % de la population. Les communes de 100 habitants au plus ont au moins un délégué sénatorial, celles comptant au plus 1 000 habitants en ont un pour 333 habitants, les communes de 20 000 à 50 000 habitants en disposent aussi d'un – mais pour 571 habitants. Quant aux communes de 50 000 à 100 000, elles doivent se contenter d'un délégué pour 769 habitants (un pour 800 dans celles de plus de 100 000)... En conséquence, cette surreprésentation communale brouille la représentation de la plupart des départements à quoi s'ajoute, au départ, en termes de sièges, une surreprésentation des petits départements : un sénateur de la Creuse représente quatre fois plus d'électeurs que son collègue des Bouches-du-Rhône. Bref, la France rurale est surreprésentée par rapport à la France urbaine, ce qui en soit ne devrait pas conduire à prôner une sorte d'égalitarisme – conduisant à abandonner la Creuse – alors que le fondement même de la représentation du Sénat s'inscrit dans ce déséquilibre imparfait. Certes, cette surreprésentation rurale concerne en partie les départements mi-urbains, mi-ruraux, diversifiés économiquement et dotés d'une économie agricole dynamique. Les déséquilibres liés aux critères de représentation n'ont donc pas toujours pour effet systématique de grossir sensiblement celles des zones rurales en déclin économique et démographique.

339 **Mode d'élection et légitimité du Sénat.** L'ascension du Conseil constitutionnel a posé avec plus d'acuité la question de la légitimité du Sénat, pensé comme un contre-pouvoir, face aux « excès » de la première chambre et protecteur affiché des droits et libertés. Il est perçu, après sa période antigaulliste, comme un contre-pouvoir à sens unique, dès lors que la gauche gouverne. Son orientation politique fût longtemps au centre et antigaulliste au moins jusqu'en 1969. Puis la volonté de reproduire au Sénat les clivages de l'Assemblée nationale avec la création en 2002 d'un groupe UMP au Sénat, outre son droit de veto en matière constitutionnelle n'ont pas contribué à légitimer un rôle pourtant irremplaçable : la représentation des collectivités locales, un réel organe de réflexion, un facteur d'équilibre entre la France urbaine et la France rurale. Son mode d'élection demeure donc son talon d'Achille et sans « singer » celui de l'Assemblée nationale – et reproduire ses clivages en assurant la domination d'une tendance inverse – la réforme de son mode d'élection devrait permettre de mieux assurer sa représentativité et partant, en son sein, celle des collectivités locales. Un nouveau rééquilibrage – dans une certaine mesure – s'impose afin surtout de mieux représenter régions et départements et d'atténuer moins l'absence d'alternance que d'empêcher une bipolarisation rigide. Le bicamérisme n'a de sens comme en témoigne *a contrario* l'exemple italien, que si les deux

chambres procèdent d'un mode de scrutin différent. Et sauf à copier celui de l'Assemblée nationale, son mode d'élection doit permettre de préserver le caractère décalé, y compris en termes « sociologiques », de la composition du Sénat. À cet égard, la proposition de loi déposée en 1999 par la majorité sénatoriale, prévoyant l'élection de délégués supplémentaires dans les communes d'au moins 9 000 habitants à raison d'un délégué par tranche entière de 700 habitants en sus des 9 000 habitants paraissait raisonnable. Le Gouvernement Jospin a été, *in fine*, plus loin en 2000, s'exposant à la censure du Conseil constitutionnel.

340 **La jurisprudence du Conseil constitutionnel.** L'interprétation de l'article 24, alinéa 3, a fait l'objet d'une importante décision du 6 juillet 2000 (n° 2000 431 DC, *Loi relative à l'élection des sénateurs*). Saisi d'une loi modifiant le mode d'élection des sénateurs, le Conseil constitutionnel a précisé la portée de la conciliation des articles 3 et 24 de la Constitution. D'une part, si le Conseil constitutionnel rappelle que « *pour respecter le principe d'égalité devant le suffrage [...], la représentation de chaque catégorie de collectivités territoriales et des différents types de communes doit tenir compte de la population qui y réside* », cette prise en compte ne saurait cependant être absolue compte tenu de l'article 24 de la Constitution. Dès lors, que le Sénat doit être élu par un « *corps électoral qui est lui-même l'émanation de ces collectivités ; que par suite, ce corps électoral doit être essentiellement composé de membres des assemblées territoriales* », il en découle que « *si le nombre des délégués d'un conseil municipal doit être fonction de la population de la commune et si, dans les communes les plus peuplées, des délégués supplémentaires choisis en dehors du conseil municipal, peuvent être élus par lui pour le représenter, c'est à condition que la participation de ces derniers au collège sénatorial conserve un caractère de correction démographique* ».

En adoptant le principe d'un délégué sénatorial pour 300 habitants au-dessus de 8 700 habitants – au lieu d'un délégué supplémentaire pour 1 000 habitants au-dessus de 30 000 habitants –, l'article 2 de la loi censurée changeait la nature du mode d'élection des sénateurs. Ces délégués supplémentaires constituaient une part substantielle, voire majoritaire dans certains départements, du collège des électeurs sénatoriaux. Leur participation à l'élection des sénateurs était d'autant plus déterminante que la loi étendait à de nombreux départements l'élection des sénateurs au scrutin proportionnel. L'importance ainsi donnée aux délégués supplémentaires des conseils municipaux par la loi déférée leur conférerait une fonction allant au-delà de la simple correction démographique. Le raisonnement est d'une complexité assez logique et en vertu de celui-ci, le Conseil a donc constaté la violation de fait du principe selon lequel les sénateurs sont les élus des collectivités territoriales et donc principalement des membres de leurs assemblées délibérantes.

341 **Comment surmonter la jurisprudence du Conseil constitutionnel ?**

• **Les propositions de la Commission Balladur.** Le Comité Balladur a proposé de modifier l'article 24 de la manière suivante : « *Le Sénat est élu au suffrage indirect. Il assure la représentation des collectivités territoriales de la République en fonction de leur population* ». Le projet de loi constitutionnelle opte pour l'expression « *en tenant compte de leur population* ». Si l'Assemblée nationale a consenti à cette modification, la majorité sénatoriale s'y est refusée. On en est resté là, sauf à faire obstacle à la révision constitutionnelle dans son ensemble.

• **Les propositions de la Commission Jospin.** La Commission propose de réformer le collège sénatorial de façon très neuve, d'une part, en introduisant un mécanisme de pondération des votes destiné à améliorer la représentation des régions et des départements et à tenir compte de l'importance démographique des communes, d'autre part, en en retirant les députés – ce qui ne mange pas de pain. Par ailleurs, la Commission préconise d'étendre le scrutin proportionnel de liste aux départements qui élisent trois sénateurs. En outre, l'âge minimal d'éligibilité au Sénat devrait être abaissé à 18 ans, comme pour les autres scrutins. C'est juste et sympathique.

342 **La représentation à l'Assemblée nationale et au Sénat des Français établis hors de France.** La représentation des plus de deux millions de Français établis hors de France déjà instituée pour le Sénat, a été prévue par la loi constitutionnelle du 23 juillet 2008 pour l'Assemblée nationale (art. 24, al. 5). Depuis les lois du 18 mai

1983 et du 9 août 2004, les 12 sénateurs représentant les Français établis hors de France sont élus par les 155 membres élus de l'Assemblée des Français à l'étranger. Voulue par Nicolas Sarkozy, le Comité Balladur avait considéré cette réforme comme inutile compte tenu de la difficulté du découpage des circonscriptions et de l'existence d'une représentation spécifique au Sénat. Au surplus, elle met en concurrence deux types d'élus pour le même objet et est réellement absurde, y compris du point de vue du bénéfice électoral attendu, la gauche ayant emporté en 2012 la majorité des sièges.

Les Français de l'étranger élisant désormais 11 députés, il a été nécessaire de réduire le nombre de sièges de députés des départements et donc d'opérer une refonte des circonscriptions électorales. La Commission Jospin, sans remettre en cause le principe de la représentation des Français de l'étranger à l'Assemblée nationale, juge peu pertinente l'utilisation du scrutin uninominal majoritaire pour l'élection des 11 députés qui représentent les Français établis hors de France : « *L'idée même d'un lien entre les électeurs et leur député lui semble largement illusoire pour des circonscriptions très vastes, dont la plus grande couvre le tiers de la planète. L'élection de ces députés au scrutin proportionnel de liste, par exemple dans deux circonscriptions, l'une pour l'Europe, l'autre pour le reste du monde, lui paraît pouvoir être mise en œuvre. À cette fin, une loi ordinaire serait nécessaire* ». Surtout, le métier de député est ici à temps plein (ne serait-ce que pour rencontrer ses électeurs dispersés : six députés pour l'Europe, deux pour l'Amérique, trois pour les pays d'Afrique et d'Asie. Il faut aimer l'avion.

§ 3. Le statut des parlementaires

343 Le statut du parlementaire a pour objet d'assurer l'indépendance de l'élu vis-à-vis du pouvoir politique mais aussi le protéger des influences des groupes de pression : tel est l'objet de la protection du mandat. Elle est assurée par un régime strict des incompatibilités (art. 25) et, en théorie, par la prohibition du mandat impératif,

le caractère personnel du droit de vote (art. 27). Quant aux immunités parlementaires (art. 26), elles visent de même à protéger l'élu du peuple de poursuites abusives, sans le mettre pour autant à l'abri de l'action pénale. Notons que l'article 25, alinéa 3, institue une Commission indépendante pour examiner pour avis les projets de découpage électoral.

A. Durée des pouvoirs, nombre de membres, indemnité, conditions d'éligibilité, incompatibilités des parlementaires

344 **Article 25 de la Constitution**

> *« Une loi organique fixe la durée des pouvoirs de chaque assemblée, le nombre de ses membres, leur indemnité, les conditions d'éligibilité, le régime des inéligibilités et des incompatibilités.*
> *Elle fixe également les conditions dans lesquelles sont élues les personnes appelées à assurer, en cas de vacance du siège, le remplacement des députés ou des sénateurs jusqu'au renouvellement général ou partiel de l'assemblée à laquelle ils appartenaient ou leur remplacement temporaire en cas d'acceptation par eux de fonctions gouvernementales.*
> *Une commission indépendante, dont la loi fixe la composition et les règles d'organisation et de fonctionnement, se prononce par un avis public sur les projets de texte et propositions de loi délimitant les circonscriptions pour l'élection des députés ou modifiant la répartition des sièges de députés ou de sénateurs. »*

1. La durée des pouvoirs

345 Les 577 députés sont élus pour cinq ans. Aux fins de faire suivre l'élection présidentielle par les élections législatives en 2002 (ordre bouleversé par la dissolution de 1997), la loi organique a modifié en 2001 la date d'expiration des pouvoirs de l'Assemblée nationale (validée le Conseil constitutionnel, décis. 9 mai 2001, n° 2001-444 DC). Selon l'exposé des motifs, « *le législateur a estimé, en raison de la place de l'élection du président de la République au suffrage universel direct dans le fonctionnement des institutions de la Ve République, qu'il était souhaitable que l'élection présidentielle précède, en règle générale, les élections législatives* », cette règle devant s'appliquer « dès l'élection présidentielle prévue en 2002 ». Alors que le mandat des députés aurait dû s'achever le 2 avril 2002, la loi organique prolonge ce mandat

jusqu'au 18 juin 2002, sans pour autant « *allonger de façon permanente la durée du mandat des députés, lequel demeure fixé à cinq ans* », observe le Conseil. Pensé être favorable à la candidature de Lionel Jospin, cette inversion n'a pas empêché le résultat du 21 avril que l'on sait.

2. Le nombre de membres

346 La loi organique a fixé le nombre de parlementaires au plafond mentionné par l'article 24.

3. L'indemnité parlementaire

347 **L'objet de l'indemnité.** Créée en 1848, elle a pour but de permettre à tout citoyen d'accéder au Parlement, quelle que soit sa fortune. Sa création et son évolution sont un indice significatif de la démocratisation du recrutement et de la « professionnalisation » politique à partir de la IIIe République (l'indemnité passant de 9 000 F à 15 000 F en 1906, soulevant bien des débats contre les « QM », les « quinze mille »). Enfin, elle doit mettre l'élu à l'abri des pressions ou tentations et lui permettre d'exercer convenablement sa fonction.

348 **Le montant de l'indemnité.** Elle comprend trois parties : une partie fixe (indemnité de base) calculée par référence au traitement moyen des hauts fonctionnaires hors échelle, une indemnité de fonction égale au quart de la précédente et une indemnité de résidence.

Depuis le 1er juillet 2010, les indemnités mensuelles brutes sont les suivantes :

- indemnité de base : 5 514, 68 € ;
- indemnité de résidence (3 %) : 165, 44 € ;
- indemnité de fonction (25 % du total) : 1 420,03 € ;

De ce montant brut mensuel : 7 100, 15 €, il faut déduire les prélèvements obligatoires liés aux assurances sociales, soit un revenu net de 5 189, 27 €.

Depuis 1992, l'indemnité de base est totalement imposable (et non plus comme auparavant à hauteur des 11/20e). Les parlementaires reçoivent en outre une indemnité représentative de frais de mandat (IRFM) de 6 412 € bruts que le président de l'Assemblée nationale, Claude Bartolone, a décidé avec l'accord du bureau de réduire de 10 % en septembre 2012. Enfin, les assemblées assurent la rémunération directe de trois assistants pour chaque parlementaire qui bénéficie en outre d'avantages divers (franchise postale, gratuité des communications téléphoniques à leur bureau, une carte gratuite de transport SNCF et un certain nombre de voyages gratuits pour les élus dont la circonscription est éloignée).

S'agissant du cumul de l'indemnité parlementaire avec des indemnités allouées au titre d'autres mandats, le principe du plafonnement général a été introduit par la loi organique du 25 février 1992. Le député ne peut cumuler les indemnités afférentes à ces mandats ou fonctions avec son indemnité parlementaire de base que dans la limite d'une fois et demie cette dernière (2 757, 34 € par mois).

4. Les conditions d'éligibilité et le régime des inéligibilités

349 **L'éligibilité.** L'éligibilité est l'aptitude légale à être élu. Or les règles relatives à la parité déjà évoquées, tout candidat doit évidemment jouir de ses droits civils et politiques, être de nationalité française. La majorité d'éligibilité – si elle est fixée à 23 ans pour l'élection présidentielle, les élections législatives et européennes – est de 24 ans pour le Sénat depuis la loi organique du 14 avril 2011, et de 18 ans pour les élections locales. Par ailleurs, les élections législatives sont soumises, comme les élections sénatoriales, à la règle d'interdiction des candidatures multiples.

350 **Les inégibilités absolues.** Elles sont dites « absolues » parce qu'applicables dans toutes les circonscriptions. Pour être éligible, il faut avoir la jouissance du droit de vote (C. élect., art. L.O. 127) et avoir satisfait aux obligations imposées par la loi instituant le service national (art. L. 45 modifié par L. 5 avr. 2000). Les articles L.O. 129 et L.O. 130 du Code électoral disposent que sont inéligibles les individus dont la condamnation empêche leur inscription sur une liste électorale, soit définitivement, soit temporairement (en ce cas, la période d'inéligibilité est double de celle de la privation du droit de vote). Enfin, l'inéligibilité frappe pendant un délai d'un an le parlementaire qui n'aura pas déposé ses déclarations de situation patrimoniale (L. org. 11 mars 1988 modifiée relative à la transparence financière de la vie politique).

351 **Les inéligibilités relatives.** Elles sont dites « relatives » parce que leurs effets sont limités à une ou plusieurs circonscriptions. En pratique, elles empêchent certains hauts fonctionnaires de se présenter dans toute circonscription comprise dans le ressort territorial de leur compétence. Ces fonctionnaires sont inéligibles pendant la durée de leur activité, prolongée d'un certain délai, variable selon les cas. Enfin, depuis 1958, pour empêcher de détourner l'interdiction des candidatures multiple, l'article L.O. 134 du Code électoral, empêche un député, un sénateur ou le remplaçant d'un membre d'une assemblée parlementaire de se présenter comme suppléant d'un candidat à l'Assemblée nationale ou au Sénat. S'agissant des remplaçants de sénateurs, le Conseil constitutionnel par sa décision n° 88-1063/1067 du 8 novembre 1988, a considéré que le premier suivant sur la liste de sénateurs élus à la représentation proportionnelle devait être assimilé à un remplaçant. Or l'article L.O. 134 du Code électoral interdit à un remplaçant d'un sénateur ou d'un député d'être remplaçant d'un candidat à l'Assemblée nationale (décis. n° 2012-4563/4600 AN, 18 oct. 2012). Enfin, les suppléants des parlementaires nommés ministres ne peuvent, lors de l'élection suivante, faire acte de candidature contre ceux qu'ils ont été amenés à remplacer dans l'une ou l'autre assemblée.

5. Les incompatibilités des parlementaires

352 L'incompatibilité se définit comme l'impossibilité légale de cumuler certaines fonctions avec le mandat parlementaire. À la différence de l'inéligibilité, elle n'empêche pas l'élection, mais elle impose un choix au candidat une fois élu.

- Avec des fonctions gouvernementales, v. ss 318.
- Le nouvel article 25 permet le retour automatique des anciens ministres au Parlement.

353 **Les incompatibilités avec les fonctions publiques électives : le cumul des mandats.** Longtemps, le cumul des mandats électifs a été la règle. Il a été réglementé par les lois organiques du 30 décembre 1985 et du 5 avril 2000 relatives aux incompatibilités entre mandats électoraux. Il s'agit bien sûr de la réglementation du cumul « vertical », le cumul « horizontal » étant interdit (député et sénateur, maire et président de conseil général).

354 **Une exception française ?** Le cumul des mandats électifs pour les membres de la première chambre est faible dans les États régionaux et fédéraux (sauf en Suisse) : la règle de l'exclusivité du mandat de député prévaut en droit ou en fait ainsi qu'aux États-Unis (pour les membres du Congrès). Notons à l'inverse que le régime d'incompatibilité avec des fonctions publiques et surtout privées est relativement plus sévère en France qu'à l'étranger. Encore faut-il comparer ce qui est comparable : la Suède, État unitaire, connaît un cumul moitié moindre qu'en France tandis qu'au Portugal le cumul est généralisé...

355 **Une exception ancienne.** Le cumul des mandats en France est historiquement lié à la mesure de la faiblesse des partis politiques qui a nourri le cumul des notables : les partis modernes se sont superposés à ce système ancien. En outre, le cumul a tempéré la centralisation en donnant à des notables puissants à l'intersection de plusieurs niveaux de pouvoir une réelle influence face à l'État et à ses préfets. Une limitation du cumul aurait donc pour effet paradoxal de renforcer leur rôle.

356 **Les logiques du cumul.** Le cumul des mandats électifs est un gage de longévité en politique et constitue un tremplin pour la carrière politique (les « cumulards » étant favorisés pour gagner une élection) et un filet de sécurité en cas de défaite... Il permet en outre d'éliminer la concurrence, d'accroître les moyens matériels mis à disposition. Pour les partis politiques il renforce leurs tendances « oligarchiques » en limitant la circulation des mandats et en assurant leur monopolisation par une élite restreinte. Il leur assure aussi un contrôle plus aisé d'un nombre restreint d'élus et leur permet d'asseoir des fiefs électoraux. Enfin, il assure la « régulation croisée » (Michel Crozier) entre le centre étatique et la périphérie : les élus, qui grâce à leur « double casquette » surmontent un certain nombre d'obstacles « parisiens ». Depuis 1982 ce contrepoids à la centralisation administrative s'est parfois transformé en mise sous tutelle des représentants de l'État par des élus puissants, le cumul et la décentralisation rendant le rapport de forces inégal entre eux.

357 **Les règles actuelles.** Un parlementaire ne peut diriger plus d'un seul exécutif local ; nul ne peut cumuler plus de deux des mandats

suivants : conseiller régional, conseiller général, conseiller municipal d'une commune de plus de 3 500 habitants, conseiller à l'Assemblée de Corse, conseiller de Paris. Le cumul de deux fonctions exécutives locales est interdit. Un élu peut cependant cumuler trois mandats si le 3e est celui de conseiller municipal d'une ville de moins de 3 500 habitants. Pour autant, en 2012, 476 députés sur 577 (82 %) et 267 sénateurs sur 348 (77 %) sont en situation de cumul. Parmi eux, 340 députés (59 %) et 202 sénateurs (58 %) exercent des fonctions exécutives dans les collectivités territoriales. Ces parlementaires sont le plus souvent à la tête des exécutifs dont ils sont membres : 261 députés (45 %) et 166 sénateurs (48 %) sont soit maire, soit président de conseil général, soit président de conseil régional. Par ailleurs, comme le rappelle le rapport de la Commission Jospin, « *le régime actuel de limitation du cumul des mandats ne prévoit aucune incompatibilité entre un mandat parlementaire et l'exercice de responsabilités exécutives locales ; il n'inclut pas dans son champ les fonctions exercées au sein d'établissements publics de coopération entre collectivités publiques – dont on sait l'importance croissante – ou au sein de divers organismes locaux, qui disposent parfois d'un pouvoir important ; il continue d'autoriser le cumul d'un mandat parlementaire avec deux mandats électifs au sein de collectivités territoriales, lorsque l'une de ces collectivités est une commune de moins de 3 500 habitants* ».

358 **Le débat autour du cumul.** Le cumul est souvent justifié par l'expérience que constitue l'exercice de responsabilités locales dans le travail législatif. On fait valoir, au contraire, que cette fonction doit s'exercer indépendamment des points de vue particularistes des élus locaux en particulier des présidents de conseil régional ou général, et rend presque impossible la réforme de l'organisation décentralisée de la République. Surtout, le cumul des mandats électifs n'est pas étranger à l'absentéisme parlementaire et a pour effet de limiter sensiblement les réformes visant justement à revaloriser le Parlement (depuis l'adoption de la session unique en 1995 l'absentéisme n'a pas vraiment diminué, au contraire), le mandat parlementaire n'étant pas convoité pour devenir législateur mais pour la capacité d'influence qui en découle. Une trop

forte limitation du cumul risque pourtant d'aboutir à ce que le député concurrencé par le maire qu'il ne peut plus être se concentre sur sa circonscription...

359 **Interdire le cumul ?** Le Comité Vedel avait proposé en 1993 d'étendre l'incompatibilité parlementaire aux fonctions de président du Conseil général ou régional. Sans doute, l'adoption d'un principe si rigoureux, ne devrait concerner que les députés, les sénateurs étant les représentants naturels des collectivités locales. Il permettrait de mieux garantir la séparation des pouvoirs et de revaloriser la fonction législative. Mais, il présenterait le risque de voir les députés se sentant menacés puisque n'occupant aucun autre mandat réclamer la proportionnelle pour s'assurer de leur réélection. Dès lors, la solution raisonnable consisterait à l'interdiction de ne pas cumuler plus de deux mandats, quels qu'ils soient.

Au surplus, le cumul des mandats – au service de l'intérêt général – peut sembler préférable à celui avec des fonctions de lobbyiste, à l'image, notamment, de la Grande-Bretagne.

360 Pour la Commission Jospin, au contraire, le cumul pose un problème de principe quant à la nature nationale du mandat parlementaire qui ne saurait induire une implication très directe des parlementaires dans les enjeux locaux. Dans le même esprit, le cumul méconnaît l'importance des fonctions électives locales. Enfin, une limitation stricte du cumul des mandats peut être un instrument efficace de renouvellement du personnel politique, de nature à favoriser aussi l'exigence de parité.

Pour l'ensemble de ces raisons, la Commission a proposé « *qu'un parlementaire ne puisse conserver qu'un mandat local "simple", à l'exclusion donc des fonctions de chef de l'exécutif d'une collectivité territoriale (maire, maire d'arrondissement, président de conseil général, président de conseil régional) ou de président d'un établissement public de coopération entre collectivités ou établissements publics (communauté de communes, communauté d'agglomération, communauté urbaine, métropole, syndicat de communes, syndicat mixte, notamment). Il doit l'être aussi avec toutes les autres fonctions exécutives dans les mêmes collectivités territoriales et établissements publics (adjoint au maire, vice-président, conseiller municipal délégué)* ».

L'incompatibilité préconisée inclut par ailleurs, c'est le cœur du problème, plus général, dans son champ toutes les fonctions « dérivées », c'est-à-dire toutes les fonctions, même non exécutives, qui peuvent être exercées ès qualités par des élus locaux (fonctions de membre des assemblées délibérantes des établissements publics de coopération mentionnés ci-dessus, mais aussi des fonctions de membre des conseils d'administration ou de surveillance d'établissements publics locaux, de sociétés d'économie mixte locales, de sociétés publiques locales ou de tous autres organismes dans lesquels siègent des membres des assemblées délibérantes des collectivités territoriales). La Commission propose, enfin, que toute indemnité au titre du mandat simple soit exclue. La Commission considère enfin que le régime de stricte limitation qu'elle propose doit valoir de la même façon pour l'ensemble des parlementaires, députés comme sénateurs, qui représentent tous la Nation tout entière.

La réforme ainsi préconisée exige une loi organique. Dès lors que les dispositions envisagées sont identiques pour les sénateurs et les députés, cette loi ne sera pas une loi organique relative au Sénat au sens de l'article 46 de la Constitution, tel qu'interprété par le Conseil constitutionnel dans le dernier état de sa jurisprudence.

Il existe un risque dans la mise en œuvre initiale de cette réforme, celui de multiplier les élections partielles dans le cas ou le parlementaire opterait pour un mandat local. Pour y pallier, la Commission propose que le législateur organique puisse prévoir un mécanisme de remplacement des parlementaires démissionnaires par leur suppléant pour les députés ou suivant de liste pour les sénateurs élus au scrutin proportionnel, comme c'est déjà la cas. Cette réforme, selon l'avis rendu le 21 février 2013 par le Conseil d'État, ne saurait prendre effet fin 2017, sauf à méconnaître le droit de suffrage et le principe de la souveraineté nationale en interrompant de façon anticipée les mandats en cours.

361 **Mandat parlementaire et fonction publique non élective : le principe du non-cumul**

• **Le principe.** Le mandat parlementaire est exclusif des fonctions de membre du Gouvernement, du conseil de Gouvernement d'un territoire d'outre-mer, de membre du Conseil constitutionnel, du Conseil économique et social, du Conseil de la magistrature, du Conseil de la politique monétaire ainsi que des fonctions de direction exercées de façon permanente dans les entreprises nationales et établissements publics nationaux.

Le mandat est incompatible avec les activités de fonctionnaire : celui-ci est alors placé en position de détachement et est donc assuré de retrouver son poste à l'échéance de son mandat.

La présence de fonctionnaires n'a fait que croître sous la Ve République tournant autour de 40 % dont une part, traditionnelle mais significative, d'enseignants des premier et second degrés, d'autres issus de l'ENA, ce qui constitue au contraire une novation par rapport à la IVe République.

• **Les exceptions.** Outre les ministres du culte en Alsace et Moselle, les parlementaires chargés officiellement par le Gouvernement d'une mission temporaire d'une durée de six mois maximum, les professeurs de faculté titulaires peuvent cumuler l'exercice de leur activité et l'exercice de leur mandat en vertu du principe traditionnel d'indépendance consacré par le Conseil constitutionnel (décis. 20 janv. 1984, n° 83-165 DC, *Indépendance des professeurs d'université*) et le Conseil d'État (CE 29 mai 1992, *Professeurs du Muséum d'histoire naturelle*).

362 **Mandat parlementaire et activités privées : un régime restrictif**

• **Les interdictions de cumul.** Elles visent le cumul avec des fonctions de direction – en droit ou en fait – d'entreprises bénéficiant de garanties d'intérêts, de subventions ou d'avantages assurés par l'État ou une collectivité publique, de celles qui font publiquement appel à l'épargne ; de celles dont l'activité consiste principalement dans l'exécution de travaux, de prestations, de fournitures de services pour le compte ou sous le contrôle de l'État, d'une collectivité (décis. 6 déc. 1988, n° 88-7 I, *Situation du président du conseil d'administration de l'ATIC au regard du régime des incompatibilités parlementaires, René Garrec*) ou d'un établissement public ou d'une entreprise nationale ou d'un État étranger ; de celles à but lucratif dont l'objet est l'achat ou la vente de terrains destinés à des constructions qui exercent une activité de promotion immobilière ; de celles dont plus de la moitié du capital est constitué par des participations des sociétés, entreprises ou établissements publics précités.

• **Les restrictions apportées à certaines activités professionnelles.** Les parlementaires inscrits au barreau ne peuvent accomplir directement ou indirectement aucun acte de leur profession à l'occasion de poursuites pénales (sauf devant la Haute Cour et la Cour de justice de la République) pour crimes et délits contre la nation, l'État ou en matière de presse, d'appel au crédit ou à l'épargne (ces dispositions ont été inspirées par l'affaire Stavisky dans les années trente et le rôle ambigu joué par certains avocats parlementaires). Il leur est par ailleurs interdit de plaider ou de consulter pour le compte de sociétés, entreprises ou établissements dont ils n'étaient pas le conseil avant leur élection (dont la liste est annexée à la loi organique) et depuis 1995 de commencer à exercer une fonction de conseil qui n'était pas la leur avant le début de leur mandat ; mais un élu peut exercer les fonctions de membre du conseil de surveillance d'une société de conseil (décis. 14 sept. 1995, n° 95-11 I, *Situation de M. Philippe Marini, sénateur de l'Oise, au regard du régime des incompatibilités parlementaires*). Il leur est enfin interdit de plaider, de façon générale, contre l'État, les sociétés nationales, les collectivités ou établissements publics. Notons aussi que le Code électoral interdit à tout parlementaire « de faire ou de laisser figurer son nom suivi de l'indication de sa qualité dans toute publicité relative à une entreprise financière, industrielle ou commerciale ». La Commission Jospin a proposé que l'incompatibilité du mandat parlementaire avec les fonctions de direction de certaines entreprises privées soit étendue aux fonctions de direction exercées dans des sociétés mères contrôlant ces entreprises.

Notons qu'à la suite de « l'affaire *Cahuzac* », le Président de la République a proposé, le 10 avril 2013, la création d'une haute autorité chargée de contrôler le patrimoine – qui serait public –

des hauts responsables publics et l'incompatibilité du mandat parlemantaire avec certaines professions.

• **La portée.** Elle est fixée par la jurisprudence du Conseil constitutionnel selon lequel « Tout texte édictant une incompatibilité et qui a donc pour effet de porter atteinte à un mandat électif [...] ne saurait faire l'objet d'une interprétation extensive » (décis. 18 oct. 1977, n° 77-5 I, *Marcel Dassault*). Et s'agissant des responsabilités de direction exercées dans des sociétés faisant publiquement appel à l'épargne, c'est leur caractère exclusivement financier qui est la cause déterminante de l'incompatibilité (décis. 6 mars 1990, n° 89-9 I, *Situation du président-directeur général de la société Bernard Tapie Finance au regard du régime des incompatibilités parlementaires*).

6. Le contrôle des incompatibilités parlementaires

363 **La sanction automatique de certaines incompatibilités :**

- un député élu sénateur (ou l'inverse) cesse dès son élection d'appartenir à la première assemblée dont il était membre ;

- le député est réputé avoir choisi les fonctions de membre du Conseil constitutionnel ou de membre du Gouvernement sauf expression d'une opinion contraire (dans les huit jours pour le premier cas, dans le délai d'un mois – pendant lequel il reste parlementaire mais ne peut voter – dans l'autre) ;

- s'agissant de la limitation des cumuls des mandats électoraux, le parlementaire qui lors de son élection se trouve dans l'un des cas d'incompatibilité prévu doit dans les deux mois se démettre du mandat de son choix. S'il a acquis un autre mandat après son élection le plaçant en situation d'incompatibilité, il a 15 jours pour opter ; sinon, ce mandat prend fin de plein droit.

364 **La sanction appréciée des incompatibilités :**

- depuis 1995, le parlementaire dispose d'un délai de deux mois pour déposer auprès du bureau de l'assemblée intéressée la liste de ses activités professionnelles, celles qu'il envisage d'exercer ou de conserver ;

- le bureau examine la compatibilité entre les activités déclarées et le mandat parlementaire. En cas de doute ou de désaccord, le bureau, le garde des Sceaux ou l'intéressé, après que le Bureau se soit prononcé, peuvent saisir le Conseil constitutionnel qui statue. En cas de constatation d'incompatibilité, le parlementaire dispose de 15 jours pour abandonner la fonction en question sauf à être déclaré démissionnaire d'office.

7. Le remplacement des parlementaires (nouvel article 25, alinéa 2)

365 **Le principe.** Pour faciliter le passage des parlementaires au Gouvernement sans porter atteinte à l'un des principes fondateurs de la Ve République d'incompatibilité entre les fonctions ministérielles et un mandat parlementaire, l'article 25, alinéa 2, autorise les membres du Gouvernement issus d'une des assemblées à retourner y siéger automatiquement, sans recours à une élection partielle. Il reprend l'ancien projet de loi constitutionnelle du 17 octobre 1974 qui avait été adopté en des termes identiques par les deux assemblées en 1974 sans pour autant avoir été soumis au Congrès du Parlement. La commission Vedel en 1993 puis le comité Édouard Balladur en 2007 ont repris cette proposition pour deux raisons. D'une part, les élections partielles mobilisent très peu les électeurs. D'autre part, les anciens ministres d'origine non parlementaire pouvaient retrouver sans délai leur ancienne activité professionnelle au contraire de ceux exerçant un mandat parlementaire.

366 **La mise en œuvre du remplacement par la loi organique.** Le législateur organique, dans l'aménagement des règles de remplacement lorsque cessent les fonctions gouvernementales, a prévu deux modalités distinctes : soit l'ancien ministre retrouve son siège, auquel cas le remplacement, qui était temporaire comme le prescrit le texte même du 2e alinéa de l'article 25 précité, n'a plus lieu d'être et l'intéressé revient au Parlement ; soit l'ancien ministre, dans le délai d'un mois qui lui est imparti pour se déterminer, décide de renoncer à retrouver son siège, auquel cas, sans qu'il soit besoin d'organiser une élection partielle, le remplaçant conserverait le siège jusqu'à la fin du mandat.

Dans sa décision du 8 janvier 2009 (n° 2008-573 DC), le Conseil constitutionnel a estimé que cette deuxième possibilité, en transformant, dans le cas d'acceptation de fonctions gouvernementales, un remplacement temporaire en remplacement définitif, allait au-delà de ce qui était prévu par le constituant et méconnaissait les termes mêmes de la Constitution modifiée dans son article 25.

8. Le découpage des circonscriptions, l'égalité devant le sufrage et la Commission indépendante (nouvel article 25, alinéa 3 nouveau)

367 Voir sous 196.

B. Les immunités parlementaires

368 **Article 26 de la Constitution**

> *« Aucun membre du Parlement ne peut être poursuivi, recherché, arrêté, détenu ou jugé à l'occasion des opinions ou votes émis par lui dans l'exercice de ses fonctions.*
> *Aucun membre du Parlement ne peut faire l'objet, en matière criminelle ou correctionnelle, d'une arrestation ou de toute autre mesure privative ou restrictive de liberté qu'avec l'autorisation du bureau de l'assemblée dont il fait partie. Cette autorisation n'est pas requise en cas de crime ou délit flagrant ou de condamnation définitive.*
> *La détention, les mesures privatives ou restrictives de liberté ou la poursuite d'un membre du Parlement sont suspendues pour la durée de la session si l'assemblée dont il fait partie le requiert.*
> *L'assemblée intéressée est réunie de plein droit pour des séances supplémentaires pour permettre, le cas échéant, l'application de l'alinéa ci-dessus. »*

Il s'agit traditionnellement depuis 1789 de protéger le parlementaire et, à travers lui, l'assemblée contre les tentatives d'intimidation ou les menaces du pouvoir politique, de groupes ou de citoyens mal intentionnés. L'immunité conforte l'indépendance de l'élu et prend deux formes principales : l'irresponsabilité à raison des opinions et votes émis dans l'exercice des fonctions parlementaires et l'inviolabilité afin d'éviter des poursuites abusives quant à des faits étrangers à la fonction parlementaire, en vue d'intimider l'élu.

1. Une immunité de fond : l'irresponsabilité

369 L'irresponsabilité est une immunité de fond (ou fonctionnelle) attachée à la fonction de l'élu et aux actes qu'il accomplit pendant son mandat (art. 26, al. 1er).

370 **Une immunité absolue et perpétuelle.** Elle est absolue du point de vue tant de la responsabilité civile que pénale. Elle est perpétuelle et survit à l'expiration du mandat.

371 **Une immunité ne couvrant que les seuls actes de la fonction parlementaire**

• **Les actes visés.** Les actes détachables de l'exercice de leur mandat (soit des actes sans lien avec celui-ci) ne sont pas couverts par l'irresponsabilité, non plus ceux commis hors l'enceinte de l'assemblée. Elle ne couvre pas ainsi les actes de la campagne électorale ou ceux accomplis dans le cadre d'une mission confiée par le Gouvernement.

• **Les actes parlementaires excessifs.** Il s'agit d'actes contrevenant à l'ordre de la séance publique qui ne sont pas couverts par l'immunité. La discipline est exercée dans chaque assemblée par son président et régie par leur règlement intérieur. Quatre sanctions graduées en fonction de la gravité de l'acte sont prévues :

- le rappel à l'ordre (trouble de la séance) ;

- le rappel à l'ordre avec inscription au procès-verbal (le parlementaire a déjà reçu un rappel à l'ordre ou a provoqué ou menacé un autre parlementaire) : il entraîne la perte d'un quart de l'indemnité mensuelle ;

- la censure (un parlementaire a provoqué une scène tumultueuse) : elle entraîne la privation pendant un mois de l'indemnité parlementaire. Elle a été votée une seule fois depuis 1958 contre trois députés de l'opposition ayant mis en cause le passé de résistant du président de la République, le 2 février 1984 ;

- la censure avec exclusion temporaire (résistance à la censure, recours à la violence) : elle entraîne l'exclusion de l'assemblée pendant 15 jours et la privation d'indemnité pendant deux mois. En mars 2011, le député apparenté PCF Maxime Gremetz a été exclu temporairement de l'Assemblée par le bureau et privé de la moitié de son indemnité parlementaire pendant deux mois pour avoir perturbé une réunion de l'Assemblée sur la crise nucléaire au Japon.

2. Une immunité de procédure : l'inviolabilité

372 Il s'agit d'une immunité de procédure qui garantit le parlementaire contre des poursuites pénales abusives ou vexatoires pour des crimes et délits étrangers à l'exercice de sa fonction (art. 26, al. 2 et 3). Contrairement à l'irresponsabilité dont les effets ne sont pas

limités dans le temps, l'inviolabilité a une portée réduite à la durée du mandat. Cette immunité individuelle vise donc à retarder le déroulement de l'action publique, non à y soustraire le parlementaire. Depuis la révision constitutionnelle du 4 août 1995, elle ne vise plus la poursuite engagée mais seulement l'arrestation ou toute mesure privative ou restrictive de liberté au titre du contrôle judiciaire, sans l'autorisation du Bureau, sauf les cas de crime ou délit flagrant, ou de condamnation définitive. Enfin, la détention, les mesures privatives ou restrictives de liberté, ou la poursuite d'un député, sont suspendues pour la durée de la session si l'Assemblée le requiert.

• **La demande d'autorisation d'arrestation ou de mesure privative ou restrictive de liberté** concernant un député sont formulées par le procureur général près la cour d'appel compétente et transmises par le garde des Sceaux au président de l'Assemblée nationale. Elle est ensuite instruite par une délégation du Bureau puis examinées par celui-ci qui statue.

• **La demande de suspension des poursuites, des mesures privatives ou restrictives de liberté, ou de la détention**, sont adressées au président de l'Assemblée par le député puis renvoyée à la commission constituée en application de l'article 80 du règlement. Elle doit entendre le député ou le collègue qui le représente puis présente un rapport. La discussion de la demande est aussitôt inscrite à l'ordre du jour de l'Assemblée qui l'examine en séance et se prononce, pour la durée de la session, soit pour suspension de la procédure judiciaire, soit pour la levée du contrôle judiciaire ou la mise en liberté du député détenu.

C. L'interdiction du mandat impératif et le caractère personnel du droit de vote

373 **Article 27 de la Constitution**

> « *Tout mandat impératif est nul.*
> *Le droit de vote des membres du Parlement est personnel.*
> *La loi organique peut autoriser exceptionnellement la délégation de vote. Dans ce cas, nul ne peut recevoir délégation de plus d'un mandat.* »

1. L'interdiction du mandat impératif

374 La Constitution de 1958 énonce donc que « *tout mandat impératif est nul* » (art. 27, al. 1er). Le général de Gaulle, en mars 1960, invoqua cette règle pour refuser de convoquer le Parlement en session extraordinaire au motif que la demande des députés était inspirée par des requêtes directes émanant des syndicats agricoles. Ainsi, le parlementaire n'est pas censé, en droit, être le délégué du peuple ni le mandataire de ses électeurs. Et les démissions en blanc remises à l'électeur ou bien à un parti n'ont pas de valeur juridique. Les incompatibilités avec certaines fonctions ont la même raison d'être : lui conserver son indépendance. Le règlement de l'Assemblée nationale, comme celui du Sénat, interdit « *la constitution [en son sein] (...) de groupes de défense d'intérêts particuliers, locaux ou professionnels et entraînant pour leurs membres l'acception d'un mandat impératif* » (Règl. AN, art. 23, al. 1er). Malgré tout, existent des « groupes d'études » et des « groupes d'amitié » avec certains pays – soumis à l'agrément du bureau. Le Conseil constitutionnel a rappelé la valeur constitutionnelle de l'article 27 en jugeant contraire à la Constitution, dans la décision relative au statut de la Corse (décis. 9 mai 1991, n° 91-290), et considéré implicitement qu'il vaut pour tous les mandats électifs (décis. 6 mars 1998, n° 98-397 DC, *Loi relative au fonctionnement des conseils régionaux*).

La démocratie libérale a posé les fondements du mandat représentatif dans le contexte de la souveraineté nationale, par opposition au mandat impératif découlant de la doctrine de la souveraineté populaire. Les constitutions d'un certain nombre de pays ont clairement interdit ce dernier en termes explicites (Allemagne, Italie, Espagne). En réalité, le mandat impératif se rattache moins aujourd'hui à la théorie de la souveraineté nationale qu'à la nécessité pratique d'assurer l'indépendance de l'élu, y compris vis-à-vis de son propre parti politique. Il existe ainsi très peu de pays parmi les États membres du Conseil de l'Europe disposant d'une législation, en réalité suspecte, habilitant les partis politiques à demander aux représentants élus de démissionner s'ils changent d'affiliation politique. Selon la Commission européenne pour la Démocratie par le droit, « *l'interdiction du mandat impéra-*

tif, ou toute autre pratique visant à priver un représentant de son mandat, doit prévaloir en tant que clé de voûte du constitutionnalisme démocratique européen ».

2. Le droit de vote est en principe personnel

375 **Le principe.** Cette disposition (art. 27, al. 2 et 3) visait à combattre l'absentéisme parlementaire, les délégations de vote étant par ailleurs strictement réglementées par l'ordonnance du 7 novembre 1958 portant loi organique autorisant exceptionnellement les parlementaires à déléguer leur droit de vote en cas d'absence dûment justifiée (maladie, empêchement absolu, etc.). Par ailleurs il ne peut y avoir de délégation lors d'un scrutin destiné à recueillir l'avis de la commission permanente compétente de chaque assemblée sur une proposition de nomination selon la procédure prévue au 5e alinéa de l'article 13 de la Constitution.

3. Les modes de votation

376 **Le vote par scrutin public.** Le vote par scrutin public a lieu par voie électronique. Un député, comme on l'a vu, peut être titulaire d'une – et d'une seule – délégation de vote de l'un de ses collègues absent (Const. art. 27), au Sénat de plusieurs, au point qu'un sénateur de chaque groupe peut être chargé d'apporter les bulletins de tous les membres de son groupe, présents ou non.

L'obligation du vote personnel a longtemps été contournée par le vote par clefs (un député tournait les clefs des collègues de son groupe absents). Cette pratique, pourtant contraire à la lettre de l'article 27 de la Constitution, n'a pas été sanctionnée par le Conseil constitutionnel qui a jugé que, sauf s'il était porté atteinte à la sincérité du scrutin, le fait que le nombre de suffrages soit supérieur au nombre de présents « *ne saurait entacher de nullité la procédure d'adoption de ce texte que s'il était établi, d'une part qu'un ou des députés ont été portés comme ayant émis un vote contraire à leur opinion, et, d'autre part, que sans la prise en compte de ce ou de ces votes, la majorité requise n'aurait pu être atteinte* » (décis. 23 janv. 1987, n° 86-225 DC, *Diverses mesures sociales*). En 1991, le président de l'Assemblée nationale, Laurent Fabius, a obtenu qu'un vote personnel ait lieu sur quelques textes importants. Puis, sous l'impulsion de Philippe Séguin le Bureau de l'Assemblée nationale a décidé, à partir d'octobre 1993, que le vote personnel serait respecté, une seule délégation de vote étant admise conformément à l'article 27, pour les scrutins importants. Cette pratique est désormais la règle à l'Assemblée nationale et empêche toute violation de l'article 27. Elle n'est pas sans risque, obligeant les députés, en particulier ceux de la majorité, à faire acte de présence en attendant le moment du vote mais redonne son sens au vote en séance.

Le vote par scrutin public ordinaire a lieu à partir du pupitre du député. Il est de droit :

- sur décision du président ou sur demande du Gouvernement ou de la commission saisie au fond ;

- sur demande du président d'un groupe ;

- sur décision de la Conférence des présidents pour le vote sur l'ensemble des textes les plus importants. Cette pratique est de plus en plus systématique afin d'éviter le « coup du rideau ». En effet, en avril 2009, lors du débat sur le projet de loi Hadopi visant à réprimer le téléchargement illégal, le texte fût rejeté à la surprise générale : une quinzaine de députés socialistes, cachés derrière un rideau, ont surgi dans l'hémicycle au moment du vote afin de créer un surnombre face aux bans désertés de l'UMP.

377 **Le vote par scrutin public à la tribune.** Le vote par scrutin public à la tribune ou désormais dans les salons attenants, est de droit lorsque la Constitution exige une majorité qualifiée (lois organiques) ou lorsque la responsabilité du Gouvernement est engagée. Le vote à la tribune a lieu au moyen d'une urne électronique.

378 **Le vote secret.** Il s'impose pour les nominations personnelles lorsqu'un texte le requiert. Le Conseil constitutionnel a censuré le paragraphe I de l'article 4 de la résolution du Sénat tend à donner à l'alinéa 1er de l'article 64 du règlement une rédaction aux termes de laquelle la délégation de vote n'est pas valable pour les scrutins secrets au motif « *que l'ordonnance n° 58-1066 du 7 novembre 1958 portant loi organique autorisant exceptionnellement les parlementaires à déléguer leur droit de vote, dans son article 1er, n'apporte aucune restriction à l'autorisation conférée aux membres du Parlement de déléguer leur droit de vote dans les*

cas qu'elle énumère » (décis. 17 mai 1973, n° 73-49 DC, *Résolution tendant à modifier certains articles du règlement du Sénat*).

379 **Le vote à main levée.** C'est la procédure normale de vote « en toutes matières, sauf pour les nominations personnelles » (Règl. AN, art. 64, al. 1er). En cas de doute, il fait procéder par « assis et levé ». Et, si celui-ci persiste, le président peut décider d'un vote par scrutin public ordinaire.

4. Les modes de votations au Sénat

380 Ils sont, dans la forme, quasiment identiques à ceux de l'Assemblée nationale à une exception de taille : la pratique de la délégation de vote demeure au Sénat – y compris par groupe – et le Conseil constitutionnel s'en tient à sa jurisprudence précitée en fermant les yeux. Il a rappelé récemment le considérant de principe, énoncé dans sa décision n° 86-225 DC du 23 janvier 1987 à propos de l'Assemblée nationale, qui définit la nature et les conditions du contrôle qu'il exerce dans l'application de ces dispositions de l'article 27 : « *Considérant que, pour l'application de ces dispositions, la circonstance que, dans le cadre d'un scrutin public, le nombre de suffrages favorables à l'adoption d'un texte soit supérieur au nombre de sénateurs effectivement présents au point de donner à penser que les délégations de vote utilisées, tant par leur nombre que par les justifications apportées, excèdent les limites prévues par l'article 27 précité, ne saurait entacher de nullité la procédure d'adoption de ce texte que s'il est établi, d'une part, qu'un ou des sénateurs ont été portés comme ayant émis un vote contraire à leur opinion et, d'autre part, que, sans la prise en compte de ce ou ces votes, la majorité requise n'aurait pu être atteinte* » (décis. 20 janv. 2011, n° 2010-624 DC, *Loi portant réforme de la représentation devant les cours d'appel*).

§ 4. Les réunions du Parlement

381 Sous la Révolution française, l'Assemblée siégeait sans interruption. Des limitations de durée ont été instituées par la suite par toutes les Constitutions, à l'exception de celle de 1848. Mais par rapport à la IIIe République (5 mois) et à la IVe République (7 mois

depuis 1954), la Ve République inaugure un régime plus strict marqué à l'origine par l'existence de deux sessions ordinaires durant respectivement 80 et 90 jours. La révision constitutionnelle du 4 août 1995 a modifié sensiblement ce régime (Const., art. 28) sans modifier celui des sessions extraordinaires ni des sessions de plein droit (art. 12, 16 et 18).

En dehors de ces périodes de session prévues par la Constitution, les assemblées ne peuvent se réunir mais il est loisible à leurs instances internes (commissions permanentes, groupes politiques) de le faire.

A. La session ordinaire

382 **Article 28 de la Constitution**

> *« Le Parlement se réunit de plein droit en une session ordinaire qui commence le premier jour ouvrable d'octobre et prend fin le dernier jour ouvrable de juin.*
> *Le nombre de jours de séance que chaque assemblée peut tenir au cours de la session ordinaire ne peut excéder cent vingt. Les semaines de séance sont fixées par chaque assemblée.*
> *Le Premier ministre, après consultation du président de l'assemblée concernée, ou la majorité des membres de chaque assemblée peut décider la tenue de jours supplémentaires de séance.*
> *Les jours et les horaires des séances sont déterminés par le règlement de chaque assemblée. »*

Conformément à l'article 28 de la Constitution de 1958 (dans sa rédaction issue de la révision constitutionnelle de 1995), le Parlement est réuni de plein droit en une session ordinaire annuelle.

383 **La session unique.** Dans sa rédaction antérieure, la Constitution avait prévu deux sessions ordinaires, la première à l'automne (80 jours à partir du 2 octobre), la seconde au printemps (90 jours au plus à partir du 2 avril). Une meilleure gestion du temps parlementaire a conduit, à l'initiative de Philippe Séguin, à la révision constitutionnelle du 4 août 1995 et à l'institution d'une session unique (art. 28, al. 1er). Elle visait à permettre de mieux assurer la mission de contrôle des assemblées et surtout de rendre plus cohérent le rythme des réunions. En effet, pour échapper au cadre contraignant du régime antérieur des sessions et trouver du temps

supplémentaire, les séances de nuit et surtout les sessions dites « extraordinaires » s'étaient multipliées : 60 fois entre 1958 et 1995 dont 59 à la demande du Premier ministre...

384 **Le plafonnement du jour de séances.** La révision constitutionnelle de 1995 a plafonné à 120 le nombre de jours de séance (dépassé lors de la session parlementaire 2008-2009) que chaque assemblée peut normalement tenir au cours d'une session pour éviter que la session unique conduise à une inflation législative accélérée (art. 28, al. 2). Pour autant, ce plafonnement (comme la clôture d'une session, ordinaire ou extraordinaire) ne peut faire obstacle à l'exercice par le Parlement de ses prérogatives essentielles. Il peut ainsi siéger au-delà du plafond s'agissant des décisions relatives aux immunités de ses membres (art. 26) et *a fortiori* s'agissant de la mise en jeu devant l'Assemblée nationale de la responsabilité du Gouvernement (art. 51).

385 **La tenue de jours supplémentaires.** La tenue de jours de séance supplémentaires (art. 28, al. 3) peut être décidée par le Premier ministre après consultation du président de l'assemblée concernée, ou par la majorité des membres de chaque assemblée.

386 **Les jours et horaires de séances.** L'article 28, alinéa 4, de la Constitution autorise les assemblées à fixer par leur règlement leurs semaines de séance : l'Assemblée nationale tient ainsi séance chaque semaine le matin, l'après-midi et la soirée du mardi, du mercredi et du jeudi. Le règlement prévoit cependant la possibilité de déroger à ce calendrier soit sur proposition de la Conférence des présidents soit sur proposition de la commission saisie au fond ou du Gouvernement pour poursuivre le débat en cours, s'agissant particulièrement en fin d'année de l'examen du projet de loi de finances (l'Assemblée siège en sus des trois jours précités les vendredis et parfois les lundis, sans exclure le samedi et le dimanche !).

B. Les sessions extraordinaires

387 En vertu des articles 29 et 30 de la Constitution, à la demande du Premier ministre ou de la majorité des membres composant l'Assemblée nationale, le Parlement peut être réuni en session extraordinaire, ouverte et close par décret du président de la République.

Article 29 de la Constitution

> *« Le Parlement est réuni en session extraordinaire à la demande du Premier ministre ou de la majorité des membres composant l'Assemblée nationale, sur un ordre du jour déterminé.*
> *Lorsque la session extraordinaire est tenue à la demande des membres de l'Assemblée nationale, le décret de clôture intervient dès que le Parlement a épuisé l'ordre du jour pour lequel il a été convoqué et au plus tard douze jours à compter de sa réunion.*
> *Le Premier ministre peut seul demander une nouvelle session avant l'expiration du mois qui suit le décret de clôture. »*

Article 30 de la Constitution

> *« Hors les cas dans lesquels le Parlement se réunit de plein droit, les sessions extraordinaires sont ouvertes et closes par décret du président de la République. »*

Ces deux articles sont limpides et ne nécessitent pas de commentaires superflus. Ils posent cependant une question essentielle, celle de la compétence du président de la République en la matière et, de façon si l'on peut dire liée, celle de l'ordre du jour de la session extraordinaire.

388 **La compétence du président de la République.** Alors que l'article 29 ne cite pas le chef de l'État, il appartient au président de la République sur demande du Premier ministre ou de la majorité des membres composant l'Assemblée nationale d'ouvrir et de clore par décret contresigné les sessions extraordinaires du Parlement (art. 30).

Le chef de l'État est-il tenu de donner suite à cette demande ? Si les travaux préparatoires laissent clairement à penser qu'il s'agit d'une compétence liée et que l'article 19 de la Constitution ne lui réserve pas ici un pouvoir propre en la matière, en l'absence de tout contrôle de la décision, l'interprétation présidentielle prévaut ici comme ailleurs (art. 13 et 38). Le 17 mars 1960, le général de Gaulle a ainsi refusé de déférer à la demande d'une majorité de députés jugeant qu'elle était provoquée par des pressions d'organisations agricoles alors que l'article 27 prohibe tout mandat impératif. Au contraire, le président Giscard d'Estaing accepta de décréter l'ouverture d'une session extraordinaire le 12 mars

1979 tout en rappelant que le processus devait être déclenché non par un parti – en l'occurrence le RPR – mais par des députés. S'agissant de François Mitterrand, il refusa au Gouvernement de Jacques Chirac, le 16 décembre 1987, la convocation d'une session extraordinaire sur le statut de la régie Renault, revenant à l'interprétation gaullienne selon laquelle cette convocation relève de la seule appréciation du chef de l'État.

389 **L'ordre du jour.** La session extraordinaire est limitée en principe à l'ordre du jour signé par le président de la République (sous réserve des procédures de l'article 49 de la Constitution). Le chef de l'État peut refuser les demandes d'inscription à l'ordre du jour qui requiert sa signature. Le monopole d'interprétation de la Constitution prévaut ici encore, et s'illustre singulièrement en cas de cohabitation. Ainsi, en juillet 1993, François Mitterrand accepta, à la demande du Gouvernement une session extraordinaire, mais refusa que fût inscrit à son ordre du jour un texte portant abrogation de la loi dite « Falloux ». Notons enfin que, sans trancher la question, le Conseil constitutionnel rappelle que « *le Parlement ainsi réuni en session extraordinaire ne peut délibérer que sur les questions inscrites à l'ordre du jour par le président de la République, celle-ci ne fait pas obstacle à ce que le président de la République modifie, à la demande du Premier ministre, la détermination d'ordre du jour qu'il avait préalablement arrêté* » (décis. 27 juill. 1995, n° 95-365 DC, *Loi relevant de 18, 60 p. 100 à 20, 60 p. 100 le taux normal de la taxe sur la valeur ajoutée à compter du 1er août 1995*). Le Conseil constitutionnel pourrait ainsi probablement annuler une loi au motif qu'elle aurait été délibérée alors même que le président de la République ne l'aurait pas inscrite dans le décret fixant l'ordre du jour.

C. L'accès des membres du Gouvernement aux deux assemblées

390 **Article 31 de la Constitution**

> « *Les membres du Gouvernement ont accès aux deux assemblées. Ils sont entendus quand ils le demandent.*
> *Ils peuvent se faire assister par des commissaires du Gouvernement.* »

Le droit d'accès et de parole des membres du Gouvernement est inconditionnel et peut s'exercer à tout moment (notamment décis. 17 mai 1973, n° 73-49 DC, *Résolution tendant à modifier certains articles du règlement du Sénat*). Ce droit d'accès s'étend aux commissions et le Conseil constitutionnel a censuré une disposition qui limitait le droit d'accès du Gouvernement aux travaux des commissions. Il a, en outre, précisé que cette inconstitutionnalité rendait caduque toute disposition analogue des règlements des assemblées (décis. 9 avr. 2009, n° 2009-579 DC, *Loi organique relative à l'application des articles 34-1, 39 et 44 de la Constitution*).

D. La présidence des assemblées et la conduite des travaux parlementaires (bureau, conférence des présidents)

391 **Article 32 de la Constitution**

> *« Le président de l'Assemblée nationale est élu pour la durée de la législature. Le président du Sénat est élu après chaque renouvellement partiel. »*

1. Les présidents des assemblées

392 **Son élection.** En droit, il est élu pour la durée de la législature à l'Assemblée nationale et du renouvellement triennal au Sénat (art. 32). En fait, les mandats présidentiels ont souvent été renouvelés depuis 1958 : le Sénat a connu six présidents (Gaston Monnerville de 1959 à 1968, Alain Poher de 1968 à 1992, René Monory de 1992 à 1998, Christian Poncelet jusqu'en 2008, Gérard Larcher jusqu'en 2011 et Jean-Pierre Bel depuis lors), l'Assemblée 13 présidents (Jacques Chaban-Delmas de 1958 à 1969, de 1978 à 1981 et de 1986 à 1988, Achille Peretti de 1969 à 1973, Edgar Faure de 1973 à 1978, Louis Mermaz de 1981 à 1986, Laurent Fabius de 1988 à 1992, Henri Emmanuelli de 1992 à 1993, Philippe Séguin de 1993 à 1997, Laurent Fabius de 1997 à 2000, Raymond Forni de 2000 à 2002, Jean-Louis Debré de 2002 à 2007, Patrick Ollier pour quelques semaines en 2007, l'Assemblée ne siégant pas, Bernard Accoyer de 2007 à 2012 et Claude Bartolone depuis lors).

393 **Ses compétences extérieures à l'assemblée.** Il s'agit d'abord de compétences constitutionnelles. Les présidents sont consultés pour avis par le chef de l'État lors du recours à la dissolution de l'Assemblée nationale (art. 12) ou de l'emploi par lui des pouvoirs de crise (art. 16). Chaque président fait part à l'Assemblée des communications qui lui sont adressées, en particulier les messages du chef de l'État (art. 18). Il est consulté par le Premier ministre lorsque celui-ci décide de la tenue de jours supplémentaires de séance (art. 28.3). Les présidents des assemblées peuvent saisir le Conseil constitutionnel en cas de décès ou d'empêchement d'un candidat à l'élection présidentielle (art. 7.9), s'ils ne confirment pas l'exception d'irrecevabilité opposée par le Gouvernement en application de l'article 41 et ils doivent le saisir des modifications apportées au règlement de leur chambre (art. 61.1). Il nomme trois membres du Conseil constitutionnel (art. 56), dispose du pouvoir de le saisir de la constitutionnalité d'une loi (art. 41 et 61) - la célèbre décision du 16 juillet 1971 fut rendue sur saisine du président du Sénat - ou d'un traité (art. 54). Enfin, il désigne un membre du Conseil supérieur de la magistrature (art. 65). Par ailleurs, le président du Sénat assure l'intérim de la Présidence de la République en cas de vacance (art. 7) et le président de l'Assemblée nationale préside les réunions du Congrès (art. 89.3).

La loi confère en outre aux présidents des assemblées des pouvoirs de nomination, en particulier, sous réserves de la procédure de l'article 13 : trois membres du Conseil supérieur de l'audiovisuel, d'un membre de la Commission nationale informatique et libertés (CNIL), du Haut conseil des finances publiques et dresse conjointement avec son homologue de l'autre assemblée et le président du Conseil économique, social et environnemental une liste en vue de la désignation des membres du Conseil de la politique monétaire.

394 **Ses compétences internes à l'assemblée.** Le président assure effectivement la direction des débats sur le modèle du speaker britannique. Il dirige les débats législatifs, ouvre la séance publique, conduit les délibérations, fait observer le règlement, peut demander une prolongation de séance, répartit le temps de parole entre les groupes, donne et retire la parole à chaque parlementaire, il

coordonne les activités de l'assemblée en convoquant les commissions, la conférence des présidents en vue d'examiner l'ordre des travaux législatifs, en répartissant le temps de parole. Il assure la police de séances (il veille à la sûreté de l'assemblée, ouvre et lève les séances) et veille à la discipline (pouvoirs de sanctions). En principe, il ne participe pas au vote mais plusieurs présidents ont parfois voté la confiance au Gouvernement (par exemple Louis Mermaz en 1981, Jacques Chaban-Delmas en 1986, Laurent Fabius en 1997) ou en faveur de la révision constitutionnelle au Congrès, comme Bernard Accoyer le 21 juillet 2008.

Plus largement, le président, en assurant le fonctionnement concret de l'assemblée, est un des acteurs principaux du dialogue entre les pouvoirs publics mais aussi entre les groupes politiques.

2. Le bureau de l'Assemblée

395 Il n'est mentionné qu'à l'article 26 de la Constitution alors qu'il est pourtant un organe de travail essentiel au sein de chaque assemblée mais aussi à l'article 39, alinéa 2, s'agissant du dépôt des projets de lois (« sur le bureau »...).

396 **Sa composition.** Il s'agit d'un organe collégial comprenant le président, 6 vice-présidents (qui suppléent le président dans la direction des séances), 3 questeurs (chargés sous l'autorité du bureau de l'administration intérieure et de la gestion financière et administrative), 12 secrétaires à l'Assemblée nationale et 8 au Sénat (surveillant le dépouillement des scrutins et la rédaction des procès-verbaux).

397 **Son rôle (voir aussi article 48).** Outre les attributions individuelles de ses membres, le bureau a pour charge essentielle d'interpréter et d'appliquer le règlement intérieur, de se prononcer sur la recevabilité des propositions de loi, de statuer sur les incompatibilités et les immunités parlementaires, de déterminer le statut du personnel et de procéder aux nominations les plus importantes au sein de l'administration de l'Assemblée.

3. La conférence des présidents

398 Son existence à la Chambre des députés remonte à 1911. Dans les deux chambres, son rôle essentiel concerne l'organisation du travail parlementaire, à savoir l'ordre du jour. Elle a été constitutionnalisée par les articles 39 alinéa 4 et 45 alinéa 2 de la Constitution.

399 **Sa composition.** La conférence rassemble le président de l'Assemblée, les vice-présidents, les présidents des commissions permanentes, des groupes parlementaires, le rapporteur général de la commission des finances et, depuis 1992, le président de commission pour l'Union européenne depuis 2008. Le Gouvernement y est représenté par le ministre en charge des relations avec le Parlement, voire exceptionnellement par le Premier ministre.

400 **Son rôle.** Elle se réunit à l'Assemblée nationale chaque semaine – moins régulièrement au Sénat, toutes les trois semaines le plus souvent – et détermine le calendrier des travaux parlementaires au regard des nouvelles dispositions de l'article 48 consacrant le partage de l'ordre du jour. Elle peut par ailleurs décider d'organiser la discussion (durée des débats, répartition du temps entre les groupes, etc.). Elle peut aussi en vertu de l'article 39 refuser l'inscription à l'ordre du jour si elle constate que les règles fixées par la loi organique sont méconnues. Ainsi, la loi organique du 15 avril 2009 relative à l'application des articles 34-1, 39 et 44 de la Constitution dispose que lors du dépôt d'un projet de loi au Parlement, le Gouvernement doit l'accompagner des documents rendant compte des travaux d'évaluation préalable réalisés et comportant une estimation des conséquences économiques, financières, sociales et environnementales des réformes engagées (étude d'impact). Enfin, les Conférences des présidents peuvent s'opposer conjointement à la procédure accélérée prévue à l'article 45 de la Constitution.

4. Les autres formations du Parlement : groupes et commissions

401 • La formation des groupes. La reconnaissance explicite des groupes politiques a été tardive, la discipline qu'ils pouvaient imposer étant contraire aux principes du régime représentatif et particulièrement à l'interdiction du mandat impératif. En cette matière, comme dans d'autres, la pratique a eu largement raison de ces principes. Avant leur reconnaissance limitée par les règlements (en 1910 à la Chambre des députés et en 1921 au Sénat), des groupes parlementaires sans rôle ni fonction dans l'organisation du travail parlementaire s'étaient constitués de façon informelle dès le milieu du XIXe siècle. Ils tenteront de constituer au

XXe siècle l'articulation organique des partis politiques, en particulier à l'Assemblée nationale. Si, par exception la Constitution de 1946 faisait référence aux groupes, celle de 1958 n'en faisait pas mention, les règlements des assemblées consacrant leur existence. Depuis la révision du 23 juillet 2008, ils sont reconnus aux articles 50-1 et 51-1 de la Constitution. Il faut aujourd'hui un minimum de membres (15 à l'Assemblée nationale et 10 au Sénat) qui se reconnaissent dans une déclaration politique commune. Les parlementaires proches d'un groupe peuvent à l'Assemblée nationale « s'apparenter » mais sans être comptabilisés et sont moins tenus à la discipline de vote ; au Sénat il existe un apparentement purement administratif. En tout état de cause cause, les « non inscrits » peuvent former un groupe, au risque de l'inconfort de voisinage mais au bénéfice des avantages qui lui sont attribués. Notons qu'un parlementaire ne peut être inscrit qu'à un seul groupe (c'est plus simple...). Enfin, le Conseil constitutionnel a censuré la résolution en date du 12 février 2013 modifiant le règlement de l'Assemblée nationale afin d'ouvrir aux groupes parlementaires la faculté de se doter d'une coprésidence assurée par deux députés de sexe différent. D'une part, cette « faculté » instituait une différence de traitement injustifiée entre les groupes. D'autre part, elle méconnaissait la loi organique du 15 avril 2009 en vertu de laquelle un groupe parlementaire n'a qu'un président (décis. 28 févr. 2013, n° 2013-664 DC).

• **Leur rôle.** Ils sont implicitement à l'origine de la formation du bureau, de la conférence du président, des commissions, souvent acceptent les amendements voire les motions de censure, posent les questions orales, saisissent le Conseil constitutionnel. Ils sont au cœur de la vie parlementaire. Ils disposent enfin de facilités matérielles.

• **Le rôle spécifique du président de groupe.** Organisateur, le président de groupe peut demander une suspension de séance personnellement, la vérification du quorum, un scrutin public. Il participe chaque semaine à la conférence des présidents. Le président du groupe majoritaire détient de fait l'essentiel des pouvoirs en conférence des présidents.

402 Sur les commissions législatives et permanentes, les commissions spéciales et les délégations, voir article 43 (v. ss 460 s.).

E. La publicité des séances

403 **Article 33 de la Constitution**

> *« Les séances des deux assemblées sont publiques. Le compte rendu intégral des débats est publié au* Journal officiel.
> *Chaque assemblée peut siéger en comité secret à la demande du Premier ministre ou d'un dixième de ses membres. »*

Pendant les sessions, les séances du Parlement sont publiques (il peut siéger – le dernier cas remonte à 1914 – en comité secret à la demande du Premier ministre ou de son propre chef). Ses débats sont publiés au *Journal officiel* et font l'objet par chaque assemblée de comptes rendus analytiques.

La séance publique est l'un des lieux naturels de l'exercice du contrôle parlementaire (questions au Gouvernement, etc.) du débat législatif. Ouverte par le président de l'Assemblée qui en assure avec courtoisie la police, la séance se déroule selon les règles propres au débat parlementaire. Rappelons que la conférence des présidents a au préalable organisé son déroulement (nombre de séances, répartition du temps de parole entre les groupes, moment des votes) ce qui n'interdit pas les tentatives d'obstruction.

Bibliographie

Benelbaz (Cl.), « Le redécoupage électoral sous la Ve République », *RD publ.* 2010. 1161.

Genevois (B.), « Les immunités prévues par la Constitution et le contrôle juridictionnel (le droit français confronté au droit italien) », *RFDA* 2000. 511.

Rouvillois (F.), « Heurts et malheurs d'un principe : le vote personnel des députés », *RD publ.* 1988. 781.

Savonitto (F.), *Le pouvoir constituant pose-t-il des normes ? L'exemple des articles 29 et 30 de la Constitution*, AFDC, colloque du XXVe anniversaire de la Constitution, 2008.

CHAPITRE 5

Les rapports entre le Gouvernement et le Parlement

404 Ce titre V est celui qui a été le plus profondément remanié par la révision constitutionnelle de juillet 2008. Il étend le domaine de la loi dont la limitation au profit du règlement (art. 37) avait été en 1958 la grande révolution (art. 34), mais la jurisprudence du Conseil constitutionnel l'a détournée de son cours bien avant cette révision. Sont désormais accordées au Parlement des compétences secondaires, comme le vote des résolutions (art. 34-1 nouveau), l'information de plein droit en matière d'intervention militaire assorti d'un régime d'autorisation dans le temps (art. 35, al. 2 et 3) ou enfin, la ratification parlementaire expresse des ordonnances – qui ne change pas grand chose (art. 38, al. 2). Il accorde au président de chaque assemblée de soumettre pour avis au Conseil d'État, avant son examen en commission, une proposition de loi (art. 39, al. 2). Pour l'essentiel, ces réformes sont cependant, la plupart secondaires, voire parfois symboliques, au regard de la réforme en profondeur de la procédure législative. À mi-chemin, les nouvelles modalités d'exercice du droit d'amendement (art. 40, 41 et 44, al. 1er) constituent un vrai changement, diversement apprécié cependant dans la mesure où elles contrebalancent le desserrement de l'étau de la procédure législative. Pour le reste, la

modification des règles de fixation de l'ordre du jour et du délai d'examen des textes et surtout la vraie révolution que constitue l'examen en séance du texte de la Commission et non plus celui Gouvernement (art. 42) est essentielle : le cœur de son dispositif se situe à l'article 48 s'agissant de la maîtrise de son ordre du jour par chaque assemblée. Enfin, la fonction de contrôle du Parlement est mieux assurée mais avec beaucoup de prudence. La faculté est désormais ouverte au Gouvernement ou à la demande d'un groupe parlementaire, de faire sur un sujet donné une déclaration (art. 50-1 nouveau). Les commissions d'enquête sont constitutionnalisées (art. 51-2 nouveau) tandis que le Parlement bénéficie plus encore qu'hier de l'assistance de la Cour des comptes au Parlement à sa nouvelle mission d'évaluation des politiques publiques (art. 47-2). L'usage de l'article 49, alinéa 3, est limité. Les droits des groupes politiques parlementaires dont l'existence est désormais reconnue par la Constitution sont déterminés par le Règlement de chaque assemblée (art. 51-1). Ils sont aussi reconnus par l'article 48 qui fait obligation de réserver une séance par mois à un ordre du jour à l'initiative des groupes d'opposition ou minoritaires.

§ 1. La limitation du domaine de la loi au profit du règlement

405 Article 34 de la Constitution

> *« La loi fixe les règles concernant :*
> *- les droits civiques et les garanties fondamentales accordées aux citoyens pour l'exercice des libertés publiques ; la liberté, le pluralisme et l'indépendance des médias ; les sujétions imposées par la Défense nationale aux citoyens en leur personne et en leurs biens ;*
> *- la nationalité, l'État et la capacité des personnes, les régimes matrimoniaux, les successions et libéralités ;*
> *- la détermination des crimes et délits ainsi que les peines qui leur sont applicables ; la procédure pénale ; l'amnistie ; la création de nouveaux ordres de juridiction et le statut des magistrats ;*
> *- l'assiette, le taux et les modalités de recouvrement des impositions de toutes natures ; le régime d'émission de la monnaie.*

La loi fixe également les règles concernant :
- le régime électoral des assemblées parlementaires, des assemblées locales et des instances représentatives des Français établis hors de France ainsi que les conditions d'exercice des mandats électoraux et des fonctions électives des membres des assemblées délibérantes des collectivités territoriales ;
- la création de catégories d'établissements publics ;
- les garanties fondamentales accordées aux fonctionnaires civils et militaires de l'État ;
- les nationalisations d'entreprises et les transferts de propriété d'entreprises du secteur public au secteur privé.
La loi détermine les principes fondamentaux :
- de l'organisation générale de la Défense nationale ;
- de la libre administration des collectivités territoriales, de leurs compétences et de leurs ressources ;
- de l'enseignement ;
- de la préservation de l'environnement ;
- du régime de la propriété, des droits réels et des obligations civiles et commerciales ;
- du droit du travail, du droit syndical et de la sécurité sociale.
Les lois de finances déterminent les ressources et les charges de l'État dans les conditions et sous les réserves prévues par une loi organique.
Les lois de financement de la sécurité sociale déterminent les conditions générales de son équilibre financier et, compte tenu de leurs prévisions de recettes, fixent ses objectifs de dépenses, dans les conditions et sous les réserves prévues par une loi organique.
Des lois de programmation déterminent les objectifs de l'action de l'État.
Les orientations pluriannuelles des finances publiques sont définies par des lois de programmation. Elles s'inscrivent dans l'objectif d'équilibre des comptes des administrations publiques.
Les dispositions du présent article pourront être précisées et complétées par une loi organique. »

« *La loi est votée par le Parlement* » énonçait le 1er alinéa de l'article 34 de la Constitution. Supprimé par la révision constitutionnelle de juillet 2008, il a été réinséré à l'article 24 en son alinéa 1er : « *Le Parlement vote la loi* ». Malgré l'intention du constituant de 1958, la jurisprudence du Conseil constitutionnel a progressivement étendu la définition de la loi par son domaine au regard de celui du règlement.

A. Le domaine de la loi : la révolution juridique de 1958

1. La définition de la loi avant 1958

406 La définition de la loi est, avant 1958, d'une simplicité biblique : la loi, depuis la Révolution française, est l'acte voté par le Parlement, expression de la volonté générale ou autrement dit par Carré de Malberg « *le domaine de la loi est sans bornes, comme la volonté générale* ». Par voie de conséquence, il n'existe pas de domaine du règlement puisque celui-ci ne fait qu'exécuter la loi et que le Parlement peut toujours décider d'intervenir dans le domaine qu'il a ainsi provisoirement concédé au Gouvernement. Certes, la pratique des décrets-lois sous la IIIe République, les délégations partielles et provisoires de compétences du Parlement au Gouvernement sous la IVe République malgré la lettre de Constitution ou les lois cadres à partir de 1956, comme la reconnaissance d'un domaine réglementaire autonome par la jurisprudence du Conseil d'État ont porté atteinte à ce principe. Ils n'en n'ont pas remis en cause pour autant son fondement. Le critère de la loi demeure exclusivement organique.

2. La nouvelle définition et le domaine de la loi en 1958

407 **La définition de la loi.** La loi demeure définie par son auteur (« *la loi est votée par le Parlement* », art. 24) mais s'ajoute à ce critère organique un critère matériel : la loi ne peut en effet intervenir que dans les domaines prévus par la Constitution, les autres étant désormais l'apanage du domaine réglementaire nouvellement institué (art. 37). Dès lors, la loi devient en quelque sorte l'exception dans l'édiction des normes et le règlement, le principe.

408 **Le domaine de la loi.** Cependant, l'article 34 définit un domaine de la loi qui reste conséquent : il fixe un certain nombre de matières où la loi ne fixe que les « règles » (droits civiques, libertés publiques, nationalité, État et capacité des personnes, régimes matrimoniaux, successions et libéralités, détermination des crimes et délits et des peines qui leur sont applicables, procédure pénale, statut de la magistrature, création de nouveaux ordres de juridiction, impôts, monnaie, régime électoral des assemblées parlementaires et locales, création de catégories d'établissements publics,

garanties accordées aux fonctionnaires civils et militaires, nationalisations et privatisations), d'autres où elle ne devrait déterminer que les « principes fondamentaux » : ici le Gouvernement en détermine l'application (organisation générale de la défense nationale, libre administration des collectivités locales, de leurs compétences et de leurs ressources, de l'enseignement, du régime de la propriété et des obligations, du droit du travail, du droit syndical et de la Sécurité sociale).

409 **Le partage entre la loi et le règlement peut être remis en cause temporairement par les ordonnances.** Celles de l'article 92 (abrogé depuis lors), permettant au Gouvernement, dans les quatre mois suivant la promulgation de la nouvelle Constitution, de prendre, sans faire l'objet en pratique d'aucun contrôle juridictionnel, « *les mesures législatives nécessaires à la mise en place des nouvelles institutions* » et « *celles qu'il jugera nécessaires à la vie de la nation, à la protection des citoyens et à la sauvegarde des libertés* » ; celles des articles 47 et 47-1 dans le domaine budgétaire, financier et de la Sécurité sociale dans l'hypothèse – encore d'école – où le projet ne serait pas adopté par le Parlement dans les délais constitutionnels ; celles de l'article 38, prises sur habilitation législative ; celles prises sur habilitation référendaire, nées de l'approbation par référendum le 8 avril 1962 des accords d'Évian, autorisant le Gouvernement à prendre par voie d'ordonnances des mesures d'ordre législatif. Dans ce cas, le Conseil d'État a considéré que l'habilitation n'était pas une attribution d'une portion du pouvoir législatif mais une simple autorisation accordée au pouvoir réglementaire d'intervenir, dans les strictes limites de l'habilitation, dans le domaine de la loi. Bien que pouvant modifier des textes législatifs, l'ordonnance conservait donc la nature réglementaire que lui confère son auteur (CE 19 oct. 1962, *Canal, Robin et Godot*).

410 **L'interdiction des « injonctions ».** Le législateur ne peut enjoindre (c'est-à-dire obliger) le Gouvernement de proposer des mesures législatives (décis. 17 janv. 1979, n° 78-102 DC, *Loi portant approbation d'un rapport sur l'adaptation du VIIe Plan*).

411 **Le législateur ne peut se lier lui-même.** « Une loi peut toujours et sans condition, fût-ce implicitement, abroger ou modifier une loi

antérieure ou y déroger». Le Conseil constitutionnel ce faisant rappelle l'évidence : des dispositions liant le législateur pour l'avenir « sont dépourvues de tout effet juridique et [...] ne sauraient pas davantage empêcher le vote dans l'avenir de lois contraires auxdites dispositions » (décis. 27 juill. 1982, n° 82-142, *Loi portant réforme de la planification*).

B. L'extension du domaine de la loi après 1958 : une révolution détournée de son cours...

1. Principes et règles : une distinction rendue caduque

412 **Le législateur fixe des règles et détermine des principes.** Cette distinction du texte de l'article 34 originel a très tôt été remise en cause par le Conseil constitutionnel. D'une part, le Conseil pour définir dans un premier temps la séparation entre loi et règlement s'est référé à l'État de la législation antérieure à 1958 pour distinguer les dispositions qui mettent en cause les règles ou les principes – qui sont du domaine de la loi – et celles qui se contentent de les mettre en œuvre – qui sont du domaine du règlement (décis. 27 nov. 1959, n° 59-1 L, *Nature juridique de l'article 2, alinéa 3 de l'ordonnance n° 59-151 du 7 janvier 1959 relative à l'organisation des transports de voyageurs dans la région parisienne*).

La distinction est donc entre l'« essentiel » qui relève du domaine de la loi et l'« accessoire », soit les modalités d'application qui relèvent du domaine du règlement : ainsi, l'attribution du droit de suffrage ou les cas de vote par procuration relèvent à l'évidence de la compétence législative et sa mise en œuvre, comme les modalités du vote par procuration du domaine réglementaire ou encore de la procédure civile qui échappe totalement au Parlement.

2. L'interprétation extensive de l'article 34 par le Conseil constitutionnel et la référence à d'autres articles de la Constitution ainsi qu'à son Préambule

413 **L'interprétation extensive de l'article 34 par le Conseil constitutionnel.** Le domaine de la loi a été étendu par l'interprétation du Conseil constitutionnel, inspiré par une jurisprudence ancienne du Conseil d'État. Dès lors, l'article 34 ne saurait fonder exclusivement la

compétence législative. Elle est manifeste s'agissant des catégories d'établissements publics dont la création est réservée au législateur (décis. 30 mai 1979, n° 79-107 L, *Nature juridique des dispositions de l'article 2 de la loi n° 67-7 du 3 janvier 1967 portant création d'organismes de recherche (Agence nationale de valorisation de la recherche)*), de la définition du contenu du plan, compétence législative implicite (décis. 27 juill. 1982, n° 82-142 DC, *Loi portant réforme de la planification*), de la compétence reconnue au Parlement de déroger aux principes généraux du droit dégagés par le Conseil d'État (décis. 26 juin 1969, n° 69-55 L, *Protection des sites*).

414 **La référence à d'autres articles de la Constitution et au Préambule.** Le Conseil constitutionnel a depuis 1965 défini le domaine de la loi par rapport d'autres articles de la Constitution, notamment l'article 72 de la Constitution (décis. 2 juill. 1965, n° 65-34 L, *Nature juridique des articles 1er, 5 et 6 de l'ordonnance n° 58-1383 du 31 décembre 1958 portant modification de certaines dispositions du régime de retraite des marins du commerce*), l'article 66 (décis. 28 nov. 1973, n° 73-80 L, *Nature juridique de certaines dispositions du Code rural*) mais aussi s'agissant de la ratification de certains traités, de la déclaration de guerre ou l'état de siège.

Surtout, la décision du Conseil constitutionnel du 16 juillet 1971, comme on l'a vu, en élargissant les normes de référence du contrôle de constitutionnalité de la loi au préambule ouvre la possibilité d'un élargissement du domaine de la loi par référence à celui-ci et non plus seulement à l'article 34. C'est chose faite avec la décision du Conseil constitutionnel du 28 novembre 1973 précitée qui se fonde sur l'article 66 de la Constitution et surtout sur le préambule dès lors qu'en matière de détermination des contraventions et des peines, la définition des peines qui leur sont applicables lorsqu'elles comportent des mesures privatives de libertés relève de la loi alors que l'article 34 ne vise que les crimes et délits (le nouveau Code pénal a pris acte de cette jurisprudence). Par la suite toute une série d'articles de la Déclaration des droits de l'homme ont été visés (art. 4, 5, 6, 7, 8, 9, 10, 11, 17) sans compter les renvois à la loi par le Préambule de 1946. Et la charte de l'environnement, qui fait référence à la loi (notamment à ses articles 3, 4 et 7), étend également la compétence du législateur.

3. L'absence de séparation étanche entre loi et règlement : la jurisprudence *Blocage des prix et des revenus* de 1982

415 « *La Constitution n'a pas entendu frapper d'inconstitutionnalité une disposition de nature réglementaire contenue dans la loi* » : la fameuse décision du 30 juillet 1982 (décis. 30 juill. 1982, n° 143-DC, *Blocage des prix et des revenus*) et confirmée par une jurisprudence jamais démentie ne met pas fin à la distinction entre le domaine de la loi et celui du règlement : celui-ci perd seulement son exclusivité si le Gouvernement ne s'y oppose pas et le domaine de la loi est extensible s'il y consent. Le critère de la loi redevient d'essence organique. C'est l'analyse qu'en avait fait un célèbre juriste et gaulliste, René Capitant, au début de la Ve République. En pratique, le Gouvernement n'invoque l'article 41 – qui protège le domaine de la loi au stade de la procédure législative – que dès lors que l'empiétement du législateur le met politiquement en difficulté (amendements gênants de la majorité, initiatives hostiles de l'opposition). Cet article permettant au Conseil de vérifier, s'il en est saisi, la constitutionnalité des lois ordinaires ne permet plus de faire respecter le domaine réglementaire par le Parlement depuis une décision du Conseil constitutionnel du 30 juillet 1982 (*Blocage des prix*). Il n'est plus possible en effet pour les parlementaires de « *se prévaloir de ce que le législateur est intervenu dans le domaine réglementaire pour soutenir que la disposition soit contraire à la Constitution* ». Pour autant, il est loisible au Gouvernement d'invoquer l'irrecevabilité de l'article 41 ou d'user à tout moment, en cas d'oubli, de la procédure de l'article 37, alinéa 2. Cette décision proprement révolutionnaire sur le plan juridique emporte deux conséquences majeures. L'une vient d'être évoquée : le contrôle de constitutionnalité des lois n'est plus l'instrument de la protection du domaine réglementaire. L'autre conséquence qui s'est dessinée peut sembler paradoxale : le contrôle permet au contraire d'empêcher que le législateur abandonne sa propre compétence au bénéfice du pouvoir réglementaire. En clair, le Conseil ne sanctionne pas les « incompé-

tences positives» (au bénéfice du domaine législatif) mais les « incompétences négatives ». Au surplus, comme l'indique le commentaire au *Cahiers du Conseil constitutionnel* de la décision n° 2012-649 DC du 15 mars 2012 (*Loi relative à la simplification du droit et à l'allégement des démarches administratives*) qui confirme encore une fois la jurisprudence *Blocage des prix et des revenus*, « *la création d'un contrôle* a posteriori *des lois a renforcé la séparation des compétences du Conseil constitutionnel touchant à l'examen, d'une part, de la répartition du domaine de la loi et de celui du règlement et, d'autre part, de la conformité de la loi à la Constitution. S'il faisait le choix de se prononcer sur la nature réglementaire d'une disposition qui lui est déférée dans le cadre de l'article 61 de la Constitution, le Conseil constitutionnel s'exposerait à la possibilité d'être saisi de la disposition déclarée comme ayant le caractère réglementaire mais non encore modifiée par décret à l'occasion d'une question prioritaire de constitutionnalité (...). On serait dans un cas bien paradoxal de contrôle par le Conseil constitutionnel de la constitutionnalité de dispositions de forme législative mais dont le caractère réglementaire a été reconnu sans que la disposition perde pour autant son apparence législative* ».

4. Le législateur ne saurait renoncer à sa propre compétence

416 **Les incompétences négatives.** Le Conseil sanctionne les incompétences négatives du législateur dès lors que celui-ci laisse au règlement le soin de préciser certaines dispositions que la Constitution lui impose de définir lui-même. Il méconnaît donc ses attributions constitutionnelles alors qu'il doit exercer pleinement la compétence qu'il tient de la Constitution et spécialement de son article 34.

Une telle approche, en réalité ancienne, s'est manifestée tout d'abord à travers la censure de dispositions pour incompétence négative du législateur, lorsqu'il n'a pas épuisé la compétence qui lui est conférée par la Constitution, ainsi en matière de loi organique (avec la décision de principe 26 janv. 1967, n° 67-31 DC, *Loi organique modifiant et complétant l'ordonnance n° 58-1270 du 22 décembre 1958 portant loi organique relative au statut de la magistrature*). Dans la décision n° 75-56 DC du 23 juillet 1975, le Conseil constitutionnel rappelle clairement que l'article 34 de la Constitution « réserve à la loi » le soin de fixer certaines règles dans des matières fondamentales, ainsi en matière de procédure pénale et soulève ici d'office l'incompétence négative du législateur.

417 **Les garanties légales des exigences constitutionnelles.** Cette jurisprudence sur l'incompétence négative est prolongée par l'obligation faite au législateur dans l'exercice de son pouvoir d'abrogation ou de modification des lois antérieures, de ne pas priver de garanties légales des exigences à caractère constitutionnel : « *s'il est loisible au législateur, lorsqu'il organise l'exercice d'une liberté publique en usant des pouvoirs que lui confère l'article 34 de la Constitution, d'adopter pour l'avenir, s'il l'estime nécessaire, des règles plus rigoureuses que celles qui étaient auparavant en vigueur, il ne peut, s'agissant de situations existantes intéressant une liberté publique, les remettre en cause que dans deux hypothèses : celle où ces situations auraient été illégalement acquises, celles où leur remise en cause serait réellement nécessaire pour assurer la réalisation de l'objectif constitutionnel poursuivi* » (décis. 11 oct. 1984, n° 84-181 DC, *Loi visant à limiter la concentration et à assurer la transparence financière et le pluralisme des entreprises de presse*). Cette jurisprudence est dite à tort celle de l'« effet cliquet ») dans la simple mesure ou les principes de valeur constitutionnelle doivent pouvoir se concilier entre eux sans que l'un prévale, par sa consécration dans le temps, sur l'autre.

Lors de l'examen d'une éventuelle incompétence négative, le Conseil rappelle qu'il appartient au législateur de « *fixer les règles concernant les garanties fondamentales accordées aux citoyens pour l'exercice des libertés publiques* » tandis que « *ressortit à la compétence du pouvoir réglementaire la détermination des mesures d'application des règles posées par le législateur* » (décis. 11 juill. 2001, n° 2001-450 DC, *Loi portant diverses dispositions d'ordre social, éducatif et culturel*) : « *l'article 34 de la Constitution (...) s'oppose à ce que le législateur, s'agissant d'une matière aussi fondamentale que celles des droits et libertés des citoyens, confie à une autre autorité l'exercice (...) des attributions définies par les dispositions en cause*». Puis, le Conseil a, sur le fondement de l'article 34 de la Constitution mais aussi des articles 6 et 16 de la Déclaration des droits de l'homme, jugé que s'imposaient au législateur des exigences quant à la qualité de la loi.

5. L'extension du domaine de la loi par la révision constitutionnelle de 2008

418 La révision confirme *a posteriori*, l'extension du domaine de la loi... À l'article 34, ont été ajoutés la liberté, le pluralisme et l'indépendance des médias, le régime électoral des instances représentatives des Français établis hors de France, les conditions d'exercice des mandats électoraux et des fonctions électives des membres des assemblées délibérantes des collectivités territoriales, les orientations pluriannuelles des finances publiques. Enfin, le domaine de la loi a été étendu à la création de nouvelles procédures comme celles des nominations de l'article 13 la Constitution.

L'article 1er de la Constitution permet désormais à la loi de favoriser l'égal accès des femmes et des hommes non seulement aux mandats électoraux et fonctions électives depuis 1999 mais aussi aux responsabilités professionnelles et sociales depuis 2008. De même, l'article 4 prévoit que la loi garantit les expressions pluralistes des opinions et la participation équitable des partis et groupements politiques à la vie démocratique de la Nation. En vertu de l'article 51-2 la loi détermine les règles d'organisation et de fonctionnement des commissions d'enquête.

6. Le dialogue social

419 Le projet de loi présenté au Conseil des ministres du 13 mars 2013 relatif à la démocratie sociale créerait un nouveau titre dans la Constitution dédié au dialogue social. L'article L. 1 du Code du travail oblige déjà le Gouvernement à engager une concertation préalable à toute réforme en matière de relations du travail, d'emploi et de formation professionnelle, permettant aux partenaires sociaux d'engager, s'ils le souhaitent, une négociation collective. Cette règle, étendue aux propositions de loi, sera inscrite dans la Constitution.

C. Un détournement tempéré par l'exigence de qualité de la loi : normativité, intelligibilité et accessibilité

420 L'inflation législative a contribué à générer une jurisprudence, en partie éphémère, sur la qualité de la loi.

1. L'inflation législative

421 Elle se définit d'abord par des nombres de pages (v. aussi art. 34-1) : le nombre lois promulguées en 1973 représentait 620 pages ; 632 pages en 1980 ; 1 055 pages en 1990 ; 1 663 pages en 2000 et 1 966 pages en 2006. Elle se mesure aussi en en termes de kilos : le *Recueil* des lois publié annuellement par l'Assemblée nationale pesait 912 grammes en 1970 ; 1 022 grammes en 1980 ; 1 594 grammes en 1990 ; 2 780 grammes en 2000 et 3,266 grammes en 2004. Ajoutons à ces chiffres le fait que plus de 10 % des articles d'un code sont modifiés chaque année et que, pour l'année 2005, on compte 15 719 modifications des textes (lois, décrets, arrêtés). En terme de « stock », celui des normes en vigueur s'élève à plus de 10 500 lois et 120 000 décrets ; 17 000 textes issus du droit de l'Union européenne, règlements compris, sont en vigueur en 2005. La France est partie à plus de 7 400 traités ou accords internationaux...

L'inflation s'apprécie aussi qualitativement en termes d'écriture : au style presque littéraire et concis qui faisait de la rédaction de la loi un art, tenant d'ailleurs à l'implication de nombreux professeurs de droit dans leur élaboration – qu'on songe simplement au Doyen Carbonnnier – a succédé un style purement administratif, boursouflé de références et jamais las de détailler ce qui n'a point besoin de l'être, y compris par des formules qui sont des neutrons législatifs ou comme le disait le Conseil d'État en 1991, du « droit gazeux », par exemple : l'article 1er de la loi n° 77-2 du 3 janvier 1977 sur l'architecture disposant que « *l'architecture est une expression de la culture* », l'article 1er de la loi n° 85-30 du 9 janvier 1985 relative au développement et à la protection de la montagne, qui dispose que « *l'identité et les spécificités de la montagne sont reconnues par la Nation et prises en compte par l'État, les établissements publics, les collectivités territoriales et leurs groupements dans les actions qu'elles conduisent* », ou encore l'article 1er de la loi n° 94-629 du 25 juillet 1994 relative à la famille, qui dispose : « *la famille est une des valeurs essentielles sur lesquelles est fondée la société. C'est sur elle que repose l'avenir de la Nation. À ce titre, la politique familiale doit être globale* ». Ce « bavardage » politico-admistratif pèse cependant bien peu dans le mouvement d'inflation commencé à la fin des années soixante-dix, qui s'est accéléré avec l'alternance de 1981 puis à chaque alternance depuis lors et a poursuivi sa lancée dans les années quatre-vingt-dix pour se ralentir un peu dans les années deux-mille. Le nombre de lois reste stable en nombre, mais croît en volume de façon considérable. Ce phénomène nuit évidemment à la connaissance que peuvent avoir les citoyens de la loi et demeure coûteux pour les acteurs économiques : « *Le coût de la complexité des normes et des procédures est évalué pour les pays de l'OCDE, à une somme représentant en 2000, entre trois et quatre points de PIB selon les pays* » (Rapport du Conseil d'État 2006).

En France comme ailleurs l'immigration, la procédure pénale, le statut des entreprises publiques, la fiscalité génèrent, entre autres, l'inflation, sans compter le régime législatif de l'outre-mer et de la décentralisation qui multiplient les lois de procédure et le fait d'annexer à une loi, de temps à autre, un rapport fixant des orientations générales de la politique. Ce phénomène global existe aussi en Allemagne comme au Royaume-Uni dans la mesure où il tient à une demande accrue de droit et surtout de droits, notamment civils (qu'on pense simplement à l'union civile), sans compter avec l'existence d'un droit communautaire en expansion constante. La France se singularise cependant par l'inflation des dispositions non normatives à laquelle le Conseil constitutionnel a tenté, un moment, de porter remède. L'inflation est encouragée par l'exercice débridé, au moins jusqu'en 2008, du droit d'amendement : l'adoption du nombre des amendements adoptés et acceptés par le Gouvernement a doublé dans les années 1990, souvent en méconnaissance du partage entre la loi et le règlement (qu'on songe simplement à la matière pénale ou chaque député de la majorité a son idée...). En ce sens, la jurisprudence *Blocage des prix et revenus* a apporté solidement sa pierre à l'édifice. Et quand le partage entre les articles 34 et 37 de la Constitution est respecté, la loi ne manque pas de renvoyer de manière de plus en plus systématique à des textes réglementaires, décrets mais aussi arrêtés... Enfin, paradoxe des paradoxes, la codification, de renvois en renvois, allonge sans fin et rend sans cesse plus complexes les lois.

L'inflation législative participe d'une culture, d'un État d'esprit et est difficilement réversible. Cependant, ce phénomène qui pourrait être partiellement endigué par un retour net à la frontière entre la loi et le règlement, a suscité une prise de conscience dans les années 2000 et les pouvoirs publics tentent désormais de la maîtriser, dans une certaine mesure. Ainsi, les résolutions de l'article 34-1 issu de la révision de juillet 2008 ont contribué très modestement en réalité, à cette prise de conscience.

2. L'exigence de normativité de la loi

422 **La jurisprudence tempérée du Conseil constitutionnel.** La jurisprudence généreuse et libérale de 1982 *Blocage des prix et des revenus* a comme on vient de le noter contribué à l'inflation législative en effaçant la distinction entre loi et règlement. Le Conseil constitutionnel a longtemps considéré que des dispositions dépourvues de portée normative, notamment les rapports annexés aux lois, n'étaient pas pour autant contraires à la Constitution tout en soulignant leur absence d'effets juridiques. Sans renoncer la jurisprudence de 1982, le Conseil a opéré un revirement de portée essentiellement symbolique en 2004, poursuivi en 2005 quant à l'exigence de la normativité de la loi. La décision n° 2004-500 DC du 29 juillet 2004 sur la loi organique relative à l'autonomie financière des collectivités territoriales précise « *qu'aux termes de l'article VI de la Déclaration des droits de l'homme et du citoyen de 1789 : "La loi est l'expression de la volonté générale" ; qu'il résulte de cet article comme de l'ensemble des autres normes de valeur constitutionnelle relatives à l'objet de la loi que, sous réserve de dispositions particulières prévues par la Constitution, la loi a pour vocation d'énoncer des règles et doit par suite être revêtue d'une portée normative* ». Par suite, le Conseil, dans sa décision *Avenir de l'École* (décis. 21 avr. 2005, n° 2005-512 DC) a constaté, pour la première fois, le caractère réglementaire de

dispositions de la loi et regardé comme dénué de portée normative, en raison de l'évidence de son contenu, l'article 7 qui entendait définir les missions de l'école. Cette jurisprudence a pour effet de condamner les dispositions des lois « d'orientation » dès lors qu'elles ne peuvent se rattacher à la catégorie des lois de programme. Elle ne s'applique cependant pas à l'article 34 complété « *Des lois de programmation déterminent les objectifs de l'action de l'État* » – qui remplacent les lois dites de « programme ». Surtout, la décision de 2005 constitue une décision d'espèce, quant à la constatation du caractère réglementaire de dispositions législatives, rendue dans le contexte particulier d'un débat sur la « qualité de la loi », non quant à la question de sa normativité (décis. 15 mars 2012, n° 2012-649 DC, *Loi relative à la simplification du droit et à l'allégement des démarches administratives*). Ainsi, dans la décision n° 2012-647 DC du 28 février 2012 relative à la loi visant à réprimer la contestation de l'existence des génocides reconnus par la loi, le Conseil constitutionnel a rappelé « *Considérant que, d'une part, aux termes de l'article 6 de la Déclaration de 1789 : "La loi est l'expression de la volonté générale..." ; qu'il résulte de cet article comme de l'ensemble des autres normes de valeur constitutionnelle relatives à l'objet de la loi que, sous réserve de dispositions particulières prévues par la Constitution, la loi a pour vocation d'énoncer des règles et doit par suite être revêtue d'une portée normative* ».

423 **Lois mémorielles et normativité.** Le concept assez mou de « loi mémorielle » est né chez les historiens en 2005 pour dénoncer des lois ayant la volonté d'établir des vérités historiques. Il s'est appliqué par suite rétroactivement, aux lois antérieures, jusqu'à (et en particulier) la loi Gayssot de 1990

• **Définitions.** Le rapport d'information, présenté au nom de la mission d'information de l'Assemblée nationale sur les questions mémorielles en 2008 les définit comme suit : « *[celles-ci], au-delà des différences de leur contenu, semblent procéder d'une même volonté : "dire" l'histoire, voire la qualifier, en recourant à des concepts juridiques contemporains comme le génocide ou le crime contre l'humanité, pour, d'une manière ou d'une autre, faire œuvre de justice au travers de la reconnaissance de souffrances passées* », concluant « *que le rôle du Parlement n'est pas d'adopter des lois qualifiant ou portant une appréciation sur des faits historiques,* a fortiori *lorsque celles-ci s'accompagnent de sanctions pénales* ». En réalité, la notion très médiatisée de loi mémorielle renvoie tout simplement d'abord à une longue tradition de commérations nationales mais s'en écarte sur un point essentiel : elles n'ont plus seulement vocation à conserver dans la mémoire collective des événements, heureux ou malheureux, de l'histoire nationale, tel la naissance du Code civil… ou l'Armistice de 1918 mais expriment un « devoir de mémoire » dont la « repentance » est le double. Acte laïc de contrition envers des victimes, il prend des formes différentes jusqu'à incriminer pénalement la contestation de cette mémoire. Pour autant, la loi dite Gayssot du 13 juillet 1990 réécrit-elle l'histoire ? Elle rappelle que « *toute discrimination fondée sur l'appartenance ou la non-appartenance à une ethnie, une nation, une race ou une religion est interdite* », à la suite de la loi du 1er juillet 1972 relative à la lutte contre le racisme, mais qualifiant, à la différence de celle-ci, de délit la contestation de l'existence des crimes contre l'humanité tels que définis dans le statut du Tribunal militaire international de Nuremberg, qui ont été commis soit par les membres d'une organisation déclarée criminelle en application de ce statut soit par une personne reconnue coupable de tels crimes. Elle n'est donc pas une loi « mémorielle » comme celle sur l'esclavage du 21 mais 2000 mais bien une loi répressive. La Cour de cassation n'a pas jugé ainsi utile de renvoyer la question de la constitutionnalité de cette loi au Conseil constitutionnel dans le cadre d'une QPC. Par ailleurs, l'instauration, par exemple, de la loi du 10 juillet 2000 instaurant une journée nationale, le 16 juillet, date anniversaire – peu contestable – de la rafle du Vélodrome d'Hiver, à la mémoire des victimes des crimes racistes et antisémites de l'État français et d'hommage aux « Justes » de France réécrit-elle l'histoire ? Qui y a-t-il notamment de commun entre la loi du 21 mai 2001 tendant à la reconnaissance de la traite et de l'esclavage en tant que crime contre l'humanité (dite « loi Taubira ») et la loi du 23 février 2005 portant reconnaissance de la Nation et contribution nationale en faveur des Français rapatriés, disposant notamment que « *les pro-*

grammes scolaires reconnaissent en particulier le rôle positif de la présence française outre-mer, notamment en Afrique du Nord, et accordent à l'histoire et aux sacrifices des combattants de l'armée française issus de ces territoires la place éminente à laquelle ils ont droit » ? Après avoir été déclassée par le Conseil constitutionnel, cette disposition générant la polémique a été abrogée par le décret du 15 février 2006.

• **La question de leur portée normative.** Du point de vue juridique, la seule analyse possible est la question de savoir si des dispositions de cette nature ont une portée normative, et si oui, si elles appartiennent ou non au domaine de la loi et, enfin, s'il est possible au législateur d'incriminer pénalement la contestation de faits dont elle fait État. Ainsi, par sa décision n° 2012-647 DC du 28 février 2012, le Conseil constitutionnel s'est prononcé sur la conformité à la Constitution de la loi visant à réprimer la contestation de l'existence des génocides reconnus par la loi, en réalité le génocide arménien, qui n'est d'ailleurs pas consacrée en Arménie, ni sanctionnée dans aucune démocratie. En premier lieu, une disposition législative ayant pour objet de « reconnaître » un crime de génocide ne saurait, en elle-même, être revêtue de la portée normative qui s'attache à la loi. Mais l'objet de l'article 1er de la loi déférée était de réprimer la contestation ou la minimisation de l'existence d'un ou plusieurs crimes de génocide « reconnus comme tels par la loi française ». Le Conseil a jugé qu'en réprimant la contestation de l'existence et de la qualification juridique de crimes qu'il aurait lui-même reconnus et qualifiés comme tels, le législateur a porté une atteinte inconstitutionnelle à l'exercice de la liberté d'expression et de communication. Plus récemment, dans sa décision n° 2012-657 DC du 29 novembre 2012 (*Loi relative à la reconnaissance du 19 mars comme journée nationale du souvenir et de recueillement à la mémoire des victimes civiles et militaires de la guerre d'Algérie et des combats en Tunisie et au Maroc*), le Conseil n'a pas complètement écarté la jurisprudence *Avenir de l'école* de 2005 quant la normativité de la loi bien que la loi en question ait bien une portée normative en instituant une journée nationale du souvenir et de recueillement des victimes civiles et militaires de la guerre d'Algérie et des combats en

Tunisie et au Maroc. Même si la disposition peut sembler appartenir au domaine du règlement, il ne l'a pas non plus censurée. Au final, la jurisprudence du Conseil semble clairement établie dans la continuité de celle de la décision *Blocage des prix et revenus*. Et, dans le même esprit, les résolutions de l'article 34-1 ont tempéré, de façon modérée dans les années récentes, la tentation du recours aux lois mémorielles, de la demande du transfert solennel au Panthéon du crâne de René Descartes à la reconnaissance de la responsabilité de la République française dans les événements du 17 octobre 1961.

3. L'objectif de valeur constitutionnelle d'accessibilité et d'intelligibilité de la loi

424 Au principe ambigu et... peu clair de « clarté de la loi », le Conseil constitutionnel préfère désormais faire référence à l'objectif de valeur constitutionnelle d'accessibilité et d'intelligibilité de la loi qui trouve son fondement dans les articles 4, 5, 6 et 16 de la Déclaration de 1789 (décis. 16 déc. 1999, n° 99-421 DC, *relative à la loi portant habilitation du Gouvernement à procéder, par ordonnances, à l'adoption de la partie législative de certains codes*). Il a définitivement précisé le sens et la portée de l'objectif à valeur constitutionnelle dans sa décision n° 2001-455 DC du 12 janvier 2002, *Loi de modernisation sociale* : « *Considérant qu'il appartient au législateur d'exercer pleinement la compétence que lui confie l'article 34 de la Constitution ; qu'il doit, dans l'exercice de cette compétence, respecter les principes et règles de valeur constitutionnelle et veiller à ce que le respect en soit assuré par les autorités administratives et juridictionnelles chargées d'appliquer la loi ; qu'à cet égard, le principe de clarté de la loi, qui découle de l'article 34 de la Constitution, et l'objectif de valeur constitutionnelle d'intelligibilité de la loi, qui découle des articles 4, 5, 6 et 16 de la Déclaration des droits de l'homme et du citoyen de 1789, lui imposent, afin de prémunir les sujets de droits contre une interprétation contraire à la Constitution ou contre le risque d'arbitraire, d'adopter des dispositions suffisamment précises et des formules non équivoques ; qu'il revient au Conseil constitutionnel de procéder à l'interprétation des dispositions d'une loi qui*

lui est déférée dans la mesure où cette interprétation est nécessaire à l'appréciation de sa constitutionnalité ; qu'il appartient aux autorités administratives et juridictionnelles compétentes d'appliquer la loi, le cas échéant sous les réserves que le Conseil constitutionnel a pu être conduit à formuler pour en admettre la conformité à la Constitution ». Cette précision est bienvenue d'autant qu'il a considéré auparavant que la loi peut être complexe mais intelligible (décis. 19 déc. 2000, n° 2000-437 DC, *Loi de financement de la sécurité sociale pour 2001*)... Le degré de complexité s'apprécie en effet en fonction de la catégorie de ses destinataires. L'exigence constitutionnelle est d'autant plus forte que la loi a comme destinataires, non des spécialistes de la sécurité sociale mais les citoyens-électeurs. Par exemple, dans sa décision n° 2003-468 DC du 3 avril 2003 portant sur la loi relative à l'élection des conseillers régionaux et des représentants au Parlement européen ainsi qu'à l'aide publique aux partis politiques, a relevé la complexité de cette loi – qu'un étudiant en droit, même avancé... aurait du mal à comprendre – et s'est bornée à émettre de sérieuses réserves d'interprétation alors qu'il aurait probablement dû les censurer.

D. La protection du domaine règlementaire

425 **Article 37 de la Constitution**

> *« Les matières autres que celles qui sont du domaine de la loi ont un caractère réglementaire.*
> *Les textes de forme législative intervenus en ces matières peuvent être modifiés par décrets pris après avis du Conseil d'État. Ceux de ces textes qui interviendraient après l'entrée en vigueur de la présente Constitution ne pourront être modifiés par décret que si le Conseil constitutionnel a déclaré qu'ils ont un caractère réglementaire en vertu de l'alinéa précédent. »*

Article 37-1

> *« La loi et le règlement peuvent comporter, pour un objet et une durée limités, des dispositions à caractère expérimental. »*

426 **L'étendue du domaine réglementaire.** Ce qui n'est pas du domaine de la loi est du domaine du règlement. L'article 37 alinéa 1er ouvre au pouvoir réglementaire un large champ pour l'application de la

loi et s'agissant des matières exclues de son domaine. Au sein du domaine réglementaire, existe une hiérarchie : les décrets s'imposent aux autres actes réglementaires.

427 **La protection du domaine réglementaire.** Pour les « textes de forme législative » intervenus avant le 4 octobre 1958, le Gouvernement peut les modifier par décret après avis du Conseil d'État. C'est pour les textes de cette nature mais postérieurs à l'entrée en vigueur de la nouvelle Constitution que le Conseil intervient : ils ne peuvent en effet être modifiés par décret que « *si le Conseil constitutionnel a déclaré qu'ils ont un caractère réglementaire* ». Ici encore, le Gouvernement peut dans ce cas s'abstenir d'agir ; les dispositions conservent donc leur caractère législatif. Cette procédure de « déclassement » est fréquemment utilisée : on compte environ près de 200 décisions. Ainsi, s'agissant de l'article 4 de la loi du 23 février 2005 indiquant que « *les programmes scolaires reconnaissent en particulier le rôle positif de la présence française outre mer, notamment en Afrique du Nord, et accordent à l'histoire et aux sacrifices des combattants de l'armée française issus de ces territoires la place éminente à laquelle ils ont droit* »... Notons que si le Conseil décide qu'une disposition contenue dans un texte législatif a une nature réglementaire, elle n'est pas pour autant abrogée d'office : le Gouvernement a le choix de la modifier ou de l'abroger par décret.

428 **Les dispositions à caractères expérimentaux de l'article 37-1.** Elles sont la mise en œuvre de la révision constitutionnelle du 28 mars 2003 relative à l'organisation décentralisée de la République à laquelle nous renvoyons (v. chap. 12, art. 72, al. 4, ss 656).

§ 2. Les compétences « résiduelles » du Parlement

429 La Constitution a ici une certaine logique chronologique : les articles 34 -1, 35, 36 et 38 ont pour point commun d'accorder au Parlement une compétence qui fait exception à sa compétence générale de voter la loi, qu'il s'agisse des résolutions de l'article 34 alinéa 1er, de l'information et du régime d'autorisation des inter-

ventions militaires (art. 35), de la prorogation de l'état de siège (art. 36), de la ratification désormais « expresse » des ordonnances de l'article 38. Dans ce cadre, ajoutons la soumission par le Gouvernement au Parlement des propositions d'actes de l'Union européenne (v. art. 88-4). Pour le surpuls, à savoir l'exercice de sa fonction essentielle de contrôler, on renverra au chapitre suivant.

A. Les résolutions

430 **Article 34-1 de la Constitution**

> *« Les assemblées peuvent voter des résolutions dans les conditions fixées par la loi organique.*
> *Sont irrecevables et ne peuvent être inscrites à l'ordre du jour les propositions de résolution dont le Gouvernement estime que leur adoption ou leur rejet serait de nature à mettre en cause sa responsabilité ou qu'elles contiennent des injonctions à son égard. »*

431 **Les résolutions avant 2008.** Avant 1958, les résolutions adoptées par le Parlement étaient un moyen détourné de mise en cause de la responsabilité du Gouvernement. Le Conseil constitutionnel, saisi automatiquement du projet de règlement en application du 1er alinéa de l'article 61 de la Constitution, dans ses deux décisions n° 59-2 du 17 juin 1959 et 59-3 du 24 juin 1959 relatives respectivement au règlement de l'Assemblée nationale et à celui du Sénat, a considéré que le règlement ne pouvait « *assigner aux propositions de résolution un objet différent de celui qui leur est propre, à savoir la formulation de mesures et décisions relevant de la compétence exclusive de (l'assemblée), c'est-à-dire les mesures et décisions d'ordre intérieur ayant trait au fonctionnement et à la discipline de (ladite) assemblée, auxquelles il conviendrait éventuellement d'ajouter les seuls cas expressément prévus par des textes constitutionnels et organiques tels que les articles 18 et suivants de l'ordonnance n° 59-1 du 2 janvier 1959 portant loi organique sur la Haute Cour de justice* ». Il précisa que « *dans la mesure où de telles (résolutions) tendraient à orienter ou à contrôler l'action gouvernementale, leur pratique serait contraire aux dispositions de la Constitution qui, dans son article 20, en confiant au Gouvernement la détermination et la conduite de la politique de la Nation, ne pré-*

voit la mise en cause de la responsabilité gouvernementale que dans les conditions et suivant les procédures fixées par ses articles 49 et 50 ». Le Conseil constitutionnel souligna, enfin que « *dans la mesure où les propositions de résolution participeraient du droit d'initiative des parlementaires en matière législative, tel qu'il est défini et limité par les dispositions des articles 34, 40 et 41 de la Constitution, la pratique de telles propositions, outre qu'elle ferait double emploi avec celle des propositions de loi, se heurterait à la lettre de la Constitution, et notamment ses articles 40 et 41 dont la rédaction ne vise que les propositions de loi, qui sont les seules dont l'adoption puisse avoir pour conséquence une diminution des ressources publiques, une création ou une aggravation d'une charge publique, et puisse porter atteinte au pouvoir réglementaire du Gouvernement défini par l'article 37 ou à la délégation qui lui aurait été consentie en application de l'article 38* ».

Ainsi, n'étaient actuellement recevables que les résolutions ayant pour objet :

- de modifier le règlement des assemblées, de créer une commission d'enquête, de suspendre les poursuites ou la détention d'un membre d'une assemblée ;
- de mettre en accusation le président de la République devant la Haute Cour (art. 67) ;
- depuis les révisions constitutionnelles du 25 juin 1992 et du 25 janvier 1999, de définir une position sur des textes de l'Union européenne soumis au Parlement en application de l'article 88-4 de la Constitution, sans compter avec l'entrée en vigueur du traité de Lisbonne, signé le 13 décembre 2007, les résolutions adoptées sur le fondement du futur introduit par la loi constitutionnelle du 4 février 2008 (v. art. 88-6).

432 **Le régime des résolutions issu de la révision de 2008.** Notons au préalable qu'elles sont d'un usage courant en Europe pour affirmer un problème souvent éloigné des préoccupations de la métropole : « *Ainsi des propositions de résolution sur les droits de l'homme en Chine, l'autonomie du Kurdistan, la déforestation en Amazonie et la situation en Sierra Leone ont été présentées et/ou discutées respectivement au Bundestag, au Congrès espagnol des députés, à la Chambre italienne des députés et à la Chambre des*

communes » (*Les résolutions parlementaires*, documents de travail du Sénat, Série législation comparée, 2000). L'objectif des résolutions est de tenter, simplement, de contenir la tentation, forte et naturelle, d'apporter une réponse législative à la pression de l'événement alors qu'une simple résolution pourrait suffire. Ainsi, s'agissant des « lois » votées concernant la condamnation du génocide arménien ou sur la mémoire de l'esclavage et de la colonisation qui ne sont en réalité que des neutrons législatifs, qui auraient plus justement pu faire l'objet d'une résolution, d'usage courant dans les autres grandes démocraties européennes. « Soucieux à la fois d'éviter l'adoption de lois « bavardes » et dénuées de portée normative et de permettre au Parlement d'exercer la fonction « tribunitienne » utile au fonctionnement de toute démocratie », le comité Balladur a proposé que les assemblées parlementaires puissent « *voter des résolutions dans les conditions fixées par leur Règlement* » dont la conformité à la Constitution est obligatoirement appréciée par le Conseil constitutionnel. Le nouvel article 34-1 prend les précautions nécessaires aux fins d'éviter que la résolution ne redevienne un moyen détourné pour mettre en cause la responsabilité du Gouvernement ou lui enjoigne de le faire. Notons que par sa décision n° 2009-579 DC du 9 avril 2009 (*Loi organique relative à l'application des articles 34-1, 39 et 44 de la Constitution*), le Conseil constitutionnel a jugé conforme à la Constitution la loi organique relative à l'application de l'article 44, à deux exceptions près : d'une part, elle ne pouvait pas confier aux règlements des assemblées le soin de déterminer si une proposition de résolution peut être renvoyée en commission ; d'autre part, une proposition de résolution ne peut plus être rectifiée après l'inscription à l'ordre du jour. En termes de méthode, un bon exemple à suivre est la résolution adoptée par l'Assemblée nationale le 11 mai 2010, sur « *l'attachement au respect des valeurs républicaines face au développement de pratiques radicales qui y portent atteinte* », suivie du dépôt d'un projet de loi interdisant la dissimulation du visage dans l'espace public déclaré conforme à la Constitution (décis. 7 oct. 2010 DC, n° 2010-613, *Loi interdisant la dissimulation du visage dans l'espace public*).

B. La compétence du Parlement en matière de défense

433 **Article 35 de la Constitution**

> *« La déclaration de guerre est autorisée par le Parlement.*
> *Le Gouvernement informe le Parlement de sa décision de faire intervenir les forces armées à l'étranger, au plus tard trois jours après le début de l'intervention. Il précise les objectifs poursuivis. Cette information peut donner lieu à un débat qui n'est suivi d'aucun vote.*
> *Lorsque la durée de l'intervention excède quatre mois, le Gouvernement soumet sa prolongation à l'autorisation du Parlement. Il peut demander à l'Assemblée nationale de décider en dernier ressort.*
> *Si le Parlement n'est pas en session à l'expiration du délai de quatre mois, il se prononce à l'ouverture de la session suivante. »*

434 **Le vieillissement de l'article 35.** Le principe de l'autorisation parlementaire de déclarer la guerre est un héritage de la Révolution française qui requiert le consentement des représentants de la Nation. Cette pratique est tombée en désuétude depuis la déclaration de guerre à l'Allemagne par les Français et les Britanniques en 1939, la dernière déclaration formelle de guerre datant cependant de 1982 et étant celle de la Grande-Bretagne à l'endroit du Brésil à propos des îles Malouines. Cette déclaration avait néanmoins un sens historique dans le passé : celui, en vertu de traités bilatéraux, de déclencher les alliances défensives, quitte à provoquer des guerres mondiales. Depuis, l'évolution considérable de l'appareil militaire permet des interventions rapides, ciblées, qui sont autant de guerres qui ne portent pas leur nom tandis que les accords de défense bilatéraux qui demeurent ont largement laissé la place à des engagements « multilatéraux ». Dès lors, la déclaration de guerre d'État à État a donc beaucoup vieilli sous l'influence des modalités « techniques » d'intervention et du droit international. Ainsi, l'article 42 de la Charte des Nations unies ouvre la possibilité d'actions décidées par le Conseil de sécurité. Ces actions de sécurité collective au sens du chapitre VII de la Charte ne constituent pas, à proprement parler, des « guerres d'État à État », quoiqu'on puisse en discuter sans fin... La question se pose aussi aux États-Unis, première puissance militaire du monde, avec la *War Powers Resolution* de 1973 (v. *Droit constitutionnel contemporain 1*. préc.).

En France, depuis 1958, le consentement du Parlement n'a été requis qu'à l'occasion de l'intervention des forces françaises en Irak en 1991, en application de l'article 49.1 à l'Assemblée nationale et 49. 4 au Sénat. Hormis les débats organisés à l'initiative du Gouvernement, le Parlement exerce un contrôle sur les opérations extérieures par l'examen des projets de loi de finances initiale et rectificative. Quant aux commissions compétentes, elles ont pu conduire des missions d'information sur certaines opérations extérieures (Rwanda et au Kosovo). Mais, tout cela était bien modeste.

435 **L'information du Parlement (article 35 modifié).** Reprenant les propositions du comité Balladur, le mécanisme issu de la révision organise d'une part une information systématique du Parlement qui se caractérise par l'absence de définition restrictive des interventions afin de clore la querelle sur la question de savoir : qu'est ce qu'une guerre ? Il pourra s'agir tout autant d'« opérations extérieures » comme on les nomme pudiquement que d'opérations à caractère humanitaire, etc. Elles ont néanmoins un coût humain et financier : sous la formulation « opérations extérieures (OPEX) », l'année de la révision, 10 000 à 12 000 militaires étaient engagés et près de 852 millions d'euros.

Le Gouvernement informe le Parlement de sa décision de faire intervenir les forces armées à l'étranger au plus tard trois jours après le début de l'intervention en indiquant les objectifs poursuivis, comme récemment, en janvier 2013, pour le Mali : le Premier ministre a reçu le président de l'Assemblée nationale et du Sénat ainsi que les présidents et présidentes des commissions des Affaires étrangères et de la Défense, et les présidents de tous les groupes parlementaires à l'Assemblée nationale comme au Sénat.

L'information transmise peut donner lieu à un débat qui n'est suivi d'aucun vote. Puis, s'agissant de la prolongation des opérations extérieures, le principe est celui d'une autorisation parlementaire. Il en est ainsi lorsque la durée de l'intervention excède quatre mois. Cette demande d'autorisation n'est pas une simple consultation, l'Assemblée nationale ayant le dernier mot en cas de désaccord avec le Sénat. Une application « anticipée » de cet article a eu lieu à propos de l'Afghanistan le 22 septembre 2008, preuve de l'intérêt de la réforme, autorisant la prolongation de l'intervention des forces armées en Afghanistan. Le 28 janvier 2009 a été autorisée la prolongation de cinq interventions : au Tchad, en République centrafricaine, en Côte d'Ivoire, au Liban et au Kosovo. L'article 48 de la Constitution dispose que les demandes d'autorisation visées à l'article 35 de la Constitution sont inscrites à l'ordre du jour par priorité. Enfin, la loi de programmation militaire 2009-2014 prévoit dans son rapport annexé que le Parlement sera désormais informé de la conclusion et des orientations des accords de défense.

C. La prorogation de l'état de siège (article 36) et l'état d'urgence

436 **Article 36 de la Constitution**

> *« L'état de siège est décrété en Conseil des ministres.*
> *Sa prorogation au-delà de douze jours ne peut être autorisée que par le Parlement. »*

Si l'article 34 ne fait référence qu'à l'état de siège, il convient aussi d'évoquer l'état d'urgence soumis aussi à une autorisation quant à sa prorogation, contrairement à la dissolution d'association factieuse.

437 **L'état de siège.** Nonobstant l'usage par le chef de l'État de l'article 16, en cas de péril imminent résultant d'une guerre étrangère ou d'une insurrection armée, le Gouvernement est en mesure en vertu de l'article 36 de la Constitution de décréter l'état de siège, en Conseil des ministres (le décret est contresigné par le président de la République). Il a pour effet de dessaisir, en matière de maintien de l'ordre, les autorités civiles au profit des autorités militaires et donne en particulier compétence aux tribunaux militaires sur la population civile dans ce domaine. L'état de siège ne peut être maintenu au-delà de 12 jours, sans autorisation du Parlement.

438 **L'état d'urgence.** L'état d'urgence prévu par la loi du 3 avril 1955 modifiée par l'ordonnance du 15 avril 1960, peut être proclamé en Conseil des ministres « *en cas de péril imminent résultant*

d'atteintes graves à l'ordre public ou d'événement présentant [...] le caractère d'une calamité publique». Mais sa prolongation est soumise à l'autorisation du Parlement dans les mêmes conditions que l'état de siège. Il s'en différencie de deux points de vue : d'une part, s'il a pour effet d'instaurer un régime restrictif des libertés publiques, il étend les pouvoirs de police des autorités civiles sans les transférer en principe aux autorités militaires (sauf délégations) ; d'autre part, les juridictions civiles restent compétentes mais la juridiction militaire peut être saisie par le décret pris sur le rapport du garde des Sceaux et du ministre de la Défense des crimes et délits relevant en temps ordinaire de la cour d'assises.

L'état d'urgence a été institué pendant la guerre d'Algérie et mis en œuvre en Nouvelle-Calédonie en 1984.

Notons enfin que le Gouvernement dispose aussi de pouvoirs de réquisition des biens, des services et des personnes en cas de mobilisation totale ou partielle de l'armée.

439 **La dissolution d'associations portant atteinte à l'ordre public relève du pouvoir exclusif du Gouvernement.** La loi du 10 janvier 1936 l'autorise à procéder à la dissolution d'associations portant atteinte à l'ordre public ou à l'intégrité du territoire ou qui provoquent des manifestations armées dans la rue.

Notons que la loi du 10 janvier 1936 a été complétée ou modifiée à plusieurs reprises sous la Ve République. Elle a été appliquée lors de la guerre d'Algérie puis de 1968 à 1973, contre des mouvements extrémistes de gauche (Ligue communiste) et de droite (Ordre nouveau). Par la suite, dans les années quatre-vingt, ce sont des groupements autonomistes (corses, bretons, basques) qui ont fait l'objet de décrets de dissolution. Enfin, le 6 août 2002, le président de la République a décrété la dissolution d'un groupement de fait « Unité radicale » dont l'un des membres avait été l'auteur d'une tentative d'assassinat sur la personne du chef de l'État, le 14 juillet précédent.

D. Le dessaisissement volontaire par le Parlement de sa compétence : la ratification des ordonnances

440 **Article 38 de la Constitution**

> *« Le Gouvernement peut, pour l'exécution de son programme, demander au Parlement l'autorisation de prendre par ordonnances, pendant un délai limité, des mesures qui sont normalement du domaine de la loi.*
> *Les ordonnances sont prises en Conseil des ministres après avis du Conseil d'État. Elles entrent en vigueur dès leur publication mais deviennent caduques si le projet de loi de ratification n'est pas déposé devant le Parlement avant la date fixée par la loi d'habilitation. Elles ne peuvent être ratifiées que de manière expresse.*
> *À l'expiration du délai mentionné au premier alinéa du présent article, les ordonnances ne peuvent plus être modifiées que par la loi dans les matières qui sont du domaine législatif. »*

1. Définition

441 Les ordonnances sont des actes élaborés par l'autorité réglementaire dans le domaine de la loi sur habilitation du pouvoir législatif (et exceptionnellement du pouvoir constituant), les ordonnances de l'article 38 sont les plus importantes. Les ordonnances de l'article 92 permettant la mise en place des institutions en 1959 n'ont été prises que pendant cette période. Cet article a été abrogé par la révision constitutionnelle du 4 août 1995 ; quant aux ordonnances budgétaires (art. 47), les conditions de leur mise en œuvre n'ont jamais été réunies (cas où la loi de finances ne serait pas votée par le Parlement dans les délais qui lui sont impartis) et le Gouvernement a toujours disposé d'une majorité pour faire voter le budget. Cependant cette procédure a été étendue par la révision constitutionnelle du 22 février 1996 aux lois de financement social (art. 47.1). Quant aux ordonnances prises sur habilitation référendaire, elles n'ont été utilisées qu'une fois (sur la base de la loi référendaire du 19 mars 1962), de même s'agissant des décisions présidentielles prises sur la base de l'article 16 de la Constitution. Reste le régime des ordonnances de l'article 74.1 concernant l'outre mer (v. chap. 12, ss 655).

2. La signature des ordonnances par le chef de l'État

442 Les ordonnances doivent faire l'objet d'un avis d'un Conseil d'État, être délibérées en Conseil des ministres et revêtir le contre-

seing du président de la République (v. chap. 2, art. 13, ss 272). On a vu que celle-ci n'est pas une compétence liée et que le chef de l'État peut refuser de signer.

3. L'habilitation législative

443 **Les conditions relatives au vote de la loi.** Il faut bien sûr une loi d'autorisation émanant du Parlement adoptée selon la procédure législative habituelle. Et « *seul le Gouvernement peut demander au Parlement l'autorisation de prendre (des) ordonnances* » (décis. 20 janv. 2005, n° 2004-510 DC, *Loi relative aux compétences du tribunal d'instance, de la juridiction de proximité et du tribunal de grande instance*). Cependant, si le Gouvernement dispose de l'initiative d'une demande d'habilitation, il a la faculté de faire cette demande en déposant « *soit un projet de loi, soit un amendement à un texte en cours d'examen* » (décis. 16 mars 2006, n° 2006-534 DC, *Loi pour le retour à l'emploi et sur les droits et devoirs des bénéficiaires de minima sociaux*), cet amendement (qui ne peut donc être parlementaire) devant respecter les conditions de recevabilité établis par la jurisprudence du Conseil constitutionnel. Et le Conseil d'État a validé la pratique courante selon laquelle des lois d'habilitation sont utilisées par un autre Gouvernement que celui habilité à prendre des ordonnances (CE 5 mai 2006, *Schmitt*). En fin de compte, la loi d'habilitation doit ainsi préciser son étendue, fixer le délai pendant lequel le Gouvernement peut prendre des ordonnances ainsi que le délai imparti au Gouvernement pour déposer au Parlement le projet de loi de ratification.

444 **L'étendue de l'habilitation.** Aux termes de l'article 38 de la Constitution, l'habilitation pour légiférer par ordonnance est donnée au Gouvernement « *pour l'exécution de son programme* ». Le Conseil constitutionnel, dans sa décision n° 76-72 DC du 12 janvier 1977, considère que « *ce texte doit être entendu comme faisant obligation au Gouvernement d'indiquer avec précision au Parlement, lors du dépôt d'un projet de loi d'habilitation et pour la justification de la demande présentée par lui, quelle est la finalité des mesures qu'il se propose de prendre* ». Ainsi, « *l'urgence est au nombre des justifications que le Gouvernement peut invoquer pour recourir à l'article 38 de la Constitution* » (décis. 16 déc. 1999, n° 99-421 DC,

Loi portant habilitation du Gouvernement à procéder, par ordonnances, à l'adoption de la partie législative de certains codes) mais aussi « l'encombrement de l'ordre du jour parlementaire » (sic) (décis. 2 déc. 2004, n° 2004-506 DC, *Loi de simplification du droit*). Si le Gouvernement doit définir avec précision le but de l'habilitation demandée, « *il n'est pas tenu de faire connaître la teneur des ordonnances qu'il prendra en vertu de cette habilitation* » et il « *ne lui est pas interdit de faire dépendre cette teneur des résultats de travaux et d'études dont il ne connaîtra que plus tard les conclusions* » (décis. 26 juin 1986, n° 86-207 DC, *Loi autorisant le Gouvernement à prendre diverses mesures d'ordre économique et social*).

4. Le régime juridique des ordonnances

445 **Les ordonnances sont des actes de forme réglementaire avant leur ratification.** L'article 38 de la Constitution prévoit deux délais déterminés par la loi d'habilitation :

- celui pendant lequel le Gouvernement est autorisé à prendre, par ordonnance, des mesures qui relèvent normalement du domaine de la loi ;

- celui au cours duquel, les ordonnances ayant été publiées, le Gouvernement doit déposer devant le Parlement un projet de loi de ratification afin d'éviter que celles-ci ne deviennent caduques.

• **Le premier délai.** C'est le délai d'habilitation pendant lequel peuvent intervenir les ordonnance et il est « limité ».

De 3 à 18 mois et plus ces dernières années, notons que la jurisprudence n'a jamais défini la notion de « délai limité ». On ne sait donc pas s'il est raisonnable. Pendant ce premier délai, le Parlement est dessaisi et le Gouvernement peut faire obstacle à tout empiétement de celui-ci (art. 41).

De la publication des ordonnances à l'expiration du délai imparti pour prendre les ordonnances, c'est-à-dire le délai d'habilitation (premier délai), les ordonnances même si elles constituent actes administratifs de forme réglementaire ne peuvent plus être modifiées que par la loi (art. 38, al. 3) en ce qui concerne leurs dispositions intervenues dans les matières relevant du pouvoir législatif. En revanche, les dispositions intervenues dans le domaine réglementaire peuvent continuer à être modifiées par décret pris en Conseil d'État et délibéré en conseil des ministres.

• **Le second délai.** C'est celui imparti par la loi d'habilitation au Gouvernement pour déposer devant le Parlement, à peine de caducité des ordonnances prises, un projet de loi de ratification.

De l'expiration du premier délai à l'expiration du second délai, les ordonnances conservent un caractère réglementaire. Dès leur entrée en vigueur par leur publication (et non leur promulgation), les ordonnances sont « *des actes de forme réglementaire* » et le demeurent « *tant que la ratification législative n'est pas intervenue* » et à la condition qu'elles aient « *fait l'objet du dépôt du projet de loi de ratification prévu par l'article 38 de la Constitution* » (décis. 29 févr. 1972, n° 72-73 L, *rendue sur saisine du Premier ministre sur le fondement du second alinéa de l'article 37 de la Constitution en vue de déterminer la nature juridique de certaines dispositions des articles 5 et 16 de l'ordonnance, modifiée, du 17 août 1967 relative à la participation des salariés aux fruits de l'expansion des entreprises*). Leur légalité peut être contestée devant le juge administratif soit par voie d'action, soit par voie d'exception. Au surplus, durant cette période, les dispositions de l'ordonnance qui n'ont pas été expressément ratifiées conservent un caractère réglementaire et, par suite, ne peuvent faire l'objet d'une question prioritaire de constitutionnalité (CE 11 mars 2011, *Alexandre A.* et Cons. const. 10 févr. 2012, n° 2001-219 QPC) au contraire, et ce même en l'absence de ratification, des dispositions législatives codifiées ou reprises dans la partie législative d'un code en vertu d'un décret qui n'abroge pas celles d'origine (décis. 10 févr. 2012, n° 2011-220 QPC).

À l'expiration du second délai, courre celui pour déposer le projet de loi de ratification.

À défaut d'un dépôt sur le bureau de l'une ou l'autre assemblée du projet de loi ratifiant l'ordonnance dans le délai fixé par la loi d'habilitation, l'ordonnance devient caduque. Mais le seul dépôt évite la caducité des ordonnances prises en application de l'article 38 de la Constitution, à la différence des ordonnances prises sur le fondement de l'habilitation permanente conférée au Gouvernement par l'article 74-1 de la Constitution, qui deviennent caduques en l'absence de ratification par le Parlement dans un délai de 18 mois après leur publication.

Si le dépôt a eu lieu :

- soit le projet n'est jamais inscrit à l'ordre du jour et les ordonnances conservent leur caractère réglementaire. Et « *la circonstance que le projet de loi n'ait pas été inscrit, depuis son dépôt, à l'ordre du jour de la discussion parlementaire, [n'était] pas de nature à rendre caduques les dispositions de l'ordonnance [...] édictées sans condition de durée* » (CE 17 déc. 1999, *Union hospitalière privée*) ;

- soit le Parlement – cas d'école – en débat et refuse la ratification et elles deviennent caduques ;

- soit le Parlement les ratifie et elles acquièrent pleine valeur législative. Pour autant, cette ratification doit être désormais expresse.

5. La ratification des ordonnances

446 **Les effets juridiques de la ratification.** Avant ratification, l'ordonnance qui est donc un acte administratif, est soumise par le Conseil d'État au respect des normes constitutionnelles et internationales et des principes généraux du droit (CE 4 nov. 1996, *Association de défense des sociétés de course des hippodromes de province*) à moins que la loi d'habilitation ne permette de déroger à ceux-ci (CE 29 oct. 2004, *Sueur*). À l'inverse, du fait de sa ratification, l'« *ordonnance acquiert valeur législative à compter de sa signature* » (CE 8 déc. 2000 et 17 mai 2002, *Hoffer*). Elle a pour effet de transformer rétroactivement l'ordonnance concernée en texte de valeur législative. Par suite, la légalité de l'ordonnance « *n'est plus susceptible d'être discutée par la voie contentieuse* » (CE 8 déc. 2000, *Gouvernement de la Polynésie française*).

Dès lors que les ordonnances prises sur le fondement de l'article 38 de la Constitution interviennent, par principe, dans le domaine de la loi, leurs dispositions s'imposent aux détenteurs du pouvoir réglementaire avant comme après leur ratification par le Parlement. La ratification n'a d'incidence que sur la nature du contrôle de légalité susceptible d'être exercé sur une ordonnance et sur les modalités de modification de celles de ses dispositions qui ont un caractère réglementaire (CE 30 juin 2003, *Fédération régionale ovine du Sud-est*, n° 236571, *Lebon* 2003, p. 292) ou qui auraient un tel caractère.

La ratification produit ainsi les mêmes effets qu'une validation législative : sa rétroactivité a pour effet de soustraire les dispositions en cause à sa contestation devant le juge administratif. L'ordonnance acquiert valeur législative et elle ne peut plus être contestée – autrement que par la voie de l'exception d'« inconventionnalité », c'est-à-dire de contrariété à une norme internationale, ou au moyen d'une question prioritaire de constitutionnalité. Enfin, une fois l'ordonnance ratifiée, les dispositions ne relevant pas du domaine de la loi ne peuvent plus être modifiées que par la voie du déclassement (art. 37-2).

447 **La prolifération des ordonnances depuis les années 2000.** De 1960 (date de la première ordonnance prise sur le fondement de l'article 38) à 2000 ont été publiées 262 ordonnances. De 1984 à 2007, 325 ordonnances l'ont été dont plus des trois quarts depuis l'année 2000, mouvement encouragé puissamment par le mouvement de codification. Depuis 2005, « il n'est pas de domaine du droit, ou presque, qui n'ait fait l'objet d'habilitation puis d'ordonnance » (M. Guillaume). En 2004, le nombre d'ordonnances publiées s'élève à 52 ; puis en 2005 à 83 ; seules 24 en 2006 ; 11 en 2007 ; mais en 2009 – soit après la révision constitutionnelle de 2008 – 50 des 129 projets de lois sont des ordonnances ; 26 des 128, en 2010...

448 **La fin de la ratification implicite...** L'article 38 de la Constitution, dans sa version antérieure à celle de la révision de 2008, dans la mesure où il ne comporte de référence qu'au « *projet de loi de ratification* » ne semblait viser que la ratification expresse. Cependant, prolongeant la jurisprudence du Conseil d'État en matière de ratification des décrets pris sur délégation législative sous la IVe République, le Conseil constitutionnel a admis dès 1972 qu'une ordonnance puisse faire l'objet d'une ratification implicite. Dans sa décision n° 72-73 L du 29 février 1972, il a considéré que « l'article 38, non plus qu'aucune autre disposition de la Constitution ne [faisait] obstacle à ce qu'une ratification intervienne selon d'autres modalités que celle de l'adoption du projet de loi » de

ratification et que « *par suite, cette ratification [pouvait] résulter d'une manifestation de volonté implicitement mais clairement exprimée par le Parlement* ». La ratification pouvait ainsi résulter soit du vote par le Parlement d'une loi de ratification ou d'une disposition ratificative, soit du vote par le Parlement d'une modification des dispositions de l'ordonnance, d'une extension de son champ d'application ou d'une référence expresse ou implicite faite par le législateur à ces dispositions dans un texte nouveau... Depuis 2001, comme on l'a noté, a été prise la fâcheuse habitude de voter non plus seulement des « lois d'habilitations » mais au sein de lois ordinaires, des dispositions habilitant le Gouvernement à agir par voie d'ordonnances.

449 **... et la ratification expresse : un « leurre » ?** Aux termes du nouveau 2e alinéa de l'article 38, la ratification de l'ordonnance ne peut, désormais, qu'être expresse. Cette formulation ne change rien aux effets juridiques de la ratification, si ce n'est, pour parler comme Monsieur de la Palice, qu'elle doit désormais être expresse. Dans sa décision du 10 février 2012, n° 2011-219 QPC, *Patrick É.*, le Conseil constitutionnel rappelle qu'il est de jurisprudence constante que, tant qu'elle n'a pas été ratifiée, une ordonnance a le caractère d'un acte réglementaire.

Pour une partie de la doctrine, la ratification expresse devait permettre de refermer la « parenthèse » (Yves Gaudemet) de la législation déléguée dans un souci à la fois de sécurité juridique et de respect des prérogatives du Parlement tandis que le rapport du Conseil d'État de 2006 relatif à la sécurité juridique soulignait que la pratique de la ratification implicite « aboutit à générer une incertitude relative au régime juridique des mesures prises par ordonnances ». Enfin, le Parlement, particulièrement le Sénat, s'était ému de ce dessaisissement grandissant.

Fruit, non des travaux du Comité Balladur mais d'un amendement parlementaire voté sans la réflexion nécessaire, la ratification expresse, « sèche », n'a pas, en réalité changé grand chose, à tout le moins. Certes, la ratification explicite peut désormais donner lieu parfois à un vrai débat parlementaire comme ce fût notamment le cas – souvent cité en exemple – de la loi du 23 février 2010 ratifiant l'ordonnance du 29 juillet 2009 portant répartition des sièges et délimitation des circonscriptions pour l'élection des députés relative au redécoupage électoral. Par ailleurs, la pratique de la ratification groupée qui consiste à déposer un projet de loi unique de ratification d'ordonnances multiples peut avoir pour effet de limiter le débat parlementaire à peu de chose. De même, l'exigence de dépôt d'un projet de loi de ratification n'emporte toujours pas avec elle l'exigence d'y joindre l'ordonnance qui peut parfois atteindre la taille d'un code. L'article 38 continue à ne pas « *[imposer] au Gouvernement de faire connaître au Parlement la teneur des ordonnances qu'il prendra en vertu de cette habilitation* » (Cons. const. 16 déc. 1999, n° 99-421 DC). Mieux, et dans le même sens, après la révision de 2008 le Conseil constitutionnel a censuré l'obligation faite au Gouvernement que les dispositions des projets de loi de ratification d'ordonnances soient accompagnées d'une étude d'impact (décis. 9 avr. 2009, n° 2009-579 DC, *Loi organique relative à l'application des articles 34-1, 39 et 44 de la Constitution*). Par ailleurs, la ratification est certes expresse mais n'est toujours pas obligatoire. Et, faute de prévoir à l'image de l'article 74-1, la caducité des ordonnances non ratifiées à l'expiration d'un délai de 18 mois suivant leur publication, le Conseil d'État continue naturellement d'appliquer la théorie de la ratification implicite pour les ordonnances antérieures à la révision constitutionnelle de 2008. Enfin, rien n'interdit une ratification expresse par voie d'amendement d'un projet de loi ou même d'une proposition de loi n'ayant pas pour objet principal cette ratification. Et, dans l'hypothèse où le Parlement, n'ayant pas ratifié expressément une ordonnance, en modifie les dispositions ou celles, annexes qui en sont indissociables « *ne pourra-t-on pas dire (...) que, même si (des dispositions d'une ordonnance) n'ont pas été formellement ratifiées, la modification des dispositions législatives indissociables de ces articles les couvre de l'autorité du législateur ?* » (P. Delvolvé).

La révision constitutionnelle de 2008 ayant desserré l'étau qui pesait sur la procédure législative au détriment du Gouvernement, le nouveau régime des ordonnances lui offre un outil inattendu pour le desserrer. La ratification « expresse » n'aura été ainsi qu'un « leurre » (G. Feldamn).

§ 3. La procédure législative

450 La procédure législative comprend quatre phases principales : le dépôt du texte, son examen par le Parlement, son vote et sa promulgation par le président de la République (art. 39 à 48). Le Gouvernement joue un rôle déterminant dans la maîtrise de la procédure législative. Notons qu'il est dans ce cadre aidé du Conseil constitutionnel par le contrôle que celui-ci exerce sur les règlements des assemblées et sur les lois votées veillant ainsi plus largement à préserver « *les droits du Gouvernement en ce qui concerne notamment le domaine qui lui est réservé, les procédures dont il dispose pour le protéger et les conditions de sa propre organisation et de son fonctionnement* » (décis. 27 juill. 1982, n° 82-142 DC, *Réforme de la planification*).

À l'image des autres démocraties, l'origine des lois est essentiellement gouvernementale. Cependant, la révision constitutionnelle de juillet 2008 a fait son œuvre avec la réforme de l'ordre du jour (art. 48) dont le Gouvernement a perdu une partie de la maîtrise. D'environ 80 % des lois adoptées d'origine gouvernementale, hors conventions internationales, ce chiffre est tombé, pour la session 2007-2008, à près de 60 % en 2009-2010, et de 65 % en 2010-2011.

On ne respectera pas ici totalement l'ordre des articles relatifs à la procédure législative pour clarifier le propos. Après l'étude l'initiative des lois (art. 39), on s'attachera aux irrecevabilités qui peuvent être opposées aux propositions de loi au moment de leur examen, c'est-à-dire en commission ou en séance (art. 40 et 41). Puis, après son étude par une commission parlementaire (art. 43), il est inscrit à l'ordre du jour la discussion (art. 48) qui s'engage sur le texte adopté par la commission (art. 42). Quant au droit d'amendement dont les conditions d'exercice ont été encadrées, il s'exerce en commission ou en séance (art. 44). Enfin, la navette commence avec la faculté pour le Gouvernement d'engager la procédure accélérée aboutissant à la réunion d'une commission mixte paritaire, le dernier mot étant donné en cas de désaccord persistant entre les deux assemblées, à l'Assemblée nationale (art. 45). À cette procédure normale d'adoption de la loi, s'ajoutent les procédures spéciales traitées dans la section suivante, pour les lois organiques (art. 46), les lois de finances (art. 47) et les lois de financements de la sécurité sociale (art. 47-1), l'article 47-2 étant consacré à l'assistance du Parlement par la Cour des comptes.

A. L'initiative des lois

451 **Article 39 de la Constitution**

> *« L'initiative des lois appartient concurremment au Premier ministre et aux membres du Parlement.*
> *Les projets de loi sont délibérés en Conseil des ministres après avis du Conseil d'État et déposés sur le bureau de l'une des deux assemblées. Les projets de loi de finances et de loi de financement de la sécurité sociale sont soumis en premier lieu à l'Assemblée nationale. Sans préjudice du premier alinéa de l'article 44, les projets de loi ayant pour principal objet l'organisation des collectivités territoriales sont soumis en premier lieu au Sénat.*
> *La présentation des projets de loi déposés devant l'Assemblée nationale ou le Sénat répond aux conditions fixées par une loi organique.*
> *Les projets de loi ne peuvent être inscrits à l'ordre du jour si la Conférence des présidents de la première assemblée saisie constate que les règles fixées par la loi organique sont méconnues. En cas de désaccord entre la Conférence des présidents et le Gouvernement, le président de l'assemblée intéressée ou le Premier ministre peut saisir le Conseil constitutionnel qui statue dans un délai de huit jours.*
> *Dans les conditions prévues par la loi, le président d'une assemblée peut soumettre pour avis au Conseil d'État, avant son examen en commission, une proposition de loi déposée par l'un des membres de cette assemblée, sauf si ce dernier s'y oppose. »*

L'initiative des lois appartient aux membres du Parlement (proposition de loi) et au Premier ministre (projet loi).

1. Les propositions de lois

452 Notons au préalable que l'initiative parlementaire n'existe pas dans certains domaines : en matière de lois autorisant la ratification des engagements internationaux, de loi de finances, de loi de financement de la Sécurité sociale. Le dépôt d'une proposition de loi est soumis à certaines règles. Le bureau de l'Assemblée vérifie la recevabilité financière de la proposition (art. 40) et son irrecevabilité quant au domaine de la loi peut-être invoquée par le Gouvernement seulement au cours de la discussion (art. 41). Si elle

est inscrite à l'ordre du jour, elle suit le processus normal d'examen en commission qui peut l'accepter, l'amender ou la rejeter : dans ce cas, l'assemblée se prononcera sur le texte initial de la proposition qui peut être aussi examinée par le Conseil d'État (art. 39).

2. Les projets de loi

453 **L'examen pour avis par le Conseil d'État.** L'avant-projet est préparé par le cabinet du ministre en charge du texte et donne lieu à des arbitrages au sein de réunions ministérielles auxquelles participent les représentants de chaque ministre intéressé. Elles sont présidées par un conseiller du Premier ministre. Ce dernier tranche en cas de désaccord entre les ministres.

Une fois transmis par le secrétariat général du Gouvernement au Conseil d'État, il est étudié par la section compétente et un rapporteur est désigné. Le texte est examiné en particulier s'agissant de sa régularité juridique, et à son tour soumis à l'assemblée générale du Conseil d'État qui vote un texte définitif. Cet avis consultatif transmis au Gouvernement est secret ce qui n'interdit pas à ce dernier de le transmettre – dans le secret – aux rapporteurs du texte dans chaque assemblée ou tout simplement de le rendre public. Cependant, le Gouvernement n'est pas lié à l'avis du Conseil d'État et il lui est loisible de revenir intégralement ou en partie, au texte initial. De même, le texte présenté au Conseil des ministres peut s'écarter de celui initialement soumis au Conseil d'État. Mais si, après avoir recueilli l'avis du Conseil d'État, le Premier ministre, s'il souhaite apporter au projet de loi des modifications substantielles, doit nécessairement, soit consulter à nouveau le Conseil d'État si le projet n'a pas été déjà déposé, soit, dans le cas inverse, lui soumettre pour avis une « lettre rectificative », qui devra être délibérée en Conseil des ministres puis déposée sur le bureau de l'assemblée saisie du projet initial. L'avis du Conseil d'État résultant d'une exigence constitutionnelle, il est impératif que l'ensemble des questions posées par le texte aient été soumises au Conseil d'État, sauf à s'exposer à une censure du Conseil constitutionnel : « *Considérant que, si le Conseil des ministres délibère sur les projets de loi et s'il lui est possible d'en modifier le contenu, c'est, comme l'a voulu le constituant, à la condition d'être éclairé par l'avis du Conseil d'État ; que, par suite, l'ensemble des questions posées par le texte adopté par le Conseil des ministres doivent avoir été soumises au Conseil d'État lors de sa consultation ; Considérant, en l'espèce, qu'en substituant, pour l'accès au second tour des élections régionales, un seuil égal à 10 % du nombre des électeurs inscrits au seuil de 10 % du total des suffrages exprimés retenu par le projet de loi soumis au Conseil d'État, le Gouvernement a modifié la nature de la question posée au Conseil d'État ; que ce seuil de 10 % des électeurs inscrits n'a été évoqué à aucun moment lors de la consultation de la commission permanente du Conseil d'État ; que les requérants sont dès lors fondés à soutenir que cette disposition du projet de loi a été adoptée selon une procédure irrégulière»* (décis. 3 avr. 2003, n° 2003-468 DC, *Loi relative à l'élection des conseillers régionaux et des représentants au Parlement européen ainsi qu'à l'aide publique aux partis politiques*).

454 **Le dépôt en premier lieu des projets de lois.** Jusqu'alors, le droit de priorité n'était consacré qu'au bénéfice de l'Assemblée nationale, pour les lois de finances et les lois de financement de la sécurité sociale. Le droit de priorité reconnu ici au Sénat est fondé sur l'article 24 de la Constitution qui le charge d'assurer « la représentation des collectivités territoriales de la République ». Il conforte simplement un usage.

455 **Les conditions de présentation des projets de lois.** Depuis la révision constitutionnelle du 23 juillet 2008, les projets de loi doivent répondre à certaines conditions de présentation, qui ont été définies par la loi organique du 15 avril 2009 (art. 39, al. 3). L'article 7 de la loi impose que les projets de loi soient accompagnés d'un exposé des motifs. Cette précision figurait jusqu'à présent dans le remarquable *guide de légistique* élaboré par le secrétariat général du Gouvernement et le Conseil d'État (!) et jugé conforme à la Constitution par le Conseil constitutionnel (décis. 9 avr. 2009, n° 2009-579 DC, préc.) mais qui apportait les précisions suivantes :

- « *L'élaboration d'études particulières répondant à chacune des prescriptions de ces alinéas (de l'article 8 de la loi organique) ne saurait être exigée que pour autant que ces prescriptions ou l'une ou l'autre d'entre elles trouvent effectivement à s'appliquer compte tenu de l'objet des dispositions du projet de loi en cause»* ;

- « *Si, par suite des circonstances, tout ou partie d'un document constituant l'étude d'impact d'un projet de loi venait à être mis à la disposition de la première assemblée saisie de ce projet après la date de dépôt de ce dernier, le Conseil constitutionnel apprécierait, le cas échéant, le respect des dispositions précitées de l'article 8 de la loi organique au regard des exigences de la continuité de la vie de la Nation»* ;

- l'obligation d'annexer aux projets de loi tendant à autoriser la ratification ou l'approbation d'un traité ou d'un accord international les « *réserves ou déclarations interprétatives exprimées par la France*» « *ne porte pas atteinte à la liberté du pouvoir exécutif, à l'occasion de la ratification d'un traité ou d'un accord, de déposer des réserves, de renoncer à des réserves qu'il avait envisagé de déposer et dont il avait informé le Parlement, ou, après la ratification, de lever des réserves qu'il aurait auparavant formulées*» a censuré la disposition selon laquelle les projets de loi devaient faire l'objet d'une étude d'impact (L. org. relative à l'application des articles 34-1, 39 et 44 de la Constitution).

Le dépôt du projet de loi est effectué auprès du Parlement sous la forme d'un décret de présentation. Notons que le projet de loi de finances, ou celui de financement de la Sécurité sociale, est d'abord déposé devant l'Assemblée nationale, et les projets relatifs aux collectivités locales devant le Sénat depuis 2003.

456 **La consultation du Conseil d'État pour les propositions de lois.** Cet article complète l'article 39 de la Constitution par un 3e alinéa permettant au président de chaque assemblée de soumettre à l'avis du Conseil d'État toute proposition de loi avant son examen en commission. Cette procédure s'inspire de celle qui prévaut aujourd'hui pour les projets de loi, l'avis ne liant pas le Gouvernement. Il va de même pour l'Assemblée.

B. Les irrecevabilités financières

457 Article 40 de la Constitution

> *« Les propositions et amendements formulés par les membres du Parlement ne sont pas recevables lorsque leur adoption aurait pour conséquence soit une diminution des ressources publiques, soit la création ou l'aggravation d'une charge publique. »*

Les propositions et amendements formulés par les membres du Parlement ne sont pas recevables lorsque leur adoption aurait pour conséquence, soit une diminution des ressources publiques, soit la création ou l'aggravation d'une charge publique. La « charge » au singulier – ne peut être compensée par la diminution d'une autre charge alors que la diminution des recettes peut être compensée. Les ressources sont au pluriel, une compensation entre elles est admise (nos voisins d'outre-Manche ont adopté une solution encore plus rigoureuse : les parlementaires n'ont pas l'initiative financière).

L'article 40 trouve son origine dans l'article 14 modifié en 1954 de la Constitution de 1946 visant alors seulement les créations ou les augmentations de dépenses. Cet article a été interprété sans aucune restriction par le Conseil constitutionnel (décis. 20 janv. 1961, n° 60-11 DC, *Loi relative aux assurances maladie, invalidité et maternité des exploitants agricoles et des membres non salariés de leur famille*). Notons que le Conseil constitutionnel « *ne peut être saisi de la question de savoir si une proposition ou un amendement formulé par un membre du Parlement a été adopté en méconnaissance de l'article 40 de la Constitution que si la question de la recevabilité de cette proposition ou de cet amendement a été soulevée devant le Parlement* » (décis. 20 juill. 1977, n° 77-83 DC, *Loi modifiant l'article 4 de la loi de finances rectificative pour 1961 (obligation de service des fonctionnaires)*). Mais il a ajouté que cette condition était « subordonnée, pour chaque assemblée, à la mise en œuvre d'un contrôle de recevabilité effectif et systématique au moment du dépôt de tels amendements » (décis. 29 juill. 2005, n° 2005-519 DC). Ainsi, à l'Assemblée nationale, une procédure qui tire les conséquences de ce contrôle *a priori* tel qu'il résulte de l'article 40 de la Constitution (Règl., art. 81, 92 et 98) Elle fait intervenir, selon les cas, le président de l'Assemblée nationale, son bureau ou la commission des Finances. En revanche, le Conseil a estimé que tel n'était pas le cas au Sénat et a soulevé d'office, en 2006, ce moyen pour censurer deux articles de la loi de financement de la sécurité sociale pour 2007 (décis. 14 déc. 2006, n° 2006-544 DC). Le Sénat a lors reformé son règlement.

C. L'irrecevabilité d'un amendement qui n'est pas du domaine de la loi

458 **Article 41 de la Constitution**

> *« S'il apparaît au cours de la procédure législative qu'une proposition ou un amendement n'est pas du domaine de la loi ou est contraire à une délégation accordée en vertu de l'article 38, le Gouvernement ou le président de l'assemblée saisie peut opposer l'irrecevabilité.*
> *En cas de désaccord entre le Gouvernement et le président de l'assemblée intéressée, le Conseil constitutionnel, à la demande de l'un ou de l'autre, statue dans un délai de huit jours. »*

459 L'article 41 de la Constitution permet au Gouvernement ainsi que, depuis la loi constitutionnelle du 23 juillet 2008, au président de l'assemblée intéressée, de déclarer irrecevables, pendant le déroulement de la procédure législative, les propositions de loi et les amendements qui ne relèvent pas du domaine de la loi.

En cas de désaccord entre le Gouvernement et le président de l'assemblée saisie, le Conseil constitutionnel se prononce dans les huit jours.

Cette procédure a été peu utilisée depuis le début de la Ve République. Seules 11 décisions relatives à une irrecevabilité ont été prises par le Conseil constitutionnel depuis 1958. Jusqu'à une date récente, elle pouvait même sembler en voie de disparition puisque la dernière décision remontait à 1980. Cependant, M. Jean-Louis Debré, président de l'Assemblée nationale, a déclaré irrecevables, en janvier 2005 puis de nouveau au mois d'avril de la même année, à la demande du Gouvernement, au titre de l'article 41, des amendements au projet de loi relatif aux activités postales (14 587 en première lecture et 101 en deuxième lecture).

D. L'examen des propositions et projets de loi par une commission permanente ou spéciale

460 **Article 43 de la Constitution**

> *« Les projets et propositions de loi sont envoyés pour examen à l'une des commissions permanentes dont le nombre est limité à huit dans chaque assemblée.*
> *À la demande du Gouvernement ou de l'assemblée qui en est saisie, les projets ou propositions de loi sont envoyés pour examen à une commission spécialement désignée à cet effet. »*

461 **La restriction du nombre de commissions permanentes en 1958.** Sous la IIIe comme sous IVe République, les commissions permanentes au lieu de se cantonner dans une fonction de préparation du travail législatif s'étaient transformées en organes de contrôle permanent de la politique des ministres et du cabinet et entravèrent leur action : la présidence de ces commissions était souvent devenue le marchepied aux fonctions ministérielles correspondantes... C'est pourquoi le constituant de 1958 a supprimé la correspondance entre ministères et commissions permanentes, réduisant leur nombre à six. En vertu de l'article 43 de la Constitution, l'examen d'un texte de loi devait même être confié à une commission spécialement désignée à cet effet et à défaut d'une commission spéciale à une commission permanente. En fait, celle-ci est devenue la règle pour examiner les textes de loi, la commission spéciale, l'exception. Cet ordre a été rétabli dans le texte de l'article 43 par la révision de juillet 2008.

462 **L'augmentation modeste du nombre de commissions permanentes depuis 2008.** Absorbant l'essentiel du travail législatif, elles sont composées de membres de l'assemblée concernée – qui ne peuvent appartenir qu'à une seule commission, désignés à la proportionnelle des groupes : leur assiduité est requise en théorie. Les commissions étaient au nombre de six dans chaque assemblée, à l'Assemblée nationale (affaires culturelles et sociales, affaires économiques, finances, lois, affaires étrangères, défense nationale), et au Sénat (affaires économiques et plan, affaires sociales, affaires étrangères et défense, affaires culturelles, lois, finances). Ce découpage a vieilli et il était utile dans l'avenir de le revoir et

d'augmenter le nombre des commissions. C'est pourquoi le nouvel article 43 de la Constitution issu de la révision du 23 juillet 2008 prévoit de porter de six à huit le nombre de commissions permanentes. Adopté sans modification par l'Assemblée nationale, cet article avait été modifié par le Sénat afin d'inverser la logique de l'article 43 de la Constitution, selon lequel l'examen d'un projet ou d'une proposition de loi par une commission spéciale est la règle et l'examen par une commission permanente l'exception. Le nombre de huit commissions permanentes a été jugé satisfaisant dans les deux assemblées, les débats ayant fait apparaître la nécessité de scinder les deux commissions les plus nombreuses à l'Assemblée nationale qui comptaient chacune le quart des membres de l'Assemblée : la commission des affaires culturelles, familiales et sociales et la commission des affaires économiques, de l'environnement et du territoire. Quant au Sénat, il a créé une septième commission par une résolution du 19 septembre 2011, celle de la commission du développement durable, des infrastructures, de l'équipement et de l'aménagement du territoire.

Il n'existait pas de commission permanente chargée spécifiquement des affaires européennes mais une « délégation pour l'Union européenne ». Au titre de l'article 88-4 nouveau « *est instituée au sein de chaque assemblée parlementaire* » une commission chargée des affaires européennes issue de la révision constitutionnelle du 23 juillet 2008.

463 **Les délégations parlementaires.** Outre les commissions parlementaires, existent des délégations. Il s'agit d'organes spécialisés institués par la loi mais qui n'interviennent pas dans la fonction législative. Elles assurent une mission d'information de suivi ou d'évaluation le plus souvent d'un secteur particulier : pour l'Union européenne (L. 6 juill. 1979), pour les problèmes démographiques (L. 31 déc. 1979), l'office d'évaluation de la législation (L. 14 juin 1996), aux droits des femmes à l'égalité des chances entre les hommes et les femmes (L. 12 juill. 1999). Le Parlement dispose d'autres moyens : crédit d'expertise, outils d'analyse macroéconomique. Il s'est aussi doté depuis la révision constitutionnelle de 2008 d'un comité d'évaluation et de contrôle des politiques

publiques en application de l'article 24 alinéa 1er de la Constitution mais seulement à l'Assemblée nationale.

E. La fixation de l'ordre du jour

464 **Article 48 de la Constitution**

> « *Sans préjudice de l'application des trois derniers alinéas de l'article 28, l'ordre du jour est fixé par chaque assemblée.*
> *Deux semaines de séance sur quatre sont réservées par priorité, et dans l'ordre que le Gouvernement a fixé, à l'examen des textes et aux débats dont il demande l'inscription à l'ordre du jour.*
> *En outre, l'examen des projets de loi de finances, des projets de loi de financement de la sécurité sociale et, sous réserve des dispositions de l'alinéa suivant, des textes transmis par l'autre assemblée depuis six semaines au moins, des projets relatifs aux États de crise et des demandes d'autorisation visées à l'article 35 est, à la demande du Gouvernement, inscrit à l'ordre du jour par priorité.*
> *Une semaine de séance sur quatre est réservée par priorité et dans l'ordre fixé par chaque assemblée au contrôle de l'action du Gouvernement et à l'évaluation des politiques publiques.*
> *Un jour de séance par mois est réservé à un ordre du jour arrêté par chaque assemblée à l'initiative des groupes d'opposition de l'assemblée intéressée ainsi qu'à celle des groupes minoritaires.*
> *Une séance par semaine au moins, y compris pendant les sessions extraordinaires prévues à l'article 29, est réservée par priorité aux questions des membres du Parlement et aux réponses du Gouvernement.* »

La nouvelle rédaction de l'article 48, depuis la révision constitutionnelle de juillet 2008, institue un ordre du jour partagé entre le Gouvernement et le Parlement.

465 **La règle du partage de l'ordre du jour entre le Gouvernement et le Parlement.** La nouvelle organisation de l'ordre du jour s'entend comme suit.

• L'ordre du jour est établi par la Conférence des présidents sous réserve des priorités définies par l'article 48 de la Constitution. Elle est composée à l'Assemblée nationale, du président, des six vice-présidents de l'Assemblée, des huit présidents des commissions permanentes, du rapporteur général de la commission des finances, de l'économie générale et du contrôle budgétaire, du président de la commission des affaires européennes et des présidents des groupes politiques.

• Dans la limite de deux semaines de séance sur quatre, l'ordre du jour reste prioritairement réservé au Gouvernement qui peut le modifier.

• L'Assemblée, par le truchement de la conférence des présidents, fixe l'ordre du jour des deux autres semaines. L'une est consacrée au contrôle de l'action du Gouvernement et à l'évaluation des politiques publiques, l'autre à l'examen des textes dont elle veut discuter (la « semaine de l'Assemblée »).

La nouvelle formulation de l'article 48 ne prend toute sa portée que si le Gouvernement fait un usage mesuré des prérogatives qui lui permettent d'inscrire certains textes à l'ordre du jour réservé par principe au Parlement... Enfin, le Conseil constitutionnel a considéré que l'information concernant les semaines qu'il « prévoit de réserver » par priorité à l'examen des textes et aux débats qu'il aura choisis est fournie « à titre indicatif » à la Conférence des présidents : il peut donc décider de modifier son choix initial. Il en outre souligné le Gouvernement peut fixer, dans le respect de l'article 48, alinéa 2, l'ordre d'examen des textes et des débats dont il demande par priorité l'inscription à l'ordre du jour (décis. 25 juin 2009, n° 2009-582 DC, *Résolution modifiant le Règlement du Sénat*).

466 **Les exceptions**

• Le respect des délais prévus par la Constitution : voir articles 42, 46, alinéa 2 et article 49, alinéas 2 et 3.

• Les questions au Gouvernement : voir article 48, alinéa 2 (v. sect. 2, ss 515).

• Le maintien de la priorité gouvernementale : voir article 48, alinéa 3. Elle demeure aussi pour l'examen des projets de loi de finances et les projets de loi de financement de la sécurité sociale (art. 47 et 47-1), les projets et propositions de loi adoptés par la première assemblée transmis depuis six semaines au moins, les projets de loi relatifs aux États de crise et les demandes d'autorisation de la Constitution relatives à une intervention des forces armées à l'étranger (art. 35).

• L'ordre du jour réservé aux groupes d'opposition ou minoritaire, voir article 48, alinéa 5. Il est la conséquence de la reconnaissance des droits accordés aux groupes d'opposition ou minoritaires, issue de la révision constitutionnelle du 23 juillet 2008 (v. art. 51-1).

F. Une petite révolution : l'engagement de la discussion législative sur le texte adopté par la Commission (nouvel article 42)

467 **Article 42 de la Constitution**

> « *La discussion des projets et des propositions de loi porte, en séance, sur le texte adopté par la commission saisie en application de l'article 43 ou, à défaut, sur le texte dont l'assemblée a été saisie. Toutefois, la discussion en séance des projets de révision constitutionnelle, des projets de loi de finances et des projets de loi de financement de la sécurité sociale porte, en première lecture devant la première assemblée saisie, sur le texte présenté par le Gouvernement et, pour les autres lectures, sur le texte transmis par l'autre assemblée.*
> *La discussion en séance, en première lecture, d'un projet ou d'une proposition de loi ne peut intervenir, devant la première assemblée saisie, qu'à l'expiration d'un délai de six semaines après son dépôt. Elle ne peut intervenir, devant la seconde assemblée saisie, qu'à l'expiration d'un délai de quatre semaines à compter de sa transmission.*
> *L'alinéa précédent ne s'applique pas si la procédure accélérée a été engagée dans les conditions prévues à l'article 45. Il ne s'applique pas non plus aux projets de loi de finances, aux projets de loi de financement de la sécurité sociale et aux projets relatifs aux états de crise.* »

En application du nouvel article 42, les assemblées parlementaires ne seront plus amenées à discuter du texte présenté par le Gouvernement ou transmis par l'autre assemblée, mais du texte tel qu'il aura été amendé par la commission saisie au fond tandis qu'un délai minimum sera imposé, sauf procédure accélérée (art. 45), en première lecture, à la fois entre le dépôt d'un projet ou d'une proposition de loi et sa discussion en séance (six semaines) et entre la transmission du texte à la seconde assemblée saisie et l'examen par celle-ci de ce texte en séance (quatre semaines). Comme l'avait noté le comité Balladur : « *c'est là le point essentiel de ses propositions dans ce domaine* », souhaitant « *que soit apportée une transformation profonde au mode de travail parlementaire et aux obligations du Gouvernement [...] il en résulterait nombre d'avantages. Les amendements techniques et rédactionnels ne viendraient plus encombrer les séances publiques et obscurcir les débats ; le Gouvernement, qui serait tenu de participer aux séances des commissions pour y défendre son texte, aurait à justifier sa position s'il venait à contester le bien-fondé des dispositions introduites par la commission ; le travail parlementaire serait plus approfondi et les travaux des commissions mieux connus* ». Cette réforme s'appliquera aussi à l'examen des projets et propositions de loi organiques en application de l'article 46 de la Constitution modifié à l'exclusion de certaines catégories de textes (lois de financement de la sécurité, lois de finances, lois relatives « aux États de crise »), hormis le cas où la commission n'aura pas réussi à conclure ou rejeté le texte déposé ou transmis...

L'instauration de cette règle suppose aussi que les commissions disposent de plus de temps pour accomplir leur travail, améliorant ainsi la qualité des lois... Ainsi, le nouvel article 42 exige qu'un temps minimal soit réservé à la préparation, en première lecture, de la discussion en séance. La première assemblée saisie dispose d'un temps incompressible de six semaines entre le dépôt de la proposition de loi ou du projet de loi et l'examen en séance. La deuxième assemblée saisie dispose d'un minimum d'un mois à compter de la transmission du texte adopté ou rejeté par la première assemblée.

G. Le droit d'amendement en séance

468 Article 44 de la Constitution

> *« Les membres du Parlement et le Gouvernement ont le droit d'amendement. Ce droit s'exerce en séance ou en commission selon les conditions fixées par les règlements des assemblées, dans le cadre déterminé par une loi organique.*
>
> *Après l'ouverture du débat, le Gouvernement peut s'opposer à l'examen de tout amendement qui n'a pas été antérieurement soumis à la commission.*
>
> *Si le Gouvernement le demande, l'assemblée saisie se prononce par un seul vote sur tout ou partie du texte en discussion en ne retenant que les amendements proposés ou acceptés par le Gouvernement.* »

1. Le droit d'amendement du Gouvernement

469 Corollaire de l'incompatibilité des fonctions de membre du Gouvernement et de parlementaire dans la Constitution de 1958, il dispose du droit d'amendement.

Le Gouvernement – comme la commission saisie au fond – n'est pas concerné par les délais de dépôt opposables aux amendements parlementaires, ni soumis aux irrecevabilités des articles 40 et 41 de la Constitution.

2. Le droit d'amendement des parlementaires

470 Le droit de modifier le texte inscrit à l'ordre du jour de l'assemblée appartient aux parlementaires et au Gouvernement (art. 44). Il faut distinguer formellement l'amendement, du sous-amendement qui modifie un amendement. Les amendements proviennent du Gouvernement, de la commission, de plusieurs parlementaires d'un même groupe ou d'un seul député ou sénateur. La loi était souvent réécrite, en particulier dans le cadre de la commission saisie au fond dans le cadre de la collaboration – parfois conflictuelle – entre le Gouvernement et sa majorité. Désormais, c'est le Gouvernement qui doit convaincre le Parlement du bien-fondé de son projet revu par les commissions.

Faute d'être à l'origine des lois, les parlementaires peuvent effectivement les amender, quitte à l'utiliser parfois ce droit comme le moyen d'obtenir du Gouvernement un éclaircissement sur le sens du texte ou lui faire obstruction. Enfin, de nombreux amendements sont le fruit des négociations entre le Gouvernement et sa majorité.

3. L'encadrement du droit d'amendement d'origine parlementaire par la jurisprudence du Conseil constitutionnel

471 Notons d'abord contre une idée reçue que le Conseil veille à ce que d'une part les règlements des assemblées ne posent pas des bornes excessives au droit d'amendement en considérant, par exemple, comme limite à la recevabilité de sous-amendements, le fait de ne pas dénaturer l'esprit de l'amendement : « *qu'en somme, la notion de dénaturation de l'esprit d'un amendement par un sous-amendement présente un caractère éminemment subjectif et tellement imprécis « est censurée par le Conseil constitutionnel »*

(décis. 17 mai 1973, n° 73-49 DC, *Résolution tendant à modifier certains articles du règlement du Sénat*). Il s'attache au contraire à éviter, de façon générale, que « l'exercice réel du droit d'amendement » ne soit pas compromis (décis. 23 juill. 1975, n° 75-57 DC, *Loi supprimant la patente et instituant une taxe professionnelle*). Ensuite, il pose des limites à l'exercice du droit d'amendement en se fondant sur les distinctions établies par la Constitution entre l'initiative législative (art. 39) et le droit d'amendement proprement dit (art. 44).

472 **Les amendements ne doivent pas être dépourvus de tout lien avec l'objet en discussion : les « cavaliers législatifs ».** L'amendement ne doit pas être dépourvu de tout lien avec le texte en discussion (décis. 28 déc. 1985, n° 199-DC, qui a consacré son « ancrage » constitutionnel, cons. 2, *Lebon* p. 83). Cette jurisprudence constitue une reprise d'une règle figurant dans les règlements des assemblées : les amendements doivent « *s'appliquer effectivement au texte qu'ils visent* » (AN), ou ne pas être « *dépourvus de tout lien avec l'objet en discussion* » (Sénat). Si les règlements n'ont pas en eux-mêmes valeur constitutionnelle (Cons. const. 27 juill. 1978, *Réforme de la procédure pénale*), on ne saurait méconnaître qu'ils découlent des dispositions constitutionnelles distinguant sur le plan procédural l'initiative législative et l'amendement. Ces amendements, sorte de « cavaliers législatifs » peuvent donc être déclarés irrecevables par les Assemblées. La notion de lien avec le texte en discussion a trouvé aussi son fondement constitutionnel dans les articles 39 et 44 de la Constitution (décis. 28 déc. 1985, n° 85-199 DC, *Loi portant amélioration de la concurrence*), et servi de base à une jurisprudence très rigoureuse en 2007. Il a été jusqu'à censurer pas moins de sept articles, dont trois d'office, « dépourvus de tout lien avec les dispositions qui figuraient dans ce projet de loi » et donc « *adoptés selon une procédure contraire à la Constitution* » (décis. 1er mars 2007, n° 2007-552 DC, *Loi portant réforme de la protection juridique des majeurs*). Il a été plus loin en 2011. Jusqu'à présent, en matière de loi organique, le Conseil constitutionnel avait une conception très souple de l'appréciation du lien entre l'amendement et l'objet du projet ou de la proposition de loi organique déposé ou transmis

et n'avait jamais censuré une disposition d'une loi organique au titre de sa jurisprudence sur les « cavaliers ». Par sa décision n° 2011-637 DC du 28 juillet 2011 (*Loi organique relative au fonctionnement des institutions de la Polynésie française*), le Conseil constitutionnel a pour la première fois, a censuré des articles dans une loi organique comme « cavaliers » (pour les « cavaliers budgétaires », v. ss 495).

473 **La définition progressive d'une « logique de l'entonnoir » désormais constitutionnalisée.** (voir nouvel article 45.1) Le Conseil constitutionnel a commencé par juger que l'adoption par la Commission mixte paritaire d'un texte commun sur les dispositions restant en discussion n'empêchait pas le Gouvernement de le modifier ou de le compléter par amendements, y compris sous forme d'articles additionnels. Ces modifications pouvaient même porter sur des dispositions pourtant adoptées dans les mêmes termes par les deux assemblées. À ce stade, seuls étant recevables les amendements déposés ou acceptés par le Gouvernement, celui-ci pouvait donc introduire des mesures entièrement nouvelles. Une seule réserve – qui fit grand bruit – était apportée : les adjonctions ou modifications apportées par le Gouvernement ne peuvent « *ni être sans lien avec (le texte), ni dépasser par leur objet et leur portée, les limites inhérentes à l'exercice du droit d'amendement* ». Les « limites inhérentes » ont servi, dès le mois suivant, à censurer un amendement du Gouvernement qui reprenait intégralement le texte d'une ordonnance que le président de la République avait refusé de signer (relatif à l'aménagement du temps de travail joint à un projet de loi portant diverses mesures d'ordre social ; décis. 23 janv. 1987, n° 86-225 DC, *relative à la loi portant diverses mesures d'ordre social, décision dite « amendement Seguin »*). Mais, en posant une règle de fond, elle visait surtout à sanctionner une violation de la procédure. En somme, le Gouvernement a méconnu la distinction entre projets de loi, supposant donc une initiative législative, et les modifications dont ils peuvent être l'objet, soit les amendements stricto sensu, en introduisant en quelque sorte une loi dans une autre loi.

Cette jurisprudence a suscité une protestation inhabituelle des présidents des assemblées au nom des droits du Parlement et de l'absence de fondement constitutionnel de ces limites qualitatives. Celle-ci était par ailleurs critiquée par une majorité de la doctrine qui s'accordait, dans le style, avec Chateaubriand : « *Vouloir fixer des bornes au droit d'amendement [...] c'est se perdre dans une métaphysique politique sans rivage et sans fond* ». Il n'empêche que le Conseil avait voulu, de façon exceptionnelle, sanctionner un détournement de procédure et la confusion entre loi et amendement où, comme l'écrivait Bruno Genevois, « *de la dualité des concepts en présence qui commande elle-même une dualité de procédure* ». Puis, dans sa décision du 25 juin 1998 (n° 98-402 DC, *Loi portant diverses dispositions d'ordre économique et financier*), le Conseil a considéré que « *des adjonctions ne sauraient, en principe être apportées au texte soumis à la délibération des assemblées* » après la réunion de la commission mixte paritaire. Puis, dans sa décision du 29 juin 2000, il a précisé que les seuls amendements pouvant être adoptés après la réunion de cette commission doivent être « *soit en relation directe avec une disposition restant en discussion, soit dictés par la nécessité de respecter la Constitution, d'assurer une coordination avec d'autres textes en cours d'examen au Parlement ou de corriger une erreur matérielle* » (décis. 29 juin 2000, n° 2000-430 DC, *Loi organique tendant à favoriser l'égal accès des femmes et des hommes aux mandats de membre des assemblées de province et du congrès de la Nouvelle-Calédonie, de l'assemblée de la Polynésie française et de l'assemblée territoriale des îles Wallis et Futuna*). La décision du 20 juillet 2000 s'oppose à ce que le Gouvernement puisse remettre en cause une disposition adoptée conforme par les deux assemblées (décis. 20 juill. 2000, n° 2000-434 DC, *Loi relative à la chasse*). Et la décision du 11 juillet 2001 consacre l'abandon de la jurisprudence des « limites inhérentes » : « *les requérants ne sauraient utilement se prévaloir de ce que l'amendement critiqué excéderait, par son ampleur, les limites inhérentes au droit d'amendement* » (décis. 11 juill. 2001, n° 2001-450 DC, *Loi portant diverses dispositions d'ordre social, éducatif et culturel*).

Enfin, l'interdiction d'introduire des mesures nouvelles ne concerne plus seulement les amendements présentés après la CMP mais concerne ce texte lui-même : les dispositions concernées « *ne figuraient pas parmi celles qui restaient en discussion à l'issue de l'examen du projet de loi en première lecture* », puisqu'« *elles ont été introduites par la commission mixte paritaire réunie à ce stade de la discussion parlementaire* », « *il s'ensuit qu'elles ont été adoptées selon une procédure non conforme à la Constitution* » (décis. 5 août 2004, n° 2004-501 DC, *Service public de l'électricité et du gaz et entreprises électriques et gazières*).

La règle dite de l'« entonnoir » selon laquelle la discussion législative doit se concentrer, au fil des lectures, sur les seules dispositions restant en discussion a définitivement été consacrée en 2006, et est désormais applicable dès la deuxième lecture des projets ou propositions (non plus seulement à partir de la commission mixte paritaire) : « *les adjonctions qui peuvent être apportées après la première lecture par les membres du Parlement et par le Gouvernement doivent être en relation directe avec une disposition restant en discussion* » (décis. 19 janv. 2006, n° 2005-532 DC, *Lutte contre le terrorisme*). En clair, le droit d'amendement doit pouvoir s'exercer pleinement au cours de la première lecture, par chacune des deux assemblées parlementaires, des projets et des propositions de loi.

4. Le nouvel article 44, aliéna 1er

474 **Les dérives du droit d'amendement.** Elles avaient été soulignées par le comité Balladur : « *il existe aujourd'hui une véritable dérive du droit d'amendement. Qu'on en juge : en 1970, seulement 2 260 amendements étaient déposés devant l'Assemblée nationale et 576 devant le Sénat. Lors de la session 2002-2003, ils étaient respectivement 32 475 et 9 250. Cette situation ne cesse de se dégrader. Ainsi, au cours de la dernière législature, on a vu les amendements déposés par dizaines de milliers : 137 665 amendements furent déposés lors de l'examen par l'Assemblée nationale du projet de loi sur la fusion entre Gaz de France et le groupe Suez ; 14 888 sur le projet de loi portant régulation des activités postales. Contrairement aux idées reçues, cette explosion du nombre des amendements n'est pas uniquement le fait de l'opposition. Les amendements déposés et adoptés en séance par la majorité le sont dans une telle proportion qu'il n'est pas rare de voir un projet de*

loi doubler voire décupler de volume en cours de discussion. Et plus de la moitié des amendements adoptés sont déposés par les commissions. Il s'ensuit que les initiatives politiques importantes que l'opposition pourrait prendre sur un texte sont noyées sous le nombre et que les priorités de la majorité deviennent, elles aussi, indiscernables. Ni sur les bancs de la majorité ni sur ceux de l'opposition le principal n'est plus distingué de l'accessoire ».

475 **Le but de la réforme.** Le nouvel article 44 tire les conséquences quant au droit d'amendement des nouvelles dispositions relatives à la discussion des projets ou propositions de loi définies au nouvel article 42 de la Constitution. Il distingue en effet les amendements examinés en commission et ceux des amendements débattus en séance publique. Il prévoit la possibilité, dans le cadre déterminé par une loi organique d'exercer le droit d'amendement, non plus seulement en séance mais, le cas échéant, en commission selon les conditions fixées par les règlements des assemblées et dans des délais impartis. La réforme du Règlement du 27 mai 2009 de l'Assemblée nationale a ainsi formalisé des délais de dépôt des amendements en commission qui doivent cependant respecter les « *exigences de clarté et de sincérité* » des débats (décis. 25 juin 2009, n° 2009-581 DC). Pour les amendements en séance, la loi organique du 15 avril 2009 impose qu'ils soient déposés avant le début de l'examen du texte en séance...

Ainsi, le nouvel article 44 de la Constitution permet de discuter d'amendements en commission qui ne pourraient plus être défendus en séance publique s'ils ont été acceptés par elle, et ouvre la voie à une nouvelle forme de discussion abrégée qui dégagera du temps pour la séance publique, au profit d'un examen plus approfondi en commission. Cette solution a été préférée à celle d'accorder un pouvoir législatif aux commissions ou de développer les procédures abrégées d'examen, très rarement utilisées. Pour autant, cette réforme n'a pas obtenu les résultats attendus dans la mesure où un certain nombre de parlementaires préfèrent la publicité d'un amendement déposé en séance que l'anonymat d'un dépôt en commission...

476 **Droit d'amendement et « temps législatif programmé ».** Cette procédure a existé dans le texte des règlements de 1935 À... 1969 sans

être fréquemment appliquée. Les articles 17 à 19 de la loi organique du 15 avril 2009 organisent une procédure impartissant des délais pour l'examen d'un texte en séance (« temps global »). Ces articles font directement application du nouvel article 44 de la Constitution selon lequel le droit d'amendement s'exerce *« en séance ou en commission »*. Ils prévoient diverses modalités associant les groupes parlementaires à la procédure. Ils n'ont pas apporté de limites inconstitutionnelles à l'exercice du droit d'expression et d'amendement des membres du Parlement (L. org. relative à l'application des articles 34-1, 39 et 44 de la Constitution ; décis. n° 2009-579 DC, 9 avr. 2009).

Les choses se déroulent comme suit conformément au règlement de l'Assemblée nationale du 27 mai 2009 déclaré conforma à la Constitution (décis. 25 juin 2009, n° 2009-581 DC, *Résolution tendant à modifier le règlement de l'Assemblée nationale*) est prévu une procédure dite du « temps législatif programmé » ou « crédit-temps » organisée par la Conférence des présidents qui fixe un temps global pour l'examen du texte qui comprend la discussion générale et l'examen des articles. Ce délai constitue un maximum. Toutes les interventions des députés (À l'exception de celles du président et du rapporteur de la commission saisie au fond et, le cas échéant, des rapporteurs des commissions saisies pour avis) sont décomptées du temps réparti entre les groupes. Chaque groupe dispose d'un temps de parole global tout au long de la procédure et peut même n'en utiliser qu'une partie : ainsi, la majorité utilise en moyenne seulement 25 % de son temps de parole, justement pour faire gagner du temps au Gouvernement... Une fois ce temps global épuisé, les membres du groupe n'ont plus droit à la parole. Si les amendements présentés par les députés d'un groupe ou non-inscrits sont encore à examiner après l'épuisement du délai, les amendements sont mis aux voix sans débat alors que la discussion est close. Comme le prévoit la loi organique précitée, dans l'hypothèse où le Gouvernement ou la commission saisie au fond souhaitent déposer un ou plusieurs amendements à un article, après l'expiration des délais opposables aux députés, un temps supplémentaire est attribué à chaque groupe (et aux députés non inscrits) pour leur discussion.

Lors de l'examen de la loi portant réforme des retraites en novembre 2010, à l'issue du vote du dernier article du projet de loi en discussion, le président de l'Assemblée nationale a refusé de faire droit à la demande de prise de parole des 166 explications de vote personnelles programmées sur le fondement de l'alinéa 13 de l'article 49 du règlement de l'Assemblée nationale. Dans sa décision n° 2010-617 DC du 9 novembre 2010, le Conseil constitutionnel a jugé, en vertu d'une jurisprudence constante que « *les règlements des assemblées parlementaires n'ont pas par eux-mêmes une valeur constitutionnelle* », la méconnaissance alléguée d'une de leurs dispositions ne saurait avoir pour effet, à elle seule, de rendre la procédure législative contraire à la Constitution : le Conseil vérifie seulement que « *l'application [des] dispositions n'a pas eu pour effet d'altérer la clarté et la sincérité des débats et n'a porté atteinte à aucune autre exigence de valeur constitutionnelle* ». Et, ayant déjà eu à examiner l'application de l'alinéa 13 de l'article 49 du règlement de l'Assemblée nationale, le Conseil constitutionnel, dans sa décision n° 2010-602 DC du 18 février 2010, a jugé « *que la méconnaissance alléguée des dispositions de l'article 49, alinéa 13, du même règlement ne saurait avoir pour effet, à elle seule, de rendre la procédure législative contraire à la Constitution* » et n'a pas non plus subordonné la conformité du temps législatif global à l'existence d'explications de vote personnelles.

5. L'article 44-2 (maintenu par la révision)

477 Le Gouvernement « *peut s'opposer à l'examen de tout amendement qui n'a pas été antérieurement soumis à la commission* ». Cette disposition vise donc en pratique les retardataires. Elle est très peu utilisée... En fait, tous les amendements ou presque sont examinés par ces commissions. La loi organique du 15 avril 2009 relative à l'application des articles 34-1, 39 et 44 de la Constitution dispose ainsi que « *Les amendements sont présentés par écrit et sont sommairement motivés. Les amendements des membres du Parlement cessent d'être recevables après le début de l'examen du texte en séance publique. Les règlements des assemblées peuvent déterminer les conditions dans lesquelles est fixée une date anté-*

rieure à compter de laquelle ces amendements ne sont plus recevables. Ces délais ne s'appliquent pas aux sous-amendements. Après l'expiration de ces délais, sont seuls recevables les amendements déposés par le Gouvernement ou par la commission saisie au fond. Ces délais peuvent être ouverts de nouveau pour les membres du Parlement dans les conditions prévues par les règlements des assemblées».

6. Le vote bloqué (article 44.3)

Voir sous 468.

H. L'examen en séance et le recours éventuel à la procédure de conciliation (Commission mixte paritaire)

478 **Article 45 de la Constitution**

> *« Tout projet ou proposition de loi est examiné successivement dans les deux assemblées du Parlement en vue de l'adoption d'un texte identique. Sans préjudice de l'application des articles 40 et 41, tout amendement est recevable en première lecture dès lors qu'il présente un lien, même indirect, avec le texte déposé ou transmis.*
>
> *Lorsque, par suite d'un désaccord entre les deux assemblées, un projet ou une proposition de loi n'a pu être adopté après deux lectures par chaque assemblée ou, si le Gouvernement a décidé d'engager la procédure accélérée sans que les Conférences des présidents s'y soient conjointement opposées, après une seule lecture par chacune d'entre elles, le Premier ministre ou, pour une proposition de loi, les présidents des deux assemblées agissant conjointement, ont la faculté de provoquer la réunion d'une commission mixte paritaire chargée de proposer un texte sur les dispositions restant en discussion.*
>
> *Le texte élaboré par la commission mixte peut être soumis par le Gouvernement pour approbation aux deux assemblées. Aucun amendement n'est recevable sauf accord du Gouvernement.*
>
> *Si la commission mixte ne parvient pas à l'adoption d'un texte commun ou si ce texte n'est pas adopté dans les conditions prévues à l'alinéa précédent, le Gouvernement peut, après une nouvelle lecture par l'Assemblée nationale et par le Sénat, demander à l'Assemblée nationale de statuer définitivement. En ce cas, l'Assemblée nationale peut reprendre soit le texte élaboré par la commission mixte, soit le dernier texte voté par elle, modifié le cas échéant par un ou plusieurs des amendements adoptés par le Sénat. »*

1. L'examen successif par les deux assemblées : la navette

479 **Les règles générales : l'exigence de clarté et de sincérité du débat parlementaire.** Ces exigences qui valent pour l'ensemble du débat parlementaire, découlent des articles 6 de la Déclaration des droits de l'homme et du citoyen de 1789 et 3 de la Constitution (décis. 13 oct. 2005, n° 2005-526 DC, *Résolution modifiant les dispositions du règlement de l'Assemblée nationale relatives à la discussion des lois de finances et des lois de financement de la sécurité sociale*). Il justifie en particulier l'encadrement du droit d'amendement et plus largement le respect des règles de procédure s'agissant des délais d'examen et d'un temps suffisant pour que le débat parlementaire soit éclairé et sincère. Ces exigences doivent être respectées par les règlements des assemblées parlementaires (décis. 22 juin 2009, n° 2009-583 DC, *Résolution modifiant le Règlement du Congrès* ; 25 juin 2009, n° 2009-581 DC, *Résolution modifiant le Règlement de l'Assemblée nationale* ; 25 juin 2009, n° 2009-582 DC, *Résolution modifiant le Règlement du Sénat*).

480 **Le principe de la navette.** Le texte une fois adopté par la première assemblée est transmis à l'autre assemblée qui l'examine selon les mêmes modalités : examen par une commission, inscription à l'ordre du jour, discussion en séance publique. À ce stade, si elle adopte l'ensemble du texte sans modification et il est définitivement adopté. Sinon, la navette se poursuit entre les deux assemblées. Si le Gouvernement s'abstient d'intervenir, le bicamérisme est égalitaire dans l'attente d'une adoption en termes identiques par les chambres. En 1958, le général de Gaulle et Michel Debré, faute de majorité prévisible à l'Assemblée nationale, comptaient ainsi s'appuyer sur le Sénat pour faire traîner le débat en cas d'obstruction de la première... C'est le contraire qui se produisit.

481 **Renouvellement des assemblées parlementaires et l'examen des projets et propositions de loi.** La Constitution de la Ve République dispose, en son article 39, que les projets de loi sont déposés « *sur le bureau de l'une des deux assemblées* ». Or, contrairement au Sénat dont le renouvellement est partiel, le bureau de l'Assemblée nationale disparaît avec celle-ci : s'il souhaite les reprendre, le Gouvernement doit donc redéposer les projets de loi sur le bureau de l'Assemblée nationale nouvellement élue. S'agissant des proposi-

tions de lois adoptées par le Sénat et transmises à l'Assemblée nationale, elles sont redéposées sur le bureau de l'Assemblée nationale, après le renouvellement de cette dernière. Quant aux propositions de loi adoptées par l'Assemblée nationale et transmises au Sénat, elle continue à faire l'objet d'une navette sous une nouvelle législature.

Pour les propositions de loi déposées par les sénateurs et non encore examinées, le Conseil constitutionnel a considéré que les règlements parlementaires, tout comme la pratique parlementaire, tiennent pour acquis que le Sénat demeure saisi des propositions de loi adoptées par l'Assemblée nationale et transmises au Sénat, indépendamment du renouvellement intégral de l'Assemblée ou du renouvellement partiel du Sénat (décis. 29 nov. 2012, n° 2012-657 DC, *Loi relative à la reconnaissance du 19 mars comme journée nationale du souvenir et de recueillement à la mémoire des victimes civiles et militaires de la guerre d'Algérie et des combats en Tunisie et au Maroc*).

482 **La discussion générale, l'examen détaillé des articles, l'adoption en termes identiques.** La discussion en séance publique comprend deux phases : la phase d'examen général et la phase d'examen détaillé.

• **La phase d'examen général.** Elle est essentiellement une phase de présentation de l'ensemble du texte ou s'expriment le Gouvernement, le rapporteur, les parlementaires. Sa durée globale et la répartition des temps de parole entre les groupes en fonction de leur représentativité sont fixées par la Conférence des présidents.

• **La discussion article par article.** Cette discussion concerne pour les modifications proposées par voie d'amendements dont la mise en discussion des amendements va, comme un exposé, du général au particulier. Une fois terminé l'examen des articles, le Gouvernement ou la Commission peut, de droit, demander procédé à une seconde délibération de tout ou partie du texte. Puis est mis aux voix l'ensemble du texte (voir pour les votes, ss 376 s.).

• **L'adoption en termes identiques.** Si les assemblées votent le texte en termes identiques, il est considéré comme adopté. Faute de quoi, le Gouvernement peut utiliser la procédure de conciliation, via la CMP.

483 **La discussion de motions de procédure au cours des débats.** La discussion peut être émaillée d'« incidents » et en particulier de motions de procédure qui fleurent parfois l'obstruction parlementaire (la « flibuste »).

• **Le rappel au règlement.** Pendant deux minutes, le parlementaire obtient la parole immédiatement, car il a priorité sur la question principale débattue. Le rappel vise à demander en principe le respect des règles du débat, en fait d'évoquer bien d'autres questions.

• **La présentation de motions de procédure** (l'exemple de l'Assemblée nationale). Elle permet de faire rejeter le texte ou, au moins, de retarder son adoption :

- la motion de rejet préalable a pour « *objet de faire reconnaître que le texte proposé est contraire à une ou plusieurs dispositions constitutionnelles ou de faire décider qu'il n'y a pas lieu à délibérer* ». Si elle est adoptée, elle entraîne le rejet du texte. Elle est débattue avant que ne s'engage la discussion générale sur le fond ;

- la motion de renvoi en commission a pour objet de faire reprendre les travaux de la commission compétente, afin de compléter l'information de l'Assemblée... Cette motion de procédure est débattue après la clôture de la discussion générale : elles sont rarement adoptées (une quinzaine seulement depuis 1958).

2. Le raccourcissement des délais d'examen, les restrictions au droit d'amendement à partir de la deuxième lecture

484 • **Le « temps législatif programmé » à l'Assemblée nationale.** En vertu de la loi organique du 15 avril 2009, issu de l'article 44, modifié par la révision constitutionnelle du 23 juillet 2008, le Règlement de l'Assemblée nationale du 27 mai 2009, prévoit que la Conférence des présidents peut décider d'appliquer à un texte la procédure du « temps législatif programmé » et fixer une durée maximale pour l'examen de l'ensemble d'un texte, 60 % du temps étant attribué aux groupes d'opposition puis réparti entre eux à proportion de leur effectif. Le reste du temps est réparti de la même façon entre les groupes de la majorité.

• **La procédure d'examen simplifiée.** Cette procédure d'examen simplifié s'applique dans les faits principalement aux projets de loi d'autorisation de ratification d'un traité ou d'approbation d'un accord international (v. chap. 6, art. 53, ss 527).

• **Le droit d'amendement à partir de la deuxième lecture.** Afin de satisfaire à l'économie générale de l'article 45 de la Constitution et notamment de son 1er alinéa (« *Tout projet ou proposition de loi est examiné successivement dans les deux assemblées du Parlement en vue de l'adoption d'un texte identique* »), les amendements parlementaires, comme ceux du Gouvernement, devront être en relation directe avec une disposition restant en discussion, sauf à être dictés par la nécessité de respecter la Constitution, d'assurer une coordination avec d'autres textes ou de corriger une erreur matérielle.

Il en résulte aussi que, sous réserve des trois dérogations précitées, des dispositions adoptées en termes conformes par les deux assemblées ne peuvent plus être remises en cause à un stade ultérieur de la discussion.

Est ainsi constitutionnalisée, à l'issue de la première lecture, la règle dite de l'« entonnoir » conçue par la jurisprudence du Conseil constitutionnel (v. art. 44).

3. La procédure de conciliation (CMP) et l'engagement de la procédure accélérée (article 45, alinéa 2)

485 • **La procédure de conciliation.** En cas de désaccord entre les assemblées, le Gouvernement peut décider de mettre en œuvre une procédure de conciliation après deux lectures permettant de réunir une commission mixte paritaire comprenant sept députés et sept sénateurs et composée de manière à respecter les équilibres politiques de chacune des chambres : la Commission mixte paritaire (CMP) ; une seule lecture s'il engage la procédure accélérée.

• **La procédure accélérée.** Elle se substitue avec la révision constitutionnelle de 2008 à la déclaration d'urgence après une seule lecture dans chaque chambre : dans sa décision précitée n° 2009-582 DC du 25 juin 2009, le Conseil constitutionnel a estimé que « *ces dispositions permettent au Gouvernement, postérieurement à ce dépôt, de faire part à tout moment de sa décision* *d'engager une telle procédure, dès lors que les deux conférences des présidents sont en mesure, avant le début de l'examen du texte en première lecture, d'exercer la prérogative que leur reconnaît l'article 45 de la Constitution* ». La procédure accélérée est organisée de façon spécifique pour les projets de loi de finances et de financement de la sécurité sociale (art. 47 et 47-1), mais impossible pour les projets ou propositions de révision de la Constitution (Const., titre XVI, art. 89, al. 2). Par suite, les délais d'examen en première lecture prescrits par la Constitution (six semaines devant la première assemblée saisie, quatre devant la seconde) n'ont plus à être respectés.

486 • **Le rôle de la CMP.** Elle recherche un compromis sur les « *dispositions restant en discussion* » y compris les dispositions ayant été examinées par une seule des deux assemblées (décis. 28 déc. 1976, n° 76-74 DC, *Loi de finances rectificative pour 1976*).

• La CMP parvient à trouver un terrain d'entente, le texte est alors soumis aux assemblées si le Gouvernement en décide ainsi : aucun amendement n'est alors recevable sans l'accord du Gouvernement. Si chaque assemblée adopte l'ensemble du projet ou de la proposition, le texte est définitif.

• La CMP ne parvient pas à trouver un compromis, alors le texte revient alors pour une nouvelle lecture dans chaque chambre. Si le désaccord persiste à ce stade, le dernier mot revient à l'Assemblée nationale. De même, si son texte de compromis est repoussé par les chambres, ou l'une des deux (exceptionnellement par l'Assemblée nationale, plus fréquemment par le Sénat), notamment à la suite d'une remise en cause du compromis par le Gouvernement, le dernier mot revient aussi à l'Assemblée nationale. Dans ces deux cas, elle a le choix entre voter le texte élaboré par la CMP ou le dernier texte qu'elle a voté, modifié éventuellement par des amendements du Sénat. Le « dernier mot » ne joue principalement qu'en cas d'existence d'une majorité de gauche à l'Assemblée – le Sénat étant traditionnellement porté vers la droite et le centre – et sur les textes les plus importants ; 70 % des textes sont votés en moyenne par les deux assemblées, avec ou sans navette. Le « dernier mot » ne joue pas pour les lois constitutionnelles ou les lois organiques relatives au Sénat.

La nouvelle version de l'article renforce les garanties offertes au Parlement dans l'application de la procédure d'urgence qui permettait au Gouvernement de déclencher une telle procédure sans aucune restriction ni limite et de réunir, ainsi, la CMP après seulement une lecture dans chaque assemblée. Il accorde ainsi au Parlement un droit de veto exercé conjointement par les conférences des présidents des deux assemblées, organes internes à celles-ci dont l'existence est ainsi constitutionnalisée. Notons le règlement de l'Assemblée nationale dispose que « *Si un président de groupe s'y oppose, la conférence ne peut fixer la durée maximale de l'examen de l'ensemble d'un texte lorsque la discussion en première lecture intervient moins de six semaines après son dépôt ou moins de quatre semaines après sa transmission* ». Pour autant, destinée à limiter l'usage abusif de l'ancienne procédure d'urgence, la procédure accélérée a été utilisée en réalité de la même manière, soit pour des considérations de simple opportunité.

4. Les armes du Gouvernement dans le processus législatif

487 Le Gouvernement peut à tout moment retirer un projet avant son adoption définitive. Il dispose en outre :

- du droit de parole les membres du Gouvernement sont entendus quand ils le demandent (Const., art. 31) ;

- du droit d'amendement (Const., art. 44) ;

- de la faculté d'opposer l'irrecevabilité de certains amendements (Const., art. 40, 41 et 44, al. 2) ;

- d'user du vote bloqué (art. 44, al. 3). Cette procédure s'inspire de la technique anglaise du « kangourou » (v. *Droit constitutionnel contemporain 1. Théorie générale. Les régimes étrangers* préc.) : le Gouvernement peut demander à l'assemblée saisie de se prononcer sur tout ou partie du texte en discussion – à laquelle cette demande ne fait pas obstacle – en ne retenant que les amendements proposés ou acceptés par lui. Il évite ainsi la multiplication des scrutins mais ne remet pas en cause la discussion de chaque amendement. Il gagne ainsi un peu de temps ou évite un vote délicat – face à l'obstruction – sans mettre en jeu pour autant sa responsabilité politique. Cette procédure ne saurait en effet être interprétée comme un substitut à la question de confiance (décis. 15 janv. 1960, n° 60-6 DC, *Loi orga-*

nique portant promotion exceptionnelle des Français musulmans dans la magistrature et modifiant l'ordonnance n° 58-1270 du 22 décembre 1958). La mise en œuvre de cette procédure a pour effet de supprimer le vote sur les amendements et les articles faisant l'objet du vote unique. Elle ne permet pas de faire obstacle à la discussion de tous les articles et des amendements qui s'y rapportent, y compris des amendements non retenus par le Gouvernement ;

- d'engager la procédure accélérée afin de réunir la commission mixte paritaire après une seule lecture (au lieu de deux) et/ou de donner le dernier mot à l'Assemblée nationale lui permet de gagner du temps (art. 45) ;

- l'engagement de responsabilité du Gouvernement sur le vote d'un texte (v. art. 49, 3e al.). Cette procédure, étudiée plus loin, permet au Premier ministre d'engager la responsabilité du Gouvernement devant l'Assemblée nationale sur le vote d'un texte : il est considéré comme adopté si aucune motion de censure n'est votée. Son usage a été restreint par la révision constitutionnelle du 23 juillet 2008.

I. L'adoption définitive, la promulgation et l'exécution de la loi

488 Une fois adoptée définitivement, il appartient au président de la République de promulguer les lois et il dispose d'un délai de 15 jours pour le faire (art. 10, al. 1er). Elle est ensuite publiée au *Journal officiel*. Cette promulgation peut être retardée par sa demande d'une nouvelle délibération (art. 10, al. 2) par la saisine du Conseil constitutionnel qui exerce la constitutionnalité des lois (v. Const., titre VII, art. 61). L'exécution des lois est de la compétence du Premier ministre (v. Const., titre III, art. 21). Sur cette question, voir Constitution, titre II, article 10 et titre III, article 21.

489 Outre les procédures exceptionnelles de substitution : lois référendaires (v. art. 11), décisions de l'article 16 ou lois constitutionnelles (v. art. 89) ; il s'agit des lois organiques, des lois de finances, de programmation (art. 34), de financement de la Sécurité sociale (v. art. 47) et de celles portant autorisation de ratification des engagements internationaux (v. art. 53).

§ 4. Les procédures législatives spéciales

A. Les lois organiques

490 **Article 46 de la Constitution**

> *« Les lois auxquelles la Constitution confère le caractère de lois organiques sont votées et modifiées dans les conditions suivantes.*
> *Le projet ou la proposition ne peut, en première lecture, être soumis à la délibération et au vote des assemblées qu'à l'expiration des délais fixés au troisième alinéa de l'article 42. Toutefois, si la procédure accélérée a été engagée dans les conditions prévues à l'article 45, le projet ou la proposition ne peut être soumis à la délibération de la première assemblée saisie avant l'expiration d'un délai de quinze jours après son dépôt.*
> *La procédure de l'article 45 est applicable. Toutefois, faute d'accord entre les deux assemblées, le texte ne peut être adopté par l'Assemblée nationale en dernière lecture qu'à la majorité absolue de ses membres.*
> *Les lois organiques relatives au Sénat doivent être votées dans les mêmes termes par les deux assemblées.*
> *Les lois organiques ne peuvent être promulguées qu'après déclaration par le Conseil constitutionnel de leur conformité à la Constitution. »*

491 **Définition.** Il s'agit de lois d'application de la Constitution qui se placent donc avant la loi ordinaire dans la hiérarchie des normes : une loi organique « *ne peut intervenir que dans les domaines et pour les objets limitativement énumérés par la Constitution* » (Cons. const. 7 janv. 1988). L'article 46 de la Constitution organise la procédure applicable aux lois auxquelles est conféré le caractère de lois organiques dont l'objectif est de permettre de mettre en œuvre et de préciser les dispositions constitutionnelles. Elles font l'objet d'un contrôle obligatoire de constitutionnalité du Conseil constitutionnel.

492 **L'ancien régime juridique.** Elles se caractérisaient par leur procédure d'adoption ; un délai de 15 jours entre le dépôt du texte et son vote par la première assemblée saisie est obligatoire. L'article 45 est applicable, l'Assemblée nationale ne pouvant statuer définitivement – et seule – qu'à la majorité absolue de ses membres. Cependant, pour les lois organiques relatives au Sénat, le texte doit être voté dans les mêmes termes par les deux assemblées, de

même s'agissant de celles concernant la citoyenneté européenne (art. 88-3) lui attribuant ainsi un droit de veto.

493 **Le nouveau régime juridique issu de la révision de juillet 2008 : la garantie d'un délai minimal d'examen.** Dans un souci de coordination, est ainsi transposé aux lois organiques en les adaptant les règles d'examen des lois ordinaires prévues à l'article 42 de la Constitution tel que modifié. En première lecture, les propositions et les projets de loi organiques seront examinés en séance publique sur la base du texte adopté par la commission saisie au fond, sous réserve que celle-ci soit parvenue à conclure ou n'ait pas rejeté le texte soumis à son examen. Dans ces cas, c'est le texte déposé initialement qui sera examiné. Les délais qui s'imposent pour l'examen des lois ordinaires sont applicables aux lois organiques. Ainsi la première assemblée saisie aura un minimum de six semaines pour examiner en première lecture le projet ou la proposition de la loi organique, tandis que la seconde assemblée saisie disposera d'un délai minimal d'un mois. Mais il existe un délai incompressible de 15 jours pour l'examen d'un projet ou d'une proposition de loi organique entre son dépôt sur le bureau de l'assemblée concernée et sa discussion en séance : ce délai est rendu applicable seulement lorsque l'urgence est déclarée. Conformément à l'article 45 de la Constitution (nouveau), les conférences des présidents des assemblées pourront conjointement mettre leur veto à cette déclaration demandée par le Gouvernement sur un projet ou une proposition de loi organique.

B. Les lois de programmation

494 Issues de la révision de juillet 2008, elles remplacent les lois de programme, Les lois de programmation n'ont donc pas de valeur normative sur le plan financier (v. art. 34, al. 21). Elles déterminent les objectifs de l'action de l'État, dans un domaine particulier (éducation nationale, dépenses militaires, etc.) et non plus seulement dans le domaine économique, pour une durée de plusieurs années et les moyens financiers envisagés, les crédits correspondants ne pouvant être ouverts que par la loi de finances annuelle.

Pour autant, cette procédure de planification est tombée en désuétude depuis 1989 mais depuis 2008, des lois de programmation peuvent définir les orientations pluriannuelles des finances publiques.

C. Les lois de finances

495 Article 47 de la Constitution

> *« Le Parlement vote les projets de loi de finances dans les conditions prévues par une loi organique.*
> *Si l'Assemblée nationale ne s'est pas prononcée en première lecture dans le délai de quarante jours après le dépôt d'un projet, le Gouvernement saisit le Sénat qui doit statuer dans un délai de quinze jours. Il est ensuite procédé dans les conditions prévues à l'article 45.*
> *Si le Parlement ne s'est pas prononcé dans un délai de soixante-dix jours, les dispositions du projet peuvent être mises en vigueur par ordonnance.*
> *Si la loi de finances fixant les ressources et les charges d'un exercice n'a pas été déposée en temps utile pour être promulguée avant le début de cet exercice, le Gouvernement demande d'urgence au Parlement l'autorisation de percevoir les impôts et ouvre par décret les crédits se rapportant aux services votés.*
> *Les délais prévus au présent article sont suspendus lorsque le Parlement n'est pas en session. »*

Il s'agit de la « loi de finances de l'année » qui détermine ce qu'on appelle communément le budget de l'État (fixation de la nature, du montant et de l'affectation de ses ressources et de ses charges), des « lois de finances rectificatives » qui le modifient en cours d'année, et de la « loi de règlement » approuvant les comptes après l'exécution du budget.

La plus importante est évidemment la première, le projet de budget doit être déposé sur le bureau de l'Assemblée nationale à l'ouverture de la session. L'originalité de la procédure très contraignante et restrictive pour le contrôle parlementaire consiste – outre le fait que toute initiative parlementaire initiale est écartée – dans les délais impartis pour son examen, soit en vertu de l'article 47 de la Constitution, 70 jours. Durant ce délai, l'Assemblée nationale dispose de 40 jours pour l'examiner en première lecture – et d'une priorité d'examen, le Sénat dispose, lui, de 20 jours. Puis, le projet de budget retourne devant l'Assemblée, si les désaccords subsistent entre les deux chambres le Gouvernement met en œuvre l'article 45 en urgence. Si le Parlement, passé le délai de 70 jours fixé par la Constitution, n'a pas statué, le budget peut être mis en vigueur par voie d'ordonnances. Si le retard est le fait du Gouvernement – le projet de loi de finances n'ayant pas été déposé en temps utile ou, comme en 1962, pour cause de dissolution, il peut demander au Parlement de reconduire le budget de l'an passé (« services votés ») et l'autorisation de percevoir les impôts. Il s'agit, dans les deux cas et jusqu'à nos jours, d'hypothèses d'école. Notons que la nouvelle loi organique relative aux lois de finances de juillet 2001, validée pour l'essentiel par le Conseil constitutionnel (décis. n° 2001-448 DC, 25 juill. 2001, *Loi organique relative aux lois de finances*) est entrée en vigueur à compter du 1er janvier 2005. En vertu de cette loi organique, constituent « *des amendements s'appliquant aux crédits* », les amendements aux articles de la seconde partie de la loi de finances de l'année visée au 1er et 3e du II de l'article 34, les amendements s'appliquant aux modifications des mêmes articles par les lois de finances rectificatives, les amendements aux dispositions analogues figurant dans les lois visées à l'article 45 et, enfin, ceux destinés à rectifier les ajustements de crédits opérés en loi de règlement. Ces dispositions donneront aux parlementaires la possibilité de présenter des amendements majorant les crédits d'une ou plusieurs dotations incluses dans une mission, sous réserve de ne pas augmenter les crédits de celle-ci. Par ailleurs, la loi organique précise que « tout amendement doit être motivé et accompagné des développements des moyens qui le justifient », afin de vérifier l'existence d'une compensation lors de l'examen de la recevabilité financière de l'amendement. La LOLF est fondée sur une logique de performance de la gestion publique d'une part, et de transparence de l'information budgétaire propre à instituer un contrôle étroit par le Parlement.

Cependant, une seule fois, le Conseil constitutionnel a déclaré non conforme à la Constitution la loi de finances (décis. n° 79-110 DC, 24 déc. 1979, *Loi de finances pour 1980*) pour non respect de la procédure budgétaire. Par ailleurs, le Conseil veille rigoureusement à écarter les « cavaliers budgétaires », c'est-à-dire des dispositions étrangères aux lois de finances.

Au-delà de ces dispositions, il faut savoir que plus des 9/10e du budget est reconduit chaque année – les services votés – et, parmi ceux-ci plus de 1/10e est consacré au remboursement de la dette. Ainsi, les « arbitrages » budgétaires, pour non négligeables qu'ils soient, concernent en fait une minorité du budget.

D. Les lois de financement de la Sécurité sociale

496 Article 47-1 de la Constitution

> *« Le Parlement vote les projets de loi de financement de la sécurité sociale dans les conditions prévues par une loi organique.*
> *Si l'Assemblée nationale ne s'est pas prononcée en première lecture dans le délai de vingt jours après le dépôt d'un projet, le Gouvernement saisit le Sénat qui doit statuer dans un délai de quinze jours. Il est ensuite procédé dans les conditions prévues à l'article 45.*
> *Si le Parlement ne s'est pas prononcé dans un délai de cinquante jours, les dispositions du projet peuvent être mises en œuvre par ordonnance.*
> *Les délais prévus au présent article sont suspendus lorsque le Parlement n'est pas en session et, pour chaque assemblée, au cours des semaines où elle a décidé de ne pas tenir séance, conformément au deuxième alinéa de l'article 28. »*

Elles déterminent les conditions générales de l'équilibre financier de la Sécurité sociale et fixent ses objectifs de dépenses compte tenu des prévisions de recettes dans les conditions et sous les réserves prévues par une loi organique. La procédure concernant ces lois issues de la révision constitutionnelle du 22 février 1996 est inspirée de celle des lois de finances, à l'exception des délais – plus courts (50 jours au total, dont, en première lecture 20 pour l'Assemblée, 15 pour le Sénat). Limitée dans son ambition, critiquée dans ses modalités, cette réforme n'en a pas moins provoqué un salutaire débat annuel sur une question cruciale.

E. L'assistance de la Cour des comptes

497 Article 47-2 de la Constitution

> *« La Cour des comptes assiste le Parlement dans le contrôle de l'action du Gouvernement. Elle assiste le Parlement et le Gouvernement dans le contrôle*

> *de l'exécution des lois de finances et de l'application des lois de financement de la sécurité sociale ainsi que dans l'évaluation des politiques publiques. Par ses rapports publics, elle contribue à l'information des citoyens.*
> *Les comptes des administrations publiques sont réguliers et sincères. Ils donnent une image fidèle du résultat de leur gestion, de leur patrimoine et de leur situation financière.* »

L'ancien article 47 consacrait déjà le rôle d'assistance de la Cour de comptes. Mais il élève au niveau constitutionnel des attributions en matière d'évaluation reconnues par les articles 57 et 58 de la LOLF qui lui permet de réaliser les enquêtes demandées par les commissions des finances sur la gestion des services ou organismes. La Cour répond aussi aux demandes d'assistance formulées par le président ou le rapporteur général des commissions des finances dans le cadre de leur mission d'évaluation et de contrôle de l'exécution des lois de finances. Le rôle de la Cour a été aussi renforcé par l'article 58-2e de la LOLF qui institutionnalise la Mission d'évaluation et de contrôle qui comprend des magistrats de la Cour. Cependant, si la vocation de celle-ci, à l'assister est évidente, il n'appartient pas au règlement d'une assemblée, de fixer les règles régissant les relations entre l'un de ses organes et la Cour des comptes (décis. n° 2009-581 DC, 25 juin 2009, *Résolution tendant à modifier le règlement de l'Assemblée nationale*). Au final, le rôle d'assistance de la Cour intègre donc depuis 2008, et de façon dynamique, une dimension nouvelle de son rôle, celle de l'évaluation des politiques publiques.

§ 5. Le contrôle de l'action du Gouvernement avec mise en jeu de sa responsabilité

498 La mise en jeu de la responsabilité, à l'initiative du Gouvernement ou de l'Assemblée nationale, est un procédé classique du régime parlementaire. La conception française du contrôle parlementaire s'inspire d'abord de l'idée de séparation des pouvoirs : l'exécutif est placé sous l'œil inquiet des représentants du peuple. Elle ne se fonde donc pas sur un dialogue entre la majorité et une opposition

ne disposant d'ailleurs d'aucun statut particulier, contrairement à la Chambre des communes, au moins jusqu'à la révision constitutionnelle de 2008. Cette idée implique en particulier la responsabilité du Gouvernement devant le Parlement. Les procédures qui y sont attachées ont été rationalisées en 1958 afin d'assurer la stabilité de l'exécutif, l'idée de base étant que le Gouvernement bénéficie de la confiance présumée de l'Assemblée. Même si le phénomène majoritaire les a rendues *a priori* inefficaces, la révision constitutionnelle de 2008 a limité l'usage de l'article 49, alinéa 3, qui permet d'engager la responsabilité du Gouvernement sur un texte. Il reste donc au Parlement une fonction primordiale, revalorisée sensiblement par la révision de 2008 : s'informer, voire enquêter sur la politique gouvernementale et, implicitement, sur son activité législative.

A. La mise en jeu de la responsabilité gouvernementale

499 Article 49 de la Constitution

> *« Le Premier ministre, après délibération du Conseil des ministres, engage devant l'Assemblée nationale la responsabilité du Gouvernement sur son programme ou éventuellement sur une déclaration de politique générale.*
> *L'Assemblée nationale met en cause la responsabilité du Gouvernement par le vote d'une motion de censure. Une telle motion n'est recevable que si elle est signée par un dixième au moins des membres de l'Assemblée nationale. Le vote ne peut avoir lieu que quarante-huit heures après son dépôt. Seuls sont recensés les votes favorables à la motion de censure qui ne peut être adoptée qu'à la majorité des membres composant l'Assemblée. Sauf dans le cas prévu à l'alinéa ci-dessous, un député ne peut être signataire de plus de trois motions de censure au cours d'une même session ordinaire et de plus d'une au cours d'une même session extraordinaire.*
> *Le Premier ministre peut, après délibération du Conseil des ministres, engager la responsabilité du Gouvernement devant l'Assemblée nationale sur le vote d'un projet de loi de finances ou de financement de la sécurité sociale. Dans ce cas, ce projet est considéré comme adopté, sauf si une motion de censure, déposée dans les vingt-quatre heures qui suivent, est votée dans les conditions prévues à l'alinéa précédent. Le Premier ministre peut, en outre, recourir à cette procédure pour un autre projet ou une proposition de loi par session.*
> *Le Premier ministre a la faculté de demander au Sénat l'approbation d'une déclaration de politique générale. »*

1. La mise en jeu à l'initiative du Gouvernement : la question de confiance (article 49-1)

500 Il s'agit de ce qu'on appelait, avant 1958, la « question de confiance ».

• **Une procédure ambiguë.** Selon l'article 49, alinéa 1er, de la Constitution, « le Premier ministre, après délibération du Conseil des ministres, engage devant l'Assemblée nationale la responsabilité du Gouvernement sur son programme ou éventuellement sur une déclaration de politique générale ». Ces deux expressions qui pourraient laisser penser dans un cas à une obligation lors de la formation du Gouvernement, dans l'autre à une simple faculté après quelque temps d'existence (« éventuellement ») ont « une acception analogue » (décis. 12 janv. 1977, n° 76-72 DC, *Territoire français des Afars et des Issas*). Si le chef de l'État ne peut s'opposer à la mise en œuvre de cette prérogative du Premier ministre, il peut en droit s'opposer à son inscription à l'ordre du jour. À l'Assemblée nationale, au terme du débat, la confiance est accordée ou refusée à la majorité des suffrages exprimés (les abstentions ne sont donc comptées ni en sa faveur, ni en sa défaveur).

• **Une pratique variée.** « *Le simple langage de la grammaire (démontre) (...) que l'obligation (de se présenter) s'impose à lui de manière formelle* » déclarait François Miterrand le 13 avril 1966. La question posée en droit par l'article 49, 1er alinéa, est celle de l'obligation pour le Gouvernement de se présenter devant l'Assemblée, vérifiant ainsi la validité du contrat de majorité. Si la doctrine a longtemps estimé que l'indicatif vaut impératif (« engage » et non « peut engager »), il reste que le Gouvernement existe juridiquement dès sa nomination par le président de la République et qu'aucun délai n'est fixé par la Constitution quant à cet engagement. Dès lors, des gouvernements ne se sont pas sentis obligés de solliciter l'investiture de l'Assemblée, le Gouvernement procédant d'abord du chef de l'État (de 1966 à 1974 ou, faute de majorité absolue, de 1988 à 1993). En outre, cet engagement peut se faire en cours de mandat pour conforter un avenir incertain (Chaban-Delmas en 1972 « renvoyé » quelques mois plus tard par le chef de l'État) pour s'assurer du soutien vacillant de la majorité (Barre en 1977, Mauroy en 1983), ou manifester simplement son appui (Chirac en 1987, etc.). Et le Gouvernement Rocard formé le 10 mai 1988 ne disposant pas de majorité absolue, engagera sa responsabilité dans un discours de politique générale le 16 janvier 1991 sur... la crise du Koweït. Notons qu'en période de cohabitation où le Premier ministre tire sa légitimité de la seule Assemblée, l'engagement de responsabilité s'impose dans les faits même si la majorité est absolue (Jospin en 1997). Dans tous les cas, cette procédure n'a jamais conduit à un vote négatif (qui entraînerait dans ce cas la démission du Gouvernement lequel expédie les affaires courantes jusqu'à la désignation de son successeur) (CE ass. 19 oct. 1962, *Brocas*). Notons que le Comité Vedel en 1993 avait proposé qu'il soit fait obligation à un nouveau Gouvernement de se présenter dans les 15 jours suivant sa nomination par le chef de l'État.

2. La mise en jeu à l'initiative de l'Assemblée nationale : la motion de censure spontanée (article 49-2)

501 **Une procédure rationalisée.** Tirant les leçons du passé, cette mise en jeu de la responsabilité du Gouvernement à l'initiative des députés est étroitement réglementée. Elle ne peut plus être mise en cause par le biais de propositions de résolution mais pas la seule voie de l'article 49 (Cons. const. décis. 24 juin 1959, n° 59-2, *Règlement de l'Assemblée nationale*).

• **Les conditions de recevabilité.** Le dépôt de la motion doit être effectué par au moins 1/10e des députés composant l'Assemblée (elle ne peut résulter comme sous la IIIe République d'une initiative individuelle, l'« interpellation »). Pour éviter que le Gouvernement ne soit harcelé, un député ne peut signer que trois motions de censure par session ordinaire et une par session extraordinaire (hormis le cas de la motion de censure déposée dans le cadre de l'article 49, alinéa 3), le Gouvernement en étant en quelque sorte à l'origine. Si plusieurs motions de censure ont été présentées leur discussion peut être commune mais le vote est séparé.

• **Un vote différé.** Il ne peut avoir lieu que 48 heures après le dépôt de la motion : les députés ont ainsi le temps de la réflexion, et le Gouvernement celui de convaincre les hésitants.

• **L'opposition doit avoir la majorité absolue.** Seuls sont recensés les votes favorables à la motion de censure et la motion doit recueillir la majorité absolue des membres composant l'Assemblée (et non des suffrages exprimés comme dans l'article 49, alinéa 1er), soit 289 voix. Les députés qui n'ont donc pas expressément voté pour sont censés être favorables au Gouvernement. Il doit donc exister une majorité absolue de rechange à celle qui soutient le Gouvernement.

• **Une procédure avantageuse pour le Gouvernement.** Les règles de calcul des votes sont donc plus favorables au Gouvernement que celles de la question de confiance (art. 49-1, al. 1er) : un Gouvernement disposant d'une majorité relative n'a aucun intérêt à prendre le risque d'engager sa responsabilité devant l'Assemblée et préférera attendre une tentative de censure.

• **Les effets du vote.** Le vote de la motion de censure entraîne en droit la démission collective du Gouvernement qui dans l'attente de la désignation de son successeur au Gouvernement expédie les affaires courantes (art. 50).

502 **Une procédure qui conduit exceptionnellement à la démission du Gouvernement . :**

- depuis 1959, une seule motion de censure a été adoptée, le 5 octobre 1962 contre le Gouvernement Pompidou, entraînant sa démission (suite à la décision du général de Gaulle de faire approuver par référendum l'élection du président de la République au suffrage universel direct). Elle a été suivie de la dissolution de l'Assemblée nationale et de nouvelles élections ;

- une seule motion de censure a failli être adoptée le 1er juin 1992 contre le Gouvernement Bérégovoy, à trois voix près, les communistes joignant exceptionnellement leurs voix à celles de la droite dans leur condamnation de la politique agricole commune ;

- faute de pouvoir aboutir du fait du phénomène majoritaire, la motion de censure est utilisée par l'opposition pour souligner solennellement son désaccord sur une question importante devant l'opinion.

3. L'engagement de la responsabilité sur un texte : la motion de censure provoquée (article 49-3)

503 Cette procédure – symbole en quelque sorte du parlementarisme rationalisé dont l'usage n'a jamais conduit à ce jour au renversement du Gouvernement – conduit à faire adopter un texte sans vote. Elle avait été conçue pour n'être que d'usage exceptionnel pour Michel Debré et par les constituants de 1958. Elle est issue d'une proposition du Gouvernemnt Pflimlin dans les derniers mois de la IVe République (projet Gaillard), membre du Gouvernement du Général de Gaulle en 1958, avec Guy Mollet adepte aussi de cette formule. Elle a en fait été souvent utilisée de façon parfois abusive. Il paraissait néanmoins difficile d'en supprimer l'usage sauf à déstabiliser le gouvernement. Pourtant, la révision constitutionnelle du 23 juillet 2008 a consacré sa limitation.

504 **La procédure : l'adoption d'un texte sans vote.** L'article 49, alinéa 3 pouvait, avant la révision de juillet 2008, être utilisé à tout moment de la procédure législative, y compris à plusieurs reprises sur le même texte, le débat étant immédiatement suspendu. Il ne peut être cependant utilisé pour le vote des lois constitutionnelles et des lois organiques relatives au Sénat nécessitant un vote identique des deux chambres. Soit la motion de censure est adoptée et le texte ne l'est pas, entraînant la démission du Gouvernement (comme précédemment), soit aucune motion n'est déposée dans les 24 heures (« qui ne dit mot, consent ») ou ne franchit pas la barre de la majorité absolue des membres composant l'Assemblée et le texte alors est considéré comme adopté.

Par ailleurs, l'exercice de la prérogative conférée au Premier ministre par le 3e alinéa de l'article 49 n'est soumis à aucune condition autre que celles résultant de ce texte (décis. 9 janv. 1990, n° 89-264 DC, *Loi de programmation relative à l'équipement militaire*) tandis « *qu'il suffit que le Conseil des ministres ait délibéré (sur ce projet)* », son accord n'étant donc pas nécessaire (décis. 9 janv. 1990, n° 89-264 DC, *Loi de programmation relative à l'équipement militaire*).

505 **Le but initial : empêcher la dissociation des majorités.** Inspiré des projets de révision de la fin de la IVe République finissante (projets Pflimlin), il s'agit d'éviter ce qui se produisait avant 1958. La

confiance sur un texte n'était pas juridiquement refusée faute de majorité absolue mais le projet étant rejeté à la majorité simple – forme de censure détournée, le Gouvernement étant alors contraint politiquement à démissionner ou à rester en place sans pouvoir gouverner... Depuis 1958, soit l'Assemblée accorde au Gouvernement – qui lie son sort au projet – les moyens d'agir, soit elle prend la responsabilité de le renverser. Le procédé figure ainsi dans un contrat de confiance implicite entre le Gouvernement et l'Assemblée tant qu'une opposition n'est pas manifestement majoritaire.

506 **Usages : imposer sa politique à la majorité, passer outre à l'obstruction de l'opposition**

• **Imposer sa politique à la majorité.** L'article 49, alinéa 3 permet au Gouvernement d'imposer à sa majorité parlementaire une politique qu'elle conteste, l'ombre de la dissolution n'étant pas étrangère à cette soumission finale. Il peut s'agir de soumettre toute la majorité (loi sur l'amnistie des généraux d'Algérie en novembre 1982 par Pierre Mauroy), la majorité de sa majorité (gouvernements Barre de 1976 à 1981 sur quatre textes, à l'encontre du RPR), la minorité de sa majorité (les communistes sur la loi prix et revenus par Pierre Mauroy en 1982). Elle s'entend aussi en l'absence de majorité absolue : le Gouvernement Rocard de 1988 à 1991 utilisa l'article 49-3 à 28 reprises (sur 12 lois) – un record – provoquant 5 motions de censure, sachant l'alliance improbable entre les communistes et la droite : elle se produisit néanmoins une fois, frisant la majorité à 5 voix près (en novembre 1990 sur la CSG). Si la majorité est au contraire large et disciplinée (comme de juin 1967 à octobre 1976, de 1993 à 1997 ou depuis 2002) son usage ne s'impose pas en principe.

• **Passer outre à l'obstruction de l'opposition.** Il s'agit, malgré l'existence d'une majorité, de mettre un terme à l'obstruction de l'opposition : Pierre Mauroy sur la loi portant nationalisations en janvier 1982 ; Jacques Chirac de 1986 à 1988, sept fois ; Édouard Balladur en juin 1993 sur les privatisations, Jean-Pierre Raffarin en 2003 sur la loi électorale pour les européennes et les régionales et, en 2004, sur la loi sur la décentralisation ; Dominique de Villepin en 2006 sur le « contrat première embauche » (CPE). Seuls les

Gouvernement de Lionel Jospin de 1997 à 2002 assuré d'une majorité, en vertu d'un contrat pris par la « gauche plurielle », et le Gouvernement de François Fillon ne l'ont pas utilisé.

507 **La limitation d'usage de l'article 49, alinéa 3, issue de la révision constitutionnelle du 23 juillet 2008.** L'usage de l'article 49, alinéa 3, s'est peu à peu banalisé : il a été utilisé 82 fois depuis 1958. L'examen de la nature des textes ainsi adoptés montre qu'il s'agit de projets qui ne sont pas tous appelés à passer à la postérité, même si quelques textes importants n'ont pu voir le jour que de cette façon. Surtout, il apparaît que parmi les textes le plus souvent adoptés grâce à l'article 49, alinéa 3, figurent au premier rang les lois de finances et les lois portant sur la matière sociale. C'est dans cet esprit que conformément aux recommandations du Comité Balladur, suivies par le projet de loi constitutionnelle, malgré quelques réticences, en particulier du Sénat, l'article a été modifié. Désormais, le Premier ministre peut engager la responsabilité du Gouvernement sur le vote d'un projet de loi de finances ou de financement de la sécurité sociale. Il peut, en outre, recourir à cette procédure pour un autre projet ou proposition de loi par session (ordinaire ou extraordinaire).

4. La déclaration de politique générale devant le Sénat (article 49-4)

508 **Une procédure simplifiée qui n'engage pas la responsabilité du Gouvernement.** L'alinéa 4 de l'article 49 a été ajouté au dernier moment pour se conformer à la loi constitutionnelle du 3 juin 1958 prévoyant la responsabilité du Gouvernement devant le Parlement. Il s'agissait aussi de permettre au Gouvernement de s'appuyer sur la seconde chambre pensée alors comme plus sûre que l'Assemblée : les relations tumultueuses entre le général de Gaulle et le Sénat – son président l'accusant à propos du projet de révision de 1962 de « forfaiture » – allaient démentir le pronostic.

Nulle autorisation du Conseil des ministres n'est exigée. Le Gouvernement doit obtenir une majorité absolue des suffrages exprimés mais en cas d'échec, il n'est pas tenu de démissionner.

509 **Une pratique mesurée.** Opposé aux gouvernements du général de Gaulle et de Georges Pompidou jusqu'en 1974, le Sénat s'est retrouvé en harmonie avec ceux de Valéry Giscard d'Estaing : le

10 juin 1975 son Gouvernement, celui de Jacques Chirac, a utilisé pour la première fois cette procédure courtoise, suivi en cela par tous les gouvernements de droite (Barre en 1977 et en 1978 – après les élections législatives ; Chirac en 1986 et 1987 ; Balladur en 1993, Raffarin en 2004). Quant aux gouvernements de gauche, ils n'ont sollicité l'approbation du Sénat que rarement : sur la politique étrangère peu dissensuelle (Michel Rocard en 1989), sur la politique de la France en Europe de l'Est et en 1991 lors de la guerre du Golfe, sur la politique générale, avec le Gouvernement Ayrault en 2012 mais le Sénat étant passé à gauche.

B. La démission obligatoire du Gouvernement et la gestion des « affaires courantes »

510 Article 50 de la Constitution

> *« Lorsque l'Assemblée nationale adopte une motion de censure ou lorsqu'elle désapprouve le programme ou une déclaration de politique générale du Gouvernement, le Premier ministre doit remettre au président de la République la démission du Gouvernement. »*

Cet article tire simplement la conséquence de l'article 49, en termes de démission en cas de censure ou de majorité hostile à la déclaration de politique générale. Jusqu'à ce que le président de la République ait pourvu à son remplacement, le Gouvernement démissionnaire reste compétent pour expédier uniquement les « affaires courantes », ce, dès, notamment, sa censure. Selon un principe traditionnel de droit public, « *le Gouvernement démissionnaire garde compétence, jusqu'à ce que le président de la République ait pourvu par une décision officielle à son remplacement, pour procéder à l'expédition des affaires courantes* » (CE 19 oct. 1962, *Brocas*). Ce sont celles relatives à « l'activité quotidienne et continue de l'administration » et des décisions « *sur lesquelles les ministres se bornent habituellement à exercer en fait un simple contrôle et à apposer leur signature* », ainsi que les affaires devant être réglées en urgence (CE 4 avr. 1952, *Syndicat régional des quotidiens d'Algérie*). Par cette dernière décision prise sous la IVe République caractérisée par l'instabilité gouvernementale, le Conseil d'État se reconnaît compétent pour définir la catégorie.

Les affaires courantes se rattachent ainsi à « la continuité de la vie nationale » (décis. 30 déc. 1979, n° 79-111 DC, *Loi autorisant le Gouvernement à continuer à percevoir en 1980 les impôts et taxes existants*).

C. Les séances supplémentaires pour permettre l'application de l'article 49 sont de droit

511 **Article 51 de la Constitution**

> *« La clôture de la session ordinaire ou des sessions extraordinaires est de droit retardée pour permettre, le cas échéant, l'application de l'article 49. À cette même fin, des séances supplémentaires sont de droit. »*

Cet article vise simplement à empêcher que la procédure engagée au titre de l'article 49 soit interrompue par la clôture de la session ordinaire ou extraordinaire.

§ 6. Le contrôle sans mise en jeu de la responsabilité du Gouvernement et l'information du Parlement

512 Ce contrôle s'exerce traditionnellement par les questions des membres du Parlement et aussi citées à l'article 48 par les déclarations à caractère thématiques du Gouvernement, constitutionnalisées par l'article le nouvel article 50-1. Il traduit aussi par le rôle traditionnel des commissions d'enquête, aussi constitutionnalisées (art. 51-2) ainsi que par les droits reconnus désormais par l'opposition par le nouvel article 51-1 (s'agissant du contrôle des interventions militaires, on renverra au chap. 2, art. 35).

A. Les questions des membres du Parlement

1. Les questions orales

513 Le droit d'interroger le Gouvernement en séance a été consacré par la Constitution de 1958 et renforcé par les révisions constitutionnelles de 1995 et de 2008 (nouvel art. 50-1). Désormais, « *une*

séance par semaine au moins, y compris pendant les sessions extraordinaires, (...) est réservée par priorité aux questions des membres du Parlement et aux réponses du Gouvernement » (art. 48, dernier al.). Les questions orales avec débat sont tombées en désuétude à l'Assemblée nationale, un nouveau type de questions orales sans débat, les questions au Gouvernement, a été instauré en 1974.

514 **Les questions orales sans débat.** Les questions orales sont posées par un député à un ministre. Sommairement rédigées, elles sont pour la plupart d'intérêt local et sont notifiées au préalable au Gouvernement. Elles ont lieu pendant les semaines de contrôle.

515 **Les questions au Gouvernement (voir aussi article 48).** En 1974, sur une idée du président Giscard d'Estaing, une convention a institué à l'Assemblée les questions d'actualité ou questions au Gouvernement (au Sénat, en 1982) afin d'assouplir l'interprétation très stricte donnée par le Conseil constitutionnel de l'article 48 (une séance, au plus). Depuis la révision constitutionnelle du 4 août 1995, une séance au moins, soit plusieurs séances de questions peuvent se dérouler chaque semaine en session ordinaire et depuis la révision de 2008, une heure par semaine durant les sessions extraordinaires. Les questions ont lieu le mardi (60 minutes) et le mercredi (60 minutes) à l'Assemblée et le jeudi au Sénat (mais seulement deux fois par mois) : les questions sont posées le jour même sans que le contenu soit notifié au préalable au Gouvernement. Le temps de parole est proportionnel à l'effectif des groupes (art. 48).

Chaque question et chaque réponse sont limitées à cinq minutes (deux fois 2 minutes et 30 secondes). Retransmises pour certaines sur France 3 (la séance du mercredi), ces questions sont le temps fort du contrôle parlementaire (plus de 400 questions à l'Assemblée, une centaine au Sénat chaque année).

Une difficulté s'est posée pour les questions au Gouvernement en session extraordinaire. Convoqué en session extraordinaire, par un décret du président de la République du 27 juin 2012, à compter du mardi 3 juillet 2012, l'article 2 de ce décret prévoyait que l'ordre du jour de la session extraordinaire comprendrait « *une séance de questions par semaine* ». Toutefois, aucune séance de questions au Gouvernement ne s'est tenue ni devant les chambres, au cours de la première semaine de session extraordinaire, en méconnaissance de la lettre de la Constitution. Le Conseil constitutionnel a jugé que serait adoptée dans des conditions contraires à la Constitution une loi dont le vote sur l'ensemble du texte se serait tenu lors d'une semaine où la règle du dernier alinéa de l'article 48 aurait été violée : « *Considérant qu'un projet ou une proposition de loi qui serait adopté au cours d'une semaine dont l'ordre du jour avait été établi en méconnaissance du dernier alinéa de l'article 48 de la Constitution serait adopté selon une procédure contraire à la Constitution ; Considérant que le Parlement a été convoqué en session extraordinaire à partir du mardi 3 juillet 2012 ; qu'aucune séance publique n'a été réservée par priorité aux questions des membres du Parlement et aux réponses du Gouvernement dans l'ordre du jour de l'une et l'autre des assemblées au cours de la première semaine de la session extraordinaire ; que, toutefois, le projet de loi de finances rectificative pour 2012, déposé sur le bureau de l'Assemblée nationale le 4 juillet 2012, n'a pas été adopté par l'Assemblée nationale au cours de la première semaine de la session extraordinaire ; que la procédure d'examen du projet de loi n'est donc pas contraire à la Constitution* » (décis. 9 août 2012, n° 2012-654 DC, *Loi de finances rectificative pour 2012*). Le Conseil constitutionnel pose ainsi une règle, assortie d'une exception par un raisonnement audacieux, s'il en est :

- faute d'une séance de questions, mais la semaine d'adoption d'une loi, l'exigence de clarté du débat parlementaire serait méconnue ;
- faute d'adoption de la loi dans la semaine en question, l'article 48 n'est pas méconnu.

516 **Les questions à un ministre.** Instituée en 2009, cette procédure s'apparente à celle des « questions crible » mise en œuvre entre 1989 et 1992, style « grand oral » mais limité dans le temps : la question est courte (2 minutes), le droit de réplique encore plus (1 minute). Elle est cependant peu utilisée.

2. Les questions écrites

517 Traditionnellement, les parlementaires ont la faculté d'adresser aux ministres des questions écrites. Moyen d'information sur la politique gouvernementale, la question écrite permet aussi de répondre à la préoccupation d'un électeur ou de groupes d'électeurs sur un problème administratif et/ou fiscal... Dès lors, l'inflation guette et submerge parfois les services de l'Administration (chaque ministère dispose d'un service du « courrier parlementaire ») : de 3 500 à l'Assemblée et d'environ 800 au Sénat en 1959, leur nombre a été multiplié par trois dans le premier cas, par près de 10 dans le second, au cours de la Ve République. Le délai de réponse du ministre est d'un mois, reconductible une fois ce qui n'empêche pas les « sans-réponses » ou les réponses hors délai, compte tenu du flux (environ 30 % des cas). Pour remédier à cette situation, a été mise en place depuis 1994, la procédure des « questions signalées ». Au cours de la session, les présidents de groupe choisissent chaque semaine, parmi les questions écrites restées sans réponse au-delà des délais prescrits un petit nombre de questions qui sont « signalées » dans le *Journal officiel* et auxquelles les ministres s'engagent répondre dans un délai de 10 jours. Cet engagement est généralement respecté.

B. La constitutionnalisation des déclarations du Gouvernement à caractère thématique (nouvel article 50-1)

518 **Article 50-1 de la Constitution**

> *« Devant l'une ou l'autre des assemblées, le Gouvernement peut, de sa propre initiative ou à la demande d'un groupe parlementaire au sens de l'article 51-1, faire, sur un sujet déterminé, une déclaration qui donne lieu à débat et peut, s'il le décide, faire l'objet d'un vote sans engager sa responsabilité. »*

L'article 50-1 constitutionnalise ici une procédure qui existait déjà sur le fondement du règlement des Assemblées et issu d'un amendement parlementaire lors du débat constitutionnel de 2008.

À l'Assemblée nationale, lorsque le Gouvernement ne dispose pas de majorité absolue, cette procédure peut apparaître dans certains cas comme un substitut à l'engagement de responsabilité prévu par l'article 49-1 de la Constitution (les gouvernements socialistes de 1988 à 1993 ont utilisé cette faculté). Notons aussi que depuis la révision constitutionnelle de 1995, le Premier ministre doit faire une déclaration suivie de débat s'agissant du recours à l'article 11 (lorsque le Gouvernement a déposé un projet). Depuis la révision de 2008, la demande d'une déclaration du Gouvernement peut être faite par un groupe parlementaire et l'organisation d'un débat est de droit. Enfin, ce dernier peut-être clos par un vote mais seulement si le Gouvernement le décide et qui, en outre, n'engage pas la responsabilité. Ainsi, en votant sur le texte de la déclaration faite par le Gouvernement, chaque assemblée pourra faire connaître son opinion dans un cadre prévisible sur une politique publique particulièrement significative. Cet article permet surtout à un gouvernement sans majorité nette d'éviter l'engagement de responsabilité et d'affirmer son autorité sur celle-ci... (par exemple le Gouvernement Ayrault le 4 juillet 2012 devant le Sénat où la majorité est incertaine).

C. Les nouveaux droits de l'opposition (nouvel article 51-1)

519 Article 51-1 de la Constitution

> *« Le règlement de chaque assemblée détermine les droits des groupes parlementaires constitués en son sein. Il reconnaît des droits spécifiques aux groupes d'opposition de l'assemblée intéressée ainsi qu'aux groupes minoritaires. »*

• **La notion d'opposition.** La notion d'opposition et réciproquement celle de majorité étaient absentes de la Constitution. Le Conseil constitutionnel a censuré la résolution du 7 juin 2006 leur donnant une base juridique (décis. n° 2006-537 DC, 22 juin 2006). Le nouvel article 51-1 issu de la révision de 2008 leur donne ce support juridique d'autant mieux qu'il est aussi la traduction au Parlement du dernier alinéa de l'article 4 de la Constitution, s'agissant de la garantie constitutionnelle des expressions pluralistes des opinions et de la participation équitable des partis et groupements politiques à la vie démocratique de la Nation. En outre, le nouvel ordre du jour prioritaire de l'article 48 accordé expressément à l'opposition « un jour de séance par mois ».

• **Les nouveaux droits reconnus par le règlement de l'Assemblée nationale.** L'Assemblée nationale par une résolution du 27 mai 2009, réformant son règlement a mis en œuvre l'article 51-1 en définissant d'abord les notions de groupes d'opposition et de groupes minoritaires. Les premiers sont ceux qui se déclarent comme tels. Les seconds sont les autres groupes, à l'exception du plus nombreux, soit les groupes de la majorité les moins nombreux ou les groupes qui ne se situent ni dans la majorité, ni dans l'opposition. Cette réforme permet ensuite d'assurer une meilleure représentation de ceux-ci dans les instances décisionnelles de l'Assemblée, de participer directement aux activités de contrôle et d'évaluation et leur accorde un certain nombre de prérogatives dans le cours de la procédure législative.

D. La constitutionnalisation des commissions d'enquête et de contrôle (nouvel article 51-2)

520 **Article 51-2 de la Constitution**

> *« Pour l'exercice des missions de contrôle et d'évaluation définies au premier alinéa de l'article 24, des commissions d'enquête peuvent être créées au sein de chaque assemblée pour recueillir, dans les conditions prévues par la loi, des éléments d'information.*
> *La loi détermine leurs règles d'organisation et de fonctionnement. Leurs conditions de création sont fixées par le règlement de chaque assemblée. »*

• **La création.** Dans le silence de la Constitution, l'ordonnance du 17 novembre 1958 a prévu dans son article 6 l'institution de commissions d'enquête et de contrôle. Elles sont constituées à la suite du vote d'une résolution par une assemblée à la demande de tout député ou tout sénateur ; en dépit d'un « droit de tirage » instauré sous la IXe législature au profit des groupes politiques (pouvant obtenir une fois par session l'inscription à l'ordre du jour complémentaire d'une proposition de résolution), la décision finale revient à la majorité : la création à la demande des groupes de la minorité les rendrait assurément plus crédibles. En outre depuis la loi du 20 juillet 1991, les commissions sont composées

(30 membres maximum) à la proportionnelle des groupes (et non plus au scrutin majoritaire) ; en tout état de cause cause, les postes de président et de rapporteur reviennent en principe à la majorité. Cette loi a en outre fait disparaître la distinction obsolète entre les commissions d'enquête, chargées de recueillir des informations sur des faits précis et les commissions de contrôle qui pouvaient examiner la gestion des services publics ou des entreprises nationales. Leur rôle a été constitutionnalisé par la révision de 2008.

• **Leur objet**. Elles ont donc pour objet de recueillir des éléments d'information soit sur des faits déterminés, soit sur la gestion financière, administrative ou technique des services publics ou des entreprises nationales afin de soumettre leurs conclusions à l'assemblée sous forme de rapport. La remise de celui-ci, six mois au plus tard après la création de la commission, achève sa mission. Mais ce rapport ne donne lieu à aucun débat en séance publique. Elles ne peuvent par ailleurs être créées pour enquêter sur des faits ayant donné lieu à des poursuites judiciaires. Cette restriction au vu des interférences des enquêtes parlementaires sous la IIIe République (affaire *Stavisky*) est compréhensible. Il reste que de nos jours, l'enquête est aussi réalisée par les médias... Le Comité Vedel avait proposé de lever cette restriction, sous réserve de l'impossibilité pour les commissions de se prononcer sur les responsabilités personnelles encourues à l'occasion de poursuites judiciaires, et, en pratique, c'est souvent ce qui se produit.

• **Les moyens des commissions et la pratique**. Pâles copies des commissions américaines (v. *Droit constitutionnel contemporain 1* préc.), leurs auditions sont désormais publiques (depuis 1991) sauf décisions contraires : les auditions concernant la mafia, la SNCF, le Crédit Lyonnais, la MNEF n'ont pas été ainsi rendues publiques ce qui est parfois gage de meilleur travail. Les personnes auditionnées sont tenues de comparaître et doivent prêter serment (à l'exception des chefs d'État et anciens chefs d'État ; Valéry Giscard d'Estaing n'a pas ainsi comparu en 1984 dans le cadre de l'enquête sur les « avions renifleurs », ni Nicolas Sarkozy en 2008 sur les infirmières détenues en Libye). Les commissions exercent leur mission sur pièces et sur places : tous les documents doivent lui être communiqués (sauf secret défense ou concernant les affaires étrangères, la sécurité intérieure ou extérieure de l'État). Leur rapport est publié depuis la loi du 19 juillet 1977, sauf décision contraire. Depuis la loi du 13 décembre 2011, la Cour des comptes peut en particulier procéder aux enquêtes qui lui sont demandées par les commissions d'enquête sur la gestion des services ou organismes soumis à son contrôle. Les commissions peuvent traiter de sujets sensibles, par exemple, à l'Assemblée nationale, le financement des partis et des campagnes depuis 1958 (1991), le sida (1992), la lutte contre la mafia (1992), le Crédit Lyonnais (1994), les sectes (1995) ; l'affaire dite d'*Outreau* (2006), les infirmières détenues en Libye (2008) et au Sénat, les écoutes téléphoniques (1973), les prisons (2000), etc.

521 **Les autres organes de contrôle**

• **Les missions parlementaires.** Il faut ajouter aux commissions d'enquête, les missions regroupent des parlementaires – issus souvent de plusieurs commissions (« missions communes ») – et étudient un problème particulier (accords de Schengen au Sénat, Union économique et monétaire à l'Assemblée en 1991). Leur rapport détaillé est un précieux outil d'information pour les parlementaires, voire ont des incidences législatives (mission sur la fiscalité dans les DOM). En outre, elles peuvent apparaître comme un substitut aux commissions d'enquête, la lourdeur de la procédure en moins et tendent à se développer : elles sont, au surplus, bien « médiatisées ». Créées par chaque assemblée (avec l'autorisation du bureau de l'Assemblée nationale) elles portent sur des sujets sensibles et leurs travaux ont un certain retentissement (« vache folle » en 1996, Rwanda en 1998, naufrage de l'Erika en 2000, port des signes religieux en 2003, etc.). Depuis 1998, l'Assemblée a institué une mission d'évaluation et de contrôle.

• **Les délégations.** Il s'agit d'organes spécialisés institués par la loi mais qui n'interviennent pas dans la fonction législative. Elles assurent une mission d'information de suivi ou d'évaluation le plus souvent d'un secteur particulier : pour l'Union européenne (L. 6 juill. 1979), pour les problèmes démographiques (L. 31 déc. 1979), pour la planification (L. 29 juill. 1982), l'office d'évaluation des choix scientifiques et technologiques (L. 8 juill. 1983), l'office d'évaluation de la législation (L. 14 juin 1996), aux droits des femmes à l'égalité des chances entre les hommes et les femmes (L. 12 juill. 1999).

• **Les missions d'information.** À ces délégations s'ajoutent des missions d'information constituées en vue d'informer l'Assemblée nationale, créées soit par une ou plusieurs commissions, soit par la conférence des présidents. Elles établissent un rapport qui peut donner lieu, en séance publique, à un débat sans vote ou à une séance de questions. Par exemple, le 23 juin 2009, une mission d'information parlementaire a été instituée par la Conférence des présidents de l'Assemblée nationale.

Moins connues encore que les missions sont les compétences des rapporteurs spéciaux des commissions des finances dans les deux assemblées, chargés d'examiner les projets de budget d'un département ministériel. Ils adressent ainsi avant l'été à chaque administration un questionnaire budgétaire. Ils peuvent en outre enquêter sur pièces et sur place mais utilisent rarement cette procédure, sauf en cas de conflit (comme dans le cas des contrats passés par France 2 avec des animateurs en 1996). Surtout, la révision constitutionnelle de 2008 a consacré le rôle d'assistance du Parlement par la Cour des Comptes dans le contrôle de l'exécution des lois de finances et de l'application des lois de financement de la sécurité sociale ainsi que dans l'évaluation des politiques publiques (v. art. 47-2).

• **Le suivi parlementaire des activités de l'Union européenne** : voir le nouvel article 88-4 de la Constitution (v. chap. 15, ss 693).

Bibliographie

Sur la loi

Barbe (V.), *Le rôle du Parlement dans la protection des droits fondamentaux : étude comparative Allemagne, France, Royaume-Uni*, LGDJ, 2009.

Becane (J.-C.), Couderc (M.), Herin (J.-L), *La loi*, Dalloz, 2011.

Benetti (J.), *Droit parlementaire et fait majoritaire à l'Assemblée nationale sous la Cinquième République*, Thèse, Paris I, 2005.

Haquet (A.), *La loi et le règlement*, LGDJ, 2007.

Rrapi (P.) « "L'incompétence négative" dans la QPC : de la double négation à la double incompréhension », *Cah. Cons. const.* janv. 2012, n° 34.

Tremeau (J.), *La réserve de loi*, Economica, 1997.

Sur l'élaboration de la loi

Car (J.-C.), *Les lois organiques de l'article 46 de la Constitution*, Economica, 1999.

Institut Montaigne, *Comment améliorer le travail parlementaire ?*, groupe de travail animé par G. Carcassonne et P. Bellon, président de la Sodexo, 2002.

Manguin-Hegelson (M.), *L'élaboration parlementaire de la loi, Étude Comparative (Allemagne, France, Royaume Uni)*, Dalloz 2006.

Oliva (E.), *L'article 41 de la Constitution du 4 octobre 1958. Initiative législative et Constitution*, PUAM, 1997.

Pierre (M.), *L'article 45 de la Constitution du 4 octobre 1958*, LGDJ, 1987.

Poulet-Gibot Leclerc (N.), *La place de la loi dans l'ordre juridique interne*, PUF, 1992.

Sur l'apport de la révision constitutionnelle de 2008

Accoyer (B.), « L'apport de l'Assemblée nationale à la préparation de la révision constitutionnelle », in *Cercle des constitutionnalistes, Les 50 ans de la Constitution*, Litec, 2008.

Chevènement (J.-P.), « Revaloriser les pouvoirs du Parlement », in *Cercle des constitutionnalistes, Les 50 ans de la Constitution*, Litec, 2008.

Delvolvé P., « L'apport de la réforme constitutionnelle au droit administratif », *RFDA* 2008, n° 5, p. 861.

Magnon (X.), Ghevontian (R.), Stefanini (R.) (dir.), *Pouvoir exécutif et Parlement : de nouveaux équilibrés ?*, PU Aix-Marseille, 2012.

Seguin (Ph.), « Le rôle de la Cour des comptes vis-à-vis du Parlement et de la présidence de la République », in *Cercle des constitutionnalistes, Les 50 ans de la Constitution*, Litec, 2008.

Vandendriessche (X.), « Une revalorisation parlementaire à principes constitutionnels constants », *JCP* G 2008. I. 174.

Warsmann (J.-L.), « Assurer une réelle efficacité à la loi », in *Cercle des constitutionnalistes, Les 50 ans de la Constitution*, Litec, 2008.

Les incompatiblités et le cumul des mandats

Boudon (J.), « Sur le cumul des mandats : quelle originalité française », *RD publ.* 2010. 1691 s.

Lamouroux (S.), « La révision de l'aritcle 25 ou la mise en place d'une coquille vide », *RFDC* 2009, n° 77.

La qualité de la loi

De Clausade (J.), Urvoas (J.-J.), Warsmann (J.-L.), « La qualité de la loi en débat », *Constitutions* 2010, p. 195.

Gahdoun (P.-Y.), « L'amélioration de la fabrication des lois, Entre rénovation et révolution », *AJDA* 2008. 1872.

Flückiger (A.), « Le principe de clarté de la loi ou l'ambiguïté d'un ideal », *Cah. Cons. const.* janv. 2007, n° 21, Dossier « La normativité ».

Hispalis (G.), « Pourquoi tant de lois ? », *Pouvoirs* 2005, n° 114.

Jennequin (A.), « L'intelligibilité de la norme dans les jurisprudences du Conseil constitutionnel et du Conseil d'État », *RFDA* 2009, n° 5, p. 913-928.

Les lois de finances

RFFP 2001, n° 76, n° spécial sur la loi organique du 1er août 2001.

Les lois « mémorielles »

Frangi (M.), « Les "lois mémorielles" : de l'expression de la volonté générale au législateur historien », *RD publ.* 2005. 245.

Kerviche (E.), « La Constitution, le chercheur et la mémoire », *RD publ.* 2009. 1051.

Sorbara (J.-G.), Mastor (W.), « Réflexions sur le rôle du Parlement à la lumière de la décision du Conseil constitutionnel sur la contestation des génocides reconnus par la loi », Note sous Conseil constitutionnel, 28 février 2012, *Loi visant à réprimer la contestation de l'existence des génocides reconnus par la loi*, décision n° 2012-647-DC, *RFDA* 2012, p. 507.

Les commissions parlementaires

Fraisse (F.), Hourquebie (F.) (dir.), *Les commissions parlementaires dans l'espace francophone*, Actes du colloque organisé à l'Assemblée nationale et au Sénat les 1er et 2 octobre 2012, Montchrestien, coll. « Grands colloques », 2012.

Loquet (P.), *Les Commissions parlementaires permanentes de la Ve République*, PUF, Paris, 1982.

Türk (P.), *Les commissions parlementaires permanentes et le renouveau du Parlement sous la Ve République*, Dalloz, 2005.

Le droit d'amendement

Sommaco (V.), *Le droit d'amendement et le juge constitutionnel en France et en Italie*, LGDJ, 2002.

Les articles 34-1, 39 et 44

Chaltiel (F.), « La loi organique relative aux articles 34-1, 39 et 44 de la Constitution devant le Conseil constitutionnel : revalorisation du Parlement ou protection du Gouvernement ? », *LPA* 28 mai 2009, n° 106, p. 4.

Niquège (S.), « Les résolutions parlementaires de l'article 34-1 de la Constitution », *RFDC* 2010/4, n° 84, p. 865-890.

Baghestani (L.), « À propos de la loi organique n° 2009-403 du 15 avril 2009 relative à l'application des articles 34-1, 39 et 44 de la Constitution », *LPA* 26 juin 2009, n° 127, p. 6.

Les lois de programmation

Savonitto (F.), « Les lois de programmation du vingtième alinéa de l'article 34 de la Constitution une nouveauté à abandonner », *RD publ.* 2012. 113.

Sur les ordonnances de l'article 38

« Les ordonnances, Bilan au 31 décembre 2007 », Documents de travail du Sénat, série Études juridiques, mars 2008.

Boyer-Merentier (C.), *Les ordonnances de l'article 38 de la Constitution du 4 octobre 1958*, Economica, 1996.

Castaing (C.), « La ratification implicite des ordonnances de codification », *RFDC* 2004, n° 58, p. 292.

Delvolvé (P.), « L'été des ordonnances », *RFDA* 2005, p. 909.

Feldman (G.), « Le leurre de la ratification expresse des ordonnances de l'article 38 », *RD publ.* 2011. 1565.

Gaudement (Y.), « La loi administrative », *RD publ.* 2006, n° 1, p. 65.

Guillaume (M.), « Les ordonnances : tuer ou sauver la loi ? », *Pouvoirs* 2005, n° 114, p. 120.

Merentier-Boyer (C.), *Les ordonnances de l'article 38 de la Constitution*, Economica, 1996.

Montalivet P., « La ratification des ordonnances », *LPA* 2008, n° 254, p. 59.

Les armes du Gouvernement dans la procédure législative

Vintzel (C.), *Les armes du Gouvernement dans la procédure législative. Étude comparée : Allemagne, France, Italie, Royaume-Uni*, Dalloz, 2011.

CHAPITRE 6

Traités et accords internationaux

522 Le titre VI de la Constitution est fort court (art. 52 à 55) mais traite d'un sujet essentiel : celui de la supériorité du droit international sans le nommer – et en réalité de l'Union européenne (v. aussi chap. 15, ss 693) – sur le droit national et, par suite, la place des traités internationaux dans la hiérarchie des normes. Il comprend en réalité deux aspects principaux. Le premier concerne la ratification. Une fois négociée et signée par l'autorité compétente, la ratification confirme l'authentification du traité. L'article 52 de la Constitution prévoit que le président de la République négocie ; en réalité c'est le ministère des Affaires étrangères qui se charge de cette tâche ingrate. Cet acte est soumis au contreseing du Premier ministre (v. art. 14). Et, l'article 53 prévoit que certains engagements internationaux sont soumis au Parlement avant leur ratification ou leur approbation. L'essentiel est ailleurs : « *Le principe que la souveraineté nationale appartient au peuple interdit évidemment à ses représentants de l'aliéner, notamment en la transférant à des autorités étrangères ou à des organisations internationales. C'est notamment sur le fondement de ce principe que le Conseil constitutionnel exerce son contrôle sur les traités internationaux* » (Michel Troper). Ainsi, les « *conditions essentielles d'exercice de la souveraineté nationale* » ne peuvent être transférées (décis. 22 mai 1985, n° 85-188) qu'il s'agisse de la défense, la monnaie, la justice, la citoyenneté et

des procédures de décision étant lié ayant lieu à la majorité. Des limitations de l'exercice ne peuvent avoir lieu conformément à l'article 54, qu'après la révision de la Constitution. Enfin, c'est l'article 55 qui régit introduction des normes internationales en droit interne, sous réserve de réciprocité, le Conseil constitutionnel refusant de vérifier la conformité des lois aux traités, réaffirmant implicitement, la suprématie de la Constitution « *au sommet de l'ordre juridique interne* » (décis. 19 nov. 2004, *Traité établissant une Constitution pour l'Europe*, préc.).

§ 1. La ratification des traités

523 Formellement, les traités doivent être distingués des accords internationaux que le président de la République ratifie, le cas échéant après que le Parlement l'ait autorisé. Certains traités contraires à la Constitution ont entraîné sa révision : ici, aux articles 53-1, les engagements européens en matière de droit d'asile et 53-2 s'agissant de la compétence de la Cour pénale internationale.

A. La ratification par le chef de l'État et l'autorisation donnée par le Parlement

524 **Article 52 de la Constitution**

> « *Le président de la République négocie et ratifie les traités.*
> *Il est informé de toute négociation tendant à la conclusion d'un accord international non soumis à ratification.* »

525 **La distinction entre traités et accords.** Le traité est un « *accord conclu sous la forme écrite quelle que soit sa dénomination* » (Convention de Vienne). L'article 52 de la Constitution distingue les traités négociés et ratifiés par le président de la République et les accords internationaux, non soumis à ratification, dont la conclusion est de la compétence du Gouvernement qui tient cependant informé le chef de l'État. De ce point de vue, le traité est plus solennel puisque la simple signature par le représentant habilité de l'État ne suffit pas à lui donner force obligatoire : c'est la ratification présidentielle qui lui donne cet effet.

Mais, il n'y a pas de définition matérielle des traités et des accords. Il appartient donc aux autorités françaises de choisir la procédure et des engagements comme les traités d'alliance ou ceux qui concernent le règlement pacifique des différends internationaux, échappent à tout contrôle parlementaire. À l'inverse, L'exécutif peut soumettre au Parlement des traités qui ne sont pas énumérés par l'article 53 comme le Traité franco-allemand dit « Traité de l'Élysée » en 1963.

Pour les accords ne relevant pas du domaine de la loi, une simple approbation du Gouvernement suffit : ils entrent en vigueur dès leur signature. Dès publication, ils sont opposables et s'intègrent au droit positif.

Pour les traités ou accords énumérés limitativement comme relevant du domaine de la loi (art. 53), en particulier les traités de paix, de commerce, ceux relatifs à l'organisation internationale, ceux engageant les finances de l'État, ceux relatifs à l'État des personnes, la consultation du Parlement relève, dans une large mesure, du bon vouloir du Gouvernement qui apprécie si les conventions internationales en question entrent dans l'énumération de l'article 53. C'est ainsi, qu'ont été ratifiés par la voie parlementaire les traités européens de Nice de 2001 et de Lisbonne de 2007.

526 **Le rôle du chef de l'État.** On a vu précédemment le sens de la distinction entre traités et accords internationaux. Pour le reste, on renverra à nos commentaires sur le rôle du chef de l'État en matière de politique étrangère (v. chap. 2, art. 14, ss 281).

B. Les lois autorisant la ratification d'engagements internationaux

527 Article 53 de la Constitution

> *« Les traités de paix, les traités de commerce, les traités ou accords relatifs à l'organisation internationale, ceux qui engagent les finances de l'État, ceux qui modifient des dispositions de nature législative, ceux qui sont relatifs à l'État des personnes, ceux qui comportent cession, échange ou adjonction de territoire, ne peuvent être ratifiés ou approuvés qu'en vertu d'une loi.*
> *Ils ne prennent effet qu'après avoir été ratifiés ou approuvés.*
> *Nulle cession, nul échange, nulle adjonction de territoire n'est valable sans le consentement des populations intéressées. »*

1. L'habilitation donnée par le Parlement

528 **Une simple habilitation.** Notons au préalable que le Parlement ne ratifie pas les traités ou approuve les accords internationaux : la loi qu'il vote est dans tous les cas une simple habilitation, par laquelle il autorise cette ratification ou cette approbation. À la suite de cette autorisation, l'Exécutif demeure libre de ratifier ou non le traité ou d'approuver ou non l'accord et d'assortir cette ratification ou cette approbation de réserves (à condition que celles-ci soient licites au regard du droit international ; v. Conv. Vienne 1969, art. 19). L'article 53 de la Constitution énumère les catégories de traités soumis à la ratification parlementaire. Ils se voient appliqué la procédure d'examen simplifié (ou abrégée). Environ une loi sur deux a pour objet d'autoriser la ratification d'une convention internationale et l'on voit mal le Parlement examiner dans le détail des dizaines voire des centaines de traités et accords. Surtout, la conduite des relations internationales est une prérogative de l'exécutif, et l'initiative des lois d'autorisation de ratification appartient au Gouvernement. Les amendements y sont impossibles, sauf accord de ce dernier, et les modalités de discussion simplifiées. Le Conseil constitutionnel peut, au moins en principe, être saisi de ces lois. Si une clause d'un traité se révèle contraire à la constitution, l'autorisation de ratification ne pourra intervenir qu'après révision de la constitution.

529 **La « consultation des populations intéressées ».** Le 3e alinéa de l'article 53 exige le consentement des populations intéressées en cas de cession, échange ou adjonction de territoire comme ce fût le cas pour les référendums de pour l'Algérie (1962) en pour les Comores (1974), à Mayotte (1976), à Djibouti (en 1967 et 1977), en Nouvelle-Calédonie (1988 et 1998).

530 **Les autres cas de consultation :**

- la consultation dans les TOM (v. art. 74) ;
- la consultation tendant à autoriser la ratification d'un traité (v. art. 11) ;
- l'adhésion d'un nouvel État à l'Union européenne (v. art. 88-5).

C. Les accords en matière de droit d'asile

531 Article 53-1 de la Constitution

> *« La République peut conclure avec les États européens qui sont liés par des engagements identiques aux siens en matière d'asile et de protection des Droits de l'homme et des libertés fondamentales, des accords déterminant leurs compétences respectives pour l'examen des demandes d'asile qui leur sont présentées.*
> *Toutefois, même si la demande n'entre pas dans leur compétence en vertu de ces accords, les autorités de la République ont toujours le droit de donner asile à tout étranger persécuté en raison de son action en faveur de la liberté ou qui sollicite la protection de la France pour un autre motif. »*

L'article 53-1 est la conséquence directe de la décision du 13 août 1993 (décis. n° 93-325 DC, *Loi relative à la maîtrise de l'immigration et aux conditions d'entrée, d'accueil et de séjour des étrangers en France*) relevant l'inconstitutionnalité de certaines dispositions de la loi mettant en œuvre la Convention Schengen. Cette décision a ainsi été considérée comme rendant nécessaire la révision de la Constitution du 25 novembre 1993 (v. aussi Préambule 1946, al. 4). Au final, si on doute de la pertinence et surtout de l'utilité de la révision, elle a permis de souligner que le Conseil constitutionnel n'était qu'un pouvoir constitué et non un pouvoir constituant.

D. La reconnaissance de la compétence de la CPI

532 Article 53-2 de la Constitution

> *« La République peut reconnaître la juridiction de la Cour pénale internationale dans les conditions prévues par le traité signé le 18 juillet 1998. »*

Saisi par le président de la République et le Premier ministre, en application de l'article 54 de la Constitution, le Conseil constitutionnel a jugé dans sa décision n° 98-408 DC du 22 janvier 1999, que le statut de la Cour pénale internationale (CPI) était contraire à la Constitution. En rendant justiciables de la CPI, tous les ressortissants des États parties, ce statut était contraire aux régimes particuliers de responsabilité institués par les articles 26, 68 et 68-1 de la Constitution (chef d'État ou de Gouvernement, ministre parlementaire). Sur ce point, la décision a tranché à l'époque de façon incidente et contestée, la question de l'immunité pénale du chef de l'État (v. chap. 9, ss 628). En outre, ce statut était susceptible de porter atteinte aux conditions essentielles d'exercice de la souveraineté nationale, dans la mesure où il pouvait contraindre l'État partie à remettre à la Cour pénale internationale des personnes ne pouvant plus faire l'objet de poursuites devant le juge national (amnistie ou règles de prescription prévues en droit interne). Il en va de même de la faculté offerte au procureur près la CPI à recueillir des dépositions de témoins et à inspecter des sites publics ou des lieux publics, hors la présence des autorités judiciaires de l'État.

Par suite, la loi du 26 février 2002 a mis en place une procédure de coopération judiciaire entre les autorités françaises et la CPI. Enfin, en 2010, une loi portant adaptation du droit pénal à l'institution de la CPI a été votée. Elle a été soumise au contrôle du Conseil constitutionnel (décis. 5 août 2010, n° 2010-612 DC, *Loi portant adaptation du droit pénal à l'institution de la Cour pénale internationale*). Il a considéré que les termes « dans les conditions prévues par le traité signé le 18 juillet 1998 » n'ont pas transformé ce traité en « *norme de référence du contrôle de constitutionnalité* ». Conformément à une jurisprudence constante (v. ss 533), il a refusé d'examiner la conformité d'une loi aux stipulations d'un engagement international : il appartient aux juridictions administratives et judiciaires d'examiner la conventionnalité de celle-ci.

§ 2. Le contrôle de constitutionnalité des engagements internationaux

533 Article 54 de la Constitution

> *Si le Conseil constitutionnel, saisi par le Président de la République, par le Premier ministre, par le président de l'une ou l'autre assemblée ou par soixante députés ou soixante sénateurs, a déclaré qu'un engagement inter-*

national comporte une clause contraire à la Constitution, l'autorisation de ratifier ou d'approuver l'engagement international en cause ne peut intervenir qu'après la révision de la Constitution.

Le contrôle de constitutionnalité des engagements internationaux concerne en pratique, pour l'essentiel, les traités européens dont le contenu a été étudié dans le 1er volume de ce manuel (v. *Droit constitutionnel contemporain 1*), soumis à autorisation législative, avant leur entrée en vigueur est effectué par le Conseil constitutionnel au titre principal de l'article 54 et de façon accessoire en pratique au titre de l'article 61 (v. chap. 7, ss 539) – et ce à condition qu'il soit saisi (l'Acte unique européen de 1986 n'a pas été ainsi soumis au contrôle de constitutionnalité).

534 **La mise en œuvre de l'article 54.** Le Conseil constitutionnel peut déclarer qu'un engagement international comporte une clause contraire à la Constitution ; dans ce cas « *l'autorisation de ratifier ou d'approuver l'engagement international en cause ne peut intervenir qu'après la révision de la Constitution* » (art. 54).

• **Les délais.** Aucun délai, contrairement à la saisine en vertu de l'article 61, n'est prévu dans le cadre de l'article 54. Elle intervient en tout état de cause cause avant la ratification de l'engagement international. Les titulaires de la saisine, depuis la révision en 1992 de l'article 54, sont les mêmes : président de la République, Premier ministre, présidents des assemblées, 60 députés ou 60 sénateurs.

• **Le domaine.** Il s'agit des engagements visés par l'article 53, soit ceux nécessitant une autorisation du Parlement avant leur ratification (c'est-à-dire qui les rend applicables en droit interne et en droit international) ou leur approbation (c'est-à-dire un acte de droit interne préalable à leur réception en droit interne). La question de savoir si un engagement international répond bien à l'énumération de l'article 53 et doit donc être soumis au Parlement relève d'une appréciation discrétionnaire de l'exécutif, ce qui est regrettable. Notons que les autorités constitutionnelles peuvent choisir le moment qui leur semble opportun pour procéder à la révision qui subordonne la mise en application de l'engagement international ou l'abandonner comme ce fût le cas pour la ratification de la Charte des langues régionales ou minoritaires. Comme on l'a noté, pour la première fois, dans sa décision, le Conseil n'indique pas les dispositions de la Constitution qui devraient être révisées pour la rendre conforme à la Charte, une révision revenant à une mise en cause substantielle des principes constitutionnels d'indivisibilité de la République, d'égalité devant la loi et d'unicité du peuple (décis. 15 juin 1999, n° 99-412 DC, *Charte européenne des langues régionales ou minoritaires* ; v. Const., art. 1er).

• **La jurisprudence du Conseil constitutionnel.** Sa portée de cette jurisprudence (et celle découlant de l'article 61) est simple : les normes constitutionnelles ne peuvent se voir annihilées par des normes européennes ou internationales sans intervention du pouvoir constituant. La supériorité formelle de la Constitution sur le droit international et sur le droit de l'Union européenne est donc maintenue puisqu'avant son entrée en vigueur, le traité est en mesure d'être constitutionnellement vérifié et ce au regard de sa contrariété à la Constitution ou s'agissant de la souveraineté nationale, de la mise en cause de ses conditions essentielles de son exercice (décis. 9 avr. 1992, n° 92-308 DC, *Maastricht I* ; 2 sept. 1992, n° 92-312 DC, *Maastricht II* ; 31 déc. 1997, n° 97-394 DC, *Amsterdam*). Dès lors, le Conseil valide les transferts de compétence qui s'analysent en des transferts de souveraineté : le Conseil en référence à l'article 14 du Préambule de 1946 (intégré à celui de 1958) relative au droit public international considère en vertu de la règle coutumière « *Pacta sunt servanda* » règle de valeur constitutionnelle – que le contrat fait loi entre les parties et donc que le traité constitue la loi des États : chacun doit s'obliger à l'exécuter de bonne foi (*Maastricht I*). Pour autant, d'internationales, ces normes deviennent donc constitutionnelles et intégrées dans l'ordre juridique national par la révision de la Constitution. Ce n'est qu'après que les choses se compliquent dès lors qu'il s'agit de mettre en œuvre en droit interne des normes internationales, particulièrement celles de l'ordre juridique de l'Union européenne (v. Const., art. 55, ss 535, et chap. 15, art. 88-1, ss 722).

Notons que trois autres pays européens ont adopté le principe d'une révision constitutionnelle préalable à la ratification des traités européens dès lors qu'ils ont des incidences constitutionnelles (Allemagne, Espagne, Portugal).

Dans leur quasi-totalité, les saisines sont l'initiative du chef de l'État, parfois conjointement avec le Premier ministre (31 déc. 1997, 22 janv. 1999) et s'inscrivent pour l'essentiel dans le cadre de l'engagement de la France dans la construction européenne à deux exceptions :

- la décision n° 98-408 DC du 22 janvier 1998, *Traité portant statut de la Cour pénale internationale* : loi constitutionnelle n° 99-568 du 8 juillet 1999 : Cour pénale internationale (insertion d'un art. 53-2, v. ss 532) ;
- la décision n° 2005-524/525 DC, du 13 octobre 2005, *Engagements internationaux relatifs à la peine de mort* : Loi constitutionnelle n° 2007-239 du 23 février 2007 (nouvel art. 66-1).

Les engagements européens ayant entraîné une révision (v. chap. 15, ss 693).

§ 3. L'introduction des traités et accords en droit interne

535 **Article 55 de la Constitution**

> *« Les traités ou accords régulièrement ratifiés ou approuvés ont, dès leur publication, une autorité supérieure à celle des lois, sous réserve, pour chaque accord ou traité, de son application par l'autre partie. »*

536 **La condition de réciprocité.** L'article 55 de la Constitution française énonce trois conditions pour l'application d'un accord ou d'un traité international. La ratification ou l'approbation doit être régulière, le juge ordinaire ne pouvant vérifier que leur existence et non apprécier leur régularité. L'engagement doit être publié au *Journal officiel* pour entrer en vigueur, le juge pouvant être appelé à vérifier la régularité de cette publication (notons que seuls les traités et accords de nature à affecter les droits et obligations des particuliers sont publiés). Enfin, la troisième condition, la plus essentielle, est celle de la réciprocité.

La Constitution de 1958, en retrait par rapport à celle de 1946, prévoit donc que l'inapplication par l'autre partie de l'engagement international dispense la France de l'appliquer. Le préambule de 1946 (intégré au Préambule de 1958) pose la réserve de réciprocité, au stade de la conclusion du traité (v. Const. 1946, al. 15). L'article 55 énonce cette réserve mais au stade de son application. La supériorité du traité sur la loi « est subordonnée à une condition de réciprocité dont la réalisation peut varier selon le comportement du ou des États signataires du traité et le moment où doit s'apprécier le respect de cette condition » qui donne à la règle de supériorité des traités sur les lois son « caractère contingent » (décis. 15 janv. 1975, n° 74-54 DC, *Examen de la loi relative à l'IVG*). Sa portée a été précisée par la décision n° 80-126 DC du 30 décembre 1980 (*Examen de la loi de finances pour 1981*) : « *La règle de réciprocité énoncée à cet article n'a d'autre portée que de constituer une réserve mise à l'application du principe selon lequel les traités ou accords régulièrement ratifiés ou approuvés ont, dès leur publication, une autorité supérieure à celle des lois (...). Cette règle ne trouve à s'appliquer que dans le cas où il existe une discordance entre un texte de loi et les stipulations d'un traité (...). En revanche, l'article 55 de la Constitution ne s'oppose pas à ce que la loi édicte (...), des mesures ayant pour objet d'harmoniser la législation nationale avec les dispositions découlant d'un traité, alors même que celles-ci ne seraient pas appliquées par l'ensemble des parties signataires (...). La règle de réciprocité posée à l'article 55 de la Constitution, si elle affecte la supériorité des traités ou accords sur les lois, n'est pas une condition de la conformité des lois à la Constitution* ». Autrement dit, le respect d'un traité ne saurait être une condition de conformité d'une loi à la Constitution de mise en œuvre dudit traité. Cette solution n'est pas sans logique dès lors que l'engagement international est soumis avant sa mise en application sur le fondement de l'article 54 de la Constitution à sa conformité sans présumer de sa mise en œuvre future.

Le Conseil constitutionnel a appliqué cette jurisprudence au traité de l'Union européenne du 7 février 1992 (Const., titre XV, art. 88-3). Enfin, lors de l'examen du statut de la Cour pénale internationale (décis. 22 janv. 1999, n° 98-408 DC, préc.), il a précisé l'exception à la règle de réciprocité prévue par l'article 60 § 5 de la Convention de Vienne sur le droit des traités qui interdit clairement à un État partie à une convention multilatérale « *de nature humanitaire* » d'en suspendre les « *dispositions relatives à la protection de la personne humaine* ». Ainsi, les engagements souscrits par la France « *en vue de favoriser la paix et la sécurité du monde et d'assurer le respect des principes généraux du droit public international* » pouvaient « *en particulier prévoir la création d'une juridiction permanente destinée à protéger les droits fondamentaux appartenant à toute personne humaine* ». En outre, « *qu'eu égard à cet objet, les obligations nées de tels engagements s'imposent à chacun des États parties indépendamment des conditions de leur exécution par les autres États parties* ». En conséquence, conclut-il, « *la réserve de réciprocité mentionnée à l'article 55 n'a pas lieu de s'appliquer* » à de tels engagements. Cette solution vaut évidemment pour le droit de vote des ressortissants de l'Union européenne (v. chap. 15, art. 88-3).

L'appréciation de la réalisation de la condition de réciprocité revenait au ministre des Affaires étrangères dont l'avis liait le juge administratif saisi d'une contestation (CE 9 avr. 1999, *Chevrol-Benkeddach*). Depuis 2010, le Conseil d'État a modifié sa jurisprudence (CE ass. 9 juill. 2010, *Cheriet-Benseghir*). Le Conseil d'État estime désormais « *qu'il appartient au juge administratif, lorsqu'est soulevé devant lui un moyen tiré de ce qu'une décision administrative a à tort, sur le fondement de la réserve énoncée à l'article 55, soit écarté l'application de stipulations d'un traité international, soit fait application de ces stipulations, de vérifier si la condition de réciprocité est ou non remplie* », sans s'en tenir à l'avis du ministre des affaires étrangères comme auparavant.

537 **Le refus du Conseil constitutionnel d'examiner la conformité d'une loi aux stipulations d'un traité.** Le Conseil constitutionnel décline, on l'a vu, sa compétence pour vérifier la conformité des lois aux traités (décis. 15 janv. 1975, n° 74-54 DC, préc.) pour trois raisons :

- la première – la plus sérieuse – tient à l'interprétation stricte de la compétence que tient le Conseil de l'article 61 de la Constitution : si les dispositions de l'article 55 de la Constitution « *confèrent aux traités, dans les conditions qu'elles définissent, une autorité supérieure à celle des lois, elles ne prescrivent ni n'impliquent que le respect de ce principe doive être assuré dans le cadre du contrôle de la conformité des lois à la Constitution prévu à l'article 61 de celle-ci* » ;

- ensuite, il existerait une différence de nature entre le contrôle de constitutionnalité qui revêt « *un caractère absolu et définitif* », et le contrôle de conventionnalité qui présente en somme « *un caractère à la fois relatif et contingent* » et renvoie, essentiellement à la condition de réciprocité posée par l'article 55. Toutefois, par la suite, il n'a plus fait référence à cette argumentation qui n'est valable que pour les traités bilatéraux et inadaptée tant à l'égard des engagements internationaux relatifs aux droits fondamentaux comme la Convention européenne des droits de l'homme que du droit de l'Union européenne (décis. 9 avr. 1992, n° 92-308 DC ; 20 mai 1998, n° 98-400 DC) ou le traité portant statut de la Cour pénale internationale (décis. 22 janv. 1999, n° 98-408 DC). Mais, le Conseil a toujours maintenu l'interprétation initiale de l'article 55 de la Constitution : il appartient à tout juge chargé de l'application de la loi de faire respecter cette règle de conflit qui conduit à écarter la loi nationale lorsqu'elle vient en conflit avec un engagement international ou européen en vigueur. La hiérarchie posée par l'article 55 ne constitue donc pas une règle de validité constitutionnelle des lois ;

- enfin, « *une loi contraire à un traité ne serait pas, pour autant, contraire à la Constitution* » alors que, pourtant, la supériorité des traités sur les lois résulte d'une disposition expresse de la Constitution. En pratique, le Conseil constitutionnel serait bien peine de vérifier, dans le délai d'un mois au titre de l'article 61 de la Constitution, la masse d'engagements internationaux ou de poser, dans le même délai, une question préjudicielle relative à l'interprétation de la validité d'un acte de l'Union européenne a la Cour de justice de l'Union européenne. En tous les cas, c'est un bon argument pour affirmer la suprématie de la Constitution nationale.

538 **Le contrôle exercé par les autres juridictions suprêmes.** Il appartenait donc aux autres juridictions suprêmes d'assurer ce contrôle. Ainsi que la Cour de cassation a été la première à reconnaître la primauté des engagements internationaux sur la loi, y compris postérieure (Cass. 24 mai 1975, *Sté Jacques Vabre*), le Conseil d'État longtemps réservé a admis cette dernière possibilité en 1989 (CE ass. 20 oct. 1989, *Nicolo*). Dans l'arrêt *Sarran* du 30 octobre 1998 le Conseil d'État déduit *a contrario* de l'article 55 que « la suprématie ainsi conférée aux engagements internationaux ne s'applique pas, dans l'ordre interne aux dispositions de nature constitutionnelle ». Cette même solution a été appliquée dans un arrêt du 2 juin 2000, *Fraisse*, par la Cour de cassation. Cette jurisprudence, toujours en vigueur, s'appliquait à l'origine tant aux traités internationaux qu'au droit de l'Union européenne, y compris dans l'hypothèse d'une loi de transposition d'une directive (v. titre XV). Cette solution de l'article 55 de la Constitution française est adoptée par la Grèce. La Belgique, le Luxembourg, l'Espagne ont accueilli par voie jurisprudentielle une solution identique. Enfin, le Danemark, la Finlande, la Norvège, l'Italie, la Grande-Bretagne, l'Irlande (pays « dualistes ») n'accordent aux traités qu'une valeur législative, la jurisprudence précisant, dans chaque cas, la portée de cette équivalence.

• **L'entrée en vigueur des normes de droit dérivé issues du droit de l'Union européenne dans l'ordre juridique national** (v. chap. 15, ss 693).

Bibliographie

Conseil d'État, La norme internationale en droit français, Doc. fr., 2000.

Dutheillet de La Mothe (O.), « Contrôle de constitutionnalité et contrôle de conventionnalité », in *Mélanges Labetoulle*, Dalloz, 2007.

Flauss (J-F.), « Le Conseil constitutionnel et les engagements internationaux relatifs à l'abolition définitive de la peine de mort », *RGDIP* 2006, t. 110, n° 1, p. 117-133 et 637-671.

Goesel-Le Bihan (V.), *La répartition des compétences en matière de conclusion des accords internationaux sous al Ve République*, Pédone, 1995.

Serrand (P.), « Feu la jurisprudence “Rekhou”. À propos de l'arrêt d'Assemblée du Conseil d'État du 9 juillet 2010, Mme *Cheriet-Benseghir* », www.juspoliticum.com/Feu-la-jurisprudence-Rekhou-A.html.

Troper (M.) (dir.), « Souveraineté de l'État et hiérarchie des normes dans la jurisprudence constitutionnelle », *Cah. Cons. const.* mars-sept. 2000, n° 9.

Wachsmann (P.), « L'article 55 de la Constitution et les conventions internationales relatives aux droits de l'homme », *RD publ.* 1998. 1671 s.

CHAPITRE 7

Le Conseil constitutionnel

539 Le Conseil constitutionnel qui fait l'objet du titre VII de la Constitution a été pensé en 1958 comme le défenseur de l'exécutif contre le Parlement, le « chien de garde de l'exécutif », un peu à l'image du Conseil d'État napoléonien, contre les empiétements du législateur sur le domaine réglementaire. Au final, il s'est érigé en protecteur de la Constitution et des droits et libertés du citoyen. S'il est ainsi resté l'« *organe régulateur des pouvoirs publics* » (décis. 6 nov. 1962, n° 62-20 DC, *Élection du président de la République*), il incarne aujourd'hui plus largement « *le Gouvernement de la Constitution* » (Georges Vedel). Après l'importance prise par le pouvoir présidentiel, le Conseil constitutionnel incarne l'autre évolution majeure de la Ve République. Le véritable avènement du Conseil est né de la décision du 16 juillet 1971 – reconnaissant valeur constitutionnelle au préambule – et de l'élargissement décisif de sa saisine à 60 députés ou 60 sénateurs en 1974 dans le cadre d'un contrôle *a priori* de la constitutionnalité de la loi de l'article 61. Sous l'effet conjugué des saisines de l'opposition, le Conseil a considérablement étendu sa jurisprudence en matière de droits et libertés fondamentaux. La révision constitutionnelle du 23 juillet 2008 a changé encore son visage avec la question préjudicielle de constitutionnalité mais aussi en réformant, *a minima*, son mode de composition qui reste critiquable. Cependant, la légi-

timité du Conseil et donc de sa jurisprudence doit d'abord être appréhendée du point de vue de son action et non de l'organe lui-même. S'il a remis en cause un principe traditionnel de la démocratie représentative s'agissant de la concordance absolue entre la volonté du peuple et celle de ses représentants, il en a conforté un autre, celui du contrôle de ces mêmes représentants dans le cadre du respect des droits et libertés des citoyens. S'il rappelle donc les gouvernants – législateurs – au respect de l'ordre constitutionnel, il est toujours loisible au pouvoir constituant de réviser la Constitution pour défaire une décision du Conseil constitutionnel (v. la révision de 1993 sur le droit d'asile). Mais le Conseil constitutionnel, en refusant de vérifier la conformité d'une révision constitutionnelle à la Constitution a rappelé que le pouvoir constituant était seul souverain : « *Considérant que l'article 61 de la Constitution donne au Conseil constitutionnel mission d'apprécier la conformité à la Constitution des lois organiques et, lorsqu'elles lui sont déférées dans les conditions fixées par cet article, des lois ordinaires ; que le Conseil constitutionnel ne tient ni de l'article 61, ni de l'article 89, ni d'aucune autre disposition de la Constitution le pouvoir de statuer sur une révision constitutionnelle* » (décis. 26 mars 2003, n° 2003-469 DC, *Révision constitutionnelle relative à l'organisation décentralisée de la République*).

Le Conseil constitutionnel dispose d'une compétence d'attribution strictement délimitée : « *Considérant que la Constitution a strictement délimité la compétence du Conseil constitutionnel ; que celui-ci ne saurait être appelé à statuer ou à émettre un avis que dans les cas et suivant les modalités qu'elle a fixés* » (décis. 14 sept. 1961, n° 61-1 AUTR, *Demande d'avis présentée par le président de l'Assemblée nationale (Recevabilité de la motion de censure)*). Il n'a pas varié sur ce point et s'est ainsi, à plusieurs reprises, déclaré incompétent pour connaître de questions placées hors de son champ de compétences, définies expressément par un texte même s'il a pu de façon exceptionnelle sortir de son rôle, en particulier en constatant la vacance de la présidence de la République et pas seulement l'empêchement de son titulaire (déclaration 3 avr. 1974) ou en examinant la constitutionnalité du décret de convocation des électeurs pour les élections législatives et sénatoriales (décis. 11 juin 1981, n° 81-1 ELEC) mais aussi d'un référendum (décis. 24 mars 2005, n° 2005-31 REF). Le Conseil s'interdit naturellement de contrôler les lois référendaires adoptées qui constituent l'« expression directe de la souveraineté nationale » (décis. n° 62-20 DC, 6 nov. 1962, *Loi relative à l'élection du président de la République au suffrage universel direct, adoptée par le référendum du 28 octobre 1962* et n° 92-313 DC, 23 sept. 1992, *Loi autorisant la ratification du traité sur l'Union européenne*).

Le titre VIII contient les attributions essentielles du Conseil constitutionnel en matière électorale (art. 58 à 60) et de contrôle de constitutionnalité des lois mais ne les épuise pas. Elles découlent aussi de l'article 7 s'agissant de l'élection du président de la République), et 16 (pouvoirs de crise), et des lois organiques sur l'élection présidentielle et celles concernant le Conseil. Il est aussi juge de la répartition des compétences aux termes des articles 37-2 et 41 et s'agissant de la procédure législative (art. 39) et surtout saisi de la constitutionnalité des engagements internationaux avant leur ratification (art. 54).

§ 1. La composition et le statut des membres du Conseil constitutionnel

540 En vertu de l'article 56, le Conseil comprend deux catégories de membres : les membres nommés et les membres de droit. Leur statut doit leur garantir l'indépendance.

A. La composition du Conseil constitutionnel

541 **Article 56 de la Constitution**

> *« Le Conseil constitutionnel comprend neuf membres, dont le mandat dure neuf ans et n'est pas renouvelable. Le Conseil constitutionnel se renouvelle par tiers tous les trois ans. Trois des membres sont nommés par le président de la République, trois par le président de l'Assemblée nationale, trois par le président du Sénat. La procédure prévue au dernier alinéa de l'article 13 est applicable à ces nominations. Les nominations effectuées par le président de*

> *chaque assemblée sont soumises au seul avis de la commission permanente compétente de l'assemblée concernée.*
> *En sus des neuf membres prévus ci-dessus, font de droit partie à vie du Conseil constitutionnel les anciens présidents de la République.*
> *Le président est nommé par le président de la République. Il a voix prépondérante en cas de partage.* »

542 **Les membres nommés.** Au nombre de neuf, les membres nommés le sont pour neuf ans : trois sont désignés par le chef de l'État, trois par le président du Sénat, trois par le président de l'Assemblée nationale. Ces derniers ayants généralement resisté aux pressions du premier, particulièrement ces vingt dernières années. Ces nominations sont libres et, par ailleurs, aucune exigence n'est requise s'agissant de la qualité des personnes désignées. Le renouvellement du Conseil ayant lieu par tiers, chaque autorité désigne en principe un membre tous les trois ans. Le Conseil d'État ne juge pas des décrets de nomination dans lesquels il semble voir des actes de Gouvernement (CE 9 avr. 1999, *Ba*) insusceptibles donc de recours.

Dans les autres cours constitutionnelles européennes, les nominations ne sont pas dénuées de signification politique dans la mesure où bien des personnalités sont choisies en fonction d'affinités, de sensibilités, en faisant souvent intervenir le Parlement dans cette désignation. Mais ces affinités sont généralement secondes par rapport aux choix premiers qui s'opèrent, pour l'essentiel, parmi les professionnels du droit au sens large du mot, contrairement à la France. Ces démocraties n'ont cependant ni la culture historique de la souveraineté de la loi encore ancrée dans la tradition française, ni un système de sélection des élites par une seule école, l'ENA. Qu'en penser ? Certains auteurs considèrent que « *l'incompétence juridique éventuelle ne présente pas de véritable inconvénient* » (Guy Carcassonne) tandis que d'autres soulignent « *l'isolement du Conseil par rapport aux cours constitutionnelles européennes : absence d'exigence de compétences et d'expérience professionnelle en matière juridique de ses membres ; compétence de nomination détenue par trois autorités, dont le caractère totalement discrétionnaire n'est que très faiblement atténué par l'intervention des commissions parlementaires* » (Patrick Wachsmann).

En France, et ce n'est pas un palmarès, les nominations n'ont pas prêté systématiquement à la critique dès lors qu'elles se portaient, dans un passé qui n'est pas si éloigné, sur des personnalités incontestées issues du monde politique qui sont aussi juristes (Robert Badinter, Hubert Haenel, Pierre Mazeaud), issues de la haute administration parlementaire (François Goguel, Michel Ameller, Jean-Louis Pezant), du professorat ou du monde intellectuel (Georges Vedel, François Luchaire, Jacques Robert, Dominique Schnapper, etc.), des figures du Conseil d'État (Renaud Denoix de Saint Marc), ou de la Cour de cassation (Guy Canivet), ou politiquement consensuelles (Simone Veil ou Jean-Louis Debré). Mais d'autres nominations pour services rendus ont pu porter atteinte, implicitement mais nécessairement, au crédit de cette institution. Cette composition plurielle souligne cependant à sa manière que le rôle du Conseil n'est pas strictement celui d'une juridiction disant le droit : il a à juger des questions d'opportunité politique mais c'est aussi vrai de ses homologues en Europe. Enfin, malgré la proximité politique - variable - des membres désignés par rapport à l'autorité de nomination, les clivages pouvant apparaître au sein de l'institution relèvent plus de la conscience de chacun que de leurs affinités électives favorisés par le brassage lié au renouvellement par tiers : la plupart des décisions se font par consensus. Enfin, cette composition bigarrée qui trouble parfois son image n'affecte pas pour l'essentiel, la valeur et la continuité de la jurisprudence du Conseil constitutionnel. C'est le plus étonnant mais c'est le plus important.

Dans cet esprit, la réforme constitutionnelle du 23 juillet 2008 avait en effet une solution intermédiaire en soumettant la nomination des membres du Conseil à la procédure de l'article 13 nouveau. « Le Conseil constitutionnel comprend neuf membres, dont le mandat dure neuf ans et n'est pas renouvelable. Le Conseil constitutionnel se renouvelle par tiers tous les trois ans. Trois des membres sont nommés par le président de la République, trois par le président de l'Assemblée nationale, trois par le président du Sénat. La procédure prévue au dernier alinéa de l'article 13 est applicable à ces nominations. Les nominations effectuées par le président de chaque assemblée sont soumises au seul avis de la commission permanente compétente de l'assemblée concernée ». Cette réforme est insuffisante. Depuis l'avènement de la question prioritaire de constitutionnalité en 2008, le Conseil constitutionnel n'est plus vraiment une sinécure pour des hommes ou femmes politiques ou d'anciens collaborateurs de l'exécutif approchant de la retraite et la fonction exige un travail à temps plein. Par ailleurs, sa composition ne peut plus s'écarter totalement des standards européens d'un tribunal impartial au regard des exigences de la CEDH et qui, virtuellement, pourrait fonder une condamnation par la Cour européenne des droits de l'homme qui « *juge que le cumul de fonctions législatives et juridictionnelles est contraire au principe d'impartialité dès lors que l'implication directe d'un juge dans l'adoption d'une législation ou d'une réglementation administrative peut faire naître un doute sur son impartialité judiciaire s'il est appelé à statuer par la suite sur un litige relatif à l'application de cette législation ou réglementation* » (Frédéric Sudre). Il leur est cependant loisible de se déporter mais en petit nombre, sauf à empêcher le Conseil de délibérer, les délibérations étant soumises à une règle de quorum en vertu de laquelle la présence effective de sept juges est requise. Le Règlement intérieur sur la procédure suivie devant le Conseil constitutionnel pour les questions prioritaires de constitutionnalité précise cependant, à raison, que « *le seul fait qu'un membre du Conseil constitutionnel a participé à l'élaboration de la disposition législative faisant l'objet de la question de constitutionnalité ne constitue pas en lui-même une cause de récusation* » (art. 4).

Pour autant, on demande ainsi aux candidats au barreau pour être dispensés de la condition de diplôme d'un minimum de compétence ou d'expérience juridique. Sans transformer le Conseil en un tribunal de professeurs, de magistrats ou d'avocats, eux aussi à l'approche de la retraite, et même si la qualité de juriste n'est pas d'appellation contrôlée, on pourrait faire de même pour ceux qui prétendent à la fonction comme l'a proposé le président de la Commission des lois, Jean Jacques Urvoas, en mars 2013. De même, la procédure de nomination instituée par la révision de 2008 a été un grand progrès en général. Il faudrait aller plus loin au moins ici et faire de la majorité des 3/5e des suffrages exprimés une condition positive d'acceptation de la candidature et non plus seulement négative. Enfin, il conviendrait de porter à 12 le nombre de membres, non seulement pour alléger la charge de l'ensemble des membres mais tirer les conséquences de la réforme de la QPC, en adjoignant trois membres issus de la Cour de cassation, du Conseil d'État mais aussi de la Cour des comptes, proposés dans les mêmes conditions par leur corps aux suffrages des Assemblées. On peut toujours espérer.

543 **Une anomalie démocratique : les membres de droit.** Il s'agit des anciens présidents de la République, membres à vie, le général de Gaulle ayant souhaité que le Conseil bénéficie de l'expérience des deux anciens présidents de la IVᵉ, et peut-être aussi s'assurer de leur silence... Ainsi Vincent Auriol n'y siégea que jusqu'en mai 1960 – en désaccord avec l'orientation du Conseil – et, René Coty, jusqu'à sa mort en 1962. Sous la Vᵉ République, ni le général de Gaulle, ni François Mitterrand ne voulurent siéger au Conseil. L'ancien président Giscard d'Estaing s'en est réservé le droit et y siège depuis juin 2004 en méconnaissant régulièrement son devoir de réserve. Le président Jacques Chirac a commencé à siéger en 2007 mais il n'y siège plus depuis 2011 pour des raisons de santé, ayant été par ailleurs condamné à deux ans de prison avec sursis en décembre de la même année. Le président Sarkozy y siège depuis 2012 et a par ailleurs déposé un recours devant le Conseil constitutionnel contre le rejet de ses comptes de campagne en janvier 2013 tandis qu'il lui est contraint de se déporter dans toute une série d'affaires qu'il a eu à connaître comme chef de l'État. Le Comité Vedel en 1993 – puis le Comité Balladur en 2008 et la Commission Jospin en 2012 – ont proposé, sans succès, la suppression de cette catégorie problématique de membres. Le président François Hollande en décembre 2012 a fait part de son souhait de voir pour l'avenir supprimée cette catégorie de membres. Inédite en démocratie, elle n'a aucun sens dans une juridiction appelée à dire le droit. Le projet de loi constitutionnelle présenté en Conseil des ministres le 13 mars 2013 met fin à la règle selon laquelle les anciens présidents de la République sont membres de droit, à vie, du Conseil constitutionnel. Toutefois, pour éviter toute rétroactivité, la qualité de membre de droit des

anciens présidents de la République siégeant aujourd'hui au Conseil constitutionnel ne serait pas remise en cause.

Rappelons que le Conseil a clairement assimilé les membres de droit et les membres nommés (décis. 7 nov. 1984, n° 84-983 AN, *AN, Puy-de-Dôme (2e circ.)*) ; « *sous la seule réserve de la dispense du serment, les membres de droit sont soumis aux mêmes obligations que les autres membres du Conseil* ». Par une décision, le Conseil constitutionnel a confirmé cette interprétation en cas d'exercice par un ancien chef d'État d'un mandat électoral ou d'une fonction incompatible : il ne peut siéger (décis. 11 janv. 1995, n° 94-354 DC, *Loi organique relative à la déclaration de patrimoine des membres du Parlement et aux incompatibilités applicables aux membres du Parlement et à ceux du Conseil constitutionnel*). Mais, ne pouvant démissionner, son remplacement est exclu.

544 **Le président du Conseil constitutionnel.** Il est désigné par le président de la République parmi les membres : en pratique, il l'a toujours été parmi les membres que le chef de l'État avait lui-même nommés. Le président a voix prépondérante en cas de partage des voix (quatre contre quatre). S'agissant de la « mise en congé » de Roland Dumas, la question s'est posée de savoir si le doyen d'âge qui le supplée a voix prépondérante : le silence des textes et ce qu'on sait de la pratique en a fait douter un moment. Mais le doyen d'âge du Conseil, M. Yves Guéna, étant devenu président par intérim, il a décidé d'exercer la plénitude des pouvoirs de sa fonction.

Notons que le président du Conseil constitutionnel ne peut être révoqué par le chef de l'État. Cependant, le président peut démissionner de ses fonctions – comme d'ailleurs les autres membres, tout en restant membre de la haute juridiction – ouvrant ainsi le droit au chef de l'État de nommer un nouveau président parmi les anciens ou les nouveaux membres. Tel fut le cas, en 1986, de Daniel Mayer qui restera trois ans en fonctions en raison d'un « engagement secret » pris avec le chef de l'État..., laissant sa place à Robert Badinter qui quittait son poste de garde des Sceaux.

B. Le statut des membres

545 Article 57 de la Constitution

> *« Les fonctions de membre du Conseil constitutionnel sont incompatibles avec celles de ministre ou de membre du Parlement. Les autres incompatibilités sont fixées par une loi organique. »*

Les garanties traditionnelles d'indépendance consistent dans le caractère non renouvelable du mandat (sauf si un membre a été nommé en remplacement pour une durée inférieure à trois ans) et non révocable : la démission d'office votée à la majorité simple des membres composant le Conseil constate la privation des droits civils et politiques ou des actes incompatibles avec l'exercice de ses fonctions.

546 **Les incompatibilités.** Les fonctions de membre du Conseil sont incompatibles avec celles de membre du Gouvernement, de parlementaire ou de membre du Conseil économique et social. La loi organique du 19 janvier 1995 a étendu cette incompatibilité à l'exercice de tout mandat électoral. Les incompatibilités professionnelles sont les mêmes que celles des parlementaires. La Commission Jospin a proposé un renforcement des incompatibilités, particulièrement en interdisant qu'un membre du Conseil constitutionnel puisse demeurer avocat.

Enfin, selon le décret n° 59-1292 du 13 novembre 1959 sur les obligations des membres du Conseil – qui prêtent par ailleurs serment –, ils « *ont pour obligation générale de s'abstenir de tout ce qui pourrait compromettre l'indépendance et la dignité de leurs fonctions (article 1*er*). [Ils] s'interdisent pendant la durée de leurs fonctions :*

- de prendre aucune position publique ou de consulter sur des questions susceptibles de faire l'objet de décisions de la part du Conseil ;

*- d'occuper au sein d'un parti ou d'un groupement politique tout poste de responsabilité ou de direction et, de façon plus générale, d'y exercer une activité inconciliable avec les dispositions de l'article 1*er *ci-dessus* ».

Les manquements manifestes au devoir de réserve, peu nombreux, n'ont jamais été sanctionnés.

547 **L'interdiction des opinions séparées (individuelles ou dissidentes).** Par ailleurs, les délibérations du Conseil sont secrètes comme dans les autres juridictions en vertu du principe du secret du délibéré. À la Cour Suprême des États-Unis, les « opinions séparées » (*separate opinions*) englobent les opinions individuelles (*concurring opinions*) qui approuvent la décision prise, mais pour d'autres motifs, et les opinions dissidentes (*dissenting opinions*) – *stricto sensu* – qui désapprouvent le dispositif du jugement rendu. Né timidement aux États-Unis au début du XIXe siècle, c'est à partir de la fin du XIXe siècle et au début du XXe siècle que le recours à l'opinion dissidente a pris son rythme de croisière au point qu'on a pu parler de « grands dissidents » (*great dissenters*) à mesure de dissensions au sein de la Cour jusqu'à nos jours. Les opinions séparées appartiennent à la tradition de common law ou l'arrêt comporte l'élaboration de la règle de droit qu'il applique. La doctrine n'est pas source de droit et ce sont les opinions majoritaires ou minoritaires qui font œuvre doctrinale. Quoi d'étonnant alors, comme l'indique le juge canadien Gonthier que « *les Holmes, Laskin et Arkin remplacent ainsi les Aubry et Rau, Pothier et Portalis* » ?

Ces opinions interdites de par la Constitution en Irlande, n'ont pas droit de cité en France et en Autriche et ont fait leur apparition à la Cour permanente d'arbitrage instituée par la première conférence de la paix de La Haye en 1899 puis, à la Cour permanente au sein de la Société des Nations, à la Cour européenne des droits de l'homme et – dans certaines juridictions constitutionnelles européennes comme la Cour constitutionnelle de la République fédérale d'Allemagne depuis 1970 mais de façon exceptionnelle ou d'Espagne pourtant de tradition « romano-germaniste ». Les juges de la Cour constitutionnelle italienne ont quant à eux la possibilité d'écrire des opinions dissidentes, mais celles-ci ne sont pas publiées à la suite du jugement rendu. La réforme qui consisterait à les rendre publiques a fait l'objet d'importants débats dans les années récentes. Pour la partie de la doctrine française, opposée : « *notre tradition judiciaire ne va pas dans le sens de la publicité du dissentiment et l'on ne peut pas savoir quels dégâts produirait le changement, le temps qu'il prendrait à s'acclimater et les effets inattendus qu'il entraînerait* » (Georges Vedel). Ses partisans font valoir qu'elle ferait éclater cet « écran d'unanimité » des décisions collégiales en rendant la justice plus transparente et Michel Troper y voit la garantie du « caractère peu politique et essentiellement juridique (des) décisions », l'assurance « *d'une argumentation beaucoup plus longue, beaucoup plus développée, beaucoup plus étoffée* » par les membres de la majorité obligés de se justifier pour contester les arguments des opposants, le renforcement « *des contraintes qui pèsent sur la juridiction » et d'une manière générale, la certitude d'« une montée dans l'argumentation* ». En tous les cas, l'introduction des opinions séparées nécessiterait une juridictionnalisation du Conseil constitutionnel en termes de composition dans la mesure où un membre du conseil doit pouvoir être en mesure de la rédiger. En outre, dans le cadre d'un contrôle *a priori*, les opinions seraient autant de moyens pour disqualifier les décisions du Conseil dans le et débat public qui suit leur publication. Cette réforme supposerait aussi que les opinions séparées soit aussi la règle dans les autres Cours suprêmes (Conseil d'État et Cour de cassation) ce qui semble difficilement envisageable compte tenu de la tradition juridique française, sauf à instituer une Cour Suprême unique qui n'y est pas non plus conforme.

§ 2. Le Conseil constitutionnel et les consultations populaires

548 Tant lors de l'élection présidentielle dont il veille à la régularité (art. 58) ainsi que pour les consultations référendaires (art. 60), le Conseil constitutionnel juge électoral des élections législatives et sénatoriales (art. 59).

A. Le Conseil constitutionnel et l'élection présidentielle

549 Article 58 de la Constitution

> *« Le Conseil constitutionnel veille à la régularité de l'élection du président de la République.*
> *Il examine les réclamations et proclame les résultats du scrutin. »*

Rappelons que, consulté par le Gouvernement au moment de l'élaboration des textes relatifs à la consultation électorale, il reçoit les candidatures auxquelles sont jointes les listes de présentation dont il vérifie la validité et une déclaration patrimoniale (celle du vainqueur est publiée) (v. art. 7). Les candidats devront deux mois après l'élection déposer leur compte de campagne que le Conseil jugera : le rejet du compte prive le candidat du remboursement. Le Conseil constitutionnel est juge de plein contentieux sur les recours des candidats contestant les décisions rendues sur leurs comptes de campagne par la Commission nationale des comptes de campagne et des financements politiques (CNCCFP). Sa décision peut intervenir environ six mois après l'élection.

Le Conseil constitutionnel reçoit les réclamations de « toute personne ayant fait l'objet de présentation » concernant l'établissement de la liste des candidats publiée au *Journal officiel*. Il surveille les opérations de vote grâce à des délégués, recense les suffrages des candidats, examine les recours (électeurs et candidats) concernant l'ensemble des opérations électorales et enfin proclame les résultats.

B. Le Conseil constitutionnel, juge de l'élection des députés et sénateurs

550 Article 59 de la Constitution

> *« Le Conseil constitutionnel statue, en cas de contestation, sur la régularité de l'élection des députés et des sénateurs. »*

La Constitution de 1958 rompt avec la tradition parlementaire de vérification des pouvoirs par les chambres en confiant ce contrôle au Conseil constitutionnel. Notons que l'article 6, § 1 de la Convention européenne de sauvegarde des droits de l'homme et des libertés fondamentales concerne les litiges de caractère « civil » et qu'en raison du caractère politique du contentieux électoral, la Cour européenne des droits de l'homme a jugé que le Conseil constitutionnel échappe à son contrôle lorsqu'il statue comme juge électoral (CEDH 21 oct. 1997, *Jean-Pierre Bloch*).

551 **La compétence du Conseil constitutionnel et celle du Conseil d'État.** Selon l'article 59 de la Constitution, le Conseil constitutionnel « *statue en cas de contestation, sur la régularité de l'élection des députés et sénateurs* ». Notons d'abord que le Conseil a strictement délimité sa compétence, précisant « *qu'il ne peut être valablement saisi de contestations autres que celles dirigées contre l'élection d'un parlementaire* » (décis. 12 déc. 1958, n° 58-34, *Rebeuf*). Par ailleurs, le Conseil d'État a décliné sa compétence s'agissant de l'ensemble des opérations électorales (CE 11 janv. 1963, *Rebeuf*), y compris des actes préparatoires à l'élection (CE 3 juin 1981, n° 81-1 ELEC, *Delmas*). Ainsi, seul le Conseil constitutionnel, juge de l'élection des députés est seul en mesure de se prononcer sur la légalité du décret portant convocation des collèges électoraux (décis. *Delmas préc.*). Pour autant, le Conseil d'État a considéré que la décision d'attribution d'un temps d'antenne sur les ondes lors de la campagne de 1993 était un acte détachable des opérations électorales (CE 12 mars 1993) tandis que le Conseil s'en tient à sa jurisprudence précitée (décis. 17 déc. 1993, n° 93-8 ELEC, *Meyet* ; 20 mars 1997, n° 97-12 ELEC, *Richard*).

S'agissant de l'élection elle-même, le juge constitutionnel peut en droit soit réformer le résultat et proclamer élu un autre candidat, soit annuler l'élection. Ses décisions ont autorité absolue de chose jugée même si un recours est possible devant la Cour européenne des droits de l'homme (CEDH 21 oct. 1997, *Pierre-Bloch c. France*). C'est dans cet esprit que le Conseil constitutionnel dans sa décision du 10 novembre 1998 s'est refusé, dans le cadre d'une enquête du juge pénal relative à des inscriptions irrégulières, à communiquer à celui-ci le rapport d'instruction devant la section d'instruction du Conseil. S'il a opposé à raison le principe traditionnel du secret des délibérés, il a voulu aussi que ne soit pas en cause indirectement l'autorité absolue de chose jugée de ses décisions par le juge pénal. En outre, il admet depuis une décision du 23 octobre 1987 le recours en rectification d'erreurs matérielles, sans pour autant que cette rectification à laquelle il procède, mette en cause l'autorité de la chose jugée de sa décision.

Enfin, il examine le rejet du compte de campagne d'un candidat prononcé par la Commission nationale des comptes de campagne. Il n'est pas lié par la décision de cette autorité administrative et peut donc soit l'infirmer, soit la confirmer. Dans ce cas, le candidat est déclaré inéligible pour un an, et s'il était élu, le Conseil annule alors l'élection. Indépendamment de la saisine de la commission, il peut, dès lors que ce grief a été précisé dans la requête contre l'élection, constater la violation des règles de financement et prononcer l'annulation de l'élection. Mais dans l'hypothèse d'un compte de campagne validé par la Commission au sujet d'une élection qui n'est pas contestée ou au sujet de laquelle aucun grief n'a été soulevé par la requête, le Conseil ne dispose donc d'aucun pouvoir de vérification alors que les décisions de la Commission nationale des comptes de campagne sont de simples décisions administratives, ce qui peut sembler étonnant.

552 **La saisine du Conseil constitutionnel.** La saisine du Conseil est ouverte dans le délai de 10 jours à compter de la proclamation des résultats par la commission de recensement des votes le lundi soir, suivant le jour de l'élection (le dimanche !). Tout électeur de la circonscription ou tout candidat à l'élection peut saisir le Conseil par une requête. Le juge constitutionnel n'examinera que les moyens qui sont soulevés par le requérant et nul autre. Par ailleurs, il lui sera possible de développer son argumentation mais non d'invoquer des moyens nouveaux : ils sont irrecevables. Cependant, si le moyen nouveau est d'ordre public, il peut être soulevé à n'importe quel moment de la procédure, comme par exemple le cas d'inégibilité (Cons. const. 5 juill. 1973, *AN Landes*).

553 **L'instruction des requêtes.** Bien des requêtes peu sérieuses ou tardives sont écartées par le Conseil, sans instruction. Il faut en particulier que la requête fasse État de griefs sérieux et non d'allégations formulées en terme vagues. Pour les autres, le

Conseil forme en son sein trois sections d'instruction composée de trois membres tirés au sort. Elle est assistée par des rapporteurs adjoints issus du Conseil d'État et de la Cour des comptes qui ne peuvent cependant participer aux délibérations du Conseil.

Chaque section instruit l'affaire en question selon le principe du contradictoire. En particulier, le parlementaire dont l'élection est contestée a connaissance de la requête déposée contre son élection et peut y répondre. Le Conseil peut faire procéder à une enquête et se faire communiquer tout document utile tandis que le ministère de l'Intérieur présente ses observations. Le rapporteur expose ses conclusions devant le Conseil qui prend ensuite sa décision. Depuis 2007, des auditions des requérants et des défenseurs sont organisées en tant que de besoin.

554 **La jurisprudence indulgente du Conseil constitutionnel.** Le Conseil veille à la sincérité réelle du scrutin, moins qu'à sa régularité formelle. Il peut réformer les résultats (c'est-à-dire rectifier le décompte des voix s'il est inexact), sans pour autant procéder à leur inversion, c'est-à-dire en particulier proclamer l'élection du candidat battu : le Conseil s'y est toujours refusé à ce jour. Il use en conséquence de son pouvoir d'annulation de l'élection en combinant deux critères. Le premier est quantitatif : l'écart de voix entre les deux candidats doit être très faible. Il faut ensuite que la manœuvre frauduleuse soit d'une telle gravité qu'elle ait porté atteinte à la sincérité du scrutin, c'est-à-dire que le Conseil est en présence « *d'éléments permettant de constater, avec certitude, que l'irrégularité a profité à l'un ou l'autre des candidats* » (décis. 12 juill. 1978, n° 78-874 AN). En clair, le Conseil n'annulera l'élection dès lors que « *l'irrégularité ainsi commise a été de nature, eu égard à l'écart (de) voix séparant les deux candidates, à exercer une influence suffisante pour altérer la sincérité du scrutin* » (décis. 21 oct. 1988, n° 88-1072 AN). Ce réalisme peut conduire le Conseil à constater l'existence de manœuvres « condamnables ou blâmables », sans pour autant annuler l'élection dès lors que l'écart de voix est significatif. Cependant, il s'autorise exceptionnellement à s'écarter de ces principes si une grave irrégularité a eu pour effet d'empêcher pratiquement son contrôle : la circonstance, invoquée que des irrégularités auraient été constatées dans certains bureaux

de vote d'autres communes ne constitue qu'une cause supplémentaire d'altération de la sincérité du scrutin, « et ne saurait en tout état de cause cause justifier l'atteinte au principe même de la démocratie que constitue la fraude précédemment constatée » (décis. 3 févr. 1999, n° 98-2562/2568 AN).

Notons que le Conseil constitutionnel a réaffirmé, à de nombreuses occasions, la règle selon laquelle il ne peut être appelé à statuer sur la conformité d'une loi à la Constitution que dans les cas et suivant les modalités définis par son article 61. S'il ne lui appartient donc pas, lorsqu'il se prononce en qualité de juge de l'élection en vertu de l'article 59 de la Constitution, d'apprécier la constitutionnalité d'une loi. Il peut cependant exercer un contrôle de conventionnalité comme il l'a fait de la loi du 11 juillet 1986 relative au mode de scrutin pour l'élection des députés à l'Assemblée nationale et donc de sa compatibilité avec le Protocole n° 1 additionnel à la Convention européenne des droits de l'homme (décis. 21 oct. 1988, n° 88-1082/1117, *AN Val d'Oise 5*[e]). Et, sur le fondement de l'article 61-1 de la Constitution, dans sa décision n° 2011-4538 du 13 janvier 2012 (*Élections sénatoriales dans le département du Loiret*), le Conseil constitutionnel a décidé d'examiner la conformité à la Constitution d'une disposition législative relative au mode d'élection des sénateurs au moyen d'une QPC.

C. Le Conseil constitutionnel et les opérations de référendum

555 Article 60 de la Constitution

> *« Le Conseil constitutionnel veille à la régularité des opérations de référendum prévues aux articles 11 et 89 et au titre XV. Il en proclame les résultats. »*

Le Gouvernement doit consulter le Conseil constitutionnel sur les opérations de référendum qui contrôle en outre la régularité de la campagne, du scrutin, et en proclame les résultats. Il s'est reconnu compétent depuis juillet 2000 pour statuer à titre juridictionnel sur les décrets réglementaires propres à un référendum mais aussi pour l'élection présidentielle et pour les décrets de convocation des élections parlementaires. Sa compétence comprend désormais les décrets relatifs à la convocation, à l'organisation et à la campagne du référendum (décis. 25 juill., 23 août et 6 sept. 2000, *Hauchemaille* ; 23 août 2000, *Larrouturou* ; 6 sept. 2000, *Pasqua* ; 11 sept. 2000, *Meyet*) tandis que Conseil d'État reste compétent pour les autres actes préparatoires (Cons. const. 3 mai 2005, *Rassemblement pour la France*). Cette solution a été approuvée par le Conseil d'État (CE ass. 1er sept. 2000, *Megret et Meyet et a.*).

§ 3. La procédure de contrôle de constitutionnalité *a priori* et *a posteriori*

556 Le contrôle *a priori* de l'article 61, s'il vise à titre principal mais facultatif, les lois sur saisine d'au moins 60 députés ou 60 sénateurs, concerne à titre obligatoire les lois organiques, les règlements des assemblées et les propositions de référendum de l'article 11 dans le cadre du référendum d'initiative partagée. Le contrôle *a posteriori* de l'article 61-1 a lieu sur renvoi du Conseil d'État ou de la Cour de cassation à l'occasion d'une instance en cours devant une juridiction où il est soutenu qu'une disposition législative porte atteinte aux droits et libertés que la Constitution garantit. Lorsque le Conseil constitutionnel est saisi par le Conseil d'État ou la Cour de cassation, il a trois mois pour statuer. Rappelons que la saisine du Conseil a lieu en d'autres occurrences. Elle peut avoir lieu en matière de contentieux des opérations de référendums des élections présidentielles et parlementaires, mais aussi par le garde des Sceaux ou le bureau de l'Assemblée pour constater la déchéance d'un mandat parlementaire ou une incompatibilité (le parlementaire peut aussi saisir lui-même le Conseil). Enfin, au titre de l'article 37-2 (v. chap. 5, ss 404), le Conseil peut être saisi par le Premier ministre (déclassement d'une disposition de forme législative) et au titre de l'article 41, de la recevabilité d'une proposition ou d'un amendement, à la demande du Gouvernement ou du président de l'Assemblée (v. chap. 6, ss 522).

A. Le contrôle *a priori* des lois

557 **Article 61 de la Constitution**

> *« Les lois organiques, avant leur promulgation, les propositions de loi mentionnées à l'article 11 avant qu'elles ne soient soumises au référendum, et les règlements des assemblées parlementaires, avant leur mise en application, doivent être soumis au Conseil constitutionnel qui se prononce sur leur conformité à la Constitution.*
> *Aux mêmes fins, les lois peuvent être déférées au Conseil constitutionnel, avant leur promulgation, par le président de la République, le Premier ministre, le président de l'Assemblée nationale, le président du Sénat ou soixante députés ou soixante sénateurs.*
> *Dans les cas prévus aux deux alinéas précédents, le Conseil constitutionnel doit statuer dans le délai d'un mois. Toutefois, à la demande du Gouvernement, s'il y a urgence, ce délai est ramené à huit jours.*
> *Dans ces mêmes cas, la saisine du Conseil constitutionnel suspend le délai de promulgation. »*

Ce contrôle est tantôt obligatoire, tantôt facultatif.

1. Le contrôle obligatoire des lois organiques, des règlements des assemblées et des propositions de loi référendaire (v. aussi chap. 5, art. 46 ss 490)

558 Prises en application de la Constitution en vue de préciser les modalités de mise en œuvre de certaines de ses dispositions, les lois organiques ne font pas partie du « bloc de constitutionnalité » (art. 61, al. 1er). Cependant, une loi ordinaire ne peut méconnaître ses dispositions (décis. 11 août 1960, n° 60-8 DC, *Loi de finances rectificative pour 1960*) ni *a fortiori* empiéter sur son domaine (décis. 30 août 1984, n° 84-177 DC, *Loi relative au statut du territoire de la Polynésie française, et notamment son article 10*). Le Conseil constitutionnel peut les déclarer conformes ou non à la Constitution (respect des règles d'adoption, du champ des lois organiques) et il peut dans ce cas déclasser la loi organique totalement ou partiellement si certaines de ses dispositions relèvent en fait de la loi ordinaire. Symétriquement, il protège le domaine organique en loi ordinaire et réciproquement.

• Le contrôle obligatoire des règlements des assemblées et celui des propositions référendaires : voir chapitre 4 (v. ss 324).

• Les propositions lois dans le cadre du référendum d'initiative partagée : voir chapitre 2 (v. ss 205)

2. Le contrôle facultatif des lois

559 **Le contrôle facultatif des lois ordinaires avant leur promulgation.** Sur saisine du président de la République, du président du Sénat, du président de l'Assemblée nationale, du Premier ministre, de 60 députés ou 60 sénateurs, le Conseil se prononce sur la constitutionnalité des lois ordinaires avant leur promulgation : c'est cette procédure qui nourrissait qualitativement le plus nettement la jurisprudence du Conseil en matière de protection des droits et libertés, avant la mise en place de la question prioritaire de constitutionnalité (art. 61 al. 2).

La requête doit être signée par les auteurs habilités, et dans le cas du contrôle de constitutionnalité d'une loi, après son adoption définitive. Elle indique les dispositions non conformes mais dans la mesure où le Conseil n'est pas lié par les termes de la requête.

560 **Les lois autorisant la ratification d'un engagement international.** (v. aussi chap. 7, art. 54 ss 533) En l'absence de saisine parlementaire directe en matière d'engagements internationaux jusqu'en 1992, le Conseil constitutionnel avait admis cependant cette voie, de façon indirecte, en acceptant d'examiner un recours dirigé contre une loi autorisant la ratification d'une convention internationale (décis. 17 juill. 1980, n° 80-116 DC, *Convention franco-allemande d'entraide judiciaire*). Il a confirmé ensuite cette jurisprudence (décis. 19 juill. 1983, n° 83-160 DC, *Loi portant approbation d'une convention fiscale avec le territoire d'outre-mer de la Nouvelle-Calédonie et dépendances*), excluant cependant naturellement la possibilité de contrôler une loi référendaire « expression directe de la souveraineté nationale ». Cette décision a perdu son intérêt depuis la révision constitutionnelle de 1992 (art. 61, al. 2 ; v. titre VII, art. 54). La voie de l'article 54 semble désormais d'autant plus souple qu'aucun délai n'est prévu pour la saisine, contrairement à l'article 61 alinéa 2 (saisine après le vote et avant la promulgation).

561 **Le contrôle des lois déjà promulguées.** Il s'agit d'un cas problématique. Dans sa décision n° 85-187 DC du 25 janvier 1985 (*Loi relative à l'État d'urgence en Nouvelle-Calédonie et dépendances*), le Conseil a admis que « *la régularité au regard de la Constitution d'une loi promulguée peut être utilement contestée à l'occasion de*

l'examen des dispositions législatives qui la modifient, la complètent ou affectent son domaine ». On le voit, les conditions énoncées par le Conseil sont très rigoureuses et ont considérablement limité les possibilités d'introduire par ce biais un contrôle *a posteriori* des lois promulguées. Ainsi, une disposition de la loi du 25 janvier 1985 relative au redressement et à la liquidation judiciaires des entreprises, en vigueur pendant 14 années... a été déclarée non conforme à la Constitution (décis. 15 mars 1999, n° 99-410 DC, *Loi organique relative à la Nouvelle-Calédonie*). Le Conseil s'en remet aux juridictions ordinaires, et notamment au juge électoral, pour en tirer les conséquences et donc de priver d'effet ces dispositions. En pratique, la codification a permis de faire disparaître le texte litigieux. Le Conseil constitutionnel a fait application de cette jurisprudence surnommée « néo-calédonienne » à l'occasion de dispositions qui modifiaient la rémunération du Président de la République et des membres du Gouvernement (décis. 9 août 2012, n° 2012-654 DC, *Loi de finances rectificative pour 2012*) et s'agissant de la loi portant création des emplois d'avenir (décis. 24 oct. 2012, n° 2012-656 DC).

B. Le contrôle *a posteriori* des lois : la question prioritaire de constitutionnalité

562 Article 61-1 de la Constitution

> *« Lorsque, à l'occasion d'une instance en cours devant une juridiction, il est soutenu qu'une disposition législative porte atteinte aux droits et libertés que la Constitution garantit, le Conseil constitutionnel peut être saisi de cette question sur renvoi du Conseil d'État ou de la Cour de cassation qui se prononce dans un délai déterminé.*
> *Une loi organique détermine les conditions d'application du présent article. »*

Notons au préalable que la réforme n'institue pas, *stricto sensu*, une « exception d'inconstitutionnalité » qui supposerait que la question de constitutionnalité soit non seulement soulevée devant le juge ordinaire mais tranchée par lui. Si le juge doit renvoyer la question au juge constitutionnel directement ou indirectement, il s'agit d'une question préjudicielle.

On rappellera que le projet de révision constitutionnelle du 2 avril 1990 visait à permettre de soulever devant toute juridiction l'inconstitutionnalité des dispositions d'une loi concernant « *les droits fondamentaux de toute personne* » et visant des dispositions dont le Conseil n'avait pas eu à connaître (dans les motifs ou le dispositif d'une décision antérieure). Et le juge devait la transmettre – sans délai – selon la juridiction, au Conseil d'État ou à la Cour de cassation, qui à leur tour la transmettait au Conseil dans la mesure où le recours était sérieusement motivé, les laissant d'ailleurs interpréter implicitement l'inconstitutionnalité potentielle de la disposition incriminée (art. 61.1). Cependant, en cas de déclaration non conforme, la disposition cessait d'être applicable mais seulement pour l'avenir, et non dans l'affaire en suspens. Ce projet, voté par l'Assemblée nationale le 26 avril 1990 n'a pas été accepté par le Sénat. Il avait été repris, sans plus de succès par le Comité Vedel, en 1993. L'intérêt de ce projet, malgré sa complexité était de permettre au Conseil d'examiner des lois déjà promulguées, ce qu'il fait par exception depuis la décision du Conseil constitutionnel de 1985 (v. ss 561). Par ailleurs, bien des lois entrées en vigueur avant 1958 et n'ayant pas été modifiées pourraient se révéler inconstitutionnelles. Et depuis lors, bien des lois, faute de saisine, n'étaient pas examinées par le Conseil constitutionnel. Désormais, la question prioritaire de constitutionnalité (QPC) permet à tout justiciable de contester la constitutionnalité d'une disposition législative à l'occasion d'un procès devant une juridiction administrative ou judiciaire, lorsqu'il estime qu'un texte porte atteinte aux droits et libertés que la Constitution garantit.

1. Le champ d'application de la QPC

563 Le contrôle vise uniquement une disposition législative dans le cadre d'une atteinte aux droits et libertés garantis par la Constitution, ce qui renvoie pour l'essentiel au bloc de constitutionnalité (v. ss 576 s.).

564 **Une « disposition législative ».** L'article 23-1 de l'ordonnance organique modifiée du 7 novembre 1958 utilise les termes « disposition législative ». Le contrôle peut ainsi porter sur tous les actes de

valeur législative, notamment les ordonnances ratifiées (v. art. 38) mais aussi les ordonnances organiques prises en 1958 en application de l'ancien article 92 de la Constitution qui n'ont pas été soumises au Conseil constitutionnel. Au contraire, les lois organiques adoptées depuis lors ont été obligatoirement soumises au Conseil constitutionnel, n'entrent pas dans le champ d'application de la QPC, à une réserve près, celle d'un « changement des circonstances » (v. ss 568). De même, les lois référendaires qui au titre du contrôle *a priori* de l'article 61 de la Constitution, constituent l'expression directe de la souveraineté nationale » et doivent être considérées comme exclues du contrôle *a posteriori*. À l'inverse, le terme « disposition législative » de l'article 61-1 de la Constitution inclut les « lois du pays » de la Nouvelle Calédonie (v. titre XIII).

565 **Une atteinte aux « droits et libertés que la Constitution garantit ».** En vertu de l'article 61-1 de la Constitution, le moyen doit se fonder sur une atteinte aux « droits et libertés que la Constitution garantit ». Est exclue de ce champ d'application, la méconnaissance des règles à caractère procédural relatives aux conditions d'élaboration et d'adoption de la loi, à l'exception de l'invocation de « l'incompétence négative » du législateur dès lors qu'elles sont relatives aux « droits et libertés garantis par la Constitution » (décis. 22 oct. 2009, n° 2009-590 DC) mais aussi en cas de manquement à l'obligation faite à la loi de ne pas priver de garanties légales des exigences constitutionnelles.

Le champ des droits et libertés est fort vaste et concerne en réalité l'ensemble des normes de référence du juge constitutionnel dans l'exercice de son contrôle *a priori*, soit le bloc de constitutionnalité (v. ss 576 s.). Cependant, les objectifs à valeur constitutionnelle (v. ss 583) ne paraissent pas de façon générale constituer, en eux-mêmes, des droits dont pourraient se prévaloir les justiciables mais doivent être étudiés au cas par cas.

2. La QPC devant les juridictions ordinaires

566 Cette faculté est ouverte aux parties à un procès, la qualité de partie désignant le statut de la personne engagée dans une instance judiciaire. Lorsqu'elles estiment que la loi qui leur est appliquée au cours de ce procès porte atteinte aux droits et libertés

que la Constitution leur garantit, elles peuvent soulever une QPC au contraire du juge qui ne peut la relever d'office. Reste la faculté du Ministère public de la faire. Si la question n'est pas tranchée par l'ordonnance du 7 novembre 1958, il est logique qu'il soit compétent pour soulever une QPC s'il est partie principale à l'instance.

La question prioritaire de constitutionnalité est un « moyen » de droit et non de prétention et n'est donc pas l'objet principal de l'instance mais son accessoire. Par conséquent ce moyen peut être soulevé au cours de toute instance mais non après la clôture des débats ou de l'instruction devant une juridiction de l'ordre judiciaire (relevant de la Cour de cassation) ou de l'ordre administratif (relevant du Conseil d'État), quelle que soit la nature du litige (aussi bien donc, en première instance, en appel, qu'en cassation). Cependant, une QPC ne peut pas être posée devant une cour d'assises : en matière criminelle, elle peut être posée soit avant le procès devant le juge d'instruction, soit après le procès, en appel ou en cassation.

L'article 23-1 de l'ordonnance du 7 novembre 1958 modifiée portant loi organique sur le Conseil constitutionnel fixe une seule condition générale de recevabilité : la QPC doit être présentée dans un « mémoire distinct et motivé », par le requérant, ce « à tous les stades de la procédure » le Conseil constitutionnel n'étant pas compétent pour connaître de l'instance à l'occasion de laquelle la question prioritaire de constitutionnalité a été posée, seuls l'écrit ou le mémoire « distinct et motivé » ainsi que les mémoires et conclusions propres à cette question prioritaire de constitutionnalité doivent lui être transmis (décis. 3 déc. 2009, n° 2009-595 DC). Autrement dit, le rôle du Conseil constitutionnel n'est pas de connaître de l'instance à l'occasion de laquelle la QPC a été posée : il est seul juge de constitutionnalité de la loi.

3. Les conditions à réunir pour soulever une QPC devant le juge ordinaire et celles relatives à sa transmission par les Cours suprêmes au Conseil constitutionnel

567 Outre que la QPC doit respecter son champ d'application, plusieurs conditions doivent être réunies.

Devant le juge ordinaire : trois conditions cumulatives. La QPC peut être soulevée au cours de toute instance, devant toute juridiction relevant du Conseil d'État ou de la Cour de cassation. L'article 23-1 de l'ordonnance du 7 novembre 1958 – article créé par la loi organique n° 2009-1523 du 10 décembre 2009 – dispose que la juridiction saisie du litige doit traiter cette question « sans délai » et transmet la question si trois conditions sont réunies :

• « ***1° La disposition contestée est applicable au litige ou à la procédure, ou constitue le fondement des poursuites.*** »

Dans sa décision n° 2010-1 QPC du 28 mai 2010 (« cristallisation des pensions »), le Conseil constitutionnel a jugé qu'il ne lui « *appartient pas, saisi d'une question prioritaire de constitutionnalité, de remettre en cause la décision par laquelle le Conseil d'État ou la Cour de cassation a jugé qu'une disposition était ou non applicable au litige ou à la procédure ou constituait le fondement des poursuites* ». Ainsi, le Conseil ne saurait substituer sa propre appréciation aux deux Cours suprêmes. Ensuite, ce critère permet de contester la conformité à la Constitution d'une disposition législative compte tenu de la jurisprudence du Conseil d'État ou de la Cour de cassation.

Interprétant l'article 61.1, la Cour de cassation a dans un premier temps refusé de transmettre au Conseil constitutionnel certaines questions au motif qu'était en cause non une disposition législative mais l'interprétation qui lui est donnée, la sienne (Cass. 19 mai 2010, arrêts QPC n° 12009, 12019, 12020, 12021 et 12023). Et dans un arrêt de la chambre criminelle du 11 juin 2010, la Cour est encore plus claire : « *Attendu que la disposition contestée a été mise en œuvre à l'encontre de la société Bureau Veritas dans la procédure, laquelle a donné lieu à la condamnation de cette personne morale du chef d'homicide involontaire ; Mais attendu que la question, ne portant pas sur l'interprétation d'une disposition constitutionnelle dont le Conseil constitutionnel n'aurait pas encore eu l'occasion de faire application, n'est pas nouvelle ; Et attendu qu'aux termes de l'article 61-1 de la Constitution, la question dont peut être saisi le Conseil constitutionnel est seulement celle qui invoque l'atteinte portée par une disposition législative aux droits et libertés que la Constitution garantit ; que la question posée, sous le couvert de la prétendue imprécision des dispositions critiquées, tend en réalité à contester l'application qu'en fait la Cour de cassation ; qu'elle ne satisfait pas dès lors aux exigences du texte constitutionnel précité* ». Elle a cependant transmis au moins une QPC mettant en cause sa jurisprudence (décis. 6 oct. 2010, n° 2010-39 QPC, *Isabelle D. et Isabelle B.*, adoption au sein d'un couple non marié). Cette affaire a été l'occasion pour le Conseil constitutionnel de préciser qu'« *En posant une question prioritaire de constitutionnalité, tout justiciable a le droit de contester la constitutionnalité de la portée effective qu'une interprétation jurisprudentielle constante donne à (une) disposition (législative)* » du Conseil d'État ou de la Cour de cassation (décis. 6 oct. 2010, n° 2010-39 QPC et 14 oct. 2010, n° 2010-52 QPC). Cependant la Cour de cassation comme les juridictions du fond qui en relèvent continuent à retenir leur propre interprétation de l'article 61.1.

• ***« 2° Elle n'a pas déjà été déclarée conforme à la Constitution dans les motifs et le dispositif d'une décision du Conseil constitutionnel, sauf changement des circonstances. »***

La deuxième condition posée par l'ordonnance du 7 novembre 1958 est que la disposition législative dont la constitutionnalité est contestée ne doit pas avoir déjà été déclarée conforme à la Constitution dans les motifs ou le dispositif d'une décision du Conseil constitutionnel. Et seul un « *changement des circonstances* » peut donc permettre la transmission à celui-ci. Dans le contrôle *a priori*, le Conseil a déjà eu recours à cette notion. Ainsi, par exemple, le Conseil est alors revenu sur la règle imposant un nombre de deux députés minimum par département (décis. 8 janv. 2009, n° 2008-573 DC). Il a invoqué un changement des circonstances de droit (le maximum de 577 députés fixé par le Code électoral sur le fondement de l'article 24 de la Constitution) et un changement des circonstances de fait (l'augmentation non homogène de la population sur le territoire). Dans le cadre du contrôle *a posteriori*, cette notion a été utilisée par le Conseil constitutionnel dans sa décision du 30 juillet 2010 à propos des modalités de la garde à vue (décis. *Daniel W. et a.*, n° 2010-14/22 QPC).

• « *3° La question n'est pas dépourvue de caractère sérieux.* »

Le caractère sérieux s'entend généralement comme celui « *de nature à faire naître un doute dans un esprit éclairé* ». Cette condition est posée afin d'écarter les moyens fantaisistes ou sans réel fondement, et donc dilatoires.

568 **Devant le Conseil d'État et la Cour de cassation : une question nouvelle ou présentant un caractère sérieux.** L'article 23-4 de l'ordonnance modifiée du 7 novembre 2010 dispose : « *Dans un délai de trois mois à compter de la réception de la transmission prévue à l'article 23-2 ou au dernier alinéa de l'article 23-1, le Conseil d'État ou la Cour de cassation se prononce sur le renvoi de la question prioritaire de constitutionnalité au Conseil constitutionnel. Il est procédé à ce renvoi dès lors que les conditions prévues aux 1° et 2° de l'article 23-2 sont remplies et que la question est nouvelle ou présente un caractère sérieux* ».

Outre, encore une fois, le fait que la question doit être dans le champ de la QPC, deux des trois conditions sont les mêmes que pour la transmission par le juge aux cours suprêmes : disposition contestée applicable au litige, disposition non déjà déclarée conforme à la Constitution par le Conseil constitutionnel. La troisième condition est différente de celle formulée à l'article 23-1 pour le juge *a quo*. Ici, la question est renvoyée si elle « est nouvelle ou présente un caractère sérieux ».

Les cours suprêmes ont un délai de trois mois pour statuer mais son inobservation n'est pas sanctionnée.

Elles le respectent cependant.

• **La question « présente un caractère sérieux ».** Ce critère est très proche de celui requis pour les juridictions ordinaires (« pas dépourvue de caractère sérieux ») mais encore plus « sérieux »...

• **Un critère alternatif au caractère sérieux : le caractère « nouveau » de la question.** Le critère de la « question nouvelle », alternatif au caractère sérieux, avait pour but d'éviter que les juges judiciaires ou administratifs tranchent eux-mêmes des questions non résolues par le Conseil constitutionnel sous prétexte que la difficulté n'est pas assez « sérieuse »... On verra que cela n'a pas suffit s'agissant de la Cour de cassation. Ce critère de la « question nouvelle » suppose que la disposition n'ait donc pas déjà été déclarée conforme à la Constitution dans les motifs et le dispositif d'une décision du Conseil, sauf changement des circonstances étudié précédemment. Comme l'a souligné le Conseil dans sa décision n° 2009-595 DC : « *la dernière phrase du premier alinéa de l'article 23-4 et la dernière phrase du 3e alinéa de l'article 23-5 prévoient que le Conseil constitutionnel est saisi de la question prioritaire de constitutionnalité si la question est nouvelle ; que le législateur organique a entendu, par l'ajout de ce critère, imposer que le Conseil constitutionnel soit saisi de l'interprétation de toute disposition constitutionnelle dont il n'a pas encore eu l'occasion de faire application ; que, dans les autres cas, il a entendu permettre au Conseil d'État et la Cour de cassation d'apprécier l'intérêt de saisir le Conseil constitutionnel en fonction de ce critère alternatif ; que, dès lors, une question prioritaire de constitutionnalité ne peut être nouvelle au sens de ces dispositions au seul motif que la disposition législative contestée n'a pas déjà été examinée par le Conseil constitutionnel ; que cette disposition n'est pas contraire la Constitution* » (décis. 3 déc. 2009, n° 2009-595 DC, *Loi organique relative à l'application de l'article 61-1 de la Constitution*). Or, la Cour de cassation dans ses arrêts des 20 mai 2010 a rejeté une QPC s'agissant en particulier de la notion de prescription de l'action publique, au motif qu'elle tendait non pas à contester les dispositions législatives visées mais l'interprétation que cette Cour suprême en avait donné a considéré : « *Attendu que les dispositions critiquées sont applicables au litige ; qu'elles n'ont pas été déclarées conformes à la Constitution dans les motifs et le dispositif d'une décision du Conseil constitutionnel ; Mais attendu, que, ne portant pas sur l'interprétation d'une disposition constitutionnelle dont le Conseil constitutionnel n'aurait pas eu l'occasion de faire application, la question n'est pas nouvelle* ». L'interprétation de la Cour de cassation est donc souveraine et la question n'est pas sérieuse non plus...

4. Le caractère « prioritaire » de la QPC

569 Aux origines de la réforme, se trouve un paradoxe souligné par le Comité Balladur en ces termes : « *L'extension du contrôle de conformité de la loi aux conventions internationales en vigueur et*

qui, aux termes mêmes de l'article 55 de la Constitution, "ont une autorité supérieure à celle des lois" met en lumière la disparité des contrôles dont une même loi peut faire l'objet. Ainsi, tout juge de l'ordre judiciaire ou administratif peut, à l'occasion du litige dont il est saisi, écarter l'application d'une disposition législative au motif qu'il l'estime contraire à une convention internationale, mais il ne lui appartient pas d'apprécier si la même disposition est contraire à un principe de valeur constitutionnelle. Or, les principes dont il fait application dans le premier cas sont, en pratique, souvent voisins de ceux qu'il aurait à retenir si lui-même ou le Conseil constitutionnel était habilité à statuer sur la conformité à la Constitution de la loi promulguée. Il s'ensuit que les justiciables sont portés à attacher plus de prix à la norme de droit international qu'à la Constitution elle-même. Le Comité n'a donc guère éprouvé d'hésitation à recommander aux pouvoirs publics de s'engager dans la voie d'une réforme qui aurait pour objet de permettre à tout justiciable d'invoquer, par la voie dite de l'exception, devant le juge qu'il a saisi, la non-conformité à la Constitution de la disposition législative qui lui est appliquée, à charge pour ce juge d'en saisir le Conseil constitutionnel dans des conditions à définir ». L'idée était donc bien de rendre « prioritaire » la question de constitutionnalité au regard du contrôle de constitutionnalité. La loi organique du 10 décembre 2009 d'application de l'article 61-1 de la Constitution dispose ainsi, qu'« en tout état de cause cause », la juridiction doit examiner le moyen tiré de la conformité à la Constitution avant le moyen tiré de la conformité d'une loi aux engagements internationaux de la France qui rappelle ainsi la suprématie la norme suprême et le rôle exclusif du Conseil constitutionnel comme juge constitutionnel, les deux autres juridictions suprêmes ayant la charge du contrôle de conventionnalité. Les choses se compliquent dans la mesure où la critique d'une norme peut se poser à la fois au regard de la Constitution et du droit de l'Union européenne ou de la Convention européenne des droits de l'homme. Une décision récente du 10 mai 2010 tout en récapitulant la jurisprudence du Conseil constitutionnel sur cette question apporte des précisions supplémentaires tandis que celle de la CJUE conforte son interprétation.

570 **La décision n° 2010-605 DC du 12 mai 2010, *Loi relative à l'ouverture à la concurrence et à la régulation du secteur des jeux d'argent et de hasard en ligne.*** Le rappel des principes : le contrôle de constitutionnalité est réservé au juge constitutionnel, celui le contrôle de conventionnalité au juge chargé d'appliquer la loi.

Les requérants avaient demandé au Conseil constitutionnel de vérifier que la loi n'est pas inconventionnelle, se fondant sur l'arrêt du 16 avril 2010 de la Cour de cassation saisissant la Cour de justice de l'Union européenne de deux questions préjudicielles, dont l'une porte sur la compatibilité avec l'article 267 du TFUE de l'ordonnance organique du 7 novembre 1958 modifiée. Le Conseil constitutionnel, d'une part, a rappelé sa jurisprudence relative à l'articulation entre le contrôle de constitutionnalité et le contrôle de la compatibilité de la loi avec les engagements internationaux et européens de la France inchangée depuis 1975 : il ne lui appartient pas d'examiner la compatibilité d'une loi avec les engagements internationaux et européens de la France (v. chap. 7, art. 55, ss 535). Le Conseil applique lui-même strictement cette répartition entre le contrôle de constitutionnalité, réservé au juge constitutionnel, et le contrôle de conventionnalité, exercé par le juge chargé d'appliquer la loi : ainsi, lorsqu'il statue en matière de contrôle de constitutionnalité des lois, le Conseil constitutionnel refuse de déclarer une loi inconventionnelle sauf, comme on l'a vu, s'il statue comme juge électoral (décis. 21 oct. 1988, n° 88-1082/1117 AN, *AN, Val-d'Oise, 5ᵉ circ.* ; v. art. 59).

• **Une jurisprudence consacrée par la loi organique du 10 décembre 2009.** Comme le notent les commentaires aux *Cahiers*, cette orientation jurisprudentielle s'est trouvée consacrée dans la loi organique du 10 décembre 2009 relative à l'article 61-1 de la Constitution. Cet article 61-1 reconnaît à tout justiciable le droit nouveau de poser une question de constitutionnalité et de voir cette question, qui a un objet propre, examinée par le juge (et par le Conseil constitutionnel, si elle répond aux critères définis). Le législateur organique a, en conséquence, souligné que la question de constitutionnalité n'est pas « préjudicielle », mais « prioritaire ». Le 5ᵉ alinéa de l'article 23-2 de l'ordonnance du 7 novembre 1958 et le 2ᵉ alinéa de son article 23-5 ont instauré une règle procédurale de priorité d'examen des moyens de constitutionnalité sur les moyens de conventionnalité, imposant aux juges d'examiner s'il y a lieu de transmettre la question de constitutionnalité même si, par ailleurs, il est saisi d'un moyen de conventionnalité qui pourrait, s'il était accueilli, permettre de trancher le litige.

• **La conséquence de la distinction des deux types de contrôle.** Cette répartition des types de contrôles a également pour effet que les décisions rendues par le Conseil constitutionnel tant dans le contrôle *a priori* que dans le contrôle *a posteriori*, n'ont d'autorité qu'en ce qui concerne la constitutionnalité des lois. La compétence des juges pour exercer le contrôle de conventionnalité n'est pas affectée par une éventuelle décision du Conseil constitutionnel déclarant la loi conforme à la Constitution. Il appartient donc aux juges administratifs et judiciaires de prendre toutes les mesures nécessaires pour empêcher qu'une disposition incompatible avec le droit de l'Union européenne produise des effets.

• **Une précision : les juges judiciaires et administratifs ne sont pas privés du droit de poser une question préjudicielle à la CJUE.** Le Conseil a précisé dans sa décision n° 2010-605 DC du 12 mai 2010 précitée que les articles 23-1 et suivants de l'ordonnance organique du 7 novembre 1958 modifiée ne privaient en aucune manière le juge de son pouvoir de poser une question préjudicielle à la Cour de justice de l'Union européenne, y compris lorsqu'il transmet une question prioritaire de constitutionnalité. Le fait de poser une question préjudicielle constitue une mesure d'instruction avant dire droit que le juge peut prendre lorsqu'il l'estime nécessaire : le fait qu'une question prioritaire de constitutionnalité ait été posée au juge n'y fait pas obstacle, ni le fait qu'il ait procédé à sa transmission au Conseil constitutionnel.

• **L'exigence constitutionnelle de transposition des directives.** Le Conseil constitutionnel a réaffirmé cette exigence constitutionnelle et rappelé que la transposition d'une directive ne saurait aller à l'encontre d'une règle ou d'un principe inhérent à l'identité constitutionnelle de la France, sauf à ce que le constituant y ait consenti. Il a en outre précisé, toujours au regard de l'entrée en vigueur de la QPC, que l'exigence constitutionnelle de transposition des directives ne figure pas au nombre des « droits et libertés que la Constitution garantit » au sens de l'article 61-1 de la Constitution. Ce droit s'exerce devant les juridictions administratives et judiciaires selon les modalités déjà évoquées précédemment au sujet du contrôle de conventionnalité de la loi (v. chap. 15, art. 88-1, ss 693).

• Pour les décisions-cadres, v. ss 731 s.

571 **L'arrêt de la CJUE du 22 juin 2010, *Melki et Abdeli***

• **Les questions préjudicielles de la Cour de cassation.** Par deux arrêts du 16 avril 2010 (Cass. QPC 16 avr. 2010), la Cour de cassation, saisie d'une QPC qui invoquait la contrariété de l'article 78-2, alinéa 4, du Code de procédure pénale à la liberté d'aller et venir garantie par l'article 67 § 2 TFUE, aux termes duquel l'Union « assure l'absence de contrôles des personnes aux frontières intérieures » et par la Constitution. Elle avait décidé d'interroger la CJUE :

- sur la compatibilité avec le droit de l'Union européenne de cet article ;

- sur la conformité du mécanisme de la QPC au droit de l'Union européenne (TFUE, art. 267) dès que la loi organique du 10 décembre 2009 impose aux juges de se prononcer en priorité sur la transmission de la QPC au Conseil constitutionnel.

Devant le juge des libertés et de la détention, les requérants avaient contesté la conformité à la Constitution de l'article précité du Code de procédure pénale. Le juge a transmis la QPC à la Cour de cassation qui a considéré que la disposition en question devait être appréciée tant au regard du droit de l'Union qu'au regard de la Constitution qui garantit la liberté d'aller et de venir. En outre, selon la Cour, la loi organique du 10 décembre 2009 priverait les juridictions nationales de la possibilité de poser immédiatement une question préjudicielle à la Cour de justice de l'Union européenne, puisqu'elles doivent accorder une priorité au contrôle de constitutionnalité des lois. Par suite, elles seraient empêchées de statuer sur la conventionnalité d'une disposition législative avant de transmettre la QPC : limpide ? C'est ce qu'on appelle pudiquement « le dialogue des juges ». Et semblant ignorer que le Conseil constitutionnel n'exerce pas de contrôle de conventionnalité, elle note que « *si le Conseil constitutionnel juge la disposition législative attaquée conforme au droit de l'Union européenne, [les juridictions nationales] ne pourront plus, postérieurement à cette décision, saisir la Cour de justice de l'Union européenne d'une question préjudicielle* », ni se prononcer sur la conformité du texte au droit de l'Union européenne. En conséquence, elle sursoit à statuer et pose à la Cour de justice deux questions préjudicielles, l'une relative à la conformité de l'article du CPP précité au droit de l'Union, l'autre sur la conformité à celui-ci de la loi organique du 10 décembre 2009, y compris lorsque la question porte sur la non-conformité à l'article 88-1 de la Constitution d'un texte de droit interne en raison de sa contrariété avec le droit de l'Union européenne.

• **La réponse de la CJUE.** Si la CJUE a déclaré contraire au droit de l'Union, l'article 78-2 alinéa 4 du Code de procédure pénale, elle a considéré que le caractère prioritaire de la QPC était compatible avec le droit de l'Union européenne et reprend pour l'essentiel le raisonnement du Conseil constitutionnel dans sa décision précitée du 12 mai 2010.

La Cour de justice considère certes qu'un mécanisme interne, tel que la question prioritaire de constitutionnalité, ne saurait priver les juridictions nationales de la faculté qu'elles tiennent de l'article 267 TFUE de saisir la CJUE des questions d'interprétation du droit de l'Union : « *le juge national [doit être] libre de saisir, à tout moment de la procédure qu'il juge approprié, et même à l'issue d'une procédure incidente de contrôle de constitutionnalité, la Cour de justice de toute question préjudicielle qu'il juge nécessaire* ». Mais elle ajoute que, si le mécanisme de la QPC empêche le juge national de laisser immédiatement inappliquée une disposition législative nationale qu'il juge contraire au droit de l'Union, « *l'article 267 TFUE exige néanmoins que ledit juge soit libre, d'une part, d'adopter toute mesure nécessaire afin d'assurer la protection juridictionnelle provisoire des droits conférés par l'ordre juridique de l'Union et, d'autre part, de laisser inappliquée, à l'issue d'une telle procédure incidente, ladite disposition législative nationale s'il la juge contraire au droit de l'Union* ». Autrement dit, dans l'hypothèse où le Conseil constitutionnel jugerait qu'une loi est conforme à la Constitution, les juridictions ordinaires ont sinon la faculté mais bien le droit la laisser inappliquée si elle est contraire au droit de l'Union.

Demeure la question d'une loi de transposition d'une directive qui serait invalidée par le Conseil constitutionnel alors même que la directive, et donc la loi de transposition, serait conforme au regard du droit de l'Union. Dans cette hypothèse très singulière, « *la question de savoir si la directive est valide revêt, eu égard à l'obligation de transposition de celle-ci, un caractère préalable* » et la Cour impose donc une priorité au mécanisme de renvoi préjudiciel par rapport à la QPC. En réalité, il s'agirait à titre principal d'une loi méconnaissant « *l'identité constitutionnelle de la France* » et le conflit serait alors insoluble, *a priori*.

Enfin, il appartient ainsi à la juridiction de renvoi « de vérifier si la législation nationale peut être interprétée conformément à ces exigences du droit de l'Union ». Or la Cour de cassation, par son arrêt du 29 juin 2010, continue de considérer que la priorité d'examen de la QPC n'est pas applicable devant elle lorsqu'elle est saisie d'une question portant à la fois sur la constitutionnalité et la conventionnalité d'une disposition législative, au motif que la procédure applicable devant elle l'empêche d'adopter les mesures conservatoires quant au droit de l'Union européenne.

5. Un premier bilan (au 1er mars 2011)

572 Un an après sa mise en œuvre, le Conseil constitutionnel a tiré un premier bilan dont il ressort :

> *« 1° Des questions nombreuses*
> *Le Conseil constitutionnel ne dispose pas du chiffre exact du nombre de QPC posées devant les juges de première instance et d'appel. Ce chiffre serait d'environ 2000.*
> *Le Conseil constitutionnel a enregistré, au 28 février 2011, 527 décisions en matière de QPC : 124 décisions de renvoi (59 du Conseil d'État et 65 de la Cour de cassation) et 403 décisions de non-renvoi (163 du Conseil d'État et 240 de la Cour de cassation). Soit une proportion de un quart de QPC renvoyés/trois quarts non renvoyés.*
> *2° Des questions posées devant tous les juges*
> *Ces QPC ont été posées, pour l'ordre administratif à 21 % devant le Conseil d'État et à 53 % devant les tribunaux administratifs et 26 % devant les cours administratives d'appel. Pour l'ordre judiciaire, elles auraient été posées à*

60 % devant la Cour de cassation et à 40 % devant les tribunaux de première instance et les cours d'appel.

3° Des questions rapidement jugées

Au 28 février 2011, le Conseil constitutionnel a rendu 83 décisions portant sur 102 de ces 124 affaires (sur ces 102, 47 proviennent du Conseil d'État et 55 de la Cour de cassation). Il y a donc 22 affaires en instance. Le Conseil constitutionnel a jugé dans un délai moyen de deux mois.

4° Des questions posées en tout domaine

Les décisions les plus connues avaient souvent un lien avec la liberté individuelle, le droit pénal et la procédure pénale (n° 2010-14/22 QPC du 30 juillet 2010 sur la garde à vue ; n° 2010-32 QPC du 22 septembre 2010 sur la retenue douanière ; n° 2010-71 QPC du 26 novembre 2010 sur l'hospitalisation sans consentement).

Les deux matières ayant donné lieu au plus de décisions sont le droit pénal (17) et le droit fiscal (18).

Cependant les 83 décisions rendues portent sur des matières très diverses (droit social, des pensions, électoral, commercial, de propriété, de la famille...). Par exemple : n° 2010-45 QPC du 6 octobre 2010 (noms de domaine sur Internet), n° 2010-57 QPC du 18 octobre 2010 (taxe générale sur les activités polluantes), n° 2010-100 QPC du 11 février 2010 (loi de validation du contrat de concession du Grand stade), n° 2010-101 QPC du 11 février 2010 (droits des professionnels libéraux).

Sur les 83 décisions rendues, 56 % sont de conformité, 34 % de non-conformité totale (14 décisions), partielle (7 décisions) ou avec réserve (9 décisions), 10 % de non-lieux.

Les avocats présents sont à 60 % des avocats à la Cour et à 40 % des avocats au Conseil d'État et à la Cour de cassation ».

Nouveaux Cahiers du Conseil constitutionnel.

§ 4. Les normes de références du contrôle de constitutionnalité

573 Le Conseil constitutionnel a pour mission de faire respecter la primauté de la Constitution, au sommet de la hiérarchie des normes. C'est le cœur son activité et, dans le cadre de l'insertion du droit français dans le droit européen, il constitue la garantie de la préservation du fonds commun des valeurs propres à la nation par le truchement du contrôle de constitutionnalité, *a priori* et *a posteriori*, au bénéfice des citoyens. Il a ainsi à connaître, comme on l'a vu, des traités internationaux et européens qui

peuvent inclure des dispositions non conformes à la Constitution (art. 54). Il apprécie, *a priori*, dans le cadre de l'article 61, et *a posteriori*, dans le cadre de l'article 61-1 et de la question prioritaire de constitutionnalité, la conformité des lois exclusivement par rapport aux normes constitutionnelles. Il use pour ce faire des techniques spécifiques empruntées au Conseil d'État mais aussi aux cours constitutionnelles européennes.

A. Hiérarchie des normes et « bloc de constitutionnalité »

574 L'existence d'une hiérarchie des normes constitue l'une des plus importantes garanties de l'État de droit. Dans ce cadre, les compétences des différents organes de l'État doivent être précisément définies et les normes qu'ils édictent ne sont valables qu'à condition de respecter l'ensemble des normes de droit supérieures. Cet ordonnancement juridique s'impose à l'ensemble des personnes juridiques. Au sommet de cet ensemble pyramidal figure la Constitution et des normes en découlant, le « bloc de constitutionnalité » : le Conseil constitutionnel s'attache à préserver sa primauté.

1. La Constitution est au sommet de la hiérarchie des normes

575 Aussi, étudiera-t-on en premier lieu les normes constitutionnelles puis les normes internationales et du droit de l'Union européenne qui lui sont subordonnées. Enfin, au 3e rang, se situent les normes législatives puis infra-législatives.

• **La Constitution et les normes constitutionnelles.** Placée au sommet de l'édifice juridique, la Constitution se définit par sa place au sommet de la hiérarchie des normes. La norme suprême peut être l'objet de révision par la procédure ordinaire de l'article 89 et, dans des conditions controversées, par la voie de l'article 11. À l'occasion de l'examen du traité établissant une Constitution pour l'Europe, le Conseil constitutionnel a rappelé la « place, au sommet de l'ordre juridique interne, de la Constitution française » (décis. 19 nov. 2004, n° 2004-505 DC). Il a repris cette formulation dans sa décision sur le traité de Lisbonne (décis.

20 déc. 2007, n° 2007- 560 DC). Suivent après la Constitution, par ordre :

• les lois organiques sont prises en application de la Constitution (v. chap. 5, art. 46, ss 490) ;

• la supériorité des normes internationales sur les lois (v. chap. 7, art. 55, ss 535) ;

• la supériorité des lois sur les normes réglementaires (v. chap. 5, art. 34, ss 405). Les lois s'imposent à l'ensemble des normes réglementaires qui doivent respecter leur champ d'application ;

• les ordonnances sont prises en application des lois et leur sont donc subordonnées (v. chap. 5, art. 38, ss 440) ;

• les normes réglementaires sont subordonnées aux lois (v. chap. 5, art. 37, ss 425).

2. Le « bloc de constitutionnalité »

576 **Les droits et libertés fondamentaux contenus dans le texte même de la Constitution.** En dehors de son Préambule, la Constitution de 1958 *stricto sensu* contient les principes relatifs aux institutions et répartit les compétences entre elles, d'un point de vue technique et procédural et s'agissant pour l'essentiel des règles d'organisation des pouvoirs publics. Si le texte même de la Constitution contient certains droits et libertés fondamentaux (art. 2 : laïcité, liberté de conscience, principe d'égalité et de non-discrimination ; art. 3 : droits civiques ; art. 64 : indépendance de la magistrature ; art. 66 : liberté individuelle et sa protection par l'autorité judiciaire), c'est le préambule qui en est la source principale et d'un point de vue « qualitatif », leur siège principal. Et le préambule contient des principes à valeur constitutionnelle, le plus souvent fondés sur une référence explicite à celui-ci, mais non exclusivement : le Conseil constitutionnel exerce un pouvoir créateur en la matière en « découvrant » des principes par une interprétation constructive des textes. Les garanties fondamentales de ces droits sont de la compétence du législateur. C'est sur le respect de ces normes constitutionnelles consubstantielles à l'État de droit, que le Conseil constitutionnel exerce son contrôle comme il l'opère sur les autres dispositions constitutionnelles. Ce contrôle comprend des degrés dont l'intensité est variable en fonction des droits et libertés à concilier ou simplement à faire respecter.

577 L'intégration du Préambule à la Constitution de 1958 par la décision du Conseil constitutionnel du 16 juillet 1971 et la naissance d'un « bloc de constitutionnalité »

> « *1) Le Conseil constitutionnel est saisi sur le fondement de l'article 61 alinéa 2 de la Constitution pour apprécier la conformité d'une loi ordinaire à la Constitution. Il est à noter que c'est là une des premières fois – sinon la première – que le Conseil est saisi en vue d'apprécier la constitutionnalité d'une loi ordinaire en dehors de l'hypothèse de l'article 37, c'est-à-dire non pas sur une question de répartition des compétences entre les pouvoirs publics, mais sur une question de fond.*
> *2. Les dispositions constitutionnelles auxquelles le texte déféré au Conseil sont contraires se trouvent contenues dans le Préambule et dans l'article 4.*
> *a) Le principe de la liberté d'association doit être considéré comme faisant partie du préambule de la Constitution de 1958, au même titre que les autres grandes libertés publiques. Cette proposition n'est pas évidente a priori étant donné que ce principe ne se trouve expressément formulé et proclamé ni dans la Constitution elle-même, ni dans son préambule, ni encore dans les déclarations de droits de 1789 et de 1946 auxquelles fait référence le préambule de la Constitution de 1958. Mais ce préambule entend réaffirmer également, comme celui de la Constitution de 1946 « les principes fondamentaux reconnus par les lois de la République » et s'il a été admis que cette formule n'a pas de contenu précis, la doctrine unanime a toujours estimé qu'elle recouvrait du moins à coup sûr la liberté d'association. Cette opinion a d'ailleurs été confirmée par deux arrêts formels du Conseil d'État, d'une part l'arrêt Amicale des Annamites de Paris et Sieur Nguyen Duc Frang, le 11 juillet 1956, (...) et par ailleurs, dans un arrêt du 24 janvier 1958, Association des anciens combattants et victimes de la guerre du département d'Oran (...).Il ne saurait donc être sérieusement contesté que la liberté d'association soit partie intégrante du préambule, et sa valeur constitutionnelle résulte à la fois de l'affirmation très nette de l'arrêt de 1958 précité et d'autre part de la jurisprudence récente du Conseil d'État qui attribue valeur constitutionnelle aux principes contenus dans le préambule (le 12 février 1960,* Société Eky*)* ».
> Extrait de la note relative au texte voté par le Parlement tendant à la modification de la loi du 1er juillet 1901 relative au contrat d'association jointe à la saisine du Conseil constitutionnel par le président du Sénat dans sa saisine (qui aboutira à décis. 16 juill. 1971, n° 71-44 DC).

Pendant longtemps la doctrine fût partagée sur la valeur juridique du Préambule. Carré de Malberg lui déniait « toute efficacité de règles de droit positif » tandis que Duguit y voyait une loi dès lors que le texte a été voté par une assemblée constituante, Hauriou considérant que « *le texte constitutionnel de la constitution sociale* » avait la même valeur que la constitution politique.

En 1958, nul n'imaginait cependant qu'insérés dans le Préambule de la Constitution, la Déclaration des droits de 1789 et le Préambule de 1946 puissent affirmer autre chose qu'un idéal. Pour autant, le Conseil d'État avait eu l'occasion de reconnaître pleinement la valeur juridique du préambule de la Constitution de 1946 (CE ass. 18 avr. 1947, *Jarrigion*). Au contraire, s'agissant du préambule de la Constitution de 1958, le constituant n'entendait pas lui donner une quelconque valeur juridique. Sous la Ve République, le Conseil d'État a posé le principe selon lequel le préambule avait la même valeur juridique que le texte même de la Constitution (CE sect. 12 févr. 1960, *Sté Eky*). Cette solution sera reprise par le Conseil constitutionnel, avec sa fameuse décision du 16 juillet 1971 par un simple visa : « *Vu la Constitution et notamment son Préambule* ». Il décide qu'il peut opérer le contrôle de constitutionnalité non seulement par rapport au texte de la Constitution, mais aussi par rapport à son Préambule et les normes qu'il contient, soit la Déclaration de 1789 et le Préambule de 1946. Cette solution est clairement précisée par le Conseil constitutionnel en 1982 : « *Considérant (...) que par les référendums du 13 octobre 1946 et du 28 septembre 1958, le peuple français a approuvé des textes conférant valeur constitutionnelle aux principes et aux droits proclamés en 1789 ; qu'en effet, le préambule de la Constitution de 1946 réaffirme solennellement les droits et les libertés de l'homme et du citoyen consacrés par la Déclaration des droits de 1789 et tend seulement à compléter ceux-ci par la formulation des principes politiques, économiques et sociaux particulièrement nécessaires à notre temps ; que, aux termes du préambule de la Constitution de 1958, le peuple français proclame solennellement son attachement aux droits de l'homme et aux principes de la souveraineté nationale tels qu'ils ont été définis par la déclaration de 1789, confirmée et complétée par le Préambule de la Constitution de 1946* » (décis. 16 janv. 1982, n° 81-132 DC, *Loi de nationalisation*). Les normes de référence de contrôle du Conseil se sont donc considérablement étendues et avec elles le rôle du Conseil constitutionnel depuis 1971, ce mouvement ayant été accéléré par la révision constitutionnelle de 1974 ouvrant la saisine à 60 députés ou 60 sénateurs.

578 **La construction continue du « bloc de constitutionnalité ».** Disons d'emblée que cette notion de « bloc » – par référence au « bloc de légalité » en droit administratif – est critiquée par une partie de la doctrine qui y voit là un moyen commode pour désigner l'ensemble des normes de référence du juge de la constitutionnalité des lois. Elle n'a pas cependant trouvé de solution alternative.

Le Conseil constitutionnel écarte de ce « bloc » les règlements des assemblées (sauf, bien sûr s'il reproduit une disposition constitutionnelle) et les normes internationales (v. chap. 7, ss 539) et se refuse donc à contrôler la conformité des lois aux traités internationaux. Il en va de même des normes issues du droit de l'Union européenne sauf à trouver une base constitutionnelle expresse (v. chap. 15, ss 693). Enfin, les lois organiques ne font pas partie du « bloc » de constitutionnalité : le motif d'invalidation d'une loi du Conseil constitutionnel ne vise que la violation de la Constitution au travers des règles de compétences prévues pour le vote des lois. En sont aussi exclus les règlements des assemblées parlementaires, les lois référendaires intervenues dans le domaine de la loi ordinaire et les principes généraux du droit.

Retraçons les étapes majeures et passionnantes de cette construction :

- le 16 juillet 1971 (liberté d'association), le juge constitutionnel a reconnu pour la première fois un principe admis par les lois de la République visées par le préambule de 1946, lui-même visé par celui de la Constitution de 1958 : il lui reconnaît donc valeur constitutionnelle. Il a donc tranché en faveur de la valeur juridique du préambule ;

- le 27 novembre 1973 (taxation d'office), il se fonde expressément sur la Déclaration des droits de l'homme et du citoyen de 1789 s'agissant du principe d'égalité (pourtant reconnu par l'article 2 de la Constitution de 1958, dans sa version d'alors) ;

- le 15 janvier 1975 (interruption volontaire de grossesse), le Conseil décide qu'une loi contraire à un traité n'est pas pour autant contraire à la Constitution (la Convention européenne des droits de l'homme) : les engagements internationaux sont ainsi exclus du « bloc » formé en principe uniquement de textes nationaux. Par ailleurs, il fait référence, cette fois de façon explicite, au préambule de la Constitution de 1946 (protection de la santé de la mère et de l'enfant) ;

- le 16 janvier 1982 (nationalisations 1), il refuse de hiérarchiser les éléments du bloc de constitutionnalité – tous deux consacrés par la Constitution de 1958 – mais les concilie (Déclaration des droits de l'homme de 1789 consacrant le droit de propriété et le préambule de 1946 autorisant les nationalisations). Le 19 juin 2008 il déclare que l'ensemble des droits et devoirs définis dans la Charte de l'environnement a valeur constitutionnelle (décis. 19 juin 2008, n° 2008-564 DC, *Loi relative aux organismes génétiquement modifiés*) ;

- notons enfin qu'a été institué 2008 un comité, sous la présidence de Simone Veil, chargé de réfléchir s'il y a lieu de compléter les droits fondamentaux garantis par la Constitution et, dans l'alternative, de rechercher quels pourraient être les principes nouveaux. Il a conclu par la négative.

3. Les composantes du « bloc de constitutionnalité »

579 **La Déclaration des droits de l'homme et du citoyen de 1789.** (v. ANNEXES) De caractère abstrait et universel, contrairement aux grandes déclarations anglo-saxonnes, la Déclaration des droits de l'homme et du citoyen du 26 août 1789 placée en tête de la Constitution de 1791 ne ressuscite qu'en 1946 et est intégrée au Préambule de la Constitution puis à celui de 1958 (v. ANNEXES). Entre-temps, elle a largement inspiré la Déclaration universelle des droits de l'homme de 1948. La Déclaration proclame l'existence de « droits naturels, inaliénables et sacrés de l'homme », les hommes ayant vocation à « demeurer libres et égaux en droits » (art. 1er). Elle consacre en premier lieu les droits de l'homme en tant que personne : l'égalité (art. 1er) ; la liberté (art. 1er), dont la définition est donnée par l'article 4 (« *La liberté consiste à pouvoir faire tout ce qui ne nuit pas à autrui* ») et qui a comme corollaire le droit à la sûreté, la résistance à l'oppression (art. 2) ; le principe de légalité des délits et des peines, le principe de nécessité et de non rétroactivité de la loi pénale (art. 7 et 8) ; le principe de présomption d'innocence (art. 9) ; la liberté d'opinion et de conscience (art. 10) ; la liberté d'expression (art. 11) ; le droit de

propriété (art. 2 et 17). Elle développe en second lieu les droits de l'homme en tant que citoyen : droit de concourir personnellement ou par des représentants à l'élaboration de la loi (art. 6) ; égal accès aux dignités, places et emplois publics (art. 6) ; indivisibilité de la souveraineté nationale (art. 3) ; principe du consentement à l'impôt et de son égale répartition (art. 14) ; principe d'une force publique (art. 12) ; principe du contrôle et de la responsabilité de l'administration (art. 15) ; principe de garantie des droits (art. 16). Le Conseil a donné à ces droits pleine valeur constitutionnelle ou déduit de ceux-ci la consécration d'autres droits qu'ils impliquent (liberté d'entreprendre, inviolabilité du domicile et des correspondances, liberté d'aller et de venir, liberté personnelle (dont celle du mariage), droit au respect de la vie privée, liberté contractuelle la sauvegarde de la dignité humaine, liberté de communication). Il a fait de même pour intégrer certaines des dispositions de la Convention européenne des droits de l'homme, par exemple le droit à un recours juridictionnel effectif sur la base de l'article 16 de la Déclaration (v. *Droit constitutionnel contemporain 1*, n° 142).

580 **Le préambule de 1946.** Le préambule de la Constitution de 1946 (v. ANNEXES) proclame : « *Au lendemain de la victoire remportée par les peuples libres sur les régimes qui ont tenté d'asservir et de dégrader la personne humaine, le peuple français proclame à nouveau que tout être humain, sans distinction de race, de religion ni de croyance, possède des droits inaliénables et sacrés* ». C'est sur ce fondement que le Conseil constitutionnel dégagera tardivement le droit à la dignité de la personne humaine. Surtout, réaffirmant l'attachement du peuple français aux « *droits et libertés de l'homme et du citoyen* » consacrés par la Déclaration de 1789, le préambule vise « *les principes fondamentaux reconnus par les lois de la République* » (v. ss 582), principes non écrits qui seront « découverts » ou déduits par le Conseil constitutionnel à compter de sa fameuse décision du 16 juillet 1971. Enfin, il proclame « *les principes politiques économiques et sociaux particulièrement nécessaires à notre temps* ». Il s'agit cette fois de principes écrits auxquels le Conseil constitutionnel peut se référer directement. Dans le domaine politique, il s'agit de l'égalité des sexes, du droit d'asile, de la supériorité du droit international, du respect du droit

public international ; dans le domaine économique, il s'agit d'autoriser les nationalisations (et l'économie mixte), mais aussi de consacrer les droits du travailleur (liberté syndicale, droit de grève, participation des travailleurs à la détermination des conditions de travail dans l'entreprise) ; dans le domaine social, il s'agit en particulier de droits-créances (droit à l'emploi, droit à la protection de la santé, etc.), la nation pourvoit en effet au développement de l'individu et de la famille, garantit la protection de la santé, la sécurité matérielle, la solidarité nationale, l'égal accès à l'instruction, à la formation professionnelle et à la culture. Moins que des droits directement « actionnables », il s'agit d'objectifs à valeur constitutionnelle et supposent, par suite, d'être mis en œuvre par le législateur qui est donc libre des moyens employés pour les poursuivre (v. ANNEXES).

581 **La Charte de l'environnement de 2004.** (v. ANNEXES) À l'initiative du président Chirac, une « *charte adossée à la Constitution* » est adoptée par le Parlement en 2004 et intégrée au Préambule par la révision constitutionnelle du 28 février 2005 et promulguée le 1er mars suivant. Elle consacre un droit à l'environnement assorti de principes destinés à en assurer l'effectivité. Elle constitue désormais la troisième composante textuelle du Préambule. Malgré certaines interrogations à l'origine, les dispositions de la charte ont pleine valeur constitutionnelle. Visant à constitutionnaliser les principaux apports du droit à l'environnement, le texte qui contient 7 considérants et 10 articles, reprend un certain nombre de droits et de devoirs, dits de « troisième génération » déjà consacrés dans des textes à valeur législative ou le plus souvent par des textes internationaux et le droit de l'Union européenne, comme on le verra, de portée variable : au côté de dispositions à caractère déclaratoire voire incantatoire, elle comprend des principes directement applicables et invocables devant le juge et, d'autre part, des droits-créance dont la mise en œuvre appartient au législateur. En effet, l'un des apports essentiels de la Charte de l'environnement est aussi d'étendre la compétence du législateur. Ainsi, l'article 34 modifié de la Constitution prévoit désormais que « *la loi détermine les principes fondamentaux (...) de la préservation de l'environnement* ». Et, plusieurs dispositions

de la Charte prévoient l'intervention du législateur pour les mettre en œuvre, ce au détriment du pouvoir réglementaire.

Par principe, toute disposition figurant dans la Constitution a potentiellement valeur constitutionnelle. D'ailleurs on a vu que des formulations qui en sont dépourvues peuvent l'acquérir, comme les dispositions de la DDH ou celle du Préambule 1946 intégrées au bloc de constitutionnalité par la décision du 16 juillet 1971. De même le degré de généralité n'a pas non plus toujours d'effet en soit sur leur valeur normative. Il peut aussi témoigner en quelque sorte de la place au sommet de la hiérarchie des normes de ces dispositions, subordonnant d'autres normes inférieures plus précises : des principes très généraux ont pu fonder sur le plan constitutionnel des normes fondamentales tel que le principe d'égalité ou celui de « séparation des pouvoirs » de l'article 16 de la DDH ou encore de l'article 88.1 de la Constitution qui fonde, rien de moins, l'exigence constitutionnelle pour le Conseil constitutionnel de contrôler la transposition en droit interne des directives, etc. Celui-ci a donc en toute logique juridique refusé de considérer que les énoncés figurant dans la Charte de l'environnement étaient de nature proclamatoire par principe.

Le Conseil constitutionnel s'est référé pour la première fois à la Charte dans sa décision n° 2005-514 DC du 28 avril 2005 et considéré que le législateur n'avait pas méconnu le principe du développement durable énoncé par son article 6. Il a surtout consacré la pleine valeur constitutionnelle de la Charte dans sa décision du 19 juin 2008 sur la « loi OGM » : « *l'ensemble des droits et devoirs définis dans la Charte de l'environnement* » a « *valeur constitutionnelle* ». Il a ensuite, au fur et à mesure des saisines dont il était l'objet, cherché à identifier la portée normative précise de chacun des articles. En effet, certains d'entre eux prévoient l'intervention du législateur pour les mettre en œuvre, d'autres non. Il appartenait donc au juge constitutionnel de faire le tri, s'agissant des conditions d'effectivité de ces droits et devoirs. Il contrôle aussi le respect par le législateur de sa compétence (la méconnaissance par celui-ci de sa propre compétence – l'« incompétence négative » – est alors sanctionnée). Pour le reste, c'est-à-dire s'agissant de la conformité des dispositions législatives au regard des exigences de la Charte, il exerce un contrôle restreint.

Quant au Conseil d'État, il a solennellement consacré la valeur juridique de la Charte, dans sa décision du 3 octobre 2008, *Commune d'Annecy* en écho à celle du Conseil constitutionnel 19 juin 2008, précitée. Il a aussi précisé, à l'occasion de l'examen de l'article 7 – mais la solution est générale – les conséquences de l'extension du domaine législatif en matière environnementale : « *depuis la date d'entrée en vigueur de la loi constitutionnelle du 1er mars 2005, une disposition réglementaire ne peut intervenir dans le champ d'application de l'article 7 de la Charte de l'environnement que pour l'application de dispositions législatives, notamment parmi celles qui figurent dans le Code de l'environnement et le Code de l'urbanisme, que celles-ci soient postérieures à cette date ou antérieures, sous réserve, alors, qu'elles ne soient pas incompatibles avec les exigences de la Charte* ». Cet arrêt a constitué la première annulation d'un décret pour violation de la Charte.

582 **Les principes fondamentaux reconnus par les lois de la République (PFRLR).** Ils sont mentionnés dans la seconde phrase du 1er alinéa du Préambule de la Constitution de 1946 Cette notion a véritablement pris tout son sens grâce à la décision du Conseil constitutionnel du 16 juillet 1971 relative à la loi complétant les dispositions des articles 5 et 7 de la loi du 1er juillet 1901 relative au contrat d'association. Le Conseil constitutionnel déclare non conforme à la Constitution une disposition législative en se fondant pour la première fois sur le préambule de la Constitution de 1958 (préambule qui rappelle notamment que « Le peuple français proclame solennellement son attachement aux Droits de l'homme et aux principes de la souveraineté nationale tels qu'ils ont été définis par la Déclaration de 1789, confirmée et complétée par le préambule de la Constitution de 1946 »).

• Les trois conditions cumulatives pour consacrer un PFRLR :

- un principe républicain : il doit s'agir d'un principe issu d'une loi de la République (et donc pas de la monarchie…), le principe doit trouver une base textuelle dans une ou plusieurs lois intervenues sous un régime républicain antérieur intervenu avant l'entrée en vigueur du préambule de 1946 (décis. 23 janv. 1987, n° 86-224 DC, *Loi transférant à la juridiction judiciaire le contentieux des décisions du Conseil de la concurrence*) ;

- la continuité du principe : il doit bénéficier d'une continuité certaine, une seule exception s'écartant de la tradition fixée suffit à ne pas regarder la loi « *comme ayant engendré un principe fondamental reconnu par les lois de la République* » (Cons. const. 20 juill. 1988, n° 88-244 DC, *Loi portant amnistie*).

- un principe général : pour être « fondamental », le principe doit énoncer une règle essentielle pour la vie de la nation, comme les libertés fondamentales, la souveraineté nationale ou l'organisation des pouvoirs publics (Cons. const. 14 janv. 1999, n° 98-407 DC, § 9) et avoir un degré suffisant de généralité (Cons. const. 20 juill. 1993, n° 93-321 DC, *Loi réformant le Code de la nationalité*).

• **Liste des PFRLR.** À la suite du principe de liberté d'association (Cons. const. 16 juill. 1971, n° 71-44 DC), le Conseil constitutionnel a dégagé d'autres PFRLR :

- le respect des droits de la défense (Cons. const. 2 déc. 1976, n° 76-70 DC) ;

- la liberté individuelle (Const. const. 12 janv. 1977, n° 76-75 DC) ;

- la liberté de conscience (Const. const. 23 nov. 1977, n° 77-87 DC) ;

- la liberté de l'enseignement (Const. const. 23 nov. 1977, n° 77-87 DC) ;

- l'indépendance de la juridiction administrative (Const. const. 22 juill. 1980, n° 80-119 DC) ;

- la garantie de l'indépendance des professeurs d'université (Const. const. 20 janv. 1984, n° 83-165 DC) ;

- la compétence exclusive de la juridiction administrative pour l'annulation des actes de la puissance publique (Const. const. 23 janv. 1987, n° 86-224 DC) ;

- la compétence de l'autorité judiciaire en matière de protection de la propriété immobilière privée (Cons. const. 25 juill. 1989, n° 89-256 DC) ;

- la recherche du relèvement éducatif et moral des enfants délinquants par des mesures adaptées (Const. const. 29 août 2002, n° 2002-461 DC) ;

- le maintien de la législation des départements d'Alsace et de Moselle tant qu'elle n'est pas remplacée (Cons. const. 5 août 2011, n° 2011-157 QPC, *Sté Somodia*).

Notons que le Conseil d'État s'est reconnu par trois fois compétent pour reconnaître un principe fondamental reconnu par les lois de la République : la liberté d'association, l'indépendance des professeurs d'Université et, dans l'arrêt *Koné* du 3 juillet 1996, s'agissant du principe selon lequel l'État doit refuser l'extradition d'un étranger lorsque celle-ci est demandée dans un but politique. Ainsi, le Conseil constitutionnel ne dispose donc plus d'un monopole absolu d'édiction de ces principes. Par ailleurs, il convient de ne pas confondre ces principes fondamentaux avec les principes généraux du droit dégagés par le Conseil d'État, de valeur législative, seule la loi pouvant y déroger (sous réserve que le juge constitutionnel puisse, en leur reconnaissant une valeur constitutionnelle, les promouvoir au rang de principes à valeur constitutionnelle).

• **Rattachement de certains PFRLR à une norme constitutionnelle écrite.** Certains PFRLR ne sont plus reconnus comme tels mais maintenant rattachés à d'autres dispositions du bloc de constitutionnalité.

- la liberté individuelle (Cons. const. 12 janv. 1977, n° 76-75 DC, *Loi autorisant la visite des véhicules en vue de la recherche et de la prévention des infractions pénales*), est désormais rattachée à l'article 66 de la Constitution de 1958 (Cons. const. 29 déc. 1983, n° 83-164 DC, *Loi de finances pour 1984*) ;

- la liberté de conscience est désormais rattachée à l'article 10 de la Déclaration de 1789 et, au besoin, à l'alinéa 5 du préambule de la Constitution de 1946 (Cons. const. 27 juin 2001, n° 2001-446 DC, *Loi relative à l'interruption volontaire de grossesse et à la contraception*) ;

- le respect des droits de la défense (Cons. const. 2 déc. 1976, n° 76-70 DC, *Loi relative au développement de la prévention des accidents du travail*), est désormais rattaché à l'article 16 de la

Déclaration de 1789 (Cons. const. 30 mars 2006, n° 2006-535 DC, *Loi pour l'égalité des chances*).

583 **Les objectifs à valeur constitutionnelle : « OVC ».** Par un raisonnement proche de celui par lequel la Cour de justice des Communautés a consacré la catégorie des « objectifs d'intérêt général poursuivis par la Communauté » (CJCE 14 mai 1974, n° 4/73, *Nold*) et a considéré que certains droits (comme le droit de propriété) n'ont pas d'effets absolus mais doivent être limités dans l'intérêt général, sorte de prisme de lecture, le Conseil constitutionnel en fixant au législateur des objectifs à valeur constitutionnelle, relativise certains droits et concilie entre eux des droits et libertés qui peuvent paraître contradictoires. Prenant appui sur des règles et principes à valeur constitutionnelle, ces « objectifs » ne sont formellement reconnus en eux-mêmes par aucun texte mais y sont le plus souvent rattachés (avec des exceptions comme notamment la sauvegarde de l'ordre public ou la recherche d'auteurs d'infractions). Ils ont été admis à partir de 1982 par le Conseil (Cons. const. 27 juill. 1982, *Communication audiovisuelle*) et surtout dans sa décision significative du 11 octobre 1984, *Entreprises de presse* (n° 84-181DC), comme « le pluralisme des quotidiens d'information politique et générale [...] est en lui-même un objectif à valeur constitutionnelle » que le législateur doit mettre en œuvre, le Conseil lui imposant par là même des « devoirs ». On en dénombre à ce jour une douzaine : la sauvegarde de l'ordre public, le respect de la liberté d'autrui, le pluralisme, la transparence financière des entreprises de presse, la protection de la santé publique, la recherche des auteurs d'infractions, la lutte contre la fraude fiscale, la possibilité pour toute personne de disposer d'un logement décent, l'accessibilité et l'intelligibilité de la loi, l'équilibre financier de la sécurité sociale, l'égal accès des femmes et des hommes aux mandats électoraux et fonctions électives ainsi que l'égalité entre les collectivités territoriales. À la diversité de leur contenu s'ajoute « *l'absence de définition jurisprudentielle de leurs conditions d'existence* » (Pierre de Montalivet). Mais, dans la mesure où ces objectifs conditionnent l'effectivité des droits et libertés et déterminent, par suite, la conduite à tenir par le législateur, le Conseil constitutionnel peut être amené à sanctionner le

non-respect sa réalisation. Cependant, et c'est là leur principale limite, simples obligations de moyens et non de résultat, ils ne sont pas des droits mais de simples « objectifs » à destination principalement du législateur, et non aux pouvoirs publics et aux particuliers. Par conséquent, leur normativité est limitée et leur degré de protection inférieur aux droits et libertés qu'ils sont censés permettre de concilier. Il en va ainsi notamment, de la sauvegarde de l'ordre public avec la liberté de communication (Cons. const. 27 juill. 1982, n° 82-141 DC, *Communication audiovisuelle*), de la recherche des auteurs d'infraction avec la protection de la propriété privée et l'exercice de la liberté individuelle (Cons. const. 22 avr. 1997, n° 97-389 DC, *Loi relative à l'immigration, de l'équilibre financier de la sécurité sociale*) qui doit être concilié avec le respect de la vie privée, en particulier s'agissant des informations nominatives à caractère médical (Cons. const. 21 déc. 1999, n° 99-422 DC, *LFSS pour 2000*), etc.

584 **Les principes à valeur constitutionnelle fondés sur un texte et ceux « déduits » de celui-ci par le Conseil constitutionnel.** La plupart des droits et libertés consacrés par le Conseil constitutionnel ont une source textuelle directe dans la DDH ou le Préambule de 1946 (v. ANNEXES). Les principes particulièrement nécessaires à notre temps et reconnus par ce dernier en sont l'illustration. Ils peuvent aussi tout simplement résulter d'une d'une interprétation constructive du Conseil constitutionnel qui déduit donc des textes existant un principe qui n'est pas formellement consacré en tant que tel et le rattache à un ou plusieurs articles du Préambule. Il en va ainsi de la fameuse décision du 16 juillet 1971 du Conseil constitutionnel qui fait de la liberté d'association un principe fondamental reconnu par les lois de la République (« *Considérant qu'au nombre des principes fondamentaux reconnus par les lois de la République et solennellement réaffirmés par le préambule de la Constitution il y a lieu de ranger le principe de la liberté d'association* »). Il en va aussi, par exemple, de la liberté contractuelle rattachée à l'article 4 de la Déclaration de 1789. À l'inverse, il a refusé de conférer valeur constitutionnelle à des principes comme celui de la confiance légitime (décis. 7 nov. 1997, n° 97-

391 DC) ou du principe d'irresponsabilité pénale des mineurs (décis. 29 août 2002, n° 2002-461 DC).

Cette interprétation constructive a aussi permis de reconnaître certains droits protégés par la Convention européenne des droits de l'homme qui n'étaient pas textuellement présents dans la Constitution française (v. *Droit constitutionnel contemporain 1*) : le droit au respect de la vie privée rattaché à l'article 2 de la Déclaration de 1789 (décis. 23 juill. 1999, n° 99-416 DC, *Loi portant création d'une couverture maladie universelle*) ; la liberté de mariage, l'une des composantes de la liberté personnelle au titre des articles 2 et 4 de la Déclaration de 1789 ; le droit de mener une « vie familiale normale » rattaché au 10ᵉ alinéa du Préambule de la Constitution de 1946 ; le principe de la dignité de la personne humaine rattaché au Préambule de 1946 ; et, en matière pénale, le droit à un recours effectif rattaché à l'article 16 de la Déclaration de 1789.

Certains principes à valeur constitutionnelle ne sont rattachés à aucun texte comme le principe de la continuité de l'État et du service public (décis. 25 juill. 1979, n° 79-105 DC, *Loi modifiant les dispositions de la loi n° 74-696 du 7 août 1974 relatives à la continuité du service public de la radio et de la télévision en cas de cessation concertée du travail*) ou sont tout simplement innommés comme l'intérêt général, l'ordre public, et permettent au Conseil de limiter un droit ou de moduler son contrôle (v. ss 586 s.).

La jurisprudence du Conseil constitutionnel a pu aussi faire l'objet d'une inscription dans la Constitution : ainsi par exemple de l'expression pluraliste des opinions inscrite de l'article 4, alinéa 3, la Constitution par la loi constitutionnelle du 23 juillet 2008 et prolongée par un ajout à l'article 34 ou de façon plus générale, en matière de décentralisation (v. chap. 7 ss 539). Au surplus, c'est la jurisprudence même du Conseil, qui pour être surmontée a entraîné une révision constitutionnelle (ajout par exemple à l'article 3 pour l'égal accès des hommes et des femmes aux mandats et fonctions électives ; v. ss 173).

4. Les règles exclues du bloc de constitutionnalité

585 • Les traités internationaux et les normes issues du droit de l'Union européenne (v. art. 55, ss 535) ;

• **Les lois organiques.** Elles ne font pas partie de ce bloc puisque la méconnaissance d'une loi organique par une loi ordinaire est une violation de la Constitution (puisque méconnaissant son domaine) : seules les lois organiques portant sur les lois de finances et sur les lois de financement de la Sécurité sociale font partie du « bloc » ;

• **Les règlements des assemblées parlementaires** (v. chap. 4, ss 324) ;

• **Les lois référendaires intervenues dans le domaine de la loi ordinaire** (v. art. 11, ss 260) ;

• **Les principes généraux du droit.** Ces principes élaborés depuis près d'un siècle par le Conseil d'État (égalité des citoyens, respect des droits de la défense, etc.) sont de deux sortes (décis. 26 juin 1969, n° 69-55 L, *Protection des sites*). Les uns n'ont pas de valeur constitutionnelle conférée par le Conseil constitutionnel : le législateur peut donc y déroger. Les autres ont valeur constitutionnelle, c'est-à-dire sont assimilés par le Conseil à des « principes fondamentaux reconnus par les lois de la République ».

B. Les techniques de contrôle du Conseil constitutionnel

586 Par analogie avec le droit administratif, on distingue deux types de contrôle. Celui de la constitutionnalité externe du texte soumis permet d'assurer le respect des règles de forme, de procédure et de compétence. Celui de la constitutionnalité interne vise les règles constitutionnelles autres que ces dernières, singulièrement les règles garantissant les droits et libertés fondamentaux issues du bloc de constitutionnalité qu'il s'agisse de la violation directe de la norme constitutionnelle, ou du « *détournement de pouvoir* » même si le Conseil constitutionnel se garde bien d'user de cette formule.

1. La « constitutionnalité externe »

587 Le Conseil s'attache ici au respect des règles de procédure et de compétence à l'image du juge administratif dans son contrôle de la légalité externe d'un acte administratif.

• **Les vices de procédure.** Le vice de procédure consiste dans des irrégularités commises lors du processus législatif. Le Conseil constitutionnel veille à ce que soient respectées les « règles de valeur constitutionnelle de la procédure législative » (décis. 23 juill. 1975, n° 75-57 DC, *Loi sur la taxe professionnelle*) qu'il s'agisse notamment des consultations préalables (v. par ex. s'agissant de celle du Conseil d'État, l'art. 39) et plus généralement du respect de ces règles au cours de la discussion parlementaire.

• **Les règles de compétence.** Le principe est d'une simplicité biblique... Une autorité ne doit pas méconnaître la compétence d'une autre autorité. Le Conseil constitutionnel veille ainsi à ce que le législateur n'empiète pas sur le domaine de la loi organique mais admet cependant une « incompétence positive » lorsque le législateur empiète sur le domaine réglementaire, par sa jurisprudence « prix et revenus » de 1982 (v. art. 34). Inversement, il censure les « incompétences négatives » qui tiennent au fait que le législateur méconnaît sa propre compétence. Il en va en particulier de la compétence du législateur en matière de droits et libertés fondamentaux. En vertu de l'article 34 de la Constitution, c'est la loi qui fixe les règles concernant les garanties fondamentales accordées aux citoyens pour l'exercice des libertés publiques. Le Conseil constitutionnel rappelle ainsi constamment « *qu'il appartient au législateur, en vertu de l'article 34 de la Constitution, de fixer les règles concernant les garanties fondamentales accordées aux citoyens pour l'exercice des libertés publiques* » (décis. 21 janv. 1994, n° 93-333 DC, *Loi modifiant la loi n° 86-1067 du 30 septembre 1986 relative à la liberté de communication* ; v. ss 417 s.).

2. La « constitutionnalité interne »

588 Il s'agit d'examiner au fond les dispositions contestées et le Conseil fait preuve en la matière d'une certaine prudence dès lors qu'il n'est qu'un pouvoir constitué. Il module son contrôle sur une échelle qui va du contrôle « restreint » au contrôle de proportionnalité, en passant par le contrôle « normal ».

589 **Le Conseil constitutionnel « ne dispose par d'un pouvoir d'appréciation identique à celui du Parlement ».** Notons au préalable que depuis 1975, le Conseil constitutionnel affirme qu'il ne dispose pas d'un

« pouvoir général d'appréciation et de décision identique à celui du Parlement, mais lui donne seulement compétence pour se prononcer sur la conformité à la Constitution des lois déférées à son examen » (décis. 15 janv. 1975, n° 74-54 DC, *Loi relative à l'interruption volontaire de la grossesse*). Et depuis 2000, la formule a légèrement été modifiée : il *« n'a pas un pouvoir d'appréciation et de décision de même nature que celui du Parlement »* (décis. 27 juill. 2000, n° 2000-433 DC, *Liberté de communication*). Par suite, le Conseil constitutionnel se refuse à devenir juge, non de la constitutionnalité des lois mais *« en réalité [de] l'opportunité de la loi »* (décis. 12 sept. 1984, n° 84-179 DC, *Loi relative à la limite d'âge dans la fonction publique et le secteur public*), substituant alors sa propre appréciation à celle du législateur.

590 **Contrôle « restreint » et contrôle « normal ».** Le Conseil constitutionnel emprunte au Conseil d'État la distinction opérée dans le contentieux de l'excès de pouvoir. On distingue ainsi de façon très générale deux types de contrôle principaux effectués par le Conseil constitutionnel, ce d'autant que le contrôle sur un domaine donné peut varier au cours du temps et qu'il n'existe pas de grille d'analyse systématique de leur exercice. La matière pénale semble bien illustrer les deux types de contrôles : s'agissant du principe de nécessité des peines énoncé par l'article 8 de la Déclaration de 1789, il n'appartient pas au Conseil constitutionnel *« de substituer sa propre appréciation à celle du législateur en ce qui concerne la nécessité des peines attachées aux infractions définies par celui-ci »*, dès lors que la loi n'est pas « manifestement contraire » à l'article 8. À l'inverse, l'obligation faite au législateur en vertu de l'article 8 « de définir les infractions en termes suffisamment clairs et précis pour exclure l'arbitraire » est assujettie à un contrôle normal (v. décis. de principe 19 et 20 janv. 1981, n° 80-127 DC). Quant à la variation des types de contrôle, par exemple en matière de découpage électoral, après avoir privilégié le contrôle restreint à partir de 1985, le Conseil constitutionnel s'est livré à un contrôle normal dans sa décision du 8 janvier 2009.

591 **Le contrôle restreint.** Le Conseil constitutionnel vérifie que la loi n'est pas entachée d'une « erreur manifeste d'appréciation » (une

erreur « qui saute aux yeux » selon la formule de Georges Vedel et Pierre Devolvé) ou ne présente pas de « disproportion manifeste » au regard de l'objectif d'intérêt général poursuivi par le législateur, ni d'« atteintes excessives » à un intérêt protégé par la Constitution. Le recours à l'« erreur manifeste d'appréciation » pour censurer une loi a été employé pour la première fois par le Conseil dans sa décision n° 85-196 DC du 8 août 1985 s'agissant du découpage électoral en Nouvelle-Calédonie, la loi ayant créé des écarts de représentation manifestement disproportionnés.

592 **Le contrôle normal.** Le contrôle normal repose sur les mêmes principes que le contrôle restreint et permet au juge constitutionnel de contrôler l'adéquation entre les objectifs de la loi et les solutions mises en œuvre par le législateur : il s'agit ici encore d'un contrôle de proportionnalité au sens « lâche » du mot même si à l'inverse du contrôle restreint il ne se limite pas à la censure d'une disproportion manifeste : l'étendue du contrôle opéré par le Conseil constitutionnel varie en fonction de la norme mise en balance avec la liberté en cause. Par exemple, le contrôle est normal lorsqu'est en cause un motif d'intérêt général. Notons qu'on retrouve parfois l'expression de contrôle « entier » qui n'est pas très heureuse, supposant que le Conseil se livre à un contrôle en opportunité.

593 **Le contrôle de proportionnalité « au sens strict ».** « *La présence de la notion de proportionnalité dans le contentieux constitutionnel comparé cache mal une réalité qui conduit souvent soit à des assimilations abusives, soit à des confusions dangereuses. Si la proportionnalité se définit génériquement comme l'État des grandeurs qui sont ou restent proportionnelles entre elles ou encore comme un rapport de proportion, rien n'indique ni ne définit dans le cadre du contrôle juridictionnel ce qu'est le contrôle de proportionnalité. Or l'examen des recours au contrôle de proportionnalité fait nettement apparaître deux formes de contrôle de proportionnalité : l'une est imposée au juge et se trouve contenue dans l'obligation générée par une norme – on peut la baptiser proportionnalité normative ; l'autre est dégagée ou créée par le juge pour lui permettre d'exercer son contrôle – on peut alors la baptiser de proportionnalité interprétative (ou de technique du contrôle de proportionna-*

lité). Dans le premier cas, il serait souhaitable de qualifier le contrôle de contrôle de la proportionnalité alors que dans le second cas, il s'agit véritablement d'un contrôle de proportionnalité. Les deux formes de contrôle ne remplissent pas les mêmes fonctions, même si elles se recoupent » (Xavier Philippe).

Le contrôle de proportionnalité, au sens propre du mot comme au sens « strict », s'inspire, surtout depuis 1990, des jurisprudences constitutionnelle allemande et de la CEDH : « *Toutefois, dans le dernier État de sa jurisprudence, et sans abandonner la distinction entre contrôle normal et contrôle restreint, le Conseil ne paraît pas insensible à certaines techniques de contrôle adoptées par d'autres juridictions constitutionnelles* » (Bruno Genevois). Ce contrôle incluant trois éléments dont le contrôle de proportionnalité (...) : l'adéquation ; la nécessité ; et (...) la proportionnalité au sens strict (décis. 21 févr. 2008, n° 2008-562 DC, *relative à la loi sur la rétention de sûreté*). Comme le note Valérie Goesel-Le Bihan, il s'assure que :

« - *une telle mesure doit être adéquate, c'est-à-dire appropriée, ce qui suppose qu'elle soit a priori susceptible de permettre ou de faciliter la réalisation du but recherché par son auteur ;*

- elle doit être nécessaire : elle ne doit pas excéder – par sa nature ou ses modalités – ce qu'exige la réalisation du but poursuivi, d'autres moyens appropriés, mais qui affecteraient de façon moins préjudiciable les personnes concernées ou la collectivité, ne devant pas être à la disposition de son auteur ;

- elle doit enfin être proportionnée au sens strict : elle ne doit pas, par les charges qu'elle crée, être hors de proportion avec le résultat recherché ».

En pratique, le Conseil constitutionnel utilise rarement les trois éléments à la fois et généralement l'un ou deux d'entre eux. Par exemple, en matière d'égalité, le Conseil constitutionnel exerce un contrôle d'adéquation et de nécessité : « *Considérant que le principe d'égalité ne s'oppose ni à ce que le législateur règle de façon différente des situations différentes, ni à ce qu'il déroge à l'égalité pour des raisons d'intérêt général, pourvu que, dans l'un et l'autre cas, la différence de traitement qui en résulte soit en rapport direct avec l'objet de la loi qui l'établit* ».

Le contrôle de l'adéquation utilisé à peu près dans tous les domaines qu'ils soient régis par la Déclaration de 1789, le Préambule de 1946 ou par la Charte de l'environnement consiste à vérifier que la mesure a un lien raisonnable avec l'objectif qu'il poursuit, faute de quoi est sanctionné un « *détournement de pouvoir* » supposant que le Parlement aurait usé du pouvoir législatif en vue d'un but qui n'était pas celui qu'il aurait dû poursuivre. Cette formulation n'est pas utilisée par le Conseil mais recouvre notamment le fait que la loi ait privé « *de bases légales des exigences constitutionnelles* ».

Le contrôle de la nécessité est exercé très rarement – pour considérer que le législateur avait la possibilité de prendre d'autres mesures pour atteindre l'objectif qu'il poursuivait (décis. 18 déc. 1998, n° 98-404 DC, *Loi de financement de la sécurité sociale pour 1999*) mais pour plus généralement contrôler que l'atteinte aux droits ne dépasse pas ce qui est nécessaire (particulièrement en matière pénale), sans, contrairement à la jurisprudence de la Cour constitutionnelle d'Allemagne, suggérer une mesure alternative : il n'« *appartient donc pas [au Conseil constitutionnel] de rechercher si l'objectif que s'est assigné le législateur n'aurait pu être atteint par d'autres voies, dès lors que les modalités retenues par la loi ne sont pas manifestement inappropriées à l'objectif poursuivi* » (décis. 6 déc. 1990, n° 90-280 DC, *Concomitance des élections régionales et cantonales*). Ce type de contrôle s'exerce particulièrement en matière de liberté individuelle (v. DDH, art. IX).

Enfin, dans le cadre du contrôle de la proportionnalité au « sens strict » ou au sens propre, le Conseil constitutionnel vérifie que les effets bénéfiques de la mesure décidée par le législateur l'emportent sur ses effets préjudiciables et que les garanties encadrant sa mise en œuvre sont proportionnées à l'atteinte à la liberté en cause. Il en va ainsi notamment du principe de nécessité des peines (v. DDH, art. VIII).

Un bon exemple du « plein-emploi » par le Conseil de ces techniques est celui sa décision n° 2008-562 DC du 21 février 2008 (*Loi relative à la rétention de sûreté et à la déclaration d'irresponsabilité pénale pour cause de trouble mental*). Comme l'indiquent les commentaires aux *Cahiers* de cette décision : « Eu égard à la nature exceptionnelle de la rétention de sûreté qui conduit à une privation totale de liberté, et à la protection particulière de la liberté individuelle qui résulte de l'article 66 de la Constitution, le Conseil a mis en œuvre la plénitude des techniques de contrôle à l'image notamment de la Cour constitutionnelle allemande. Il a ainsi vérifié que la rétention de sûreté, pour être proportionnée, satisfaisait à une triple exigence d'adéquation, de nécessité et de proportionnalité au sens strict. Jusqu'à la décision n° 2007-562 DC, le Conseil n'avait jamais utilisé ensemble les trois éléments de ce triple test mais séparément ou deux par deux ».

3. L'étendue du contrôle selon la nature des droits et libertés : la difficile conciliation entre eux

594 **Un préalable : la préservation de la compétence du législateur.** Le Conseil veille aussi à ce que le droit ou la liberté en cause ne soit pas dénaturé et que soit porté atteinte à sa « substance », selon une formule classique, quoique modifiée avec le temps : « Considérant qu'il est cependant possible au législateur, pour satisfaire à ces exigences, de choisir les modalités concrètes qui lui paraissent appropriées ; qu'en particulier, il lui est à tout moment loisible, statuant dans le domaine qui lui est réservé par l'article 34 de la Constitution, de modifier des textes antérieurs ou d'abroger ceux-ci en leur substituant, le cas échéant, d'autres dispositions ; qu'il ne lui est pas moins loisible d'adopter, pour la réalisation ou la conciliation d'objectifs de nature constitutionnelle, des modalités nouvelles dont il lui appartient d'apprécier l'opportunité et qui peuvent comporter la modification ou la suppression de dispositions qu'il estime excessives ou inutiles ; que, cependant, l'exercice de ce pouvoir ne saurait aboutir à priver de garanties légales des exigences de caractère constitutionnel ; Considérant qu'il est à tout moment loisible au législateur, statuant dans le domaine de sa compétence, de modifier des textes antérieurs ou d'abroger ceux-ci en leur substituant, le cas échéant, d'autres dispositions ; que, ce faisant, il ne saurait priver de garanties légales des exigences constitutionnelles » (v., récemment, décis. 28 juill. 2011, n° 2011-639 DC, *Loi tendant à améliorer le fonctionnement des maisons départementales des personnes handicapées et portant*

diverses dispositions relatives à la politique du handicap). En tout état de cause cause le législateur ne peut renoncer à sa compétence (« incompétence négative », v. ss 416 à 594). Le Conseil vérifie également que les garanties apportées par la loi sont suffisamment précises. Enfin, toute restriction apportée par la loi à un droit de valeur constitutionnelle doit être justifiée et proportionnée avec des variantes selon leur degré de protection.

595 **L'étendue variable du contrôle selon les droits et libertés en cause.** Tous les droits et libertés n'ont pas la même pertinence juridique, ni la même valeur, en réalité, même formellement, ils ne sont pas hierarchisés. On distingue ainsi classiquement les « droits-libertés », dits de « premier rang » dont l'État ne doit pas entraver et garantir l'existence s'agissant principalement des libertés individuelles et collectives et les « droits-créances », dits de « second rang » qui impliquent à l'inverse une action de l'État sous la forme d'une prestation, une créance envers la société. Pour résumer, les premiers sont les plus protégés, le Conseil constitutionnel exerçant généralement un contrôle approfondi « normal ». Quant aux seconds à la formulation souvent imprécise et dépendants du niveau de développement de la société, ils sont généralement assujettis à un contrôle restreint. Cette distinction classique qui reste globalement pertinente est, comme on le verra en étudiant différents droits, complexifiée.

Un contrôle normal est ainsi exercé pour les droits de premier rang (liberté de communication et liberté individuelle, droit à un recours juridictionnel effectif, droit à un procès équitable, etc.). Ceux de « second rang » bénéficient d'un degré de protection inférieur redevable donc en principe d'un contrôle restreint (droit de propriété, liberté d'entreprendre, principe de la séparation des pouvoirs, etc.). Mais, selon les circonstances et les époques, certains droits de second rang peuvent passer au premier rang ou relever des deux catégories (liberté d'entreprendre, droit de propriété) ou parfois l'inverse (droit au respect de la vie privée).

596 **Concilier les droits.** Chacun des droits et libertés consacrés par le préambule de 1958 n'ont pas de caractère absolu dès lors notamment que l'article 4 de la Déclaration de 1789 en fixe les bornes déterminées par les droits d'autrui et que, surtout, ils doivent se

concilier entre eux mais aussi avec ceux contenus dans le Préambule de la Constitution de 1946 : « *Les deux parties du Préambule s'équilibrent peut-être plus qu'elles se contredisent* », selon la formule de Jean Rivéro et Georges Vedel, auxquelles il faut ajouter, plus récemment, la Charte de l'environnement de 2004. Le plus souvent, les limitations de droits fondamentaux résultent donc des nécessités inhérentes à l'exercice d'autres droits tout aussi fondamentaux... et de valeur équivalente, en l'absence de leur hiérarchisation, tout au moins, de principe. Si deux droits-libertés fondamentaux sont par exemple de valeur équivalente, le contrôle sera le plus souvent restreint. En outre, ces droits doivent être conciliés et donc mis en balance dans certains cas avec d'autres principes de valeur constitutionnelle sans référence à un texte précis comme la continuité du service public (avec le droit de grève).

• **Un outil de conciliation : les objectifs à valeur constitutionnelle** : v. ss 583.

4. La modulation du contrôle : les décisions de conformité sous réserve et la modulation de leurs effets dans le temps

597 Le Conseil constitutionnel ne tranche pas toujours dans le vif et en modulant l'effet de ses décisions, en en atténuant ainsi la rigueur. Pour ce faire, il s'est inspiré par la jurisprudence de ses homologues européens en assortissant ses décisions de réserves d'interprétation et en modulant ses effets dans le temps.

598 **Les réserves d'interprétation.** Ces décisions rejetant de même la requête en annulation sont assorties de réserves dont le respect conditionne la constitutionnalité de la loi. Le Conseil indique ainsi comment elle doit être interprétée pour être conforme à la Constitution (ces réserves sont en principe d'interprétation stricte). Leur utilisation intensive, depuis le début des années quatre-vingt, a pu être critiquée dans la mesure où le Conseil est conduit pratiquement à réécrire la loi, voire à prescrire au Gouvernement la conduite à tenir dans son application ou tout simplement à priver de toute portée certaines des dispositions de la loi. Cependant, les réserves réellement constructives sont très rares. Elles constituent

le soutien nécessaire d'une décision rendue et dans chaque décision, le dispositif rappelle que les dispositions de la loi déclarées conformes à la Constitution ne le sont que « *sous les réserves énoncées aux considérants* » dont les numéros sont cités afin de les rendre plus accessibles, ce depuis le début 2002 (v. décis. n° 2001-454 DC, *Loi relative à la Corse*).

Cette technique revêt plusieurs formes depuis la décision pionnière n° 80-127 DC du 20 janvier 1981 (*Sécurité et liberté*) :

• La réserve d'interprétation constructive. Le Conseil ajoute au texte ce qui lui manquait pour être conforme (v. par ex. décis. 9 nov. 1999, n° 99-419 DC, *PACS*).

• La réserve d'interprétation neutralisante cherche à vider de son « venin » la disposition contestée, notamment en matière pénale ou elle est souvent utilisée.

• La réserve d'interprétation directive. Il s'agit de préciser le sens et les modalités d'application de la loi pour qu'elle soit conforme à la Constitution et s'adresse aux autorités judiciaires et administratives, voire au législateur tenu éventuellement de la compléter. Dès lors que la loi énonce des principes généraux, l'efficacité de la technique est certaine (c'est le cas des lois d'habilitation). Dans le cas des lois ordinaires, elle l'est moins ; encore faut-il que le Gouvernement tienne compte des réserves d'interprétation dans les circulaires d'application de la loi (dont la valeur n'est selon la jurisprudence qu'interprétative) ; sinon, c'est aux juridictions de les faire respecter.

599 **La modulation des effets de la décision dans le temps.** Une technique plus récente et qui a pour but de différer l'application de la décision dans le temps au titre de l'article 61 et du contrôle *a priori*. Certaines décisions de la Cour constitutionnelle d'Allemagne ont pour originalité de déclarer la loi conforme à la Constitution en indiquant cependant qu'à l'avenir, compte tenu de l'évolution prévisible des circonstances de fait, elle porterait atteinte à un principe constitutionnel qu'il faudra protéger pour réviser la loi. Dans la même décision, la Cour fixe alors au législateur un délai de modification à respecter. Le Conseil constitutionnel français adopte un procédé analogue lorsqu'il indique que « la déclaration immédiate d'inconstitutionnalité des dispositions contestées serait

de nature à reconnaître [l'exigence de transposition en droit interne] des directives communautaires et à entraîner des conséquences manifestement récessives ; que dès lors, afin de permettre au législateur de procéder à la correction de l'incompétence négative constatée, il y a lieu de reporter au 1er janvier 2009 les effets de la déclaration d'inconstitutionnalité » (Cons. const. 19 juin 2008, n° 2008-564 DC).

Cette « technique » est surtout utilisée dans le cadre du contrôle *a posteriori* de l'article 61.1 et de la QPC (v. ss 603).

§ 5. Les décisions du Conseil constitutionnel

600 En vertu de l'article 62 de la Constitution : « *les décisions du Conseil constitutionnel ne sont susceptibles d'aucun recours. Elles s'imposent aux pouvoirs publics et à toutes les autorités administratives et juridictionnelles* ». Cette autorité s'attache au dispositif des décisions, ainsi qu'aux motifs qui en constituent le soutien nécessaire. Dans le cadre de la modulation de son contrôle qu'on a précédemment étudié, la portée des décisions du Conseil constitutionnel est variable selon les cas. Enfin, c'est l'article 63 qui régit l'organisation et la procédure suivie devant le Conseil constitutionnel.

601 **Article 62 de la Constitution**

> *« Une disposition déclarée inconstitutionnelle sur le fondement de l'article 61 ne peut être promulguée ni mise en application.*
> *Une disposition déclarée inconstitutionnelle sur le fondement de l'article 61-1 est abrogée à compter de la publication de la décision du Conseil constitutionnel ou d'une date ultérieure fixée par cette décision. Le Conseil constitutionnel détermine les conditions et limites dans lesquelles les effets que la disposition a produits sont susceptibles d'être remis en cause.*
> *Les décisions du Conseil constitutionnel ne sont susceptibles d'aucun recours. Elles s'imposent aux pouvoirs publics et à toutes les autorités administratives et juridictionnelles. »*

A. La portée de l'autorité des décisions du Conseil constitutionnel

602 **La forme des décisions.** Notons que le style des décisions du Conseil constitutionnel (visas, motifs qui justifient la décision, dispositif exposant celle-ci sous forme d'articles) est celui de la Cour de cassation et du Conseil d'État : on retrouve l'imprégnation de ce dernier dans la concision des considérants. Depuis plusieurs années, les décisions ont cependant tendance, dans un souci pédagogique, à s'allonger :

- **la saisine** : elle indique les éléments relatifs à la saisine, soit le nom et les qualités pour agir des requérants, sa date, le texte déféré au contrôle du Conseil ;

- **les visas** (« Vu ») : ils précisent les normes de référence – les textes applicables – que le juge constitutionnel a utilisées pour rendre sa décision ;

- **les motifs** (« Considérant que ») : ils indiquent à la fois la disposition contestée et les arguments invoqués, les normes de constitutionnalité utilisées par le juge et appliquées à la disposition, la solution retenue par lui ;

- **le dispositif** (« Décide : Article 1er ») : il expose la décision du Conseil, indique qu'elle sera publiée au *Journal officiel* (ainsi que les noms des membres ayant participé à sa délibération).

603 **La portée variable des décisions du Conseil constitutionnel.** Outre les décisions de qualification ou de déqualification intervenant en vertu de l'article 37-2, d'invalidation en matière électorale (ou de réformation des résultats), les décisions en matière de contrôle de constitutionnalité relèvent des types suivants :

- les décisions dans le cadre du **contrôle** *a priori* (art. 61) ;

- les décisions de **conformité à la Constitution** : elles n'appellent pas de commentaires particuliers si ce n'est qu'elles rejettent la requête en annulation. La loi est donc promulguée par le président de la République ce qui ne lui interdit pas de demander au Parlement, avant cette promulgation, une nouvelle délibération.

- les décisions de **conformité sous réserves** (v. ss 598) ;

- les décisions de **non conformité totale de la loi** : l'ensemble de la loi est déclarée inconstitutionnelle : ce type de décision est assez exceptionnel (environ 5 %) et le plus souvent pour des raisons de procédure. Dans ce cas, la loi n'est pas promulguée, ni, donc, mise en application ;

- les décisions de **non-conformité partielle** : seules certaines dispositions – une partie de la loi – sont déclarées inconstitutionnelles. Si celles-ci sont « séparables » des autres la loi est promulguée sans ces dispositions (décis. 29 juill. 1986, n° 86-210 DC, *Loi portant réforme du régime juridique de la presse*) ; si elles sont « inséparables » d'autres dispositions du texte, la loi est promulguée sans ces deux types de dispositions (décis. 29 déc. 1986, n° 86-223 DC, *Loi de finances rectificative pour 1986*). Dans ces deux cas, le chef de l'État ne promulgue que les dispositions valides, quitte ensuite à demander une nouvelle délibération, en fait une nouvelle lecture – les deux termes étant synonymes (décis. 23 août 1985, n° 85-197 DC, *Loi sur l'évolution de la Nouvelle-Calédonie*). Enfin, il peut arriver que les dispositions en cause soient inséparables de l'ensemble du texte qui ne peut alors être promulgué (décis. 16 janv. 1982, n° 81-132 DC, *Loi de nationalisation*) – ce qui revient en fait à une annulation totale ;

- les décisions dans le cadre du **contrôle *a posteriori* et la modulation des effets dans le temps.** Les types de décisions sont les mêmes que dans le cadre de l'article 61. Notons qu'en principe, en cas d'inconstitutionnalité, la décision rendue par le Conseil bénéficie au requérant et à ceux engagés dans un contentieux identique. Cependant le 2e alinéa de l'article 62 de la Constitution autorise expressément le Conseil à différer dans le temps les effets de sa déclaration d'inconstitutionnalité suivant qu'il s'agit d'envisager l'application de la disposition législative déclarée inconstitutionnelle pour l'avenir ou de déterminer les conséquences de cette déclaration sur les effets que la disposition a produits dans le passé (cette technique était déjà pratiquée par le Conseil dans le cadre du contrôle *a priori* de l'article 61 mais avec modération). Le Conseil constitutionnel a précisé que « si, en principe la déclaration d'inconstitutionnalité doit bénéficier à l'auteur de la QPC et la disposition déclarée contraire à la Constitution ne peut être appliquée dans les instances en cours à la date de la publication de la décision du Conseil constitutionnel, les dispositions de l'article 62 de la Constitution réservent à ce dernier le pouvoir tant de fixer la date de l'abrogation et reporter dans le temps ses effets que de prévoir la remise en cause des effets que la disposition a produits avant l'intervention de cette déclaration » (décis. 25 mars 2011, n° 2010-108 QPC) Le Conseil a ainsi précisé, par un considérant « de principe » les effets dans le temps de ses décisions et les conditions dans lesquelles ces effets peuvent être modulés :

- d'une part, la déclaration d'inconstitutionnalité doit bénéficier à l'auteur de la QPC et la disposition législative déclarée contraire à la Constitution ne peut être appliquée dans les instances en cours à la date de la publication de la décision du Conseil constitutionnel ;

- d'autre part, l'article 62 réserve au Conseil constitutionnel la possibilité tant de fixer la date de l'abrogation et reporter dans le temps les effets de la déclaration d'inconstitutionnalité que de fixer les conditions et limites dans lesquelles les effets que la disposition a produits peuvent être remis en cause, afin notamment de laisser au législateur le soin d'apprécier les suites qu'il convient de donner à cette déclaration.

604 Ce tableau montre la répartition typologique et chronologique du nombre de décisions rendues par le Conseil constitutionnel depuis sa création.

	1958-1967	1968-1977	1978-1987	1988-1997	1998-2007	2008	2009	2010	2011	2012 (au 30sept.)	Total au 30sept. 2012
Loi ordinaire	5	23	116	106	120	9	17	15	15	6	432
Loi organique	13	21	16	30	27	1	6	9	6	2	131
Traité		2	1	3	6						13
Règlements des assemblées	16	9	9	22	11	2	3		2	1	74
Loi du pays	-	-	-	-	2						2
Question prioritaire de constitutionnalité	-	-	-	-	-	-	-	64	110	63	237
Sous-total contrôle de constitutionnalité	34	55	142	161	166	12	26	88	133	72	889

	1958-1967	1968-1977	1978-1987	1988-1997	1998-2007	2008	2009	2010	2011	2012 (au 30sept.)	Total au 30sept. 2012
Élections à l'Assemblée nationale	341	106	147	1 068	680	114	11	5		49	2 521
Élections au Sénat	32	14	17	27	31	2	1		3	3	130
Divers élections parlementaires			3	12	9	1				1	26
Élection du président de la République	11	22	16	44	49					13	155
Référendum	9	2		9	18						38
Sous-total élections	393	144	183	1 160	787	117	12	5	3	66	2 870
Déchéance	3		1	7	8		2	1			22
Incompatibilité	1	4	1	10	5	2	1	1	1		26
Déclassement	49	52	51	29	28	5	4	4	6	4	232
Compétences outre-mer	-	-	-	-	1						1
Fins de non-recevoir	7	2	2								11
Avis de l'article 16	1										1
Décisions d'organisation interne	14	11	23	36	27	2	3	3	2	3	124
Autres décisions	1										1
Nominations de membres	15	14	15	13	16			4			77
TOTAL	518	282	418	1 416	1 038	138	48	106	145	145	4 254

Source : *Nouveaux Cah. Cons. const.* janv. 2012, n° 38.

B. L'autorité des décisions du Conseil constitutionnel

605 **L'autorité de principe.** « *Les décisions du Conseil constitutionnel ne sont susceptibles d'aucun recours. Elles s'imposent aux pouvoirs publics et à toutes les autorités administratives et juridictionnelles* » (Const., art. 62-2). L'autorité – qui est aussi morale – attachée à la décision est celle de la « chose jugée » mais « *l'autorité de chose jugée attachée à la décision du Conseil constitutionnel du 22 octobre 1982 est limitée à la déclaration d'inconstitutionnalité visant certaines dispositions de la loi qui lui était alors soumise ;*

qu'elle ne peut être utilement invoquée à l'encontre d'une autre loi conçue, d'ailleurs, en termes différents » (décis. 20 juill. 1988, n° 88-244 DC, *Loi portant amnistie*). Cette autorité s'attache au dispositif (la décision proprement dite) mais aussi « *aux motifs qui en sont le soutien nécessaire et en constituent le fondement même* » (décis. 16 janv. 1962, n° 62-18 l, *Nature juridique des dispositions de l'article 31 (alinéa 2) de la loi n° 60-808 du 5 août 1960 d'orientation agricole*). Cette autorité ne vaut donc que dans le cadre de la question posée (v. par ex. au sujet du statut pénal du chef de l'État, la jurisprudence de la Cour de cassation ; v. chap. 9, ss 638).

606 **Les effets de la décision.** Les dispositions contrôlées déclarées non conformes ne peuvent être promulguées qu'il s'agisse des règlements des assemblées, des lois organiques ou ordinaires, d'un engagement international non conforme dont l'entrée en vigueur est subordonnée à une révision de la Constitution. Le Parlement ne saurait reprendre une disposition législative censurée par le Conseil, sauf à la voir invalidée pour violation de l'autorité de la chose jugée. S'agissant de la répartition des compétences (art. 37-2 et 41), le classement opéré par le Conseil s'impose au Gouvernement et aux assemblées.

607 **L'exécution des décisions.** Sous réserve des précisions apportées précédemment, les décisions du Conseil s'imposent aux pouvoirs publics (président de la République, Gouvernement, Parlement). Notons d'ailleurs que depuis mai 1988, le Gouvernement a édicté des circulaires invitant fermement des ministres, assistés du secrétariat général du Gouvernement et du Conseil d'État, à veiller à la constitutionnalité des projets de loi préparés par leur soin.

Mais qu'en est-il de l'exécution des décisions du Conseil par les autorités juridictionnelles ? Certes, en vertu de l'article 62 de la Constitution, elles s'imposent à elles. Mais le Conseil constitutionnel ne coiffe pas l'ensemble du système juridictionnel, à l'image de la Cour suprême des États-Unis. Dès lors, les « cours suprêmes » de l'ordre administratif et de l'ordre judiciaire, soit le Conseil d'État et la Cour de cassation, peuvent s'écarter de la jurisprudence du Conseil puisqu'il n'existe aucune procédure permettant de trancher les conflits éventuels. Par ailleurs, elles s'interdisent en principe de contrôler la constitutionnalité des lois. Mais après une période d'incertitude, il semble que la prééminence du Conseil constitutionnel soit admise par le Conseil d'État et la Cour de cassation, d'autant mieux que le Conseil s'efforce de tenir compte de leur jurisprudence dans l'élaboration de la sienne, au moins au titre de l'article 61.

Le Conseil d'État dans une décision d'assemblée du 20 décembre 1985, *SA Établissements Outters* (confirmée par six décis. 16 avr. 1986), a estimé, contrairement à sa jurisprudence antérieure, que les redevances de pollution perçues par les agences de bassin avaient un caractère fiscal, ce conformément à la jurisprudence du Conseil constitutionnel. Ce cas de figure s'est produit à propos des pouvoirs du Conseil supérieur de l'audiovisuel (décis. 17 janv. 1989, n° 88-248 DC, *Loi modifiant la loi n° 86-1067 du 30 septembre 1986 relative à la liberté de communication*) ou du respect de la dignité humaine (décis. 27 juill. 1994, n° 94-343/344 DC, *Bioéthique*). Il reste que ce rapprochement demeure volontaire.

La Cour de cassation dans deux arrêts du 25 avril 1985, *Vuckovic et Bogdan*, a modifié sa jurisprudence antérieure et a adopté l'interprétation donnée par le Conseil constitutionnel de l'article 66 de la Constitution aux termes duquel « l'autorité judiciaire est gardienne de la liberté individuelle » : le juge judiciaire répressif est compétent pour apprécier la légalité de tout acte administratif, réglementaire ou non réglementaire. De même, s'agissant des contrôles d'identité sur la seule prise en compte du « faciès », a-t-elle fait application des réserves d'interprétation du Conseil dans sa décision du 5 août 1993 (*Contrôles d'identité*). Suivant enfin le Conseil (décis. 13 août 1993, n° 93-325 DC, *Loi relative à la maîtrise de l'immigration*), la Cour de cassation a considéré le principe des droits de la défense comme un « droit fondamental à caractère constitutionnel » (Cass. 30 juin 1995). Cependant, dans son arrêt du 10 octobre 2011 relatif au statut pénal du chef de l'État a rappelé, en adoptant une conception différente de celle du Conseil constitutionnel, que ses décisions « *ne s'imposent aux pouvoirs publics, aux autorités administra-*

tives et juridictionnelles qu'en ce qui concerne le texte soumis à l'examen du Conseil».

Notons que s'agissant de l'interprétation de l'article 55 de la Constitution affirmant la primauté des engagements sur les lois françaises ; le Conseil a souvent rappelé ce principe sans être en mesure de le faire respecter. Observé par la Cour de cassation (24 mai 1975, *Sté des cafés Jacques Vabre*), le Conseil d'État a longtemps considéré que la primauté ne vaut que pour les lois antérieures à l'engagement : il a désormais rejoint la position du Conseil constitutionnel (20 oct. 1989, *Nicolo*).

Enfin, s'agissant de la question prioritaire de constitutionnalité, la Cour de cassation cherche, comme on l'a noté, à faire prévaloir sa propre interprétation d'une disposition législative et, d'autre part, sa propre interprétation des normes issues du droit de l'Union européenne sur la Constitution.

C. Les règles d'organisation, de fonctionnement et de procédure du Conseil constitutionnel

608 Article 63 de la Constitution

> *« Une loi organique détermine les règles d'organisation et de fonctionnement du Conseil constitutionnel, la procédure qui est suivie devant lui et notamment les délais ouverts pour le saisir de contestations. »*

C'est l'ordonnance n° 58-1067 du 7 novembre 1958 portant loi organique sur le Conseil constitutionnel qui précise son organisation, s'agissant en particulier, comme on l'a vu, les incompatibilités des membres du Conseil constitutionnel. En application de cette ordonnance, le décret du 13 novembre 1959 fixe leurs obligations et celui du 13 novembre 1959 est relatif à l'organisation du secrétariat général du Conseil constitutionnel. Surtout, de la loi organique prévue par le 2nd alinéa de l'article 61-1, deux décrets ont été pris en application de son article 4 : d'une part, le décret du 16 février 2010 portant application de la loi organique n° 2009-1523 du 10 décembre 2009 relative à l'application de l'article 61-1 de la Constitution et, d'autre part, le décret n° 2010-149 du 16 février 2010 relatif à l'aide juridictionnelle en cas d'examen de la QPC par le Conseil d'État, la Cour de cassation et le Conseil constitutionnel. Le premier de ces deux décrets précise les modalités d'application de la réforme devant les juridictions administrative et judiciaire.

L'article 4 de la loi organique du 10 décembre 2009 renvoie, pour la procédure devant le Conseil constitutionnel, à l'article 56 de l'ordonnance n° 58-1067 du 7 novembre 1958 portant loi organique sur le Conseil constitutionnel. Cet article prévoit que le Conseil complète par son règlement intérieur les règles de procédure applicables devant lui édictées par l'ordonnance. À cet effet, le Conseil a adopté le 4 février 2010 une décision portant règlement intérieur sur la procédure suivie devant le Conseil constitutionnel pour les questions prioritaires de constitutionnalité, insusceptible de recours (CE 25 oct. 2002, *Brouant*). C'est à celle-ci qu'on s'attachera principalement.

609 **La procédure devant le Conseil constitutionnel dans le cadre du contrôle *a priori*.** . Au contraire du contrôle *a posteriori* (art. 61-1), la question du respect de principe du contradictoire ne se pose pas dans le cadre du contrôle préventif et abstrait au regard de la Convention européenne des droits de l'homme : il n'y a en effet ni « litige civil », ni « parties ». Ce caractère contradictoire s'est déjà développé largement devant les assemblées (et la presse) ; le texte des saisines est publié au *Journal officiel* depuis 1983 et les observations du Gouvernement en réponse à la saisine des parlementaires et leurs répliques dans le *Journal officiel* et dans les *Cahiers du Conseil constitutionnel* depuis 1995. Sur ces points précis, le Conseil constitutionnel est plutôt en avance par rapport au Conseil d'État, à la jurisprudence néanmoins incontestée. Ainsi, le mimétisme qu'on se plaît à souhaiter par rapport aux juridictions judiciaires, pour nécessaire qu'il soit, est une question accessoire s'agissant d'un contrôle d'ordre public : l'essentiel est d'abord que les décisions du Conseil prises aient « autorité de chose jugée ». Notons d'ailleurs que le Conseil n'est pas, sur tous ses points, totalement une exception française : en Allemagne comme aux États-Unis, les audiences publiques sont réservées seulement aux « grandes affaires ».

Le Conseil constitutionnel, comme juge constitutionnel, dispose d'un mois pour rendre sa décision (huit jours si le Gouvernement demande l'urgence). Le Conseil prend soin cependant de répondre aux moyens évoqués. Notons que les « saisines blanches », c'est-à-dire accompagnées d'aucun grief, ne sont pas rares. Elles sont même systématiques pour les textes obligatoirement transmis au Conseil constitutionnel sur le fondement du 1er alinéa de l'article 61 de la Constitution. Elles sont fréquentes lorsque le Conseil est saisi par le président du Sénat ou par celui de l'Assemblée nationale sur le fondement du 2e alinéa de l'article 61 ou par le président de la République sur le fondement de l'article 54. Elles sont beaucoup plus rares lorsqu'elles proviennent des députés ou sénateurs qui s'attachent à développer un argumentaire très développé auquel répondra le Gouvernement dans ses observations. Le Conseil constitutionnel ne s'interdit pas d'ailleurs depuis 1981 de procéder à une censure après avoir soulevé d'office une disposition (19 et 20 janv. 1981, n° 80-127 DC). Et, contrairement à son homologue judiciaire, il peut statuer *ultra petita*, c'est-à-dire au-delà des prétentions des partis. S'agissant d'une question constitutionnelle, cette solution objective s'impose. Ceci ne lui interdit pas d'indiquer des motifs « surabondants » en renfort de sa décision. Dans ce cas, il prend bien soin de rappeler selon une formule rituelle et qui lui est familière qu'il n'y a pas lieu malgré tout « *de soulever d'office aucune question de conformité à la Constitution en ce qui concerne les autres dispositions de la loi soumise à son examen* », y compris dans le cadre des décisions rendues sur le fondement de l'article 61-1.

610 **La procédure contradictoire devant le Conseil constitutionnel dans le cadre du contrôle *a posteriori*.** Dans le cas d'un contrôle *a posteriori* et concret, le principe du contradictoire s'applique ainsi que son corollaire « l'égalité des armes », au regard de l'interprétation extensive donnée par la Cour européenne des droits de l'homme de l'article 6 de la Convention européenne des droits de l'homme qui ne s'applique pourtant que lorsque la contestation soulevée devant le juge porte sur « *une accusation en matière pénale* » ou sur « *des droits et obligations de caractère civil* ». Mais la Cour a, comme on le sait, une définition de plus en plus extensive du

champ d'application de cet article. Dans l'affaire *Ruiz-Mateos c. Espagne* du 26 juin 1993, sur la question préjudicielle examinée par la Cour constitutionnelle espagnole, la Cour européenne des droits de l'homme a considéré qu'en l'espèce « *les instances civiles et constitutionnelles étaient tellement imbriquées qu'à les dissocier on versait dans l'artifice* ». De même qu'elle a condamné dans l'arrêt *Krcmar c. République tchèque* du 3 mars 2000, la Cour constitutionnelle tchèque pour ne pas avoir transmis au requérant des pièces produites au cours de l'instruction. Auparavant, dans l'arrêt *Süssmann c. Allemagne* du 16 septembre 1996, elle a considéré, dans le cas d'un recours constitutionnel direct, que les règles du procès équitable valent aussi bien pour la justice ordinaire que pour la justice constitutionnelle.

Les règles procédurales applicables au Conseil constitutionnel découlent de cette exigence avec ce qu'elle implique en termes de procès équitable, soit l'examen effectif du recours, respect de l'égalité des armes, du contradictoire et du délai raisonnable de jugement (trois mois à compter de la transmission par l'une des Cour suprêmes). Le Conseil examine ainsi la QPC selon les règles fixées par son règlement du 4 février 2010 qui organise la procédure. Elle comprend l'échange des productions écrites. Et le Conseil tient une audience publique, avec les plaidoiries des avocats représentant la partie au litige.

Bibliographie

« L'Europe, de la communauté à l'Union », *Pouvoirs* 1994, n° 64.

« La genèse de la réforme : de 1990 à 2009 », in dossier « La question prioritaire de constitutionnalité », *AJDA* 2010. 74.

« Le Conseil constitutionnel », *Pouvoirs* 1980, n° 13 et 2013, n° 105.

« Le Conseil constitutionnel et le contentieux des actes préparatoires au référendum sur la Constitution européenne », *RFDC* 2005, n° 63, p. 605.

Le contrôle du référendum par la justice constitutionnelle, Economica-PUAM, coll. « Droit public positif », 2004.

Batailler (F.), *Le Conseil d'État, juge constitutionnel*, LGDJ, 1966.

Baumert (R.), *La découverte du juge constitutionnel en science et politique*, LGDJ, 2009.

Benetti (J.), « La saisine parlementaire (au titre de l'article 61 de la Constitution) », *Cah. Cons. const.* 2013, n° 38.

Boudon (J.), « Le Conseil constitutionnel s'est-il trompé de Constitution ? À propos de ce que devrait être la modulation dans le temps des effets de ses décisions », *JCP* 2010. 961. 1825-1827.

Cassia (P.), Saulnier-Cassia (E.), « Imbroglio autour de la question prioritaire de constitutionnalité (QPC) », *D.* 2010, n° 20.

Chagnollaud (D.), « Watson propage une fausse nouvelle (après la décision n° 2004-496 DC du 10 juin 2004 du Conseil constitutionnel) », *LPA* 9 juill. 2004, n° 137, p. 5 ; « Sherlock Holmes et le mystère de l'effet cliquet (après la décision n° 2003-485 DC du Conseil constitutionnel du 4 décembre 2003) », *LPA* 23 févr. 2003, n° 38 ; « La Constitution française ne peut pas être révisée par voie de directives... (après la décision n° 2004-505 du 19 novembre 2004, Traité établissant une Constitution pour l'Europe) », *D.* 2005, n° 2 ; « Sherlock Holmes au Palais Royal : le Conseil d'État et la Constitution », *Mélanges Avril*, LGDJ, 2000 ; « Un coup d'État juridique ? Après les arrêts n° 595 à 598 du 20 mai 2011 rendus par la Cour de cassation du 20 mai 2011 réunie en Assemblée plénière », *D.* 2011. 211.

Conseil d'État, *La norme internationale en droit français*, Doc. fr., 2000.

Croze (H.), « La question prioritaire de constitutionnalité. Aspects procéduraux », *JCP* 2010. 269. 490-502.

Debré (J.-L.), « Réflexions », in *Cercle des constitutionnalistes, Les 50 ans de la Constitution*, Litec, 2008.

Di Mannot (T.), *Le juge constitutionnel et la technique des décisions « interprétatives » en France et en Italie*, Economica, 1997 ; *Le Conseil constitutionnel et les moyens et conclusions soulevés d'office*, Aix-en-Provence-Paris, PUAM Economica, coll. « Droit public positif », 1994.

Disant (M.), « L'autorité de la chose interprétée par le Conseil constitutionnel », thèse 2008, Lille II.

Dokhan (D.), *Les limites du contrôle de constitutionnalité des actes législatifs*, LGDJ, 2001.

Drago (G.), *Contentieux constitutionnel français*, PUF, 2008 ; « Le nouveau visage du contentieux constitutionnel », *RFDC* 2010, n° 84, p. 751.

Fatin-Rouge-Stefanini (M.), « La question préjudicielle de constitutionnalité en droit comparé », *Annuaire international de justice constitutionnelle*, XXIII-2007, Economica-PUAM 2008, p. 11-44.

Garant (P.), « La proportionnalité et l'équilibre dans le contentieux de la charte constitutionnelle canadienne », s.d.

Genevois (B.), *La jurisprudence du Conseil constitutionnel*, éd. STH, 1988 ; « L'enrichissement des techniques de contrôle », in Colloque du cinquantenaire du Conseil constitutionnel, nov. 2008, p. 7.

Granger (M.-A.), « Constitution et sécurité intérieure. Essai de modélisation juridique », thèse, Université de Pau, 2010.

Guillaume (M.), « Question prioritaire de constitutionnalité », *Rép. Cont. adm.* Dalloz.

Guinchard (S.), Montagnier (G.), Varinard (A.), Debard (T.), *Institutions juridictionnelles*, Dalloz, 11e éd., 2011.

Jan (P.), *Le procès constitutionnel*, LGDJ, 2001 ; *La saisine constitutionnelle*, LGDJ, 1999 ; « Le secret du délibéré devant le Conseil constitutionnel : illustration d'un principe du droit processuel français », *D.* 1999. 255.

Jouanjan (O.), « Modèles et représentations de la justice constitutionnelle en France : un bilan critique », www.juspoliticum.com ; « Le Conseil constitutionnel, gardien des libertés publiques ? », www.juspoliticum.com/
Le-Conseil-constitutionnel-gardien.html.

Luchaire (F.), *Le Conseil constitutionnel*, 3 t., Economica, 2e éd., 2001.

Magnon (X.), Bernaud (V.), Foucher (K.), Mignard (J-P.), *La question prioritaire de constitutionnalité : pratique et contentieux*, Litec, 2011.

Mastor (W.), *Les opinions séparées des juges constitutionnels*, préf. M. Troper, Economica/PUAM, Paris/Aix-en-Provence, 2005 ; *Les cours constitutionnelles*, collab. L. Favoreu, Dalloz, coll. « Connaissance du droit », 2011.

Philippe (X.), *Le contrôle de constitutionnalité dans les jurisprudences administratives*, Aix-Marseille III, 1989 ; « Le contrôle de proportionnalité exercé par les juridictions étrangères : l'exemple du contentieux constitutionnel », *LPA* 5 mars 2009, p. 6.

Renoux (T.), de Villiers (M.), *Code constitutionnel*, Litec, 2013.

Roblot-Troizier (A.), *Contrôle de constitutionnalité et normes visées par la Constitution française. Recherches sur la constitutionnalité par renvoi*, Dalloz, coll. « Nouvelle Bibl. de thèses », 2007, vol. 65.

Rousseau (D.), *Droit du contentieux constitutionnel*, Montchrestien, 2012.

Santolini (T.), *Les parties dans le procès constitutionnel en droit comparé*, Bruylant, 2010.

Sauvé (J.-M.), « La modernisation des institutions de la Ve République vue du Conseil d'État », in *Cercle des constitutionnalistes, Les 50 ans de la Constitution*, Litec, 2008.

Sudre (F.), « Question préjudicielle de constitutionnalité et Convention européenne des droits de l'homme », *RD publ.* 2009. 673.

Troper (M.) (dir.), « Souveraineté de l'État et hiérarchie des normes dans la jurisprudence constitutionnelle », *Cah. Cons. const.* mars-sept. 2000, n° 9 ; « La motivation des décisions constitutionnelles », in Perelman (Ch.), Foriers P. (dir.), *La motivation des décisions de justice*, Bruylant, 1978.

Vedel (G.), « Neuf ans au Conseil constitutionnel », *Le débat* mars-août 1989, n° 5 ; « Excès de pouvoir administratif et excès de pouvoir législatif (II) », *Cah. Cons. const.* mai 1997, n° 2.

Viala (A.), *Les réserves d'interprétation dans la jurisprudence du Conseil constitutionnel*, coll. « Bibl. droit constitutionnel et science politique », LGDJ, 1999.

Van Compernolle (J.), « Vers une nouvelle définition de la fonction de juger : du syllogisme à la pondération des intérêts », in *Nouveaux itinéraires en droit. Hommages Rigaux*, Bruylant, Bruxelles, p. 495.

Van Drooghenbroeck (S.), *La proportionnalité dans le droit de la Convention européenne des droits de l'homme. Prendre l'idée simple au sérieux*, Bruylant, Bruxelles, Publications des Facultés universitaires Saint-Louis, 2001.

Xynopoulos (G.), *Le contrôle de proportionnalité dans le contentieux de la constitutionnalité et de la légalité en France, Allemagne et Angleterre*, LGDJ, 1995.

Zagrebelesky (G.), « Le contrôle de constitutionnalité des lois en France et en Italie : confrontation de certains de leurs aspects », in XIVe journées juridiques franco-italiennes, Milan, Bellagio, 8-10 juin 1990, *RID comp.* 1990, n° spéc., vol. 12, p. 25 s.

Whachsmann (P.), « Sur la composition du Conseil constitutionnel », www.juspoliticum.com/Sur-la-composition-du-Conseil.html.

CHAPITRE 8

L'autorité judiciaire

611 La Ve République est aussi peu diserte sur la Justice que sa devancière. L'autorité judiciaire est régie par les articles 64, 65 et 66 de la Constitution sous le titre VIII sans compter avec l'article 66-1 mais qui concerne l'interdiction de la peine de mort. Il faut aussi compter avec les articles 6 et 16 de la Déclaration des droits de l'homme et du citoyen, source d'une importance jurisprudence du Conseil constitutionnel relative d'ailleurs à la justice en général. L'article 64 réserve néanmoins à la loi organique le statut des magistrats qui sont de deux sortes, les magistrats du siège, les juges proprement dit, chargés de dire le droit en rendant des décisions de justice, les magistrats du parquet, c'est-à-dire les procureurs qui ont pour fonction de requérir l'application de la loi.

Le débat sur la question de savoir si la justice est une « autorité » ou un « pouvoir » est second – et même une « tarte à la crème » du droit constitutionnel. Le choix sémantique de 1958 est sans portée réelle dès lors que la Constitution n'utilise ni la notion de « pouvoir exécutif » ni celle de « pouvoir législatif ». La question est ailleurs. La Justice n'est pas un « pouvoir » dans la simple mesure ou elle ne fait qu'en principe appliquer la loi, la conformité à la Constitution de celle-ci étant l'office du Conseil constitutionnel. Pas plus l'autorité ne désigne-t-elle un corps constitué mais une fonction de l'État, celle de juger, qui n'est pas « souveraine » : elle est subordonnée à la loi qui peut surmonter une interprétation d'une décision de justice – et reste subordonnée à la volonté du peuple souverain exprimée par ses représentants. Pas plus l'indépendance n'a pour objet de constituer un corps autonome exprimant la volonté de la Nation, même si la justice est rendue « au nom du peuple français ». Elle a simplement pour finalité de préserver la fonction de juger de l'intervention des autres pouvoirs en donnant aux magistrats les conditions d'indépendance, singulièrement vis-à-vis du pouvoir exécutif grâce à un statut spécifique – qui comprend aussi un certain, nombre de devoirs et d'obligations – et d'assurer que la fonction de juger soit exercée dans des conditions conformes à l'État de droit, ce d'autant mieux que l'autorité judiciaire est garante de la liberté individuelle (art. 66). Dans ce cadre, même si le chef de l'État est garant de l'indépendance de l'autorité judiciaire, la carrière des magistrats, du parquet et ceux du siège qui sont « inamovibles » (art. 64), est gérée en grande partie par le Conseil supérieur de la magistrature, de concert avec le ministère de la Justice.

§ 1. L'indépendance de la justice et le Conseil supérieur de la magistrature

A. L'indépendance de la Justice

612 **Article 64 de la Constitution**

> *« Le président de la République est garant de l'indépendance de l'autorité judiciaire.*
> *Il est assisté par le Conseil supérieur de la magistrature.*
> *Une loi organique porte statut des magistrats.*
> *Les magistrats du siège sont inamovibles. »*

Les articles 64 et 65 traitent principalement des garanties et du rôle des magistrats dans un État de droit.

613 **Le chef de l'État, « garant » de l'indépendance de la Justice.** Cette fonction se rattache au rôle d'« arbitre » qui lui est reconnu par l'article 5 de la Constitution de 1958. Héritage d'un long passé

monarchique où le Roi était source de toute justice – dont témoigne encore le droit de grâce qui lui est accordé (v. titre II, art. 17), cette formulation est un peu désuète voire politiquement « incorrecte » dès lors que le chef de l'État est élu au suffrage universel direct depuis 1962 et acteur politique de premier plan, singulièrement avec l'instauration du quinquennat. Depuis la révision constitutionnelle de 2008, il ne préside plus le Conseil supérieur de la magistrature. Ne serait-il garant de cette indépendance que cela ne changerait pas grand chose dès lors qu'il désigne le garde des Sceaux qui gère de concert avec le Conseil supérieur de la magistrature (CSM), une part des carrières, mais de plus en plus modeste, au fil des révisions constitutionnelles. C'est pourquoi, le maintien de cette disposition régalienne n'est pas sans rehausser le prestige de la fonction judiciaire alors que l'intervention du chef de l'État dans le fonctionnement de la Justice a, aujourd'hui, un caractère résiduel.

614 **L'indépendance de la Justice vis-à-vis des autres pouvoirs**

• Les magistrats du siège. L'indépendance de l'« autorité judiciaire » se trouve consacrée par le Conseil constitutionnel : « *il n'appartient ni au législateur, ni au Gouvernement de censurer les décisions des juridictions, d'adresser à celles-ci des injonctions ou de se substituer à elles dans le jugement des litiges relevant de leur compétence* » (décis. 22 juill. 1980, n° 80-119 DC, *Loi portant validation d'actes administratifs*). Cette indépendance de l'« autorité » trouve aussi et sans doute d'abord son fondement – au moins théorique – dans celle des magistrats du siège : en vertu de l'article 64 de la Constitution, ils sont inamovibles et selon la loi organique ne peuvent recevoir de nouvelle affectation sans y avoir consenti (y compris s'il s'agit d'un avancement), moyennant certaines modulations comme notamment la règle d'une durée maximale de sept ans dans les fonctions de président d'une cour d'appel, afin d'éviter une trop longue présence dans le même ressort territorial. L'inamovibilité a en réalité comme fondement d'empêcher qu'un juge soit choisi ou déplacé hors de sa juridiction pour juger d'une affaire déterminée. Le Conseil constitutionnel a ainsi rappelé que l'article 64 a « *pour objet notamment d'assurer aux magistrats appelés à siéger dans des juridictions l'indépendance nécessaire à l'exercice de l'autorité judiciaire* » (décis. 9 juill. 1970, n° 70-40 DC, *Loi organique relative au statut des magistrats*). Notons qu'en consacrant l'unité du corps judiciaire (décis. 10 janv. 1995, n° 94-355 DC, *Loi organique modifiant l'ordonnance n° 58-1270 du 22 décembre 1958 relative au statut de la magistrature*), le Conseil constitutionnel a consacré l'indépendance constitutionnelle des magistrats du parquet.

• **La question de l'indépendance des magistrats du parquet.** « *Le magistrat doit présenter les garanties requises d'indépendance à l'égard de l'exécutif et des parties, ce qui exclut notamment qu'il puisse agir par la suite contre le requérant dans la procédure pénale, à l'instar du ministère public* » énonce la Cour européenne des droits de l'homme (CEDH gr. ch. 29 mars 2010, *Medvedyev et a. c. France*, n° 3394/03). Quant à la chambre criminelle de la Cour de cassation, elle énonce que « *Si c'est à tort que la chambre de l'instruction a retenu que le ministère public est une autorité judiciaire au sens de l'article 5 § 3 de la Convention européenne des droits de l'homme, alors qu'il ne présente pas les garanties d'indépendance et d'impartialité requises par ce texte et qu'il est partie poursuivante, l'arrêt n'encourt pas pour autant la censure, dès lors que le demandeur a été libéré à l'issue d'une privation de liberté d'une durée compatible avec l'exigence de brièveté imposée par ledit texte conventionnel* » (Cass. crim. 15 déc. 2010). Le Conseil a répondu à cette critique : l'article 5 § 3 exige la présentation devant un juge indépendant tant à l'égard de l'exécutif que des parties dans la procédure. Cette exigence ne s'impose qu'à l'expiration d'un délai « prompt ». Or si l'article 64 de la Constitution intègre dans l'autorité judiciaire les magistrats du parquet qui ne bénéficient pas cependant des mêmes garanties d'indépendance que les magistrats du siège, l'intervention de l'autorité judiciaire en cas d'atteinte à la liberté individuelle est exigée quasi immédiatement : passé un délai de privation de liberté que le Conseil constitutionnel a fixé, en matière de procédure pénale, à 48 heures, l'intervention d'un magistrat du siège est requise (décis. 30 juill. 2010, n° 2010-14/22 QPC, *Daniel W. et a. (Garde à vue*) et 17 déc. 2010, n° 2010-80 QPC, *Michel F. (Mise à la disposition de la justice)*).

615 **Le statut des magistrats.** L'indépendance de l'autorité judiciaire suppose aussi que les magistrats bénéficient de garanties statutaires spécifiques et plus larges que celles de la fonction publique. L'alinéa 3 de l'article 64 de la Constitution prévoit qu'« *une loi organique porte statut des magistrats* » – c'est l'ordonnance n° 58-1270 du 22 décembre 1958 portant loi organique relative au statut de la magistrature – qui apporte pour garantie essentielle que toute modification à ce statut est obligatoirement soumise au Conseil constitutionnel en application de l'article 61 de la Constitution. Dans un considérant de principe celui-ci rappelle qu'en « spécifiant que ressortit au domaine d'intervention d'une loi ayant le caractère de loi organique une matière que l'article 34 range par ailleurs au nombre de celles relevant de la compétence du législateur, le Constituant a entendu accroître les garanties d'ordre statutaire accordées aux magistrats », seules les modalités d'application de ces règles peuvent être fixées dans des décrets (v. par ex. décis. 21 févr. 1992, n° 92-305 DC, *Loi organique modifiant l'ordonnance n° 58-1270 du 22 décembre 1958 portant loi organique relative au statut de la magistrature*). Il veille en particulier à ce que les règles de nomination de magistrats temporaires (juges de proximité, conseillers et avocats généraux à la Cour de cassation en service extraordinaire, etc.) présentent les mêmes garanties de compétence et d'indépendance que les magistrats proprement dit (même décision).

616 **La fonction de juger.** L'article 6 de la Déclaration des droits de l'homme de 1789 impose le principe d'égalité devant la justice qui vaut pour les citoyens comme entre les magistrats qui révèlent de nouvelles exigences constitutionnelles lesquelles, tout en étant liées au statut même des magistrats, apportent des garanties aux justiciables. Quant à son article 16, il implique de même dans l'exercice de la fonction de juger la garantie des droits (v. Annexes, DDH, art. VI et XVI).

B. Le Conseil supérieur de la magistrature (CSM)

617 Article 65 de la Constitution (issu de la révision du 23 juillet 2008)

« Le Conseil supérieur de la magistrature comprend une formation compétente à l'égard des magistrats du siège et une formation compétente à l'égard des magistrats du parquet.

La formation compétente à l'égard des magistrats du siège est présidée par le premier président de la Cour de cassation. Elle comprend, en outre, cinq magistrats du siège et un magistrat du parquet, un conseiller d'État désigné par le Conseil d'État, un avocat ainsi que six personnalités qualifiées qui n'appartiennent ni au Parlement, ni à l'ordre judiciaire, ni à l'ordre administratif. Le président de la République, le président de l'Assemblée nationale et le président du Sénat désignent chacun deux personnalités qualifiées. La procédure prévue au dernier alinéa de l'article 13 est applicable aux nominations des personnalités qualifiées. Les nominations effectuées par le président de chaque assemblée du Parlement sont soumises au seul avis de la commission permanente compétente de l'assemblée intéressée.

La formation compétente à l'égard des magistrats du parquet est présidée par le procureur général près la Cour de cassation. Elle comprend, en outre, cinq magistrats du parquet et un magistrat du siège, ainsi que le conseiller d'État, l'avocat et les six personnalités qualifiées mentionnés au deuxième alinéa.

La formation du Conseil supérieur de la magistrature compétente à l'égard des magistrats du siège fait des propositions pour les nominations des magistrats du siège à la Cour de cassation, pour celles de premier président de cour d'appel et pour celles de président de tribunal de grande instance. Les autres magistrats du siège sont nommés sur son avis conforme.

La formation du Conseil supérieur de la magistrature compétente à l'égard des magistrats du parquet donne son avis sur les nominations qui concernent les magistrats du parquet.

La formation du Conseil supérieur de la magistrature compétente à l'égard des magistrats du siège statue comme conseil de discipline des magistrats du siège. Elle comprend alors, outre les membres visés au deuxième alinéa, le magistrat du siège appartenant à la formation compétente à l'égard des magistrats du parquet.

La formation du Conseil supérieur de la magistrature compétente à l'égard des magistrats du parquet donne son avis sur les sanctions disciplinaires qui les concernent. Elle comprend alors, outre les membres visés au troisième alinéa, le magistrat du parquet appartenant à la formation compétente à l'égard des magistrats du siège.

Le Conseil supérieur de la magistrature se réunit en formation plénière pour répondre aux demandes d'avis formulées par le président de la République au titre de l'article 64. Il se prononce, dans la même formation, sur les questions relatives à la déontologie des magistrats ainsi que sur toute question relative au fonctionnement de la justice dont le saisit le ministre de la justice.

La formation plénière comprend trois des cinq magistrats du siège mention-

> *nés au deuxième alinéa, trois des cinq magistrats du parquet mentionnés au troisième alinéa, ainsi que le conseiller d'État, l'avocat et les six personnalités qualifiées mentionnés au deuxième alinéa. Elle est présidée par le premier président de la Cour de cassation, que peut suppléer le procureur général près cette cour.*
> *Sauf en matière disciplinaire, le ministre de la justice peut participer aux séances des formations du Conseil supérieur de la magistrature.*
> *Le Conseil supérieur de la magistrature peut être saisi par un justiciable dans les conditions fixées par une loi organique.*
> *La loi organique détermine les conditions d'application du présent article. »*

Chargé de l'avancement et de la carrière des magistrats, le CSM a connu deux réformes, l'une en 1993, l'autre en 2008, qui ont recherché un équilibre démocratique propre à conjurer « le spectre du corporatisme » comme l'intervention abusive du pouvoir politique.

1. Le Conseil supérieur de la magistrature avant 2008

618 **La situation avant 1993.** Auparavant composé de membres nommés par le chef de l'État (quoique sur proposition pour 2/3 du bureau de la Cour de cassation – sur une liste de trois noms – et pour 1/9e par le Conseil d'État – dans les mêmes conditions), le Conseil supérieur de la magistrature présidé par le chef de l'État « *garant de l'indépendance de l'autorité judiciaire* » demeurait dans la main de l'exécutif. Simplement consulté (outre les grâces) pour l'avancement des magistrats du siège et émettant des propositions pour quelques hautes nominations (conseillers à la Cour de cassation, président de cour d'appel), il exerçait l'action disciplinaire (sous la présidence du président de la Cour de cassation) pour ces mêmes magistrats. Ceux du parquet restaient en outre totalement dépendants de l'exécutif – ce qu'on pouvait d'ailleurs considérer comme leur vocation.

619 **La réforme constitutionnelle du 27 juillet 1993.** La réforme a porté sur la composition du Conseil, scindé désormais en deux formations, à compétences distinctes :

- l'une est compétente à l'égard des magistrats du siège : présidée par le chef de l'État avec comme auparavant le garde des Sceaux comme vice-président, elle comprend en sus cinq magistrats du siège – désignés par leurs pairs, un magistrat du parquet, un conseiller d'État et trois membres désignés respectivement par le président de la République, le président de l'Assemblée nationale, le président du Sénat. Il est de tradition que parmi les personnalités ainsi nommées, soit désigné un professeur des universités. Cette formation fait des propositions concernant les magistrats du siège à la Cour de cassation, pour les premiers présidents de cour d'appel, pour les 181 présidents de tribunal de grande instance désormais alignés sur les seconds, soit environ 1/10e du corps des magistrats mais qui correspond à sa hiérarchie. Pour le reste, l'immense majorité des magistrats du siège est nommée désormais sur avis conforme. Mais, c'est le garde des Sceaux qui reste seul habilité à faire des propositions de nomination ; en cas de refus, il lui reste à faire une nouvelle proposition ;

- l'autre pour les magistrats du parquet, la formation compétente comprend (outre le chef de l'État et le garde des Sceaux) cinq magistrats du parquet et un magistrat du siège ainsi que les personnalités précitées. D'une part, les nominations aux emplois de procureur général près de la Cour de cassation et près de la cour d'appel – pourvus en Conseil des ministres – lui échappaient. D'autre part, pour les autres nominations de magistrats du parquet, le Conseil ne rend que des avis simples qui ne liaient donc pas, en droit, l'exécutif. Par ailleurs, cette formation, en matière disciplinaire ne formule que des avis (et est alors présidée par le procureur général près de la Cour de cassation) : le garde des Sceaux conserve le pouvoir de sanction même s'il entérine en pratique ces avis.

2. Le CSM après la révision du 23 juillet 2008

620 La commission d'enquête de l'Assemblée nationale chargée de rechercher les causes des dysfonctionnements de la justice dans l'affaire dite « *d'Outreau* » proposait notamment de modifier la composition du CSM, afin d'établir la parité entre magistrats et non-magistrats et de veiller à des nominations mieux appropriées alors que le « corporatisme » n'est pas en la matière la source véritable d'un drame judiciaire. Dans un esprit différent, le « comité Balladur » a proposé de supprimer la présidence de droit par le chef de l'État, cette charge incombant à une personnalité extérieure, en assurant une composition plus ouverte sur la société et d'élargir les attributions du CSM à l'égard des magistrats du parquet (nouvel art. 65).

621 **La nouvelle composition.** La révision constitutionnelle a donc pour effet de supprimer la présidence du Conseil par le président de la République (et sa vice-présidence par le garde des Sceaux) mais de confier la présidence de la formation « siège » au Premier président de la Cour de cassation et la présidence de la formation « parquet » au Procureur général près la Cour de cassation.

La réforme élargit la composition du Conseil en prévoyant la nomination d'un représentant de la profession d'avocat et en faisant passer de trois à six le nombre de personnalités n'appartenant ni au Parlement ni à l'ordre judiciaire désignées par le président de la République, le président de l'Assemblée nationale et le président du Sénat, nominations soumises à la nouvelle procédure de l'article 13 de la Constitution. Au lieu des 10 membres actuellement (non compris le président de la République et le garde des Sceaux), soit une majorité de magistrats, les formations compteront chacune 15 membres (sept magistrats, dont le président, et huit personnalités extérieures communes aux deux formations). Le garde des Sceaux conserve la possibilité d'assister aux réunions relatives aux nominations afin de défendre son point de vue et d'expliquer ses propositions de nominations. La présence des magistrats devient minoritaire au sein des deux formations spécialisées lorsqu'elles procèdent à des nominations.

622 **Des compétences élargies.** Le CSM est désormais compétent pour donner son avis sur l'ensemble des nominations de magistrats du parquet, y compris les procureurs généraux. En réalité, depuis 2002 s'est instaurée la coutume selon laquelle le garde des Sceaux ne passait pas « outre » à un avis de la formation du parquet, ce qui revient à un avis conforme. Enfin, une loi organique modifiera l'ordonnance du 22 décembre 1958 relative au statut de la magistrature afin de « *permettre la saisine disciplinaire du Conseil supérieur de la magistrature par les justiciables eux-mêmes, avec des filtres appropriés, et non plus seulement par le garde des Sceaux et les Premiers présidents de cours d'appel* ». La réclamation présentée par le justiciable n'est cependant pas susceptible de remettre en cause la décision rendue et est strictement limitée au

cas où une faute disciplinaire est susceptible d'avoir été commise par le magistrat, dans l'exercice de ses fonctions et à l'occasion d'une procédure judiciaire le concernant, afin d'éviter tout abus de cette procédure visant à déstabiliser le magistrat.

Enfin, l'ancienne réunion plénière qui rassemblait les membres du Conseil devient une « formation plénière » et est ainsi constitutionnalisée. Elle répond aux demandes d'avis formulées par le président de la République au titre de l'article 64 même si elle a pris l'habitude, en marge des textes, de publier des communiqués. Il se prononce sur toute question relative au fonctionnement de la justice dont le saisit le président de la République.

623 **La décision du Conseil constitutionnel n° 2010-611 DC du 19 juillet 2010.** En vérifiant la conformité la Constitution relative à l'article 65, le Conseil constitutionnel a censuré la disposition qui imposait que le CSM doive, en formation disciplinaire, toujours siéger dans une composition comprenant autant de magistrats que de non-magistrats alors qu'aucune règle n'était énoncée en sens par l'article 65. Il en est de même de l'auto-saisine de la formation plénière du CSM sur les questions relatives à la déontologie des magistrats. Enfin, s'agissant des règles d'indépendance et d'impartialité des membres du CSM, le Conseil constitutionnel a jugé que tout chef de cour ou de juridiction membre du CSM ne peut délibérer ni procéder à des actes préparatoires lorsqu'il s'agit de nommer un magistrat pour exercer des fonctions dans sa juridiction ou d'examiner sa situation disciplinaire. De même, les présidents des formations du CSM – dont le mandat court jusqu'à la retraite et peut donc dépasser celui des membres du Conseil dont le mandat est de quatre ans – doit se déporter pour connaître de la situation individuelle des membres du CSM sortant dès lors qu'ils ont siégé ensemble par le passé au Conseil.

3. L'avenir du CSM

624 La composition et les attributions du Conseil supérieur de la magistrature relèvent du casse-tête et les réformes de 1993 et de 2000 réagissent au passé sans trouver d'équilibre car il est impossible à trouver, sauf à faire de la justice un vrai pouvoir dont on chercherait en vain la légitimité démocratique. En particulier, la

présidence confiée par la révision de 2008 au Premier président de la Cour de cassation pour la formation du siège et de celle du parquet par le Procureur général font peser sur leurs épaules mais aussi sur toute la magistrature le poids de la hiérarchie, dans tous les sens du terme. Le comité Balladur avait souhaité que le CSM soit présidé par une personnalité extérieure, le choix de la raison pour éloigner le spectre du corporatisme. C'était le bon choix. Sous cette réserve de taille, le retour à la parité entre magistrats et personnalités extérieures (les « laïcs ») irait, sous cette condition, de soi. Quant au statut du parquet, s'agissant de la jurisprudence de la Cour européenne des droits de l'homme, le Conseil constitutionnel l'a, comme on l'a noté, très largement traduites dans la sienne. Après quoi, si l'on veut que le Gouvernement continue à conduire la politique (pénale) de la Nation et éviter de confier la réalité du pouvoir à... la police (!), il faut maintenir l'unité du corps... Le président Hollande a annoncé en décembre 2012 une nouvelle révision de la Constitution. Le CSM devrait comprendre « des magistrats, en majorité » et des personnalités extérieures, proposées par « un collège indépendant ». Leurs noms seront approuvés par les commissions des lois de l'Assemblée et du Sénat à la majorité des 3/5e (les commissions n'avaient jusqu'ici qu'un droit de veto). Enfin, un avis conforme, et non plus consultatif, du CSM sera nécessaire pour la nomination des magistrats du parquet, ce qui est déjà la pratique.

Un projet de loi relatif à la composition du Conseil supérieur de la magistrature a été présenté au Conseil des ministres le 13 mars 2013. D'une part, les magistrats de l'ordre judiciaire, au nombre de huit, redeviendront majoritaires. D'autre part, les personnalités extérieures au corps judiciaire ne seront plus désignées par le pouvoir politique mais par des personnalités indépendantes. Le président du Conseil supérieur sera élu par la formation plénière, parmi les personnalités qualifiées non magistrats. En matière disciplinaire, les formations compétences à l'égard des magistrats du siège et à l'égard des magistrats du parquet continueront d'être présidées respectivement par le premier président de la Cour de cassation et par le procureur général près ladite Cour. Les attributions du Conseil supérieur de la magistrature seront renforcées. Il pourra se saisir d'office de questions relatives à l'indépendanec de l'autorité judiciaire et à la déontologie des magistrats. Le statut des membres du parquet sera conforté. Le CSM émettra désormais un avis conforme sur leurs nominations et sera compétant à leur égard en patière disciplinaire, à l'instar des magistrats du siège.

§ 2. L'autorité judiciaire gardienne de la liberté individuelle, l'interdiction de la peine de mort

625 L'article 66 traite de deux sujets forts différents : l'un de la détention arbitraire de l'article 66 qui consacre le rôle de l'autorité judiciaire comme gardienne de la liberté individuelle, l'autre à l'article 66-1 de l'interdiction de la peine du mort qui résulte d'une révision constitutionnelle nécessaire à la ratification d'un engagement international.

A. L'interdiction de la détention arbitraire

626 **Article 66 de la Constitution**

> *« Nul ne peut être arbitrairement détenu.*
> *L'autorité judiciaire, gardienne de la liberté individuelle, assure le respect de ce principe dans les conditions prévues par la loi. »*

Cette disposition constitutionnelle implique non seulement que toute personne privée de sa liberté puisse avoir accès à un juge, mais encore que ce juge puisse exercer un contrôle effectif sur la décision contestée : « *l'intervention d'un magistrat du siège pour autoriser (...) la prolongation de la garde à vue, est nécessaire conformément aux dispositions de l'article 66 de la Constitution* » (décis. 20 janv. 1981, n° 80-127 DC). Il incombe « *à l'autorité judiciaire, conformément à l'article 66 de la Constitution, d'exercer un contrôle effectif sur le respect des conditions de forme et de fond* » fixées par la loi (décis. 5 août 1993, n° 93-323 DC, *Loi relative aux contrôles et vérifications d'identité*). L'autorité judiciaire, gardienne de la liberté individuelle en vertu de l'article 66 de la Constitution, conserve la possibilité d'interrompre à tout moment la prolongation du maintien en rétention, de sa propre initiative ou à la demande de la personne retenue (décis. 20 nov. 2003, n° 2003-484 DC, *Loi relative à la maîtrise de l'immigration, au séjour des étrangers en France et à la nationalité*). Ainsi, la rétention de sûreté insérée récemment dans le Code pénal et qui conduit à une privation totale de liberté, la mesure poursuivant une finalité à la fois préventive, fondée sur la dangerosité de l'intéressé qu'il s'agit d'empêcher de récidiver, et une finalité « socio-médicale » liée au trouble grave de la personnalité a été déclarée conforme à la Constitution par le Conseil constitutionnel. Eu égard à la nature exceptionnelle de cette mesure et à la protection particulière de la liberté individuelle qui résulte de l'article 66 de la Constitution, le Conseil a cependant mis en œuvre comme on l'a noté, la plénitude des techniques de contrôle susceptibles d'être opérées sur cette mesure (décis. 21 févr. 2008, n° 2008-562 DC, *Loi relative à la rétention de sûreté et à la déclaration d'irresponsabilité pénale pour cause de trouble mental* ; v. chap. 8, ss 611).

B. L'interdiction de la peine de mort

627 Article 66-1 de la Constitution

> *« Nul ne peut être condamné à la peine de mort. »*

La loi constitutionnelle a été promulguée le 23 février 2007. Cette modification de la Constitution rend possible la ratification du deuxième protocole facultatif du pacte international relatif aux droits civils et politiques de la Convention de New York du 15 octobre 1989 portant, entre autre, abolition de la peine de mort initiée en son temps par François Mitterand en 1981 et dont Robert Badinter fût le simple mais brillant avocat. Le Conseil constitutionnel, dans une décision du 13 octobre 2005, avait fait de cette modification constitutionnelle une condition indispensable à cette ratification (décis. 13 oct. 2005, n° 2005-524/525 DC, *Engagements internationaux relatifs à l'abolition de la peine de mort*).

Bibliographie

Conseil supérieur de la magistrature, *Recueil des obligations déontologiques*, Dalloz, 2009.

Renoux (T.), *Le Conseil constitutionnel et l'autorité judiciaire*, Economica, 1984 ; « Le statut constitutionnel des juges du siège et du parquet », *AIJC* 1995, XI.

Schrameck (O.), « Le Conseil d'État et le régime disciplinaire des magistrats », *Mélanges Genevois*, Dalloz, 2009.

Guinchard (S.), Montagnier (G.), Varinard (A.), Debard (T.), *Institutions juridictionnelles*, Dalloz, 11e éd., 2011.

CHAPITRE 9

La Haute Cour

628 Article 67 de la Constitution (issu de la révision du 23 février 2007)

> *« Le président de la République n'est pas responsable des actes accomplis en cette qualité, sous réserve des dispositions des articles 53-2 et 68.*
> *Il ne peut, durant son mandat et devant aucune juridiction ou autorité administrative française, être requis de témoigner non plus que faire l'objet d'une action, d'un acte d'information, d'instruction ou de poursuite. Tout délai de prescription ou de forclusion est suspendu.*
> *Les instances et procédures auxquelles il est ainsi fait obstacle peuvent être reprises ou engagées contre lui à l'expiration d'un délai d'un mois suivant la cessation des fonctions. »*

Article 68 de la Constitution (issu de la révision du 23 février 2007)

> *« Le président de la République ne peut être destitué qu'en cas de manquement à ses devoirs manifestement incompatible avec l'exercice de son mandat. La destitution est prononcée par le Parlement constitué en Haute Cour.*
> *La proposition de réunion de la Haute Cour adoptée par une des assemblées du Parlement est aussitôt transmise à l'autre qui se prononce dans les quinze jours.*
> *La Haute Cour est présidée par le président de l'Assemblée nationale. Elle statue dans un délai d'un mois, à bulletins secrets, sur la destitution. Sa décision est d'effet immédiat.*
> *Les décisions prises en application du présent article le sont à la majorité des deux tiers des membres composant l'assemblée concernée ou la Haute Cour. Toute délégation de vote est interdite. Seuls sont recensés les votes favorables à la proposition de réunion de la Haute Cour ou à la destitution.*
> *Une loi organique fixe les conditions d'application du présent article. »*

Le titre IX comprend depuis la révision constitutionnelle de 2007 les articles 67 et 68 qui organise l'irresponsabilité pénale mais aussi civile du président de la République qui prend la suite de l'ancien article 68. Il est l'issue provisoire d'un long débat à la fois juridique et politique lié à la mise en cause pénale du chef de l'État, Jacques Chirac, et qui s'est développé autour de l'ancien article 68 de la Constitution. Ces nouvelles dispositions demeurent contestées et laissent entière la question du statut pénal mais aussi civil du chef de l'État en démocratie, indépendamment de sa responsabilité politique (v. chap. 2 ss 205).

A. Responsabilité politique et responsabilité pénale : problématique générale

629 « *Si le roi tue de sa main un ministre, on peut à la rigueur, s'en prendre au Premier ministre. Mais si le roi tue le Premier ministre, personne n'est responsable* » affirmait la doctrine anglaise, rappelant ainsi que la personne du roi était inviolable. En République et dans un État de droit, l'irresponsabilité pénale du chef de l'État peut-elle s'analyser de la même manière ? En tout état de cause cause, « *Certaines personnes seraient perpétuellement troublées dans l'exercice de leurs fonctions, si quelques citoyens pouvaient les accuser à raison de ces mêmes fonctions* » (Le Chapelier, 8 févr. 1791). C'est vrai aussi des ministres.

1. Les deux types de responsabilité

630 Cette question fondamentale suppose de distinguer les deux types de responsabilités, la nature des actes en cause, et la modulation du régime dérogatoire qu'elle implique le cas échéant, selon les fonctions exercées.

La responsabilité politique est une responsabilité à raison de la fonction alors que la responsabilité pénale est personnelle. L'une peut se contenter de faits allégués, l'autre doit être fondée sur des faits établis et c'est pourquoi, par dérogation au principe d'égalité devant la loi et afin d'éviter une confusion des deux types de responsabilité, un régime dérogatoire au droit commun est mis en place au bénéfice, non du titulaire de la fonction mais de la fonction elle-même La responsabilité politique implique l'obligation de répondre de ses actes devant le Parlement et peut entraîner pour le Gouvernement en régime parlementaire, l'obligation de démissionner, la sanction étant de nature politique : elle ne peut donc en principe être sanctionnée par un juge. Tout au contraire, la responsabilité pénale vise, outre les actes de « haute trahison » qui entraîne la confusion des deux types de responsabilité par une sorte de retour aux origines, les actes délictueux commis pendant l'exercice des fonctions soit la « criminalité gouvernante » (corruption, malversation) ou la violation des droits fondamentaux. Ces derniers actes sont de nature pénale et relèvent, sinon toujours du juge pénal, des catégories du droit pénal. Enfin, les actes délictueux détachables des fonctions sont naturellement redevables de la justice ordinaire quitte à instituer une procédure de filtrage afin de s'assurer qu'ils sont totalement étrangers à l'accomplissement des fonctions.

2. La distinction entre les actes

631 Sur le plan juridique, la question essentielle est d'abord de distinguer les actes du chef de l'État, distinction qui vaut aussi pour les ministres. Les solutions étrangères sont éclairantes mais ne tranchent pas celle de l'interprétation de l'ancien article 68 de la Constitution au cœur du débat, avant la révision constitutionnelle de 2007.

632 **Actes détachables et rattachables à la fonction.** Faut-il et peut-on distinguer parmi les actes du chef de l'État – mais aussi des ministres – ceux qui sont rattachables à la fonction ? Cette distinction est traditionnelle dans la doctrine. Et la jurisprudence de la Cour de cassation concernant seulement les ministres indique clairement dans son arrêt du 28 mai 1986 que ces actes sont non seulement effectués dans le cadre des attributions ministérielles, mais plus largement dans l'exercice de ses fonctions lorsqu'il s'exprime en tant que membre du Gouvernement. Après la révision constitutionnelle de juillet 1993 instituant la Cour de justice de la République, la Cour de cassation a rejeté le 27 juin 1995 le pourvoi de M. Alain Carignon contre un arrêt du 7 avril de la chambre d'accusation de Lyon écartant sa demande tendant à être jugé par la Cour de justice de la République. Le requérant soute-

nait qu'une partie des faits lui étant reprochés avait été commise lorsqu'il était ministre de la Communication. L'arrêt tout en soulignant « L'absence de tout lien entre les faits poursuivis et la fonction ministérielle » définit « les actes commis par un ministre dans l'exercice de ses fonctions [comme étant] ceux qui ont un rapport direct avec la conduite des affaires de l'État [...], à l'exclusion des comportements concernant la vie privée ou les mandats électifs locaux ».

Inversement, les membres du Gouvernement sont pénalement responsables devant les juridictions de droit commun pour les actes détachables de leurs fonctions. Ainsi, Gaston Defferre, ministre de l'Intérieur fut condamné le 14 mars 1982 par le tribunal correctionnel de Paris pour diffamation envers Jacques Chirac, à l'occasion d'une réunion publique à Marseille.

633 **Les catégories d'actes.** Pour distinguer la responsabilité pénale et la responsabilité politique, en particulier des membres de l'exécutif, il convient ensuite de préciser la distinction fondamentale selon la nature des actes en cause qui implique, le cas échéant, un régime distinct. La notion d'acte détachable de l'exercice des fonctions est la plus opératoire et la plus partagée par les systèmes juridiques. Elle est utile à la détermination du « juge » compétent pour connaître du litige, soit ordinaire, soit spécial. En droit interne, l'immunité (ou privilège) de juridiction en matière pénale consiste à soustraire son bénéficiaire en raison de ses fonctions de la juridiction des tribunaux de droit commun et à le faire juger par une juridiction spéciale, de nature politique (Haute cour en France). Elle ne signifie pas impunité et constitue simplement un obstacle procédural à la saisine du juge ordinaire pendant la durée du mandat mais n'exonère pas en principe son titulaire de toute responsabilité pénale. Logiquement, ce privilège de juridiction vaut pour les actes rattachables à la fonction mais peut être étendu, selon les cas, aux actes sans lien avec elles, la question se posant particulièrement pour le chef de l'État.

• **Les actes détachables ou sans lien avec la fonction :**

– les actes accomplis antérieurement ou postérieurement à l'exercice des fonctions et relevant d'infractions pénales, justiciables des tribunaux de droit commun, sous réserve éventuelle d'un filtrage, la question, pour le chef de l'État, étant de savoir s'il peut être fait obstacle aux poursuites pendant la durée du mandat du fait d'une immunité de juridiction ;

- les actes accomplis pendant l'exercice de ses fonctions ou en dehors d'elles mais sans rapport direct avec elles engageant la responsabilité civile du titulaire comme personne privée, justiciable en principe des tribunaux de droit commun. Le problème s'est posé une fois ; un tribunal s'étant reconnu compétent, le chef de l'État, n'ayant cependant pas invoqué un privilège de juridiction (v. T. corr. Paris 3 déc. 1974, *Dumont c. Giscard d'Estaing et a.*) ;

- les actes accomplis pendant l'exercice des fonctions et relevant d'infractions pénales mais sans rapport direct avec ces fonctions ou commis en dehors d'elles, justiciables, après l'organisation éventuelle d'un filtrage, des tribunaux de droit commun ou susceptibles de bénéficier d'une immunité de juridiction pendant la durée du mandat, s'agissant du chef de l'État.

• **Les actes rattachables à la fonction :**

- les actes accomplis dans l'exercice des fonctions qualifiés de « haute trahison » ou méconnaissant les devoirs constitutionnels et justiciables principalement de la compétence d'une juridiction de nature politique (en France, la Haute cour) : le privilège de juridiction est ici parfaitement logique ;

- les actes politiques accomplis dans l'exercice des fonctions mais ne relevant pas de la haute trahison pour lesquels le chef de l'État ne peut voir engager sa responsabilité, même à l'issue de son mandat. Telles ont été en ce sens les conclusions de la commission d'enquête sur les avions dits « renifleurs » (rapp. n° 2418 de la commission d'enquête de l'Assemblée nationale chargée d'examiner les conditions dans lesquelles des fonds ont pu être affectés depuis 1976 à une invention scientifique susceptible de bouleverser la recherche pétrolière) ;

- les actes accomplis pendant l'exercice des fonctions, en rapport direct avec elles et relevant d'infractions pénales (« criminalité gouvernante »), justiciables en principe la compétence d'une juridiction de nature politique (la Haute cour en France). Ici encore, le privilège de juridiction semble assez logique mais peut être discuté.

3. Les solutions étrangères

634 Pour les chefs de l'État, la question est résolue de manière différente selon qu'il s'agit d'une monarchie ou d'une République.

Dans les monarchies constitutionnelles, à l'image de la Grande-Bretagne, la personne du Prince est inviolable et bénéficie d'une immunité totale, aussi bien pénale que civile (Const. espagnole, art. 56-3 ; Const. Belge, art. 88 ; Const. danoise, art. 13 ; Const. monégasque, art. 3 ; Const. néerlandaise, art. 42-2 etc.).

Dans les républiques, la nécessaire protection juridictionnelle du président repose sur des principes communs afin d'éviter que la fonction ne soit atteinte par des plaintes abusives.

L'irresponsabilité pour les actes « accomplis en qualité de président de la République » le met à l'abri de toute mise en cause de sa responsabilité pénale pour des faits liés à sa fonction, à l'exception de la haute trahison ou de la violation délibérée de la Constitution mais aussi des infractions de nature pénale rattachables à l'exercice aux fonctions (Italie, Grèce, Hongrie, Bulgarie, Irlande, France, etc.). Par exemple, la Constitution autrichienne distingue deux procédures, et en réalité deux types d'actes que nous avons distingués, l'une applicable aux « violations » de son texte et l'autre aux « actes passibles de poursuites pénales (...) en rapport avec l'exercice de ses fonctions ». Dans les deux cas précités, le président de la République est alors jugé par la Cour constitutionnelle. En Allemagne, le Bundestag ou le Bundesrat peut mettre le président fédéral en accusation devant la Cour constitutionnelle fédérale pour violation délibérée de la loi fondamentale ou d'une autre loi fédérale. La demande de mise en accusation doit être présentée par un quart au moins des membres du Bundestag ou un quart des voix du Bundesrat. La décision de mise en accusation doit être prise à la majorité des deux tiers des membres du Bundestag ou des deux tiers des voix du Bundesrat. Ainsi, sans attendre une mise accusation, Christian Wulff, président de la République fédérale d'Allemagne, a démissionné de ses fonctions, le 17 février 2012 mis en cause dans différentes affaires remontant à l'époque où il était ministre-président du Land de Basse-Saxe, le parquet de Hanovre, capitale de la Basse-Saxe, ayant requis contre lui la levée de son immunité présidentielle.

Pour les infractions pénales commises hors de l'exercice des fonctions présidentielles, y compris antérieurs, le président de la République est généralement soumis à un régime dérogatoire : soit la procédure ne peut commencer en cours de mandat sans l'accord du Parlement, à l'image de la levée de l'immunité parlementaire, soit les infractions ne peuvent être jugées qu'après la fin du mandat, les délais de prescription étant suspendus (France, Portugal).

B. Le statut pénal du chef de l'État avant la révision constitutionnelle du 23 février 2007

635 *« Le président de la République n'est responsable des actes accomplis dans l'exercice de ses fonctions qu'en cas de haute trahison. Il ne peut être mis en accusation que par les deux assemblées statuant par un vote identique au scrutin public et à la majorité absolue des membres les composants ; il est jugé par la Haute Cour de justice. »*
Const., ancien art. 68.

1. Le débat autour de l'ancien article 68 de la Constitution

635-1 Ce débat est né à compter de 1999 s'agissant de l'affaire des emplois présumés fictifs de la ville de Paris dont Jacques Chirac était le maire. Devenu président de la République depuis 1995, pouvait-il être poursuivi comme un citoyen ordinaire pour des faits commis antérieurement à sa prise de fonction – comme pouvait l'être d'ailleurs en droit son Premier ministre – ou était-il à l'abri de poursuites judiciaires durant la durée de son mandat ? Tel est l'enjeu de la lecture de l'article 68.

636 **Les deux lectures de l'article 68**

• **La lecture cohérente.** On analyse la seconde partie de l'article 68 comme dépendante de la première, la règle de fond « le président de la République n'est responsable des actes accomplis dans l'exercice de ses fonctions qu'en cas de haute trahison » étant suivie d'une règle de procédure (« *Il ne peut être mis en accusation que par les deux assemblées statuant par un vote iden-*

tique au scrutin public à la majorité absolue des membres les composant ; il est jugé par la Haute Cour de justice »). Cette lecture est parfaitement logique, le chef de l'État ne pouvant être accusé que des actes accomplis dans l'exercice de ses fonctions et constitutifs de haute trahison. Ne disant rien des autres, ils seraient soumis au droit commun, le président étant passible de poursuites devant les tribunaux ordinaires, comme tout citoyen (c'est cette thèse qui fût défendue par l'auteur de ces lignes). Ce point de vue est d'ailleurs strictement conforme aux travaux préparatoires de la Constitution (Bruno Genevois). Cette interprétation fût aussi celle constante de Jean Foyer, éminent juriste et garde des Sceaux du général de Gaulle au *Dalloz* en 1958, confirmée par lui, 30 ans plus tard : « *en tant que personne privée, le président de la République ne bénéficie d'aucune immunité, ni d'aucun privilège de juridiction. Il est pénalement et civilement responsable comme tout citoyen, des actes commis avant le début de ses fonctions et de ceux commis pendant la durée de ces fonctions dès lors qu'ils en sont détachables. L'affirmation paraît être remise en question par certains de nos jours. Elle est pourtant juridiquement indiscutable* ». L'irresponsabilité pénale du président, à l'exception de la haute trahison, et ce depuis 1875, ne visait en outre que les actes rattachables à la fonction, c'est-à-dire ceux commis par le président de la République agissant en cette qualité, et non l'homme privé.

• **La lecture « séparée »**. On considère que la première phrase de l'article 68 concernant la nature des actes est indépendante de la seconde relative à l'instance d'accusation et de jugement et, partant, que la règle de fond est indépendante de la procédure. Cette interprétation d'une large partie de la doctrine postérieure à 1999 est née du débat autour de la responsabilité pénale du chef de l'État, à compter de cette date. Pour elle, le chef de l'État bénéficie d'une immunité de juridiction et n'est redevable, quels que soient les actes, que de la Haute Cour. Elle a donc compétence exclusive pour accuser et juger le chef de l'État pendant son mandat, quelque soit la nature des actes et du moment de leur commission (y compris donc antérieurs à la prise de fonction). Une fois celui-ci achevé, il redevient un citoyen ordinaire pour les actes étrangers à sa fonction.

Cette solution est très contestable, en particulier s'agissant des actes antérieurs aux fonctions, même s'il est vrai que la solution inverse ferait que le chef de l'État serait moins bien protégé qu'un député ou un sénateur : les poursuites à leur encontre peuvent être suspendues à la demande de l'assemblée à laquelle ils appartiennent, pendant la durée des sessions. C'est à notre sens le seul argument solide qui n'est juridique que par comparaison et *a posteriori*... Et c'est oublier que s'agissant du chef de l'État, le Conseil constitutionnel est en mesure de constater son empêchement, au moins en théorie.

637 **La « décision » du Conseil constitutionnel du 22 janvier 1999 : un privilège de procédure et de juridiction ?** Si le président de la République est responsable pénalement de certains actes, bénéficie-t-il cependant pendant la durée de son mandat d'une immunité de fond, soit pour les actes accomplis dans l'exercice de ses fonctions, hors les cas de haute trahison, et de procédure, pouvant seulement être jugé pendant la durée de son mandat par la Haute Cour ? À ces deux questions, le Conseil constitutionnel a répondu par l'affirmative ; il a en effet indiqué que concernant le chef de l'État, de façon sibylline, qu'« au surplus pendant la durée de ses fonctions, sa responsabilité pénale ne peut être mise en cause que devant la Haute Cour de justice selon les modalités fixées par le même article » (décis. n° 98-408 DC, 22 janv. 1999, *Traité portant statut de la Cour pénale internationale*).

Le Conseil constitutionnel était interrogé sur la ratification du traité créant la Cour pénale internationale et sa compatibilité avec la Constitution française. Celui-ci n'exonère aucun cas de responsabilité pénale, les immunités qui s'attachent à la qualité officielle d'une personne n'empêchant pas par ailleurs la Cour d'exercer sa compétence. Son statut lui donne en effet compétence pour juger des actes que le chef de l'État aurait pu commettre soit avant le début de son mandat, soit après mais en dehors de l'exercice de ses fonctions. La question était donc de savoir si cette disposition est compatible avec la Constitution française. Si oui, elle n'accorde en conséquence aucune protection particulière pour ces actes. Sinon, aucune poursuite ne peut être engagée pendant la durée du mandat. Il est ainsi peu contestable que le Conseil devait répondre s'agissant du chef de l'État, mais sur deux plans distincts. Le premier concerne les crimes qu'il pourrait commettre dans l'exercice de ses fonctions ; il bénéficie clairement de l'immunité prévue par l'article 68 et n'est responsable qu'en cas de haute trahison et ne peut être jugé que devant la Haute Cour de justice. En donnant compétence à la Cour pénale internationale, le traité est incompatible avec la Constitution. Mais le Conseil va plus loin en considérant que la compétence de la haute Cour est exclusive pour tous les actes du chef de l'État, y compris ceux commis antérieurement à son mandat (un crime de guerre, par exemple…). Le débat s'est porté sur la question de savoir si la formulation en quelque sorte incidente de la décision n'était pas un « *obiter dictum* » s'agissant d'une incise ou bien le « soutien nécessaire » du dispositif (v. chap. 7, ss 605). Le Conseil constitutionnel a dû alors, de façon exceptionnelle, par un « communiqué » de presse faire-valoir son interprétation : « *Le statut pénal du président de la République, s'agissant d'actes antérieurs à ses fonctions ou détachables de celles-ci, réserve pendant la durée de son mandat, la possibilité de poursuites devant la Haute Cour de justice. Le statut pénal du président de la République ne confère donc pas une "immunité pénale", mais un privilège de juridiction pendant la durée du mandat* ».

En toute hypothèse, par le jeu des recours, la solution pratique du problème devait revenir à la Cour de cassation.

638 **La décision de la Cour de cassation du 10 octobre 2001.** Sur le plan juridique, il n'est pas mince de constater que la Cour de cassation a clairement écarté et à raison, l'autorité de chose jugée de la décision du Conseil constitutionnel (v. chap. 8, ss 611) considérant que l'autorité de celle-ci ne valait que dans le cadre de la question qui lui était posée, soit la compatibilité du Traité instituant la Cour pénale internationale et la Constitution : « *Mais attendu que, si l'autorité des décisions du Conseil constitutionnel s'attache non seulement au dispositif, mais aussi aux motifs qui en sont le soutien nécessaire, ces décisions ne s'imposent aux pouvoirs publics et aux autorités administratives et juridictionnelles qu'en ce qui*

concerne le texte soumis à l'examen du Conseil ; qu'en l'espèce, la décision du 22 janvier 1999 n'a statué que sur la possibilité de déférer le président de la République à la Cour pénale internationale pour y répondre des crimes de la compétence de cette Cour ; qu'il appartient, dès lors, aux juridictions de l'ordre judiciaire de déterminer si le président de la République peut être entendu en qualité de témoin ou être poursuivi devant elles pour y répondre de toute autre infraction commise en dehors de l'exercice de ses fonctions » (Cass. plén. 10 oct. 2001, *Michel Breisacher*, arrêt n° 481).

Son raisonnement est d'abord fondé sur la nature des actes : la Cour de cassation considère que seuls les actes rattachables aux fonctions sont redevables de la Haute Cour, adoptant donc clairement la lecture « à la suite » de l'article 68 de la Constitution. La Cour de cassation pose ainsi en préalable à sa décision « *qu'en vertu du principe constitutionnel de l'égalité des citoyens devant la loi, l'immunité instituée au profit du président de la République par l'article 68 de la Constitution ne s'applique qu'aux actes qu'il a accomplis dans l'exercice de ses fonctions et que, pour le surplus, il est placé dans la même situation que tous les citoyens et relève des juridictions pénales de droit commun* ». Si elle accorde en fin de compte au chef de l'État une immunité pénale pendant son mandat, rejoignant ainsi la solution de fait des sages du Palais Royal, c'est sur un tout autre raisonnement. Si elle déroge en effet au principe constitutionnel d'égalité devant la loi, au regard de la continuité de l'État dont a la charge son chef directement élu du suffrage universel et qui assure le fonctionnement régulier des pouvoirs publics : « *Attendu que, rapproché de l'article 3 et du titre II de la Constitution, l'article 68 doit être interprété en ce sens qu'étant élu directement par le peuple pour assurer, notamment, le fonctionnement régulier des pouvoirs publics ainsi que la continuité de l'État, le président de la République ne peut, pendant la durée de son mandat, être entendu comme témoin assisté, ni être mis en examen, cité ou renvoyé pour une infraction quelconque devant une juridiction pénale de droit commun ; qu'il n'est pas davantage soumis à l'obligation de comparaître en tant que témoin prévue par l'article 101 du Code de procédure pénale, dès lors que cette obligation est assortie par l'article 109 dudit Code d'une mesure de contrainte par la force publique et qu'elle est pénalement sanctionnée* ».

Aussi, pendant la durée de son mandat, le président ne peut être mis en examen, cité ou renvoyé devant une juridiction pénale de droit commun, ni être entendu comme témoin assisté, ni soumis à l'obligation de comparaître en tant que témoin, les poursuites ne pouvant être exercées s'agissant d'actes non rattachables aux fonctions (et donc non redevables de la Haute Cour) qu'après la fin de son mandat. La prescription de l'action publique est cependant suspendue mais le chef de l'État ne peut être entendu comme témoin dès lors que la convocation est assortie d'une mesure de contrainte : « *Que, la Haute Cour de justice n'étant compétente que pour connaître des actes de haute trahison du président de la République commis dans l'exercice de ses fonctions, les poursuites pour tous les autres actes devant les juridictions pénales de droit commun ne peuvent être exercées pendant la durée du mandat présidentiel, la prescription de l'action publique étant alors suspendue* ». L'enjeu était en effet la prescription de l'action publique, ici de trois ans. Sans cette décision de la Cour de cassation, les faits qui étaient reprochés à Jacques Chirac étaient donc prescrits. La réponse était satisfaisante et rendait inutile une révision dont le projet, inspiré par les travaux de la Commission Avril, a finalement vu le jour.

C. La révision constitutionnelle du 23 février 2007 et le nouveau statut pénal du chef de l'État

639 La Commission présidée par le Professeur Pierre Avril et constituée par le décret du 4 juillet 2002 a été invitée, par le président de la République, Jacques Chirac, à formuler des propositions sur le statut pénal du chef de l'État qui a partiellement inspiré la révision constitutionnelle du 23 février 2007, votée quelques semaines avant les élections présidentielles.

1. Le contenu de la révision

640 Cette révision confère au président non seulement une immunité pénale durant son mandat mais aussi civile… Elle va donc encore

plus loin que la décision du Conseil constitutionnel, le président redevenant cependant un citoyen ordinaire un mois après son élection. Quant à la procédure de destitution du président de la République, elle n'a rien à voir avec « l'*impeachment* à l'américaine », le motif de destitution étant beaucoup plus vague qu'aux États-Unis. En effet, selon le nouvel article 68 : « *Le président de la République ne peut être destitué qu'en cas de manquement à ses devoirs manifestement incompatibles avec l'exercice de son mandat* ». On substitue donc une incrimination indéfinie – la « haute trahison » – par une autre tout aussi vague, dès lors que le contenu est de toute façon discrétionnairement décidé par le Parlement. En réalité, faute de distinction entre les actes, cette appréciation sera de nature politique. Pour le reste, les conditions de vote (majorité des 2/3) rendent la procédure en réalité inapplicable, sans doute heureusement : imagine-t-on simplement son usage pendant la crise de l'automne 1962 contre le général De Gaulle ?

Mais la difficulté la plus sérieuse est ailleurs : comment démontrer ce manquement dès lors qu'il est interdit que le président fasse l'objet d'acte d'information, d'instruction ou de poursuite ? Une enquête de presse ou une rumeur, par exemple, concernant l'État de santé ? Heureusement aussi, la révision n'a pas retenu la proposition de la commission faisant que la seule décision de réunir la Haute Cour emportait empêchement du président quitte à ce qu'il soit « acquitté » ensuite...

Rappelons qu'il existe déjà une autre procédure concurrente d'empêchement en vertu de l'article 7 de la Constitution : saisi par le Gouvernement, le Conseil constitutionnel constate l'empêchement du président, statuant à la majorité de ses membres.

Cette révision de convenance votée dans la précipitation et contre laquelle des personnalités comme Édouard Balladur ou Robert Badinter se sont élevées est aussi inutile que dangereuse voire ubuesque. Elle conduit par exemple à ce que le président de la République ne peut divorcer, au cours de son mandat, sinon par « consentement mutuel », autrement dit la seule procédure de divorce ne mettant en cause aucune des parties. Il est fort probable qu'un contentieux élevé devant la Cour européenne des droits de l'homme soulignerait que cette immunité est manifestement contraire au droit au procès équitable consacré par l'article 6 de la CEDH.

2. Les nouvelles pistes de réforme

641 La révision constitutionnelle du 23 février 2007 concernant le statut pénal du chef de l'État fût une révision de convenance. Deux pistes de réformes ont été ouvertes.

• La première est celle d'une proposition de loi constitutionnelle de Noël Mamère, frappée du coin du bon sens (rapp. Noël Mamère, « *La proposition de loi constitutionnelle établissant la responsabilité civile et pénale du président de la République pour les actes commis antérieurement à sa prise de fonction ou détachables de celle-ci, et supprimant la Cour de justice de la République* », n° 3817). Ce projet demeure protecteur de la fonction : « *Le président de la République ne pourra être appelé à témoigner devant toute juridiction, ni faire l'objet d'actes d'information, d'instruction ou de poursuite qu'après un avis public et motivé d'une commission de filtrage, composée de membres – nommés pour cinq ans – du Conseil d'État, de la Cour des comptes et de la Cour de cassation et présidée par le premier président de cette dernière ; en second lieu, en cas de crimes ou délits, le président de la République ne pourra faire l'objet d'une arrestation ou de toute autre mesure privative de liberté qu'avec l'autorisation de l'Assemblée nationale statuant à la majorité absolue de ces membres* ». Il est toutefois précisé qu'une telle autorisation parlementaire n'est pas requise en cas de crime ou délit flagrant ou de condamnation définitive. « *En cas d'arrestation ou de mesure privative de liberté autorisée par l'Assemblée nationale, il reviendra alors au Conseil constitutionnel de constater, en application des 4e et 5e alinéas de l'article 7 de la Constitution, l'empêchement provisoire ou définitif du chef de l'État* » (rapp. Préc., p. 3). Pour les actes rattachables, irresponsable politiquement, le chef de l'État demeure justiciable de la Haute Cour.

• L'autre piste de réforme est celle de la Commission Jospin, le président François Hollande s'étant engagé à reformer le statut pénal du chef de l'État. La Commission propose de maintenir l'immunité fonctionnelle dont bénéficie le chef de l'État pour les actes accomplis en cette qualité, sous réserve de la possibilité, « *en cas de manquement à ses devoirs manifestement incompatible avec l'exercice de son mandat* », d'une destitution prononcée par le Parlement, qu'il n'y aurait plus lieu de constituer en « Haute Cour », mais de réunir en « Congrès », afin d'affirmer clairement le caractère politique, et non juridictionnel, de la procédure de destitution. En revanche, « *la Commission préconise de mettre fin à l'inviolabilité pénale du président de la République : celui-ci doit pouvoir être poursuivi et jugé au cours de son mandat pour tous les actes qu'il n'a pas accomplis en qualité de chef de l'État. Il est également proposé de mettre fin à son inviolabilité civile. Cette application du droit commun devrait toutefois s'accompagner de règles de compétence et de procédure particulières. Au pénal, il est notamment proposé de prévoir les règles suivantes : une phase d'examen préalable des requêtes par une commission supérieure chargée d'écarter les actions qui entrent dans le champ de l'immunité fonctionnelle ainsi que les actions abusives ou manifestement infondées ; la compétence exclusive du tribunal de grande instance de Paris ; un recours systématique à l'instruction préparatoire ; une collégialité renforcée au stade de l'instruction et pour les formations de jugement ; une interdiction de principe des mesures de contrainte. Au civil, une phase d'examen préalable des requêtes est également préconisée* ». Faute de majorité prévisible au Congrès, le projet de loi présenté au Conseil des ministres le 13 mars 2013 se limite au statut civil du chef de l'État. Le Président de la République pourra donc faire l'objet d'une action dans les conditions du droit commun, mais après autorisation de la Commission des requêtes mentionnée à l'article 68-1 de la Constitution.

Bibliographie

Sur la distinction entre responsabilité politique et responsabilité pénale

Baranger (D.), Le Divellec (A.), « Régime parlementaire », in Troper (M.), Chagnollaud (D.) *Traité international de droit constitutionnel*, Dalloz, 2012, t. 2, p. 159-193.

Sur le statut pénal du chef de l'État

Beaud (D.), « Irresponsabilité et immunité du président de la République sous la Ve République », in *Cercle des constitutionnalistes, Les 50 ans de la Constitution*, Litec, 2008.

Bottini (F.), *La protection des décideurs publics en droit pénal*, LGDJ, 2008.

Chagnollaud (D.) (dir.), *Vie publique et responsabilité pénale*, éd. Panthéon-Assas, 2001 ; « La Cour de cassation et la responsabilité pénale du chef de l'État ou les dominos constitutionnels », *RD publ.* 2001. 1613, n° 6 ; « Le président et la doctrine : à propos de la responsabilité pénale du chef de l'État », *RD publ.* 1999. 1669, n° 4.

Genevois (B.), « Le Conseil constitutionnel et le droit pénal international », *RFDA* mars-avr. 1999. 285.

Foyer (J.) « Haute Cour de justice », *Rép. pén.* 1999, n° 34, p. 5.

Schoettl (J.-E.), « Commentaire de la décision n° 98-408 DC du 22 janvier 1999 : traité portant statut de la Cour pénale internationale », *AJDA* 1999. 230.

CHAPITRE 10

La responsabilité pénale des membres du Gouvernement

642 Notons d'abord que la responsabilité civile du ministre peut être engagée pour faute de service devant les juridictions judiciaires ou administratives en application des règles relatives aux fonctionnaires. Par ailleurs, ils sont en droit civilement responsables des conséquences pécuniaires nées des préjudices causés aux contribuables par l'utilisation qu'ils font des deniers publics. Les solutions étrangères sont éclairantes comme pour le chef de l'État, pour mieux cerner le régime actuel de la responsabilité pénale des ministres, qui demeure perfectible.

643 **Article 68-1 de la Constitution (issu de la révision du 27 juillet 1993)**

> *« Les membres du Gouvernement sont pénalement responsables des actes accomplis dans l'exercice de leurs fonctions et qualifiés crimes ou délits au moment où ils ont été commis.*
> *Ils sont jugés par la Cour de justice de la République.*
> *La Cour de justice de la République est liée par la définition des crimes et délits ainsi que par la détermination des peines telles qu'elles résultent de la loi. »*

Article 68-2 de la Constitution (issu de la révision du 27 juillet 1993)

> *« La Cour de justice de la République comprend quinze juges : douze parlementaires élus, en leur sein et en nombre égal, par l'Assemblée nationale et*

> *par le Sénat après chaque renouvellement général ou partiel de ces assemblées et trois magistrats du siège à la Cour de cassation, dont l'un préside la Cour de justice de la République.*
> *Toute personne qui se prétend lésée par un crime ou un délit commis par un membre du Gouvernement dans l'exercice de ses fonctions peut porter plainte auprès d'une commission des requêtes.*
> *Cette commission ordonne soit le classement de la procédure, soit sa transmission au procureur général près la Cour de cassation aux fins de saisine de la Cour de justice de la République.*
> *Le procureur général près la Cour de cassation peut aussi saisir d'office la Cour de justice de la République sur avis conforme de la commission des requêtes.*
> *Une loi organique détermine les conditions d'application du présent article.* »

Article 68-3 de la Constitution (issu de la révision du 27 juillet 1993)

> « *Les dispositions du présent titre sont applicables aux faits commis avant son entrée en vigueur.* »

A. Les solutions étrangères

644 Elles prévoient le plus souvent un filtre parlementaire s'agissant de la mise en accusation, mais des solutions variées pour le jugement.

• **La mise en accusation relève d'une procédure spéciale et le jugement d'une juridiction spéciale.** La mise en accusation est généralement mise en œuvre par le Parlement. La juridiction spéciale de jugement peut être composée de juges professionnels (issus en Grèce des plus hautes juridictions judiciaires mais tirés au sort) ou se voir adjoindre d'autres jurés (les membres les plus anciens de la Cour Suprême au Danemark, à parité avec un nombre de membres élus par le Parlement). Il peut s'agir de la Cour constitutionnelle (Autriche), du Sénat (États-Unis) (v. *Droit constitutionnel contemporain 1* préc.).

• **La mise en accusation relève d'une procédure spéciale et le jugement d'une juridiction ordinaire.** C'est le cas du Portugal où le ministre est suspendu par l'Assemblée afin que la procédure judiciaire suive son cours. En Italie, depuis 1989 – et le scandale Lookeed –, le ministre après autorisation de l'une des deux chambres, pour crimes ou délits commis dans l'exercice de ses fonctions est jugé par les tribunaux ordinaires.

Dans d'autres États, les ministres sont jugés par des juridictions ordinaires mais bénéficient d'un privilège de juridiction. Aux Pays-Bas, les ministres – comme les parlementaires –, peuvent être jugés par la Cour suprême à l'initiative de la seconde chambre ou du roi ; c'est, dans son esprit, le système de la IIIe République.

En Belgique, les textes constitutionnels prévoient que la Chambre des représentants dispose d'un pouvoir discrétionnaire pour accuser un ministre et détermine la peine, la Cour de cassation étant compétente pour le juger. Mais faute de loi d'application, elle n'a donc reçu aucune application...

En Suisse, une autorisation des chambres est nécessaire pour intenter des poursuites pénales contre les ministres s'agissant d'actes rattachables à leurs fonctions. L'acte d'accusation indique la juridiction compétente, soit les juridictions ordinaires, soit le tribunal fédéral. Ainsi, Mme Élisabeth Kopp, chef du département de la justice et de la police, a été jugée et condamnée par le tribunal fédéral en février 1990.

• **La mise en accusation et le jugement relevant des procédures et des juridictions ordinaires.** C'est le cas en Grande-Bretagne mais, à titre exceptionnel, le Parlement peut juger les ministres en cas de haute trahison ou de crimes graves. En Allemagne, la responsabilité pénale relève de même du droit commun. Les ministres sont incriminés et jugés par les juridictions ordinaires.

B. La responsabilité pénale des ministres avant la révision constitutionnelle du 27 juillet 1993

645 Sous la IIIe et la IVe République les juridictions ordinaires étaient toujours compétentes pour connaître des infractions commises par les ministres dans l'exercice de leurs fonctions sauf si la Chambre des députés ou l'Assemblée nationale prenait l'initiative d'une mise en accusation devant le Sénat (sous la IIIe République), devant la Haute Cour (sous la IVe République).

Selon l'ancien article 68 de la Constitution de 1958, « *les membres du Gouvernement sont pénalement responsables des actes accomplis dans l'exercice de leurs fonctions et qualifiés de "crimes ou délits" au moment où ils ont été commis. La procédure (de la Haute Cour) leur est applicable ainsi qu'à leurs complices dans le cas de complot contre la sûreté de l'État* ». La juridiction de jugement compétente était donc la Haute Cour de justice, la saisine de cette juridiction ayant lieu par un acte d'accusation voté en termes identiques, au scrutin public, par la majorité absolue des membres composant l'une et l'autre chambre.

Au moins jusqu'en 1993, la compétence de la Haute Cour était en fait exclusive pour les actes commis par les ministres dans l'exercice de leurs fonctions : la Cour de cassation a jugé le 14 mars 1963 que pour les actes commis dans l'exercice de ses fonctions cette procédure et cette juridiction étaient exclusives de toute autre. Le ministre ne peut donc pas être cité au pénal pour les actes en question devant les juridictions de droit commun. La Cour de cassation avait donc infirmé la lecture de l'article 68, limitant la compétence de la Haute Cour à l'égard des ministres au seul cas de complot contre la sûreté de l'État et avait rejeté toute distinction quant à la nature des infractions criminelles ou délictuelles, notamment selon un critère de gravité (Cass. 14 mars 1963, *Frey c. Blignières*). Confirmant sa jurisprudence en 1984 et 1986, les particuliers comme le ministère public étaient donc privés de la possibilité de mettre en mouvement l'action publique en saisissant les juridictions de droit commun.

Certes, on a vu quelques propositions de résolutions adoptées par le Parlement mais aucun ministre ne fut jugé devant la Haute Cour, les conditions de mise en accusation étant strictes. En pratique, les ministres bénéficiaient ainsi d'une immunité pénale résultant du choix discrétionnaire du Parlement et de la compétence exclusive de la Haute Cour.

646 **La nécessité d'une réforme.** Après beaucoup d'atermoiements, au moment où il pouvait être envisagé de traduire trois anciens membres du Gouvernement dont un ancien Premier ministre concernant l'affaire du sang contaminé, le chef de l'État, dans un souci de clarification mais aussi d'apaisement de l'opinion après

ce drame, proposait le 9 novembre 1992 la réforme de la Haute Cour de justice. Et les suggestions du Comité Vedel en 1993 devaient très largement l'inspirer. Sa réflexion fut fondée sur quelques idées simples. Outre l'argument astucieux selon lequel la mise en accusation dans le système énonçait une présomption de responsabilité pénale contraire à la Déclaration des droits de l'homme et sur le plan de l'égalité devant la loi, il constatait que le privilège de juridiction devenait en fait une immunité pénale pour les ministres. Il s'agissait donc de faciliter leur mise en cause pénale tout en leur octroyant des garanties judiciaires et surtout en évitant le harcèlement processuel à leur encontre. De cette réflexion devait naître la Cour de justice de la République.

C. La responsabilité pénale des ministres depuis la révision constitutionnelle du 27 juillet 1993

647 Depuis cette révision « les membres du Gouvernement sont pénalement responsables des actes accomplis dans l'exercice de leurs fonctions et qualifiés de crimes ou délits au moment où ils ont été commis. Ils sont jugés par la Cour de justice de la République » (nouvel art. 68-1). Ces actes doivent donc être rattachables aux fonctions (Cass. 27 juin 1995, *Carignon*). La Cour comprend 15 juges : 12 parlementaires élus en leur sein en nombre égal par l'Assemblée nationale et par le Sénat après chaque renouvellement et trois magistrats du siège à la Cour de cassation, dont l'un préside la Cour de justice de la République. C'est à elle de juger, dans le cadre des lois pénales, les ministres. Ses arrêts sont susceptibles d'un pourvoi en cassation.

1. En amont, la procédure suit le cours suivant (art. 68-2)

648 - Une commission des requêtes composée exclusivement de magistrats des ordres judiciaire et administratif filtre les plaintes et apprécie l'opportunité des poursuites ; ses décisions sont insusceptibles de recours ;

- la commission d'instruction composée de magistrats de la Cour de cassation élus par leurs pairs procède à l'instruction par tout moyen, qualifie ou requalifie les faits. Elle décide ou non de la saisine de la Cour de justice de la République. Ses arrêts sont susceptibles d'un pourvoi en cassation ouvert seulement aux membres du Gouvernement ;

- la Cour de justice rompt avec la conception de la Haute Cour, juridiction pénale de nature constitutionnelle obéissant à des règles de saisine et de compétences exorbitantes du droit commun tout en établissant un compromis. Le Parlement perd au profit du ministère public et des particuliers la mise en accusation mais une commission filtre les requêtes. La commission d'instruction fait collégialement fonction de juge d'instruction. La composition de la juridiction est particulière compte tenu de la spécificité des poursuites engagées. Un filtre juridictionnel est prévu mais la procédure se rapproche du droit commun. Aucune constitution de partie civile n'est cependant recevable, les plaignants pouvant agir au civil.

2. Le jugement de l'affaire du sang contaminé en 1999

649 Le procès de l'ancien Premier ministre, Laurent Fabius, de l'ancien ministre à la Sécurité sociale, Georgina Dufoix, de l'ancien secrétaire d'État à la Santé, Edmond Hervé – seul finalement condamné à un « blâme public » pour inaction coupable – fut très passionné. Mais le fut-il moins que certains procès de cour d'assises ? On mit en cause des débats mal dirigés, une procédure émaillée d'incidents, certains témoins craignant que leurs dépositions ne puissent être retenues contre eux lors d'un procès devant les juridictions ordinaires refusèrent de témoigner ou de le faire sous serment. Et le secret des délibérés devait ne pas être respecté. Sur le fond de l'affaire, il permit de poser la question du cumul des mandats pour un ministre, celle du fonctionnement des cabinets ministériels et d'établir certains dysfonctionnements graves de l'État.

650 **Une procédure contestable ?** Ce procès rencontre le débat autour de la pénalisation croissante de la vie publique, des préfets aux maires sans compter les chefs d'entreprise, sous réserve de transposer le droit pénal des affaires au droit de l'État...

• Le « procès » de la Haute Cour de Justice. S'il est possible de juger d'une « criminalité gouvernante » (corruption, trafic d'influence, etc.) imputable d'ailleurs à tous les fonctionnaires publics, comment peut-on réellement évaluer l'activité politique « ordinaire » des ministres en fonction des normes pénales existantes ? Il est en effet délicat de qualifier pénalement des actes « politiques » : s'agit-il d'actes réellement commis ou suffit-il de s'abstenir d'agir pour être coupable par négligence ou manque de « précaution » ? À quel degré juger de l'action d'un ministre et celui-ci est-il responsable pour fait d'autrui ? Les juges ne risquent-ils pas de porter un jugement en opportunité sans toujours connaître la réalité politico-administrative ? Ne risquait-on pas de voir la Cour de justice encombrée de plaintes ?

Ces inquiétudes sont légitimes sur le plan juridique, démocratique et philosophique. Et malgré les graves imperfections d'un système nouveau, ayant eu à traiter d'emblée d'une question presque insoluble à réformer, il faut restituer le contexte. D'une part, ces critiques sont mal comprises par les citoyens dès lors qu'elles émanent non de la doctrine mais de quelques élus de la nation perçus, à tort ou à raison, comme seuls pouvant voter des lois étant en mesure de les concerner un jour. D'autre part, en l'absence de mécanismes propres à mettre en œuvre la responsabilité politique des gouvernants, et même leur responsabilité tout court, cette évolution est-elle plus surprenante que celle du début du siècle, s'agissant de la responsabilité administrative, aboutissant à porter devant l'autorité judiciaire des actes mettant en cause la responsabilité de l'État ? Peu importe que la sanction ne procure pas obligatoirement un « bien » à la société dans son ensemble. Tel n'est pas son objet. Certes, il est à redouter, avec raison, la recherche dangereuse et proprement « injuste » d'une « justice populaire » qui ne dirait pas son nom en même temps qu'une condamnation tous azimuts de tous et chacun, et singulièrement d'un bouc émissaire : « les élites ». Mais sans contester leur rôle dans une société démocratique, elles sont appelées simplement à une exigeante responsabilité.

• **Un « procès » injuste ?** Sur le plan juridique, on omet l'essentiel. S'agissant des origines de la réforme, on a vite oublié que le jeu subtil des incriminations, rendant inefficace tout jugement par la Haute Cour est en partie à l'origine de la création de la Cour de justice de la République : l'acte d'accusation devant la Haute

Cour de Laurent Fabius en 1992 ne visait que la non-assistance à personne en danger plutôt que l'homicide involontaire. L'action se prescrit après trois ans et la procédure était donc lancée pour être interrompue. Peut-on se demander naïvement à quoi servent des procédures dont on sait qu'elles ne servent à rien ?

S'agissant de la Cour de justice de la République, le procès de la commission d'instruction, sorte de bras armé d'un pouvoir judiciaire invisible, a été largement instruit, oubliant que la Cour de justice de la République permet de préserver les ministres de poursuites pénales inconsidérées devant le juge ordinaire dès lors qu'il s'agit d'actes rattachables aux fonctions. On se demande d'ailleurs pourquoi il n'est pas rare qu'un ministre poursuivi au pénal réclame la juridiction de la Cour de justice de la République. Ainsi, quand la Cour de cassation dans un arrêt du 27 juillet 1995 distingue « *les actes commis dans l'exercice de ses fonctions (comme étant) ceux qui ont un rapport direct avec la conduite des affaires de l'État [...], à l'exclusion des comportements concernant la vie privée ou, les mandats électifs locaux* », ne donne-t-elle pas tout son sens à la nécessaire protection des responsables de l'État dans l'exercice de leur mission d'intérêt général ? Et si la commission d'instruction est parfois allée trop loin, dans la présomption de la connaissance qu'avaient des faits les acteurs, ne faut-il pas tout simplement retenir le jugement qui exonère la responsabilité du Premier ministre, largement du fait des délégations consenties par lui aux membres du Gouvernement ? C'est de même à la répartition des compétences entre le ministre des Affaires sociales et le secrétaire d'État à la santé, que Mme Dufoix doit son acquittement. La responsabilité de M. Hervé étant seul habilité à réglementer la délivrance du sang n'est retenue que pour avoir eu connaissance de la dangerosité des produits sanguins, en n'ordonnant pas leur destruction. Peut-on l'analyser au sens, de la « carence fautive » qu'a retenu le Conseil d'État dans sa décision du 9 avril 1993 ? C'est fort probable... Une infraction peut être non intentionnelle : c'est vrai aussi des fonctionnaires et des élus locaux depuis l'arrêt *Thépaz* du Tribunal des conflits du 14 janvier 1935.

• **Le débat sur la nature des actes.** C'est alors que le débat se déporte sur la nature des actes pour interdire à la Cour de justice de juger des actes des ministres, En effet, de quel droit la Cour aurait-elle à juger d'actes relevant par nature d'une responsabilité exclusivement politique ? On pourrait penser que sa nature constitutionnelle la prédispose justement à cette mission. Mais jusqu'où ? En clair, le mot « acte » doit-il être défini en fonction des travaux préparatoires ou en vertu de ce que lui donne la Constitution ? Les travaux préparatoires – *stricto sensu* – cette fois, viseraient selon le procureur général près de la Cour de cassation, M. Burgelin, partisan d'une interprétation étroite, « *les infractions par commission et non pas tant les infractions par omission* ». Une interprétation plus large s'impose-t-elle au contraire en droit constitutionnel ? La Constitution indique que « *les membres du Gouvernement sont pénalement responsables des actes accomplis dans l'exercice de leurs fonctions et qualifiés de crimes ou délits ainsi que par la détermination des peines telles qu'elles résultent de la loi* ». Le pouvoir constituant est, en droit, souverain. En tout état de cause cause, depuis l'affaire du sang contaminé, la CJR n'a pas croulé sous les dossiers. Depuis 1999, ont été poursuivis, Ségolène Royal en diffamation par deux enseignants du lycée Thiers de Marseille et relaxée, Michel Gillibert, secrétaire d'État aux handicapés entre 1988 et 1993, condamné le du 7 juillet 2004 pour escroquerie au préjudice de l'État, Charles Pasqua, condamné en 2010 pour l'une seule des trois affaires évoquées à une année de prison avec sursis, condamnation confirmée par la Cour de cassation.

3. Les pistes de réforme

651 D'autres systèmes que celui de la Cour de justice de la République (CJR) sont concevables, soit celui de la IIIe République donnant la faculté au Parlement de soustraire la compétence d'une affaire à la procédure de droit commun, en pratique à titre exceptionnel. Et, une fois cette procédure « rodée », elle pourrait avec le temps, céder la place à la compétence exclusive des tribunaux ordinaires. Dans cet esprit, la Commission Jospin a proposé en 2012 de supprimer la Cour de justice de la République pour les ministres tout

en maintenant un mécanisme de filtre, destiné à prévenir la multiplication des procédures abusives : « *ainsi, un ministre ne pourra faire l'objet d'actes d'information, d'instruction ou de poursuite qu'après un avis public et motivé d'une commission de filtrage, composée de membres – nommés pour cinq ans – du Conseil d'État, de la Cour des comptes et de la Cour de cassation et présidée par le premier président de cette dernière* ».

S'agissant des ministres, le projet de loi de révision constitutionnelle adopté par le Conseil des ministres le 13 mars 2013 supprime la Cour de justice de la République, qui constitue un privilège qui n'a plus de raison d'être. Les ministres seront désormais jugés par les juridictions pénales de droit commun, y compris pour les actes accomplis dans l'exercice de leurs fonctions, après autorisation préalable de la Commission des requêtes. Le jugement de ces affaires sera confié aux juridictions parisiennes compétences qui sereont composées d'au moins trois juges.

Bibliographie

Beaud (O.), *Le sang contaminé. Essai critique sur la criminalisation de la responsabilité des gouvernants*, Paris, PUF, 1999.

Degoffe (M.), « La responsabilité pénale du ministre du fait de son administration », *RD publ.* 1998. 433.

CHAPITRE 11

Le Conseil économique, social et environnemental et le Défenseur des droits

652 On a a regroupé les titres XI et XI *bis* s'agissant de deux institutions en « marge » du Parlement mais qui jouent un rôle souvent méconnu.

A. Le Conseil economique et social

653 Article 69 de la Constitution

> *« Le Conseil économique, social et environnemental, saisi par le Gouvernement, donne son avis sur les projets de loi, d'ordonnance ou de décret ainsi que sur les propositions de loi qui lui sont soumis.*
> *Un membre du Conseil économique, social et environnemental peut être désigné par celui-ci pour exposer devant les assemblées parlementaires l'avis du conseil sur les projets ou propositions qui lui ont été soumis.*
> *Le Conseil économique, social et environnemental peut être saisi par voie de pétition dans les conditions fixées par une loi organique. Après examen de la pétition, il fait connaître au Gouvernement et au Parlement les suites qu'il propose d'y donner. »*

Article 70 de la Constitution

> *« Le Conseil économique, social et environnemental peut être consulté par le Gouvernement et le Parlement sur tout problème de caractère économique, social ou environnemental. Le Gouvernement peut également le consulter sur les projets de loi de programmation définissant les orientations pluriannuelles des finances publiques. Tout plan ou tout projet de loi de programmation à caractère économique, social ou environnemental lui est soumis pour avis. »*

Article 71 de la Constitution

> *« La composition du Conseil économique, social et environnemental, dont le nombre de membres ne peut excéder 233, et ses règles de fonctionnement sont fixées par une loi organique. »*

Comment représenter la « société » dans sa diversité au sein des institutions de la République ? La question n'a jamais été résolue mais le Conseil économique, social et environnemental y contribue. Il est l'héritier du Conseil national économique (CNE) composé de syndicalistes ouvriers, patronaux, agricoles et associations, créé en 1925 par le Gouvernement du Cartel des gauches et surtout du Conseil économique de la IVe République, institué par l'article 25 de Constitution. Le Conseil économique et social (CES) est à nouveau inscrit dans la Constitution de 1958. Le général de Gaulle a tenté de proposer de le fondre avec le Sénat par référendum, ce qui fût un échec et aboutit à sa démission. Le Conseil économique et social – et environnemental – depuis la révision constitutionnelle de 2008 est une assemblée constitutionnelle consultative placée auprès des pouvoirs publics, discrète mais influente. Par la représentation des principales activités économiques et sociales, le Conseil favorise la collaboration des différentes catégories professionnelles entre elles et assure leur participation à la politique économique et sociale du Gouvernement. Il examine et suggère les adaptations économiques ou sociales rendues nécessaires notamment par les techniques nouvelles. La révision constitutionnelle du 23 juillet 2008 a engagé une réforme de cette institution, qui s'est poursuivie par le vote d'une loi organique réactualisant sa composition. Il continue à incarner par sa composition un des lieux du dialogue social. La loi organique du 28 juin 2010 prise en application de la Constitution a été pour l'essentiel par le Conseil constitutionnel (décis. 24 juin 2010, n° 2010-608 DC). Les attributions consultatives du Conseil sont élargies au domaine environnemental et deviennent « Conseil économique, social et environnemental » (CESE). Afin d'améliorer la représentativité du Conseil, les nouvelles dispositions instituent la nomination de « personnalités qualifiées » issues des milieux culturels, scientifiques, sportifs, de l'action en faveur des personnes handicapées, ainsi que des personnes représentant les jeunes et les étudiants et favorisent la parité entre les hommes et les femmes. Le nombre de mandats consécutifs est limité à deux et l'âge minimum est abaissé de 25 à 18 ans. Enfin, l'instauration d'une saisine du Conseil par voie de pétition citoyenne devrait faciliter l'intervention directe de la « société civile » dans l'assemblée qui la représente.

B. Le Défenseur des droits

654 Article 71-1 de la Constitution

> *« Le Défenseur des droits veille au respect des droits et libertés par les administrations de l'État, les collectivités territoriales, les établissements publics, ainsi que par tout organisme investi d'une mission de service public, ou à l'égard duquel la loi organique lui attribue des compétences.*
> *Il peut être saisi, dans les conditions prévues par la loi organique, par toute personne s'estimant lésée par le fonctionnement d'un service public ou d'un organisme visé au 1er alinéa. Il peut se saisir d'office.*
> *La loi organique définit les attributions et les modalités d'intervention du Défenseur des droits. Elle détermine les conditions dans lesquelles il peut être assisté par un collège pour l'exercice de certaines de ses attributions.*
> *Le Défenseur des droits est nommé par le président de la République pour un mandat de six ans non renouvelable, après application de la procédure prévue au dernier alinéa de l'article 13. Ses fonctions sont incompatibles avec celles de membre du Gouvernement et de membre du Parlement. Les autres incompatibilités sont fixées par la loi organique.*
> *Le Défenseur des droits rend compte de son activité au président de la République et au Parlement. »*

Le « comité Balladur », s'inspirant de l'exemple espagnol du Défenseur du Peuple, avait proposé de consacrer un titre spécifique de la Constitution à un Défenseur des droits fondamentaux, désigné à la majorité des 3/5e par l'Assemblée nationale et qui se substituerait, dans un souci d'efficacité, à l'ensemble des autorités administratives indépendantes dans ce domaine. De cette ambition, n'est demeuré que le souci de coordination entre des instances parallèles et dont les compétences se chevauchaient.

Autorité constitutionnelle indépendante, le Défenseur des droits des citoyens est nommé par le président de la République conformément à la nouvelle procédure de l'article 13. Il peut être saisi, tout comme l'ancien médiateur de la République, par toute personne s'estimant lésée par le fonctionnement d'un service public. Inscrite dans la Constitution depuis le 23 juillet 2008 et instituée par la loi organique et la loi ordinaire du 29 mars 2011, le Défenseur des droits regroupe les missions du médiateur de la République, du Défenseur des enfants, de la Haute autorité de lutte contre les discriminations et pour l'égalité (HALDE) et de la Commission nationale de déontologie de la sécurité (CNDS).

Bibliographie

Pinon (S.), « Le Conseil économique, social et environnemental : entre évolution et révolution », *Dr. adm.* 7 juill. 2010, p. 14-18.

Renoux (T.), « Quelle place pour le Conseil économique, social et environnemental ? », *LPA* 19 déc. 2008, p. 114.

Touzeau (L.), « Le Conseil économique, social et environnemental après la loi organique du 28 juin 2010 : une assemblée constitutionnelle mal identifiée », *RD publ.* 2011. 637.

CHAPITRE 12

Les collectivites territoriales

655 L'article 1 de la Constitution mentionne que « *La France est une République indivisible, laïque, démocratique et sociale. Elle assure l'égalité devant la loi de tous les citoyens sans distinction d'origine, de race ou de religion. Elle respecte toutes les croyances* ». Cet article a été complété par la phrase suivante lors de la révision de 2003 : « *Son organisation est décentralisée* ». Cette affirmation du principe de la décentralisation a une portée essentiellement symbolique en invitant le Conseil constitutionnel à la vigilance. Mais il vient conforter le principe de la libre administration des collectivités territoriales sans mettre en cause l'indivisibilité de la République qui est le cœur des dispositions des articles 72, 72-1 et 72-2. Notons aussi que la révision de 2003 a inséré à l'article 39 une disposition prévoyant le dépôt en premier lieu au Sénat des projets de loi relatifs aux collectivités territoriales.

A. La libre administration des collectivités territoriales

656 Article 72 de la Constitution

> *« Les collectivités territoriales de la République sont les communes, les départements, les régions, les collectivités à statut particulier et les collectivités d'outre-mer régies par l'article 74. Toute autre collectivité territoriale est créée*

> *par la loi, le cas échéant en lieu et place d'une ou de plusieurs collectivités mentionnées au présent alinéa.*
> *Les collectivités territoriales ont vocation à prendre les décisions pour l'ensemble des compétences qui peuvent le mieux être mises en œuvre à leur échelon.*
> *Dans les conditions prévues par la loi, ces collectivités s'administrent librement par des conseils élus et disposent d'un pouvoir réglementaire pour l'exercice de leurs compétences.*
> *Dans les conditions prévues par la loi organique, et sauf lorsque sont en cause les conditions essentielles d'exercice d'une liberté publique ou d'un droit constitutionnellement garanti, les collectivités territoriales ou leurs groupements peuvent, lorsque, selon le cas, la loi ou le règlement l'a prévu, déroger, à titre expérimental et pour un objet et une durée limités, aux dispositions législatives ou réglementaires qui régissent l'exercice de leurs compétences.*
> *Aucune collectivité territoriale ne peut exercer une tutelle sur une autre. Cependant, lorsque l'exercice d'une compétence nécessite le concours de plusieurs collectivités territoriales, la loi peut autoriser l'une d'entre elles ou un de leurs groupements à organiser les modalités de leur action commune.*
> *Dans les collectivités territoriales de la République, le représentant de l'État, représentant de chacun des membres du Gouvernement, a la charge des intérêts nationaux, du contrôle administratif et du respect des lois. »*

657 Rappelons que les lois de décentralisation des 2 mars 2002 et 22 juillet 1982 ont substitué à l'exécutif préfectoral dans les départements le président élu du Conseil général, statut dont a également bénéficié la région. Ces lois ont aussi supprimé la tutelle sur les actes des collectivités territoriales, le représentant de l'État (le préfet) pouvant cependant saisir le juge administratif s'il considère un acte illégal et non plus, comme avant 1982, l'annuler lui-même. Enfin, les collectivités territoriales ont une compétence générale et des compétences spéciales transférées par l'État. La révision constitutionnelle de 2003 – assez confuse – poursuit ce mouvement et pose au préalable et au plan constitutionnel le principe de l'organisation décentralisée de la République et redéfinit la liste des catégories de collectivités territoriales.

1. La portée du principe

658 **Son contenu.** Le Conseil constitutionnel a reconnu pour la première fois le principe de libre administration des collectivités territoriales de l'article 72 de la Constitution, en 1979 à propos de la Nouvelle-Calédonie (décis. 23 mai 1979, n° 79-104 DC, *Loi modifiant les modes d'élection de l'Assemblée territoriale et du Conseil* *de Gouvernement du territoire de la Nouvelle-Calédonie*). Puis, il en a précisé le sens et le contenu.

Sur la base de l'article 34 et du 2e alinéa de l'article 72, il appartient au législateur et non au pouvoir réglementaire de fixer les conditions et les garanties de la libre administration locale. Sont donc de la compétence de la loi la définition des ressources, le statut des personnels et les compétences respectives de l'État et des collectivités territoriales (v. décis. 20 janv. 1984, n° 83-168 DC, *Loi portant dispositions statutaires relatives à la fonction publique territoriale*).

Le principe de libre administration interdit au législateur d'instituer une tutelle d'une collectivité sur une autre (décis. 17 janv. 2002, n° 2001-454 DC, *Loi relative à la Corse*). Il l'oblige à créer des collectivités disposant d'attributions effectives (décis. 8 août 1985, n° 85-196 DC, *Loi sur l'évolution de la Nouvelle-Calédonie*). Le législateur peut imposer des contraintes aux collectivités territoriales, sous réserve « *qu'elles ne méconnaissent pas leur compétence propre [...], qu'elles n'entravent pas leur libre administration et qu'elles soient définies de façon suffisamment précise quant à leur objet et à leur portée* » (décis. 29 mai 1990, n° 90-274 DC, *Loi visant à la mise en œuvre du droit au logement*). Ces contraintes doivent « (répondre) à des exigences constitutionnelles ou concourent à des fins d'intérêt général » (décis. 7 déc. 2000, n° 2000-435 DC, *Loi d'orientation pour l'outre-mer*).

659 **Les atteintes au principe.** Le Conseil a en fait rarement constaté des atteintes au principe de libre administration. Il a déclaré contraire à ce principe des dispositions qui ôtaient aux collectivités territoriales le droit de se prononcer librement sur les créations et suppressions d'emplois, de même que celui de procéder aussi librement à la nomination de leurs agents (décis. 20 janv. 1984 préc.). Il a censuré une disposition prévoyant que les prorogations de la durée des délégations de service public ne pourraient atteindre qu'un tiers de la durée initialement prévue, créant ainsi une « *contrainte excessive pour les collectivités territoriales* » ou la possibilité pour le représentant de l'État de provoquer la suspension des actes des collectivités territoriales pendant trois mois (décis. 20 janv. 1993, n° 92-316 DC, *Loi relative à la prévention*

de la corruption et à la transparence de la vie économique et des procédures publiques).

Il a censuré une disposition imposant la publicité des séances des commissions permanentes des conseils régionaux, cette question devant relever du règlement intérieur des assemblées délibérantes (décis. 14 janv. 1999, n° 98-407 DC, *Loi relative au mode d'élection des conseillers régionaux et des conseillers à l'Assemblée de Corse et au fonctionnement des Conseils régionaux*).

660 **Les limites au principe et sa conciliation avec ceux d'indivisibilité de la République et d'égalité des citoyens devant la loi.** Comme on l'a noté à propos de la Corse, le principe d'indivisibilité de la République exclut la reconnaissance de tout pouvoir normatif autonome aux collectivités territoriales : « *en ouvrant au législateur, fût-ce à titre expérimental, dérogatoire et limité dans le temps, la possibilité d'autoriser la collectivité territoriale de Corse à prendre des mesures relevant du domaine de la loi, la loi qui lui était déférée (était) intervenue dans un domaine qui ne relève que de la Constitution* » (décis. 17 janv. 2002 préc.). Le principe d'indivisibilité de la République exclut toute faculté d'auto-organisation des collectivités territoriales. Associé au principe de l'unité du peuple français, celui d'indivisibilité de la République s'oppose comme on l'a vu à l'existence d'un « *peuple corse, composante du peuple français* » (décis. 9 mai 1991 préc.).

Le principe d'égalité des citoyens devant la loi implique que les conditions d'exercice d'une liberté publique doivent être les mêmes sur l'ensemble du territoire et donc dépendre des décisions des collectivités territoriales (décis. 18 janv. 1985, n° 84-185 DC, *Loi modifiant et complétant la loi n° 83-663 du 22 juillet 1983 et portant dispositions diverses relatives aux rapports entre l'État et les collectivités territoriales* ; décis. 13 janv. 1994, n° 93-329 DC, *Loi relative aux conditions de l'aide aux investissements des établissements d'enseignement privés par les collectivités territoriales* ; décis. 17 janv. 2002 préc.).

a. La redéfinition des catégories de collectivités territoriales

661 Dans l'article 34 le mot « locales » est remplacé par « territoriales ». La Constitution employait tantôt le terme de « collectivités territo-

riales » (art. 24 et 72) ou « collectivités locales » (art. 34). Prêtant à une querelle sémantique, le Conseil constitutionnel, dans ses décisions du 25 février 1982, a utilisé indifféremment les deux termes, équivalents donc juridiquement. Le constituant prend donc soin d'harmoniser les termes. Aux communes, départements, la Constitution ajoute les régions et les collectivités à statut particulier et substitue les collectivités d'outre-mer régies par l'article 74 aux territoires d'outre-mer.

Le Conseil constitutionnel dans sa décision du 25 février 1982 a admis que le législateur puisse créer de nouvelles catégories de collectivités territoriales ne comprenant qu'une seule unité, de même qu'au sujet de la Corse, il a permis au législateur de créer « *une nouvelle catégorie de collectivité territoriale, même ne comprenant qu'une unité, et la doter d'un statut spécifique* » (décis. 9 mai 1991 préc.). Mais ces collectivités créées par la loi comme les régions ou les collectivités à statut particulier pouvaient être supprimées de la même façon. C'est pourquoi le constituant s'est attaché à ce qu'elles disposent désormais d'un statut constitutionnellement garanti. De même, il est désormais clairement possible que le législateur puisse créer une catégorie de collectivité ne comportant qu'une unité, dénommée « *collectivité à statut particulier* ». Celle-ci peut se voir transférer désormais les attributions exercées par les collectivités citées par cet article, et en outre se substituer à l'une ou l'autre de ces collectivités.

Cependant, la révision n'a pas consacré comme collectivité territoriale à part entière aux établissements publics de coopération intercommunale dotés d'une fiscalité propre. Elles ne disposent en effet ni d'une clause générale de compétence, ni de conseils élus au suffrage universel.

3. Le principe de subsidiarité

662 **Sa définition.** Cette règle en droit communautaire est fixée à l'article 5 du Traité sur l'Union européenne. La Communauté européenne n'intervient que « *si et dans la mesure où les objectifs de l'action envisagée ne peuvent être réalisés de manière suffisante par les États membres et peuvent donc, en raison des dimensions et des effets de l'action envisagée, être mieux réalisés au niveau*

communautaire ». En fait cette règle issue du droit canon et visant à protéger les collectivités inférieures des collectivités supérieures trouve aussi sa source dans la loi fondamentale allemande : la compétence s'exerce à l'échelon le plus bas, sauf s'il existe un intérêt, en terme d'efficacité de l'action publique, à ce que la compétence soit mise en œuvre à l'échelon plus élevé.

663 **La définition du partage des compétences dans la loi du 2 mars 1982.** À la suite de la loi de 1982, la répartition des compétences entre collectivités a été effectuée par les lois des 7 janvier et 22 juillet 1983. Elles opèrent des transferts de « blocs de compétences » : la commune gère les services de proximité, le département ceux relevant de la solidarité, la région s'attache au long terme notamment en matière de développement économique.

En pratique, l'exercice des compétences suppose souvent l'intervention de plusieurs niveaux de collectivités et la pratique des financements croisés. Ce schéma a donc été brouillé. En outre, les collectivités parfois en méconnaissance de la clef de répartition posée en 1983 sont intervenues en matière économique et sociale. C'est pourquoi il fallait trouver un fondement plus souple à la répartition des compétences.

664 **La portée du principe de subsidiarité.** Dans le cadre de l'organisation décentralisée de la République, le principe énoncé à l'article 72, alinéa 2, vise à favoriser la proximité dans la prise de décision tout autant que l'efficacité. Il s'agit d'une « vocation » pour les collectivités et non d'un droit qui aurait pu donner un contentieux abondant. Plutôt que de laisser entendre l'affirmation implicite du principe de subsidiarité, il eut mieux valu parler de recherche de l'adéquation pour l'exercice d'une compétence dès lors que l'intention du constituant est d'instituer une « *une ligne de partage, dans le domaine administratif, entre l'action des services de l'État et celle des collectivités territoriales* ». Il s'agit, pourrait-on dire, d'une sorte d'objectif à valeur constitutionnelle implicite, à charge donc pour le législateur de rechercher le niveau le plus adéquat pour l'exercice d'une compétence.

L'expérimentation au niveau local comme la reconnaissance du pouvoir réglementaire aux collectivités territoriales donne les moyens de réaliser en pratique cette idée traduite implicitement et pour la première fois dans la loi sur l'archéologie préventive du 1er août 2003.

4. La consécration du pouvoir réglementaire des collectivités territoriales

665 Le pouvoir réglementaire énoncé à l'article 72, alinéa 3, consiste dans l'édiction de normes générales et impersonnelles qui ne sont pas arrêtées sous la forme législative. Comme l'a rappelé le Conseil constitutionnel, dans sa décision du 17 janvier 2002 sur la loi relative à la Corse, le pouvoir réglementaire local n'est qu'un pouvoir résiduel : il ne peut s'exercer en dehors du cadre des compétences qui lui sont dévolues par la loi, celles-ci n'ayant « *ni pour objet, ni pour effet de mettre en cause le pouvoir réglementaire d'exécution des lois que l'article 21 de la Constitution attribue au Premier ministre, sous réserve des pouvoirs reconnus au président de la République par l'article 13 de la Constitution* ».

Le pouvoir réglementaire des collectivités territoriales désormais reconnu par la Constitution n'en demeure pas moins subordonné et encadré, ses conditions d'exercice restant délimitées par le juge constitutionnel comme par le juge administratif. Ainsi, ce pouvoir réglementaire « *ne pourra s'exercer que dans la mesure où la loi l'a prévu et pour la seule mise en œuvre des attributions que les collectivités tiennent de la loi* » (exposé des motifs). Il n'est donc en aucun cas un pouvoir concurrent du pouvoir général exercé par le Premier ministre. Cependant, cette consécration est aussi une invitation faite au législateur à lui donner sa mesure pleine et entière.

5. Le droit à l'expérimentation

666 **Le principe.** Le nouveau 4e alinéa de l'article 72 de la Constitution donne à la notion d'expérimentation une définition conforme à celle retenue par la jurisprudence antérieure du Conseil constitutionnel, soit une dérogation au droit commun, limitée dans le temps (et le cas échéant dans l'espace), en vue d'apprécier la pertinence d'une norme nouvelle dans la perspective de sa généralisation, celle-ci ne pouvant être décidée qu'après avoir dûment évalué les résultats de l'expérience ainsi conduite (décis. 28 juill. 1993, n° 93-322 DC, *Loi relative aux établissements publics à*

caractère scientifique, culturel et professionnel). Par la même décision, le Conseil constitutionnel avait posé deux conditions générales à sa mise en œuvre : la première est que seul le législateur peut décider de ces expérimentations ; la seconde est que la loi doit concilier le respect du principe d'égalité (et des autres principes de valeur constitutionnelle) et la poursuite d'un objectif d'intérêt général (qui justifie donc la dérogation au principe d'égalité) qui constitue l'objet de la loi. Le législateur doit préciser le cadre de cette expérimentation (durée et champ spatial de l'expérimentation), cas dans lesquels elle peut être menée, évaluation de ses résultats, méthode de l'évaluation. Le juge constitutionnel exerce un contrôle strict du respect de ces principes (v. notamment décis. 21 janv. 1994, n° 93-333 DC, préc.).

Cependant, comme on l'a noté, le Conseil constitutionnel a censuré les dispositions rendant possible l'habilitation de la collectivité territoriale de Corse à procéder à des expérimentations comportant des dérogations aux dispositions législatives en vigueur, le législateur intervenant dans un domaine relevant de la Constitution et d'elle seule. C'est pourquoi, les dispositions trouvent désormais, de façon générale, un fondement constitutionnel.

667 **La consécration du droit à l'expérimentation.** Le nouvel alinéa de l'article 37 de la Constitution précise que la loi ou le règlement peuvent comporter des dispositions à caractère expérimental, l'objet et la durée de cette expérimentation devant être limités.

Cette rédaction consacre sur ce point la jurisprudence tant constitutionnelle qu'administrative et s'opérera toujours sous le contrôle du juge. Si l'inscription du principe dans la Constitution devait inviter le juge à le concilier de façon plus souple avec le principe d'égalité, celui-ci devra veiller en particulier à ce que sa durée soit raisonnable et que son possible qui régît l'exercice de leurs compétences. Mais, l'alinéa 4 de l'article 72 permet d'autoriser l'expérimentation dans des domaines relevant de la compétence législative, ce que le Conseil constitutionnel n'avait pas autorisé.

668 **Le domaine et l'encadrement du droit à l'expérimentation.** Les collectivités peuvent déroger « aux dispositions législatives ou régle-

mentaires qui régissent l'exercice de leurs compétences ». Le texte permet donc à une collectivité d'exercer une compétence qui relevait d'une autre – en dérogeant donc aux règles de répartition des compétences – mais aussi l'intégralité d'une compétence qu'elle relève de la loi ou du règlement.

On peut résumer comme suit les dispositifs visant à encadrer le droit à l'expérimentation :

- l'initiative en revient aux collectivités territoriales ;

- il appartient à la loi ou au règlement d'autoriser, au cas par cas, de l'autoriser ;

- les collectivités territoriales ne pourront être habilitées à déroger à des dispositions touchant aux libertés publiques, conformément comme on l'a vu à la jurisprudence du Conseil constitutionnel. Il en va de même des droits constitutionnellement garantis ;

- à son terme, le législateur ou le Gouvernement évalue l'expérimentation et décide de la généraliser, de la renouveler ou d'y mettre fin. Le droit commun redevient dans ce cas la norme ;

- si une expérimentation paraît positive pour une collectivité territoriale, mais in transposable dans d'autres, (on pense par exemple à la Corse), la question peut se régler par leur transformation en collectivité à statut particulier. Elle pourra ainsi exercer de façon permanente des compétences relevant en droit commun du domaine de la loi ou du règlement.

Une loi organique met en œuvre ces principes et a été déclarée conforme à la Constitution par le Conseil constitutionnel (décis. 30 juill. 2003, n° 2003-478 DC, *Loi organique relative à l'expérimentation par les collectivités territoriales*).

6. L'interdiction de la tutelle d'une collectivité territoriale sur une autre et la notion de collectivité « chef de file »

669 La notion de collectivité « chef de file » existe implicitement depuis la loi du 27 février 2002 relative à la démocratie de proximité qui confie ce rôle à la région en matière d'aides aux entreprises.

Tout en consacrant la jurisprudence du Conseil constitutionnel s'agissant du principe de l'interdiction de la tutelle d'une collectivité territoriale sur une autre, l'article 72, alinéa 5, permet à la loi de confier à une collectivité territoriale un rôle de « chef de file » pour la mise en œuvre de compétences croisées et qui organisera les modalités de l'action commune.

7. La clarification du rôle du représentant de l'État

670 La Constitution reprend de façon solennelle la formule du décret du 10 mai 1982 précisant que « *(le préfet) est dépositaire de l'autorité de l'État dans le département. Délégué du Gouvernement, il est le représentant direct du Premier ministre et de chacun des ministres. Il dirige sous leur autorité les services des administrations civiles de l'État* ». Il conforte ainsi le rôle du préfet dans une République dont l'organisation est décentralisée mais qui demeure une et indivisible.

B. Décentralisation et démocratie locale

671 Article 72-1 de la Constitution

> *« La loi fixe les conditions dans lesquelles les électeurs de chaque collectivité territoriale peuvent, par l'exercice du droit de pétition, demander l'inscription à l'ordre du jour de l'assemblée délibérante de cette collectivité d'une question relevant de sa compétence.*
> *Dans les conditions prévues par la loi organique, les projets de délibération ou d'acte relevant de la compétence d'une collectivité territoriale peuvent, à son initiative, être soumis, par la voie du référendum, à la décision des électeurs de cette collectivité.*
> *Lorsqu'il est envisagé de créer une collectivité territoriale dotée d'un statut particulier ou de modifier son organisation, il peut être décidé par la loi de consulter les électeurs inscrits dans les collectivités intéressées. La modification des limites des collectivités territoriales peut également donner lieu à la consultation des électeurs dans les conditions prévues par la loi. »*

672 **Le droit de pétition.** Par cet article est ainsi instauré un droit de pétition par lequel les électeurs pourront, dans les conditions fixées par la loi, demander l'inscription à l'ordre du jour d'une assemblée locale d'une question, relevant de sa compétence. Ce droit existe dans la plupart des pays européens. Il permet de demander et d'obtenir l'inscription d'une question, à l'ordre du jour de l'assemblée délibérante d'une collectivité territoriale, dès lors que cette question relève de ses compétences. Les électeurs de chaque collectivité territoriale sont concernés au niveau de la

commune, du département, de la région. Le texte prévoit que 20 % des inscrits sur les listes électorales dans les communes et 10 % dans les départements et les régions pourront être à l'origine de ces pétitions.

673 **Le référendum local.** . C'est la loi du 6 février 1992 modifiée par la loi du 4 février 1995 qui a, pour la première fois, autorisé les maires à organiser des consultations des habitants de leurs communes pour connaître leur avis concernant les affaires de la compétence de celle-ci. Plusieurs référendums ont pu donner lieu à des contentieux. À cette occasion, le juge administratif a souvent rappelé l'évidence selon laquelle cette consultation devait porter sur des questions relevant bien de la compétence. Ainsi, le tracé d'une autoroute (CE 16 déc. 1994), le maintien d'une population de réfugiés du Surinam sur le territoire d'une commune de Guyane (CE 16 nov. 1994, *Cne d'Awala-Yalimpo*) ou encore les équilibres de peuplement dans les attributions de logements HLM (CE 21 juin 2000, *Cne de Charvieux-Chagneux*) n'en relèvent pas.

• **Le référendum local décisionnel.** Jusqu'alors strictement encadré et purement consultatif, le référendum local devient décisionnel dans l'article 72-1, alinéa 2 : les conseils élus des collectivités territoriales pourront donc désormais soumettre des projets de délibération ou d'acte relevant de leur compétence à la décision des électeurs, dans les conditions fixées par la loi organique. Mais, l'initiative populaire en la matière a été finalement exclue, ce qui limite la portée du texte. Par ailleurs, le seuil de participation à partir duquel le référendum a une valeur décisionnelle a été fixé à 50 % des inscrits par la loi organique du 1er août 2003 déclarée par ailleurs conforme à la Constitution par le Conseil constitutionnel (décis. 30 juill. 2003, n° 2003-482 DC, *Loi organique relative au référendum local*).

• **La consultation référendaire locale.** Est ainsi instituée l'article 72-1, alinéa 3, une procédure de consultation des électeurs lorsqu'est envisagée la création d'une collectivité territoriale dotée d'un statut particulier ou la modification de son organisation, la consultation étant décidée par la loi (on pense évidemment à la Corse s'agissant du référendum de juillet 2003). De même, est prévue la possibilité de consulter les électeurs sur la modification des limites des collectivités territoriales, dans les conditions aussi prévues par la loi. Mais le résultat ne lie pas en droit le législateur.

• Le référendum de l'outre mer (v. ss 682).

C. L'autonomie financière des collectivités territoriales

674 Article 72-2 de la Constitution

> *« Les collectivités territoriales bénéficient de ressources dont elles peuvent disposer librement dans les conditions fixées par la loi.*
> *Elles peuvent recevoir tout ou partie du produit des impositions de toutes natures. La loi peut les autoriser à en fixer l'assiette et le taux dans les limites qu'elle détermine.*
> *Les recettes fiscales et les autres ressources propres des collectivités territoriales représentent, pour chaque catégorie de collectivités, une part déterminante de l'ensemble de leurs ressources. La loi organique fixe les conditions dans lesquelles cette règle est mise en œuvre.*
> *Tout transfert de compétences entre l'État et les collectivités territoriales s'accompagne de l'attribution de ressources équivalentes à celles qui étaient consacrées à leur exercice. Toute création ou extension de compétences ayant pour conséquence d'augmenter les dépenses des collectivités territoriales est accompagnée de ressources déterminées par la loi.*
> *La loi prévoit des dispositifs de péréquation destinés à favoriser l'égalité entre les collectivités territoriales. »*

La révision constitutionnelle pose les fondements constitutionnels de l'autonomie financière des collectivités territoriales.

675 **La libre disposition de leurs ressources.** L'article 72-2, alinéa 1er, consacre le principe de liberté d'utilisation des ressources, et le cadre législatif dans lequel il devra nécessairement s'exercer. Il n'exclut pas le maintien de dépenses obligatoires à la charge des collectivités territoriales.

676 **La gestion des ressources et la fixation du taux et de l'assiette.** L'article 72-2, alinéa 2, renvoi naturellement à l'article 34 de la Constitution qui confie à la loi le soin de fixer les règles concernant l'assiette, le taux et les modalités de recouvrement des impositions de toutes natures. Le Conseil constitutionnel n'en a pas moins admis que « *le législateur peut déterminer les limites à l'intérieur desquelles une collectivité territoriale peut être habilitée à fixer elle-même le taux d'une imposition établie en vue de pour-*

voir à ses dépenses » (décis. 25 juill. 1990, n° 90-277 DC, *Loi relative à la révision générale des évaluations des immeubles retenus pour la détermination des bases des impôts directs locaux*). Cette disposition consacre donc simplement au niveau constitutionnel cette faculté. En creux, mais sur le plan politique, elle pose le problème des garanties de financement des transferts de compétence.

677 **La part des ressources locales.** Elle est précisée par l'article 72-2, alinéa 3.

• **La notion de « ressources propres ».** Il s'agit des ressources dont les collectivités territoriales disposent d'une certaine maîtrise (recettes de fiscalité directe et indirecte, ainsi que des produits du domaine et des produits d'exploitation) à l'exclusion des dotations, subventions et compensations budgétaires de l'État.

• **La notion de « part déterminante ».** Un débat a eu lieu sur la question de savoir s'il n'aurait pas mieux valu parler de « part prépondérante » – et donc majoritaire : or, cette formule assurant l'obligation de garantir, pour chaque catégorie de collectivités territoriales, des ressources propres excédant la moitié des ressources globales était contraire à celui consacré par la révision de péréquation destinée à compenser les inégalités entre collectivités territoriales. Par ailleurs, si la notion de « *part prépondérante* » avait été retenue, elle pouvait supposer que le poids de la fiscalité locale soit plus important que l'apport des dotations de l'État. Or l'État de la fiscalité locale ne correspondait pas à cette situation. C'est pourquoi le Conseil constitutionnel a invité le législateur, en vue de l'établissement d'une loi organique à venir sur l'autonomie financière des collectivités territoriales, à ce que les règles relatives aux ressources propres de celles-ci soient « *fixées avec précision* » (décis. 29 déc. 2003, n° 2003-489 DC, *Loi de finances pour 2004*).

678 **Le principe de compensation en cas de transfert de compétences et sa portée.** Le principe défini à l'article 72-2 alinéa 4, selon lequel tout transfert de compétences entre l'État et les collectivités territoriales devait s'accompagner de l'attribution de ressources équivalentes à celles qui étaient consacrées à leur exercice était déjà inscrit dans la loi. Il est donc consacré par la Constitution et pré-

cisé alors que la jurisprudence du Conseil constitutionnel était sur ce point restrictive, notamment s'agissant de la loi relative à la prise en charge de la perte d'autonomie des personnes âgées et à l'allocation personnalisée d'autonomie : le Conseil constitutionnel dans sa décision du 18 juillet 2001 n'avait pas jugé que ces dispositions entravaient la libre administration des collectivités territoriales (ici les départements) dès lors qu'elles disposaient d'un budget prenant déjà en charge une grande partie des dépenses rendues obligatoires par la loi s'agissant de la prestation spécifique dépendance, et qu'en outre le législateur avait prévu un mécanisme de compensation. Or, cette extension de compétences a provoqué une dérive des finances locales que l'État n'a pas prise en charge intégralement. C'est pourquoi le constituant a pris soin de préciser que non seulement toute création mais aussi toute « extension » de compétences ayant pour conséquence d'augmenter les dépenses des collectivités territoriales devront être accompagnées de ressources déterminées par la loi. Et le Conseil constitutionnel au regard des nouvelles dispositions constitutionnelles a jugé que « *la compensation financière d'une compétence transférée ne devait pas se dégrader dans le temps* » (désic. 29 déc. 2003, n° 2003-489 DC préc.). Il appartiendra donc à l'État de maintenir un niveau de ressources équivalent à celui qu'il consacrait à l'exercice de cette compétence avant son transfert. Par la même décision, le Conseil constitutionnel a indiqué que le mandat imparti par l'article 72-2 de la Constitution au législateur organique consiste à « définir les ressources propres des collectivités territoriales » et à « *déterminer, pour chaque catégorie de collectivités territoriales, la part minimale que les recettes fiscales et les autres ressources propres doivent représenter dans l'ensemble de leurs ressources* ». Et par sa décision n° 2004-500 DC du 29 juillet 2004 (*Loi organique relative à l'autonomie financière des collectivités territoriales*) le Conseil a validé pour l'essentiel la loi organique relative à l'autonomie financière des collectivités territoriales appelée à mettre en œuvre la règle, énoncée au 3e alinéa de l'article 72-2. Dès lors, pour chaque catégorie de collectivités, la part des ressources propres ne peut être inférieure au niveau constaté au titre de l'année 2003.

679 **Le principe de péréquation.** L'article 72-2 alinéa 5 s'inspire du dernier alinéa de l'article 3 de la Constitution, issue de la loi constitutionnelle du 8 juillet 1999, aux termes duquel « *la loi favorise l'égal accès des femmes et des hommes aux mandats électoraux et fonctions électives* ». Il s'agit donc un objectif mais le législateur se voit fixer non une obligation de résultats mais de moyens. En outre, l'inscription du principe de péréquation dans la Constitution a pour but de favoriser la conciliation entre les principes constitutionnels de libre administration et d'égalité. Enfin, s'il n'est pas fait référence aux « *catégories de collectivités territoriales* », c'est notamment pour préserver les mécanismes de solidarité à caractère géographiques (comme ceux existants en Ile-de-France). C'est pourquoi le Conseil constitutionnel a jugé que le dernier alinéa de l'article 72-2 « *qui a pour but de concilier le principe de liberté avec celui d'égalité par l'instauration de mécanismes de péréquation financière, n'impose pas que chaque type de ressources fasse l'objet d'une péréquation* » (décis. 17 juill. 2003, n° 2003-474, préc.).

§ 1. Le nouveau statut de l'outre mer

680 Le cadre juridique de l'outre-mer avait beaucoup vieilli et était devenu fort complexe et contradictoire. Faisant disparaître la catégorie des territoires d'outre-mer (dont seuls les Terres australes et antarctiques françaises continuaient à relever), la révision institue une nouvelle classification des collectivités territoriales d'outre-mer. Elle tend en outre à autoriser l'élaboration de statuts permettant de prendre en compte de la diversité des situations et des aspirations de ces collectivités. Il définit ainsi deux catégories juridiques relevant respectivement de l'article 73 et de l'article 74 de la Constitution dont chacune relève d'un régime juridique distinct. Enfin, le texte offre une plus grande liberté de choix aux populations pour être associées aux évolutions statutaires.

A. La reconnaissance au sein du peuple français, des populations d'outre-mer

681 Article 72-3 de la Constitution

> *« La République reconnaît, au sein du peuple français, les populations d'outre-mer, dans un idéal commun de liberté, d'égalité et de fraternité.*
> *La Guadeloupe, la Guyane, la Martinique, La Réunion, Mayotte, Saint Barthélemy, Saint-Martin, Saint-Pierre-et-Miquelon, les îles Wallis et Futuna et la Polynésie française sont régis par l'article 73 pour les départements et les régions d'outre-mer, et pour les collectivités territoriales créées en application du dernier alinéa de l'article 73, et par l'article 74 pour les autres collectivités.*
> *Le statut de la Nouvelle-Calédonie est régi par le titre XIII.*
> *La loi détermine le régime législatif et l'organisation particulière des Terres australes et antarctiques françaises et de Clipperton. »*

Désormais, en vertu de l'article 72-3 : « *La République reconnaît, au sein du peuple français, les populations d'outre-mer, dans un idéal commun de liberté, d'égalité et de fraternité* ». Ainsi, le constituant contourne la décision du Conseil constitutionnel du 9 mai 1991 relative à la Corse, dans laquelle il distinguait le peuple français des peuples d'outre-mer, résout la difficulté et marque la pleine insertion des populations d'outre-mer dans la République et prend en compte le vieillissement du cadre juridique de l'outre-mer. Le nouvel article 72-3 définit une seule catégorie de départements et régions d'outre-mer et les énumère. S'y ajoutent désormais les collectivités d'outre-mer.

B. Le consentement des électeurs à un changement de statut

682 Article 72-4 de la Constitution

> *« Aucun changement, pour tout ou partie de l'une des collectivités mentionnées au deuxième alinéa de l'article 72-3, de l'un vers l'autre des régimes prévus par les articles 73 et 74, ne peut intervenir sans que le consentement des électeurs de la collectivité ou de la partie de collectivité intéressée ait été préalablement recueilli dans les conditions prévues à l'alinéa suivant. Ce changement de régime est décidé par une loi organique.*
> *Le président de la République, sur proposition du Gouvernement pendant la durée des sessions ou sur proposition conjointe des deux assemblées, publiées au Journal officiel, peut décider de consulter les électeurs d'une collectivité territoriale située outre-mer sur une question relative à son organisation,*

> *à ses compétences ou à son régime législatif. Lorsque la consultation porte sur un changement prévu à l'alinéa précédent et est organisée sur proposition du Gouvernement, celui-ci fait, devant chaque assemblée, une déclaration qui est suivie d'un débat.* »

683 La révision constitutionnelle permet, sauf pour la Nouvelle-Calédonie, la possibilité d'une évolution statutaire de ces collectivités dans la République, l'alinéa 2 du préambule et l'article 53 visant la libre détermination des peuples. L'adoption d'une loi organique, ainsi que le consentement des électeurs de la collectivité concernée sont désormais exigés. Désormais, le Parlement ne pourra pas passer outre un refus d'évolution mais pourra s'abstenir de le proposer. Aucun changement de statut ne peut avoir donc lieu sans le consentement des électeurs de la collectivité intéressée, ce qui suppose un droit de veto. Au contraire, le même article prévoit un référendum consultatif sur l'organisation ou les compétences de la collectivité. Cette procédure a été utilisée pour la première fois aux Antilles en décembre 2003. Les électeurs de la Martinique ont rejeté la transformation de leur département d'outre-mer en une collectivité d'outre-mer régie par l'article 74 de la Constitution, dotée d'une organisation particulière tenant compte de ses intérêts propres au sein de la République. Ils ont cependant approuvés la création d'une collectivité unique exerçant les compétences dévolues au département et à la région tout en demeurant régis par l'article 73 de la Constitution. Les électeurs de Guyane ont fait les mêmes choix.

C. Les possibilités d'adaptation des départements et des régions d'outre-mer et les collectivités d'outre-mer

684 Article 73 de la Constitution

> « *Dans les départements et les régions d'outre-mer, les lois et règlements sont applicables de plein droit. Ils peuvent faire l'objet d'adaptations tenant aux caractéristiques et contraintes particulières de ces collectivités.*
> *Ces adaptations peuvent être décidées par ces collectivités dans les matières où s'exercent leurs compétences et si elles y ont été habilitées, selon le cas, par la loi ou par le règlement.*
> *Par dérogation au 1er alinéa et pour tenir compte de leurs spécificités, les collectivités régies par le présent article peuvent être habilitées, selon le cas,*

par la loi ou par le règlement, à fixer elles-mêmes les règles applicables sur leur territoire, dans un nombre limité de matières pouvant relever du domaine de la loi ou du règlement.
Ces règles ne peuvent porter sur la nationalité, les droits civiques, les garanties des libertés publiques, l'État et la capacité des personnes, l'organisation de la justice, le droit pénal, la procédure pénale, la politique étrangère, la défense, la sécurité et l'ordre publics, la monnaie, le crédit et les changes, ainsi que le droit électoral. Cette énumération pourra être précisée et complétée par une loi organique.
La disposition prévue aux deux précédents alinéas n'est pas applicable au département et à la région de La Réunion.
Les habilitations prévues aux 2e et 3e alinéas sont décidées, à la demande de la collectivité concernée, dans les conditions et sous les réserves prévues par une loi organique. Elles ne peuvent intervenir lorsque sont en cause les conditions essentielles d'exercice d'une liberté publique ou d'un droit constitutionnellement garanti.
La création par la loi d'une collectivité se substituant à un département et une région d'outre-mer ou l'institution d'une assemblée délibérante unique pour ces deux collectivités ne peut intervenir sans qu'ait été recueilli, selon les formes prévues au second alinéa de l'article 72-4, le consentement des électeurs inscrits dans le ressort de ces collectivités. »

La Guadeloupe, la Guyane, la Martinique et la Réunion qui demeurent des départements d'outre-mer relèvent de l'article 73. En outre, les régions d'outre-mer (anciens territoires d'outre-mer) y sont rattachées. Pour les départements et régions d'outre-mer, le principe de l'assimilation législative demeure, soit l'applicabilité de plein droit des lois et règlements. Mais les possibilités d'adaptation des lois et règlements sont désormais pensées par rapport aux « *caractéristiques et contraintes particulières* » des départements et régions d'outre-mer, ce par référence à l'article 299-2 du traité d'Amsterdam. Celui-ci ouvre en effet des possibilités d'adaptation plus importantes que l'ancien article 73 et fait référence à leur « *situation particulière* ». Il est désormais possible de confier à ces collectivités, sur habilitation législative, un pouvoir d'adaptation des dispositions législatives et réglementaires dans leurs domaines de compétences, à l'exception de la Réunion qui demeure en quelque sorte un département d'outre-mer au sens ancien. De même est-il possible de transférer à ces collectivités – à l'exclusion des matières régaliennes de l'État – un véritable pouvoir normatif.

D. L'article 74 et les « collectivités d'outre-mer »

685 Article 74 de la Constitution

> *« Les collectivités d'outre-mer régies par le présent article ont un statut qui tient compte des intérêts propres de chacune d'elles au sein de la République.*
> *Ce statut est défini par une loi organique, adoptée après avis de l'assemblée délibérante, qui fixe :*
> *- les conditions dans lesquelles les lois et règlements y sont applicables ;*
> *- les compétences de cette collectivité ; sous réserve de celles déjà exercées par elle, le transfert de compétences de l'État ne peut porter sur les matières énumérées au 4ᵉ alinéa de l'article 73, précisées et complétées, le cas échéant, par la loi organique ;*
> *- les règles d'organisation et de fonctionnement des institutions de la collectivité et le régime électoral de son assemblée délibérante ;*
> *- les conditions dans lesquelles ses institutions sont consultées sur les projets et propositions de loi et les projets d'ordonnance ou de décret comportant des dispositions particulières à la collectivité, ainsi que sur la ratification ou l'approbation d'engagements internationaux conclus dans les matières relevant de sa compétence.*
> *La loi organique peut également déterminer, pour celles de ces collectivités qui sont dotées de l'autonomie, les conditions dans lesquelles :*
> *- le Conseil d'État exerce un contrôle juridictionnel spécifique sur certaines catégories d'actes de l'assemblée délibérante intervenant au titre des compétences qu'elle exerce dans le domaine de la loi ;*
> *- l'assemblée délibérante peut modifier une loi promulguée postérieurement à l'entrée en vigueur du statut de la collectivité, lorsque le Conseil constitutionnel, saisi notamment par les autorités de la collectivité, a constaté que la loi était intervenue dans le domaine de compétence de cette collectivité ;*
> *- des mesures justifiées par les nécessités locales peuvent être prises par la collectivité en faveur de sa population, en matière d'accès à l'emploi, de droit d'établissement pour l'exercice d'une activité professionnelle ou de protection du patrimoine foncier ;*
> *- la collectivité peut participer, sous le contrôle de l'État, à l'exercice des compétences qu'il conserve, dans le respect des garanties accordées sur l'ensemble du territoire national pour l'exercice des libertés publiques.*
> *Les autres modalités de l'organisation particulière des collectivités relevant du présent article sont définies et modifiées par la loi après consultation de leur assemblée délibérante. »*

686 **Une nouvelle catégorie juridique.** Cet article consacre une nouvelle catégorie juridique, celle des « collectivités d'outre-mer » qui se substitue à celle des territoires d'outre-mer. Entrent dans ce groupe : la Polynésie française et les îles Wallis-et-Futuna, en tant

qu'anciens territoires d'outre-mer, et les collectivités de Mayotte et de Saint-Pierre-et-Miquelon.

Cette classification a l'avantage de réunir dans un même cadre les collectivités régies, totalement ou partiellement, par le principe de la spécialité législative. Elles ont aussi en commun d'exercer des compétences propres qui leur sont dévolues par leur loi statutaire et leur permettent d'intervenir dans des matières qui, en métropole, relèvent du domaine de la loi.

687 **Des statuts « sur mesure ».** Le nouvel article 74 permet d'élaborer des statuts « sur mesure » en fonction des spécificités et des aspirations de chaque collectivité d'outre-mer.

Comme c'était déjà le cas pour les territoires d'outre-mer, la définition et la modification de leur statut relèvent de la loi organique. Pour Mayotte et Saint-Pierre-et-Miquelon, il s'agit d'une nouveauté puisqu'elle était régie jusqu'à présent par la loi simple. La loi organique garantit aux lois statutaires une certaine stabilité et tient compte du fait que ces collectivités exercent un pouvoir normatif dans des matières qui, en métropole, relèvent du domaine de la loi.

L'article 74 énonce ensuite deux types de mentions qui figureront dans la loi organique statutaire pour chaque collectivité.

Les mentions obligatoires concernent :

- la définition du régime législatif applicable ;

- les compétences de la collectivité (sous réserve des matières régaliennes non transférables) ;

- les règles d'organisation et de fonctionnement institutionnelles et le régime électoral de l'assemblée délibérante ;

- les conditions de consultation de la collectivité sur les projets de textes législatifs ou réglementaires la concernant et sur la ratification ou l'approbation d'engagements internationaux conclus dans des matières relevant de sa compétence ;

- puis un second groupe de mentions réservées aux collectivités d'outre-mer ayant atteint un certain degré d'autonomie.

Pour les collectivités ayant atteint un certain degré l'autonomie, il est prévu que la loi organique statutaire comprenne également les mentions suivantes :

- les conditions d'exercice d'un contrôle juridictionnel spécifique sur certains actes de la collectivité intervenus dans des matières relevant en métropole du domaine de la loi ;

- une procédure de « déclassement » par le Conseil constitutionnel de dispositions législatives empiétant sur les compétences de la collectivité ;

- les conditions d'adoption par la collectivité de mesures préférentielles en faveur de sa population en matière d'accès à l'emploi, de droit d'établissement et de protection du patrimoine foncier ;

- les conditions dans lesquelles l'État peut associer la collectivité à l'exercice des compétences qu'il conserve.

Ce nouveau cadre qui s'applique à chacune des collectivités d'outre-mer, répond en particulier aux aspirations de la Polynésie française, le projet de loi constitutionnelle adopté pour ce seul territoire en 1999 par les deux chambres, n'ayant pas été soumis au Congrès du Parlement.

E. Les ordonnances en matière d'adaptation

688 Article 74-1 de la Constitution

> *« Dans les collectivités d'outre-mer visées à l'article 74 et en Nouvelle-Calédonie, le Gouvernement peut, par ordonnances, dans les matières qui demeurent de la compétence de l'État, étendre, avec les adaptations nécessaires, les dispositions de nature législative en vigueur en métropole ou adapter les dispositions de nature législative en vigueur à l'organisation particulière de la collectivité concernée, sous réserve que la loi n'ait pas expressément exclu, pour les dispositions en cause, le recours à cette procédure.*
> *Les ordonnances sont prises en conseil des ministres après avis des assemblées délibérantes intéressées et du Conseil d'État. Elles entrent en vigueur dès leur publication. Elles deviennent caduques en l'absence de ratification par le Parlement dans le délai de 18 mois suivant cette publication. »*

L'article 74-1 modifié permet au Gouvernement de procéder, par ordonnances, dans les collectivités d'outre-mer régies par l'article 74 de la Constitution et en Nouvelle-Calédonie, à l'adaptation des dispositions législatives en vigueur à l'organisation particulière de la collectivité intéressée.

F. La reconnaissance d'un statut personnel

689 Article 75 de la Constitution

> *« Les citoyens de la République qui n'ont pas le statut civil de droit commun, seul visé à l'article 34, conservent leur statut personnel tant qu'ils n'y ont pas renoncé. »*

Dans les collectivités d'outre-mer, les citoyens peuvent conserver leur statut « personnel » et donc dérogatoire au droit commun, comme en matière de famille et de propriété. Il en va ainsi du droit coutumier à Wallis ou du droit musulman à Mayotte mais dans la mesure où ils ne heurtent pas les principes de la République. Ainsi, saisi de la loi de programme pour l'outre-mer définitivement adoptée par le Parlement le 30 juin 2003, le Conseil constitutionnel, par sa décision n° 2003-474 DC du 17 juillet 2003, a notamment jugé qu'en abolissant la polygamie et la répudiation pour les Mahorais de droit civil local atteignant l'âge requis pour se marier au 1er janvier 2005, le législateur n'avait pas méconnu l'article 75 de la Constitution.

G. La reconnaissance des langues régionales

690 Article 75-1 de la Constitution

> *« Les langues régionales appartiennent au patrimoine de la France. »*

Cette disposition a été placée ici, faute de mieux... Initialement placée à l'article Ier de la Constitution, elle a suscité beaucoup de débats qui tiennent notamment à la possibilité pour la France de ratifier la Charte européenne des langues régionales. On reverra donc à nos observations (v. ss 164 et 183).

Bibliographie

Sur le statut constitutionnel des collectivités locales

Luchaire (F.), « L'émergence d'un droit constitutionnel de la décentralisation », *AJDA* 1992. 25.

Roux (A.), *Droit constitutionnel local*, Economica, coll. « Droit poche », 1995.

Sur le principe de libre administration

Bacoyannis (C.), *Le principe de libre administration des collectivités locales*, Economica-PUAM, 1993.

Moreau (J.), Darcy (D.), *La libre administration des collectivités locales*, Economica-PUAM, 1984.

Sur la révision constitutionnelle de 2003

Doprat (J.-P.), « La prudente avancée du référendum local dans la loi organique du 1er avril 2003 », *AJDA* 2003. 1862.

Gaudemet (Y.), Gohin (D.), *La République décentralisée*, éd. Panthéon-Assas, 2004.

Faure (F.), « Le problème du pouvoir réglementaire des autorités administratives secondaires », *Cah. Cons. const.* janv. 2006, n° 19.

Groshens (J.-C.), Waline (J.), « À propos de la loi constitutionnelle du 28 mars 2003 », *Mélanges Amselek*, 2004.

Sur l'outre-mer, l'unité et l'indivisibilité de la République

Lemaire (F.), « L'outre-mer, l'unité et l'indivisibilité de la République », Nouveaux *Cah. Cons. const.* avr. 2012, n° 35.

Sur le statut de la Corse

Chagnollaud (D.), « L'arbre qui cache la forêt », *Pouvoirs locaux* sept. 2000.

Sur la Polynésie française

Blondel (S.), « Inconstitutionnalité partielle du statut d'autonomie de la Polynésie », *AJDA* 2004. 356.

Sur l'outre-mer depuis 2003

Lemaire (F.), « Le nouveau statut constitutionnel de l'outre-mer français », *JCP A* 2003. 1583.

CHAPITRE 13

La Nouvelle-Calédonie

691 Article 76 de la Constitution

> *« Les populations de la Nouvelle-Calédonie sont appelées à se prononcer avant le 31 décembre 1998 sur les dispositions de l'accord signé à Nouméa le 5 mai 1998 et publié le 27 mai 1998 au Journal officiel de la République française.*
> *Sont admises à participer au scrutin les personnes remplissant les conditions fixées à l'article 2 de la loi n° 88-1028 du 9 novembre 1988.*
> *Les mesures nécessaires à l'organisation du scrutin sont prises par décret en Conseil d'État délibéré en conseil des ministres. »*

Article 77 de la Constitution

> *« Après approbation de l'accord lors de la consultation prévue à l'article 76, la loi organique, prise après avis de l'assemblée délibérante de la Nouvelle-Calédonie, détermine, pour assurer l'évolution de la Nouvelle-Calédonie dans le respect des orientations définies par cet accord et selon les modalités nécessaires à sa mise en œuvre :*
> *- les compétences de l'État qui seront transférées, de façon définitive, aux institutions de la Nouvelle-Calédonie, l'échelonnement et les modalités de ces transferts, ainsi que la répartition des charges résultant de ceux-ci ;*
> *- les règles d'organisation et de fonctionnement des institutions de la Nouvelle-Calédonie et notamment les conditions dans lesquelles certaines catégories d'actes de l'assemblée délibérante de la Nouvelle-Calédonie pourront être soumises avant publication au contrôle du Conseil constitutionnel ;*
> *- les règles relatives à la citoyenneté, au régime électoral, à l'emploi et au statut civil coutumier ;*

> *- les conditions et les délais dans lesquels les populations intéressées de la Nouvelle-Calédonie seront amenées à se prononcer sur l'accession à la pleine souveraineté.*
> *Les autres mesures nécessaires à la mise en œuvre de l'accord mentionné à l'article 76 sont définies par la loi.*
> *Pour la définition du corps électoral appelé à élire les membres des assemblées délibérantes de la Nouvelle-Calédonie et des provinces, le tableau auquel se réfèrent l'accord mentionné à l'article 76 et les articles 188 et 189 de la loi organique n° 99-209 du 19 mars 1999 relative à la Nouvelle-Calédonie est le tableau dressé à l'occasion du scrutin prévu audit article 76 et comprenant les personnes non admises à y participer. »*

La Nouvelle-Calédonie est régie de façon autonome par le titre XIII de la Constitution. Les articles 76 et 77 forment en quelque sorte, une constitution dans la Constitution... dès lors que la souveraineté est « partagée » entre la République française et la Nouvelle-Calédonie, leurs rapports étant donc ceux qu'entretient un État fédéral avec un État fédéré...

Dotée d'un statut de territoire d'outre-mer depuis 1946, confirmé en 1958, les conflits entre indépendantistes (Front de libération national Kanak) et anti-indépendantistes (Rassemblement pour la Calédonie dans la République) dans les années quatre-vingt devaient aboutir en 1988, sous le patronage du Gouvernement aux accords de Matignon prévoyant un scrutin d'autodétermination (devant intervenir au plus tard en 1998). Ces accords furent l'objet d'un référendum national le 6 novembre 1988. En fait, les parties ont préféré que l'échéance soit retardée et que la Nouvelle-Calédonie bénéficie dans l'attente d'une éventuelle indépendance (pas avant 2014), d'une autonomie plus large. C'est pourquoi, la loi constitutionnelle du 20 juillet 1998 relative au statut provisoire de la Nouvelle-Calédonie fait l'objet d'un titre spécial dans la Constitution. L'article 76 de la Constitution prévoyait ainsi que les populations de la Nouvelle-Calédonie étaient appelées à se prononcer avant le 31 décembre 1998 sur les accords de Nouméa. Le corps électoral était limité, cette restriction au pouvoir de suffrage était inconstitutionnelle : c'est pourquoi l'article 2 de la loi du 9 novembre 1988 définissant sa composition est élevé à un rang constitutionnel. Le Conseil constitutionnel, dans le cadre de la vérification de la loi organique, en a précisé le contenu en 1999.

L'article 77 de la Constitution définit pour ce territoire, un régime dérogatoire au droit constitutionnel de la République mis en œuvre par une loi organique précisant notamment les matières dans lesquelles interviennent les « lois du pays », sous le contrôle du Conseil constitutionnel (saisi par le haut-commissaire, le président ou 18 des 54 membres du Congrès, les présidents des assemblées des trois provinces). En réalité, le statut de la Nouvelle-Calédonie relève de deux lois, l'une ordinaire, l'autre organique, prises en application de la loi constitutionnelle du 20 juillet 1998 qui a inséré dans la Constitution un titre XIII. Dans ses décisions du 15 mars, n° 99-409 DC (*Loi relative à la Nouvelle-Calédonie*) et n° 99-410 DC du 15 mars 1999 (*Loi organique relative à la Nouvelle-Calédonie*), le Conseil constitutionnel a procédé à leur examen, et, en raison du changement des circonstances de droit résultant de l'accord de Nouméa, le Conseil constitutionnel a par ailleurs entendu procéder à l'examen de l'ensemble des textes même leurs dispositions qui ne faisaient souvent que reprendre celles de la loi référendaire du 9 novembre 1988 ou celles de lois organiques déclarées conformes à la Constitution.

Ces deux lois dérogent à plusieurs règles ou principes de valeur constitutionnelle, notamment en ce qui concerne l'exercice des droits politiques et l'accès à l'emploi local. Le Conseil constitutionnel a rappelé que, sous réserve des prescriptions des articles 7, 16 et 89 de la Constitution, le pouvoir constituant, qui est souverain, peut introduire dans la Constitution « *des dispositions nouvelles qui, dans les cas qu'elles visent, dérogent à des règles ou principes de valeur constitutionnelle, ces dérogations pouvant n'être qu'implicites* ». Il a toutefois précisé que « *de telles dérogations ne sauraient intervenir que dans la mesure strictement nécessaire à la mise en œuvre de l'accord* ». Elles sont d'interprétation stricte s'agissant en particulier d'instituer des « discriminations » s'agissant de l'emploi ou du droit d'établissement ou de la définition de la filiation. De même, il a censuré la définition du corps électoral, nécessitant l'ajout au dernier alinéa de l'article 77 de sa définition.

Bibliographie

Chauchat (M.), « La citoyenneté calédonienne », *Cah. Cons. const.* févr. 2008, n° 23.

Faberon (J.-Y.), « Nouvelle-Calédonie et Constitution : la révision constitutionnelle du 20 juillet 1998 », *RD publ.* 1999. 113.

Faberon (J.-Y.), « La nouvelle donne institutionnelle en Nouvelle-Calédonie », *RFDC* 1999, n° 38, p. 345.

CHAPITRE 14

La francophonie et les accords d'association

692 Article 87 de la Constitution

> *« La République participe au développement de la solidarité et de la coopération entre les États et les peuples ayant le français en partage. »*

Article 88 de la Constitution

> *« La République peut conclure des accords avec des États qui désirent s'associer à elle pour développer leurs civilisations. »*

Ce titre introduit par la révision constitutionnelle du 23 juillet 2008 soulève peu de commentaires. L'article 87 souligne l'attachement de la France à la francophonie de façon symbolique tandis que l'article 88 rappelle implicitement les liens qui l'unissent avec ses anciennes colonies.

CHAPITRE 15

L'Union européenne

693 Au préalable, notons qu'il est convenu de considérer qu'une très large partie des lois françaises, voir plus, serait originaire de l'Union européenne. Une étude fort documentée de la Fondation Terra Nova parue en 2010 et consacrée à la période 1999-2008 met fin à cette « légende ». Il en résulte que : « *Environ 25 % des dispositions législatives adoptées par le Parlement comportent un ou plusieurs articles transposant des dispositions d'origine communautaire. Moins de 10 % des lois comportaient une part significative de mesures de transposition du droit communautaire. Moins de 10 % du total des articles législatifs adoptés ont vocation à transposer des dispositions communautaires. Que ce soit donc loi par loi, ou article par article, l'impact réel du droit européen sur l'activité législative nationale se chiffre autour de 10 %. L'impact a maxima peut être chiffré à 25 % : une loi sur quatre comporte au moins une mesure – parfois marginale – d'origine européenne. La mesure sectorielle de cet impact s'inscrit dans la logique des compétences transférées à l'Union : un impact fort pour l'agriculture, les transports, l'économie, l'environnement ; un impact modéré mais réel pour l'emploi et le social (témoignage de la montée de l'Europe sociale), la justice ; un impact marginal pour la culture, l'éducation, la défense, les affaires étrangères. Mais, contrairement à une idée reçue, même dans les secteurs les plus*

européanisés, la législation nationale « autonome » demeure largement majoritaire. Le cas de l'agriculture, secteur considéré comme de la compétence exclusive de l'Union, et historiquement première politique commune, est le plus révélateur. Un peu plus de 60 % des lois comportent des éléments d'origine communautaire (ce qui en laisse tout de même près de 40 % sans aucune influence européenne). Mais, quand on affine par article, on s'aperçoit que seulement 18 % de l'activité législative nationale dans ce domaine a une origine communautaire ». Intelligent.

Le titre XV a été créé à l'issue de l'adoption du Traité de Maastricht par la loi constitutionnelle du 25 juin 1992, ajoutant un titre XV (art. 88-1 à 88-4). Il en est allé de même à la suite de la décision du Conseil du 31 décembre 1997, concernant le Traité d'Amsterdam (adjonction d'un nouvel alinéa à l'article 88-2). Le titre XV a été profondément modifié par la révision constitutionnelle du 4 février 2008 rendue nécessaire par la décision du Conseil constitutionnel du 20 décembre 2007, le Traité de Lisbonne de 2007, entré en vigueur le 1er décembre 2009, rendant nécessaire une révision préalablement à sa ratification (modification des art. 88-1, 88-4, 88-6 et 88-7). L'intitulé est modifié, l'Union européenne se substituant à la Communauté européenne. L'ensemble de ces dispositions permet en général d'assurer un meilleur contrôle du Parlement français en particulier grâce au vote de résolutions (art. 88-4 et 88-7) tandis que sa compétence en matière d'élargissement s'exerce désormais dans le cadre d'une procédure spécifique instituée par la révision de 2008 (art. 88-5).

Sur le plan constitutionnel, le cœur du dispositif du titre XV réside principalement dans l'article 88-1 quant à la suprématie relative du droit de l'Union européenne, comme le rappelle l'article 88-2 s'agissant des règles relatives au mandat européen (art. 88-4). L'article 88-3, même s'il a pour objet le droit de vote et d'éligibilité aux élections municipales qui ne peut être accordé qu'aux seuls citoyens de l'Union résidant en France, traite en creux d'un sujet connexe, à savoir la condition de réciprocité des traités (v. aussi art. 55).

Chronologie des traités européens

Traité instituant la Communauté européenne du charbon et de l'acier (CECA)	Signé à Paris le 18 avril 1951 et entré en vigueur le 23 juillet 1952 pour une durée limitée à 50 ans. Le traité instituant la CECA a expiré le 23 juillet 2002
Traité de Rome instituant la Communauté économique européenne (CEE)	Signé à Rome le 25 mars 1957 et entré en vigueur au début de l'année 1958 pour une durée illimitée
Traité de Rome instituant la Communauté européenne de l'énergie atomique (Euratom)	Signé à Rome le 25 mars 1957 et entré en vigueur au début de l'année 1958 pour une durée illimitée
Traité de fusion	Signé à Bruxelles le 8 avril 1965 et entré en vigueur le 1er juillet 1967. Les trois communautés alors distinctes (CECA, CEE et Euratom) sont placées sous l'autorité d'une Commission et d'un Conseil uniques
Acte unique européen	Signé à Luxembourg (le 17 février 1986) et à La Haye (le 28 février 1986), il est entré en vigueur le 1er juillet 1987. L'acte unique européen amende le traité de Rome (CEE) pour permettre la réalisation d'un marché unique sans frontières intérieures et introduit une nouvelle forme de coopération en matière de politique étrangère
Traité de Maastricht	Signé le 7 février 1992 et entré en vigueur le 1er novembre 1993, il institue l'Union européenne. Le traité de Maastricht renomme la Communauté économique européenne qui devient la Communauté européenne. Ce traité prévoit également de nouvelles formes de coopération dans les domaines de la défense et de la justice et des affaires intérieures
Traité d'Amsterdam	Signé le 2 octobre 1997, il entre en vigueur le 1er mai 1999. Il modifie le traité de Rome (CEE) et le traité de Maastricht créant l'Union européenne
Traité de Nice	Signé le 26 février 2001, il entre en vigueur le 1er février 2003. Le traité modifie l'architecture institutionnelle en vue de l'élargissement de l'Union à l'Est (pays d'Europe centrale et orientale) et au Sud (Chypre et Malte)
Traité établissant une Constitutionpour l'Europe	Signé à Rome le 29 octobre 2004, ce traité n'est jamais entré en vigueur, deux États membres (la France et les Pays-Bas) s'étant prononcés contre sa ratification
Traité de Lisbonne	Signé à Lisbonne le 13 décembre 2007, il est entré en vigueur le 1er janvier 2009

Tableau extrait de l'avis fait au nom de la commission des Affaires étrangères sur le projet de loi constitutionnelle (n° 561) modifiant le titre XV de la Constitution, 8 janvier 2008 (Traité de Lisbonne). Ce tableau n'intègre pas le Le Traité sur la stabilité, la coordination et la gouvernance au sein de l'Union économique et monétaire du 2 mars 2012.

§ 1. La primauté de la Constitution et les conditions de réciprocité

694 La primauté de la Constitution comme on l'a vu en étudiant l'article 54 (v. chap. 8, ss 611) tient à ce qu'un traité qui lui est contraire nécessite sa révision (comme le rappelle aussi l'article 88-2 consacré au mandat européen). De la même manière, la suprématie en fait relative du droit européen sur la Constitution ne résulte pas du droit européen lui-même mais de la Constitution en son article 88-1. Elle ne peut être fondée que sur cet ancrage constitutionnel tandis qu'aucune règle européenne ne saurait aller à l'encontre d'« *une règle ou d'un principe inhérent à l'identité constitutionnelle de la France, sauf à ce que le constituant y ait consenti* » (décis. 27 juill. 2006, n° 2006-540 DC). La condition de réciprocité prévue à l'article 55 ne vaut pas cependant en matière d'engagements européens (art. 88-3).

A. Le contrôle préalable de conformité des engagements européens à la Constitution française

695 L'intégration européenne a provoqué plusieurs révisions au motif principal que certaines clauses d'engagements européens de la France portaient atteinte aux conditions essentielles d'exercice de la souveraineté, sur le fondement de l'article 54 et suite à la saisine du Conseil constitutionnel préalable à la ratification ou l'approbation d'un engagement internationale contenant des clauses contraires à la Constitution. Ces décisions ont été suivies de révisions constitutionnelles, à l'exception, comme l'on noté, de la décision du 15 juin 1999 s'agissant de la Charte européenne des langues régionales ou minoritaires du 5 novembre 1992, dont certaines dispositions avaient été déclarées non conformes à la Constitution et qui a conduit à l'abandon du projet de ratification (v. Const., art. 1er). À l'inverse, la décision du 19 novembre 2004 (n° 2004-505 DC, *Traité établissant une Constitution pour l'Europe*) émettant un certain nombre de réserves et déclarant plu-

sieurs clauses du traité comme contraires à la Constitution n'a pas eu de suite, le refus par le vote référendaire du 29 mai 2005 ayant entraîné l'abandon du projet de révision. Une seule fois, c'est l'inverse qui s'est produit : c'est pour contrer l'interprétation d'une décision du Conseil constitutionnel qu'une révision a été provoquée (v. art. 53-1, issu de L. const. n° 93-1256, 25 nov. 1993 suite à décis. 13 août 1993, n° 93-325 DC, *Maîtrise de l'immigration*) relevant l'inconstitutionnalité de certaines dispositions de la loi mettant en œuvre la Convention Schengen. Une seule fois aussi, c'est un avis du Conseil d'État – celui du 26 septembre 2002, soulevant l'inconstitutionnalité de dispositions de la décision – cadre sur le mandat d'arrêt européen qui a provoqué une révision consacrée par la loi constitutionnelle du 25 mars 2003 européen (ajout d'un alinéa 3 à l'article 88-2). Depuis 1992, si tous les traités européens, à l'exception de celui de Nice signé en 2001, ont été soumis au contrôle du Conseil constitutionnel, presque tous ont entraîné une révision de la Constitution. Leur contenu détaillé a été étudié dans le 1er tome de ce manuel (*Droit constitutionnel contemporain 1*).

1. Le traité de Maastricht du 7 février 1992 et la Constitution française

696 **La décision du Conseil constitutionnel du 9 avril 1992, n° 92-308 DC, *Maastricht I*.** Le Conseil constitutionnel a été saisi, le 11 mars 1992, par le président de la République, conformément à l'article 54 de la Constitution, de la question de savoir si, compte tenu des engagements souscrits par la France et des modalités de leur entrée en vigueur, l'autorisation de ratifier le traité sur l'Union européenne signé à Maastricht le 7 février 1992 devait être précédée d'une révision de la Constitution.

697 **Les normes de référence du Conseil constitutionnel.** Il s'agit des normes constitutionnelles se référant à la notion de souveraineté, soit l'article 3 de la Déclaration des droits de l'homme et du citoyen (« *le principe de toute souveraineté réside essentiellement dans la nation* ») et l'article 3 de la Constitution de 1958 (« *la souveraineté nationale appartient au peuple qui l'exerce par ses représentants et par la voie du référendum* »). Par ailleurs, le Conseil vise les normes relatives au droit international, soit les 14e et 15e

alinéas du préambule de la Constitution de 1946 (« *la République française se conforme aux règles du droit public international* » ; « sous réserve de réciprocité, la France consent aux limitations de souveraineté nécessaires à l'organisation et à la défense de la paix »). Le Conseil rappelle enfin que l'article 53 de la Constitution de 1958 consacre, comme le faisait l'article 27 de la Constitution de 1946, l'existence de « *traités ou accords relatifs à l'organisation internationale* » ces traités ou accords ne pouvant être ratifiés ou approuvés par le président de la République qu'en vertu d'une loi.

Il considère ainsi « *qu'il résulte de ces textes de valeur constitutionnelle que le respect de la souveraineté nationale ne fait pas obstacle à ce que, sur le fondement des dispositions précitées du préambule de la Constitution de 1946, la France puisse conclure, sous réserve de réciprocité, des engagements internationaux en vue de participer à la création ou au développement d'une organisation internationale permanente, dotée de la personnalité juridique et investie de pouvoirs de décision par l'effet de transferts de compétences consentis par les États membres. Cependant au cas où des engagements internationaux souscrits à cette fin contiennent une clause contraire à la Constitution ou portent atteinte aux conditions essentielles d'exercice de la souveraineté nationale, l'autorisation de les ratifier appelle une révision constitutionnelle ; considérant que c'est au regard de ces principes qu'il revient au Conseil constitutionnel de procéder à l'examen du traité sur l'Union européenne* ».

698 **Les clauses contraires à la Constitution.** Sont déclarées contraires à la Constitution comme portant atteinte « aux conditions essentielles d'exercice de la souveraineté nationale » et nécessitant donc une révision de la Constitution, les clauses relatives :

- à la citoyenneté européenne (l'article 8 B stipulant qu'il est « *institué une citoyenneté de l'Union* » et précise qu'est citoyen de l'Union toute personne ayant la nationalité d'un État membre) ;

- à l'établissement d'une Union économique et monétaire comportant à terme « *une monnaie unique* » ;

- aux mesures relatives à l'entrée et à la circulation l'institution d'une politique de visas identique pour le franchissement des frontières extérieures de l'Union européenne (abandon de la règle de l'unanimité à compter du 1er janvier 1996).

699 **La révision constitutionnelle du 25 juin 1992.** La loi constitutionnelle du 25 juin 1992 est la première révision constitutionnelle consécutive à la construction européenne. Elle a été adoptée par le Parlement réuni en congrès le 23 juin 1992.

Outre qu'elle précise à l'article 2 de la Constitution que « La langue de la République est le français », elle ajoute un titre nouveau (titre XV) : « *Des communautés européennes et de l'Union européenne* ». Le nouvel article 88-1 dispose que « la République participe aux Communautés européennes et à l'Union européenne, constituées d'États qui ont choisi librement, en vertu des traités qui les ont instituées, d'exercer en commun certaines de leurs compétences » dont personne n'imaginait qu'il servirait de fondement au contrôle des directives communautaires.

Le nouvel article 88-2 dispose que « *sous réserve de réciprocité et selon les modalités prévues par le traité sur l'Union européenne signé le 7 février 1992, la France consent aux transferts de compétences nécessaires à l'établissement de l'union économique et monétaire européenne ainsi qu'a la détermination des règles relatives au franchissement des frontières extérieures des États membres de la Communauté européenne* ». Le nouvel article 88-3 concerne le droit de vote des étrangers aux élections municipales sous réserve de réciprocité. Enfin, le nouvel article 88-4 organise l'information et le contrôle du Parlement sur les actes communautaires.

700 **La décision du Conseil constitutionnel du 2 septembre 1992, n° 92-312 DC, *Maastricht II*.** Saisi par 60 sénateurs sur le fondement de l'article 54 de la Constitution sur la compatibilité du traité de Maastricht avec la Constitution – révisée –, le Conseil constitutionnel a d'abord souligné que la procédure de contrôle de contrariété ne peut être à nouveau mise en œuvre, sauf à méconnaître l'autorité qui s'attache aux décisions du Conseil constitutionnel en vertu de l'article 62 de la Constitution. Il ne peut être procédé à un nouvel examen des dispositions du traité que « *s'il apparaît que la Constitution, une fois révisée, demeure contraire à une ou plusieurs stipulations du traité* » et « *s'il est inséré dans la Consti-*

tution une disposition nouvelle qui a pour effet de créer une incompatibilité avec une ou des stipulations du traité dont il s'agit ». Par ailleurs, il a écarté le grief selon lequel le traité n'avait pas été ratifié à l'unanimité (le « non » danois), « *sans influence sur l'existence même de l'engagement international* ». De même n'a-t-il pas relevé de contradictions entre l'article 8 B du traité et l'article 88-3 de la Constitution s'agissant du droit de vote et d'éligibilité aux élections municipales aux citoyens de l'Union résidant sur le territoire d'un autre État que le leur, le 1er article instaurant un droit, le second, une possibilité de l'exercer. Surtout, il a indiqué que « le pouvoir constituant est souverain ; qu'il lui est loisible d'abroger, de modifier ou de compléter les dispositions de valeur constitutionnelle dans la forme qu'il estime appropriée ; qu'ainsi rien ne s'oppose à ce qu'il introduise dans le texte de la Constitution des dispositions nouvelles qui, dans le cas qu'elles visent, dérogent à une règle ou à un principe de valeur constitutionnelle ».

701 **Le référendum du 20 septembre 1992.** La ratification du traité, conformément à l'article 53 de la Constitution, devait être autorisée par une loi ordinaire ou référendaire. Le président Mitterrand choisit le référendum de l'article 11 qui permet de soumettre à ratification populaire « *un traité qui, sans être contraire à la Constitution aurait des incidences sur le fonctionnement des institutions* », ce qu'avait confirmé le Conseil constitutionnel dans sa décision du 2 septembre 1992. On sait que le « oui » l'emporta de justesse.

702 **La décision du Conseil constitutionnel du 23 septembre 1992, n° 92-313 DC, *Maastricht III*.** Saisi par plus de 60 sénateurs ou 60 députés mais cette fois sur le fondement de l'article 61-2 de la Constitution, le Conseil a décliné sa compétence sur la compatibilité de la loi référendaire avec la Constitution au motif – classique – que « *les lois référendaires constituent l'expression directe de la souveraineté nationale* ».

2. Le traité d'Amsterdam du 2 octobre 1997 et la Constitution française

703 **La décision du 31 décembre 1997, n° 97-394 DC, *Traité d'Amsterdam modifiant le Traité sur l'Union européenne, les Traités instituant les***

Communautés européennes et certains actes connexes. Le Conseil constitutionnel a été saisi conjointement, sur le fondement de l'article 54, le 4 décembre 1997, par le président de la République et par le Premier ministre, de la question de savoir si l'autorisation de ratifier le traité d'Amsterdam devait être précédée d'une révision de la Constitution. Le Conseil examine dans ce cadre les clauses susceptibles de porter atteinte « aux conditions essentielles d'exercice de la souveraineté nationale « déclarées » contraires à la Constitution ».

704 **Les normes de références retenues par le Conseil constitutionnel.** Ces normes sont les mêmes que celles qui ont fondé la décision dite « Maastricht I » du 4 avril 1992 : non seulement les articles 3 de la Déclaration des droits de l'homme et du citoyen de 1789 et de la Constitution de 1958 concernant la souveraineté nationale, mais également les 14e et 15e alinéas du Préambule de 1946 et l'article 53 de la Constitution relatifs au rôle de la France dans l'ordre international.

Reprenant mot pour mot la formulation retenue dans sa décision du 4 avril 1992, le Conseil rappelle que « le respect de la souveraineté nationale ne fait pas obstacle à ce que, sur le fondement des dispositions précitées du préambule de la Constitution de 1946, la France puisse conclure, sous réserve de réciprocité, des engagements internationaux en vue de participer à la création ou au développement d'une organisation internationale permanente, dotée de la personnalité juridique et investie de pouvoirs de décision par l'effet de transferts de compétences consentis par les États membres ».

Il complète néanmoins ses références en visant les articles 88-1 (« *La République participe à l'Union européenne, constituée d'États qui ont choisi librement, en vertu des traités qui les ont instaurées, d'exercer en commun certaines de leurs compétences* ») et 88-2 (« *Sous réserve de réciprocité et selon les modalités prévues par le Traité sur l'Union européenne signé le 7 février 1992, la France consent aux transferts de compétences nécessaires à l'établissement de l'union économique et monétaire européenne ainsi qu'à la détermination des règles relatives au franchissement des frontières extérieures des États membres de la Communauté euro-*

péenne »), ces deux articles résultaient de la révision constitutionnelle du 25 juin 1992.

705 **Les clauses du traité déclarées contraires à la Constitution.** Le Conseil constitutionnel déclare qu'« *appellent une nouvelle révision constitutionnelle les clauses du traité d'Amsterdam qui opèrent, au profit de la Communauté européenne, des transferts de compétences qui mettent en cause les conditions essentielles d'exercice de la souveraineté nationale, soit que ces transferts interviennent dans un domaine autre que l'établissement de l'union économique et monétaire européenne ou que le franchissement des frontières extérieures communes, soit que ces clauses fixent d'autres modalités que celles prévues par le traité sur l'Union européenne signé le 7 février 1992 pour l'exercice des compétences dont le transfert a été autorisé par l'article 88-2* ». Il s'agit de certaines des dispositions des articles 73 J, 73 K et 73 O du nouveau titre III A (sic) du traité instituant la Communauté européenne, intitulé : « *Visas, asile, immigration et autres politiques liées à la circulation des personnes* ». Ces mesures relatives à l'asile, à l'immigration et au franchissement des frontières intérieures des États-membres n'entrent pas en effet dans le cadre de l'habilitation prévue par l'article 88-2 alors qu'elles intéressent l'exercice de la souveraineté nationale.

Ces matières doivent faire l'objet d'un exercice partagé de compétences en vertu du « *principe de subsidiarité* », sa mise en œuvre n'empêchant pas que ces transferts de compétence « *revêtent une ampleur et interviennent selon des modalités telles que puissent être affectées les conditions essentielles d'exercice de la souveraineté nationale* ».

C'est pourquoi, le Conseil a déclaré contraires à la Constitution :

- le passage automatique, au bout de cinq ans, à la procédure de « *codécision* », pour la détermination des procédures et conditions de délivrance des visas de court séjour et des règles applicables en matière de visa uniforme ;

- le passage à la majorité qualifiée et à la procédure de codécision, sur simple décision du Conseil, s'agissant de la fixation des règles s'appliquant aux contrôles des personnes aux frontières extérieures.

706 **Les conditions essentielles d'exercice de la souveraineté nationale. La continuité de la décision par rapport à celle du 4 avril 1992, *Maastricht I*.** Le Conseil constitutionnel continue à apprécier, au cas par cas, dans quelle mesure est porté atteinte aux « *conditions essentielles d'exercice de la souveraineté nationale* ». Les critères qu'il dégage sont les suivants :

- importance de la matière transférée au regard de l'exercice de la souveraineté nationale ;

- ampleur du transfert opéré : abandon d'une compétence ou simple exercice en commun des compétences nouvellement transférées ; dans ce dernier cas : modalités d'exercice de ces compétences par les organes de la Communauté, une importance particulière étant attachée au maintien du vote à l'unanimité au Conseil, comme dans la décision du 4 avril 1992.

707 **Les apports de la décision.** Pour la première fois, le Conseil a apprécié la portée de la mise en œuvre du principe de subsidiarité. S'agissant de l'atteinte portée aux conditions essentielles d'exercice de la souveraineté nationale, il a aussi pris en compte, non seulement le passage de la règle de l'unanimité à celle de majorité qualifiée au sein du Conseil, mais la perte d'initiative des États membres au profit de la Communauté tout autant que l'intervention dans le processus décisionnel du Parlement européen.

708 **La révision constitutionnelle du 25 janvier 1999 et la ratification du traité.** Adoptée par la voie du Congrès, elle modifie les articles 88-2 et 88-4 de la Constitution. À l'article 88-2 de la Constitution, les mots : « *ainsi qu'à la détermination des règles relatives au franchissement des frontières extérieures des États membres de la Communauté européenne* » sont supprimés. Il est ajouté à ce même article un alinéa ainsi rédigé : « *Sous la même réserve et selon les modalités prévues par le Traité instituant la Communauté européenne, dans sa rédaction résultant du traité signé le 2 octobre 1997, peuvent être consentis les transferts de compétences nécessaires à la détermination des règles relatives à la libre circulation des personnes et aux domaines qui lui sont liés* ».

L'article 88-4 de la Constitution est ainsi rédigé : « *Le Gouvernement soumet à l'Assemblée nationale et au Sénat, dès leur transmission au Conseil de l'Union européenne, les projets ou propositions d'actes des Communautés européennes et de l'Union européenne comportant des dispositions de nature législative. Il peut également leur soumettre les autres projets ou propositions d'actes ainsi que tout document émanant d'une institution de l'Union européenne. (...) Selon des modalités fixées par le règlement de chaque assemblée, des résolutions peuvent être votées, le cas échéant en dehors des sessions, sur les projets, propositions ou documents mentionnés à l'alinéa précédent* ».

L'autorisation de ratifier le traité a été acquise non par la voie référendaire de l'article 11 mais par la loi ordinaire du 23 mars 1999.

3. Le traité de Nice du 26 février 2001, non soumis au contrôle du Conseil constitutionnel

709 Le traité de Nice est signé le 26 février 2001 par les États membres de l'Union européenne. Il fixe les principes et les méthodes d'évolution du système institutionnel au fur et à mesure que l'Europe s'élargira. Ce traité conclu en décembre 2000 sous présidence française de l'Union européenne et en période de cohabitation – n'a fait l'objet d'aucun contrôle de constitutionnalité.

En annexe au traité, la « *Déclaration sur l'avenir de l'Union* » précise que la réflexion intergouvernementale doit être poursuivie particulièrement en matière de simplification des traités, des compétences de l'Union européenne, du statut de la Charte des droits fondamentaux qui n'est pas intégrée au Traité. Dans cette perspective, à l'issue du Conseil européen de Laeken, en décembre 2001, a été instituée une Convention européenne. Elle a rassemblé des représentants des gouvernements, des parlements nationaux, du Parlement européen et de la Commission européenne et est présidée par Valéry Giscard d'Estaing. Elle a proposé, pour l'Union, un cadre et des structures adaptés aux évolutions du monde, aux besoins des citoyens européens et au développement futur de l'Union européenne. Elle avait donc pour objet de rédiger un projet de « constitution européenne.

4. Le projet avorté de traité constitutionnel du 29 octobre 2004 et la Constitution française

710 **La décision du 19 novembre 2004, n° 2004-505 DC, *Traité établissant une Constitution pour l'Europe.*** Saisi par le président de la République, le Conseil constitutionnel a en effet jugé le 19 novembre 2004 que la ratification du traité ne pouvait se faire sans réviser préalablement la Constitution. On en résumera les principaux points sans revenir dans le détail au projet de traité, abandonné.

711 **La « Constitution pour l'Europe » reste un traité.** Le traité ne crée pas un État fédéral et n'implique pas que la Constitution française cesse, dans l'ordre juridique interne, de se situer au sommet de la hiérarchie des normes tandis que l'Union n'a qu'une compétence d'attribution et ses compétences lui sont conférées par un consentement unanime et révocable des États membres qui continuent à prendre, par des actes soumis à ratification nationale, les décisions fondatrices de l'Union (fixation de ses compétences et de ses règles de fonctionnement, définition de ses moyens financiers, adhésions). La dimension confédérale de l'Union est au demeurant soulignée par la mention explicite d'un droit de retrait volontaire de tout État membre (art. I-6).

712 **La primauté du droit de l'Union : une révision non nécessaire.** L'article I-6 du traité établissant une Constitution pour l'Europe proclame en ces termes la primauté du droit de l'Union sur celui des États membres : « *La Constitution et le droit adopté par les institutions de l'Union, dans l'exercice des compétences qui sont attribuées à celle-ci, priment le droit des États membres* ». C'est la première fois qu'un traité européen énonce expressément ce principe. Or, selon la Cour de justice, un État membre ne peut exciper, pour se soustraire à ses obligations d'application ou de transposition du droit communautaire dans les délais prescrits par les actes communautaires, ni de ses règles législatives et réglementaires, ni même de son droit constitutionnel.

En mars 1978, dans son arrêt *Simmenthal* (CJCE 9 mars 1978, aff. 106/77, *Rec. CJCE* 64) la Cour juge que « tout juge national, saisi dans le cadre de sa compétence, a l'obligation d'appliquer intégralement le droit communautaire et de protéger les droits que celui-ci confère aux particuliers, en laissant inappliquée toute disposition éventuellement contraire de la loi nationale, que celle-ci soit antérieure ou postérieure à la règle communautaire ». En avril 1978, la Cour considère qu'un État membre défendeur « *ne saurait exciper de difficultés internes ou des dispositions de son ordre juridique national, même constitutionnel, pour justifier le non-respect des obligations et délais résultant de directives communautaires* » (11 avr. 1978, *Commission c. Italie*). En janvier 2000, dans un arrêt *Kreil* (11 janv. 2000, aff. C-285/98, *Rec. CJCE* I-95), la Cour juge que le respect de l'égalité de traitement entre hommes et femmes imposé par une directive du Conseil s'oppose à l'application des dispositions constitutionnelles et législatives du droit allemand excluant les femmes des emplois militaires comportant l'utilisation d'armes.

Pour le Conseil constitutionnel, la primauté du droit de l'Union européenne joue bien en droit français, et dispose même d'un fondement constitutionnel (v. art. 88-1), sauf dispositions spéciales expresses et spécifiques de la Constitution française ainsi qu'il l'a jugé dans les décisions rendues le 10 juin et les 1er et 29 juillet 2004 et qui forment l'identité constitutionnelle de la France. Le Conseil lit donc l'article I-6 au prisme de l'article I-5, qui préserve l'identité des États membres « *inhérentes à leurs structures fondamentales politiques et constitutionnelles* ». Le principe de primauté du droit de l'Union, réaffirmé par l'article I-6 du traité, s'entend par conséquent dans ces limites : la primauté du droit de l'Union reste inopposable, dans l'ordre juridique interne, aux dispositions de la Constitution française inhérentes à ses structures fondamentales. Il en résulte qu'une révision n'était pas nécessaire pour intégrer le principe de primauté. Habile construction juridique...

713 **Les dispositions nécessitant une révision.** Les dispositions relatives à des matières « régaliennes » (tels « *l'espace de liberté, de sécurité et de justice* » et la « *politique étrangère et de sécurité commune* ») qui transfèrent des compétences à l'Union, ou réaménagent les modalités d'exercice de compétences déjà transférées (s'agissant plus particulièrement du passage de l'unanimité à la majorité qualifiée au sein du conseil des ministres européen), de telle sorte que seraient affectées, selon la formulation classique et constamment utilisée par le Conseil constitutionnel à l'occasion de l'examen

des précédents traités (Maastricht, Amsterdam), les « conditions essentielles d'exercice de la souveraineté nationale ».

Des pouvoirs nouveaux sont reconnus aux parlements nationaux de s'opposer à une « révision simplifiée » du traité (art. IV-444) ou de faire respecter le « *principe de subsidiarité* » (protocoles n° 1 et 2 : la Constitution française doit être complétée pour en permettre l'exercice effectif).

714 **La révision du 1er mars 2005 et l'échec du référendum de ratification du 29 mai 2005.** Cette révision a été accomplie par voie parlementaire le 28 février 2005 (art. 89 de la Constitution). Elle rend possible tous les transferts de compétences nécessaires à la mise en œuvre du traité établissant une constitution pour l'Europe. En outre, elle rend obligatoire la consultation des Français par référendum lors de l'adhésion d'un nouvel État à l'Union européenne.

Enfin le texte de la loi renforce certaines prérogatives du Parlement : députés et sénateurs pourront adresser des avis motivés aux institutions européennes s'ils estiment qu'un projet de loi européen contredit le principe de subsidiarité et ils pourront saisir la Cour de justice de l'Union européenne s'ils estiment qu'un acte législatif européen contredit ce principe. Ils pourront aussi engager une procédure pour s'opposer à la mise en œuvre de la procédure de révision simplifiée du traité constitutionnel européen. La révision est promulguée le 1er mars 2005. Le président de la République a choisi la voie du référendum pour la ratification du traité, rejeté le 29 mai 2005 par près de 55 % des suffrages exprimés. L'essentiel des dispositions de ce traité a été néanmoins repris par le traité de Lisbonne mais par la voie parlementaire – ce qui a soulevé quelques interrogations du point de vue de la démocratie.

5. Le Traité de Lisbonne du 13 décembre 2007 et la Constitution française

715 **La décision du 20 décembre 2007, n° 2007-560 DC, *Traité modifiant le traité sur l'Union européenne et le traité instituant la Communauté européenne*.** En application de l'article 54 de la Constitution, le président de la République a saisi le Conseil constitutionnel du « *traité modifiant le traité sur l'Union européenne et le traité instituant la Communauté européenne* » dès la signature de celui-ci à

Lisbonne, le 13 décembre 2007, par les 27 États membres. Dans sa décision n° 2004-505 DC du 19 novembre 2004 précitée, le Conseil a fait application de sa jurisprudence issue des décisions Maastricht et Amsterdam et jugé qu'appellent une révision constitutionnelle les clauses du traité qui opèrent, au profit de l'Union européenne, des transferts de compétences mettant en cause les conditions essentielles d'exercice de la souveraineté nationale :

- soit que ces transferts interviennent dans un domaine autre que ceux ayant fait l'objet de transferts antérieurs ;
- soit que ces clauses fixent d'autres modalités que celles auxquelles fait référence l'article 88-2.

Le Conseil constitutionnel a rendu sa décision le 20 décembre 2007. Il a rappelé que « *sont soustraites au contrôle de conformité à la Constitution celles des stipulations du traité qui reprennent des engagements antérieurement souscrits par la France* ». Cela signifie qu'il n'a pas examiné à nouveau toutes les stipulations du traité de Lisbonne qui reprenaient celles des traités communautaire et européen dans leur version issue du traité de Nice de 2001. Notons aussi que le Conseil constitutionnel n'a pas eu à se prononcer, contrairement à ce qui fut le cas en 2004, sur le principe de primauté du droit de l'Union sur le droit national. Ce principe, qui était compris dans le traité établissant une Constitution pour l'Europe, ne figure plus dans le traité de Lisbonne.

716 **La Charte des droits fondamentaux de l'Union.** Dans sa décision n° 2004-505 DC du 19 novembre 2004, le Conseil constitutionnel avait jugé que « *ni par le contenu de ses articles, ni par ses effets sur les conditions essentielles d'exercice de la souveraineté nationale, la Charte n'appelait de révision de la Constitution* » (consid. 22). Le Conseil avait ainsi tenu compte des clauses de limitation particulières et générales dont la Charte est assortie (consid. 14 à 21) et notamment des « explications » qui avaient été rédigées par le præsidium de la Convention qui avait élaborée la Charte. Celles-ci sont reprises tant dans le Préambule de la Charte qu'au 7 de son article 52. En conséquence, le Conseil constitutionnel a jugé que : « *pour les mêmes motifs que ceux énoncés par cette décision, la Charte n'appelle de révision de la Constitution ni par le contenu de ses articles, ni par ses effets sur les conditions essen-*

tielles d'exercice de la souveraineté nationale». S'agissant de l'adhésion rendue désormais possible de l'Union européenne à la CE, la conclusion de l'accord portant adhésion de l'Union à cette Convention entrera en vigueur après son approbation par les États membres conformément à leurs règles constitutionnelles respectives. Le Conseil a estimé que cette référence renvoie, dans le cas de la France, à l'autorisation législative prévue par l'article 53 de la Constitution.

717 **Les dispositions relatives aux compétences et au fonctionnement de l'Union.** Le traité de Lisbonne comprend des dispositions relatives aux compétences et au fonctionnement de l'Union parfois identiques et parfois différentes de celles figurant dans l'ancien TECE. D'une part, certaines de ses dispositions reprennent celles du TECE que le Conseil constitutionnel avait jugé contraires à la Constitution dans sa décision n° 2004-505 DC du 19 novembre 2004. Il en va notamment ainsi des dispositions relatives à des matières « régaliennes » qui réaménagent les modalités d'exercice de compétences déjà transférées (s'agissant notamment du passage de l'unanimité à la majorité qualifiée au sein du Conseil des ministres européen). Dans ce cas, le Conseil constitutionnel a constaté l'identité des dispositions entre les deux traités et a, pour les mêmes motifs que ceux énoncés par sa décision du 19 novembre 2004, estimé que ces dispositions du traité de Lisbonne appelaient une révision constitutionnelle. D'autre part, le traité de Lisbonne comprend également des dispositions relatives aux compétences et au fonctionnement de l'Union qui ne sont pas identiques à celles ayant le même objet figurant dans le TECE. Ainsi le Conseil a relevé notamment les dispositions relatives à des matières régaliennes (tels « *l'espace de liberté, de sécurité et de justice* ») qui transfèrent des compétences à l'Union. Le Conseil a alors jugé que ces dispositions appellent une révision de la Constitution dès lors que sont affectées « *les conditions essentielles d'exercice de la souveraineté nationale* ».

718 **Les pouvoirs nouveaux reconnus aux parlements nationaux.** Ici aussi, le traité de Lisbonne reprend des dispositions du TECE relatives aux pouvoirs reconnus aux parlements nationaux pour s'opposer à une révision simplifiée ou faire respecter le principe de subsidia-

rité. Il a estimé qu'une révision de la Constitution était nécessaire pour les mêmes motifs que ceux énoncés dans la décision n° 2004-505 DC du 19 novembre 2004.

De même, le traité de Lisbonne innove, on l'a vu, en conférant d'autres pouvoirs aux parlements nationaux. Il leur reconnaît notamment celui de s'opposer à ce que le droit de la famille soit régi à la majorité qualifiée et non à l'unanimité. Il leur confère aussi des moyens nouveaux pour veiller au respect du principe de subsidiarité. Le Conseil a estimé que ces dispositions rendaient nécessaires une révision constitutionnelle, la Constitution devant être complétée pour permettre l'exercice effectif de ces prérogatives par les députés et les sénateurs.

719 **La révision constitutionnelle du 4 février 2008 modifiant le titre XV de la Constitution pour permettre la ratification par la France du traité de Lisbonne.** La loi constitutionnelle du 4 février 2008 a permis d'adapter notre Constitution aux nouvelles stipulations du Traité. Dans son article 2, qui entrera en vigueur lorsque le traité de Lisbonne entrera lui-même en vigueur, elle prévoit d'insérer dans le titre XV deux articles 88-6 et 88-7. Cette révision introduit ainsi notamment dans la Constitution des dispositions concernant le passage dans certains domaines de la règle de l'unanimité à celle de la majorité qualifiée au sein du Conseil des ministres européen, le transfert à l'Union européenne de certaines compétences dans le cadre de la construction de « l'espace de liberté, de sécurité et de justice » ou bien la reconnaissance de nouveaux pouvoirs aux Parlements nationaux.

6. Le Traité sur la stabilité, la coordination et la gouvernance au sein de l'Union économique et monétaire du 2 mars 2012 et la Constitution française

720 **La décision du 9 août 2012, n° 2012-653 DC, *Traité sur la stabilité, la coordination et la gouvernance au sein de l'Union économique et monétaire*.** Rappelons que le Traité sur la stabilité, la coordination et la gouvernance au sein de l'Union économique et monétaire a pour objet de renforcer le pilier économique de l'Union économique et monétaire. Il fixe des règles destinées à favoriser la discipline budgétaire au moyen d'un « pacte budgétaire » et oblige à terme les États, à un équilibre voire un excédent.

En vertu du traité sur le fonctionnement de l'Union européenne (et de son protocole n° 12), la France est déjà tenue à un objectif de discipline budgétaire : le règlement européen du 7 juillet 1997 modifié par deux règlements des 27 juin 2005 et 16 novembre 2011 avait ainsi prescrit, en fait souhaité, un déficit public inférieur à 3 % du PIB. Le « TSCG » abaisse ce seuil à 0,5 % qui demeure un objectif, sans valeur constitutionnelle. Par suite, a considéré le Conseil, cette disposition n'a pas pour effet, de procéder à des transferts de compétences en matière de politique économique ou budgétaire en ne portant pas atteinte aux conditions essentielles d'exercice de la souveraineté nationale, conformément à une jurisprudence constante dudit Conseil. Une révision de la Constitution n'est donc pas nécessaire.

721 **Les options possibles.** L'article 3.2 du Traité est susceptible, à la façon conciliaire, de deux lectures mais très explicites ici. Le traité prévoit en en effet que les règles d'équilibre des finances publiques « *prennent effet dans le droit national des parties contractantes (...) au moyen de dispositions contraignantes et permanentes, de préférence constitutionnelles, ou dont le plein respect et la stricte observance tout au long des processus budgétaires nationaux sont garantis de quelque autre façon* ». Dès leur ratification par la France, ces règles s'imposent : mais comment ? Ce traité ayant une force supérieure à la loi, le législateur sera notamment tenu d'en respecter les stipulations lors de l'adoption des lois de finances et des lois de financement de la sécurité sociale. Quant à la Constitution, le dit traité, comporte une alternative selon laquelle les États contractants s'engagent à ce que les règles énoncées prennent effet dans leur droit national :

- soit « au moyen de dispositions contraignantes et permanentes, de préférence constitutionnelles » ;
- soit au moyen de dispositions « *dont le plein respect et la stricte observance tout au long des processus budgétaires nationaux sont garantis de quelque autre façon* ».

Tout est dans le « soit ». Dans le premier cas, celle de « dispositions contraignantes et permanentes », une révision constitutionnelle s'imposait. Dans l'autre, celui choisi par le Gouvernement, il revient à la loi organique soumise au Conseil constitutionnel, d'en traduire l'objectif budgétaire, notamment dans le respect du principe de sincérité des lois de finances. Nulle révision ne s'impose donc dès lors qu'en prenant l'autre chemin, n'est pas porté pas atteinte aux conditions essentielles d'exercice de la souveraineté nationale. Cette décision impeccable intéressera les amateurs de billard.

B. Le contrôle postérieur de la compatibilité des directives avec la Constitution

722 **Article 88-1 de la Constitution**

> *« La République participe à l'Union européenne constituée d'États qui ont choisi librement d'exercer en commun certaines de leurs compétences en vertu du traité sur l'Union européenne et du traité sur le fonctionnement de l'Union européenne, tels qu'ils résultent du traité signé à Lisbonne le 13 décembre 2007. »*

1. Les différentes normes issues du droit de l'Union européenne

723 **Le droit primaire de l'Union européenne.** Il est formé des conventions et traités instituant ou modifiant les Communautés.

724 **Le droit dérivé de l'Union européenne.** Ce droit est dit « dérivé » puisqu'il découle des actes unilatéraux pris les institutions de l'Union européenne sur proposition de la Commission sur la base des traités institutifs.

Le droit de l'Union européenne dérivé directement applicable :

- des règlements définis à l'article 288, alinéa 2, TFUE : applicables directement dans les États membres dès leur publication au *Journal officiel des Communautés,* « le règlement a une portée générale. Il est obligatoire dans tous ses éléments et est directement applicable dans l'État membre » comme par exemple l'appellation des produits agricoles ;

- des décisions définies à l'article 288, alinéa 4, TFUE : « La décision est obligatoire dans tous ses éléments. Lorsqu'elle désigne des destinataires, elle n'est obligatoire que pour ceux-ci ». Il en va ainsi de la décision de la Commission européenne d'infliger une amende à Microsoft pour abus de position dominante.

725 **Le droit dérivé transposable.** Il s'agit des directives définies également à l'article 288, alinéa 3, TFUE : « *La directive lie tout État membre destinataire quant au résultat à atteindre, tout en laissant aux instances nationales la compétence quant à la forme et aux moyens* », elles imposent un résultat à atteindre, en laissant l'État libre du choix de ses moyens pour y parvenir. Les directives ne sont pas directement applicables et doivent donc être transposées dans l'ordre juridique interne dans un délai raisonnable (au moyen d'une loi, d'un règlement). Toutefois, les actes nationaux de transposition ne sont pas des actes de réception des directives. Dès leur publication, les États ne doivent prendre aucune mesure contraire, ni même laisser subsister les textes pouvant apparaître incompatibles avec les objectifs de la directive transposée (CE 3 févr. 1989, *Alitalia*). Sous certaines conditions, les directives sont dotées de l'effet direct à l'expiration du délai de transposition. Dans ce cas, elles créent des droits dans le chef des particuliers qui peuvent les invoquer devant les juridictions nationales en l'absence de normes nationales de transpositions ou pour contester des normes nationales (de transposition) qui les méconnaissent. Il s'agit aussi des décisions-cadres (v. art. 88-2). Il en va aussi des décisions-cadres dans le cadre de la coopération policière et judiciaire en matière pénale (v. ss 731)

2. La transposition des directives résulte non du droit de l'Union européenne mais d'une exigence constitutionnelle

726 **Le risque de conflit.** Rappelons que la Cour de justice des Communautés dénie aux juridictions nationales, y compris constitutionnelles, le pouvoir de déclarer invalides des actes de droit dérivé. Ainsi, dans l'arrêt *Simmenthal* du 9 mars 1978 précité, la CJCE juge que « *le juge national chargé d'appliquer, dans le cadre de sa compétence, les dispositions du droit communautaire, a l'obligation d'assurer le plein effet de ces normes en laissant au besoin inappliquée, de sa propre autorité, toute disposition contraire de la législation nationale, même postérieure, sans qu'il ait à demander ou à attendre l'élimination préalable de celle-ci par voie législative ou par tout autre procédé constitutionnel* ». Si le Conseil constitutionnel censurait une disposition législative tirant les

conséquences nécessaires d'une directive, il ferait non seulement obstacle à la transposition en temps de celle-ci (sauf à imaginer une révision constitutionnelle) mais ouvrirait aussi une « *crise inédite* » (Jean-Éric Schoettl). Comme le fait remarquer ainsi le secrétaire général du Conseil constitutionnel de l'époque, une telle censure d'une disposition législative « recopiant » une directive risquerait de demeurer platonique, puisqu'en vertu de la jurisprudence *Francovich c. Italie* du 19 novembre 1991, dûment appliquée par nos juridictions nationales, les dispositions « inconditionnelles et suffisamment précises » d'une directive sont d'effet direct en droit interne une fois expiré le délai de transposition. La jurisprudence du Conseil constitutionnel, tirant la conclusion logique de la révision de 1992 et de son article 88-1 dans sa décision du 10 juin 2004 il a jugé : « *Considérant qu'aux termes de l'article 88-1 de la Constitution : "La République participe aux Communautés européennes et à l'Union européenne, constituées d'États qui ont choisi librement, en vertu des traités qui les ont instituées, d'exercer en commun certaines de leurs compétences" ; qu'ainsi, la transposition en droit interne d'une directive communautaire résulte d'une exigence constitutionnelle à laquelle il ne pourrait être fait obstacle qu'en raison d'une disposition expresse contraire de la Constitution ; qu'en l'absence d'une telle disposition, il n'appartient qu'au juge communautaire, saisi le cas échéant à titre préjudiciel, de contrôler le respect par une directive communautaire tant des compétences définies par les traités que des droits fondamentaux garantis par l'article 6 du Traité sur l'Union européenne* » (décis. 10 juin 2004, n° 2004-496 DC, *Loi pour la confiance dans l'économie numérique*).

• **L'article 88-1 ne consacre nullement la « suprématie » du droit de l'Union européenne sur la Constitution française.** Il tire seulement les conclusions logiques de sa révision. Si le Conseil, tout aussi logiquement, reconnaît la primauté du juge communautaire, seul chargé de faire appliquer les principes communs aux États membres, la solution retenue ne vaut que s'agissant des dispositions inconditionnelles et précises d'une directive. Or, dès lors que ce type d'acte dérivé, en quelque sorte par définition, laisse une marge d'adaptation à la loi, le Conseil constitutionnel retrouve – par une technique d'interprétation inspirée du judo – qu'on peut, à la suite de Pierre Mazeaud, le concepteur de cette jurisprudence (que le signataire de ces lignes a encouragé), résumer ainsi :

- si l'article 55 de la Constitution française dispose que les traités régulièrement ratifiés ont une autorité supérieure à celle des lois, le Conseil constitutionnel a jugé, depuis 1975, qu'il ne lui appartient pas, lorsqu'il est saisi d'un recours tendant à apprécier la constitutionnalité d'une loi, « *d'examiner la conformité de cette loi aux stipulations d'un traité ou d'un accord international* » (décis. 15 janv. 1975, n° 74-54 DC). Cette jurisprudence, qui est toujours en vigueur, s'appliquait à l'origine tant aux traités internationaux qu'au droit communautaire, y compris dans l'hypothèse d'une loi de transposition d'une directive ;

- la révision constitutionnelle de 1992, qui a permis la ratification du Traité de Maastricht, a donné un fondement constitutionnel spécifique à la construction européenne, soit l'article 88-1. Le Conseil constitutionnel en a déduit dans une décision du 10 juin 2004 citée en exergue que, dès lors, « *la transposition en droit interne d'une directive communautaire résulte d'une exigence constitutionnelle* » (décis. n° 2004-496 DC).

• **Les conséquences de la jurisprudence du Conseil constitutionnel :**

- le Conseil se déclare incompétent pour connaître de la conformité à la Constitution de dispositions législatives « qui se bornent à tirer les conséquences nécessaires des dispositions inconditionnelles et précises » – c'est-à-dire d'effet direct – d'une directive. En effet, il n'appartient qu'au juge de l'Union européenne de contrôler le respect par une directive tant des compétences définies par le traité que des droits fondamentaux garantis par l'article six du traité sur l'Union européenne ;

- il appartient au Conseil constitutionnel, saisi d'une loi ayant pour objet de transposer en droit interne une directive, de veiller au respect de cette exigence constitutionnelle. Or, la Constitution lui fait obligation de statuer dans le délai d'un mois, ce qui lui interdit de saisir la Cour de justice de l'Union européenne d'une question préjudicielle (une juridiction peut lui demander de préciser un point d'interprétation du droit de l'Union, la réponse de la Cour liant la juridiction nationale par l'interprétation donnée). C'est pourquoi, le Conseil constitutionnel opère ce contrôle minimum en quelque sorte et ne saurait déclarer contraire à l'article 88-1 « *qu'une disposition législative manifestement incompatible avec la directive qu'elle a pour objet de transposer* ». En réalité, en exerçant son contrôle de l'« *erreur de transposition manifeste* », formule un peu jésuite, en réalité, il exerce un contrôle certes minimum mais un véritable contrôle tout de même... Cette démarche de style judoka est encore plus nette dans sa décision n° 2006-540 DC du 27 juillet 2006. La loi, dans son titre Ier, traduit en droit interne les dispositions de la directive n° 2001/29/CE du Parlement européen et du Conseil du 22 mai 2001 : le Conseil a vérifié, d'office, la question du respect des droits de propriété intellectuelle : la référence faite au « droit d'auteur » par l'article 13 doit s'entendre, comme renvoyant non seulement au droit d'auteur *stricto sensu*, mais également aux droits voisins du droit d'auteur. Ce n'est que sous cette réserve qu'il a jugé que cette disposition n'était pas manifestement incompatible avec la directive du 22 mai 2001 (pour les décisions-cadres, v. ss 731 s.)

Le Conseil a, par ailleurs, réservé l'hypothèse où les dispositions européennes en cause seraient contraires à une règle ou à un principe « *inhérent à l'identité constitutionnelle de la France* », par exemple, le principe de laïcité. Cette réserve des principes constitutionnels fondamentaux propres à la France rejoint l'inspiration de la jurisprudence *Solange* (« tant que ») de la Cour constitutionnelle allemande (v. ss 728).

727 **Une jurisprudence confortée par le Conseil d'État : l'arrêt *Arcelor* du 8 février 2007.** Par cet arrêt, la haute juridiction indique comment le juge administratif assure la conciliation – et non la primauté – entre la suprématie de la Constitution dans l'ordre juridique interne et les exigences liées à la participation de la France à l'Union européenne en vertu de la Constitution : « *Considérant que si, aux termes de l'article 55 de la Constitution, les traités ou accords régulièrement ratifiés ou approuvés ont, dès leur publication, une autorité supérieure à celle des lois, sous réserve, pour*

chaque accord ou traité, de son application par l'autre partie », la suprématie ainsi conférée aux engagements internationaux ne saurait s'imposer, dans l'ordre interne, aux principes et dispositions à valeur constitutionnelle ; qu'eu égard aux dispositions de l'article 88-1 de la Constitution, selon lesquelles « *la République participe aux Communautés européennes et à l'Union européenne, constituées d'États qui ont choisi librement, en vertu des traités qui les ont instituées, d'exercer en commun certaines de leurs compétences* », dont découle une obligation constitutionnelle de transposition des directives, le contrôle de constitutionnalité des actes réglementaires assurant directement cette transposition est appelé à s'exercer.

Afin de s'assurer de la constitutionnalité du décret, le juge doit procéder en deux temps. Il doit d'abord rechercher si les principes constitutionnels dont la méconnaissance est invoquée ont un équivalent dans l'ordre juridique communautaire, c'est-à-dire si le droit ou la liberté en cause sont effectivement et efficacement protégés par les traités et principes généraux du droit communautaire.

• Dans le cas où les règles et principes constitutionnels invoqués à l'encontre de l'acte réglementaire de transposition, trouvent un équivalent effectif dans des règles ou principes communautaires de même « nature » et de même « portée », le contrôle de constitutionnalité de cet acte réglementaire sera effectué en fonction de ces règles ou principes communautaires.

• Dans le cas où il y a bien équivalence des principes mais qu'il existe une difficulté ou un doute sérieux au regard de la protection effective des principes constitutionnels, le juge administratif saisit la CJUE (renvoi préjudiciel). C'est ce qu'a fait le Conseil d'État dans l'affaire *Arcelor* avant de rendre sa décision définitive. Et dans une décision du 16 décembre 2008, la CJUE répond à la question préjudicielle posée par le Conseil d'État et considère qu'il n'y a pas eu violation du principe d'égalité lors de la transposition de la directive sur le système d'échange de quotas d'émission de gaz à effet de serre.

• Dans le cas, où il n'a aucune équivalence entre les principes constitutionnels et communautaires, il revient au juge administratif d'examiner directement la constitutionnalité des « *dispositions réglementaires contestées...* » sous réserve que l'acte administratif n'ait pas été pris en application d'une loi (théorie de l'écran législatif) dont le contrôle de constitutionnalité appartient au seul Conseil constitutionnel. Ainsi, le Conseil d'État juge que l'ensemble des droits et devoirs définis dans la Charte de l'environnement ont valeur constitutionnelle et qu'elles s'imposent aux pouvoirs publics et autorités administratives dans leurs domaines de compétence respectifs. Il annule donc le décret relatif aux lacs de montagne pour incompétence par sa décision *Commune d'Annecy* (CE ass. 3 oct. 2008). Il résulte en effet de l'article 7 de la Charte de l'environnement que seul le législateur est compétent pour préciser les « conditions et limites » du droit de participation du public. Le décret, en intervenant dans ce domaine, a méconnu la compétence du législateur.

3. Un raisonnement analogue suivi par d'autres cours constitutionnelles européennes

728 **La Cour constitutionnelle fédérale d'Allemagne.** Cette jurisprudence du Conseil constitutionnel français est, dans un style différent, celle de la Cour constitutionnelle fédérale d'Allemagne dans son arrêt de 1974 – dont il s'inspire – dans l'affaire *Internationale Handelsgesellschaft*, plus connue sous le nom *Solange I* – qui signifie en allemand « aussi longtemps que » et renvoie aux premiers mots de la décision. Elle s'est déclarée compétente pour contrôler la conformité du droit communautaire avec les droits fondamentaux allemands tant que le droit communautaire n'assurerait pas un niveau de protection des droits fondamentaux équivalent à celui du droit allemand. Elle a considéré que les garanties des droits fondamentaux assurées par la loi fondamentale prévaudraient sur le droit communautaire en territoire allemand. Puis, dans sa décision du 22 octobre 1986, *Wünsche Handelsgesellschaft* (*Solange II*), elle a pu préciser que la protection des droits fondamentaux était en général assurée au niveau communautaire de façon effective et adéquate. La Cour constitutionnelle n'a cependant pas renoncé à sa compétence d'examen de la législation communautaire même si elle ne l'exerce plus pour le moment.

De même, elle maintient sa jurisprudence affirmée dans l'affaire *Brunner c. Traité sur l'Union européenne* (la période de transition, qui avait rendu nécessaire l'arrêt de 1974, fut déclarée terminée). Bien qu'il puisse y avoir incompatibilité entre le droit communautaire et les droits fondamentaux nationaux, la garantie des droits fondamentaux apportée par la loi fondamentale ne prévaut plus. La Cour a réaffirmé cette position dans une décision du 12 octobre 1996, *Brunner c. Traité sur l'Union européenne*, également connue sous la dénomination de décision *Maastricht* : « *Les normes émanant de l'autorité publique spécifique d'une organisation supranationale distincte du pouvoir d'État des États membres peuvent également affecter les individus protégés par les droits fondamentaux en Allemagne. De telles normes affectent donc les garanties assurées par la Loi fondamentale ainsi que les responsabilités de la Cour constitutionnelle fédérale, qui comprennent la protection des droits fondamentaux en Allemagne, et pas seulement par rapport aux institutions gouvernementales allemandes* ». Ainsi, la Cour a élargi son droit de contrôle juridictionnel – potentiel – à l'application du droit communautaire en Allemagne en général. Et dans son arrêt du 30 juin 2009 consacré à la compatibilité du Traité de Lisbonne avec la loi fondamentale, elle dit toujours assurer le « contrôle du respect de l'identité constitutionnelle», soit les principes intangibles de l'État de droit.

729 **La Cour constitutionnelle italienne.** Elle a adopté une position similaire : par ses arrêts *Frontini* de 1973 et *Granital* du 8 juin 1984, elle a consacré la suprématie de la Constitution et des droits fondamentaux en tant que normes suprêmes de référence, sur les règles du droit communautaire.

730 **Le Tribunal constitutionnel espagnol.** Sa déclaration rendue le 13 décembre 2004 par le Tribunal constitutionnel espagnol (DTC n° 1/2004), s'agissant de la conformité du Traité constitutionnel avec la Constitution espagnole, adopte une position proche de la Cour allemande et repose sur le raisonnement suivant : la Constitution espagnole contient des limites matérielles à l'intégration qui sont également inscrites au sein du traité constitutionnel. Leur violation impliquerait par voie de conséquence immédiatement une violation du traité constitutionnel lui-même : « *Mais, surtout,*

il apparaît que les compétences dont l'exercice est transféré à l'Union européenne ne pourraient pas, sans enfreindre le traité lui-même, servir de fondement pour la production de normes communautaires dont le contenu serait contraire aux valeurs, principes ou droits fondamentaux de notre Constitution. » La suprématie de la Constitution est ainsi, ce faisant, compatible avec des régimes d'application qui octroient une préférence pour appliquer des normes d'un ordre juridique différent de l'ordre juridique national à chaque fois que la Constitution le prévoit, ce qui est le cas avec l'article 93. En définitive, la Constitution a accepté, en vertu de l'article 93, la primauté du droit de l'Union dans le domaine d'application de ce droit conformément à ce qu'affirme expressément l'article I-6 du traité 48. Il arrive à la même solution que le Conseil constitutionnel français (Cons. const. 19 nov. 2004, n° 2004-505 DC, consid. 13) : « *Considérant que, si l'article I-1 du traité substitue aux organisations établies par les traités antérieurs une organisation unique, l'Union européenne, dotée en vertu de l'article I-7 de la personnalité juridique, il ressort de l'ensemble des stipulations de ce traité, et notamment du rapprochement de ses articles I-5 et I-6, qu'il ne modifie ni la nature de l'Union européenne, ni la portée du principe de primauté du droit de l'Union telle qu'elle résulte, ainsi que l'a jugé le Conseil constitutionnel par ses décisions susvisées, de l'article 88-1 de la Constitution ; que, dès lors, l'article I-6 du traité soumis à l'examen du Conseil n'implique pas de révision de la Constitution* ».

C. Les règles relatives au mandat d'arrêt européen et la question des décisions-cadres

731 Article 88-2 de la Constitution

> *« La loi fixe les règles relatives au mandat d'arrêt européen en application des actes pris par les institutions de l'Union européenne. »*

Le Premier ministre a saisi le Conseil d'État d'une demande d'avis sur la question de savoir si la transposition en droit français de la décision-cadre sur le mandat d'arrêt européen (il ne s'agit pas d'un traité qui aurait été soumis en vertu de l'article 54, au

Conseil constitutionnel), serait susceptible d'être contraire à la Constitution. Une décision-cadre est un instrument institué dans le cadre de la coopération policière et judiciaire en matière pénale de l'Union européenne, qui permet au Conseil de l'Union européenne statuant à l'unanimité d'agir « *aux fins du rapprochement des dispositions législatives et réglementaires des États membres* » : « *Les décisions-cadres lient les États membres quant au résultat à atteindre, tout en laissant aux instances nationales la compétence quant à la forme et aux moyens. Elles ne peuvent entraîner d'effet direct* » (ancien article 34 du Traité sur l'Union européenne abrogé par le Traité de Lisbonne). L'avis rendu par le Conseil d'État le 26 septembre 2002 conclut globalement à la conformité de la décision-cadre à la Constitution avec une réserve de taille : la décision-cadre pas le respect du principe, lui-même de valeur constitutionnelle, « *selon lequel l'État doit se réserver le droit de refuser l'extradition pour les infractions qu'il considère comme des infractions à caractère politique* » (CE avis 9 nov. 1995). Le Gouvernement a donc choisi alors de déposer, le 14 novembre 2002, un projet de loi constitutionnelle tendant à compléter l'article 88-2 de la Constitution afin de permettre la transposition de la décision-cadre. Et le Conseil constitutionnel a considéré que l'enterprétation d'une décision-cadre pouvait rendre nécessaire la saisine, à titre préjudiciel, de la CJUE, pour lui permettre d'exercer le contrôle de conformité à la Constitution d'une loi qui en assurait la mise en œuvre (décis. 4 avr. 2013, n° 2013-314 QPC, *M. Jérémy*).

D. La réserve de réciprocité n'a pas lieu d'être en matière européenne

732 Article 88-3 de la Constitution

> « *Sous réserve de réciprocité et selon les modalités prévues par le Traité sur l'Union européenne signé le 7 février 1992, le droit de vote et d'éligibilité aux élections municipales peut être accordé aux seuls citoyens de l'Union résidant en France. Ces citoyens ne peuvent exercer les fonctions de maire ou d'adjoint ni participer à la désignation des électeurs sénatoriaux et à l'élection des sénateurs. Une loi organique votée dans les mêmes termes par les deux assemblées détermine les conditions d'application du présent article.* »

Rappelons que cet article résulte de la révision du 25 juin 1992 (v. chap. 6, ss 522) et de la décision n° 92-308 DC du 9 avril 1992, *Maastricht I*, le Conseil constitutionnel ayant considéré que parmi les clauses contraires à la Constitution figurait celle relative à la citoyenneté européenne (l'article 8 B stipulant qu'il est « *institué une citoyenneté de l'Union* » et précisant qu'est citoyen de l'Union toute personne ayant la nationalité d'un État membre). Le droit de vote et d'éligibilité aux élections municipales peut être accordé aux seuls citoyens de l'Union résidant en France, ces derniers ne pouvant cependant exercer les fonctions de maire ou d'adjoint ni participer à la désignation des électeurs sénatoriaux et à l'élection des sénateurs qui participe directement à l'exercice de la souveraineté nationale. La décision n° 98-400 DC du 20 mai 1998 (*Loi organique déterminant les conditions d'application de l'article 88-3*) est intéressante en ce qu'elle précise la portée de la réserve de réciprocité posée par l'article 88-3 : s'agissait-il de la reprise de la réserve de réciprocité au stade de l'engagement posée par le 15e alinéa du Préambule de la Constitution de 1946, ou bien d'une condition de réciprocité au stade de la mise en œuvre, en vertu de laquelle la France n'accorderait alors aux ressortissants des différents États-membres que des droits équivalents à ceux accordés par ces mêmes États aux ressortissants français sur leur propre territoire ? Le Conseil constitutionnel a tranché en faveur de la première solution et considéré que « *le dernier instrument de ratification du traité sur l'Union européenne du 7 février 1992 dont est issu l'article 8 B du traité instituant la Communauté européenne [ayant] été déposé le 13 octobre 1993, il [était ainsi] satisfait à l'exigence de réciprocité prescrite tant par l'article 88-3 de la Constitution que par le 15e alinéa du Préambule de 1946* ». Mais, il a ajouté « *qu'en cas de manquement d'un État membre aux obligations qui découlent du paragraphe 1 de l'article 8 B précité il appartiendrait à la France de saisir la Cour de justice, sur le fondement de l'article 170 du traité instituant la Communauté européenne* ». Le droit communautaire échappe ainsi en principe à la règle de réciprocité posée à l'article 55.

§ 2. Le contrôle parlementaire sur les actes européens

733 L'article 88 a été modifié pour tenir compte du Traité de Lisbonne.

A. Les résolutions européennes

734 **Article 88-4 de la Constitution**

> *« Le Gouvernement soumet à l'Assemblée nationale et au Sénat, dès leur transmission au Conseil de l'Union européenne, les projets d'actes législatifs européens et les autres projets ou propositions d'actes de l'Union européenne.*
> *Selon des modalités fixées par le règlement de chaque assemblée, des résolutions européennes peuvent être adoptées, le cas échéant en dehors des sessions, sur les projets ou propositions mentionnés au 1er alinéa, ainsi que sur tout document émanant d'une institution de l'Union européenne.*
> *Au sein de chaque assemblée parlementaire est instituée une commission chargée des affaires européennes. »*

L'ancienne version issue de la révision de 1992. En vertu de l'article 88-4 de la Constitution dans sa version issue de la révision de 1992, le Gouvernement soumet au Parlement les propositions d'actes communautaires comportant des dispositions de nature législative. Mais c'est au Gouvernement d'apprécier si ces actes relèvent de cette catégorie, aidé par les avis du Conseil d'État (en tout état de cause cause, cette procédure n'interrompt pas celle suivie à Bruxelles). Les propositions d'actes sélectionnées sont distribuées dans chaque assemblée par le truchement des délégations parlementaire pour l'Union européenne.

Les résolutions peuvent émaner soit des commissions permanentes qui font rapport des propositions d'actes communautaires, soit d'un débat en séance publique. À l'Assemblée nationale, la délégation peut présenter aussi des résolutions. Ce vote n'est qu'une indication pour le Gouvernement, une recommandation dépourvue de force obligatoire.

Il reste que les délais de transmission des actes sont parfois trop longs. La Grande-Bretagne et le Danemark invoquent au niveau européen la « *réserve d'examen parlementaire* » pour éviter ce travers et s'opposent à l'examen du texte tant que le Parlement n'a pas donné son avis qui est cependant à double tranchant. Si elle est en principe un outil diplomatique au service du Gouvernement qui peut ainsi évoquer non seulement la réserve d'examen pour retarder l'adoption d'un texte communautaire mais à la suite de cet examen les réserves – tout court – du Parlement sur ce texte, il peut aussi se trouver dans une position inverse : le Parlement se trouvant favorable à un texte qu'il ne souhaite pas voir adopter. La France ne connaît pas, ni hier, ni aujourd'hui, la pratique du « mandat de négociation » qui lie le Gouvernement à la position exprimée par le Parlement.

Par ailleurs le suivi des avis par le Gouvernement n'est pas de droit. Mais, il en tient en fait largement compte, ou dit qu'il le fait... Enfin, le champ de l'article 88-4 ne couvrait que l'activité communautaire *stricto sensu*. Mais le Gouvernement depuis 1995 transmet au Parlement les propositions d'actes entrant dans le domaine de la politique étrangère et de la sécurité commune et des affaires intérieures et judiciaires. Et s'agissant de la définition du domaine des actes transmis, la révision constitutionnelle de janvier 1999 confère la faculté au Gouvernement de transmettre « les autres projets ou propositions d'actes » européens.

735 **Le renforcement du suivi par le nouvel article 88-4 issu de la révision constitutionnelle de 2008.** Pour améliorer l'organisation et le champ de suivi parlementaires des questions européennes dans le respect des principes de la Ve République, le nouvel article 88.4 facilite la transmission des documents européens au Parlement : ce ne sont plus seulement les projets ou propositions d'actes européens de nature législative triés par le Conseil d'État en vertu de la distinction entre domaine de la loi et du règlement – que le Gouvernement devra transmettre au Parlement, mais tous les projets ou propositions d'actes européens, sachant que le Traité de Libonne introduit la notion d'« *actes législatifs européens* ». Quant aux documents « *émanant d'une institution de l'Union européenne* » qui ne sont plus mentionnés, ils sont désormais transmis directement aux parlements nationaux par l'Union européenne. Le champ des projets et propositions d'actes européens étant élargi, celui des résolutions l'est par suite, étant précisé que pour-

ront faire l'objet de résolutions tous les documents « émanant d'une institution de l'Union européenne ». Elles n'ont cependant aucun effet juridique contraignant.

Enfin est consacré au rang constitutionnel l'organe chargé dans chacune des assemblées de suivre plus spécialement les questions liées à l'Union européenne, aux côtés des commissions permanentes. La commission des affaires européennes procède à l'examen de l'ensemble des projets et propositions d'actes européens que le Gouvernement soumet au Parlement en application de l'article 88-4 de la Constitution et peut soumettre aussi des résolutions.

B. Le contrôle de subsidiarité

736 **Article 88-6 de la Constitution**

> *« L'Assemblée nationale ou le Sénat peuvent émettre un avis motivé sur la conformité d'un projet d'acte législatif européen au principe de subsidiarité. L'avis est adressé par le président de l'assemblée concernée aux présidents du Parlement européen, du Conseil et de la Commission européenne. Le Gouvernement en est informé.*
> *Chaque assemblée peut former un recours devant la Cour de justice de l'Union européenne contre un acte législatif européen pour violation du principe de subsidiarité. Ce recours est transmis à la Cour de justice de l'Union européenne par le Gouvernement.*
> *À cette fin, des résolutions peuvent être adoptées, le cas échéant en dehors des sessions, selon des modalités d'initiative et de discussion fixées par le règlement de chaque assemblée. À la demande de 60 députés ou de 60 sénateurs, le recours est de droit. »*

Les articles 88-6 et 88-7 ont été introduits conformément à la décision du Conseil constitutionnel n° 2007-560 DC du 20 décembre 2007 pour assurer la mise en œuvre des stipulations du Traité de Lisbonne reconnaissant certaines prérogatives aux parlements nationaux. Les règlements des Assemblées ont été modifiés en conséquence, le Conseil constitutionnel les ayant déclarés conformes à la Constitution s'agissant de l'Assemblée nationale (décis. 25 juin 2009, n° 2009-581 DC) et du Sénat (décis. 13 janv. 2011, n° 2010-621 DC).

L'article 88-6 de la Constitution définit les modalités de mise en œuvre en France du contrôle de la subsidiarité confié par le traité de Lisbonne aux parlements nationaux. Le principe de subsidiarité est consacré par l'article 5 du traité sur l'UE et vise à déterminer le niveau d'intervention le plus pertinent dans les domaines de compétences partagées entre l'UE et les États membres. La procédure est la même que celle des résolutions européennes de l'article 88-4 qu'on vient d'étudier. Et les projets d'actes dénoncés par la moitié des parlements nationaux peuvent être rejetés, dès la première lecture et à la majorité simple, par le Conseil de l'Union européenne ou par le Parlement européen. De même, des résolutions peuvent être adoptées en vue de former, dans les deux mois qui suivent la publication des actes concernés, des recours devant la Cour de justice de l'Union européenne pour violation du principe de subsidiarité. En application du dernier alinéa de l'article 88-6 de la Constitution, ce recours est de droit lorsqu'il est formé par au moins 60 députés ou 60 sénateurs, à l'image de la saisine du Conseil constitutionnel. Ont ainsi été institués ainsi ce qu'on a appelé familièrement :

- en amont, un « carton jaune », en vertu duquel le Parlement français peut émettre un avis motivé sur la conformité d'un projet d'acte législatif européen au principe de subsidiarité ;

- en aval, un « carton rouge », en vertu duquel le Parlement peut présenter un recours devant la Cour de justice de l'Union européenne (CJUE) s'il estime que le principe de subsidiarité n'a pas été respecté, ce recours prenant la forme d'une résolution transmise au Gouvernement, lequel saisit la Cour.

C. Les droits d'opposition

737 Article 88-7 de la Constitution

> *« Par le vote d'une motion adoptée en termes identiques par l'Assemblée nationale et le Sénat, le Parlement peut s'opposer à une modification des règles d'adoption d'actes de l'Union européenne dans les cas prévus, au titre de la révision simplifiée des traités ou de la coopération judiciaire civile, par le traité sur l'Union européenne et le traité sur le fonctionnement de l'Union européenne, tels qu'ils résultent du traité signé à Lisbonne le 13 décembre 2007. »*

L'article 88-7 organise le droit d'opposition du Parlement à la modification des règles d'adoption de certains actes de l'Union européenne dans les termes suivants. Il a retenu la procédure du vote « *d'une motion adoptée en termes identiques par l'Assemblée nationale et le Sénat* », c'est-à-dire une procédure analogue à celle qui a été instituée pour permettre aux deux assemblées de soumettre un projet de loi au référendum en application de l'article 11 de la Constitution ; cette procédure exclut la possibilité de tout amendement. La motion, si elle a une portée politique, n'a pas, comme la résolution, de valeur juridique.

§ 3. L'élargissement de l'Union européenne

738 Article 88-5 de la Constitution

> « *Tout projet de loi autorisant la ratification d'un traité relatif à l'adhésion d'un État à l'Union européenne est soumis au référendum par le président de la République.*
> *Toutefois, par le vote d'une motion adoptée en termes identiques par chaque assemblée à la majorité des 3/5e, le Parlement peut autoriser l'adoption du projet de loi selon la procédure prévue au 3e alinéa de l'article 89.* »

La révision constitutionnelle du 23 juillet 2008 a supprimé les dispositions du titre XV de la Constitution, issues de la révision constitutionnelle du 1er mars 2005 rendant obligatoire la consultation des Français par référendum lors de l'adhésion d'un nouvel État à l'Union européenne, visant en réalité la Turquie. Elle revient donc sur celle du 1er mars 2005 qui avait créé un article 88-5 ainsi rédigé : « Tout projet de loi autorisant la ratification d'un traité relatif à l'adhésion d'un État à l'Union européenne et aux Communautés européennes est soumis au référendum par le président de la République ». Institué pour obliger à une consultation populaire en cas d'adhésion de la Turquie, il pouvait sembler étrange d'imposer un référendum obligatoire dans ce cas mais de le laisser facultatif pour une révision fondamentale en vertu de l'article 89 qui laisse toute latitude au chef de l'État d'emprunter la voie du Congrès. Après des débats passionnés, un compromis a été trouvé pour réécrire cet article ou plutôt le compléter. Le nouveau deuxième alinéa permet aux assemblées de donner au président de la République la possibilité d'opter pour une ratification par le Parlement réuni en Congrès. Ainsi, par exception à la règle du référendum automatique posée au 1er alinéa, le Parlement pourrait autoriser l'adoption du projet de loi de ratification selon la procédure définie au 3e alinéa de l'article 89 de la Constitution, applicable aux projets de révision. À cette fin, il appartiendrait à chaque assemblée d'adopter une motion en termes identiques et à la majorité des 3/5e. Le président de la République pourrait alors – et pourrait y être incité – soumettre le projet de loi au Parlement réuni en Congrès, où le texte devrait réunir la majorité des 3/5e des suffrages exprimés pour être approuvé. L'article 88-5 n'est pas applicable aux adhésions faisant suite à une conférence intergouvernementale dont la convocation a été décidée par le Conseil européen avant le 1er juillet 2004.

Bibliographie

Abraham (R.), *Droit international, droit communautaire et droit français*, Hachette, Paris, 1990.

Alland (D.), « Le droit international "sous" la Constitution de la Ve République », *RD publ.* 1998. 1649, n° spéc. « 40 ans de la Ve République ».

Baufumé (B.), « La réhabilitation des résolutions : une nécessité constitutionnelle », *RD publ.* 1994. 1399.

Cassia (P.), Saulnier-Cassia (E.), « Le Traité établissant une constitution pour l'Europe et la constitution française. À propos de la décision n° 2004-505 DC du 19 novembre 2004 du Conseil constitutionnel et du projet de loi constitutionnelle », *JCP* 2005. I. 108.

Chaltiel (F.), *La souveraineté de l'État et l'Union européenne : l'exemple français*, LGDJ, 2000.

Chagnollaud (D.), « Watson propage une fausse nouvelle, Après la décision n° 2004-496 DC du 10 juin 2004 du Conseil constitutionnel », *LPA* 9 juill. 2004, n° 137 ; « La Constitution française ne peut pas être révisée par voie de directives, Après la décision n° 2004-505 du 19 novembre 2004, Traité établissant une Constitution pour l'Europe », *D.* 2005. 100, n° 2.

Gaudin (H.), *Droit constitutionnel, droit communautaire, vers un respect réciproque mutuel ?*, Economica, 2001.

Genevois (B.), « Le Conseil constitutionnel et la primauté du droit communautaire », *RFDA* 2005. 239.

Luchaire (F.), « Le traité d'Amsterdam et la Constitution », *RD publ.* 1998. 331 s.

Philip (C.), *La Constitution européenne*, PUF, 2004.

Sur l'article 88-4

Magnon (X.), « La singularisation attendue du droit communautaire au sein de la jurisprudence *IVG*. Brèves réflexions sur la décision du Conseil constitutionnel n° 2006-535 DC, 30 mars 2006, *CPE* », Europe 2006, n° 6, p. 4 ; « La directive communautaire comme paramètre du contrôle de constitutionnalité des lois : une exception d'interprétation stricte à la jurisprudence *IVG* », *D.* 2006. Chron. 2878.

Nuttens (J.-D.), *Le Parlement français et l'Europe : l'article 88-4 de la Constitution*, LGDJ, 2001.

Rullier (B.), « L'application de l'article 88-4 », *RFDC* 2000. 139 s.

Quermonne (J.-L.), « L'adaptation de l'État à l'intégration européenne », *RD publ.* 1998. 1405, n° spéc. « 40 ans de la Ve République » ; *Le système politique européen*, Clefs, 2008.

Rideau (J.), *Droit institutionnel de l'Union et des Communautés européennes*, LGDJ, Paris, 6e éd., 2010.

Rueda (F.), « Le contrôle de la constitutionnalité des engagements internationaux », in « Les 40 ans de la Ve République », Annales de l'Université des sciences sociales de Toulouse, 1999.

Terra Nova (Fondation), *Normes européennes, loi française : Le mythe des « 80 % »*, rapport 2010.

Wachsmann (P.), « L'article 55 de la Constitution du 4 octobre 1958 et les conventions internationales relatives aux droits de l'homme », *RD publ.* 1998, n° spéc. « 40 ans de la Ve République ».

CHAPITRE 16

La révision de la Constitution

739 Article 89 de la Constitution

> *« L'initiative de la révision de la Constitution appartient concurremment au président de la République sur proposition du Premier ministre et aux membres du Parlement.*
> *Le projet ou la proposition de révision doit être examiné dans les conditions de délai fixées au 3e alinéa de l'article 42 et voté par les deux assemblées en termes identiques. La révision est définitive après avoir été approuvée par référendum.*
> *Toutefois, le projet de révision n'est pas présenté au référendum lorsque le président de la République décide de le soumettre au Parlement convoqué en Congrès ; dans ce cas, le projet de révision n'est approuvé que s'il réunit la majorité des 3/5e des suffrages exprimés. Le bureau du Congrès est celui de l'Assemblée nationale.*
> *Aucune procédure de révision ne peut être engagée ou poursuivie lorsqu'il est porté atteinte à l'intégrité du territoire.*
> *La forme républicaine du Gouvernement ne peut faire l'objet d'une révision. »*

La Ve République, sur le plan du droit et des procédures de révision de la Constitution de 1958, appartient à la catégorie des constitutions « rigides » au sens ou elle prévoit spéciale de révision. La procédure normale est celle de l'article 89 de la Constitution. Or, c'est aussi par la voie de l'article 11 que le général de Gaulle, y a procédé de façon contestée.

Le titre XVI de la Constitution ne prévoit qu'une seule voie de révision et par un seul article, l'article 89. Il pose les termes de la procédure, son domaine qui pose la question de savoir s'il existe des normes qu'il est impossible de réviser et, en creux, celle de la supra-constitutionnalité.

A. La voie normale de l'article 89

1. L'initiative de la révision

740 L'initiative de la révision appartient, soit au président de la République, sur proposition du Premier ministre, soit aux membres du Parlement. Dans le premier cas, il s'agit d'un projet de loi constitutionnelle, dans le second, d'une proposition de loi constitutionnelle. Évidemment, les projets de loi constitutionnelle ne sont pas accompagnés d'une étude d'impact, par dérogation à la règle établie par la loi organique du 15 avril 2009. Les 22 révisions constitutionnelles réalisées selon la procédure de l'article 89 depuis 1958 ont toutes eu pour origine un projet de loi constitutionnelle.

Le président de la République dispose du pouvoir d'initiative en matière constitutionnelle sous la forme d'un décret contresigné par le Premier ministre. Il en apparaît en temps ordinaire comme le véritable inspirateur tandis qu'en période de cohabitation son accord est rendu nécessaire. Il opère aussi le choix de la procédure de la ratification de la révision (soumission au Congrès). La pratique lui a conféré le droit de ne pas donner suite à une proposition ou à un projet voté par les deux assemblées. Le Comité Balladur a proposé, sans succès, de revenir sur celle-ci en organisant un référendum obligatoire, passé six mois. En outre, l'article 7 écarte la possibilité de recourir à la procédure de révision prévue par l'article 89 en cas de vacance de la Présidence de la République. Le droit d'initiative en matière de révision constitutionnelle ne peut donc être exercé par le président par intérim.

741 **L'examen des projets ou propositions de loi constitutionnelle et le veto du Sénat.** L'examen se déroule devant chaque assemblée selon la procédure législative ordinaire mais sans qu'il puisse fait application du « temps législatif programmé » sur la base de l'article 44 de la Constitution (ce serait un comble !). Cependant, depuis la révision constitutionnelle du 23 juillet 2008, la discussion d'un projet de loi constitutionnelle porte, non sur le texte adopté par

la commission mais sur le texte initial du projet ou, en navette, sur le texte transmis par l'autre assemblée. Les délais introduits en 2008 sont applicables :

- celui de six semaines entre le dépôt du projet (ou de la proposition...) de loi et sa discussion en séance, le Gouvernement ne pouvant engager de procédure accélérée ;

- celui de quatre semaines entre la transmission du texte par la première assemblée saisie et sa discussion devant la seconde.

Les projets ou propositions sont généralement déposés sur le bureau de l'Assemblée nationale et renvoyés à sa commission des lois constitutionnelles, d'autres commissions pouvant se saisir pour avis. Il en fût ainsi notamment à l'Assemblée nationale pour la révision de 1992 ajoutant un titre nouveau à la Constitution (« *Des Communautés européennes et de l'Union européenne* ») : la commission des affaires étrangères et la commission des finances se sont saisies pour avis. Le Gouvernement ne peut ni engager sa responsabilité sur le vote du texte, ni interrompre la navette en demandant la réunion d'une commission mixte paritaire, ni demander à l'Assemblée nationale de statuer définitivement puisque les deux assemblées ont ici les mêmes pouvoirs et que, par suite, le Sénat dispose d'un droit de veto sur la révision. Il l'a d'ailleurs plusieurs fois mis en œuvre sous la présidence de François Mitterrand. Le général de Gaulle, avant lui, est passé outre en 1962 et 1969 en soumettant directement le projet de révision au référendum de l'article 11. Le Comité consultatif pour la révision de la Constitution présidé par le doyen Vedel avait proposé, en vain, en 1993, que « *lorsque le projet ou la proposition n'est pas voté en termes identiques après deux lectures par chaque assemblée, le président de la République peut soumettre au référendum le texte adopté à la majorité des 3/5*[e] *exprimés par l'une ou l'autre des assemblées* ». Cette solution permettrait au Sénat d'apparaître non plus seulement comme une institution de « blocage » de l'expression de la première assemblée élue au suffrage universel direct mais d'être aussi une force de proposition et conforterait ainsi sa légitimité. Il s'y est cependant toujours refusé.

2. L'adoption définitive

742 **La voie « normale » du référendum.** L'adoption définitive du projet ou de la proposition de loi constitutionnelle est subordonnée à son approbation par référendum (procédé utilisé une fois seulement lors de la révision constitutionnelle de 2000 visant à réduire à cinq ans le mandat du président de la République), soit par un vote à la majorité des 3/5e des suffrages exprimés des deux chambres du Parlement réunies en Congrès à Versailles. Dans l'esprit des constituants, le recours au référendum en cas de révision constitutionnelle devait être la règle : « *le référendum est la voie normale de révision* » affirmait Michel Debré devant le Comité consultatif constitutionnel en 1958... Pourtant, il ne fut mis en œuvre qu'une seule fois : le 24 septembre 2000 pour la mise en œuvre du quinquennat, avec un succès très faible, alors que cette procédure dans les autres démocraties est finalement la plus courante. Une des causes essentielles du déclin du référendum a été le choix de Georges Pompidou en octobre 1973 de ne pas soumettre au référendum la loi constitutionnelle relative au quinquennat en imposant – malgré lui – l'interprétation selon laquelle le chef de l'État doit choisir le risque minimum : soit la majorité des 3/5e est acquise et le référendum ne s'impose pas, soit elle n'est pas sûre mais le référendum est politiquement dangereux... En réalité, gravement malade – il devait mourir quelques mois plus tard – il n'avait pas souhaité compte tenu de son État de santé engager cette épreuve. On peut s'interroger dans certains cas sur la question de savoir si certaines révisions constitutionnelles ne sont pas en fait des « actes constituants », c'est-à-dire nécessitant l'intervention du peuple, d'autant que le référendum était pensé en 1958 comme la voie normale de révision. Le cas visé est celui de la révision constitutionnelle suite au traité de Maastricht en 1992 adopté par la procédure « allégée » (le Congrès). En d'autres termes, « *la souveraineté nationale attribue au peuple et à lui seul le droit de déterminer son destin politique, tandis qu'il commande aux gouvernants représentatifs de ne pas aliéner la souveraineté du peuple sans son commandement* » (Olivier Beaud). Cette thèse, décalée, se heurte cependant à la fois en droit au partage du pouvoir constituant entre le peuple et ses

représentants et sur le plan politique à la ratification populaire préalable du traité de Maastricht par référendum. Même si elle ne s'y réfère pas directement, elle n'en est pas moins fondée sur le plan de l'intention du constituant.

743 **L'adoption définitive par la voie du Congrès.** « *Toutefois, le projet de révision n'est pas présenté au référendum lorsque le président de la République décide de le soumettre au Parlement convoqué en Congrès* » : pour les seuls projets de loi constitutionnelle, le président de la République peut donc écarter le recours au référendum en les soumettant à l'approbation des deux assemblées réunies en Congrès, à la majorité des 3/5e des suffrages exprimés. Le Congrès, dont le bureau est celui de l'Assemblée nationale, se réunit à Versailles sur convocation par décret du président de la République soumis à contreseing du Premier ministre. Ayant pour seule mission d'approuver le texte adopté par les deux assemblées, il ne peut l'amender.

En cas d'adoption de la révision, la loi constitutionnelle est promulguée par le président de la République.

3. Les limites de la révision et le problème de la supraconstitutionnalité

744 **Les circonstances de la révision.** À la lumière de l'expérience de la Seconde Guerre mondiale, l'article 94 de la Constitution de 1946 interdisait toute révision en cas d'occupation totale ou partielle du territoire métropolitain, disposition reprise dans sa lettre dans la Constitution de 1958 (et élargie à l'ensemble du territoire national, dont l'outre-mer). En outre, ne peut-il être procédé à une révision pendant l'intérim du président de la République ou la mise en œuvre de l'article 16.

- Voir aussi *Droit constitutionnel contemporain 1*, n° 53.

745 **L'objet de la révision : les limites matérielles au pouvoir de révision.** S'agissant de l'objet des révisions, la loi constitutionnelle du 14 août 1884 disposait que « *la forme républicaine du Gouvernement ne peut faire l'objet d'une révision* », voulant ainsi s'opposer à toute tentative de restauration monarchique. Cette disposition reprise en 1946 est maintenue dans l'article 9, alinéa 4, de la Constitution de 1958. Quelle est la valeur contraignante de cette

limitation ? En vertu d'une doctrine constante et ancienne, on peut considérer qu'il suffit de changer ou d'abroger l'article interdisant la révision pour ensuite procéder à la révision voulue : le pouvoir constituant institué est ainsi libéré de la contrainte que représenterait cette limitation. Cette double révision permet en outre « *de ménager un temps de réflexion supplémentaire au pouvoir constituant* » (B. Genevois), permettant, ce faisant, d'écarter l'idée d'un détournement de procédure. Le pouvoir constituant originaire ne peut en effet totalement lier le pouvoir constituant dérivé et donc se lier lui-même.

Ainsi, pour les principes explicites, c'est-à-dire contenus dans la Constitution et auxquels elle interdit formellement de porter atteinte, la question se pose donc différemment selon leur nature et leur contenu. Tout en affirmant que le pouvoir constituant est souverain, le Conseil constitutionnel, dans sa décision du 2 septembre 1992 (n° 93-312 DC, *Traité sur l'Union européenne, dite Maastricht II*), a néanmoins fait la réserve des circonstances dans lesquelles la révision de la Constitution ne peut intervenir, ces réserves étant expressément prévues par le texte de 1958 (interdiction de réviser pendant l'intérim présidentiel, de mise en œuvre de l'article 16, lorsqu'il est porté atteinte à l'intégrité du territoire). De même a-t-il fait la réserve de l'interdiction de porter atteinte à la forme républicaine du Gouvernement, mais cette décision a été rendue à propos d'un traité en application de l'article 54 de la Constitution. Faut-il néanmoins, comme le pense une partie de la doctrine, assimiler par une déduction savante à la forme républicaine du Gouvernement, une série de principes fondamentaux « implicites », ouvrant la voie à la reconnaissance de la supraconstitutionnalité ? Non. Respectueux de la souveraineté du peuple, le Conseil constitutionnel a rappelé aussi à la doctrine, qu'il ne dispose que d'une compétence « *strictement délimitée par la Constitution, s'agissant d'apprécier la conformité des lois organiques et des lois ordinaires* » (décis. 2 sept. 1992, n° 92-312 DC, *Traité sur l'Union européenne, rejetant la thèse de la non-existence de normes supraconstitutionnelles*) :

> *« Considérant que sous réserve, d'une part, des limitations touchant aux périodes au cours desquelles une révision de la Constitution ne peut pas être engagée ou poursuivie, qui résultent des articles 7, 16 et 89, alinéa 4, du texte constitutionnel et, d'autre part, du respect des prescriptions du 5ᵉ alinéa de l'article 89 en vertu desquelles "la forme républicaine du Gouvernement ne peut faire l'objet d'une révision", le pouvoir constituant est souverain ; qu'il lui est loisible d'abroger, de modifier ou de compléter des dispositions de valeur constitutionnelle dans la forme qu'il estime appropriée ; qu'ainsi rien ne s'oppose à ce qu'il introduise dans le texte de la Constitution des dispositions nouvelles qui, dans le cas qu'elles visent, dérogent à une règle ou à un principe de valeur constitutionnelle ; que cette dérogation peut être aussi bien expresse qu'implicite ».*
> Cons. const. 2 sept. 1992, n° 92-312 DC, *Traité sur l'Union européenne.*

746 Pas plus, la Constitution ne semble interdire de procéder à une révision censée porter atteinte aux « droits fondamentaux ». Celle du 25 novembre 1993 relative au droit d'asile peut laisser penser que le pouvoir constituant dérivé peut remettre en cause un droit « fondamental », le débat portant sur le degré de cette remise en cause. Il paraît cependant inimaginable qu'on puisse procéder en France à la révision des textes fondateurs de ces droits et libertés, à savoir la Déclaration des droits de l'homme de 1789 et le Préambule de 1946. À mesure, en effet, que se développe le contrôle de constitutionnalité, apparaissent donc moins des principes « supra-constitutionnels », que des principes politiquement intangibles, car exprimant une légitimité supérieure à la Constitution. Mais celle-ci ne peut être déduite d'un raisonnement juridique abstrait mais simplement redevable d'une analyse réaliste d'un droit de nature politique. Et le Conseil constitutionnel, dans sa décision n° 2003-469 DC du 26 mars 2003 (*Révision constitutionnelle relative à l'organisation décentralisée de la République*), a rappelé de façon éclatante qu'il ne lui appartenait pas, ni sur la forme, ni sur le fond, de vérifier la conformité à la Constitution d'une révision constitutionnelle : « *Considérant que l'article 61 de la Constitution donne au Conseil constitutionnel mission d'apprécier la conformité à la Constitution des lois organiques et, lorsqu'elles lui sont déférées dans les conditions fixées par cet article, des lois ordinaires ; que le Conseil constitutionnel ne tient ni de l'article 61, ni de l'article 89, ni d'aucune autre disposition de la Constitution le pouvoir de statuer sur une révision constitutionnelle* ».

Le Conseil constitutionnel est un pouvoir constitué. Il exerce un contrôle légitime sur le Parlement, autre pouvoir constitué. En cas de conflit, c'est le pouvoir constituant qui tranche par référendum ou par la voie du Congrès. Le Conseil constitutionnel, pouvoir constitué, ne saurait s'arroger le pouvoir constituant. Le souverain, c'est le peuple.

4. Les révisions par la voie de l'article 89 ayant échoué

747 • Le projet de révision du président Pompidou présenté le 10 septembre 1973 visant à la réduction du mandat présidentiel à 5 ans, voté en termes identiques par les deux assemblées, n'a pas été soumis au Congrès, le chef de l'État n'étant pas assuré d'une majorité des 3/5e, compte tenu des réserves d'une partie de la majorité parlementaire.

• Le projet de révision du président Giscard d'Estaing visant à modifier le statut des suppléants des parlementaires devenus ministres adopté par les deux assemblées ne fut pas soumis au Congrès pour les mêmes raisons que précédemment.

• Le projet de révision du président Mitterrand visant, en 1984, à élargir le champ du référendum de l'article 11 pour l'étendre aux garanties concernant les libertés publiques a été voté par l'Assemblée nationale mais rejeté par le Sénat.

• Le projet de révision visant à instituer l'exception d'inconstitutionnalité au profit des justiciables devant le Conseil constitutionnel a été rejeté par le Sénat en juin 1990.

• Le projet de révision de l'article 65 de la Constitution (Conseil supérieur de la magistrature, janvier 2000) : votée par les deux assemblées, la convocation du Congrès par le chef de l'État a été annulée. Était aussi prévu un projet relatif à la Polynésie française, de même reporté et finalement voté en 2007.

748 **Les révisions adoptées par la voie de l'article 89.** Toutes, sauf celle du 6 novembre 1962 adoptée par la voie de l'article 11, l'ont été en vertu de l'article 89 de la Constitution :

1. Loi constitutionnelle n° 60-525 du 4 juin 1960 : modification des dispositions relatives à la Communauté.

2. Loi n° 62-1292 du 6 novembre 1962 : élection du président de la République au suffrage universel.

3. Loi constitutionnelle n° 63-1327 du 30 décembre 1963 : dates d'ouverture et de clôture de la seconde session ordinaire du Parlement.

4. Loi constitutionnelle n° 74-904 du 29 octobre 1974 : possibilité pour 60 députés ou 60 sénateurs de déférer une loi au Conseil constitutionnel.

5. Loi constitutionnelle n° 76-527 du 18 juin 1976 : intérim de la présidence de la République.

6. Loi constitutionnelle n° 92-554 du 25 juin 1992 : dispositions permettant de ratifier le traité de Maastricht (Union économique et monétaire, vote des ressortissants européens aux élections municipales, politique commune des visas) ; dispositions relatives à la langue française, aux lois organiques relatives aux TOM et aux résolutions parlementaires sur les actes communautaires.

7. Loi constitutionnelle n° 93-952 du 27 juillet 1993 : responsabilité pénale des ministres (Cour de justice de la République).

8. Loi constitutionnelle n° 93-1256 du 25 novembre 1993 : droit d'asile (afin de contrer l'interprétation, pour la première fois, d'une décision du Conseil constitutionnel).

9. Loi constitutionnelle n° 95-880 du 4 août 1995 : session parlementaire unique – du premier jour ouvrable d'octobre au dernier jour ouvrable de juin –, séance réservée à un ordre du jour fixé par chaque assemblée, aménagement du régime des immunités parlementaires et élargissement du champ d'application du référendum.

10. Loi constitutionnelle n° 96-138 du 22 février 1996 : loi de financement de la sécurité sociale.

11. Loi constitutionnelle n° 98-610 du 20 juillet 1998 : avenir de la Nouvelle-Calédonie.

12. Loi constitutionnelle n° 99-49 du 25 janvier 1999 : dispositions permettant de ratifier le traité d'Amsterdam.

13. Loi constitutionnelle n° 99-568 du 8 juillet 1999 : Cour pénale internationale.

14. Loi constitutionnelle n° 99-569 du 8 juillet 1999 : mesures propres à favoriser l'égalité entre les femmes et les hommes.

15. Loi constitutionnelle n° 2000-964 du 2 octobre 2000 : réduction à cinq ans de la durée du mandat du président de la République.

16. Loi constitutionnelle n° 2003-267 du 25 mars 2003 : mandat d'arrêt européen.

17. Loi constitutionnelle n° 2003-276 du 28 mars 2003 : organisation décentralisée de la République.

18. Loi constitutionnelle n° 2005-204 du 1er mars 2005 : dispositions permettant de ratifier le traité établissant une Constitution pour l'Europe et rédaction visant à tenir compte de son entrée en vigueur.

19. Loi constitutionnelle n° 2005-205 du 1er mars 2005 : Charte de l'environnement.

20. Loi constitutionnelle n° 2007-237 du 23 février 2007 : corps électoral de la Nouvelle-Calédonie.

21. Loi constitutionnelle n° 2007-238 du 23 février 2007 : responsabilité du président de la République (Haute Cour).

22. Loi constitutionnelle n° 2007-239 du 23 février 2007 : interdiction de la peine de mort.

23. Loi constitutionnelle n° 2008-103 du 4 février 2008 modifiant le titre XV de la Constitution : dispositions permettant de ratifier le traité de Lisbonne et rédaction visant à tenir compte de son entrée en vigueur.

24. Loi constitutionnelle n° 2008-724 du 23 juillet 2008 de modernisation des institutions de la Ve République : réforme d'ensemble des institutions.

B. Le contournement de l'article 89, la procédure contestée de l'article 11

749 **L'usage de l'article 11.** Avant la révision constitutionnelle de 1995, l'article 11, énonçait que « *Le président de la République, sur proposition du Gouvernement pendant la durée des sessions ou sur proposition conjointe des deux assemblées, publiées au* Journal officiel, *peut soumettre au référendum tout projet de loi portant sur l'organisation des pouvoirs publics [...] ou tendant à autoriser*

la ratification d'un traité qui, sans être contraire à la Constitution, aurait des incidences sur le fonctionnement des institutions ».

C'est en 1962, à l'occasion du projet de révision relatif à l'élection du président de la République au suffrage universel proposé par le général de Gaulle que fut pour la première fois utilisée, avec succès, cette procédure. C'est afin de contourner le veto du Sénat institué par la procédure de l'article 89, que le chef de l'État décida de recourir directement au référendum, engageant sa responsabilité sur le texte. En 1969, il fit de même s'agissant d'un projet de révision créant les régions et transformant le Sénat – évidemment hostile – en chambre socioprofessionnelle, mais l'échec du référendum devait entraîner sa démission.

750 **La thèse de l'inconstitutionnalité du recours à l'article 11.** Ce fut sans conteste la thèse dominante à l'époque dans la doctrine, peu suspecte dans son ensemble de séduction intellectuelle vis-à-vis du gaullisme. De Gaulle disparu et, le mythe aidant, elle est aujourd'hui un peu plus partagée.

La thèse – solide – de l'inconstitutionnalité peut se résumer comme suit : l'article 89 constitue à lui seul le titre XI de la Constitution d'alors intitulé « de la révision » ; il ne renvoie nullement à l'article 11 – et réciproquement – il est donc exclusif. Par ailleurs, l'idée que l'article 11 pourrait déroger implicitement à l'article 89 est contredite par l'article 85 qui prévoit, pour les territoires d'outre-mer, deux procédures de révision constitutionnelle par dérogation – explicite – à l'article 89 et à l'article 11.

751 **La thèse de la constitutionnalité du recours à l'article 11.** Sur le moment, en 1962, c'est le professeur Lampué dans la *Revue du droit public* qui présenta l'argumentation la plus sérieuse en faveur de la constitutionnalité de la procédure. Pour cet auteur « tout projet de loi » englobe les projets de loi de révision constitutionnelle, sinon, dans la mesure où les procédures visant les lois ordinaires et organiques n'indiquent pas leur adoption possible par le biais de l'article 11, celui-ci ne s'appliquerait à aucune loi. Ce raisonnement, en quelque sorte par l'absurde, veut simplement démontrer qu'en présence d'une disposition obscure, l'interprète est en droit de lui donner son plein effet : dès lors, l'article permet d'adopter toutes les lois, quelle que soit leur nature. Par ailleurs,

l'article 11 distingue clairement l'adoption des traités « contraires à la Constitution » qui doivent n'être ratifiés qu'après révision de la Constitution, des lois d'organisation des pouvoirs publics pour lesquelles cette réserve n'est pas faite : elles peuvent donc être « contraires » à la Constitution, c'est-à-dire la réviser. La thèse nous semble logique mais omet un argument de taille – réversible cependant – en admettant la dualité de procédure, le constituant aurait ainsi dispensé la procédure « parallèle » de l'article 11 des limites à la révision ; on pourrait certes soutenir que la souveraineté du peuple n'en connaît pas dans l'absolu. Mais ces limites procédurales sont aussi protectrices de l'expression libre de sa volonté.

Cette thèse fut défendue aussi par le doyen Vedel, en 1968, arguant, à la veille du référendum de 1969, que l'« inconstitutionnalité » de la procédure était désormais couverte par la coutume formée à l'occasion du référendum de 1962, approuvé par le peuple français et les acteurs politiques (les principaux opposants du général de Gaulle – dont François Mitterrand – à l'usage de l'article 11 s'étant présentés à l'élection présidentielle de 1965 en reconnaissant ainsi implicitement la validité de la procédure). Il reste cependant contestable qu'une coutume puisse se former contre le texte écrit (*contra legem*, v. *Droit constitutionnel contemporain 1*, n° 60 s.) et l'échec du référendum de 1969 fait en outre tomber un de ses éléments constitutifs : la durée.

752 **Une controverse atténuée ?**

• **L'incompétence du Conseil constitutionnel.** Notons que le Conseil constitutionnel saisi en 1962 se déclara incompétent, refusant de contrôler la constitutionnalité des lois adoptées par référendum. Sa compétence étant strictement délimitée par la Constitution, le Conseil, « organe régulateur des pouvoirs publics », ne saurait contrôler les lois constituant l'expression directe de la souveraineté nationale (décis. 6 nov. 1962, n° 62-20 DC, *Loi relative à l'élection du président de la République au suffrage universel direct, adoptée par le référendum du 28 octobre 1962*). Par la suite, le Conseil constitutionnel, saisi d'un recours en inconstitutionnalité dirigé contre la loi autorisant la ratification du traité de Maastricht, s'est déclaré incompétent, considérant que « au regard de l'équilibre des pouvoirs établi par la Constitution, les lois que celle-ci a entendu viser dans son article 61 sont uniquement les lois votées par le Parlement et non point celles qui, adoptées par le peuple français à la suite d'un référendum contrôlé par le Conseil constitutionnel au titre de l'article 60, constituent l'expression directe de la souveraineté nationale » (décis. 23 sept. 1992, n° 92-313 DC, *Loi autorisant la ratification du traité sur l'Union européenne*).

• **Le monopole d'interprétation du chef de l'État.** Ainsi, aucune autorité constitutionnelle n'est encore en mesure de juger de la constitutionnalité de cette procédure, ce qui a sans doute accentué la polémique, à l'époque, autour de son usage. Le chef de l'État demeure en effet encore maître aujourd'hui sur ce point de l'interprétation de l'article. Dans un entretien accordé à la revue *Pouvoirs*, François Mitterrand en 1988 a admis, *a posteriori*, que « l'usage établi et approuvé par le peuple » autorisait l'utilisation de cette procédure.

En tout état de cause cause, en l'absence de sanction juridique à l'« inconstitutionnalité » présumée de l'usage de l'article 11 – sauf mise en jeu de la responsabilité du président dans le cadre de l'article 67 –, et nonobstant qu'en vertu de l'article 3 de la Constitution « la souveraineté nationale appartient au peuple français qui l'exerce par la voie de ses représentants et celle du référendum », l'interprétation du général de Gaulle s'impose et souligne que le droit constitutionnel demeure un droit de nature politique.

• **Les propositions de réforme.** Rappelons que le Comité consultatif pour la révision de la Constitution présidé par le doyen Vedel avait proposé en 1993, s'agissant de la révision de la Constitution, la possibilité de lever le veto du Sénat à une majorité qualifiée (« Lorsque le projet ou la proposition de révision a été voté par les deux assemblées en termes identiques, la révision est définitive après avoir été approuvée par référendum. Lorsque, le projet ou la proposition n'a pas été voté en termes identiques après deux lectures par chaque assemblée, le président de la République peut soumettre au référendum le texte adopté à la majorité des 3/5e des suffrages exprimés par l'une ou l'autre des assemblées »).

S'agissant cette fois de l'article 11, le comité avait proposé d'une part d'élargir le champ du référendum « aux garanties fondamentales des libertés publiques », d'autre part l'institution d'un contrôle de constitutionnalité préalable de son objet par le Conseil constitutionnel – ce qui aurait exclu qu'il puisse être utilisé pour réviser la Constitution.

La révision constitutionnelle du 4 août 1995 n'a pas retenu ces principes et modifie sur deux points l'article 11. D'une part, elle élargit son champ d'application aux réformes relatives « à la politique économique et sociale de la nation et aux services publics qui y concourent ». D'autre part, le Gouvernement – pour les projets de révision, avant que le chef de l'État n'ait pris sa décision, doit faire une déclaration devant chaque chambre suivie d'un débat (sans vote). Cette révision écarte donc les libertés publiques en même temps qu'elle vise un domaine très large – et flou – concerné par les principes et règles de valeur constitutionnelle qui pourraient ainsi être remis en cause. La révision constitutionnelle du 23 juillet 2008 a élargi le champ de l'article 11 aux questions environnementales et institué un référendum d'initiative conjointe mais le débat autour du périmètre législatif demeure, ce qui exclut toute consultation sur une « réflexion de société » (v. chap. 2, art. 11, ss 264).

Bibliographie

Chagnollaud (D.), « Sherlock Holmes à la poursuite du pouvoir constituant, Après la décision n° 2003-469 DC du Conseil constitutionnel du 26 mars 2003 », LPA 20 oct. 2003, n° 209.

Genevois (B.), « Les limites juridiques à l'intervention du pouvoir constituant », RFDA 1998, n° 5, p. 909.

ANNEXES

LE PRÉAMBULE DE LA CONSTITUTION DE 1958

Préambule

> *« Le peuple français proclame solennellement son attachement aux Droits de l'homme et aux principes de la souveraineté nationale tels qu'ils ont été définis par la Déclaration de 1789, confirmée et complétée par le préambule de la Constitution de 1946, ainsi qu'aux droits et devoirs définis dans la Charte de l'environnement de 2004.*
> *En vertu de ces principes et de celui de la libre détermination des peuples, la République offre aux territoires d'outre-mer qui manifestent la volonté d'y adhérer des institutions nouvelles fondées sur l'idéal commun de liberté, d'égalité et de fraternité et conçues en vue de leur évolution démocratique. »*

La Constitution inséparable aujourd'hui de l'idée de démocratie, si elle contient les principes relatifs aux institutions et répartit les compétences entre elles, concerne aussi les droits et libertés fondamentaux qu'elle protège. La Constitution de 1958 *stricto sensu*, n'y fait que peu référence (art. 1er : égalité devant la loi sans distinction d'origine, de race ou de religion, respect des croyances, objectif de parité dans le domaine politique et, depuis la révision constitutionnelle du 23 juillet 2008, dans le domaine professionnel et social ; art. 2 : laïcité, liberté de conscience et d'opinion, principe d'égalité et de non-discrimination ; art. 3 :

droits civiques ; art. 64 : indépendance de la magistrature ; art. 66 : liberté individuelle et sa protection par l'autorité judiciaire). Le Préambule constitue donc l'assise majeure des droits et libertés fondamentaux garantis par la Constitution. Il inclut la Déclaration des droits de l'homme et du citoyen de 1789 (DDH), le Préambule de la Constitution de 1946 – qui renvoie aux principes fondamentaux reconnus par les lois de la République (PFRLR) – ainsi qu'à la Charte de l'environnement de 2004, promulguée en 2005. Quant à l'alinéa 2 du Préambule, consacré au principe d'autodétermination, on renverra à l'étude des articles 53, 76 et 77.

On ajoutera à ces développements consacrés au Préambule, son prolongement, c'est-à-dire l'article 1er de la Constitution.

§ 1. La déclaration des droits de l'homme et du citoyen (1789)

Voir nos observations générales ss 579.

> *« Les représentants du peuple français, constitués en Assemblée nationale, considérant que l'ignorance, l'oubli ou le mépris des droits de l'homme sont les seules causes des malheurs publics et de la corruption des Gouvernements, ont résolu d'exposer, dans une Déclaration solennelle, les droits naturels, inaliénables et sacrés de l'homme, afin que cette Déclaration, constamment présente à tous les membres du corps social, leur rappelle sans cesse leurs droits et leurs devoirs ; afin que les actes du pouvoir législatif, et ceux du pouvoir exécutif pouvant être à chaque instant comparés avec le but de toute institution politique, en soient plus respectés ; afin que les réclamations des citoyens, fondées désormais sur des principes simples et incontestables, tournent toujours au maintien de la Constitution, et au bonheur de tous. En conséquence, l'Assemblée nationale reconnaît et déclare, en présence et sous les auspices de l'Être Suprême, les droits suivants de l'homme et du citoyen. »*
> Déclaration des droits de l'homme et du citoyen.

Ce préambule « *comporte tous les éléments de nature à justifier le contrôle des actes du pouvoir législatif comme du pouvoir exécutif. L'article 16 DDH en est le prolongement direct* » écrivent Thierry Renoux et Michel de Villiers dans leur remarquable Code constitutionnel. Sans prétendre aucunement à l'exhaustivité, c'est donc à l'étude de ses articles auxquels le Conseil constitutionnel a donné valeur constitutionnelle et s'est fondé pour construire sa jurisprudence. Tous les articles ne sont pas évidemment utilisés toujours de façon autonome et peuvent se combiner entre eux pour conforter un même principe (ainsi du principe d'égalité, par exemple).

Voir nos observations générales ss 579.

La liberté et l'égalité

> **Article I :** « *Les hommes naissent et demeurent libres et égaux en droits. Les distinctions sociales ne peuvent être fondées que sur l'utilité commune.* »

Cet article général et générique pose le principe de la liberté et de l'égalité que l'on retrouve dans d'autres articles de la Déclaration. Par exemple, une distinction opérée de façon disproportionnée par rapport à l'utilité commune méconnaît la Constitution.

Les droits naturels et imprescriptibles de l'homme : liberté, propriété, sûreté et résistance à l'oppression

> **Article II :** « *Le but de toute association politique est la conservation des droits naturels et imprescriptibles de l'Homme. Ces droits sont la liberté, la propriété, la sûreté et la résistance à l'oppression.* »

Ces droits sont détaillés dans les autres articles de la Déclaration. Le recours par le Conseil constitutionnel à l'article 2 est rare et vise en particulier la question du commencement de la vie et celle du respect de la vie privée.

• **Le droit à la vie et la question de son commencement.** « *Considérant que la loi déférée au Conseil constitutionnel n'admet qu'il soit porté atteinte au principe du respect de tout être humain dès le commencement de la vie, rappelé dans son article 1er, qu'en cas de nécessité et selon les conditions et limitations qu'elles définit* » (décis. 15 janv. 1975, n° 74-54 DC). Par ce considérant, le Conseil constitutionnel n'a pas pour autant reconnu de valeur constitutionnelle au droit à la vie dès la fécondation. Il existe cependant « *un droit à la vie de la personne humaine* » de valeur constitutionnelle qui se déduit notamment des « *droits naturels et imprescriptibles de l'Homme* » mentionnés à l'article 2 de la

Déclaration de 1789, et notamment de la « sûreté », et aussi du 11e alinéa du Préambule de 1946 (« *La Nation garantit à tous, notamment à l'enfant (...) la protection de la santé* » ; v. Préambule de 1946). Quand commence-t-elle ? Avant la naissance ? La question n'a jamais été tranchée par le Conseil en l'absence de norme constitutionnelle explicite de référence. Il appartient donc au seul Parlement de dire quel est le seuil, au cours de la gestation, au-delà duquel il y a « *personne humaine* ».

• **Le droit au respect de la vie privée.** Selon le Conseil constitutionnel, la liberté proclamée par l'article 2 de la Déclaration des droits de l'homme et du citoyen de 1789 implique le droit au respect de la vie privée (décis. 23 juill. 1999, n° 99-416 DC, *Loi portant création d'une couverture maladie universelle*). Il protège l'individu contre les intrusions au sein de la sphère intime de chacun (traitements de données à caractère personnel) et s'entend de la protection du secret médical, du secret fiscal ou du secret professionnel. Ce droit doit cependant être concilié avec la prévention des atteintes à l'ordre public ou la recherche des auteurs d'infractions (inviolabilité du domicile et d'interception des correspondances ; de vidéosurveillance, etc.). En l'État actuel de la jurisprudence, le droit au respect de la vie privée n'implique pas un droit d'accès aux origines, la Cour européenne des droits de l'homme ayant considéré ici que la France a fait légitimement usage « *d'une certaine marge d'appréciation pour décider des mesures propres à assurer la reconnaissance des droits garantis par la Convention à toute personne relevant de leur juridiction* » (CEDH 13 févr. 2003, n° 42326/98, *Odièvre c. France*).

La souveraineté nationale

> **Article III :** « *Le principe de toute Souveraineté réside essentiellement dans la Nation. Nul corps, nul individu ne peut exercer d'autorité qui n'en émane expressément.* »

On renverra à nos développements consacrés à ce thème. Le statut constitutionnel de la souveraineté nationale est réaffirmé en particulier dans l'article 3 de la Constitution du 4 octobre 1958 et consacré par la jurisprudence du Conseil constitutionnel, s'agissant notamment des conditions essentielles d'exercice de la souveraineté nationale (v. *Droit constitutionnel contemporain 1*, n° 243 ; v. aussi chap. 15, ss 706, et sur la souveraineté en générale, chap. 1, ss 181).

Le principe de liberté et ses corollaires

> **Article IV :** « *La liberté consiste à pouvoir faire tout ce qui ne nuit pas à autrui : ainsi, l'exercice des droits naturels de chaque homme n'a de bornes que celles qui assurent aux autres membres de la Société la jouissance de ces mêmes droits. Ces bornes ne peuvent être déterminées que par la Loi.* »

De la liberté de principe rattachée à l'article 4, le Conseil constitutionnel a déduit en particulier la valeur constitutionnelle de la liberté d'aller et de venir de, la liberté de mariage, de la liberté d'entreprendre, de la liberté contractuelle et du droit au maintien des conventions légales conclues ainsi que le principe responsabilité.

• **La liberté d'aller et de venir.** Dans sa décision n° 2005-532 DC du 19 janvier 2006 dite *Lutte contre le terrorisme*, le Conseil constitutionnel ne regarde plus la liberté d'aller et de venir comme une composante de la liberté individuelle en la rattachant, pour la première fois, aux articles 2 et 4 de la Déclaration des droits de l'homme et du citoyen de 1789, en écho tardif à la position du Tribunal des conflits dans sa célèbre décision *Eucat* du 9 juin 1986.

• **La liberté de mariage.** La liberté du mariage est une des composantes de la liberté personnelle au titre des articles 2 et 4 de la Déclaration de 1789. Le législateur peut cependant prévoir des mesures de nature à lutter contre son détournement à d'autres fins, ainsi du mariage forcé (décis. 13 août 1993, n° 93-325 DC, *Maîtrise de l'immigration*).

• **La liberté d'entreprendre.** Le Conseil constitutionnel affirme par un considérant traditionnel que « *la liberté d'entreprendre découle de l'article 4 de la Déclaration de 1789 ; qu'il est toutefois loisible au législateur d'apporter à cette liberté des limitations liées à des exigences constitutionnelles ou justifiées par l'intérêt général, à la condition qu'il n'en résulte pas d'atteintes disproportionnées au regard de l'objectif poursuivi* » (décis. 16 janv. 2001, n° 2000-439 DC, *Loi relative à l'archéologie préventive*). Il reconnaît cependant une importante marge d'appréciation au législateur, le contrôle opéré se limitant le plus souvent à un contrôle de la disproportion manifeste au regard de l'intérêt général poursuivi (décis. 13 janv. 2000, n° 99-423 DC).

• **Liberté contractuelle et maintien de l'économie des conventions légalement conclues.** Après avoir pendant longtemps dénié toute valeur constitutionnelle à la liberté contractuelle, le Conseil l'a consacrée (décis. 7 août 2008, n° 2008-568 DC, *Loi portant rénovation de la démocratie sociale et réforme du temps de travail*) en le rattachant à l'article 4 de la DDH mais uniquement pour les contrats de droit privé : le législateur doit justifier d'un motif d'intérêt général suffisant pour porter atteinte aux contrats légalement conclus sauf à méconnaître les exigences résultant de cet article mais aussi de l'article XVI de cette Déclaration.

• **Principe de responsabilité et de réparation.** Le Conseil constitutionnel a considéré par sa décision du 22 octobre 1982 que « *nul n'ayant le droit de nuire à autrui, en principe tout fait quelconque de l'homme, qui cause à autrui un dommage, oblige celui par la faute duquel il est arrivé, à le réparer* » (décis. 22 oct. 1982, n° 82-144 DC, *Loi relative au développement des institutions représentatives du personnel*), conférant ainsi une portée constitutionnelle à l'article 1382 du Code civil. Il a aussi jugé que « l'affirmation de la faculté d'agir en responsabilité met en œuvre l'exigence constitutionnelle posée par l'article 4 de la Déclaration de 1789, dont il résulte que tout fait quelconque de l'homme qui cause à autrui un dommage oblige celui par la faute duquel il est arrivé à le réparer » (décis. 9 nov. 1999, n° 99-419 DC, *Loi relative au Pacs*). Cette protection constitutionnelle ne vaut qu'en matière de responsabilité pour faute. Pour autant, ce principe « ne fait pas obstacle à ce que, en certaines matières, pour un motif d'intérêt général, le législateur aménage les conditions dans lesquelles la responsabilité peut être engagée» (décis. 22 juill. 2005, n° 2005-522 DC, *Loi de sauvegarde des entreprises*). Plus récemment, il a apporté à cette règle une importante exception : si le législateur peut, pour un motif d'intérêt général, prévoir des exclusions ou limitations au principe de responsabilité, c'est à la « condition qu'il n'en résulte une atteinte disproportionnée ni aux droits des victimes d'actes fautifs ni au droit à un recours juridictionnel effectif qui découle de l'article 16 de la Déclaration de 1789 » (décis. 11 juin 2010, n° 2010-2 QPC, *Vivianne L.*).

Le rôle de la loi

> **Article V** : « *La Loi n'a le droit de défendre que les actions nuisibles à la Société. Tout ce qui n'est pas défendu par la Loi ne peut être empêché, et nul ne peut être contraint à faire ce qu'elle n'ordonne pas.* »

De portée très générale, cet article n'a fait l'objet d'aucune décision significative du Conseil constitutionnel ni été invoqué de façon spécifique par lui. Il a cependant écarté son application, au nom de la protection de l'ordre public, dans sa décision relative à la loi interdisant la dissimulation de visage dans l'espace public (décis. 7 oct. 2010, n° 2010-613 DC).

La loi expression de la volonté générale, le principe d'égalité

> **Article VI** : « *La Loi est l'expression de la volonté générale. Tous les Citoyens ont droit de concourir personnellement, ou par leurs Représentants, à sa formation. Elle doit être la même pour tous, soit qu'elle protège, soit qu'elle punisse. Tous les Citoyens étant égaux à ses yeux, sont également admissibles à toutes dignités, places et emplois publics, selon leur capacité, et sans autre distinction que celle de leurs vertus et de leurs talents* » (v. aussi Const., art. 1er).

Cet article comprend deux éléments distincts : la loi expression de la volonté générale et le principe d'égalité.

Le principe premier fonde notamment, avec l'article 3 de la Constitution, les exigences de clarté et de sincérité du débat parlementaire, on renverra sur ces points à nos observations précédentes (v. ss 479).

Le principe d'égalité

• **Les sources multiples du principe d'égalité.** Affirmé par l'article 6, le principe d'égalité conditionne l'exercice de tous les autres droits. Il est contenu dans la Déclaration de 1789, aux articles 1er (égalité en général), 6 (égalité dans l'accès aux emplois publics), 13 (égalité devant les charges publiques). Quant au Préambule de la Constitution de 1946, il « *proclame à nouveau* *que tout être humain, sans distinction de race, de religion ni de croyance, possède des droits inaliénables et sacrés* ». Les principes politiques et sociaux « *particulièrement nécessaires à notre temps* » en sont le corollaire : égalité entre les sexes (art. 3), non-discrimination à l'emploi (art. 5), égal accès à la santé, à l'instruction, à la formation et à la culture (art. 11 et 13), égalité et solidarité devant les charges qui résultent des calamités nationales (art. 12). Enfin, il tire aussi sa source et sans doute en premier lieu de l'article 1er de la Constitution de 1958 qui affirme le principe d'indivisibilité de la République. Pour autant, le Conseil constitutionnel, dans sa jurisprudence, se fonde principalement sur les articles 6 et 13 de la DDH ainsi que sur les articles 1 et 3 de la Constitution. D'ailleurs, c'est se fondant sur le principe de l'égalité devant la loi et celui de l'égalité devant les charges publiques, que le Conseil constitutionnel lui a reconnu valeur constitutionnelle (Cons. const. 12 juill. 1979, n° 79-107, *Ponts à péages*). Ces multiples sources font qu'il est, parmi les droits et libertés, celui le plus souvent invoqué devant le Conseil constitutionnel.

• **La rigueur du principe d'égalité dans certains domaines.** Le principe d'égalité est proclamé à l'article 1er de la Déclaration de 1789 suivant lequel « *les hommes naissent et demeurent libres et égaux en droits* ». Ce principe découle également de l'article 6 de la Déclaration qui dispose que « *la loi (...) doit être la même pour tous, soit qu'elle protège, soit qu'elle punisse* » et la Constitution proclame, dans son article 1er, que la République « *assure l'égalité devant la loi de tous les citoyens sans distinction d'origine, de race ou de religion* » (quotas par sexe, décis. 18 nov. 1982, n° 146 DC). Le principe d'égalité est donc appliqué avec rigueur là ou la loi doit être aveugle : droits politiques (électorat et éligibilité), et sans considération du sexe (sauf disposition constitutionnelle expresse), de la religion, de la « race ». Cette rigueur vaut aussi en matière d'égalité des citoyens devant la justice en matière pénale, en admettant des différenciations strictement limitées

• **Égalité devant le suffrage.** Ce principe dont découlent l'universalité et l'égalité du suffrage relève de plusieurs normes constitutionnelles, en particulier de l'article 3 de la Constitution qui traite aussi des conditions de l'électorat et auquel on renverra (v. Const., titre I, art. 3).

• **Égalité des droits entre l'homme et la femme.** Cette question relève de plusieurs normes constitutionnelles de référence et on renverra à l'étude l'article 1er de la Constitution, s'agissant de sa dimension politique. L'article 1er de la Déclaration des droits de l'homme et du citoyen de 1789 dispose que : « *Les hommes naissent et demeurent libres et égaux en droits. Les distinctions sociales ne peuvent être fondées que sur l'utilité commune* » tandis qu'aux termes de son article 6, la loi « *doit être la même pour tous, soit qu'elle protège, soit qu'elle punisse. Tous les Citoyens étant égaux à ses yeux sont également admissibles à toutes dignités, places et emplois publics, selon leur capacité, et sans autre distinction que celle de leurs vertus et de leurs talents* ». Le 3e alinéa du Préambule de la Constitution du 27 octobre 1946 proclame que « *La loi garantit à la femme, dans tous les domaines, des droits égaux à ceux de l'homme* ». Enfin, en vertu de l'article 1er de la Constitution, la République assure l'égalité devant la loi de tous les citoyens sans distinction d'origine.

Le Conseil constitutionnel a notamment jugé que si, aux termes des dispositions du 5e alinéa de l'article 3 de la Constitution (loi constitutionnelle n° 99-569 du 8 juillet 1999) : « *La loi favorise l'égal accès des femmes et des hommes aux mandats électoraux et fonctions électives* », ces dispositions ne s'appliquent qu'aux élections à des mandats et fonctions politiques. Par suite, elles ne sauraient autoriser l'institution de quotas par sexe pour l'élection des représentants des magistrats au Conseil supérieur de la magistrature (décis. 19 juin 2001, n° 2001-445 DC) mais aussi pour la composition des jurys d'examen (n° 2001-455 DC, 12 janv. 2002). S'agissant des commissions administratives paritaires, comme de tout organisme relevant de la « *sphère publique* », s'il n'est pas contraire à l'article 6 de la Déclaration de rechercher une composition équilibrée entre femmes et hommes, cet équilibre doit être recherché « *à mérites égaux* » (décis. n° 2001-455 DC préc.) : il est donc contraire au principe d'égalité proclamé par l'article 6 de la Déclaration de faire prévaloir la considération du sexe sur celle des compétences, des aptitudes et des qualifications : « *Consi-*

dérant que, si la recherche d'un accès équilibré des femmes et des hommes aux responsabilités autres que les fonctions politiques électives n'est pas contraire aux exigences constitutionnelles rappelées ci-dessus, elle ne saurait, sans les méconnaître, faire prévaloir la considération du sexe sur celle des capacités et de l'utilité commune ; que, dès lors, la Constitution ne permet pas que la composition des organes dirigeants ou consultatifs des personnes morales de droit public ou privé soit régie par des règles contraignantes fondées sur le sexe des personnes » (décis. 16 mars 2006, n° 2006-533 DC, *Loi relative à l'égalité salariale entre les femmes et les hommes*). C'est pour élargir au domaine non politique l'égal accès des hommes et des femmes que la révision constitutionnelle de 2008 a procédé à un ajout, non plus à l'article 1er mais à l'article 3 de la Constitution.

• **Égalité devant la justice.** Le Conseil constitutionnel considère le principe d'égalité devant la justice « *est inclus dans le principe d'égalité devant la loi proclamé dans la Déclaration des Droits de l'homme de 1789 et solennellement réaffirmé par le préambule de la Constitution* » (v. aussi Const., art. XVI ; décis. n° 75-56 DC, 23 juill. 1975). Le principe d'égalité suppose un égal accès à la justice (décis. 18 janv. 1985, n° 84-183 DC, *Redressement et liquidation judiciaires*). Il « *fait obstacle à ce que des citoyens se trouvant dans des conditions semblables et poursuivis pour les mêmes infractions soient jugés par des juridictions composées selon des règles différentes* ». Le « *droit d'exercer un recours effectif devant une juridiction* » est de même garanti (décis. 9 avr. 1996, n° 96-373 DC, *Autonomie de la Polynésie française I*) et « *découle* » de l'article 16 de la Déclaration des droits de l'homme et du citoyen (décis. 19 déc. 2000, n° 2000-437 DC, *Loi de financement de la sécurité sociale pour 2001*). L'égalité des justiciables devant le jugement suppose enfin que soient garanties non seulement l'indépendance et l'impartialité du tribunal (décis. 19 juin 2001, n° 2001-445 DC, *Conseil supérieur de la magistrature, Rec. Cons. const.* 2001, p. 63 et 20 févr. 2003, n° 2003-466 DC, *Juges de proximité*), ce en écho à l'article 6, § 1 de la Convention européenne des droits de l'homme qui garantit à chacun « *le droit à ce que sa cause soit entendue équitablement* ». Le Conseil constitutionnel fait droit aux « *exigences constitutionnelles relatives au respect des droits de la défense et à l'existence d'une procédure juste et équitable, garantissant l'équilibre des droits des parties* » (Cons. const. 22 janv. 1999, n° 98-408 DC, *Cour pénale internationale, Rec. Cons. const.* 1999, p. 29). Le principe d'égalité a aussi comme corollaire celui de gratuité de la justice, en droit national comme en droit européen.

• **Égalité devant la loi pénale.** « *Le principe d'égalité devant la loi pénale, tel qu'il résulte de l'article 6 de la Déclaration des droits de l'homme et du citoyen de 1789, ne fait pas obstacle à ce qu'une différenciation soit opérée par la loi pénale entre agissements de nature différente* » (décis. 5 août 2010, n° 2010-612 DC). Par exemple, les crimes de guerre et les crimes contre l'humanité sont de nature différente : en portant de 10 à 30 ans le délai de prescription de l'action publique pour les crimes de guerre, alors que les crimes contre l'humanité sont imprescriptibles (C. pén., art. 213-5), le législateur n'a pas méconnu le principe d'égalité.

• **Principe d'égalité et différences objectives de traitement : illustrations.** Le Conseil rappelle souvent, dans un considérant de principe qui n'a plus changé depuis 1988, que « *le principe d'égalité ne s'oppose ni à ce que le législateur règle de façon différente des situations différentes, ni à ce qu'il déroge à l'égalité pour des raisons d'intérêt général, pourvu que, dans l'un et l'autre cas, la différence de traitement qui en résulte soit en rapport direct avec l'objet de la loi qui l'établit* » (décis. 9 avr. 1996, n° 1996-375 DC, *Loi portant diverses dispositions d'ordre économique et financier* ; 7 janv. 1988, 87-232 DC). Cette formule est héritée notamment de la jurisprudence du Conseil d'État : « *le principe d'égalité (...) ne s'oppose pas à ce que l'autorité investie du pouvoir réglementaire règle de façon différente des situations différentes ni à ce qu'elle déroge à l'égalité pour des raisons d'intérêt général, pourvu que, dans l'un comme dans l'autre cas, la différence de traitement qui en résulte soit en rapport avec l'objet de la norme qui l'établit* » (CE ass. 28 juin 2002, *Villemain, Lebon* 586). Ces différenciations doivent reposer sur des critères objectifs et rationnels au regard de l'objectif poursuivi par le législateur, celui ne pouvant être contraire à la Constitution. Alors que d'autres cours constitutionnelles exercent un véritable contrôle de proportionnalité sur ces mesures, dans l'ensemble le Conseil constitutionnel se limite à la sanction de l'« *erreur manifeste d'appréciation* ».

• **Égalité fiscale.** Le principe d'égalité devant l'impôt comporte deux aspects : d'une part le principe d'égalité devant la loi fiscale (Déclaration 1789, art. VI), et d'autre part le principe d'égalité devant les charges publiques apprécié au regard de la faculté contributive de chacun, ne pouvant ainsi revêtir un caractère confiscatoire (Déclaration 1789, art. XIII). Sur le principe d'égalité devant la loi garanti par l'article 6 de la Déclaration de 1789, le Conseil constitutionnel juge de façon constante « *que, d'une part, le principe ainsi énoncé n'interdit pas au législateur de mettre à la charge d'une ou plusieurs catégories socioprofessionnelles déterminées une certaine aide à une ou à plusieurs autres catégories socioprofessionnelles ; que, d'autre part, en vertu de l'article 34 de la Constitution, il appartient au législateur de déterminer, dans le respect des principes constitutionnels et compte tenu des caractéristiques de chaque impôt, les règles selon lesquelles doivent être appréciées les facultés contributives ; qu'en particulier, pour assurer le respect du principe d'égalité, il doit fonder son appréciation sur des critères objectifs et rationnels en fonction des buts qu'il se propose ; que, pour l'application du principe d'égalité devant l'impôt, la situation des redevables s'apprécie au regard de chaque imposition prise isolément ; que, dans chaque cas, le législateur doit, pour se conformer au principe d'égalité devant les charges publiques, fonder son appréciation sur des critères objectifs et rationnels ; que cette appréciation ne doit cependant pas entraîner de rupture caractérisée de l'égalité devant les charges publiques* » (pour une application, décis. 22 juill. 2011, n° 2011-148/154 QPC, *Bruno L. et a., Journée de solidarité*). Ainsi, en soumettant à une contribution exceptionnelle de solidarité les revenus des personnes physiques, sans tenir compte, comme pour l'imposition de l'ensemble du revenu à l'impôt sur le revenu et la contribution exceptionnelle prévue à l'article 223 *sexies* du Code général des impôts, de l'existence du foyer fiscal, le législateur a méconnu l'exigence de prise en compte de facultés contributives. Ainsi, il a méconnu le principe d'égalité devant les charges publiques (décis. 29 déc. 2012, n° 2012-662 DC, *Loi de finances pour 2013*).

• **Égale admissibilité aux emplois publics.** Le Conseil constitutionnel juge que « *le principe de l'égal accès des citoyens aux emplois publics, proclamé par l'article 6 de la Déclaration de 1789, impose que, dans les nominations de fonctionnaires, il ne soit tenu compte que de la capacité, des vertus et des talents* » (décis. 16 janv. 1986, n° 85-204 DC, *Loi portant diverses dispositions d'ordre social*, cons. 7 ; 14 janv. 1983, n° 82- 153 DC, *Loi relative au statut général des fonctionnaires*). Il en va de même de l'égalité de traitement dans le déroulement de la carrière des fonctionnaires d'un même corps (décis. 15 juill. 1976, n° 76-67 DC, *Statut général des fonctionnaires*).

• **« Différenciations positives » de traitement et égalité des chances : exemples.** On passe ici, insensiblement, à un degré supplémentaire de différence de traitement qui contient à notre sens une part de subjectivité... L'égalité des chances implique que chacun, quels que soient son origine sociale ou son lieu de naissance, puisse avoir les mêmes chances de s'élever dans la société, par son propre mérite. La mise en œuvre de cette exigence implique donc des mesures concrètes pour corriger et compenser dans une certaine mesure des inégalités manifestes dont souffre une population particulière. C'est ici que la différence de traitement intervient : elle vise à rattraper certaines inégalités en favorisant un groupe ou un territoire défavorisé, quitte à méconnaître de façon temporaire l'égalité en droit sans que ces différences puissent être fondées sur les origines au sens « ethnique » du mot, la « race », ou de religion à l'image du concept de discriminations positives d'origine américaine (« *affirmative action* », « action positive », « mesures positives », etc.). En France, de telles mesures sont contraires à la Constitution. Le Conseil constitutionnel admet donc certaines exceptions au principe d'égalité, strictement encadrées, et ayant pour but de compenser un handicap social ou territorial. Cette idée traduit ainsi une conception française des « discriminations positives ».

S'agissant des individus, il en va ainsi de la fameuse « troisième voie » ouverte à l'ENA à certains candidats salariés issus du secteur privé qui a été admise par le Conseil constitutionnel dès lors que « *le principe de l'égal accès aux emplois publics proclamé par l'article 6 de la Déclaration de 1789 impose que, dans les nominations de fonctionnaires, il ne soit tenu compte que de la capacité, des vertus et des talents, il ne s'oppose pas à ce que les règles de recrutement destinées à permettre l'appréciation des aptitudes et des qualités des candidats à l'entrée dans une école de formation ou dans un corps de fonctionnaires soient différenciées pour tenir compte tant de la variété des mérites à prendre en considération que de celle des besoins du service public* » (décis. 14 janv. 1983, n° 83-153 DC). De même, des critères sociaux peuvent permettre de protéger particulièrement par exemple des salariés âgés (décis. 25 juill. 1989, n° 89-257 DC) ou faciliter l'embauche de personnes au chômage « *eu égard aux difficultés et aux handicaps qui peuvent affecter l'insertion professionnelle des personnes concernées* » (n° 94-357 DC). Ces mesures positives pourront également revêtir la forme de subventions spéciales aux établissements d'enseignement confrontés aux problèmes les plus difficiles d'encadrement, d'avantages de carrière pour leurs personnels et de bourses spéciales pour leurs élèves. Il s'agit en effet non de « réserver des emplois » par avance à une population prédéfinie sans tenir compte de ses mérites mais d'accorder des bourses d'études permettant justement de restaurer l'égalité des chances. C'est la différence essentielle avec la conception américaine. Ainsi, en 2003, le législateur accordait, pour l'accès aux postes d'« assistants d'éducation » une priorité aux étudiants boursiers. Le Conseil constitutionnel a admis cette priorité mais seulement dès lors que cette dernière ne jouerait qu'à aptitudes identiques et pour un « profil » attendu déterminé (24 avr. 2003, n° 2003-471 DC).

S'agissant des territoires, il en va notamment des mesures d'aides ou d'incitations en matière économique, éducative, de santé ou d'aménagement du territoire, fondées sur la nécessité de compenser un handicap individuel, social ou géographique. Ces mesures peuvent prendre aussi la forme de dispositions fiscales favorables aux entreprises s'établissant dans les quartiers en difficulté ou dans les zones rurales déshéritées. D'autres types de discriminations positives existent en fonction de la localisation géographique sur le territoire national. L'insularité (v. par ex. décis. 20 déc. 1994, n ° 94-350, *Statut fiscal de la Corse*) ou l'éloignement de la métropole justifie tout autant l'application de droits différents sur le territoire national dans un but d'intérêt général. Plus largement, sur le territoire métropolitain, la loi d'orientation et d'aménagement du territoire du 4 février 1995 pose clairement le principe « à territoires inégaux, régime social et fiscal inégal » (zones franches, etc.) validé par le Conseil constitutionnel qui considère que « *le principe d'égalité ne fait pas obstacle à ce que le législateur édicte, par l'octroi d'avantages fiscaux, des mesures d'incitation au développement et à l'aménagement de certaines parties du territoire dans un but d'intérêt général* » (décis. 26 janv. 1995, n° 94-358 DC).

Le principe de légalité des peines et des délits, le principe de nécessité des peines, le principe de la non-rétroactivité des peines, le respect des droits de la défense

> **Article VII** : « *Nul homme ne peut être accusé, arrêté, ni détenu que dans les cas déterminés par la Loi, et selon les formes qu'elle a prescrites. Ceux qui sollicitent, expédient, exécutent ou font exécuter des ordres arbitraires, doivent être punis ; mais tout Citoyen appelé ou saisi en vertu de la Loi doit obéir à l'instant : il se rend coupable par la résistance* ».

Si le Conseil constitutionnel a parfois rattaché le principe de légalité à l'article 7 de la Déclaration (décis. 22 janv. 1999, n° 98-408 DC), il le rattache principalement à l'article VIII. Quand aux droits de la défense, ils sont rattachés principalement à l'article XVI.

Le principe de légalité des peines et des délits

> **Article VIII** : « *La Loi ne doit établir que des peines strictement et évidemment nécessaires, et nul ne peut être puni qu'en vertu d'une Loi établie et promulguée antérieurement au délit, et légalement appliquée* ».

Selon une jurisprudence constante, le Conseil constitutionnel juge que « *le législateur tient de l'article 34 de la Constitution, ainsi que du principe de légalité des délits et des peines qui résulte de l'article 8 de la Déclaration des droits de l'homme et du citoyen de 1789, l'obligation de fixer lui-même le champ d'application de la loi pénale et de définir les crimes et délits en termes suffisamment clairs et précis* » (récemment, Cons. const. 4 mai 2012, n° 2012-240 QPC). Il ne fait pas de doute que la matière pénale est à titre principal sinon exclusif du ressort du législateur tandis que notamment les contraventions ressortissent au domaine réglementaire. Enfin, le corollaire du principe de légalité des peines est celui de clarté et de précision de la loi – l'intelligibilité – qui vaut pour toutes les lois de la République mais ici avec une particulière acuité.

• **Le principe de nécessité des peines.** L'article 8 de la déclaration des droits de l'homme et du citoyen de 1789 dispose que « la loi ne doit établir que des peines strictement et évidemment nécessaires » mais il n'appartient pas au Conseil constitutionnel « *de substituer sa propre appréciation à celle du législateur en ce qui concerne la nécessité des peines attachées aux infractions définies par celui-ci* », dès lors que la loi n'est pas « manifestement contraire » à l'article 8 de la Déclaration. À l'inverse, l'obligation faite au législateur en vertu de l'article 8 « *de définir les infractions en termes suffisamment clairs et précis pour exclure l'arbitraire* » est assujettie à un contrôle normal (décis. 19 et 20 janv. 1981, n° 80-127 DC). À l'image du principe de non rétroactivité, le principe de nécessité n'est pas étroitement cantonné au champ pénal, *stricto sensu* mais vaut au-delà des peines prononcées par les juridictions répressives. Il vaut ainsi pour toute sanction ayant le caractère de punition (décis. 30 déc. 1987, n° 87-237 DC) et s'étend à la période de sûreté qui « *bien que relative à l'exécution de la peine, n'en relève pas moins de la décision de la juridiction de jugement qui, dans les conditions déterminées par la loi, peut en faire varier la durée en même temps qu'elle se prononce sur la culpabilité du prévenu ou de l'accusé* » (décis. 3 sept. 1986, n° 86-215 ; 20 janv. 1994, n° 93-334 DC). Enfin, le Conseil a donné valeur constitutionnelle au principe d'individualisation des peines qui « *découle de l'article 8 de la Déclaration des droits de l'homme et du citoyen de 1789* » (décis. 15 mars 1999, n° 99-410 DC).

• **La non-rétroactivité de la loi pénale.** L'article 8 de la Déclaration de 1789 veut que « *les dispositions pénales (...) ne peuvent* *s'appliquer qu'aux faits commis après la date de promulgation de la loi* » (décis. 21 janv. 1997, n° 96-387 DC). Il s'applique uniquement aux peines et sanctions ayant le caractère d'une punition, non au champ de l'exécution des peines, sauf exception. Il symbolise à lui seul la finalité du principe de légalité pénale dont il est le corollaire : la règle pénale doit être prévisible et accessible afin d'exclure l'arbitraire dans la répression, qu'il s'agisse du prononcé des peines ou de la recherche des auteurs d'infractions.

Le principe vaut pour les autorités de nature non judiciaire comme les autorités indépendantes. Elles ne peuvent prononcer une sanction privative de liberté (décis. 28 juill. 1989, n° 89-260 DC, *Sécurité et transparence du marché financier*). Mais le Conseil constitutionnel est allé encore plus loin en 2009 au sujet de la loi sur la diffusion et la protection de la création sur Internet : la commission de protection des droits de la Hadopi était dotée de pouvoirs de sanction l'habilitant à restreindre ou à empêcher l'accès à internet à des titulaires d'abonnement. Ces pouvoirs pouvaient donc conduire à restreindre l'exercice, par toute personne, de son droit de s'exprimer et de communiquer librement. Dans ces conditions, le législateur ne pouvait, quelles que soient les garanties encadrant le prononcé des sanctions, confier de tels pouvoirs à une autorité administrative dans le but de protéger les titulaires du droit d'auteur. Ces pouvoirs ne peuvent incomber qu'au juge : « *eu égard à la nature de la liberté garantie par l'article 11 de la Déclaration de 1789, le législateur ne pouvait, quelles que soient les garanties encadrant le prononcé des sanctions, confier de tels pouvoirs à une autorité administrative dans le but de protéger les droits des titulaires du droit d'auteur et des droits voisins* » (décis. 10 juin 2009, n° 2009-580 DC, *Diffusion et protection de la création sur internet*).

La présomption d'innocence

> **Article IX** : « *Tout homme étant présumé innocent jusqu'à ce qu'il ait été déclaré coupable, s'il est jugé indispensable de l'arrêter, toute rigueur qui ne serait pas nécessaire pour s'assurer de sa personne doit être sévèrement réprimée par la loi* ».

De cet article, il résulte que la loi ne saurait, en principe, instituer de présomption de culpabilité en matière répressive. Cette question recouvre plus largement celle du caractère personnel et intentionnel de la faute : « *des articles 8 et 9 de la Déclaration des droits de l'homme et du citoyen (un principe) selon lequel nul n'est punissable que de son propre fait* » (décis. 16 juin 1999, n° 98-411 DC, *Loi portant diverses mesures relatives à la sécurité routière et aux infractions sur les agents des exploitants de réseau de transport public de voyageurs*). Pour autant, le Conseil constitutionnel considère que « *toutefois, à titre exceptionnel, de telles présomptions peuvent être établies, notamment en matière contraventionnelle, dès lors qu'elles ne revêtent pas de caractère irréfragable, qu'est assuré le respect des droits de la défense et que les faits induisent raisonnablement la vraisemblance de l'imputabilité* » (*ibid*). Relèvent du « domaine répressif » toutes les sanctions, même non pénales, qui ont le caractère d'une punition. Dans le même esprit d'ouverture, la procédure dite de « plaider coupable » est constitutionnelle (*ibid.*). À l'inverse, dans sa récente décision du 10 juin 2009 (décis. n° 2009-580 DC, *Diffusion et protection de la création sur internet*), il s'est montré plus sévère. Aux termes de la loi déférée, seul le titulaire du contrat d'abonnement à Internet pouvait faire l'objet des sanctions instituées. Pour s'exonérer, il lui incombait de produire des éléments de nature à établir que l'atteinte portée au droit d'auteur procédait de la fraude d'un tiers. En méconnaissance de l'article 9, selon le Conseil, la loi instituait ainsi, en opérant un renversement de la charge de la preuve, une présomption de culpabilité pouvant conduire à prononcer contre l'abonné des sanctions privatives ou restrictives du droit à s'exprimer et à communiquer librement.

La liberté d'opinion et de conscience

> **Article X** : « *Nul ne doit être inquiété pour ses opinions, même religieuses, pourvu que leur manifestation ne trouble pas l'ordre public établi par la loi* ».

Cet article très « balancé » ce qui rend son utilisation, en tant que tel, malaisé, est à rapprocher de l'alinéa 5 du Préambule de 1946 en tant qu'il interdit toute discrimination. Le Conseil a reconnu la liberté de conscience comme principe fondamental reconnu par les lois de la République : « *Considérant, d'autre part, qu'aux termes de l'article 10 de la Déclaration des droits de l'homme et du citoyen de 1789 "Nul ne doit être inquiété pour ses opinions, même religieuses, pourvu que leur manifestation ne trouble pas l'ordre public établi par la loi" ; que le Préambule de la Constitution de 1946 rappelle que "Nul ne peut être lésé dans son travail ou son emploi en raison de ses origines, de ses opinions ou de ses croyances" ; que la liberté de conscience doit donc être regardée comme l'un des principes fondamentaux reconnus par les lois de la République* » (décis. 23 nov. 1977, n° 77-87 DC, *Liberté de l'enseignement*). Il a donné lieu à une jurisprudence peu abondante, ou simplement aboutissant sur son fondement propre à une censure, d'autant qu'il est aussi à rapprocher, outre du Préambule de 1946, de la liberté d'expression consacrée par l'article XI de la DDH qui la nourrit principalement.

La liberté de communication et la liberté d'expression

> **Article XI** : « *La libre communication des pensées et des opinions est un des droits les plus précieux de l'Homme : tout citoyen peut donc parler, écrire, imprimer librement, sauf à répondre de l'abus de cette liberté dans les cas déterminés par la loi* ».

La liberté de communication consiste dans la liberté de diffuser des idées ou des opinions tandis que la liberté d'expression consiste dans le fait de les émettre. La nuance est importante pour distinguer les moyens de la diffusion et de la réception (la communication) et le contenu du message (l'opinion), même si ces éléments sont peut dissociables en pratique.

• **La liberté de communication.** Le principe de la protection constitutionnelle de la liberté de communication a été affirmé pour la première fois dans la décision n° 82-141 DC du 27 juillet 1982, relative à la loi sur la communication audiovisuelle sur le fondement de l'article 11 de la DDH : « *il appartient au législateur de concilier, en l'État actuel des techniques et de leur maîtrise, l'exercice de la liberté de communication telle qu'elle résulte de l'article 11 de la Déclaration des droits de l'homme, avec, d'une part, les contraintes techniques inhérentes aux moyens de la com-*

munication audiovisuelle, et, d'autre part, les objectifs de valeur constitutionnelle que sont la sauvegarde de l'ordre public, le respect de la liberté d'autrui et la préservation du caractère pluraliste des courants d'expression socioculturels auquel ces modes de communication, par leur influence considérable, sont susceptibles de porter atteinte ». Cette liberté n'est cependant ni générale ni absolue, et elle ne peut exister que dans le cadre d'une réglementation instituée par la loi. Ainsi, dans la décision n° 86-217 DC du 18 septembre 1986, sur la loi relative à la liberté de communication, il a précisé qu'il « *est loisible au législateur de soumettre le secteur privé de la communication audiovisuelle à un régime d'autorisation administrative, sous réserve d'assurer la garantie des objectifs à valeur constitutionnelle avec lesquels cette liberté doit être conciliée* ». Sur le fondement de la liberté de la communication, le Conseil constitutionnel a dégagé le droit à la communication ou à l'information en vertu duquel les récepteurs doivent être à même de disposer librement d'informations et de programmes. De ce droit accordé aux récepteurs des informations ou messages, il découle une obligation pour le législateur, pour ceux qui exercent la liberté, pour ceux qui surveillent son exercice, celle de garantir le pluralisme : « *le pluralisme des courants d'expression socioculturels est en lui-même un objectif à valeur constitutionnelle ; que le respect de ce pluralisme est une des conditions de la démocratie* » (décis. 18 sept. 1986, n° 86-217 DC). Cette jurisprudence a été consacrée par la révision constitutionnelle du 23 juillet 2008 : l'expression pluraliste des opinions a été inscrite à l'alinéa 3 de l'article 4 de la Constitution et prolongée par un ajout à l'article 34, élargissant la compétence du législateur devant désormais « *fixer les règles concernant la liberté, le pluralisme et l'indépendance des médias* ». Cet ajout est sans doute superflu sur le plan constitutionnel mais loin d'être inutile sur le plan administratif : tout simplement parce qu'elle a permis au juge administratif de fonder, en l'absence de « loi-écran » (le juge administratif ne peut vérifier la constitutionnalité d'un acte réglementaire conforme à une loi mais l'exercer en son absence) de contrôler la constitutionnalité d'un acte réglementaire sur le fondement du nouvel article 34-1, comme en témoigne la jurisprudence du Conseil d'État : « *les interventions du président de la République doivent désormais être prise en compte dans « l'appréciation du respect du pluralisme politique par les médias audiovisuels* » (8 avr. 2009, *Hollande et Mathus*) et l'arrêt du 11 février 2010 (*Mme B.*) par lequel Conseil d'État annule la lettre de la ministre de la Culture enjoignant la société France télévisions de supprimer toute publicité entre 22 heures et 6 heures : « *Que l'indépendance des médias, faisant partie des éléments ajoutés à l'article 34 C, rend ainsi le législateur compétent en ce domaine, et exclu toute intervention du pouvoir exécutif en ce domaine, aucune disposition législative ne limitant la commercialisation des espaces publicitaires à la disposition de France télévision. Les nouvelles règles de commercialisation des espaces publicitaires affectent la garantie des ressources de la société, lesquelles constituent un élément essentiel pour assurer la réalisation des missions de service public* ».

La jurisprudence du Conseil a enfin concerné les dispositions législatives relatives aux médias, à la presse et à l'audiovisuel, le citoyen étant récepteur d'information. Compte tenu du rôle que joue internet dans l'accès à celle-ci, la protection constitutionnelle de la liberté de communication et d'expression s'applique également à lui (décis. 10 juin 2009, n° 2009-580 DC).

• **La liberté d'expression.** La protection constitutionnelle de la liberté d'expression se fonde aussi sur l'article 11 de la Déclaration de 1789. Le Conseil constitutionnel ajoute qu'il s'agit là d'une liberté fondamentale et suivant un considérant de principe, « *d'autant plus précieuse que son exercice est une condition de la démocratie et l'une des garanties du respect des autres droits et libertés* » et « *que les atteintes portées à l'exercice de cette liberté doivent être nécessaires, adaptées et proportionnées à l'objectif poursuivi* », rejoignant ainsi la jurisprudence de la Cour européenne des droits de l'homme. En effet, la liberté d'expression, au sens de la Convention, comporte des droits et des responsabilités et peut-être soumise à des limitations prévues par la loi, mais qui doivent viser un des buts légitimes limitativement énumérés à la fin de l'article 10 de la CEDH : « *Toute personne a droit à la liberté d'expression. Ce droit comprend la liberté d'opinion et la liberté* *de recevoir ou de communiquer des informations ou des idées sans qu'il puisse y avoir ingérence d'autorités publiques et sans considération de frontière. Le présent article n'empêche pas les États de soumettre les entreprises de radiodiffusion, de cinéma ou de télévision à un régime d'autorisations* ».

La nécessité d'une force publique

> **Article XII** : « *La garantie des droits de l'Homme et du Citoyen nécessite une force publique : cette force est donc instituée pour l'avantage de tous, et non pour l'utilité particulière de ceux auxquels elle est confiée* ».

Cet article est à rapprocher de l'article XVI et trouve son prolongement dans l'article XIII. La force publique doit être entendue comme l'ensemble des services de l'État, civils et militaires qui sont chargés du maintien de l'ordre, de la sécurité et de l'exécution des lois. Ce recours à la contrainte est inhérent l'État de droit et son emploi proportionné au trouble de l'ordre public. Pour autant, cet article en tant que tel, n'est pas le support de décisions significatives du Conseil constitutionnel.

Égalité devant les charges publiques et devant l'impôt

> **Article XIII** : « *Pour l'entretien de la force publique, et pour les dépenses d'administration, une contribution commune est indispensable : elle doit être également répartie entre tous les citoyens, en raison de leurs facultés* ».

Le Conseil constitutionnel se fonde tant sur les exigences de l'article 13 de la Déclaration de 1789 relatives à l'égalité devant l'impôt que sur les dispositions de l'article 34 de la Constitution qui fonde la compétence du législateur en matière fiscale, dont il déduit le considérant de principe suivant : « *que, conformément à l'article 34 de la Constitution, il appartient au législateur de déterminer, dans le respect des principes constitutionnels et compte tenu des caractéristiques de chaque impôt, les règles selon lesquelles doivent être appréciées les facultés contributives des redevables* » (décis. 30 déc. 1981, n° 81-133 DC, *Loi de finances pour 1982*). Le Conseil s'assure que l'imposition qu'il examine prend en compte la faculté contributive des contribuables de telle sorte qu'elle n'ait pas un caractère confiscatoire : « *Considérant qu'aux termes de l'article 13 de la Déclaration de 1789 : "Pour l'entretien de la force publique, et pour les dépenses d'administration, une contribution commune est indispensable : elle doit être également répartie entre tous les citoyens, en raison de leurs facultés" ; que cette exigence ne serait pas respectée si l'impôt revêtait un caractère confiscatoire ou faisait peser sur une catégorie de contribuables une charge excessive au regard de leurs facultés contributives ; qu'en vertu de l'article 34 de la Constitution, il appartient au législateur de déterminer, dans le respect des principes constitutionnels et compte tenu des caractéristiques de chaque impôt, les règles selon lesquelles doivent être appréciées les facultés contributives ; qu'en particulier, pour assurer le respect du principe d'égalité, il doit fonder son appréciation sur des critères objectifs et rationnels en fonction des buts qu'il se propose ; que cette appréciation ne doit cependant pas entraîner de rupture caractérisée de l'égalité devant les charges publiques* » (décis. 29 déc. 2012, n° 2012-662 DC, *Loi de finances pour 2013*).

Nécessité de l'impôt et consentement à celui-ci

> **Article XIV** : « *Tous les Citoyens ont le droit de constater, par eux-mêmes ou par leurs représentants, la nécessité de la contribution publique, de la consentir librement, d'en suivre l'emploi et d'en déterminer la quotité, l'assiette, le recouvrement et la durée* ».

La nécessité de l'impôt fait peu l'objet de décisions du Conseil constitutionnel qui s'appuie en la matière sur l'article XIII de la Déclaration. Il en va autrement du consentement à celui-ci puisque cette prérogative du Parlement est intrinsèquement liée à la fondation de la démocratie. Pour autant, le Conseil constitutionnel l'analyse, non comme un droit garanti par la Constitution au bénéfice des citoyens mais les parlementaires, ce qui est étonnant. Ainsi, il considère que le principe du consentement à l'impôt, proclamé par l'article 14 de la Déclaration de 1789, est respecté dès lors que le Parlement a été clairement informé des motifs des dispositions fiscales et y a librement consenti par son vote (décis. n° 2001-453 DC, 18 déc. 2001, *Loi de financement de la sécurité sociale pour 2002*). Prolongement de la règle de compétence fixée à son article 34 « *les dispositions de l'article XIV sont mises en œuvre par l'article 34 de la Constitution et n'insti-*

tuent pas un droit ou une liberté qui puisse être invoqué, à l'occasion d'une instance devant une juridiction à l'appui d'une question prioritaire de constitutionnalité sur le fondement de l'article 61-1 de la Constitution » (décis. 18 juin 2010, n° 2010-5 QPC, *Snc, Kimberly Clark*). Cet article est aussi conjointement invoqué avec l'article XV par le Conseil constitutionnel pour justifier le principe de sincérité des lois de règlement et l'exigence constitutionnelle de bon emploi des deniers publics.

Le principe de sincérité des lois de finances et l'exigence constitutionnelle de bon emploi des deniers publics

> **Article XV** : « *La société a le droit de demander compte à tout agent public de son administration* ».

Très peu utilisé par la jurisprudence du Conseil constitutionnel, cet article fonde néanmoins le principe de sincérité budgétaire dégagé pour les lois de finances (décis. 21 juin 1993, n° 93-320 DC) et les lois de financement de la sécurité sociale (21 déc. 1999, n° 99-422 DC) avant qu'il ne soit expressément consacré par la loi organique du 1er août 2001 relative aux lois de finances (LOLF) et la loi organique n° 2005-881 du 2 août 2005 relative aux lois de financement de la sécurité sociale. Il découle de l'article XV mais aussi de l'article XIV : le bon emploi des deniers publics est une exigence constitutionnelle (décis. 12 févr. 2009, n° 2009-575 DC, *Loi pour l'accélération des programmes de construction et d'investissement publics et privés*).

La garantie des droits et la séparation des pouvoirs

> **Article XVI** : « *Toute société dans laquelle la garantie des droits n'est pas assurée, ni la séparation des pouvoirs déterminée, n'a point de Constitution* ».

Cette formule signifie simplement *a contrario* que « *Le despotisme du Gouvernement selon les caprices se définit donc par l'absence de séparation des pouvoirs, c'est-à-dire le système dans lequel celui qui exécute la loi peut aussi la faire ou la refaire, selon les circonstances. Le despotisme n'est pas seulement un système dans lequel il y a un despote unique et le régime dans lequel on serait soumis à une multitude de juges qui feraient autre chose qu'appliquer les lois serait, selon cette conception un régime despotique*» (Michel Troper). Si le Conseil constitutionnel prend appui de plus en plus largement sur cet article, assez commode par sa généralité, il convient de distinguer ses deux aspects, l'un tenant à la séparation des pouvoirs, entendue comme une répartition des compétences entre les organes constitutionnels et, l'autre, la garantie des droits sur laquelle on insistera en particulier, même si l'un est le corollaire de l'autre, étant les deux facettes du même État de droit.

La séparation des pouvoirs

• **La répartition des compétences normatives entre le président de la République, le Gouvernement et le Parlement.** La séparation des pouvoirs s'entend comme la répartition des compétences normatives entre le Gouvernement et le Parlement : « *Considérant qu'aux termes de l'article 16 de la Déclaration de 1789 : "Toute société dans laquelle la garantie des droits n'est pas assurée, ni la séparation des pouvoirs déterminée, n'a point de Constitution" ; que la Constitution attribue au Gouvernement, d'une part, et au Parlement, d'autre part, des compétences qui leur sont propres* » (décis. 3 mars 2009, n° 2009-577 DC, *Loi relative à la communication audiovisuelle et au nouveau service public de la télévision*). Sur le fondement des articles XVI de la Déclaration et 5 de la Constitution, le Conseil constitutionnel a jugé, dans la décision n° 2011-192 QPC du 10 novembre 2011, que « *le principe de la séparation des pouvoirs s'applique à l'égard du président de la République et du Gouvernement* ».

• **La compétence du législateur.** Le Conseil constitutionnel veille à ce que le législateur ne prenne pas des dispositions portant atteinte à la séparation des pouvoirs. Il a ainsi censuré, dans la décision n° 2009-577 DC du 3 mars 2009, une disposition législative instituant un droit de veto du Parlement sur la révocation des présidents des sociétés de programme, ce qui empiétait sur les prérogatives du pouvoir exécutif. De même, dans sa décision n° 2009-579 DC du 9 avril 2009, le Conseil constitutionnel a censuré l'injonction faite au Gouvernement d'informer le Parlement sur les orientations principales et le délai prévisionnel de publication des dispositions réglementaires qu'il doit prendre. Cette disposition méconnaissait-elle ainsi « *le principe de séparation des compétences du pouvoir législatif et du pouvoir réglementaire* ».

• **Séparation entre le pouvoir juridictionnel et le pouvoir exécutif.** Toute décision de justice a force exécutoire. Si la force publique est requise, elle doit prêter main-forte à cette exécution. Ainsi une disposition qui conditionne cette exécution à l'accomplissement de diligences de l'administration est contraire à la Constitution « *Considérant que toute décision de justice a force exécutoire ; qu'ainsi, tout jugement peut donner lieu à une exécution forcée, la force publique devant, si elle y est requise, prêter main-forte à cette exécution ; qu'une telle règle est le corollaire du principe de la séparation des pouvoirs énoncé à l'article 16 de la Déclaration des droits de l'homme et du citoyen* » (décis. 29 juill. 1998, n° 98-403 DC, *Loi d'orientation relative à la lutte contre les exclusions*).

• **L'autonomie financière des pouvoirs publics.** La séparation des pouvoirs implique le respect de l'autonomie financière des pouvoirs publics : « *qu'une mission spécifique regroupe les crédits des pouvoirs publics, chacun d'entre eux faisant l'objet d'une ou plusieurs dotations* » ; que ce dispositif assure la sauvegarde du principe d'autonomie financière des pouvoirs publics concernés, lequel relève du respect de la séparation des pouvoirs (décis. 25 juill. 2001, n° 2001-448 DC, *Loi organique relative aux lois de finances*) ainsi que « *la règle selon laquelle les pouvoirs publics constitutionnels déterminent eux-mêmes les crédits nécessaires à leur fonctionnement* » (décis. 27 déc. 2001, n° 2001-456 DC).

• **L'autonomie des assemblées.** Ce principe leur garantit l'exercice de leur mission constitutionnelle, en toute indépendance (v. notamment décis. 13 mai 2011, n° 2011-129 QPC).

• **L'indépendance des juridictions administratives et judiciaires.** Du principe de séparation des pouvoirs, le Conseil constitutionnel a déduit l'indépendance des juridictions administratives – dont la Cour des comptes – et judiciaires (décis. 22 juill. 1980, n° 80-119 DC, *Loi portant validation d'actes administratifs*), consacré par un considérant de principe « *que l'article 16 de la Déclaration de 1789 et l'article 64 de la Constitution garantissent* *l'indépendance des juridictions ainsi que le caractère spécifique de leurs fonctions, sur lesquelles ne peuvent empiéter ni le législateur, ni le Gouvernement, non plus qu'aucune autorité administrative* » (décis. 21 févr. 2008, n° 2008-562 DC, *Loi relative à la rétention de sûreté et à la déclaration d'irresponsabilité pénale pour cause de trouble mental*). Au préalable, c'est en vertu de la « *conception française de la séparation des pouvoirs* » qu'est rangée au nombre des principes fondamentaux reconnus par les lois de la République, la compétence exclusive de la juridiction administrative pour connaître « *des décisions prises, dans l'exercice des prérogatives de puissance publique, par les autorités exerçant le pouvoir exécutif, leurs agents, les collectivités territoriales de la République ou les organismes publics placés sous leur autorité ou leur contrôle* » (décis. 23 janv. 1987, n° 86-224 DC). Cette indépendance vaut évidemment pour la juridiction constitutionnelle (décis. 9 juill. 2008, n° 2008-566 DC, *Loi organique relative aux archives du Conseil constitutionnel*). Enfin, le Conseil constitutionnel utilise par ailleurs la séparation des pouvoirs pour s'assurer que l'autorité judiciaire peut accomplir sa mission. Il censure une loi de validation qui porte atteinte à ce principe et au droit à un recours juridictionnel effectif (décis. 11 févr. 2011, n° 2010-100 QPC, *Alban Salim B.*, Concession du Stade de France).

La garantie des droits

Sans être exhaustif, elle englobe aujourd'hui, notamment sous l'influence de la jurisprudence de la Cour européenne des droits de l'homme, un ensemble très large de droits et libertés, déduits par la jurisprudence du Conseil constitutionnel : le droit à un recours effectif, les droits de la défense (décis. 30 mars 2006, n° 2006-535 DC, *Loi pour l'égalité des chances*), le droit à procès équitable (décis. 27 juill. 2006, n° 2006-540 DC, *Loi relative au droit d'auteur et aux droits voisins dans la société de l'information*), l'impartialité et l'indépendance des juridictions (décis. 28 déc. 2006, n° 2006-545 DC, *Loi pour le développement de la participation et de l'actionnariat salarié et portant diverses dispositions d'ordre économique et social*).

• **Le droit à un recours juridictionnel effectif.** Il a été consacré dans plusieurs décisions depuis 1996, en particulier dans la décision n° 99-416 DC du 23 juillet 1999, aux termes de laquelle il ne doit pas « être porté d'atteintes substantielles au droit des personnes intéressées d'exercer un recours effectif devant une juridiction ».

• **Droits de la défense et procès équitable.** Le principe du respect des droits de la défense, corollaire du droit au recours juridictionnel, a d'abord été considéré par le Conseil constitutionnel comme un principe fondamental reconnu par les lois de la République (décis. 2 déc. 1976, n° 76-70 DC), le procès équitable étant une garantie du respect des droits de la défense. Ce principe est aussi, rappelons-le, inspiré de la jurisprudence de la Cour européenne des droits de l'Homme relative au droit à un procès équitable et à l'égalité des armes. Dans cet esprit et lui trouver un fondement constitutionnel, il a été rattaché explicitement à l'article 16 de la DDH en 2006 (décis. 30 mars 2006, n° 2006-535, *Loi pour l'égalité des chances*).

• **Garantie des droits et lois de validation.** L'article XVI de la Déclaration fonde le contrôle du Conseil constitutionnel en matière de validation législative : « *La validation législative tend à soustraire au risque d'annulation par le juge un acte ou une série d'actes qui sont généralement des actes administratifs. Elle a pour caractéristique d'avoir une portée rétroactive, ce qui la rend suspecte de porter atteinte à la sécurité juridique et a conduit le Conseil constitutionnel à définir un ensemble de critères à l'aune desquels la mesure de validation est appréciée. La jurisprudence du juge constitutionnel, et encore davantage celles du Conseil d'État et de la Cour de cassation, influencées par la jurisprudence de la Cour européenne des droits de l'homme, ont évolué dans le sens d'une plus grande fermeté* » (*Rapport du service des études juridiques*, Sénat, 2006). Elle doit être motivée par un intérêt général suffisant et respecter les décisions de justice ayant force de chose jugée. Par une décision n° 99-422 DC du 21 décembre 1999, il a adapté sa jurisprudence dans le sens de celle de la CEDH, en estimant que « *si le législateur peut, dans un but d'intérêt général suffisant valider un acte dont le juge administratif est saisi, afin de prévenir les difficultés qui pourraient naître de son annulation, c'est à la condition de définir strictement la portée de cette* *validation, eu égard à ses effets sur le contrôle de la juridiction saisie ; qu'une telle validation ne saurait avoir pour effet, sous peine de méconnaître le principe de la séparation des pouvoirs et le droit à un recours juridictionnel effectif, qui découlent de l'article 16 de la Déclaration des droits de l'homme et du citoyen, d'interdire tout contrôle juridictionnel de l'acte validé quelle que soit l'illégalité invoquée par les requérants*». Le Conseil constitutionnel, comme la Cour européenne des droits de l'homme, exerce depuis lors un contrôle de proportionnalité entre l'intérêt général invoqué à l'appui de la validation et l'atteinte portée au droit au recours et au principe de la séparation des pouvoirs.

• **Garantie des droits et lois modifiant les situations acquises ou en cours.** Le Conseil a jugé qu'« *il est à tout moment loisible au législateur, statuant dans le domaine de sa compétence, de modifier des textes antérieurs ou d'abroger ceux-ci en leur substituant, le cas échéant, d'autres dispositions ; que, ce faisant, il ne saurait toutefois priver de garanties légales des exigences constitutionnelles ; qu'en particulier, il méconnaîtrait la garantie des droits proclamée par l'article 16 de la Déclaration de 1789 s'il portait aux situations légalement acquises une atteinte qui ne soit justifiée par un motif d'intérêt général suffisant* » (décis. 11 juin 2010, n° 2010-2 QPC, *Viviane L.* ; v. aussi art. IV). Dans le même esprit, le législateur ne saurait porter aux contrats légalement conclus une atteinte qui ne soit justifiée par un motif d'intérêt général suffisant sans méconnaître les exigences résultant des articles 4 et 16 de la Déclaration de 1789 ainsi que celles relatives, s'agissant de la participation des travailleurs, à la détermination collective de leurs conditions de travail, du 8e alinéa du Préambule de la Constitution de 1946 (décis. 13 janv. 2003, n° 2002-465 DC, *Loi relative aux salaires, au temps de travail et au développement de l'emploi*).

Le droit de propriété

> **Article XVII** : « *La propriété étant un droit inviolable et sacré, nul ne peut en être privé, si ce n'est lorsque la nécessité publique, légalement constatée, l'exige évidemment, et sous la condition d'une juste et préalable indemnité* » (v. aussi Préambule 1946, al. 9).

Le droit de propriété trouve ses racines dans la Déclaration des droits de l'homme et du citoyen (art. 2 et 17) et a été consacré par le Conseil constitutionnel (décis. 16 janv. 1982, n° 81-132 DC, *Nationalisations*). S'appuyant sur l'article 2 de la Déclaration – et pas seulement sur son article 17 – le Conseil constitutionnel l'a placé « *au nombre des droits naturels et imprescriptibles de l'Homme dont la conservation constitue l'un des buts de la société politique* » (avec la liberté, la sûreté et la résistance à l'oppression). Autrement dit : « *Considérant que la propriété figure au nombre des droits de l'homme consacrés par les articles 2 et 17 de la Déclaration de 1789 ; qu'aux termes de son article 17 : "La propriété étant un droit inviolable et sacré, nul ne peut en être privé, si ce n'est lorsque la nécessité publique, légalement constatée, l'exige évidemment, et sous la condition d'une juste et préalable indemnité" ; qu'en l'absence de privation du droit de propriété, il résulte néanmoins de l'article 2 de la Déclaration de 1789 que les limites apportées à son exercice doivent être justifiées par un motif d'intérêt général et proportionnées à l'objectif poursuivi* » (décis. 12 nov. 2010, n° 2010-60 QPC, *Pierre B.*, mur mitoyen ; 23 sept. 2011, n° 2011-172 QPC, *Époux L. et a.*, accès aux propriétés privées pour l'étude des projets de travaux publics). Le contrôle opéré par le Conseil se fonde ainsi sur les articles XVII et II de la Déclaration de 1789 : sur le premier en cas de privation ou de dénaturation du droit de propriété et sur le second, en l'absence d'une telle privation, lorsque sont apportées des limites à l'exercice de ce droit (création d'une servitude par exemple) dans le cadre d'un contrôle restreint tendant... vers le contrôle normal comme semble l'indiquer le considérant précité.

§ 2. Le Préambule de 1946

Voir nos observations générales (ss 580).

Le droit à la dignité de la personne humaine, principe à valeur constitutionnelle déduit du préambule

> « *Au lendemain de la victoire remportée par les peuples libres sur les régimes qui ont tenté d'asservir et de dégrader la personne humaine, le peuple*

> *français proclame à nouveau que tout être humain, sans distinction de race, de religion ni de croyance, possède des droits inaliénables et sacrés (...).* »

La notion de dignité est consacrée par Déclaration universelle des droits de l'homme du 10 décembre 1948 (art. 1er, 22 et 23). S'appuyant sur l'article 3 de la Convention EDH, la Cour européenne des droits de l'homme indique que l'être humain a droit à la dignité et que l'on ne peut le soumettre à des actes de torture ou de barbarie (CEDH 27 août 1992, *Tomasi c. France*). Le Pacte international des droits civils et politiques, signé à New York en 1966 qui reprend son préambule la consacre à son article 10. La Convention européenne des droits de l'homme indique que l'être humain a droit à la dignité et que l'on ne peut le soumettre à des actes de torture ou de barbarie (art. 3). Le Conseil d'État, dans un arrêt célèbre, a approuvé l'interdiction d'un spectacle de lancer de nain au motif : « *que l'attraction de "lancer de nains", consistant à faire lancer un nain par des spectateurs, conduit à utiliser comme un projectile une personne affectée d'un handicap physique et présentée comme telle. Une attraction de ce type a été regardée comme portant atteinte, par son objet même, à la dignité de la personne humaine* » (CE 27 oct. 1995, *Cne de Morsang-sur-Orge*).

À l'occasion du contrôle des lois sur la bioéthique qui lui avaient été déférées en 1994, le Conseil constitutionnel s'est fondé sur la première phrase du préambule de 1946 pour trouver un rattachement textuel au droit à la dignité : « *Considérant que le Préambule de la Constitution de 1946 a réaffirmé et proclamé des droits, libertés et principes constitutionnels en soulignant d'emblée que : "Au lendemain de la victoire remportée par les peuples libres sur les régimes qui ont tenté d'asservir et de dégrader la personne humaine, le peuple français proclame à nouveau que tout être humain, sans distinction de race, de religion ni de croyance, possède des droits inaliénables et sacrés" ; qu'il en ressort que la sauvegarde de la dignité de la personne humaine contre toute forme d'asservissement et de dégradation est un principe à valeur constitutionnelle* » (décis. 27 juill. 1994, n° 94-343/344 DC, *Loi relative au respect du corps humain et loi relative au don et à l'utilisation des éléments et produits du corps humain, à l'assis-*

tance médicale à la procréation et au diagnostic prénatal). Le droit à la dignité inhérent à sa personne humaine, est fondé sur la première ligne du 1er alinéa du Préambule de 1946. Il consiste dans l'interdiction de toute forme de dégradation et d'asservissement de l'être humain. En 2009, le Conseil l'a réaffirmé dans les termes suivants : « *Considérant, d'une part, que le Préambule de la Constitution de 1946 a réaffirmé que tout être humain, sans distinction de race, de religion ni de croyance, possède des droits inaliénables et sacrés ; que la sauvegarde de la dignité de la personne contre toute forme d'asservissement et de dégradation est au nombre de ces droits et constitue un principe à valeur constitutionnelle* » (décis. 19 nov. 2009, n° 2009-593 DC, *Loi pénitentiaire*).

Il ne reconnaît cependant pas la même valeur à d'autres principes fondamentaux qui en sont le corollaire et qui, considérés, dans leur nature législative, ne sont pas absolus mais mettent en œuvre le principe de dignité : « *Considérant que lesdites lois énoncent un ensemble de principes au nombre desquels figurent la primauté de la personne humaine, le respect de l'être humain dès le commencement de sa vie, l'inviolabilité, l'intégrité et l'absence de caractère patrimonial du corps humain ainsi que l'intégrité de l'espèce humaine ; que les principes ainsi affirmés tendent à assurer le respect du principe constitutionnel de sauvegarde de la dignité de la personne humaine ; Considérant que l'ensemble des dispositions de ces lois mettent en œuvre, en les conciliant et sans en méconnaître la portée, les normes à valeur constitutionnelle applicables* ».

• **Le droit pour toute personne à disposer d'un logement décent.** Le Conseil a étendu la portée du droit à la dignité au droit à disposer d'un logement décent : « *qu'il ressort également du Préambule de la Constitution de 1946 que la sauvegarde de la dignité de la personne humaine contre toute forme de dégradation est un principe à valeur constitutionnelle ; Considérant qu'il résulte de ces principes que la possibilité pour toute personne de disposer d'un logement décent est un objectif de valeur constitutionnelle* ».

• **Les principes fondamentaux reconnus par les lois de la République (PFRLR).** « *[Le peuple français] réaffirme solennelle-*

ment les droits et les libertés de l'homme et du citoyen consacrés par la Déclaration des droits de 1789 et les principes fondamentaux reconnus par les lois de la République». On renverra à nos observations s'agissant de leur condition d'existence (v. ss 582).

Les principes particulièrement nécessaires à notre temps.

> **Alinéa 2** : «*[Le peuple français] proclame, en outre, comme particulièrement nécessaires à notre temps, les principes politiques, économiques et sociaux ci-après* ».

À la différence des principes fondamentaux reconnus pas les lois de la République, il s'agit de principes écrits et qui ne sont donc pas « découverts » par le Conseil constitutionnel. Les uns peuvent être qualifiés de « politiques » ; à l'exception d'une part de celui énoncé à l'alinéa 3 disposant que « *la loi garantit à la femme, dans tous les domaines, des droits égaux à ceux de l'homme* » (alinéa qui ne fait qu'appliquer aux rapports hommes/femmes le principe général d'égalité déjà affirmé dans la Déclaration de 1789), d'autre part de ceux énoncés se rapportant à l'organisation de l'ancienne Union française (al. 16 à 18) et aux relations extérieures de la France : droit d'asile (al. 4) ; engagement de la République de se conformer aux règles du droit public international et le principe du non-recours à la force contre la liberté d'un peuple (al. 14) (Cons. const. 30 déc. 1975, n° 75-59 DC, *Autodétermination des Comores*) ; consentement, sous réserve de réciprocité, aux limitations de souveraineté nécessaires à l'organisation et à la défense de la paix (al. 15).

L'égalité de droits entre l'homme et la femme

> **Alinéa 3** : «*La loi garantit à la femme, dans tous les domaines, des droits égaux à ceux de l'homme* » (v. DDH, art. VI et Const., art. 3).

Cet alinéa s'entend en ce que les droits de l'homme sont ceux de l'être humain et non de ceux des seules personnes de sexe masculin. Sans se fonder sur le Préambule de 1946, le Conseil a considéré que « *le principe constitutionnel d'égalité entre les sexes s'impose au pouvoir réglementaire sans qu'il soit besoin pour le législateur d'en rappeler l'existence* » (décis. 20 mars 1997, n° 97-

388 DC, *Plans d'épargne retraite*). Pour autant, lorsqu'elle se fonde – très rarement – sur cet alinéa c'est pour renvoyer à l'article VI de la DDH (décis. 16 mars 2006, n° 2006-533 DC, *Loi relative à l'égalité salariale entre les femmes et les hommes*).

Le droit d'asile

> **Alinéa 4** : « *Tout homme persécuté en raison de son action en faveur de la liberté a droit d'asile sur les territoires de la République* ».

Par sa décision du 13 août 1993 qui confère un caractère justiciable au droit d'asile et relevant l'inconstitutionnalité de certaines dispositions de la loi mettant en œuvre la Convention Schengen. Le Gouvernement avait souhaité introduire dans l'ordonnance du 2 novembre 1945 une disposition interdisant aux demandeurs d'asile dont la demande incombe à un autre État, de saisir l'Office français de protection des réfugiés et apatrides d'une demande de reconnaissance de la qualité de réfugié. Le Conseil constitutionnel a estimé, d'une part, « *qu'en privant ainsi les étrangers concernés de faire valoir leur droit, le législateur a méconnu les principes de valeur constitutionnelle* » et, d'autre part, que « *la détermination d'un autre État responsable du traitement d'une demande d'asile en vertu d'une convention internationale n'est admissible que si cette convention réserve le droit de la France d'assurer, même dans ce cas, le traitement d'une demande d'asile en application des dispositions propres de son droit national, le 4e alinéa du Préambule de la Constitution de 1946 [faisant] obligation aux autorités administratives et judiciaires françaises de procéder à l'examen de la situation des demandeurs d'asile qui relèvent de cet alinéa* » (décis. 13 août 1993, n° 93-325 DC). Cette décision a suscité à l'époque une vive polémique conduisant à la révision constitutionnelle du 25 novembre 1993 (v. Const., titre VI, art. 53-1). Le Conseil constitutionnel a ainsi donné un contenu au droit d'asile dont la valeur constitutionnelle avait été consacrée par ses décisions n° 79-109 DC du 9 janvier 1980 et n° 80-116 DC du 17 juillet 1980. Dans sa décision de 1993, il précise ainsi « *qu'aucun principe non plus qu'aucune règle de valeur constitutionnelle n'assure aux étrangers des droits de caractère général et absolu d'accès et de séjour sur le territoire national ; que les conditions de leur entrée et de leur séjour peuvent être restreintes par des mesures de police administrative conférant à l'autorité publique des pouvoirs étendus et reposant sur des règles spécifiques ; que le législateur peut ainsi mettre en œuvre les objectifs d'intérêt général qu'il s'assigne ; que dans ce cadre juridique, les étrangers se trouvent placés dans une situation différente de celle des nationaux ; que l'appréciation de la constitutionnalité des dispositions que le législateur estime devoir prendre ne saurait être tirée de la comparaison entre les dispositions de lois successives ou de la conformité de la loi avec les stipulations de conventions internationales mais résulte de la confrontation de celle-ci avec les seules exigences de caractère constitutionnel ; 3. Considérant toutefois que si le législateur peut prendre à l'égard des étrangers des dispositions spécifiques, il lui appartient de respecter les libertés et droits fondamentaux de valeur constitutionnelle reconnus à tous ceux qui résident sur le territoire de la République ; que s'ils doivent être conciliés avec la sauvegarde de l'ordre public qui constitue un objectif de valeur constitutionnelle, figurent parmi ces droits et libertés, la liberté individuelle et la sûreté, notamment la liberté d'aller et venir, la liberté du mariage, le droit de mener une vie familiale normale ; qu'en outre les étrangers jouissent des droits à la protection sociale, dès lors qu'ils résident de manière stable et régulière sur le territoire français ; qu'ils doivent bénéficier de l'exercice de recours assurant la garantie de ces droits et libertés ; 4. Considérant en outre que les étrangers peuvent se prévaloir d'un droit qui est propre à certains d'entre eux, reconnu par le 4e alinéa du Préambule de la Constitution de 1946 auquel le peuple français a proclamé solennellement son attachement, selon lequel tout homme persécuté en raison de son action en faveur de la liberté a droit d'asile sur les territoires de la République* » (décis. 13 août 1993, n° 93-325 DC, *Loi relative à la maîtrise de l'immigration et aux conditions d'entrée, d'accueil et de séjour des étrangers en France*). Cette exigence ne saurait être privée de garanties légales (décis. 22 avr. 1997, n° 97-389 DC, *Loi portant diverses dispositions relatives à l'immigration*).

Le droit à l'emploi

> **Alinéa 5** : « *Chacun a le devoir de travailler et le droit d'obtenir un emploi. Nul ne peut être lésé, dans son travail ou son emploi, en raison de ses origines, de ses opinions ou de ses croyances* ».

De la première partie de l'alinéa 5, le Conseil constitutionnel a déduit qu'il appartient au législateur, en vertu de l'article 34 de la Constitution de déterminer les principes fondamentaux du droit du travail, selon une formule constante « *de poser les règles propres à assurer au mieux le droit pour chacun d'obtenir un emploi en vue de permettre l'exercice de ce droit au plus grand nombre possible d'intéressés* » (décis. 28 mai 1983, n° 83-156 DC), Le Conseil a également jugé que le droit au reclassement de salariés licenciés découlait directement du droit de chacun d'obtenir un emploi (décis. 13 janv. 2005, n° 2004-509 DC).

Pour autant, le législateur disposant d'un très large pouvoir d'appréciation, et le Conseil constitutionnel n'exerce qu'un contrôle restreint, celui du contrôle de l'erreur manifeste d'appréciation, dans la mesure où dans ce domaine « *le Conseil constitutionnel n'a pas un pouvoir général d'appréciation et de décision identique à celui du Parlement* » (décis. 10 juin 1998, n° 98-401 DC, *Loi d'orientation et d'incitation relative à la réduction du temps de travail*). Quant à la seconde partie de l'alinéa, le Conseil constitutionnel, s'agissant du principe de non-discrimination, en fait très rarement usage, préférant s'appuyer en la matière sur le principe d'égalité de l'article VI de la DDH dont l'article X de la même Déclaration fait application.

Le droit syndical

> **Alinéa 6** : « *Tout homme peut défendre ses droits et ses intérêts par l'action syndicale et adhérer au syndicat de son choix* ».

En vertu d'une jurisprudence constante, le Conseil constitutionnel juge qu'il incombe au législateur de déterminer, dans le respect des principes énoncés ci-dessus, les modalités de leur mise en œuvre du droit syndical (décis. 29 avr. 2004, n° 2004-494 DC, *Loi relative à la formation professionnelle tout au long de la vie et au dialogue social*). La liberté syndicale est protégée dans sa dimension individuelle : de cet alinéa découlent la liberté d'adhérer à un syndicat mais aussi celle de ne pas y adhérer (décis. 19 et 20 juill. 1983, n° 83-162 DC). Dans sa dimension collective, elle concerne en particulier les modalités du droit de grève – le rôle des syndicats peut aller jusqu'au monopole de déclenchement des grèves (décis. 16 août 2007, n° 2007-556 DC, *Loi sur le dialogue social et la continuité du service public dans les transports terrestres réguliers de voyageurs*), la protection accordée aux délégués syndicaux mais aussi celle de la représentativité exigée des syndicats et des seuils de représentation. Dans ce domaine sensible, le Conseil constitutionnel veille, dans l'esprit de la jurisprudence sur le respect du pluralisme des courants d'idées et d'opinions, en matière électorale à ce que l'atteinte à la liberté syndicale ne soit pas « *manifestement excessive au regard de l'objectif recherché* » (décis. 6 déc. 2007, n° 2007-559 DC, *Loi organique tendant à renforcer la stabilité des institutions et la transparence de la vie politique en Polynésie française* ; v. aussi, récemment, décis. 12 nov. 2010, n° 2010-63/63/65 QPC, *Fédération nationale CFTC de syndicats de la métallurgie*).

Le droit de grève

> **Alinéa 7** : « *Le droit de grève s'exerce dans le cadre des lois qui le réglementent* ».

Le Conseil a posé de manière générale que le législateur peut apporter des « limites » au droit de grève, par un considérant de principe : « *Considérant qu'aux termes du Préambule de la Constitution du 27 octobre 1946, confirmé par celui de la Constitution du 4 octobre 1958 : "Le droit de grève s'exerce dans le cadre des lois qui le réglementent" ; qu'en édictant cette disposition les constituants ont entendu marquer que le droit de grève est un principe de valeur constitutionnelle, mais qu'il a des limites et ont habilité le législateur à tracer celles-ci en opérant la conciliation nécessaire entre la défense des intérêts professionnels, dont la grève est un moyen, et la sauvegarde de l'intérêt général auquel la grève peut être de nature à porter atteinte ; que, notamment en ce qui concerne les services publics, la reconnaissance du droit de grève ne saurait avoir pour effet de faire obstacle au pouvoir du législateur d'apporter à ce droit les limitations nécessaires en vue d'assurer la continuité du service public qui, tout comme le droit de grève, a le caractère d'un principe de valeur constitutionnelle* » (décis. 25 juill. 1979, n° 79-105 DC ; 18 sept. 1986, n° 86-217 DC ; 28 juill. 1987, n° 87-230 DC). Il admet de même que la loi peut aller « *jusqu'à l'interdiction du droit de grève aux agents dont la présence est indispensable pour assurer le fonctionnement des éléments du service (public) dont l'interruption porterait atteinte aux besoins essentiels du pays* » (*ibid.*). Le considérant de principe s'inspire de la décision *Dehaene* du Conseil d'État (CE ass. 7 juill. 1950) mais pose en outre le principe de la compétence du législateur pour déterminer le cadre de ces limitations sous peine d'incompétence négative (décis. 25 juill. 1979, n° 79-105 DC).

Le droit de grève doit pouvoir être concilié avec d'autres principes constitutionnels comme la continuité du service public, la protection de la santé et de la sécurité des personnes et des biens mais aussi le principe d'égalité que le législateur ne saurait méconnaître (décis. 22 juill. 1980, n° 80-117 DC). Cette conciliation s'entend aussi pour les conséquences du droit de grève (décis. 22 oct. 1982, n° 82-144 DC), ses conséquences pécuniaires (décis. 20 juill. 1977, n° 77-83 DC) et, ici encore, la compétence du législateur pour « *définir les conditions d'exercice du droit de grève et tracer la limite séparant les actes et les comportements qui constituent un exercice licite de ce droit des actions et comportements qui en constitueraient un usage abusif* » (décis. 28 juill. 1987, n° 87-230 DC).

Le droit à la participation

> **Alinéa 8** : « *Tout travailleur participe, par l'intermédiaire de ses délégués, à la détermination collective des conditions de travail ainsi qu'à la gestion des entreprises* ».

Le principe de participation réserve une large marge d'appréciation au législateur, même si les dispositions de l'alinéa 8 ne se réfèrent pas à la loi « *l'article 34 de la Constitution range dans le domaine de la loi la détermination des principes fondamentaux du droit du travail et du droit syndical ; qu'ainsi c'est au législateur qu'il revient de déterminer, dans le respect des principes qui sont énoncés au 8ᵉ alinéa du Préambule, les conditions de leur mise en œuvre, ce qu'il a fait dans le cas de l'espèce* » (décis. 5 juill. 1977, n° 77-79 DC, *Loi portant diverses dispositions en faveur de l'emploi des jeunes et complétant la loi n° 75-574 du 4 juillet 1975 tendant à la généralisation de la sécurité sociale*), le contrôle exercé par le Conseil constitutionnel étant celui de l'erreur manifeste d'appréciation. La notion de « travailleur » doit s'entendre au sens large, y compris aux personnels soumis à un régime de droit public (décis. 28 janv. 2011, n° 2010-91 QPC, *Fédération nationale CGT des personnels des organismes sociaux*). Quant au droit de participer à la gestion des entreprises, il implique seulement que l'employeur informe et consulte le comité d'entreprise ou, à défaut, les délégués du personnel (décis. 16 août 2007, n° 2007-555 DC, *Loi en faveur du travail, de l'emploi et du pouvoir d'achat*).

Les nationalisations et les privatisations

> **Alinéa 9** : « *Tout bien, toute entreprise, dont l'exploitation a ou acquiert les caractères d'un service public national ou d'un monopole de fait, doit devenir la propriété de la collectivité* ».

Les principes essentiels ont été fixés pour les nationalisations par la décision du 16 janvier 1982 (n° 81-132 DC, *Loi de nationalisation*) et pour les privatisations par celle du 26 juin 1986 (n° 86-207 DC, *Loi autorisant le Gouvernement à prendre diverses mesures d'ordre économique et social*). Le contrôle du Conseil est ici limité à l'erreur manifeste d'appréciation (contrôle restreint) et la compétence, celle du législateur qui, dans le cas des privatisations peut définir des règles dont l'application incombera aux autorités ou organes désignés par lui (décis. 9 avr. 1996, n° 96-375 DC, *Loi portant diverses dispositions d'ordre économique et financier*).

• **La nationalisation**. Elle, implique « *que le transfert de propriété d'une entreprise résulte d'une décision de la puissance publique à laquelle le ou les propriétaires sont obligés de se plier* » (décis. 19 janv. 1984, n° 83-167 DC). À l'inverse, la privatisation résulte d'un transfert de propriété au secteur privé, la participation l'État dans cette entreprise, cessant d'être majoritaire (décis. 9 avr. 1996, n° 96-375 DC). Dans sa décision du 16 janvier 1982, le Conseil constitutionnel a considéré que les dispositions du 9e alinéa du Préambule de la Constitution de 1946 devaient être conciliées avec les articles 2 (le principe d'égalité particulier à la détermination des biens nationalisés et la différence de traitement ainsi opérée) et 17 de la Déclaration des droits de l'homme et du citoyen relatifs au droit de propriété. Ce dernier ne joue qu'en cas de privation de ce droit (expropriation ou dépossession) ou dans le cas de sa dénaturation, en vertu d'une nécessité publique, imposant alors une « *juste et préalable indemnité* » (ainsi par exemple de la méthode de calcul de la valeur d'échange des actions créant des différences injustifiées de traitement).

• **La privatisation.** En vertu de l'alinéa 9 du Préambule de la Constitution, selon la décision précitée des 25-26 juin 1986, « *la Constitution s'oppose à ce que des biens ou des entreprises faisant partie de patrimoines publics soient cédés à des personnes poursuivant des fins d'intérêt privé pour des prix inférieurs à leur valeur* ». Cette règle « *découle du principe d'égalité* » mais « *ne trouve pas moins un fondement dans les dispositions de la Déclaration des droits de l'homme de 1789 relatives au droit de propriété et à la protection qui lui est due* » et « *cette protection ne concerne pas seulement la propriété privée des particuliers mais aussi, à un titre égal, la propriété de l'État et des autres personnes publiques* ». Est interdite la privatisation d'un bien ou d'une entreprise qui aurait le caractère d'un service public national au sens du Préambule de la Constitution de 1946 : « *Au lieu de se référer à un critère matériel qui aurait consisté à qualifier un service public de national à partir du moment où il sert les intérêts de la Nation, la jurisprudence a adopté un critère organique conduisant à identifier le service national à un opérateur unique, tel est l'apport de la décision n° 543 DC du 30 novembre 2006 relative à Gaz de France* » (Bruno Genevois). Par suite, les services publics constitutionnels ne se limitent pas aux seuls services publics constitutionnels « par nature » mais recouvrent tous les « *services publics nationaux* ». Le Conseil constitutionnel distingue les services publics « *constitutionnels* » (les fonctions régaliennes de l'État liées au principe de souveraineté nationale) et les autres, créés par la loi. Pour les premiers, une révision constitutionnelle s'impose à l'évidence. Pour les seconds, le législateur doit leur avoir fait perdre au préalable leur caractère de service public (décis. 23 juill. 1996, n° 96-380 DC, *Loi relative à l'entreprise nationale France-Télécom*). L'interdiction de privatiser vaut enfin un bien ou une entreprise qui aurait le caractère d'un monopole de fait : « *la notion de monopole de fait visée dans le 9*[e] *alinéa du Préambule doit s'entendre compte tenu de l'ensemble du marché à l'intérieur duquel s'exercent les activités des entreprises ainsi que de la concurrence qu'elles affrontent dans ce marché de la part de l'ensemble des autres entreprises ; on ne saurait prendre en compte les positions privilégiées que telle ou telle entreprise détient momentanément ou à l'égard d'une production qui ne représente qu'une partie de ses activités* » (décis. 25-26 juin 1986 préc.). La même décision fait figurer la préservation de l'indépendance nationale au nombre des principes à respecter lors d'une privatisation.

Le droit de mener une vie familiale normale

> **Alinéa 10** : « *La Nation assure à l'individu et à la famille les conditions nécessaires à leur développement* ».

Le Conseil a jugé qu'« *il résulte de ces dispositions que les étrangers dont la résidence en France est stable et régulière ont, comme les nationaux, le droit de mener une vie familiale normale* » (décis. 13 août 1993, n° 93-325 DC ; 20 nov. 2003, n° 2003-484 DC). De même, il a considéré que le repos dominical constituait l'une des garanties légales du 10e alinéa du Préambule de 1946 (décis. 6 août 2009, n° 2009-588 DC). Pour autant, la jurisprudence du Conseil, qui vise principalement le fait pour les membres d'une même famille de vivre ensemble, résulte du 10e alinéa du Préambule de la Constitution de 1946 et est entendu strictement par la jurisprudence du Conseil constitutionnel. Il a considéré récemment que l'article 365 du Code civil, qui empêche que, par la voie de l'adoption simple, un enfant mineur puisse voir établi un deuxième lien de filiation à l'égard du concubin ou du partenaire de sa mère « *ne fait aucunement obstacle à la liberté du parent d'un enfant mineur de vivre en concubinage ou de conclure un PACS* » (décis. 6 oct. 2010, n° 2010-39 QPC, *Isabelle D. et Isabelle B., Adoption au sein d'un couple non marié*). De même, le Conseil a jugé que « le droit de mener une vie familiale normale n'implique pas le droit de se marier pour les couples de même sexe » (décis. 28 janv. 2011, n° 2010-92 QPC, *Corinne C. et a., Interdiction du mariage entre personnes de même sexe*).

Le droit à la protection sociale

> **Alinéa 11** : « *Elle garantit à tous, notamment à l'enfant, à la mère et aux vieux travailleurs, la protection de la santé, la sécurité matérielle, le repos et les loisirs. Tout être humain qui, en raison de son âge, de son État physique ou mental, de la situation économique, se trouve dans l'incapacité de travailler a le droit d'obtenir de la collectivité des moyens convenables d'existence* ».

Le Conseil constitutionnel considère traditionnellement en la matière qu'il « *incombe, tant au législateur qu'au Gouvernement, conformément à leurs compétences respectives, de déterminer dans le respect des principes proclamés par le onzième alinéa du Préambule de la Constitution de 1946, les modalités de leur mise en œuvre* » (décis. 23 janv. 1987, n° 86-225 DC, *Loi portant diverses mesures d'ordre social*). Le Conseil constitutionnel a également déduit du 11e alinéa du Préambule de 1946 un droit à la protection de la santé, de nature à justifier l'interdiction de la publicité directe ou indirecte en faveur du tabac (décis. 8 janv. 1991, n° 90-283 DC). Dans cet esprit, le droit au repos des salariés est aussi un élément de la protection de leur santé (décis. 13 janv. 2003, n° 2002-465 DC). S'il appartient à l'État de mettre en œuvre ces exigences, le législateur dispose d'une grande marge dans la mise en œuvre de ces principes qui concernent implicitement mais nécessairement le droit à la protection sociale, dont la politique familiale (décis. 18 déc. 1997, n° 97-393 DC), la politique de solidarité nationale en faveur des travailleurs retraités (décis. 14 août 2003, n° 2003-483 DC), etc.

La solidarité devant les calamités nationales

> **Alinéa 12** : « *La Nation proclame la solidarité et l'égalité de tous les Français devant les charges qui résultent des calamités nationales* ».

En l'absence de jurisprudence véritablement pertinente le concernant, nous nous permettons de l'écarter des présents développements.

L'égal accès à l'instruction, à la formation professionnelle et à la culture ; l'enseignement public, gratuit et laïque

> **Alinéa 13** : « *La Nation garantit l'égal accès de l'enfant et de l'adulte à l'instruction, à la formation professionnelle et à la culture. L'organisation de l'enseignement public gratuit et laïque à tous les degrés est un devoir de l'État* ».

Ici encore, s'agissant des objectifs économiques et sociaux à valeur constitutionnelle, fixés par le Préambule de 1946 qu'il doit mettre en œuvre, le législateur n'en est pas moins libre des moyens employés pour les poursuivre (décis. 18 déc. 1997, n° 97-393 DC, préc.). Et si ces principes ne sauraient être privés de « garanties légales », le Conseil constitutionnel n'a jamais prononcé d'invalidation sur le fondement de l'alinéa 11.

La République française et le droit public international

> **Alinéa 14** : « *La République française, fidèle à ses traditions, se conforme aux règles du droit public international. Elle n'entreprendra aucune guerre dans des vues de conquête et n'emploiera jamais ses forces contre la liberté d'aucun peuple* ».

Longtemps, le Conseil constitutionnel a hésité à donner une claire valeur constitutionnelle à ces dispositions. Il s'y est finalement résolu en déduisant de cet alinéa, la constitutionnalisation de principes généraux du droit international, tout particulièrement la règle *pacta sunt servanda* qui implique que « *tout traité en vigueur lie les parties et doit être exécuté par elles de bonne foi* » (décis. 9 avr. 1992, n° 92-308 DC, dite *Maastricht I*). Cette jurisprudence a été confirmée dans la décision n° 98-408 DC du 22 janvier 1999, s'agissant du Traité portant statut de la Cour pénale internationale : « *Considérant qu'il résulte de ces textes de valeur constitutionnelle que le respect de la souveraineté nationale ne fait pas obstacle à ce que, sur le fondement des dispositions précitées du préambule de la Constitution de 1946, la France puisse conclure des engagements internationaux en vue de favori-*

ser la paix et la sécurité du monde et d'assurer le respect des principes généraux du droit public international ».

Les limitations de souveraineté, sous réserve de réciprocité

> **Alinéa 15** : « *Sous réserve de réciprocité, la France consent aux limitations de souveraineté nécessaires à l'organisation et à la défense de la paix* » (v. aussi Const., chap. 7, art. 55, ss 535).

Le 15e alinéa de la Constitution de 1946 pose la réserve de réciprocité au stade de la conclusion. Lorsqu'il est saisi de la conformité d'un traité à la Constitution, le Conseil constitutionnel vérifie formellement le respect de cette réserve de réciprocité au stade de l'engagement international : « *les engagements contenus dans les dispositions soumises à l'examen du Conseil constitutionnel – il s'agissait du traité signé à Luxembourg le 22 avril 1970 portant modification de certaines dispositions budgétaires des traités instituant les communautés européennes – ne prennent effet qu'après le dépôt du dernier instrument de ratification et qu'ils ont donc le caractère d'engagements réciproques* » (décis. 19 juin 1970, n° 70-39 DC). Il en a fait de même dans la décision n° 92-308 DC du 9 avril 1992 relative au Traité sur l'Union européenne (dite *Maastricht I*). Au contraire, en vertu de l'article 55 de la Constitution qui soumet la supériorité du traité sur la loi à une réserve de réciprocité au stade de l'application, le Conseil exerce un contrôle approfondi.

L'Union française

> **Alinéas 16** : « *La France forme avec les peuples d'outre-mer une Union fondée sur l'égalité des droits et des devoirs, sans distinction de race ni de religion* ».
> **Alinéa 17** : « *L'Union française est composée de nations et de peuples qui mettent en commun ou coordonnent leurs ressources et leurs efforts pour développer leurs civilisations respectives, accroître leur bien-être et assurer leur sécurité* ».
> **Alinéa 18** : « *Fidèle à sa mission traditionnelle, la France entend conduire les peuples dont elle a pris la charge à la liberté de s'administrer eux-mêmes et de gérer démocratiquement leurs propres affaires ; écartant tout système de colonisation fondé sur l'arbitraire, elle garantit à tous l'égal accès aux fonctions publiques et l'exercice individuel ou collectif des droits et libertés proclamés ou confirmés ci-dessus* ».

Ces dispositions relatives à la défunte Union française n'ont plus qu'une signification historique et n'ont fait l'objet d'aucune décision particulière du Conseil constitutionnel.

§ 3. La Charte de l'environnement de 2004

Voir nos observations générales ss 581.

> « *Le peuple français,*
> *Considérant :*
> *Que les ressources et les équilibres naturels ont conditionné l'émergence de l'humanité ;*
> *Que l'avenir et l'existence même de l'humanité sont indissociables de son milieu naturel ;*
> *Que l'environnement est le patrimoine commun des êtres humains ;*
> *Que l'homme exerce une influence croissante sur les conditions de la vie et sur sa propre évolution ;*
> *Que la diversité biologique, l'épanouissement de la personne et le progrès des sociétés humaines sont affectés par certains modes de consommation ou de production et par l'exploitation excessive des ressources naturelles ;*
> *Que la préservation de l'environnement doit être recherchée au même titre que les autres intérêts fondamentaux de la Nation ;*
> *Qu'afin d'assurer un développement durable, les choix destinés à répondre aux besoins du présent ne doivent pas compromettre la capacité des générations futures et des autres peuples à satisfaire leurs propres besoins.*
> *Proclame* ».

À cet exposé des motifs, le constituant n'a pas voulu donner de portée normative particulière. Mais, au vu de nos remarques précédentes, rien n'interdit dans l'avenir de donner à ces dispositions de nature incantatoires, une valeur juridique.

Droit de chacun de vivre dans un environnement équilibré et respectueux de la santé et participation à la préservation et à l'amélioration de l'environnement

> **Article 1er** : « *Chacun a le droit de vivre dans un environnement équilibré et respectueux de la santé* ».
> **Article 2** : « *Toute personne a le devoir de prendre part à la préservation et à l'amélioration de l'environnement* ».

• Une obligation de vigilance. La décision du n° 2011-116 QPC du 8 avril 2011, *Michel Z. et a.* (*Troubles du voisinage et environnement*) permet de préciser la portée de ces deux articles de façon nouvelle. D'une part, en 2011 le Conseil a estimé pour la première fois que « le respect des droits et devoirs énoncés en termes généraux » par les articles 1er et 2 de la Charte implique que « chacun est tenu à une obligation de vigilance à l'égard des atteintes à l'environnement qui pourraient résulter de son activité ». D'autre part, les droits et devoirs énoncés par les articles 1er et 2 de la Charte s'imposent « à l'ensemble des personnes » et non seulement, comme l'avait admis la décision précitée du 19 juin 2008, « aux pouvoirs publics et aux autorités administratives dans leur domaine de compétence respectif ». Par suite, faute d'intermédiation par la loi, ils ont un « effet horizontal » c'est-à-dire qu'ils peuvent être invoqués dans les rapports entre particuliers (alors que l'« effet vertical » ne joue, rappelons-le, qu'entre les particuliers et l'État). Cette obligation de vigilance constitue une obligation de moyens à la source d'une action en responsabilité pour faute de l'auteur des dommages. L'obligation de réparer qui peut en résulter est à distinguer de celle de « contribuer à la réparation des dommages » figurant à l'article 4 de la Charte. Cet effet « horizontal » n'interdit pas conformément au principe de responsabilité issu de l'article IV de la DDH que le législateur puisse « définir les conditions dans lesquelles une action en responsabilité peut être engagée sur le fondement de la violation de cette obligation » de vigilance, tout en rappelant qu'il ne saurait toutefois « *dans l'exercice de cette compétence, restreindre le droit d'agir en responsabilité dans des conditions qui en dénaturent la portée* ». Le Conseil constitutionnel reconnaît ainsi dans ce domaine une large marge d'appréciation au législateur.

• **Devoir de prévention et de limitation des atteintes à l'environnement et réparation des dommages causés à l'environnement**

> **Article 3** : « *Toute personne doit, dans les conditions définies par la loi, prévenir les atteintes qu'elle est susceptible de porter à l'environnement ou, à défaut, en limiter les conséquences* ».
> **Article 4** : « *Toute personne doit contribuer à la réparation des dommages qu'elle cause à l'environnement, dans les conditions définies par la loi* ».

Le Conseil exclut, à l'inverse des deux précédents articles précités de la Charte, l'applicabilité directe de ces articles qui nécessitent l'intervention du législateur. Dans sa fameuse jurisprudence relative à la contribution carbone (décis. 29 déc. 2009, n° 2009-599 DC, *Loi de finances pour 2010*), il considère en outre que si le principe d'égalité n'impose pas un traitement uniforme de toutes les entreprises, ménages et administrations, l'article 4 ajoute une exigence supplémentaire à ce principe. Or, les exemptions prévues par la loi de finances conduisaient à ce que 93 % des émissions industrielles de dioxyde de carbone soient totalement exonérées de la contribution carbone. Par suite, les régimes d'exemption totale institués sont contraires à l'objectif de lutte contre le réchauffement climatique créent une rupture caractérisée de l'égalité devant les charges publiques.

Le principe de précaution

> **Article 5** : « *Lorsque la réalisation d'un dommage, bien qu'incertaine en l'État des connaissances scientifiques, pourrait affecter de manière grave et irréversible l'environnement, les autorités publiques veillent, par application du principe de précaution et dans leur domaine d'attribution, à la mise en œuvre de procédures d'évaluation des risques et à l'adoption de mesures provisoires et proportionnées afin de parer à la réalisation du dommage* ».

Le principe de précaution implique l'interdiction, pour le législateur, d'adopter des mesures contraires et donc de le méconnaître. D'autre part, le Conseil vérifie qu'il « *a pris les mesures propres à garantir son respect par les autres autorités publiques* ». Contrairement à la mesure de prévention (Charte, art. 3), qui vise à prévenir un risque certain de dommage, la mesure de précaution ne doit intervenir qu'en cas d'incertitude de réalisation du dommage.

La promotion du développement durable

> **Article 6** : « *Les politiques publiques doivent promouvoir un développement durable. À cet effet, elles concilient la protection et la mise en valeur de l'environnement, le développement économique et le progrès social* ».

Dans sa décision n° 2005-514 DC du 28 avril 2005 précitée, le Conseil constitutionnel a reconnu, comme il le fait pour les principes économiques et sociaux du Préambule de 1946, que le principe de conciliation posé par cet article 6 a valeur constitutionnelle et « *qu'il appartient au législateur de déterminer, dans le respect du principe de conciliation posé par ces dispositions, les modalités de sa mise en œuvre* ».

Droits d'accès aux informations relatives à l'environnementet participation à l'élaboration des décisions publiques ayant une incidence sur l'environnement

> **Article 7** : « *Toute personne a le droit, dans les conditions et les limites définies par la loi, d'accéder aux informations relatives à l'environnement détenues par les autorités publiques et de participer à l'élaboration des décisions publiques ayant une incidence sur l'environnement* ».

Le Conseil a fait application de cet article dans sa décision précitée n° 2008-564 DC du 19 juin 2008. Il a considéré que « *ces dispositions, comme l'ensemble des droits et devoirs définis dans la Charte de l'environnement, ont valeur constitutionnelle* » et qu'il ressortait « de leurs termes mêmes qu'il n'appartient qu'au législateur de préciser "les conditions et les limites" dans lesquelles doit s'exercer le droit de toute personne à accéder aux informations relatives à l'environnement détenues par les autorités publiques » et que « *ne relèvent du pouvoir réglementaire que les mesures d'application des conditions et limites fixées par le législateur* ». Dans sa décision n° 2011-183/184 QPC du 14 octobre 2011 (*Association France nature environnement*), le Conseil a jugé que les dispositions de l'article 7 de la Charte de l'environnement « figurent au nombre des droits et libertés que la Constitution garantit », et peuvent être invoquées à l'appui d'une QPC (v. chap. 7, ss 565). Il a, en outre, rappelé la compétence du législateur pour définir le cadre dans lequel les principes définis par cet article doivent être mis en œuvre. Or, en matière d'OGM, en se bornant à renvoyer de manière générale au pouvoir réglementaire le soin de fixer la liste des informations qui ne peuvent en aucun cas demeurer confidentielles, le législateur a, eu égard à l'atteinte portée aux secrets protégés, méconnu l'étendue de sa compétence.

Les articles 8 à 10

> **Article 8** : « *L'éducation et la formation à l'environnement doivent contribuer à l'exercice des droits et devoirs définis par la présente Charte* ».
> **Article 9** : « *La recherche et l'innovation doivent apporter leur concours à la préservation et à la mise en valeur de l'environnement* ».
> **Article 10** : « *La présente Charte inspire l'action européenne et internationale de la France* ».

Ces trois derniers articles n'ont pas été jusqu'à maintenant invoqués dans le cadre d'un recours devant le Conseil constitutionnel et n'ont par suite donné lieu à aucune jurisprudence.

Bibliographie

A. Généralités

Andriantsimbazovina (J), « La conception des libertés par le Conseil constitutionnel et par la Cour européenne des droits de l'homme », *Nouveaux Cah. Cons. const.* juill. 2011, n° 32, dossier « Convention européenne des droits de l'homme ».

Bioy (X.), *Droits fondamentaux et libertés publiques*, LGDJ, 2011 ; « Le préambule comparé », in *La France face à la Charte des droits fondamentaux de l'Union*, dir. L. Burgorgue-Larsen, Bruylant, coll. « Credho », 2005, t. 8, p. 91.

Goesel-Le Bihan (V.), « Le contrôle de proportionnalité exercé par le Conseil constitutionnel », *Cah. Cons. const.* juin 2007, n° 22, dossier « Le réalisme en droit constitutionnel ».

Meindl (T.) *La notion de droit fondamental dans les jurisprudences et doctrines constitutionnelles françaises et allemandes*, LGDJ, 2003, p. 219.

Merland (G.), *L'intérêt général dans la jurisprudence du Conseil constitutionnel*, LGDJ, 2004.

Renoux (T.), de Villiers (M.), *Code constitutionnel*, Litec, 2011.

Veil (S.), *Redécouvrir la Constitution, Rapport du comité*, Doc. fr., 2008.

B. Sur la DDH

Aynes (L.), « Le contrat, loi des parties », *Cah. Cons. const.* mars 2005, n° 17, dossier « Loi et contrat ».

Chagnollaud (D.), « Droit constitutionnel et droit pénal : sur un couple uni », *in Code pénal et Code d'instruction criminelle, Livre du Bicentenaire*, Université Panthéon-Assas, Dalloz, 2010.

Canivet (G.), « Le juge judiciaire dans la jurisprudence du Conseil constitutionnel », *Cah. Cons. const.* juin 2004, n° 16, dossier « Le Conseil constitutionnel et les diverses branches du droit ».

Deumier (P.), Gout (O.), « La constitutionnalisation de la responsabilité civile », *Cah. Cons. const.* mars 2011, n° 31, dossier « Le droit des biens et des obligations ».

Fatin-Rouge Stéfanini (M.), « Secret de la vie privée et Constitution », rapport présenté lors de la XIVe table ronde internationale sur la justice constitutionnelle, *AIJC* 2000, PUAM-Economica, 2001.

Fouquet (O.), « Le Conseil constitutionnel et le principe d'égalité devant l'impôt », *Nouveaux Cah. Cons. const.* Oct. 2011, n° 33, dossier « Le Conseil constitutionnel et l'impôt ».

Gahdoun (P.-Y.), « Le Conseil constitutionnel et le contrat », *Cah. Cons. const.* mars 2011, n° 31, dossier « Le droit des biens et des obligations ».

Jennequin (A.), « Le contrôle de compatibilité avec la Constitution en matière de droit pénal » (note sous Conseil constitutionnel, 9 août 2007, loi renforçant la lutte contre la récidive des majeurs et des mineurs), *AJDA* 2008. 594.

Montgolfier (J.-F.), « Le Conseil constitutionnel et la propriété privée des personnes privées », *Cah. Cons. const.* mars 2011, n° 31, dossier « Le droit des biens et des obligations ».

Pellissier (G.), *Le principe d'égalité en droit public*, LGDJ, 1996.

Pelloux (R.), « Vrais et faux droits de l'homme, problèmes de définition et de classification », *RD publ.* 1981. 54.

C. Sur le Préambule de 1946 et les PFRLR

Borgetto (M.), *La notion de fraternité en droit public français, Le passé, le présent et l'avenir de la solidarité*, LGDJ, 1993 ; « Le juge et les droits sociaux », *RDSS* 2010. 791.

Bioy (X.), *Le concept de personne humaine en droit public. Recherche sur le sujet des droits fondamentaux*, Dalloz, coll. « Nouvelle bibliothèque de thèses », 2003.

Camaji (L.), « La justiciabilité du droit à la sécurité sociale : éléments de droit français », *RDSS* 2010. 847.

Champeil-Desplats (V.), *Les principes fondamentaux reconnus par les lois de la République. Principes constitutionnels et justification dans les discours juridiques*, Economica-PUAM, 2001.

Dutheillet de Lamothe (O.), « Les normes constitutionnelles en matière sociale », *Cah. Cons. const.* oct. 2010, n° 29.

Gay (L.), *Les « droits-créances constitutionnels »*, Bruylant, 2007 ; « Les droits sociaux constitutionnels en France : particularisme ou normalisation », in *Les droits sociaux fondamentaux*, Bruylant, 2006.

Genevois (B.), *L'entreprise et le droit constitutionnel*, colloque CREDA 26 mai 2010.

Lecuq (O), « La loi du 20 novembre 2007 relative à la maîtrise de l'immigration, à l'intégration et à l'asile, et sa constitutionnalité », *AJDA* 2008. 141.

Prétot (X.), « Les bases constitutionnelles du droit social », *Dr soc.* 1991, n° 3, p. 194.

Santulli (C.), « Loi relative à la maîtrise de l'immigration, à l'intégration et à l'asile » (note sous Conseil constitutionnel, 15 novembre 2007), in « Jurisprudence française en matière de droit international public », dir. J. Matringe et C. Santulli, *RGDIP* 2008, t. 112, n° 1, p. 201.

D. Les objectifs de valeur constitutionnelle

de Montalivet (P.), « Les objectifs de valeur constitutionnelle », *Cah. Cons. const.* juin 2006, n° 20.

E. Sur la Charte de l'environnement

Brosset (E.), « Le législateur, la Charte constitutionnelle de l'environnement et le droit communautaire devant le Conseil constitutionnel (Observations sur la loi relative aux OGM. À propos de la décision du Conseil constitutionnel n° 2008-564DC du 19 juin 2008) », *RD publ.* 2009. 1181.

Chagnollaud (D.), « Le principe de précaution est-il soluble dans la loi ? À propos de l'article 5 de la Charte de l'environnement », *D.* 2004. 1103.

Fonbaustier (L.), « Environnement et pacte écologique - Remarques sur la philosophie d'un nouveau "droit à" », *Cah. Cons. const.* janv. 2004, n° 15, dossier « Constitution et environnement ».

Mathieu (B.), « Observations sur la portée normative de la Charte de l'environnement », *Cah. Cons. const.* janv. 2004, n° 15, dossier « Constitution et environnement ».

Prieur (M.), « Vers un droit de l'environnement renouvelé », *Cah. Cons. const.* janv. 2004, n° 15, dossier « Constitution et environnement ».

Rainaud (A.), « La consécration constitutionnelle de la Charte de l'environnement et du préambule de la Constitution : une avancée pour les justiciables », *Politix* 2009, n° 15.

INDEX

Les chiffres renvoient aux numéros de paragraphes

A

B

C

M

N

O

P

Q

TABLE DES MATIÈRES

Photocomposition Nord Compo
59650 Villeneuve d'Ascq

712605 (I) OSB - T 60 g - NC - HCH
Achevé d'imprimer en avril 2013
N° 2089142G - Dépôt legal : mai 2013
Imprimé en France par l'imprimerie Jouve